SIMON WINDER

HERZLAND

Eine Reise durch Europas historische Mitte zwischen Frankreich und Deutschland

Aus dem Englischen von
Nathalie Lemmens

Pantheon

Die englische Originalausgabe erschien 2019 unter dem Titel
»Lotharingia – A Personal History of France, Germany and the Countries in-between«
bei Picador, London.

MIX
Papier | Fördert
gute Waldnutzung
FSC® C083411

Penguin Random House Verlagsgruppe FSC® N001967

1. Auflage

Umschlaggestaltung: Büro Jorge Schmidt, München
Umschlagabbildungen: © picture-alliance / akg-images / Erich Lessing;
© picture alliance / dpa / Paul Zinken; © picture alliance / Heritage Images / CM Dixon;
© picture alliance / Zoonar / Cipariss
Karten: Peter Palm, Berlin
Druck und Bindung: CPI books GmbH, Leck
Printed in Germany
ISBN 978-3-570-55492-0

www.pantheon-verlag.de

Für CMJ

Am Tag des Jüngsten Gerichts wird man uns nicht fragen,
was wir gelesen, sondern was wir getan haben …

THOMAS VON KEMPEN

INHALT

EINLEITUNG

Eines Tages war ich in den Ardennen unterwegs von Stavelot nach Spa. Ich saß in einem Bus voller Schüler jeglichen Alters und war, abgesehen von dem unerschütterlichen Busfahrer mit seinem bewundernswert steinernen Gesichtsausdruck, der einzige Erwachsene an Bord. Es herrschte tiefster Winter. Der Nebel war so dicht, dass ich das Gefühl hatte, man müsse sich die Nebelfäden aus dem Haar kämmen und vom Mantel bürsten, kaum dass man ausgestiegen war. Der Bus glich einem Tollhaus auf Rädern. Eines der Kinder kokelte mit einem Feuerzeug einen Plastikgriff an, ein anderes hatte eine App auf seinem Handy, mit der es die Fotos seiner Freunde in Dämonenfratzen verwandelte. Immer wieder flog unter lautem Gejohle ein aufgeblasenes Kondom über unsere Köpfe hinweg. Es herrschte eine ausgelassene Stimmung, und ich stellte mir vor, dass der Bus wie in einem fröhlichen Cartoon beim Fahren hin und her schwankte. Plötzlich sehnte ich mich nach den längst vergangenen Zeiten zurück, als ich selbst auf verschiedenen Schulhöfen darauf gewartet hatte, dass meine Kinder herauskamen. Ich hatte vergessen, wie unbeständig die Stimmung in Kindergruppen sein kann, dass sie wie durch Zauberhand von einer Sekunde zur nächsten niedergeschlagen, aufgeregt, erschöpft oder völlig überdreht sein können.

Jeder Halt des in Nebel gehüllten Busses war für mich eine Überraschung. Sobald die Türen zischend aufglitten, stürmten ein paar Kinder hinaus in die weißliche Watte, aus der hier und da ein kahler Ast hervorragte. Nur die gerade noch erkennbare Ecke eines Dachs ließ erahnen, dass dort auch Häuser sein mussten. Wir befanden uns buchstäblich mitten im Nirgendwo – in einer rauen Gegend mit dünn besiedelten Tälern, die zu bereisen den meisten Europäern nie im Leben in den Sinn käme. Aus der Luft betrachtet hätte man sehen können, dass sie bis zum Rand mit Nebel gefüllt waren.

Wie so viele Orte, über die ich in diesem Buch schreiben werde, waren diese einsamen Täler für kurze Zeit der Mittelpunkt der Welt. Hier fand die Ardennenoffensive statt – der letzte umfassende Versuch der Deutschen, die westlichen Alliierten zu besiegen. In der kleinen Stadt Stavelot, von der ich zuvor noch nie gehört hatte, erreichte die Schlacht im Dezember 1944 ihren Höhepunkt. Amerikanische Truppen hatten zahllose Brücken zerstört und Tausende Bäume gefällt, mit denen sie die schmalen Straßen blockierten, während die Deutschen hastig Pontons bauten und die Hindernisse in die Luft sprengten. Bei ihrem Vormarsch drangen sie nach Stavelot ein, brachten Dutzende Einwohner um, schafften es aber nicht, sich einen Weg durch den Ort freizukämpfen. Auch der Versuch, die Stadt zu umgehen, misslang. So machten sie schließlich kehrt und läuteten damit jenen Rückzug ein, der mit ihrer Kapitulation im Mai 1945 endete. Ein kleiner Gedenkstein in der Stadt verkündet: HIER WURDE DER VORMARSCH DER INVASOREN GESTOPPT.

Ich war von dem gleichen Nebel umgeben, der den Vorstoß der Deutschen durch die Ardennen zunächst so erfolgreich gemacht hatte, aber diese Offensive war nur eine der Episoden, die die Region im 20. Jahrhundert in den Mittelpunkt des Weltgeschehens rückte. Vier Jahre zuvor, im Frühjahr 1940, hatten Tausende deutscher Panzer und Mannschaftswagen hier den Grundstein für die nahezu umgehende vernichtende Niederlage der britischen und französischen Armeen gelegt, indem sie unbemerkt über ebendiese gewundenen Sträßchen nach Frankreich vorrückten.

Nicht weit von Stavelot entfernt liegt der Kurort Spa. Dort befand sich in der Spätphase des Ersten Weltkriegs das große Hauptquartier der deutschen Streitkräfte. Fotos aus dem Jahr 1918 zeigen Kaiser Wilhelm II., den Kronprinzen und mehrere Generäle in makellosen Uniformen, wie sie während der letzten Wochen der kaiserlichen und aristokratischen Herrschaft in einem der beschlagnahmten Kursäle plaudernd beieinanderstehen. Hier bat der Kaiser, nachdem er vom Ausbruch der Revolution in Berlin erfahren hatte, seine Generäle um Unterstützung und musste von ihnen hören, dass sie ihren Truppen nicht mehr trauten und befürchteten, der Kaiser könne von seinen eigenen Soldaten angegriffen werden. Wilhelm floh daraufhin in Panik in die Niederlande und ließ sogar seinen Hofzug zurück aus Angst, er könne beschossen werden. Das war das Ende von mehr als acht Jahrhunderten Hohenzollernherrschaft.

1944 nutzte die US Army Spa als Hauptquartier, evakuierte dieses jedoch, als nach der im Schutz des Nebels erfolgten deutschen Überraschungsoffensive vorübergehend Panik ausbrach.

Der ursprüngliche Grund für meinen Besuch in Stavelot waren mein schlechtes Gewissen und mein Ärger darüber, dass ich den Namen dieses

Ortes noch nie zuvor gehört hatte. Dabei war das Kloster Stablo im 12. Jahrhundert einer der wichtigsten Anziehungspunkte der Region, wie man noch heute in dem sensationellen Museum sehen kann, das in der imposanten ehemaligen Abtei untergebracht ist. In Stavelot erkannte ich allerdings auch, dass mit dem ständigen Umherreisen für dieses Buch unbedingt Schluss sein musste. Denn diese Region, gleichermaßen verschlafenes Ende der Welt wie Schauplatz von Ereignissen, die das weitere Schicksal der Menschheit bestimmt haben, barg eine schier endlose Fülle von historischen Details und Ereignissen. Hier saß ich nun in einem Bus mit den Urenkeln und Ururenkeln von Menschen, die »historische« Ereignisse unterschiedlichster und fürchterlichster Art miterlebt hatten, doch diese unbeschwerten Kinder mit ihren bunten Rucksäcken und ihrer nimmermüden Bereitschaft, unvermittelt in Lachkrämpfe auszubrechen, sobald eines von ihnen furzte, hatten von all dem nicht die geringste Ahnung. Meine eigenen Kinder waren inzwischen erwachsen, und ich erkannte in diesem Augenblick mit Bestürzung, wie viel Zeit ich fern von ihnen verbracht hatte, während ich durch Dutzende von Orten wie Stavelot streifte und dort immer wieder vor derselben Frage stand: Warum waren die Ideen und Ereignisse Europas über all diese Orte hinweggefegt, die doch eigentlich nur in Ruhe gelassen werden wollten?

Schon lange träume ich davon, einmal schreiben zu können: Dieses Buch ist der Abschluss einer Trilogie. Und jetzt ist es so weit! In *Germany, oh Germany* habe ich die Geschichte von Menschen deutscher Sprache erzählt, mehr oder weniger beschränkt auf das Gebiet der heutigen Bundesrepublik Deutschland. Obwohl ich mich bemüht habe, das Buch geografisch ausgewogen zu gestalten, verlagerten sich seine Schauplätze immer wieder Richtung Osten, wo ich hemmungslos in der Vergangenheit der beschaulichen Städtchen Thüringens und Sachsen-Anhalts schwelgte. Danach schrieb ich *Kaisers Rumpelkammer*, um auch auf die Deutschen in Österreich und anderen Regionen im Osten einzugehen, die ich in *Germany, oh Germany* ausgeklammert hatte. Da die deutsche Kultur sich bis ins 20. Jahrhundert über ganz Mitteleuropa verbreitet hatte, kam ich bei meinen Recherchen auf diesem Gebiet mit vielen anderen Themen in Berührung, für die ich mich ebenfalls interessiere – rivalisierende Nationalgefühle, die Familie der Habsburger mit ihren skurrilen Eigenheiten oder die Auseinandersetzungen zwischen Christen und Osmanen, die diese Region über Jahrhunderte hinweg geprägt haben.

Als jemand, der in Zeiten des Kalten Krieges aufgewachsen ist, war ich wie viele in meiner Generation fasziniert von der Entdeckung dieser »neuen«, zuvor so gut wie unerreichbaren ehemaligen kommunistischen Gebiete hinter dem Eisernen Vorhang und neigte dazu, die vertrauteren westlichen Teile Europas als selbstverständlich hinzunehmen. Doch schon beim Verfassen von *Germany, oh Germany* beschlich mich das vage Gefühl, ein wenig zu mogeln und mich nicht angemessen mit dem vielleicht wichtigsten Motor europäischer Entwicklungen zu beschäftigen: den Ländern im Westen. Weil sie wie Großbritannien Teil der Europäischen Union waren und für mich nicht Geschichte, sondern Gegenwart und banale Alltäglichkeit verkörperten, hatte ich sie bis dahin gar nicht richtig wahrgenommen. Dabei hätte ich mit einigem Nachdenken längst darauf kommen können, dass die Gebiete westlich des Rheins und die Beziehungen zwischen den Menschen deutscher und französischer Sprache, die dort leben, das wohl unbanalste Thema darstellen, das man sich nur vorstellen kann.

Das Leitmotiv dieses Buches beruht auf einer der wichtigsten, wenn auch eher ungeplanten Entwicklungen der europäischen Geschichte. Karl I., der »Große«, widmete seine lange und überaus erfolgreiche Karriere der Schaffung eines gewaltigen Reichs, das einen großen Teil des nordwestlichen Kontinentaleuropas umfasste. Diese Leistung war jedoch in hohem Maße sein ganz persönliches Verdienst, weshalb es nach seinem Tod im Jahr 814 nicht mehr lange Bestand hatte. Der Charakter seiner Nachfolger, neue Feinde und die schier unbeherrschbare Ausdehnung des Gebietes ließen das Karolingische Reich in einen Bürgerkrieg taumeln.

843 kamen seine Enkel in dem kleinen Ort Verdun zusammen und einigten sich darauf, das Reich in drei Teile aufzuspalten. Es war bei den Franken nicht unüblich, Territorien unter Geschwistern aufzuteilen, und sie kannten auch von jeher die Unterscheidung zwischen dem älteren Austrien (dem »östlichen Land«) am Rhein und dem jüngeren Block Neustrien (dem »neuen westlichen Land«) an der Seine. Nun aber kam es zu einer Dreiteilung: Karl II., der Kahle, erhielt den Westen, das künftige Frankreich. Ludwig II., der Deutsche, bekam den Osten, das künftige Deutschland. Und der lange Streifen in der Mitte, zu dem auch die Kaiserstadt Aachen gehörte, fiel an den beinamenlosen Lothar I. Dessen kaum überschaubares Erbteil erstreckte sich von der Nordseeküste bis nach Mittelitalien und wurde nach seinem Tod abermals aufgeteilt. Von seinen drei Söhnen erhielt der ältere Norditalien, der jüngere die Provence und der mittlere, Lothar II., das Gebiet nördlich

davon, das von nun an seinen Namen tragen sollte: Lotharingien, »das Reich Lothars«.

Dieses Reich zwischen Nordsee und Elsass ist über die Jahrhunderte zu einem kleinen Rest zusammengeschmolzen – im Französischen »Lorraine«, auf Deutsch immer noch »Lothringen«. Die Frage, was dieses »Lotharingien« eigentlich ausmacht, hat seit 843 unzählige Wandlungen erfahren, aber sie stellt sich bis heute. In jedem Jahrhundert haben sich an Lotharingien Kriege entzündet, und es war Schauplatz zahlreicher Ereignisse, die die europäische Zivilisation prägten. Manchmal wurde die Lücke zwischen Ost- und Westreich beinahe vollständig geschlossen – schon unmittelbar nach dem Tod Lothars II. war Lotharingien vom endgültigen Verschwinden bedroht –, und doch hat sich die Region ihren intermediären Status über mehr als tausend Jahre bewahrt. 2017 liegen auf dem Gebiet von Lothars ehemaligem Reich die Königreiche Belgien und Niederlande, das Großherzogtum Luxemburg sowie der nördliche Teil der Schweizerischen Eidgenossenschaft, und der Rest verteilt sich auf die Republik Frankreich und die Bundesrepublik Deutschland. All diese Länder sind hervorgegangen aus dem geradezu irrwitzigen Flickenteppich, den ihre unterschiedlichen Vorgängerstaaten einst bildeten. In diesem Buch möchte ich nicht nur einen Überblick zu deren Historie geben, sondern vor allem aufzeigen, in welcher Weise die Region eine entscheidende Triebfeder für wesentliche Entwicklungen der europäischen Geschichte gewesen ist.

Aus praktischen Gründen habe ich beschlossen, Lotharingien dort beginnen zu lassen, wo der Rhein aus dem Bodensee austritt, und beziehe zunächst beide Ufer des Hochrheins inklusive der nördlichen Kantone der Schweiz mit ein. Sobald wir die Schweiz hinter uns gelassen haben, bildet der Rhein die östliche Grenze Lotharingiens, während es westlich des Rheins jene heute französischen Territorien umfasst, die über viele Jahrhunderte zum Heiligen Römischen Reich gehörten. Bei dieser Abgrenzung war ich zu einigen schmerzlichen Einschränkungen gezwungen. Die erste davon betrifft Genf. Der Bogen des Genfersees bildet zwar eindeutig das südliche Ende des behandelten Bereichs, doch Genf selbst musste ich ausklammern, da die Stadt lange Zeit zu Savoyen gehörte, sich nach Süden orientierte und eng mit den Geschicken Turins und des restlichen Italien verbunden war. Hätte ich Italien auch noch aufgenommen, wäre dieses Buch zwangsläufig zum Scheitern verurteilt gewesen. Was die Rheinufer betrifft, bin ich ziemlich konsequent – es gibt also viele Ausführungen zu den Gebieten westlich des Rheins, aber jenseits des Flusses bewege ich mich kaum weiter nach Osten, um nicht von

Städten wie Frankfurt ins eigentliche Deutschland hineingelockt zu werden. Die einzige Ausnahme in dieser Hinsicht ist Heidelberg, da große Teile seines Herrschaftsbereichs – der Kurpfalz* – links des Rheins lagen. Sobald sich das Gewirr der Rheinarme in den Niederlanden ausbreitet, bin ich wiederum recht großzügig in Bezug auf das, was ich aufnehme, und mache erst kurz vor Nordholland Halt. Südlich davon schließe ich jene nordfranzösischen Gebiete mit ein, die in der Vergangenheit ebenfalls umstritten waren – bis hin zu den alten Territorien der Grafen von Flandern nördlich der Somme, die seit Menschengedenken immer wieder Soldaten mit frischem Sold und stetem Kummer versorgten.

Alles in allem umfasst Lotharingien also ein riesiges Gebiet, aber es gibt dort erstaunlich wenig große Städte oder gar Metropolen. Dennoch hat diese Region es immer wieder verstanden, fremde Staaten mit sehr viel größeren Ressourcen und viel weiteren Horizonten ins Chaos zu stürzen. Die Herrscher in Paris, London, Amsterdam, Berlin, Wien, Rom und Mailand, die ihre begehrlichen Blicke auf Lotharingien richteten, sahen dort entweder Chancen oder Probleme, die ihnen Kopfzerbrechen bereiteten – und ebendieses Kopfzerbrechen prägte ganze Epochen, was nicht selten dazu führte, dass große Dynastien wutschnaubend und frustriert in die Knie gingen.

Um meinem Entschluss, mich nicht mit Städten außerhalb des lotharingischen Gebietes zu beschäftigen, treu zu bleiben, habe ich Bern ebenso unerwähnt gelassen (zumindest weitestgehend – ein, zwei Dinge *musste* ich einfach ansprechen) wie Dijon (eindeutig Kernbestandteil Frankreichs, aber gleichzeitig auch ein wichtiges Zentrum der Herzöge von Burgund während jener magischen hundertzwanzig Jahre, in denen sie den lotharingischen Flöz ausbeuteten). Auf Dijon habe ich nur unter Tränen verzichtet, entgingen mir doch dadurch unzählige Flaschen Nuits-Saint-Georges und Platten voller Schinken-Petersilien-Sülze, die ich aus Recherchegründen hätte probieren müssen. Amsterdam ist sicher die diskussionswürdigste Auslassung, aber

* Der eigenartige Name dieses lotharingischen Territoriums, der in der Bezeichnung des Bundeslands Rheinland-Pfalz erhalten blieb, verweist auf die Bedeutung seines Herrschers als eines der sieben Kurfürsten. »Pfalz« wiederum ist abgeleitet von der fränkischen Königspfalz – bedeutet also »zum Palast gehörig«. Darüber hinaus bezeichnete der Begriff »Pfalz« auch ein Territorium mit spezieller Verteidigungsfunktion (vergleichbar dem County Palatine of Chester, das die Waliser fernhalten sollte, oder dem County Palatine of Durham mit derselben Funktion in Bezug auf die Schotten). Auf dieselbe Wurzel geht auch das französische Wort »paladin« zurück.

so wie Genf den Leser im Süden zu weit in ferne Regionen führt, verlagert Amsterdam die Geschichte zu sehr nordwärts in die Ostseegebiete, nach Friesland und hin zu einer Reihe weiterer Verlockungen, die seine Einbeziehung problematisch machen. Außerdem galt Amsterdams Interesse, historisch betrachtet, ähnlich wie das von London oder Madrid meist entfernteren Regionen und weniger den Gebieten in seinem unmittelbaren Süden. Amsterdam hatte stets Wichtigeres im Sinn und lag zudem so weit im Norden, dass es selbst so gut wie nie in die Schusslinie der verheerenden Ereignisse weiter südlich geriet – allerdings hat es diese oft genug angestachelt und finanziert, was denjenigen, die darunter zu leiden hatten, bittere Kommentare entlockte.

Wie schon meine beiden früheren Bücher erfordert auch dieses die Bereitschaft zu einer Art Gedankenspiel, wenngleich keinem sehr mühsamen. Viele der politischen Gebilde, die hier beschrieben werden, existierten jahrhundertelang mit einer Robustheit und langfristigen Selbstverständlichkeit, die ihnen eine unhinterfragte Akzeptanz verliehen. Wir mögen heute über das Herzogtum Bar lachen, das auf der Karte aussieht, als hätte jemand eine Handvoll Frühstücksflocken verschüttet, doch es gibt keinerlei Hinweis darauf, dass den vielen Generationen, die dort einst lebten, die offenkundige Lebensunfähigkeit ihres Ministaates peinlich gewesen sei – zumindest nicht bis zum 18. Jahrhundert. Die alte Reichsabtei Prüm, deren einziger nennenswerter Schatz die – ziemlich abgelatschten – Sandalen Christi waren, die sie von Pippin, dem Vater Karls des Großen, erhalten hatte, bewahrte über Jahrhunderte hinweg ihre Eigenständigkeit, lockte mit erstaunlichem Erfolg einen schier endlosen Strom von Pilgern an und büßte ihren Status erst ein, als die Region von Napoleon überrannt wurde.

In jeder Epoche gehen die Menschen davon aus, dass sie selbst in einer vernünftigen Ordnung leben, und blicken voller Mitleid auf die politische Dummheit früherer, weniger zivilisierter Zeitalter. Wir wachsen unter bestimmten Umständen auf und halten diese für naturgegeben. Doch auch im 21. Jahrhundert strotzt »Lotharingien« noch von auf den ersten Blick höchst unsinnigen geografischen Gegebenheiten. Bei einer Reise vom südlichen Ende der heutigen Region gen Norden trifft man auf Kuriositäten wie die Konstanzer Stadtteile Paradies und Altstadt, die als einzige am südlichen – also Schweizer – Rheinufer liegen, den seltsamen Grenzverlauf des dreiteiligen Kantons Schaffhausen, die sinnfreien Verästelungen und Exklaven des Kantons Solothurn und das winzige französische Département Belfort (erhalten geblieben in Anerkennung der erfolgreichen Verteidigung der Stadt im Deutsch-Französischen Krieg – ein seltener Lichtblick). Ferner auf das absurd kleine deutsche Bundesland Saarland (ein Nebenprodukt der Pariser Bemühungen, nach beiden Weltkriegen das Gebiet für Frankreich zu annektieren), das Großherzogtum Luxemburg (das nur deshalb noch existiert, weil Frankreich und Preußen in den 1860er Jahren keine Lust hatten, sich darum zu streiten), die deutschsprachige Gemeinschaft Belgiens (1919 als Kriegsbeute in das Staatsgebiet eingegliedert, obwohl dies damals wie heute nicht den geringsten Sinn ergab), den sonderbaren niederländischen Wurmfortsatz um Maastricht, die 22 winzigen Flecken von Baarle-Hertog (in den Niederlanden gelegen, aber aufgrund übellaunigen Gezänks in den 1840er Jahren noch heute belgisches Hoheitsgebiet) und als krönenden Abschluss jenes niederländische Territorium mit dem hübschen Namen Seeländisch-Flandern, einen breiten Streifen eingedeichten Ackerlands, der von den restlichen Niederlanden aus lediglich per Schiff oder durch einen neuen Autotunnel zu erreichen ist – ein Relikt der langen Blockade der Scheldemündung, durch die der rivalisierende Antwerpener Hafen abgeriegelt werden sollte.

Es gibt sicher noch mehr solcher Beispiele (man denke nur an die beiden kleinen kanadischen Hoheitsgebiete in Nordfrankreich, die dem Land als Standorte für Weltkriegsgedenkstätten überlassen wurden). Alle diese kleineren und größeren »Geröllstücke« sind typisch für Lotharingien. Als Belege für die eigentümliche Vergangenheit der Region verkörpern sie eine beinahe geologische Kontinuität, die die Landstriche von weiten Teilen des restlichen Europa unterscheidet. Indem diese fragmentierten politischen Einheiten sogar die erbitterten Bemühungen der französischen Nachrevolutionszeit und des Zweiten Weltkriegs überstanden, als ganz Europa in ein einziges rationales Ganzes gepresst werden sollte, sprechen sie solchen Bestrebungen geradezu Hohn.

Ein paar Worte zu mir und meinem Verhältnis zu Frankreich

Mit vierzehn Jahren bin ich zum ersten Mal in meinem Leben geflogen. Meine Eltern setzten mich ins Flugzeug und schickten mich mutterseelenallein auf einen Bauernhof nordöstlich von Meaux, wo ich Französisch lernen sollte. Mein Gemütszustand entsprach in etwa dem jener unbeachteten kleinen

Säugetiere, die im Zoo in der hintersten Ecke ihres Käfigs auf schmutzigem Stroh kauern, die Ohren flach an den Kopf angelegt und den Blick von grenzenloser Panik erfüllt.

Mit unseren eigenen Kindern haben wir jahrelang Varianten des Themas Frankreichaustausch durchgespielt: »Entweder du machst jetzt deine Hausaufgaben, oder du fährst für sechs Wochen nach Clermont-Ferrand und isst Lammhirn!« Aber im Gegensatz zu uns meinten meine Eltern es ernst. Meine Mutter war mit achtzehn, neunzehn als Au-pair-Mädchen zu einer französischen Familie gekommen, die wir einmal besuchten, als meine Schwestern und ich noch ziemlich klein waren. Wir kamen aus einem fröhlichen Mittelschichtshaushalt im näheren Umland von London und fanden diese französische Familie mit ihren Gewehren und Hunden und *tartes*, den Wendeltreppen und Monsieur in seinem langen Mantel umwerfend exotisch. Das Haus war eine ehemalige Priorei mit einer verfallenen Kapelle, in der es ein mit menschlichen Schädeln gefülltes Taufbecken gab – wir haben nie herausgefunden, ob das als Ausdruck laizistischer Verachtung gedacht war oder sie einfach bloß aufgeräumt hatten. In der Familie lebte auch ein deutscher Student, der gerade seinen Militärdienst abgeleistet hatte und uns Gewehrgriffe zeigte, indem er meine vierjährige Schwester als Waffe benutzte und sie anwies, sich ganz starr zu machen. Es waren seltsame Tage.

Den allerpeinlichsten Moment dieses Frankreichaufenthalts erlebte ich während eines förmlichen Mittagessens, zu dem sich neben der Familie noch eine schier endlose Zahl merkwürdiger französischer Erwachsener eingefunden hatte. Die Vorspeise bestand aus sehr eigentümlichen Rindfleischstreifen, und schon beim allerersten Bissen sprangen meine Kiefer regelrecht auseinander. Während alle anderen ungezwungen plauderten, wurde ich von qualvoller Hilflosigkeit erfasst und erstickte beinahe bei dem vergeblichen Versuch, diesen ledrigen Happen hinunterzuschlucken. Rettung nahte in Gestalt eines großen, streng riechenden Schnauzers namens Clovis. In dem verwegenen Bemühen, mein Fleischproblem zu lösen, begann ich ihn unter dem Tisch mit kleinen Stückchen zu füttern. Das funktionierte ausgesprochen gut, und schon bald war mein Teller leer. Ich weiß nicht mehr genau, was mich dann bewog, Clovis unter dem Tisch noch ein Stückchen geröstetes Baguette zu reichen. Vermutlich war es Dankbarkeit für seine Hilfsbereitschaft. Ganz gewiss aber war es ein katastrophaler Fehler, denn die lauten Knurpsgeräusche brachten das Tischgespräch abrupt zum Verstummen, bevor unversehens ein Tumult losbrach. In meiner abgrundtiefen Verlegenheit fiel ich in eine Art Trance und habe keinerlei Erinnerung mehr an die weiteren Ereignisse, abgesehen von dem, was meine Eltern mir später erzählten (offenbar rührte die allgemeine Aufregung daher, dass Clovis, der Stolz des gesamten Haushalts und langjährige Freund aller Familienmitglieder, inzwischen zahnlos und gebrechlich und daher auf spezielle Flüssignahrung angewiesen war). Allerdings ist bei ihren Schilderungen einige Vorsicht geboten, da meine Eltern stets eine große Vorliebe für jenes Ineinanderfließen wahren und aufgesetzten Entsetzens hegten, an dem die Franzosen eine solche Freude haben.

Ich erwähne dies, weil meine Schwestern und ich über das scheinbar unendliche von dieser Priorei ausgehende Netz familiärer Verbindungen in den darauffolgenden Jahren mit zahllosen Frankreichaufenthalten versorgt wurden. Diese Kontakte sollten einen nachhaltigen Einfluss auf uns ausüben: Eine meiner Schwestern machte einen Abschluss in modernen Sprachen, arbeitete eine Weile in Paris und verbrachte überhaupt viel Zeit in Frankreich. Die andere heiratete einen Franzosen und lebt seit Jahren in der Bretagne. Ihre beiden Kinder sind so außerordentlich französisch, dass man meinen könnte, sie hätten dieses unnachahmliche Lippenschürzen und Schulterzucken in einem Intensivkurs an einer gallischen Schauspielschule gelernt.

Meine eigenen Erfahrungen waren weniger erfreulich – was vor allem auf meine mangelnde Begabung für (und meine daraus resultierende Abneigung gegen) Fremdsprachen zurückzuführen ist. Es erschien mir einfach unvorstellbar, dass ich zwei Wochen Schulferien dafür opfern sollte, Französisch zu sprechen – oder vielmehr nicht zu sprechen. Verschlimmert wurde das Ganze (falls eine Steigerung überhaupt möglich war) durch den »Austausch«-Aspekt, denn das bedeutete, dass ein Junge anschließend bei mir zu Hause auftauchen, noch mehr Ferienwochen blockieren und genauso wenig Englisch lernen würde wie ich Französisch. Nicht von ungefähr war mein erster Versuch auf dem Gebiet belletristischer Prosa der Entwurf zu einem Roman, in dem ein französischer Junge, dessen Familie einen englischen Austauschschüler aufgenommen hat, diesen umzubringen versucht, indem er ihn von einer Klippe stößt. Durch reines Glück landet der englische Junge auf einem Felsvorsprung, von dem er sich mühsam in Sicherheit bringen kann. Die zweite Hälfte sollte von dem französischen Jungen handeln, der nach dem Scheitern seines Plans nach England geschickt wird, wo er langsam, aber sicher dem Wahnsinn verfällt, weil er einer unglaublichen Vielfalt an Fallen (Fußangeln, glitschigen Öllachen, Giften, außer Kontrolle geratenen Autos usw.) ausweichen muss, die der stilvolle, einfallsreiche englische Junge für ihn arrangiert. Ich weiß noch, wie viele Momente der geistigen Leere dieses fiktive Romanprojekt mit dem Titel *Schüleraustausch* während der sterbenslangweiligen Stunden ausfüllte, in denen ich Schach spielte oder den Tower besichtigte mit französischen Jungen, die ebenso wenig daran interessiert waren, Englisch zu lernen, wie ich Französisch.

Doch genug davon, schließlich erzähle ich das alles nicht, um diese Seiten mit Anekdoten aus meiner Teenagerzeit zu füllen, sondern weil ich eine Vorstellung davon vermitteln möchte, wie nervös mich der Gedanke macht, über französische Geschichte zu schreiben. Im Rückblick ist mir klar, wie glücklich ich mich schätzen kann, dass ich damals noch keine Bücher aus jener reichen englischen Tradition gelesen hatte, die Frankreich als den Schauplatz sexueller Initiation jugendlicher Briten präsentiert. Hätte ich das seinerzeit schon gewusst, wäre jeder Moment, den ich durch das gesellschaftliche Dickicht der Franzosen manövrierte, von einem erwartungsvollen Rausch begleitet gewesen, während diese sich ihrerseits ihrer alten Verpflichtungen gegenüber jungen englischen Hausgästen schmerzlich bewusst waren. Es fällt mir schwer, nicht noch im Nachhinein leisen Groll darüber zu empfinden, wie viele Söhne und Töchter, Väter und Mütter mich taxiert haben und zu dem Schluss gekommen sein müssen: »Nein, wohl eher nicht.« Vielleicht stritten sie, nachdem ich den Raum verlassen hatte.

Meine Beziehung zur französischen Sprache lässt sich mit einem kleinen Hund vergleichen, der das Futter auf dem Tisch riecht, es aber nicht erreichen kann und keine Ahnung hat, wie es aussieht. So viele Aufenthalte in Frankreich – das Geldwechseln, das Abholen am Flughafen, die höflichen Unterhaltungen bei den Mahlzeiten –, und dennoch habe ich die Abschlussprüfung der letzten Klasse nur mit knapper Not bestanden. Zweimal besuchte ich die Familie auf dem Bauernhof nordöstlich von Meaux. Es war eine bemerkenswerte Erfahrung. Die Eltern waren beeindruckend, energisch und freundlich. Wir gingen zum Tontaubenschießen, fuhren in Monsieurs altem Jeep, der vom D-Day übrig gebliebenen war (auf der Motorhaube prangte noch der weiße Stern der Amerikaner), durch die Gegend, fütterten Hühner, suchten im Wald Pilze und aßen Gehirn auf Toast.

Auf diese Weise verbrachte ich viele Stunden damit, kein Wort Französisch zu sprechen. Einmal saßen wir im Wagen, und einer der jüngeren Brüder meines Austauschpartners sagte über mich: »Der ist doof wie Vieh«, was ich zwar verstand, worauf ich jedoch nichts erwidern konnte. Und so unternahmen wir weiterhin Spaziergänge, spielten Tischtennis, sammelten noch mehr

Pilze, sahen fern – taten einfach alles, was uns davor bewahrte, miteinander reden zu müssen. Ich hatte die geniale Idee gehabt, André Gides *Symphonie Pastorale* mitzunehmen, weil die englische Übersetzung den gleichen Titel hatte wie das französische Original. Ich hoffte, ich könnte diese lesen, ohne dass jemand es merkte. Noch heute erinnere ich mich daran, wie Madame, das Buch in der Hand, mir mit trauriger, vorwurfsvoller Miene entgegensah, als ich vom Pingpong-Spielen hereinkam.

Wir wanderten oft durch das Flusstal des Ourcq, und hin und wieder kamen wir an kleinen Gedenkstätten vorbei, denen ich damals keine Beachtung schenkte. Erst später begriff ich, dass auf diesen Feldern im September 1914 die Erste Schlacht an der Marne begonnen hatte, die vielleicht wichtigsten Tage des 20. Jahrhunderts. Ich muss aufhören, über diese Zeiten zu schreiben. Ich habe diese Familie so sehr bewundert und sie trotzdem nicht für ihre Mühen belohnt, indem ich wenigstens versucht hätte, ein bisschen Französisch zu lernen.

Inzwischen bin ich Mitte fünfzig, und mein Französisch ist immer noch grauenhaft. Ein Teil von mir wünscht sich eine Privatbibliothek mit goldgeprägten französischen Meisterwerken, wie Friedrich der Große sie in Potsdam besessen hat, um in der noblen Sprache Racines zu schwelgen. Doch so weit wird es nie kommen. Mit diesem Buch habe ich mich nun zum ersten Mal der Herausforderung gestellt, unmittelbar über Frankreich zu schreiben, und die Erfahrung war beglückend und beängstigend zugleich.

Ein paar Worte zu den Ortsnamen

Die britischen Bezeichnungen für fremde Orte sind ein fröhliches Durcheinander haarsträubender Inkonsequenz. Einige Schreibweisen gibt es nur im Englischen: Basle etwa, Brussels, Antwerp, Ghent oder Dunkirk. Aus manchen Annäherungen spricht die reine Verzweiflung: Flushing statt Vlissingen, Brill statt Brielle und (zumindest früher) Dort statt Dordrecht. Den Haag haben wir zur allgemeinen Verwirrung in The Hague verwandelt, und zwar mit einer Aussprache, die eher an das englische *vague* erinnert als an *aargh*, wie es dem Niederländischen eigentlich entsprechen würde. Niederländern und Franzosen ist klar, dass die Stadt schlicht »die Hecke« heißt, aber vielleicht widerstrebte es englischen Diplomaten, an einem Ort mit derart albernem Namen akkreditiert zu sein.

Einige Namen haben im Laufe der Zeit Wandlungen durchlaufen. Im 17. Jahrhundert etwa schrieb man Gent im Englischen üblicherweise *Gaunt* (bekannt durch John of Gaunt, den Herzog von Lancaster). Die Umlaute von Städten wie Zürich wurden umstandslos gestrichen, und wenn man es genau nimmt, werden von den sechs Buchstaben des Namens Zürich im Englischen fünf falsch ausgesprochen. Kleve war selbstverständlich Cleves (und die deutsche Anna von Kleve wurde durch ihre Heirat mit Heinrich VIII. zu Anne of Cleves). Auch Calais wurde durch die englische Mangel gedreht und kam als »Käliss« ausgesprochen wieder heraus. Bei manchen Namen entscheiden wir seltsam widersprüchlich. So verwenden wir für Brügge beispielsweise die französische Form Bruges, im Fall von Zeebrugge haben wir dagegen statt Bruges-sur-Mer die flämische Variante übernommen. Das hat allerdings insofern eine Berechtigung, als der flämische Name nach einem tristen Fährhafen klingt (was in diesem Fall den Tatsachen entspricht), während die französische Fassung irrigerweise an Menschen denken lässt, die ihre Schnurrbärte zwirbeln oder ihre Sonnenschirme kreisen lassen, während sie neben einem Musikpavillon an kühlen Getränken nippen.

In manchen Städten war die Aussprache oder Schreibweise des Namens zeitweise von großer Bedeutung. Im Rheinland etwa führten französische Begehrlichkeiten dazu, dass Mainz, Trier, Aachen, Koblenz und Köln in Mayence, Trèves, Aix-la-Chapelle, Coblence und Cologne umbenannt wurden. Im 19. Jahrhundert waren diese Bezeichnungen im Englischen allgemein akzeptiert und verbreitet, doch nur die letzte hat sich bis zum heutigen Tag erhalten. Das könnte daran liegen, dass »Köln« kaum unfallfrei ins Englische zu übertragen ist, vielleicht aber auch, weil die Stadt so unauflöslich mit dem »Eau de« verbunden ist. Doch obwohl unsere Schreibweise dem Französischen entspricht, könnte die Aussprache kaum unterschiedlicher sein: Die Franzosen halten sich mit *kollonje* und dem in die Länge gezogenen »n« eng an das Deutsche, während die Briten so etwas wie *kerr-loww-n* hervorbringen.

Es gibt einige offenkundig heikle Punkte im Elsass und in Lothringen: Nancy/Nanzig etwa, Strasbourg/Straßburg, Sélestat/Schlettstadt oder Lunéville/Lünstadt. Die heutigen Elsässer Schildermaler dürften bei ihren Zunftmählern voller Nostalgie an die goldenen Zeiten zwischen 1870 und 1945 zurückdenken. Ähnliche Probleme gibt es in Belgien mit Wallonisch und Flämisch beziehungsweise Niederländisch: Bruxelles/Brussel, Gant/Gent, Bruges/Brugge, Liège/Luik, Ypres/Ieper, Louvain/Leuven, Courtrai/Kortrijk, Tournai/Doornik. Das Ganze setzt sich fort in Französisch-Flandern, auch wenn die Zahl der flämischsprachigen Einwohner dort mittlerweile verschwindend gering ist: Lille/Rijsel, Dunkerque/Duinkerke. Die Schweizer wiederum bewegen sich mühelos in ihrer Zweisprachigkeit: Bâle/Basel, Berne/Bern, Zurich/Zürich, Lucerne/Luzern.

Ein historisches Fossil sind die lustigen spanischen Namen, die viele Städte während der langen, spannungsreichen Herrschaft der Spanier erhielten: Brujas, Bruselas, Arrás, Lila, Luxemburgo, Mastrique, Gante, Dunquerque – heutzutage sind sie leider allesamt nicht mehr in Gebrauch. Manche Ortsnamen sind so robust, dass sie in jeder Sprache funktionieren: Breda kapituliert auf Spanisch, Englisch und Niederländisch gleich. Ich hatte gehofft, die Stadt würde auf Französisch Brède heißen, doch das tut sie nicht. Der scheußlichste niederländische Ortsname überhaupt, 's-Hertogenbosch (»der Herzogenwald« – eine wunderschöne Stadt, die sehr viel mehr englische Besucher anlocken könnte, wenn diese nicht schon beim Anblick des Namens abgeschreckt würden), gewinnt im Spanischen und Französischen als Bolduque beziehungsweise Bois-le-Duc eine unübertreffliche Eleganz.

Traditionell neigen wir Engländer dazu, die Namen der Gebiete, die unseren Küsten gegenüberliegen, als *pars pro toto* für die gesamte Region zu verwenden, folglich ist der gesamte Norden des niederländischen Sprachgebiets für uns »Holland« und der Süden »Flandern«, während wir die Namen aller anderen Grafschaften und Herzogtümer (Hennegau etwa oder Gelderland) bedenkenlos unter den Tisch fallen lassen. Besonders extrem zeigte sich diese Haltung in der viktorianischen Gewohnheit, europäische Seeleute auf englischen Schiffen durch die Bank als *Dutchmen*, also Niederländer, zu bezeichnen, selbst wenn sie in Wahrheit aus Schweden, Italien oder sonst woher stammten.

Vom späten 16. Jahrhundert an gibt es verschiedene Bezeichnungen für jene niederländischen Provinzen, die sich gegen die spanische Herrschaft auflehnten. Diejenigen, die dabei erfolgreich waren, vereinigten sich zu einem Staatsgebilde, das in etwa dem heutigen Königreich der Niederlande entspricht. Diesen Vorläufer des Königreichs nenne ich die Republik der Vereinigten Niederlande, kurz die niederländische Republik, aber die Vereinigten Provinzen wäre eine ebenso korrekte Wahl gewesen. In den modernen englischen Bezeichnungen für die Schweiz *(Switzerland)* und die Niederlande *(Netherlands)* haben sich auf höchst angenehme Weise alte Gepflogenheiten erhalten. So bezeichnete man die Schweizer (insbesondere in ihrer Eigenschaft als Söldner) einst als *Switzers* (Hamlet etwa fragt: *»Where are my Switzers?«* –

Wo sind meine Schweizer?), und *nether* ist der alte Begriff für »nieder« – was heute noch in Ortsnamen wie Nether Wallop anklingt. Niemand wird die Namen dieser beiden Länder je modernisieren und sie in *Swissland* oder *The Lowlands* umtaufen.

Ich verwende in diesem Buch durchgängig die heute allgemein üblichen Ortsbezeichnungen.

Die Struktur des Inhalts ist recht simpel. Weitgehend chronologisch zeichne ich nach, wie verschiedene äußere Mächte im Laufe der Zeit vergeblich versucht haben, die reichen, kulturell hochentwickelten Gebiete Lotharingiens unter ihre Kontrolle zu bringen.

Zu Beginn meiner Arbeit an diesem Buch habe ich mir eine grobe Landkarte Westeuropas ausgedruckt und mit einem gelben Textmarker in etwa die ersten Grenzen Lotharingiens von 843 eingezeichnet. Danach passte ich die Umrisse an, indem ich – aus den zuvor geschilderten Gründen – das Gebiet südlich des Genfersees entfernte und kleine Bereiche am rechten Rheinufer hinzufügte, da diese häufig als von den umliegenden Territorien »losgelöst« betrachtet wurden. Nach einer kurzen, turbulenten eigenständigen Existenz fiel Lotharingien an das Ostfränkische Reich, aus dem sich mit der Zeit das Heilige Römische Reich entwickelte. Doch verstummten in den folgenden Jahrhunderten weder die Proteste zahlreicher Bewohner der Region, die auf ihre Unabhängigkeit pochten, noch die französischen Einwände, diese Zuordnung sei schlicht und einfach unrechtmäßig gewesen.

Danach zeichnete ich in meiner Karte für jede ausländische Hauptstadt ein Auge ein, dessen begieriger Blick drohend auf Lotharingien gerichtet war. Allerdings bin ich ein sehr schlechter Zeichner, weshalb die Augen eher an einen Mann auf einem Tor, ein chinesisches Schriftzeichen oder ein landwirtschaftliches Nutztier erinnerten. Das wichtigste Auge jedenfalls war zu allen Zeiten Paris: Als Herrscher Frankreichs und Nachfahren Karls des Großen betrachteten die französischen Könige den Streifen Land in der Mitte stets als potenziellen Teil ihres Einflussbereichs – ein Anspruch, den sie mit wechselndem Erfolg bis weit ins 20. Jahrhundert hinein aufrechterhielten und auf dem Schlachtfeld durchzusetzen versuchten. Als Ludwig XIV. Friedrich Barbarossas alte Kaiserpfalz in Haguenau dem Erdboden gleichmachte, wollte er damit sämtliches »Germanentum« in der Region für alle Zeiten ausmerzen, doch das war nur ein Kapitel in einer langen Reihe chauvinistischer und gegen-chauvinistischer Zerstörungen. Zusätzlich verkompliziert wurde die

Angelegenheit für Frankreich dadurch, dass die Grafschaft Flandern bei der Aufteilung des Reichs Karls des Großen dem Westfränkischen Reich, also Frankreich, zugeschlagen worden war, es den mächtigen Grafen jedoch über lange Zeit hinweg gelang, zumindest eine gewisse Eigenständigkeit zu wahren. Die östlichen Bereiche Flanderns sowie die Territorien nördlich und östlich davon (Brabant, Holland, Gelderland usw.) waren dagegen ohne Zweifel lotharingisch und somit Teil des Heiligen Römischen Reichs. Doch das galt nicht für den größten Teil Flanderns, der ebenso französischer Einflussnahme ausgesetzt war wie die weiter südlich gelegenen Gebiete Artois, Boulogne und Amiens bis hinunter an die Somme.

Das zweite Auge steht für London, für das die Sicherheit der Kent und Sussex gegenüberliegenden Küsten stets von elementarer Bedeutung war. Wann immer möglich, mischte sich London in die Vorgänge jenseits des Ärmelkanals ein (häufig kann man seine Politik an den per Schiff hin- und herreisenden britischen und europäischen Exilanten ablesen, die entweder vor heimischen Katastrophen flüchteten oder nach Hause zurückkehrten). Befreundete Häfen in Flandern, Seeland und Holland waren für London im 11. ebenso wichtig wie im 20 Jahrhundert.

Das dritte Auge ist Amsterdam. Die Siedlung wurde nach europäischen Maßstäben sehr spät gegründet und erhielt erst 1300 das Stadtrecht. Amsterdam hat von jeher seine eigenen Interessen verfolgt, obwohl dem Stadtstaat durchaus bewusst war, in welchem Maße seine Sicherheit davon abhing, dass ihm im Süden möglichst viele Provinzen wohlgesinnt waren. Die übrigen niederländischen Städte haben sich immer auf Amsterdams außergewöhnliche Ressourcen verlassen, wenn auch häufig voller Groll und mit dem nagenden Gefühl, dass Amsterdam sie fallen lassen würde, sobald sie der Stadt nicht mehr nützlich waren.

Das vierte Auge ist Madrid. Aus geradezu lächerlich unsinnigen dynastischen Gründen herrschten die Spanier vom 15. bis ins 18. Jahrhundert über große Teile Lotharingiens. Ihre Bemühungen, dieses von Holland bis hinunter an die Schweizer Grenze reichende Gebiet zu halten, seine aufmüpfigen Bewohner zu unterwerfen und andere interessierte Parteien abzuwehren, waren der Auslöser vieler bis heute nachwirkender Entwicklungen der europäischen Geschichte – bis die Spanier schließlich in einem Wirbel aus Sühnemessen und dichten Weihrauchwolken das Handtuch warfen.

Das fünfte und letzte Auge springt auf eine Art und Weise hin und her, die meine Metapher völlig ruiniert. Ganz allgemein gesprochen, ist es ein deutsches Auge, das zu gewissen Zeiten in Frankfurt angesiedelt werden könnte, wo der Kaiser des Heiligen Römischen Reichs gewählt wurde, oder in Aachen, wo er zum deutschen König gekrönt wurde (analog zur Krönung der französischen Könige in Reims – Kaiser wurde er offiziell erst mit der Krönung durch den Papst). Als ebenso legitimer Nachfolger Karls des Großen wie der westfränkischen Herrscher hatte der Kaiser/König seine ganz eigene Sicht auf Lotharingien, das er in seiner Gesamtheit als festen Bestandteil des Heiligen Römischen Reichs betrachtete. Zu den zahlreichen Aufgaben des Kaisers gehörte es, die westliche Grenze gegen Frankreich zu sichern, darüber hinaus hatte er sich jedoch auch um Italien und den Osten des Reichs zu kümmern, weshalb er häufig abgelenkt war. Die Debatte, was denn nun genau zu Frankreich beziehungsweise zum Heiligen Römischen Reich gehörte und was nicht, war bis zum Ende des 18. Jahrhunderts eine der zentralen Fragen Europas und ernährte Generationen eigens dafür angeheuerter Gelehrter. Vom frühen 17. Jahrhundert an, als Wien zur mehr oder weniger ständigen Hauptstadt wurde, sollte ich das Auge wohl fairerweise dort platzieren. In der postnapoleonischen Ära erbte dann Berlin die umstrittenen Grenzen im Westen, um die es bis 1945 erbitterte Kriege führte.

Die übrigen Akteure waren weniger bedeutend und spielten nur vorübergehend eine Rolle. Die Herzöge von Burgund (die gar keine echte Hauptstadt haben, der ich das Auge zuordnen könnte) gliederten im 14. und 15. Jahrhundert weite Teile Lotharingiens in ihren Staat ein und bewegten sich mit großer Vorsicht in den freien Räumen zwischen den rivalisierenden französischen und deutschen Herrschern. Auch Bern vertrat eigene Interessen in der Region, hauptsächlich aus Gründen der Verteidigung. Gerade die Städte spielten im Heiligen Römischen Reich lange Zeit eine wichtige Rolle. Zum einen die vielen Freien und Reichsstädte (Basel, Mülhausen, Aachen), aber auch die Zentren der geistlichen Territorien, die über viele Jahrhunderte Bestand hatten (Lüttich, Köln, Essen), und die Hauptstädte der kleineren, aber langlebigen Grafschaften und Herzogtümer (Kleve, Kurpfalz, Baden). Viele dieser Städte gehörten zumindest zeitweise zu den prächtigsten in Europa, und ihr Wohlstand sowie ihre Unabhängigkeit erregten nicht selten die Gier und Habsucht ihrer größeren Nachbarn.

Im Jahr 1672 fällten Waldarbeiter unmittelbar südlich der Rhône in der Nähe des heutigen Flughafens Lyon Saint-Exupéry einige riesige alte Eichen. Zu ihrer Verblüffung trafen ihre Äxte auf ein äußerst merkwürdiges Hindernis.

Nachdem sie es freigelegt hatten, erkannten sie ein schauerliches Gewirr von Metallteilen und menschlichen Knochen, das in den Stamm und die Äste der Eiche eingewachsen war. Man kam zu dem Schluss, dass es sich um die sterblichen Überreste eines gepanzerten burgundischen Soldaten handeln müsse, der sich 1430 während der Schlacht von Anthon in dem hohlen Baum versteckt hatte und dort entweder eingeklemmt oder getötet worden war. In dieser Schlacht waren die Truppen des mit den Burgundern verbündeten Fürsten von Orange, Ludwigs II., in einen französischen Hinterhalt geraten, womit Ludwigs Versuch, die Dauphiné zu erobern, endgültig gescheitert war. Seine Truppen wurden niedergemetzelt, er selbst entkam schwer verletzt auf seinem Pferd über die Rhône.

Eine Warnung für potenzielle Leser: Dieses Buch ist voll von solchen Anekdoten.

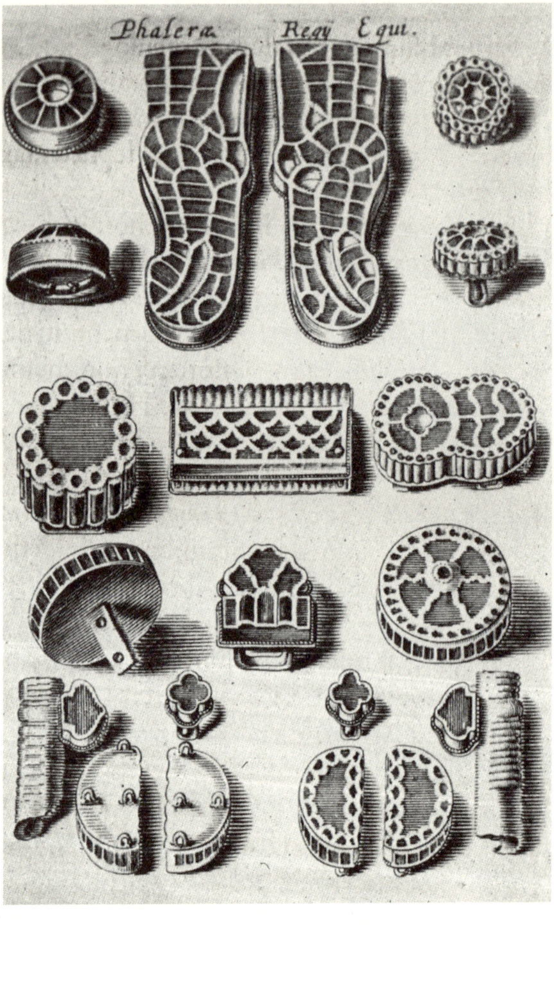
Phaleræ Regij Equi.

KAPITEL EINS

Von Eisschilden zu Asterix

Die Frühgeschichte der Menschen in Nordwesteuropa wird uns wohl für immer ein Rätsel bleiben. Wir können zwar davon ausgehen, dass im Laufe der Jahrtausende alle möglichen heroischen Taten vollbracht und Erfindungen gemacht wurden, dass sowohl ernsthafte als auch lächerliche Herrscher scheiterten und es Naturkatastrophen und faszinierende Erkenntnisse in Sachen Gemüse gab, doch Genaueres werden wir darüber niemals erfahren. Die Neandertaler (benannt nach dem Neandertal unweit von Düsseldorf, wo ihre Überreste Mitte des 19. Jahrhunderts entdeckt wurden) scheinen vor vierzigtausend Jahren ausgestorben zu sein, möglicherweise ausgelöscht durch die Vorfahren des modernen Menschen. Unsere frühen Verwandten teilten sich ihren Lebensraum mit diversen furchteinflößenden Tieren, etwa europäischen Leoparden und Höhlenbären. Doch als die letzte Eiszeit den nördlichen Teil Europas in eine Polarwüste verwandelte, wurden diese – wie auch die meisten Menschen – vertrieben oder starben aus. Vor achtzehntausend Jahren zog sich das Eis dann allmählich zurück, und darunter kam eine recht vertraute Landschaft zum Vorschein. Wasserspiegel und Temperaturen stiegen, und die Menschen wanderten zurück nach Norden.

Der einzige eklatante Unterschied zum heutigen Erscheinungsbild Europas war eine Landmasse mit dem lustigen Namen Doggerland, die den größten Teil der jetzigen Nordsee ausfüllte. Dort vereinten sich Themse, Rhein, Maas, Seine und Schelde zu einem gewaltigen Fluss, der am heutigen westlichen Ende des Ärmelkanals ins Meer mündete. Dieses für uns höchst irritierende Land, über dessen Dörfern kleine Rauchfahnen in den Himmel stiegen und in dem Wölfe, riesige Hirsche und Auerochsen lebten, die schnaubend an den sumpfigen Ufern eines der größten Ströme der Welt entlangzogen, wurde nach und nach vom steigenden Meeresspiegel und Tsunamis verschlungen, bis es 6500 v. Chr. endgültig verschwand. In einem der dramatischsten geologischen Ereignisse der europäischen Vergangenheit (das auch einen unvorstellbaren Lärm verursacht haben muss) brach der letzte, etwa dreißig Kilometer breite Keil aus Fels und Schlamm weg, wodurch Britannien zur Insel wurde. Vor den Augen jener glücklichen Jäger und Sammler, die sich zufällig im höher gelegenen Proto-Kent oder Proto-Pas-de-Calais befanden, versank das bedauernswerte Doggerland in den Fluten, und es entstand der Ärmelkanal.

Blickt man auf die europäische Frühgeschichte zurück, so drängt sich unweigerlich der Eindruck auf, dass die wahre Schwerstarbeit von anderen geleistet wurde – von den Nordostasiaten beispielsweise, die am Ende der letzten Eiszeit ganz Amerika besiedelten, oder den Bewohnern Borneos, die später mit der Besiedelung von Madagaskar eine ähnlich epische Großtat vollbrachten. Diese Abenteuer stehen in krassem Gegensatz zu den zwar notwendigen, aber doch eher eintönigen Beschäftigungen der Europäer, die sich in kleinen Verbänden bemühten, in ihrer rauen, tundra-artigen Umgebung zurechtzukommen. Auch der Vergleich mit Regionen wie dem Fruchtbaren Halbmond, wo Tiere domestiziert, Feldfrüchte kultiviert, so nützliche Dinge wie das Rad oder die Schrift erfunden und die ersten Städte gegründet wurden, gestaltet sich in zunehmendem Maße peinlich. Während unter der glühenden Sonne Zehntausende Arbeiter nach Gutdünken ihrer goldgewandeten Priester und Könige riesige Tempeltürme errichteten, hantierten die Nordeuropäer mit ranzigem Bärenfett herum.

Aber auch in Nordwesteuropa entwickelte sich zu einem nicht näher definierbaren Zeitpunkt eine deutlich komplexere Gesellschaft, wenngleich diese immer noch nicht im Entferntesten an die kultivierten Verhältnisse im östlichen Mittelmeerraum heranreichte. Die traditionell in Museen präsentierten Rundhütten, die sich hinter einem erschreckend schwachen, aus Binsen oder dergleichen gefertigten Verteidigungswall zusammendrängen und in deren Mitte ein dünnes Rauchfähnchen von einem Lagerfeuer aufsteigt, während alle resigniert auf die römischen Invasoren warten, die endlich Abwasserkanäle und vernünftige Straßen bauen sollen, entsprechen längst nicht mehr dem aktuellen Wissensstand. Ein Historiker, der sich hauptsächlich mit dem eisenzeitlichen Europa beschäftigt, wies mich einmal darauf hin, dass der Ärmelkanal vor der Eroberung Britanniens durch die Römer von großen, aufwendig konstruierten und bis zum Rand mit Waren beladenen Segelschiffen befahren wurde, deren Besatzung allerdings aus gänzlich illiteraten Seeleuten und Händlern bestand. Im ersten Moment schwirrte mir bei der Vorstellung der Kopf, aber wenn man erst einmal darüber nachdenkt, ist es vollkommen logisch. Und dieser Aha-Effekt lenkte mein Denken in völlig neue Bahnen. Eine hochkomplexe merkantile und militärische Zivilisation, die Schiffe einsetzte, Tauschhandel betrieb und Rohstoffe sowie verarbeitete Güter aus dem ganzen nordwestlichen Europa bezog, brauchte nichts aufzuschreiben. Tatsächlich brauchte die gesamte Menschheit bis zu einem gewissen Punkt ihrer Entwicklung keine Aufzeichnungen. Aus dem Blickwinkel unserer schriftfixierten Kultur mag es schwierig sein, für diese in Tierfelle gehüllten, rätselhaften Menschen mit ihren merkwürdigen Göttern nicht wenigstens einen Hauch Mitleid zu verspüren. Doch das ist keineswegs angebracht. Über viele Generationen hinweg vollzogen sich dramatische Entwicklungen, die Menschen wanderten in fremde Regionen ein, Kämpfe tobten, es wurden Erfindungen gemacht und Bauten errichtet, und wir stehen nicht etwa deshalb ratlos vor den zahllosen Relikten jener Zeit, weil diese bedeutungslos wären, sondern weil wir ihre einst komplexe Bedeutung nicht zu entschlüsseln vermögen.

Die Archäologie liefert zu diesem vorschriftlichen Europa unablässig neue frustrierende Rätsel. Auf dem Glauberg vor den Toren Frankfurts wurde kurz vor dem Zweiten Weltkrieg eine ganze Reihe aufwendig gestalteter eisenzeitlicher Überreste gefunden. Bei späteren Ausgrabungen machte man dann eine noch spektakulärere Entdeckung: die beinahe unbeschädigte 1,80 Meter hohe Sandsteinfigur eines gepanzerten Mannes mit Schild, Halstuch und einer bizarren Kopfbedeckung, von der zwei überdimensionierte Klappen abstehen wie merkwürdige Hasenohren. Die Statue entstand offenbar um 500 v. Chr., doch bei ihrem Anblick fühlt man sich unweigerlich an das UFO von Roswell und außerirdische Invasoren erinnert. Es könnte sich um einen Fürsten handeln, einen Kultgegenstand oder das beliebte Logo einer Kette von Karrenwerkstätten. Aber wir wissen es nicht – und so ist diese Figur in äußerst schwankenden Anteilen faszinierend und langweilig zugleich. Fast nahm ich es ihr übel, dass sie zweieinhalb Jahrtausende unbehelligt im Boden gelegen hatte, bis sie nun plötzlich ohne jeden Zusammenhang und erklärende Geschichte aufgetaucht war und Unruhe stiftete. Das Einzige, was wir also mit Gewissheit sagen können, ist, dass jenes Nordwesteuropa, in dem wir leben, auf einem gewaltigen Fundament menschlicher Leistungen ruht, über die wir so gut wie nichts wissen.

Als die Römer auf der Bildfläche erscheinen und Julius Cäsar sein Werk *Der Gallische Krieg* verfasst, ist es, als werde ein riesiger, den gesamten Kontinent verhüllender Vorhang angehoben, und wir erblicken – beschrieben nicht nur von einem direkten Augenzeugen, sondern von dem Mann, der mehr als jeder andere für die Zerstörung dieser Kultur verantwortlich ist – eine Reihe bestens organisierter, hochentwickelter Gesellschaften, die den Römern mit ihrer Militärtechnik erhebliche Probleme bereiten und zudem über große, robuste, für das raue Wetter auf dem Atlantik konstruierte Schiffe verfügen. Wer Cäsars Bericht liest, fühlt sich hinsichtlich des nordwesteuropäischen Wesens unverzüglich getröstet, und doch sollte man auf der Hut sein. Die erhaltenen schriftlichen Zeugnisse und die für uns nun leichter verständlichen archäologischen Überreste jener Zeit vermitteln die Illusion einer völlig neuen Geschlossenheit und Entschlusskraft, dabei waren alle auch schon genauso eloquent, aggressiv, treulos, heldenhaft, ruhelos und unfähig, bevor diese unerfreulich hochgerüsteten Italiener ankamen.

Der womöglich eindrucksvollste Ort des vorrömischen Nordwesteuropa liegt auf einem Hügel bei Otzenhausen in einer dicht bewaldeten Region des Saarlands. Nur wenige Stätten vermitteln einen so anschaulichen Eindruck davon, wie sehr das Leben der Menschen in weiten Teilen Europas vom Wald bestimmt wurde. Kiefern und Buchen waren mächtige Gegner, ihre Samen breiteten sich unerbittlich aus und eroberten die vom Menschen aufgegebenen Plätze innerhalb einer Generation zurück. Im Mittelalter gestand man Siedlern deshalb während der sogenannten Rodejahre, in denen die Baumwurzeln aus dem Boden gerissen und das Land urbar gemacht wurde, besondere Privilegien zu. Doch sobald die Menschen von Katastrophen wie Kriegen, Pest oder Ernteausfällen heimgesucht wurden, bot sich den Bäumen eine neue Chance, alles zu überwuchern. Die befestigte keltische Siedlung bei Otzenhausen, die über einen Zeitraum von mehreren Jahrhunderten errichtet wurde, war riesig. Man hat ermittelt, dass sie während ihrer größten Ausdehnung (um die Zeit von Cäsars Invasion) aus ungefähr 56 Kilometern Baumstämmen und 240 000 Kubikmetern Stein bestand (was, wie Archäologen dankenswerterweise ausgerechnet haben, der Ladung von etwa neuntausend Güterwaggons entspricht). Der außergewöhnlich hohe Bedarf an Bau- und Feuerholz führte dazu, dass das heute wieder waldreiche Gebiet damals in weiten Teilen abgeholzt war und die wahrscheinlich mit Gehöften gesprenkelte und von breiten Wegen durchzogene Landschaft sich von der jetzigen so sehr unterschied, dass wir sie uns kaum vorstellen können.

Die Siedlung lag, durch einen – zumindest für mich – grauenvoll steilen Anstieg geschützt, auf der Kuppe des Dollbergs und wurde aus einer noch heute sprudelnden Quelle im Zentrum des Areals mit Wasser versorgt.

Erbaut wurde die Anlage einst von den Treverern zur Verteidigung gegen marodierende Sueben. Von all seinen Gegnern zollte Cäsar den Treverern den höchsten Respekt, sie werden im *Gallischen Krieg* mehrfach erwähnt und bereiteten ihm im Laufe seines neunjährigen Feldzugs erhebliches Kopfzerbrechen. Schließlich waren die Römer von dem treverischen Herrscher Indutiomarus derart besessen, dass sie sich zu einer außergewöhnlichen Kampfstrategie entschlossen: Jeder Römer sollte einfach drauflosstürmen und versuchen, sich zu Indutiomarus durchzuschlagen. Auf diese Weise wollte man sicherstellen, dass er auf jeden Fall getötet wurde, egal, wie viele Opfer es kostete.

Da sich die Treverer ständig auf Kriegszug befanden, wurde ihre Festung im Saarland nie angegriffen – zumindest erwähnt Cäsar nichts davon. Allerdings gaben sie die Siedlung im selben Jahr auf, in dem ganz in der Nähe ein römisches Lager gegründet wurde. Ob dies freiwillig geschah oder ob sie von den Römern vertrieben wurden, wissen wir nicht. Die Treverer haben bis heute im Namen der Stadt Trier überlebt (deutlicher erkennbar in der französischen Variante: Trèves), und vermutlich sind auch ihre Gene noch in der ganzen Region zu finden. Das Wissen um die wahren Ursprünge der Befestigungsanlage war jedoch lange verloren, und so ist sie heute unter der vollkommen unhistorischen Bezeichnung »Hunnenring« bekannt, was ihr ein wohlig düsteres Flair verleiht.

Der *Gallische Krieg* ist eine so ungemein fesselnde Lektüre, weil man jetzt endlich von den aus zweiter, wenn nicht gar dritter Hand überlieferten griechischen Gerüchten über die Eigenheiten Nordwesteuropas und den wissenschaftlichen Analysen des Inhalts von Knochengruben mit einem Schlag auf strahlendes Technicolor umschaltet. Natürlich präsentiert Cäsar vor allem sich selbst im denkbar besten Licht, aber zugleich zeigt er sich ungemein interessiert, und das war auch sein damaliges Publikum. Wenn er von der Region zwischen den Flüssen Waal und Maas als der »Insel der Bataver« spricht, vermittelt er uns ganz nebenbei eine Vorstellung davon, dass das niederländische Flusssystem früher sehr viel weitläufiger, wilder und äußerst schwer passierbar gewesen sein muss. Außerdem berichtet er, wie leicht seine Gegner in die hügeligen Ardennen und in nördlicher Richtung in die »Marschen« (ein mittlerweile verschwundenes, aber damals fast amazonasgleiches Sumpfgebiet zwischen den zahllosen Mäandern von Rhein und Maas) ausweichen oder auf die der Küste vorgelagerten Inseln fliehen konnten, wo die Flut sie schützte. Er schreibt über die Belger und die Helvetier und schildert ihre außerordentliche Tapferkeit, was den *Gallischen Krieg* nicht nur zum Gründungsdokument des Nationalbewusstseins zweier moderner Staaten macht, sondern auch dazu führte, dass im 19. Jahrhundert unzählige Rathauswände mit zweitklassigen (wenn auch höchst unterhaltsamen) Fresken dekoriert wurden, auf denen Männer in Sandalen und mit prächtigen Schnurrbärten abgebildet sind. Cäsar berichtet vom Bau der ersten Brücke über den Rhein, die er wahrscheinlich in der Nähe von Koblenz errichten ließ, aber vor allem handelt sein Buch von Gewalt – von der Überlegenheit der römischen Gewalt über die keltische und von grausamen Massakern und Zerstörungen, nachdem der Widerstand gebrochen war.

Mein Bild der Römer in Gallien (und von Julius Cäsar) ist geprägt von meiner lebenslangen (und erfreulicherweise von meinen Söhnen geteilten) Liebe zu Goscinnys und Uderzos *Asterix*-Geschichten, die in einer Zeit einsetzen, als Cäsar bereits wieder nach Rom zurückgekehrt ist. Für mich gibt es keinen einzigen Aspekt der realen römischen Kultur, der nicht vom beißenden Spott dieser Bücher durchdrungen ist. Ich bin mir ziemlich sicher (und mit dieser Ansicht stehe ich gewiss nicht allein), dass *Asterix als Legionär* das möglicherweise witzigste Buch aller Zeiten ist, wenngleich man fairerweise zugeben muss, dass *Asterix und Kleopatra* einen ebenso berechtigten Anspruch auf diesen Titel anmelden kann. Es steigert den Reiz eines Besuchs der ansonsten zermürbend umfangreichen Sammlungen römischen Plunders in den Museen von Metz, Köln oder Mainz ganz ungemein, wenn vom Legionärshelm bis zur Toga tragenden Figur auf einem Grabstein sämtliche Exponate die Erinnerung an diese urkomischen Szenen heraufbeschwören.

Die Wurzeln der *Asterix*-Reihe sind so komplex, dass sie eine eigene Untersuchung verdienten – die Bildergeschichten waren eine Reaktion auf den Einmarsch der Nationalsozialisten und die darauf folgende Besatzung, eine Satire auf die französische Armee (in der Goscinny gedient hatte), eine Auseinandersetzung mit Goscinnys Judentum, eine Kritik an der zunehmenden Amerikanisierung und noch vieles mehr. Vor allem aber dienten sie als eine Art Abrissbirne, die mit schärfstem Spott sämtliche Überbleibsel des Faschismus zertrümmerte, der sowohl in der ursprünglich von Mussolini erdachten Variante als auch in der Vichy-Version die vermeintlichen Werte des Römischen Reichs – Disziplin, Ordnung und würdevolle Strenge – bitter ernst nahm. Nach *Asterix* war es nicht mehr möglich, exakt aufgereihte, Stahlhelm tragende Soldaten und Offiziere mit kantigen Gesichtszügen zu betrachten, ohne darin etwas anderes zu sehen als das Vorspiel zu einer weiteren burlesken Demütigung durch die gallischen Helden. Denn wie sagt Obelix in, glaube ich, jedem Band so schön: »Die spinnen, die Römer.«

Der Kriegsherr

Eskortiert von seinem wie stets nach Bartwichse, teurem Eau de Toilette und Metallpolitur duftenden Reiterzug, legte Kaiser Wilhelm II. am 11. Oktober 1900 in einem Gestöber aus bizarren Jägermützen, Abzeichen, besonderen Umhängen und Schärpen den Grundstein zu einem der unterhaltsamsten Projekte, die je im nördlich von Frankfurt gelegenen Taunus in Angriff genommen wurden: dem Wiederaufbau des als Saalburg bekannten Römerkastells.

Kaiser Wilhelm hatte viele Fehler, doch seiner kindlich-idealisierenden Schwärmerei für die germanische Vergangenheit haben wir viel zu verdanken. Nordwesteuropa ist übersät mit mehr oder weniger eindrucksvollen römischen Relikten, aber keines verströmt eine Atmosphäre wie die Saalburg. Wilhelm wischte das übliche Zögern und Zaudern der Akademiker kurzerhand beiseite und beschloss, das ganze Ding von Grund auf neu aufzubauen, und zwar so, wie es früher einmal gewesen sein musste. Da dies im Jahr 1900 geschah, kann man sich leicht vorstellen, welch vielschichtiger Beigeschmack dem Unterfangen anhaftete und welche ganz und gar un-asterixische kaiserliche Schicksalsschwere noch drückender in der Luft hing als der Duft von Eau de Toilette. Im Großen und Ganzen handelte es sich bei der Saalburg um eine persönliche Spielerei des Kaisers, wenn auch unterstützt durch eine Handvoll speichelleckender Archäologen, die es eigentlich besser hätten wissen müssen. So bestand der Kaiser beispielsweise auf dem Bau eines Mithras-Tempels, weil der Mithras-Kult einen so militärischen, brüderbündlerischen, initiatorischen und durch und durch männlichen Touch hatte, obwohl es nicht den geringsten Hinweis darauf gab, dass dieser Kult jemals in der Saalburg praktiziert worden war. Das Innere des Tempels ist eine wahre Pracht: Mit seinem blau getünchten, sternenübersäten Gewölbe und dem riesigen bemalten Reliefbild eines halbnackten Jünglings, der einen weißen Stier tötet, erinnert er an einen altmodischen, vor langer Zeit geschlossenen Nachtclub.

Das Kastell selbst ist eine deutlich ernstere Angelegenheit, ein Eindruck, der bei mir noch dadurch verstärkt wurde, dass ich es im tiefsten Winter besuchte – weshalb ich auch die Kostümaufführungen und nachgestellten römischen Gastmähler in der Taverne verpasste. Der schneebedeckte Boden und die kahlen Bäume waren hingegen geradezu ideal, um ein Gefühl dafür zu bekommen, wie diese armen römischen Legionäre wie Gary Cooper in einer frostigeren Variante von *Drei Fremdenlegionäre* fernab ihrer Heimat festsaßen, müde in das östliche Dunkel spähten, von Zitronenbäumen träumten und auf den nächsten Angriff der Germanen warteten.

Weiter als bis zur Saalburg sind die Römer jenseits des Rheins nie gekommen. Es muss ein deprimierender Außenposten gewesen sein, aber er diente dem Schutz einer Reihe römischer Niederlassungen entlang des Rhenus (Rheins), die noch heute existieren, auch wenn ihre Namen im Laufe der Zeit gewisse Veränderungen durchlaufen haben: Colonia Agrippina (Köln), Confluentes (am Zusammenfluss – *confluens* – von Rhein und Mosel: Koblenz), Bonna (Bonn, unschwer zu erkennen), Moguntiacum (Mainz), Bingium (Bingen) und Novaesium (Neuss).

Wenn man auf den Wehrmauern der Saalburg entlanggeht, fühlt man sich fast wie ein echter Römer, haucht in die Hände, um sie warm zu halten, und hält Ausschau nach dem strengen, aber gerechten Wachoffizier. Die Mauern selbst erscheinen allerdings ein wenig niedrig. Ob das die antike Realität widerspiegelt oder lediglich Wilhelms Geldbeutel geschont werden sollte, bleibt unklar – jedenfalls suggeriert das Ganze ein recht optimistisches Vertrauen der Römer darauf, die germanischen Stämme würden schon nicht auf die Idee kommen, Trittleitern einzusetzen. Die im römischen Stil gehaltenen Lagerräume beherbergen ein Museum, in dem der übliche alte Plunder ausgestellt wird – unzählige Speerspitzen, Votivöllampen, Statuetten, Kellen, Rinnen, Töpfe. Tatsächlich scheint es nicht fair, dass diverse römische Überreste erhalten blieben, weil die unverwüstlichen Materialien, aus denen sie gefertigt wurden, die Zeiten überdauert haben, während die aus Holz und Fasern bestehenden Zeugnisse der umliegenden Kulturen weitgehend verschwunden sind. Man findet in diesem Museum sogar eine verstörende kleine Gewandnadel mit einem Hakenkreuz darauf, die römische Adaptation eines indischen Symbols. Außerdem gibt es eine hervorragende Präsentation zur Größe der unterschiedlichen römischen Militäreinheiten, dargestellt anhand von Playmobil-Figuren, was der Vorstellung ungemein auf die Sprünge hilft, wenn auch sicher nicht in Wilhelms Sinn. Der hineingeschummelte Mithras-Tempel wird durch fantastische Exponate ergänzt, die dem Besucher den Kult näherbringen, etwa in Bezug auf seine (bis heute absolut rätselhafte) Verwendung von Steinkugeln oder die Art und Weise, wie die Adepten die sieben Weihestufen von Rabe über Bräutigam, Soldat, Löwe, Perser und Sonnenläufer – bezeichnet mit dem wunderbaren Namen *Heliodromus* – bis hin zum Vater durchliefen, aber wie und warum, das werden wir wohl nie erfahren. Allerdings passt es zu den trotz allem anrührend verwirrten Gefühlen des Kaisers in Bezug auf Männlichkeit.

Der nordwestliche Teil des Römischen Reichs wurde einige Male umstrukturiert, aber die wesentlichen Gebietseinheiten Germania Inferior, Gallia Belgica und Germania Superior (*superior* im Sinne von rheinaufwärts gelegen) blieben. Germania Inferior erstreckte sich über den Süden der heutigen Niederlande mit dem wichtigen nördlichen Zentrum Noviomagus (Nijmegen/Nimwegen), das die Rheingabelung – in einen südlichen Arm, die Waal, und den weiter nördlich verlaufenden Nederrijn – schützte. Von den nördlich davon gelegenen Gebieten, einem undurchdringlichen Dickicht aus Sumpfland und nicht schiffbaren Wasserwegen, hielt man sich fern. Rheinaufwärts reichte Germania Inferior bis Bonn. Gallia Belgica umfasste die gesamte Region vom heutigen Flandern bis an die Somme und dehnte sich von dort aus weiter nach Osten über die Champagne, Luxemburg und Lothringen bis fast an den Rhein. Später wurde die Provinz aufgespalten in einen westlichen Teil und einen östlichen mit der Hauptstadt Trier. Ein Kuriosum ist die »Civitas Tungrorum«, die bei der Gebietsreform von Gallia Belgica auf Germania Inferior überging, aber auf obskure Weise eine gewisse Eigenständigkeit bewahrte, die sie später in das Territorium des Fürstbistums Lüttich hinüberrettete (eine erstaunlich beständige, ausgedehnte geografische Absurdität, die sämtliche potenziellen Welteroberer in den Wahnsinn getrieben hat, bis sie schließlich 1795 von den französischen Revolutionstruppen im Orkus versenkt wurde). Die letzte der drei Provinzen, Germania Superior, erstreckte sich entlang des Rheins, auch über das rechte Ufer hinaus, wo die Saalburg ein wichtiges Verteidigungselement bildete, und dann weiter hinab zum Zürichsee und Genfersee. Ihre Schlüsselstädte waren Mainz und Argentum (Straßburg), Ersteres die entscheidende militärische Basis zur Versorgung der Kastelle (eine Tatsache, der wir ein ganz besonders geisttötendes Museum voller Töpfe, Kurzschwerter und Speerspitzen verdanken, die beim Überqueren des Rheins versehentlich ins Wasser gefallen sind).

Mitte des 3. Jahrhunderts führten wiederholte germanische Angriffswellen und eine allgemeine Krise im Römischen Reich dazu, dass die Saalburg und weitere Kastelle aufgegeben wurden und man die Grenze zurück an den Rhein verlegte. Die römischen Herrscher hielten sich noch lange genug, um von Konstantins Hauptstadt Trier aus das Christentum durchzusetzen und Strukturen und institutionelle Grundlagen zu schaffen, die phasenweise zwar unter erheblichen Druck gerieten, aber bis heute Bestand haben.

Als Krönung meiner spaßigen Saalburg-Erfahrung erblickte ich schließlich über dem Haupt einer Statue des Kaisers Antoninus Pius eine steinerne Tafel mit der Inschrift: WILHELM II., SOHN FRIEDRICHS III., ENKEL WILHELMS DES GROSSEN, BAUTE IM FÜNFZEHNTEN JAHR SEINER HERRSCHAFT ZUM EHRENVOLLEN GEDENKEN AN SEINE VORFAHREN DAS LIMESKASTELL SAALBURG WIEDER AUF. Auf dem Sockel der Statue werden dann drei große Namen miteinander verknüpft: IMPERATORI ROMANORUM TITO AELIO HADRIANO ANTONINO AUGUSTO PIO (die römischen Kaiser Hadrian und Antoninus Pius) GUILELMUS II IMPERATOR GERMANORUM (und unser alter Freund, der deutsche Kaiser Wilhelm).

Der aus Wilhelms Sicht irritierendste Aspekt der Saalburg muss jedoch der Umstand gewesen sein, dass er, während er freudig auf den Wehrmauern herumspazierte und sich als höchst professioneller, aber durchaus leutseliger römischer Befehlshaber gebärdete, der in das von Barbaren bevölkerte Dunkel hinausstarrte und auf den nächsten Angriff wartete, in Wirklichkeit ein Germane war und in die falsche Richtung schaute. Zum Schutz vor Menschen wie ihm war die Saalburg einst errichtet worden.

Childerichs kostbare Bienen

Es gibt wohl kaum etwas, das so vernichtend und unbrauchbar ist wie die Bezeichnung »finsteres Mittelalter«. Finster klingt zunächst einmal recht witzig nach Orks und Elfen, und es impliziert ein sehr niedriges Niveau, von dem wir Menschen uns seit jenen Zeiten ins Licht hochgearbeitet haben (wobei die Gegenwart musikalisch vom letzten Satz aus Beethovens neunter Symphonie untermalt wird). Doch der Schaden, den dieses Wörtchen »finster« anrichtet, ist immens. Ein einfacher Test besteht darin, sich spontan eine europäische Szenerie aus jener Zeit vorzustellen. Und? Schien die Sonne? Natürlich nicht. Für gewöhnlich ähnelt unser Bild von dieser langen, komplexen Epoche, die von den letzten Jahrzehnten des Römischen Reichs bis etwa um die Zeit der Schlacht von Hastings reicht, mehr oder weniger dem Cover eines Heavy-Metal-Albums.

Je weiter eine Epoche zurückliegt, umso größer ist die Wahrscheinlichkeit, dass ihre materiellen Erzeugnisse längst zerstört wurden, und das ist ein Problem. Im Laufe der Jahrhunderte wurde in Lotharingien ununterbrochen gebaut, und dabei wurden Steine aus älteren Bauten wiederverwendet, weshalb die Spuren früher Kirchen und Paläste weitestgehend vernichtet sind. Konkret heißt das, wir können uns schlicht nicht vorstellen, dass der riesige, freudlose Kölner Dom lediglich der letzte Vertreter in einer langen Reihe von Bauten sein soll, die bis zu einem römischen Tempel zurückreicht. In vielen der großen Kirchenbauten entlang des Rheins gibt es Schaukästen, in denen mehr oder weniger auf Vermutungen beruhende Modelle ihrer frühen Vorgänger zu sehen sind. Im Allgemeinen beginnt diese Entwicklung mit einer geweihten Holzhütte, die eher an ein windschiefes Kinderspielhaus erinnert. So schwer lastet das »finstere« Mittelalter auf unseren Schultern, dass wir fast nicht umhinkönnen, die Erbauer dieses klapprigen Kirchleins vor uns zu sehen, wie sie auf dem schlammigen Boden umherschlittern, über das undichte Dach schimpfen und darüber, dass niemand in der Lage zu sein scheint, eine vernünftig schließende Tür zu konstruieren. Es scheint nur eine Frage der Zeit, bis die Mauern wieder einmal über den zähnefletschenden, in Felle gehüllten, die Streitaxt schwingenden Gläubigen zusammenbrechen. In Wahrheit müssen diese heute nicht mehr existierenden Kirchen außerordentlich schön gewesen sein – erbaut nach römischen und byzantinischen Vorbildern und ausgestattet mit allerlei herrlichen Dingen aus dem römischen Kaiserreich, von denen nichts erhalten geblieben ist.

Noch ein weiteres, vergleichbares Problem macht dem »finsteren Mittelalter« zu schaffen: Unsere heutigen Städte liegen häufig an exakt derselben Stelle wie die damaligen (derselbe Flussübergang, derselbe Hafen) und wurden einfach obendrauf gebaut. An zahllosen Stellen wurden dadurch die älteren Bauten zerstört. Wahrscheinlich hat schon einmal jemand zumindest annähernde Berechnungen dazu angestellt, wie sehr jedes weitere Jahrhundert die Chance verringert, dass aus einer bestimmten Epoche überhaupt noch etwas zu finden ist. Der berühmte fette Junge, der 1666 auf den Ofen des Bäckers aufpassen sollte, sich stattdessen mit Pasteten vollstopfte und einschlief, woraufhin fast ganz London abbrannte, ist nur ein Mitglied jenes elitären Zirkels, der im Laufe der Zeit in einem Moment der Unachtsamkeit für Chaos und Verwüstung sorgte. Wenn in sämtlichen Haushalten einer im Wesentlichen aus Holzhäusern bestehenden Ansiedlung mit offenem Feuer hantiert wird, muss man sich nicht wundern, dass so viele Städte mehr als einmal vor der Notwendigkeit standen, alles wieder von Neuem aufzubauen. Wir wissen viel über die Schrecken jüngeren Datums – etwa den Schießpulverunfall, der 1654 einen Großteil der Stadt Delft zerstörte –, aber tatsächlich ereigneten sich auch in früheren Jahrhunderten an jedem einzelnen Tag irgendwo Katastrophen, weil jemand mal wieder nachlässig oder ungeschickt war.

Die unzähligen Kriege haben natürlich noch sehr viel mehr Schaden angerichtet und Stadt um Stadt in Schutt und Asche gelegt. Es wird sehr oft von Kriegen die Rede sein in diesem Buch, auch wenn ich mich bemüht habe, ihren Anteil so gering wie möglich zu halten, denn mit Blick auf die südlichen Niederlande oder die Pfalz könnte es sonst auf Dauer recht monoton werden. Bei jedem Zusammenbruch der bestehenden Ordnung, jedem gewaltsamen Griff nach der Herrschaft landeten materielle Zeugnisse der Vergangenheit auf dem Scheiterhaufen. So gingen etwa bei der Belagerung von Straßburg 1870 und der nahezu vollständigen Zerstörung der Katholischen Universität Löwen 1914, zwei Ereignisse aus jüngerer Zeit, viele Tausend alte, jahrhundertelang von Archivaren gehütete Urkunden, Schätze und Geschichten verloren. Das wahre »finstere« Zeitalter ist in dieser Hinsicht die erste Hälfte der 1940er Jahre, als – gewissermaßen als Nebenprodukt des industriellen Tötens – auch große Teile der Vergangenheit vernichtet wurden. Ein kleines und doch eindrückliches Beispiel dafür ist der unschätzbar wertvolle Kodex mit Darstellungen der Visionen der heiligen Hildegard von Bingen, die in den 1170er Jahren entweder von Hildegard selbst oder unter ihrer Aufsicht gezeichnet wurden. Der Kodex wurde bei der Tragödie, die Anfang 1945 über Dresden hereinbrach, zerstört. Wie die darin enthaltenen Illustrationen aussahen, wissen wir (abgesehen von einigen Schwarzweißfotografien) heute nur noch, weil einige Nonnen rein zufällig in den 1930er Jahren ebenso präzise wie wunderschöne Kopien davon angefertigt hatten. Und so existieren dank der uralten Tradition des kontemplativen Kopierens heute immerhin noch Abbildungen dieser fragilen kleinen Zeugnisse einer verstörenden Genialität, die fast acht Jahrhunderte überdauerten, bis sie in einer Bombennacht untergingen.

Was ich auf diese höchst umständliche Weise sagen möchte, ist, dass die auf das Römische Reich folgende Epoche nur deshalb als »finster« gilt, weil sie von den Ereignissen zahlreicher späterer Jahrhunderte überlagert wurde – wobei ich hier nur die menschlichen Aktivitäten berücksichtigt habe, ganz zu schweigen von den verheerenden Auswirkungen von Schimmel, Mäusen,

Blitzschlag oder Feuchtigkeit. Unsere eigene »Hausbibliothek« etwa erlitt katastrophale Verluste durch einen zahmen Hasen namens Dusty, der im Laufe seines kurzen Lebens die Rücken unzähliger Bücher angefressen hat. Meine Ausgabe von Hermann Hesses *Narziß und Goldmund* ist mir nicht nur deshalb lieb und teuer, weil ich sie schon so lange besitze, sondern auch wegen der Knabberspuren, die die Erinnerung an Dusty lebendig halten.

Wann war auch der letzte prächtige römische Stoff in der Sonne derart brüchig geworden, dass er im Abfall landete? Und doch ist die Entsorgung eines zerschlissenen Kleidungsstücks von untergeordneter Bedeutung, verglichen mit den nahezu uneingeschränkt erfolgreichen Bemühungen der ersten christlichen Jahrhunderte, sämtliche Spuren des ursprünglichen Heidentums in Europa auszurotten – ein Problem, das aus heutiger Perspektive oftmals übersehen wird. Wenn wir uns mit den Jahrhunderten des Übergangs vom Römischen Reich zum mittelalterlichen Europa beschäftigen, nehmen wir, ohne uns dessen bewusst zu sein, den Standpunkt bestimmter Gemeinschaften ein. Dass Karl der Große das Reich der Awaren zerstörte und all ihr Gold raubte, lesen wir mit Wohlwollen, weil wir uns gewissermaßen emotional in Karls Tross einschleichen. Dabei ist überhaupt nicht erwiesen, dass die Kultur der Awaren, die mehr als zwei Jahrhunderte lang Mitteleuropa beherrschten, wertlos war und uns in ihrem Reich nicht ein ebenso blühendes Dasein beschieden gewesen wäre. Oder gehen wir noch weiter zurück, zu den Alemannen (nach denen die Franzosen Deutschland *Allemagne* nennen), die im heutigen Südwesten Deutschlands und im Elsass lebten und von dem fränkischen Herrscher Chlodwig unterworfen wurden. Natürlich sind wir die Erben des Christentums, allerdings nur auf eine passive, unbeteiligte Weise – uns in diesen alten Auseinandersetzungen auf eine bestimmte Seite zu schlagen, entbehrt jeder Grundlage. Ich könnte natürlich mein Missfallen über die heidnischen Mätzchen der Sachsen und Wikinger äußern, aber als jemand mit teils englischen, teils irischen Wurzeln dürfte ich eher ihre Gene geerbt haben als die der Franken.

Ein besonders anschauliches Beispiel für diese Problematik findet sich in Tournai. Heute gehört die Stadt zu Belgien, doch jahrhundertelang war sie eine unter französischer Herrschaft stehende Enklave, eingezwängt zwischen den Grafschaften Flandern und Hennegau, ein klassischer Knotenpunkt, den jede Armee – von den römischen Legionären bis zu den alliierten Truppen 1944 – früher oder später passierte. Ich könnte allerdings auch sagen, dass Tournai ein fantastisches historisches Palimpsest ist, ein Ort, der meine

Schritte stets ein bisschen federnder werden lässt. Während einer Zugreise musste ich dort einmal am späten Abend umsteigen und stellte fest, dass mir gerade genug Zeit blieb, meine Tasche durch die Eiseskälte das kurze Stück bis zum fassförmigen Turm Heinrichs VIII. zu schleppen und einen Blick auf den großen, düsteren, an einen steinernen Gasometer erinnernden Bau zu werfen, der mich jedes Mal aufs Neue mit Staunen erfüllt. Was Tournai im aktuellen Kontext so bemerkenswert macht, ist das in den 1650er Jahren bei Arbeiten am Hospice Saint-Brice wiederentdeckte Grab des fränkischen Herrschers Childerich I. Dieser zufällige Fund versetzte seine Entdecker mit einem Schlag zurück an das Ende des 5. Jahrhunderts, noch zweihundertfünfzig Jahre vor die Zeit Karls des Großen. Es war das Jahrhundert nach dem Zusammenbruch des Weströmischen Reichs, und Nordwesteuropa war – wenn auch mit vermutlich deutlich kleineren Städten und eingeschränktem Handel – immer noch stark römisch geprägt. Childerichs Sohn Chlodwig I. ließ sich taufen, vereinigte die fränkischen Stämme und gründete die Dynastie der Merowinger, die erst an ihr Ende kam, als der Vater Karls des Großen den Letzten von ihnen in ein Kloster steckte.

Der Umgang mit dem wiederentdeckten Childerich-Grab entsprach nicht gerade höchsten Ansprüchen an kuratorische Sorgfalt. Dank des glücklichen Umstands, dass Tournai im 17. Jahrhundert zu den Spanischen Niederlanden gehörte und unter der gütigen und klugen Verwaltung Erzherzog Leopold Wilhelms stand, ließ sich das Ganze zunächst noch recht gut an. Als großzügiger Kunstsammler beauftragte Leopold Wilhelm Jean-Jacques Chifflet, einen Altertumsforscher aus der ebenfalls unter spanischer Herrschaft stehenden Franche-Comté, mit der Erstellung eines wunderbaren Buchs über das Grab. Darin finden sich detaillierte Zeichnungen von den zahllosen außergewöhnlichen Stücken, mit denen Childerich begraben worden war – verschiedenste wunderschöne goldene Objekte, von einem Stierkopf bis hin zu Münzen, dazu Schnallen, eine Kristallkugel, Siegelringe und filigrane Cloisonné-Arbeiten. Doch dann wendete sich das Glück. Als Leopold Wilhelm sein Amt niederlegte, nahm er den Schatz mit nach Wien und hinterließ ihn später seinem Neffen, Kaiser Leopold I. Dieser schenkte ihn Ludwig XIV., der keinerlei Interesse an den Präsenten zeigte und sie einfach einlagerte – eine der vielen Gelegenheiten, bei denen sich Ludwig als ziemlich enttäuschend erwies. Zwar überlebten die Preziosen die Revolution, doch 1831 wurden sie gestohlen, teilweise eingeschmolzen und der Rest in alle Winde zerstreut. Die größte ästhetische Nachwirkung des Schatzes entfalteten viele

Dutzend kleiner goldener Bienen (eventuell waren es auch Zikaden), die als Schmuckbesatz eines unbekannten Gegenstands, möglicherweise eines Umhangs, gedient hatten, der bei der Öffnung des Grabes längst verrottet war. Auf der Suche nach einem passenden Symbol für seine Dynastie – die alten Lilien waren in der neuen Ära aus naheliegenden Gründen nicht mehr wohlgelitten – beschloss Napoleon, diese Bienen zu seinem kaiserlichen Emblem zu machen, und nahm sie nicht nur in sein Wappen auf, sondern verteilte sie so gut wie überall, sogar auf Joséphines Pantoffeln. Ganze Bienenschwärme zieren die Dekors des napoleonischen Kaiserreichs, und es gehört zu den traurigeren Aspekten von Bonapartes Niederlage und Exil, dass sie anschließend – bis auf eine flüchtige Auferstehung unter seinem Neffen Napoleon III. – aus der dekorativen Kunst verschwanden.

Den Schatz selbst kann man (abgesehen von einigen Bienennachbildungen) in Tournai zwar nicht mehr bewundern, aber dafür gibt es ein großartiges archäologisches Museum, in dem alles präsentiert wird, was wir heute noch über die gewaltigen Dimensionen von Childerichs Grab und einigen damit in Zusammenhang stehenden Bestattungen wissen. Da sich sein Sohn Chlodwig zum Christentum bekehrte, war es das letzte der sagenhaften Begräbnisse der späten heidnisch-fränkischen Herrscher. So wurden nicht weniger als einundzwanzig Streitrösser in einem Grabhügel auf dem offensichtlich weitläufigen geweihten Areal beigesetzt, in dessen Zentrum Childerichs Leichnam ruhte. Einer wenig später ganz in der Nähe bestatteten Adligen wurden unter anderem eine Schere, Bernstein und ein Weinsieb ins Grab gelegt, was auf europaweite Handelsbeziehungen schließen lässt. Je länger man diese Schildbuckel, Halsbänder, Nadeln und nicht zuletzt einen schmucken, furchteinflößenden Scramasax (welch herrliche Bezeichnung für ein langes Messer) betrachtet, desto deutlicher wird, dass es sich hier um eine hochentwickelte, selbstbewusste Zivilisation gehandelt hat, die nur leider vor sehr langer Zeit existierte und deren Errungenschaften von der neuen christlichen Führung unter Chlodwig, der seine Hauptstadt von Tournai nach Paris verlegte, nicht mehr wertgeschätzt wurden. Weshalb die Erinnerung an Childerichs Grab verloren ging, bleibt ein Rätsel, da seine dynastische Bedeutung (im Gegensatz zur religiösen) noch lange nachwirkte. Irgendwie geriet der König der Salfranken mit seinen Lieblingspferden, seiner Kristallkugel, seinen Bienen und seinem Scramasax in Vergessenheit und verschwand schließlich unter Kirchengebäuden, bis er nach fast zwölfhundert Jahren zusammen mit seinen Schätzen wieder ans Tageslicht geholt wurde.

Die Herrschaft der Heiligen

Aus Gründen, an die ich mich nicht mehr erinnern kann, scheine ich mich von jeher mit den Gedichten des großen religiösen Mystikers Henry Vaughan beschäftigt zu haben, der im 17. Jahrhundert lebte. Während der Arbeit an diesem Buch kam mir immer wieder sein verzweifeltes Gedicht »Verderbnis« in den Sinn, in dem er voller Schmerz darüber nachsinnt, ob der Mensch irgendwann »in jenen frühen Tagen« nach der Vertreibung aus dem Garten Eden vielleicht noch

> *... ein wenig leuchtete und durch diese schwachen Strahlen*
> *Erahnend schaute seine Geburt.*

Vaughan steht am Ende einer Tradition, der zufolge sich die Gegenwart immer weiter von den Zeiten menschlichen Glücks entfernt. Bald darauf – über den genauen Zeitpunkt herrscht Uneinigkeit – verwarfen einige Europäer diese Sichtweise und begannen an eine Welt zu glauben, zu deren Verbesserung und Entwicklung sie selbst aktiv beitragen könnten: Es war die Geburtsstunde jener Immer-höher-immer-weiter-Haltung in Bezug auf den Fortschritt der Menschheit, die wir – trotz einiger verheerender Rückschläge – noch heute vertreten.

Wer die rheinischen, niederländischen oder flämischen Sakralbauten des Mittelalters besucht, fühlt sich nicht selten bedrückt von diesen zumeist gewaltigen Relikten einer langen, eindrucksvollen Tradition: Die moderne Menschheit, jetzt nur noch »Stein und Erde« – um es mit Vaughans Worten auszudrücken –, war einst groß und bedeutend. Die Landschaft in diesem Teil Europas ist übersät mit Kirchen, in denen sich ein altes, nie verstummendes Flehen um Gnade manifestiert. Hier widmeten Mönche und Nonnen ihr Leben der Fürsprache für die gefallene Menschheit, damit diese im Kampf gegen die Versuchungen des Teufels bestehen und so der durch Jesu Opfertod verheißenen Erlösung teilhaftig werden konnte. Doch die Menschen jener Zeit fühlten sich nicht nur aus dem Garten Eden vertrieben, sondern auch aus der alten, klassischen Welt. Die mittelalterlichen Herrscher Westeuropas waren regelrecht besessen von dem Gedanken, nur noch die Nachfahren vergangener Größe zu sein. Ihre Kriegszelte und Paläste waren mit gigantischen Wandteppichen ausgekleidet, die Julius Cäsar und Alexander den Großen zeigten. Zu den Mahlzeiten lasen Mönche ellenlange Schilderungen der außergewöhnlichen Taten von Hannibal und Pompeius vor, was mit der Zeit doch ziemlich eintönig gewesen sein dürfte. Auch diese Tradition beginnt erst im 18. Jahrhundert zu bröckeln, möglicherweise unter dem Eindruck der immer weniger überzeugenden Darstellungen Ludwigs XIV., der verzweifelt versuchte, so würdevoll dreinzublicken wie einst Scipio, was allein schon daran scheiterte, dass er dabei eine alberne Perücke auf dem Kopf trug. Letztlich kann man weite Teile der europäischen Geschichte nur verstehen, wenn man sich bewusst macht, dass diese in hohem Maß von Wehmut, Melancholie und Nostalgie geprägt war. Die Menschen wähnten sich im Niedergang, immer neuen Versuchungen ausgesetzt und im ständigen Ringen mit einer Gegenwart, die sie fast ausschließlich anhand biblischer und lateinischer Vorbilder interpretierten, die ihnen aus einer älteren, mächtigeren Welt überliefert worden waren.

In diesem Licht betrachtet, erscheint Europa als ein alter, gequälter Kontinent voller Kirchen und Klöster. Diese Stätten, an denen die meisten heute achtlos vorübergehen, waren Zeugen des jahrhundertelangen Kampfes gegen fremde Eroberer. Sie haben frühen Heldenmut und Aufopferung erlebt, Gemeinschaften, die gezwungen waren, mit beinahe leeren Händen wieder von vorn anzufangen, nachdem ihre Stadt niedergebrannt und ein Großteil der Menschen versklavt und fortgeschleift worden war. Während sich die römische Herrschaft allmählich veränderte und schließlich ganz wegbrach, wurde das künftige Lotharingien ab dem 4. Jahrhundert von immer neuen Eroberungswellen überrollt. Schon 275 n. Chr. machten germanische Volksstämme die römische Siedlung Colonia Ulpia Traiana (Xanten) dem Erdboden gleich, und für die dort lebenden Menschen folgten Jahrhunderte der Schmach und Demütigung. Andererseits konnten solche Überfälle auch schlicht zur Gründung einer neuen Stadt führen, und so vergingen viele Jahrhunderte (etwa bis ins 11. Jahrhundert, als die Wikinger schließlich sesshaft wurden), in denen auf Katastrophen, von denen wir aus schriftlichen Zeugnissen wissen, mehrere Generationen sich einfach nur ihrem ganz normalen, undokumentierten Alltag widmeten.

Sobald man sich dieser alten Vergangenheit bewusst wird, entdeckt man ihre Spuren überall. Xanten ist dafür ein gutes Beispiel. Der Dom der Stadt wurde über den Gebeinen des heiligen Viktor errichtet, eines römischen Legionärs, der wegen seines christlichen Glaubens im örtlichen Amphitheater hingerichtet worden war (das, nebenbei bemerkt, sehr hübsch wieder aufgebaut wurde, sodass man dort heute seltsam schlaffe, als Gladiatoren verkleidete Männer dabei beobachten kann, wie sie Pseudokämpfe mit Plastikwaffen austragen – ein wirklich harter Job). Der heilige Viktor war einer von vielen Angehörigen der Thebäischen Legion, die einer sehr verkürzt überlieferten, konfusen Legende zufolge 286 n. Chr. von Ägypten nach Gallien verlegt wurden und sich an den Ufern des Genfersees weigerten, ihrem neuen Glauben abzuschwören. Daraufhin habe man sie an Ort und Stelle niedergemetzelt – was allerdings mit der Tradition kollidiert, dass Viktor in Xanten hingerichtet worden sein soll. Aber ob er nun am Genfersee oder in Xanten ermordet wurde, diese Thebaner sind an vielen religiösen Stätten in der gesamten Region anzutreffen. Xanten – dessen Name von *ad Sanctos* abgeleitet ist und auf den Ort »bei den Heiligen« verweist – ist nur eine davon. Zwei weiteren standhaften Thebanern, dem heiligen Felix und seiner Schwester Regula, wurde das Zürcher Grossmünster geweiht. Den beiden gelang zusammen mit ihrem Diener die Flucht vor dem Massaker vom Genfersee. In Zürich jedoch wurden sie eingeholt und an Ort und Stelle enthauptet – woraufhin sie ihren abgeschlagenen Kopf aufhoben, vierzig Schritte gingen, noch einmal beteten und erst dann starben.

Sehr schön präsentiert werden die Legionäre auch in der herrlichen Trierer Kirche St. Paulin. Das erste Gotteshaus an dieser Stelle entstand als Schrein für die Thebäische Legion. Im Lauf der Jahrhunderte wurde die Kirche mehrmals zerstört und 1674 schließlich von französischen Truppen in die Luft gejagt. Das hatte die erfreuliche Nebenwirkung, dass St. Paulin in den 1740er Jahren neu erbaut wurde, woran unter anderem der unvergleichliche Johann Balthasar Neumann beteiligt war, der Meister spätbarocken Zuckerwerks. Ein gigantisches Deckengemälde im Kircheninnern scheint so ziemlich alle Angehörigen der Thebäischen Legion zu zeigen, die auf höchst raffinierte Weise den Märtyrertod erleiden. Doch die eigentliche Überraschung wartet in der Krypta, wo die Reliquien der Thebäischen Legion einigermaßen sonderbar arrangiert sind. Unter anderem stehen dort drei Schädel dicht nebeneinander, die auf irritierende Weise an ein Doo-Wop-Trio erinnern – und dem kleinsten Schädel in der Mitte traut man ohne Weiteres die freche Falsettstimme zu.

Das gleichermaßen kinotaugliche weibliche Pendant zur Thebäischen Legion bilden die heilige Ursula und ihre elftausend Jungfrauen, die 451 n. Chr. von den Hunnen abgeschlachtet wurden. Es gibt verschiedene Theorien bezüglich der Zahl elftausend. Nach der wohl plausibelsten war Ursula bei ihrem Martyrium eine elfjährige Jungfrau. Mönche sollen später beim

Kopieren der Legende dann so dilettantisch herumgeschludert haben, dass nach diversen Durchgängen schließlich die heute verbreitete Version aus ihren Federkielen floss. Womöglich hat nicht einmal Ursula selbst jemals existiert. Doch ihre Geschichte taugte als Erklärung für die schier unerschöpfliche Menge an menschlichen Überresten, die in Köln im 12. Jahrhundert in einem alten römischen Gräberfeld oder einem längst vergessenen Pestfriedhof entdeckt wurden. Zusammen mit den Gebeinen der Legionäre gab es nun ein gewisses Überangebot an Reliquien, wodurch Ursula und ihre Jungfrauen zu recht preisgünstigen Beigaben wurden: Überall tauchten ihre Knochen auf, manchmal (etwa beim *Transi* des René de Chalon in Bar-le-Duc) gar als eine Art Garnierung über einer Zusammenstellung hochwertigerer Heiligenreste. In der Kölner Kirche St. Ursula gibt es eine Wand, an der die Knochen dicht gedrängt zu schauerlichen Mustern angeordnet wurden – es sind einfach zu viele, um sie anderswo unterzubringen.

Später wurden diese Märtyrer zu klassischen Motiven der rheinischen und flämischen Malerei, die Werke von außerordentlicher Schönheit und Eigentümlichkeit hervorbrachte. Doch es waren nicht bloß alte Legenden, die hier dargestellt wurden – auf diese religiösen Überlieferungen ging die Gründung realer Kirchenbauten und ganzer Städte zurück, von denen manche zum Zeitpunkt der Entstehung der Gemälde schon fast tausend Jahre alt waren. Die Suche nach diesen Ursprüngen entwickelt sich (bei mir zumindest) mit der Zeit zu einer schlechten Angewohnheit. Die geradezu magische Kathedrale von Metz etwa steht da, wo sie steht, weil die Stadt 451 n. Chr. von den Hunnen vollständig zerstört wurde und nur ein kleines, dem heiligen Stephan geweihtes Heiligtum auf einer Hügelkuppe auf wundersame Weise verschont blieb. Als die Ambitionen der örtlichen Geistlichen immer größere Ausmaße annahmen, begann die städtische Obrigkeit den Schauplatz des Wunders zu verfluchen, da das begrenztes Areal auf der Hügelkuppe sehr komplizierte und damit teure Aufschüttungen und Stützmaßnahmen erforderlich machte, um ausreichend Platz für die späteren Versionen des Gotteshauses zu schaffen. Doch dieser war naturgemäß begrenzt, was wiederum der Grund ist für die gedrungene, schachtelförmige und gleichwohl faszinierende Gestalt der heutigen Kathedrale.

Vor allem das Rheinland muss man sich gewissermaßen wie ein Äquivalent zur Tempelanlage in Angkor Wat vorstellen – ein dichtes Geflecht aus Kirchen, Kathedralen, Klöstern, Kapellen und Heiligtümern mit den dazugehörigen Städten, Dörfern und Gutshöfen, die ihrer Versorgung dienten.

Über weite Strecken bestand die wichtigste Funktion dieses Komplexes darin, große Wellen religiösen Eifers zu erzeugen in der Hoffnung, dass die Menschheit (oder zumindest ein Teil davon) gerettet werden möge. In ein von düsteren Schatten erfülltes, atmosphärisches Ungetüm wie den Mainzer Dom hätte wahrscheinlich der ganze Rest der mittelalterlichen Stadt hineingepasst. Unterdessen wurde das Leben der Einwohner durch einen ausgeklügelten Kreislauf von Feiertagen, Bußperioden, Prozessionen, Messen und Gebeten bestimmt, die häufig mit besonderen Zunft- oder Familienkapellen in Verbindung standen. Ein Großteil der Bevölkerung arbeitete direkt oder indirekt für die Kathedrale und die von ihr abhängigen Besitzungen, bestenfalls in der Funktion eines Kanonikus (Stellungen, die für die jüngeren Brüder führender Adliger reserviert waren) bis hinunter zu den kirchlichen Leibeigenen, die die Feldarbeit verrichteten. Und auch viele Mönche waren faktisch nichts anderes als eine spezielle Variante bäuerlicher Leibeigener, denen zudem noch der Verkehr mit Frauen verwehrt blieb.

Die großen Heiligtümer lockten Pilger aus ganz Europa an, für die eine Wallfahrt gewöhnlich der Höhepunkt ihres Lebens war. Der Versorgung dieser Wallfahrer diente ein ausgefeiltes System von Herbergen, Wegkapellen und Gasthäusern, in denen einfache Mahlzeiten angeboten wurden. Trier, die kurzzeitige Hauptstadt des Römischen Reichs mit ihren vielen Gebäuden aus römischer Zeit – darunter die alte, später in eine Kirche umgewandelte Audienzhalle Konstantins des Großen –, war ein besonders beliebtes Ziel. Die Porta Nigra, Triers einschüchternd knorriges, massiges römisches Stadttor, hat bis heute überdauert, weil ein griechischer Wandermönch sich Anfang des 11. Jahrhunderts darin niederließ und die Ortsansässigen derart beeindruckte, dass die Porta nach seinem Tod in eine sehr merkwürdig aussehende Kirche mit angeschlossenem Chorherrenstift umgewandelt wurde. Napoleon machte dies schleunigst wieder rückgängig und ließ den Bau von seinen mittelalterlichen Ausschmückungen befreien, sodass er am Ende wieder annähernd römisch aussah. Die größte Anziehungskraft in Trier übt jedoch die Abtei Sankt Matthias aus. Unerklärlicherweise war ich der Ansicht, ich hätte sie noch nie besucht, und während ich die endlos lange Saarstraße entlanglief, wunderte ich mich, wie sehr sich die Außenbezirke deutscher Städte mit ihren chinesischen Restaurants und türkischen Lebensmittelhändlern alle zu gleichen schienen. Erst als ich vor der Abtei mit ihrer unverkennbaren Zuckergussfassade stand, begriff ich, dass ich die Saarstraße schon einmal entlanggegangen war. Und so stand ich als unfreiwilliger Wiederholungspilger (die gleichgültigste Variante überhaupt) zum zweiten Mal vor dem schlichten steinernen Sarkophag des heiligen Matthias, jenes Apostels, der den Platz des Judas eingenommen hatte. Als einziger Jünger Jesu hat Matthias seine letzte Ruhestätte nördlich der Alpen, möglicherweise holte Konstantin persönlich seine sterblichen Überreste nach Trier. Niemand weiß, seit wann Wallfahrer das Heiligtum des Matthias besuchen. Die ältesten in der Abtei aufbewahrten Pilgerzeichen stammen jedenfalls aus dem 17. Jahrhundert. Eine berühmte Pilgerstrecke nach Trier nimmt ihren Ausgang in Köln – als Wallfahrtsort ebenfalls nicht zu verachten, befindet sich im dortigen Dom doch der funkelnde Schrein mit den Reliquien der Heiligen Drei Könige, dessen Anblick noch sämtliche militärischen, religiösen und gesellschaftlichen Bedrohungen in die Knie gezwungen hat.

Nun aber weiter im Text! Obwohl ich die letzten zehn Jahre damit verbracht habe, Sakralbauten in ganz Nordwesteuropa zu besuchen, bekomme ich einfach nicht genug davon. Immer wieder stoße ich auf Merkwürdiges oder vollkommen Unerwartetes. Die Stadt, in der ich in einem anderen Leben wohl am liebsten aufgewachsen wäre, ist Maastricht – eine perfekte Mischung aus Vergangenheit und Moderne, und darüber hinaus scheint mir das Verhältnis von Konditoreien zur Einwohnerzahl hier attraktiver zu sein als irgendwo sonst auf der Welt. Aber das absolute Highlight in Maastricht ist die Sankt-Servatius-Basilika. Servatius, ein aus Armenien stammender Wandermönch, starb Ende des 4. Jahrhunderts in der Stadt, und noch heute kann man über ein paar Stufen zu seinem Grab hinabsteigen. Natürlich wurde im Laufe der Jahre an der Grabstätte einiges verändert, aber wie eh und je steht man dort in einer eiskalten, klaustrophobischen Kammer, umgeben von uraltem Gemäuer. Die hohe Stufe am Eingang ist von den vielen Pilgerfüßen so ausgetreten, dass in der Mitte eine tiefe Mulde entstanden ist. Wir wissen zum Beispiel, dass Karl Martell zum Beten herkam (er war auch ein bedeutender Förderer der Basilika und brachte hier seinen Dank dar, nachdem er 737 an Servatius' Geburtstag in Narbonne ein Omajjaden-Heer besiegt hatte), ebenso Karl der Große, Karl V., Philipp II. und in jüngerer Zeit Johannes Paul II. Die Kirche über dem Grab fiel mehrere Male Eroberern oder Unglücksfällen zum Opfer, doch diese winzige, kühle Gruft hat es irgendwie geschafft, sämtliche Unbilden zu überstehen.

Rheingold

Bei der ersten Erwähnung des Helden Siegfried heißt es im Nibelungenlied über ihn: »In seiner besten Zeit, als er jung war, konnte man von Siegfried die wunderbarsten Taten berichten.« Welche Taten das waren, darüber erfahren wir nichts, und so ist eines der größten Werke der europäischen Literatur von Beginn an von einem bitteren Gefühl der Melancholie durchzogen, erzählt es doch nur von jenen Ereignissen, die mit dem Verrat an Siegfried und seinem Tod enden. Wenn wir doch bloß etwas von diesen »wunderbarsten Taten« lesen könnten! Gab es Zeiten, in denen tatsächlich jemand diese Geschichten kannte, oder bildeten sie schon immer nur einen imaginären, wehmütigen Hintergrund? Richard Wagner, der Teile des Nibelungenlieds für seinen vierteiligen Opernzyklus *Der Ring des Nibelungen* plünderte, versetzt das Publikum ebenfalls in ein »Danach«: Vor dem Einsetzen seiner Handlung war die Welt ein unberührtes Idyll, beherrscht durch die Macht von Wotans Speer. Glückliche Tage, bevor der germanische Gott seine ziemlich beschränkten Managerqualitäten unter Beweis stellt, indem er zwei Baumeistern zum Lohn für ihre Dienste seine Schwester überlässt, und die Rheintöchter, Europas attraktivstes, aber unfähigstes Sicherheitsteam, einem größenwahnsinnigen Zwerg erklären, wie er ihr Gold stehlen kann. Ich liebe beide Versionen der Nibelungensage und summe, beinahe ohne es zu merken, glücklich Passagen aus dem *Ring* vor mich hin, während ich in der Regionalbahn von Köln nach Bad Godesberg sitze oder durch das Siebengebirge wandere, wo Brünhild angeblich einst geschlummert haben soll.

Wagners Opern sind unverkennbar ein Produkt des 19. Jahrhunderts, zum Nibelungenlied selbst gibt es dagegen keine verlässliche Datierung. Die Version, über die wir verfügen, stammt vom Ende des 12. Jahrhunderts. Über den Verfasser wissen wir nur, dass er seine Verse an den Höfen entlang der Donau vortrug. Das Epos enthält eine Fülle älteren Materials, doch wir werden nie erfahren, was genau es war und woher es stammte. Bei Siegfrieds Einführung hören wir zudem, dass er aus Xanten stammt. Obwohl die Stadt später kaum noch erwähnt wird – und wahrscheinlich einfach nur für »irgendwo weit weg am Niederrhein« steht –, wurde dieses winzige Häppchen Lokalkolorit vom modernen Xanten (der »Perle am Rhein«) weidlich ausgeschlachtet. Es gibt nicht nur nach Siegfried benannte Straßen, sondern auch ein Siegfried-Museum und den *Nibelungen-Express*, ein Touristen-Bähnchen, mit dem man sich durch die überschaubare Innenstadt kutschieren lassen kann, wenn man es etwas bequemer mag oder nicht mehr so gut zu Fuß ist. Die Präsentation des Xantener Siegfried-Museums ist (genau wie die in seinem Wormser Pendant) so ernsthaft, tiefgründig und auf den Punkt gebracht, dass vergleichbare Einrichtungen zu literarischen Themen in der englischsprachigen Welt vor Scham im Boden versinken müssten. Als besonderes I-Tüpfelchen entdeckte ich bei meinem Besuch dort einen Raum, der nationalsozialistischen Grundschulbüchern gewidmet war, die sich mit der Völkerwanderung beschäftigten, jenen Jahrhunderten also, in denen verschiedene germanische Stämme Europa besiedelten. Das Hervorragende an dieser Ausstellung war, wie geschickt sie den Besucher dazu verleitete, sich gegen finstere Ungeheuerlichkeiten zu wappnen. Nervös betrachtete man all die Abbildungen von schnurrbärtigen Treckführern und ihren Frauen mit komplizierten Frisuren, von blonden jungen Männern beim Kampf, beim Hausbau oder bei der Arbeit in der Schmiede. Natürlich hatten die Illustrationen selbst so gut wie nichts Nazihaftes an sich, aber durch das, was Lehrer und Schüler in ihren Gesprächen und durch ihren voreingenommenen Blick auf sie projiziert hatten, wurden die Bilder so sehr vergiftet, dass das eine nun nicht mehr vom andern zu trennen ist.

Die Geschichte Siegfrieds ist auch für den Erzähler eindeutig in einer sehr fernen Vergangenheit angesiedelt. Manches darin kann mit tatsächlichen Ereignissen des frühen 5. Jahrhunderts und den letzten Tagen des Römischen Reichs in Verbindung gebracht werden, doch aufgrund ihrer Faszination für Magie und unverkennbar fiktionale epische Heldentaten ist die Sage eine unzuverlässige Führerin. Dass Hagen einen großen Schatz im Rhein versenkt, könnte durchaus einen realen Hintergrund haben, denn als die Hunnen und andere Völkerschaften nach Westen vordrangen und über die Städte herfielen, wurden zahllose Reichtümer versteckt, die man später nicht mehr wiederfand. Außerdem schwingt darin ein Echo jener Zeiten mit, als der Rhein, bevor er im 19. Jahrhundert verengt, eingedeicht und seine Strömungsgeschwindigkeit beschleunigt wurde, eine ernst zu nehmende Goldquelle war und zahlreiche Menschen an seinen Ufern dem schrecklichen Geschäft des Goldwaschens nachgingen. In der Geschichte steckt überdies großartiges Material zum Stellenwert von Fehden und ihren verheerenden Auswirkungen auf ganze Geschlechter, wenn immer neue männliche Angehörige in die Auseinandersetzungen verwickelt und infolge einer ursprünglich trivialen Kränkung in den Untergang gerissen werden. Die Vermutung, dass einige Höfe aufgrund der vielen Fehden, Jagden, Duelle und Kriege zeitweilig vor allem aus Witwen und Nonnen bestanden, scheint nicht völlig aus der Luft gegriffen.

Während Wagner nur einzelne Bruchstücke der Geschichte verwendet, ist Fritz Langs zweiteiliges Filmepos *Die Nibelungen* (1924) eine sehr viel umfassendere Adaptation und bis heute einer der Höhepunkte der Stummfilmära, ein Werk, das ich mir immer wieder mit Genuss anschauen kann. Im Xantener Museum ist sogar ein großes Modell des Drachen ausgestellt, mit dem beim Erscheinen des Films in Berlin dafür geworben wurde. Der Schauspieler, der den Siegfried verkörpert, wirkt zwar reichlich absurd, aber er ermöglicht dem Zuschauer immerhin eine Zeitreise in die Welt der viktorianischen Bühnentheatralik – und außerdem macht er sich einfach großartig auf dem berühmten Szenenbild mit dem tödlichen Speer im Rücken. Von Siegfried einmal abgesehen sind die *Nibelungen* ein Meisterwerk künstlerischer Gestaltung – niemals sah das frühe Mittelalter früher und mittelalterlicher aus: Ritter, Burgen, Zwerge, Boote, Drachen, alles einfach perfekt. Dank des großzügigen Einsatzes geometrischer Art-déco-Muster verströmen einige Szenen ein dezentes Zwanzigerjahre-Cocktailbar-Flair, was dem Vergnügen nicht den geringsten Abbruch tut. Die spektakuläre Szene, als Kriemhild sich weigert, der Königin Brünhild auf der kolossalen Freitreppe vor dem Wormser Dom den Vortritt zu lassen, und so die Ereignisse in Gang setzt, die die Dynastie zu Fall bringen und so ziemlich jeden in diesem Film auf grausame Weise vernichten, lässt die tatsächlichen Domstufen (in Wirklichkeit nicht mehr als eine Handvoll) zu einer abgrundtiefen Enttäuschung werden.

Wenden wir uns nach diesem kurzen Werbeeinschub für den Film nun wieder der realen Epoche zu, in der die Nibelungensage angesiedelt ist. Es steht außer Zweifel, dass in den Jahrhunderten nach dem Zusammenbruch des Römischen Reichs die Bevölkerungszahlen in Europa sanken und das Wirtschaftsaufkommen schrumpfte. Aber es gab auch überraschend kontinuierliche Entwicklungen – vor allem den unübersehbaren Aufstieg des Christentums, das sämtliche barbarischen Eindringlinge dazu brachte, ihren heidnischen Göttern abzuschwören, die neuen Christen assimilierte und seine Strukturen im Großen und Ganzen bewahrte. Städte wie Köln scheinen ihre religiöse, kultische und administrative Funktion nie verloren zu haben. Die *lingua romana* entwickelte sich unter dem Einfluss des Germanischen und Arabischen auf dem Gebiet des früheren Reichs zwar in unterschiedliche Richtungen, doch im 9. Jahrhundert wären andalusische und

Pariser Christen immer noch in der Lage gewesen, einander zu verstehen – auch wenn jeder den anderen wohl ein wenig drollig gefunden hätte –, und die mit der Zeit zunehmend altmodisch klingende lateinische Kirchenliturgie bereitete niemandem größere Schwierigkeiten. Fremde Invasoren hingegen, die kein Latein beherrschten, nahmen einfach einen zitternden Mönch gefangen und bildeten ihn zum Gesprächspartner aus. Das germanische Sprachgebiet reichte damals weiter nach Süden als in der Gegenwart. Die jetzige französisch-belgische Grenze spiegelt diese alten Verhältnisse noch wider, und ihr Verlauf war vor über tausend Jahren, als etwa in Boulogne und Dünkirchen noch eine germanische Frühform des Flämischen gesprochen wurde, schon ebenso konfus wie heute. Umgekehrt scheint die *lingua romana* auch nach dem Untergang des Römischen Reichs in heute rein germanischen Städten wie Trier weiterhin stark verbreitet gewesen zu sein, bis eine Vielzahl von Kriegen und kleineren Völkerwanderungen die Menschen in Bewegung setzte und Grenzen entstehen ließ, die bis in die 1950er Jahre hinein umstritten bleiben sollten.

In jener Zeit war die Region noch mit den gigantischen Bädern, Palästen und Kirchen der Römer übersät. Xanten, wo die aufgegebene römische Stadt gleich neben der mittelalterlichen liegt, ist ein interessantes Beispiel, an dem sich der Prozess in Reinform beobachten lässt. Stück für Stück wurden die römischen Bauten niedergelegt und eine neue Stadt errichtet, und der geduldige Transfer der alten Steine, die bis heute deren Keller und Fundamente bilden, zog sich über mehrere geheimnisumwobene Jahrhunderte hin. Während dieser Zeit verrichteten Mönche ein vergleichbares Erhaltungswerk im Bereich der Literatur, indem sie die lateinischen Texte immer wieder aufs Neue kopierten und umschrieben. Die Manuskripte moderten zwar stetig vor sich hin, doch dank der emsig kritzelnden Mönche in den Skriptorien blieben einige Schlüsseltexte der Alten Welt, die fortwährend neu abgeschrieben wurden, dem Schimmel und der Feuchtigkeit stets eine Federlänge voraus. In gewisser Weise schufteten diese Mönche ebenso hart wie die Bauern auf den Feldern. Ohne ihre Bemühungen wäre nichts von den antiken Schriften erhalten geblieben, und wir hätten keine Ahnung von Tacitus und seinen Freunden. Eine besondere Rolle spielten ohne Zweifel die irischen Mönche am Hof Karls des Großen. Als die Iren zum Christentum bekehrt wurden, verfügten sie über keine eigene Schrift. Als sie diese dann später entwickelten, legten sie großen Wert auf die Gestaltung und Klarheit der Buchstaben. Da sich auf dem schludrigeren Kontinent mit der Zeit alle möglichen schlechten

Angewohnheiten eingeschlichen hatten, holte man die Iren herüber, damit sie die Schriftsysteme überholten und ihre kristallklare Grammatik einführten.

Der Faden, der uns mit diesen alten Texten – selbst aus nachrömischer Zeit – verbindet, ist nur hauchdünn. Von der wundervollen, im 6. Jahrhundert verfassten *Regula Benedicti*, einem der humansten und klügsten Texte aller Zeiten, gibt es zwei Versionen. Die Variante, die ich in Übersetzung lese, existiert nur aufgrund einer einzigen, am Hof Karls des Großen möglicherweise direkt aus Benedikts Original angefertigten Kopie, die wiederum von einem Mönch abgeschrieben wurde, dessen Exemplar sich inzwischen in der herrlichen Abtei von Sankt Gallen befindet. Ungefähr einmal im Monat sollte jeder Benedikts Regularium zur Hand nehmen und über die Bedeutung dieser Worte nachdenken. Ich stocke immer wieder seltsam fasziniert bei der abfälligen Beschreibung der »Gyrovagen« (welch magische Bezeichnung), der übelsten Art von Mönchen: »Immer unterwegs, nie beständig, sind sie Sklaven der Launen ihres Eigenwillens und der Gelüste ihres Gaumens.«

Der Ruf des Olifants

Im Gegensatz zu den Engländern und Franzosen mit ihren mächtigeren Einheitsstaaten waren die Menschen deutscher Zunge jahrhundertelang dazu verdammt, in kleinen und mittelgroßen Staaten ohne nennenswertes politisches Gewicht zu leben, was nationalistische deutsche Historiker des 19. Jahrhunderts mit einem geradezu obsessiven Gefühl der Scham erfüllte. Wie in einer endlosen, frustrierten Kneipendiskussion nach einem katastrophalen Fußballspiel gingen sie unermüdlich die Archetypen vergangener Größe und vergangenen Scheiterns durch. Was war der Grund für die deutsche Zersplitterung? Welcher Kaiser hätte Deutschland durch bessere Schusstechnik und ein geschickteres Coaching an die Spitze der Liga bringen können? (In mancher Hinsicht war dies eine durchaus fruchtbare Diskussion. Sie bescherte den Deutschen eine gewisse Auswahl an Konterfeis auf Banknoten und Statuen auf Marktplätzen, führte zur Restaurierung und zum Wiederaufbau von Pfalzen, Krypten und Burgen und brachte mehrere Quadratkilometer von Wandfresken sowie großartige Opern hervor, an denen man sich wochenlang ergötzen könnte.) Jeder Kaiser erhielt eine bestimmte Punktzahl, deren Höhe davon abhing, wie viele Gebiete im Osten er unter christliche Herrschaft gebracht hatte, wie sehr er sich um die Zentralisierung des

Heiligen Römischen Reichs bemüht hatte und wie spezifisch deutsch seine Prioritäten gewesen waren. Herrscher wie Heinrich der Vogler, Otto der Große und Friedrich Barbarossa ragten mit ihren Ergebnissen weit aus der Masse heraus. Aber auch diejenigen, die der Gedanke an ein vereintes modernes Deutschland zu Recht mit Sorge erfüllte, fanden ihre Helden – in dem ungekrönten Kaiser Wenzel etwa, der in seiner trunkenen Unfähigkeit den Fliehkräften des deutschen Regionalismus einen gewaltigen Schub verliehen hatte. Doch der größte Held war und blieb für alle unbestritten Karl der Große.

Im Zürcher Grossmünster gewinnt man einen guten Eindruck von der Ehrfurcht, die Karl dem Großen entgegengebracht wurde. Diese außergewöhnliche Kirche wurde während der Reformation nahezu vollständig von Schmuck befreit. Die Heiligenstatuen und bildlichen Darstellungen, die den Innenraum bis dahin korallengleich überwuchert hatten, wurden allesamt heruntergerissen, von den Wänden gekratzt und zerstört, bis die Kirche schließlich als Inbegriff von Zwinglis Vision einer unmittelbaren Beziehung der Gläubigen zu Gott dastand, bar jeder Vermittlung und bildlichen Ablenkung, die als Fallstrick und Trug galten. Einzig eine gigantische spätmittelalterliche Statue Karls des Großen, des vermeintlichen Gründers des Bauwerks, durfte erhalten bleiben.

Es war eine kluge Entscheidung, dass man in den 1930er Jahren im Zuge von Restaurierungsarbeiten beschloss, Karl den Großen von der Außenseite des Turms herunterzuholen, dort oben eine Kopie anzubringen und die Originalstatue in der Krypta aufzustellen. Die finster dreinblickende, bis an die Decke reichende Statue ist übersät mit Verwitterungsspuren, Pockennarben, alten Flechten und Gesichtsrekonstruktionen. Dieser Karl, der jahrhundertelang Rauch und Vogeldreck ausgesetzt war und im 18. Jahrhundert um ein Haar durch ein gewaltiges Feuer zerstört worden wäre, ist eine respekteinflößende Gestalt, die die Krypta zu einer ungewöhnlichen, surrealen Kultstätte macht. Es fehlen nur noch mit schwimmenden Blüten gefüllte rituelle Schalen, tropfende Öllampen, Tempelwächter in schicken Uniformen und Gläubige, die ihre Stirn auf den kühlen Steinboden pressen – dazu noch ein paar Fahnen und vielleicht irgendetwas Schauerliches mit Tieren.

Karl der Große, der den Papst überredete, ihn am Weihnachtstag des glückverheißenden Jahres 800 in einer prunkvollen Zeremonie zum neuen römischen Kaiser zu krönen, übte einen so starken Einfluss auf sein Umfeld aus und traf derart fundamentale Entscheidungen, dass wir uns immer noch an ihn erinnern, während all die Chilperichs und Karlmanns längst vergessen sind. Karl I. und sein Sohn Ludwig I. verfügten über einen so wirkmächtigen kultischen Nachhall, dass sich Ludwig XVIII. und Karl X. noch in der Agonie der französischen Monarchie im 19. Jahrhundert auf sie beriefen.

Indem sich Karl zum Kaiser des Heiligen Römischen Reichs machte, gründete er das frühere Römische Reich, dessen monumentale Relikte ihn an Rhein und Mosel umgaben, faktisch neu. Das Zeitfenster für diesen Schritt war schmal und öffnete sich nur durch Zufall. Im Oströmischen Reich herrschte damals Kaiserin Irene, und da sie eine Frau war, betrachteten der Papst und Karl den Kaiserthron kurzerhand als vakant. Als Irene nach ein paar Jahren starb, begriffen sich ihre Nachfolger selbstverständlich weiterhin als die wahren, rechtmäßigen römischen Kaiser. Für sie waren die Erben Karls des Großen lediglich eine lächerliche, barbarische Comedy-Truppe – aber der Geist war aus der Flasche. Das mit Karl beginnende neue Römische Reich überdauerte fast exakt tausend Jahre und endete erst mit Napoleon, der nach Aachen reiste, dort in seiner unnachahmlich theatralischen Art sinnierend vor dem Thron Karls des Großen verharrte und sich anschließend in Paris zum Kaiser der Franzosen krönte. Wie armselig und peinlich es um ihre tatsächlichen Umstände zwischenzeitlich auch bestellt sein mochte – vom Moment der Kaiserkrönung an waren Karl und seine Nachfolger die ranghöchsten Herrscher Europas.

Der Superstatus Karls des Großen zeigt sich auch darin, dass er die Grenzen regionaler Herrschaft sprengte. Schon sein Erbteil war bemerkenswert. Sein Großvater Karl Martell hatte ein mächtiges muslimisches Invasionsheer in Frankreich zurückgeschlagen und galt bereits zu Lebzeiten als großer christlicher Held. Sein Vater, Pippin der Kurze, hatte sich zum König der Franken ausgerufen und beherrschte mit dem Fränkischen Reich ein großes, altes, komplexes Territorium, das in direkter, wenn auch stürmischer Linie auf das alte römische Gallien zurückging. Das Geburtsrecht Karls des Großen umfasste somit den Großteil des modernen Frankreichs, Belgien, die gesamten Niederlande und weite Teile des heutigen Westens von Deutschland. Mit seinen Feldzügen gegen die Heiden im Osten, die ihn in Regionen wie Sachsen und Kärnten führten, trat er in eine neue Phase der Christianisierung Europas ein und orientierte sich somit stärker an Rom als an Konstantinopel.

Der Faden, der uns mit jenen Anfängen des Heiligen Römischen Reichs verbindet, ist geradezu erschreckend dünn. Unser gesamtes Wissen über die Taten Karls des Großen entstammt einem schmalen Bündel von Schriften –

einer Handvoll Chroniken, Briefen und ein paar Biografien (eine davon verfasst von einem Gelehrten mit dem hübschen Namen Notker der Stammler), die eine faszinierende, aber zugleich frustrierende Lektüre darstellen, da es keine Möglichkeit gibt, das darin Behauptete auf irgendeine Weise zu verifizieren. Einhard, lange Jahre ein enger Vertrauter Karls des Großen, verfasste eine Biografie des Frankenherrschers, auf dass die Ereignisse des »gegenwärtigen Zeitalters« nicht »in Vergessenheit begraben werden« müssten. Es ist definitiv ein Problem, dass die zahlreichen anderen, nahezu undokumentierten Herrschaftsperioden jener Jahrhunderte aus heutiger Sicht schlicht und einfach deshalb so desolat und schlecht geführt erscheinen, weil die Historiker über keine aussagekräftigen Quellen dazu verfügen. Und selbst bei den erhaltenen Informationen zu Karl dem Großen können wir oft unmöglich erkennen, ob nicht übertriebene Darstellungen, die fehlerhafte Erinnerung eines Mönchs oder eine alte Lüge für alle Zeiten in unser Narrativ eingeschrieben wurden. Vor allem Notker ist in dieser Hinsicht überhaupt nicht zu trauen, da er viele seiner besten Formulierungen geradewegs von römischen Autoren abgekupfert hat (außerdem enthalten seine Aufzeichnungen so Belangloses wie etwa eine unglaublich langweilige Anekdote über Karl den Großen und Käse, die nicht einmal das Pergament wert ist, auf dem sie festgehalten wurde). Aber manche seiner Geschichten sind höchst lebendig und klingen auch recht plausibel. Dazu liefert er einige fantastische Charakterisierungen – die Awaren etwa sind bei ihm »das Volk der eisernen und demanntnen [unbeugsamen] Hunnen«. Bei Einhard lesen wir, dass Karl der Große sich neue Namen für die Monate ausdachte: Der Februar wurde zum »Hornung«, dem »Dreck-Monat«, den Mai nannte er »Winnamanoth« (»Wonnemonat«) und so weiter. Geradezu sakrosankt wurde Karl der Große im kollektiven Gedächtnis durch das beliebte *Rolandslied*, ein altfranzösisches Versepos, das seine endgültige Form im 11. Jahrhundert erlangte und in dem der Frankenkaiser als Inbegriff alter Größe erscheint. Zweihundertfünfzig Jahre nach Karls Tod sang ein normannischer Barde den Soldaten in der Schlacht bei Hastings dieses *Rolandslied* vor, um sie zu heroischen Taten anzuspornen. Offensichtlich hat es gewirkt.

Das Heilige Römische Reich deutscher Nation wurde tausend Jahre alt. Dieser Kontinuität haben wir es zu verdanken, dass Karls wichtigste Pfalz Aachen erhalten blieb. Zwar wurde sie in unregelmäßigen Abständen demoliert, erweitert und ohne jeden Geschmack umdekoriert, aber die Kapelle Karls des Großen und sein Thron sind dort immer noch zu sehen. Ein kleiner, aber wichtiger Schönheitsfehler war die Tatsache, dass bei den feierlichen Zeremonien im Aachener Dom lediglich der »König der Römer« gekrönt wurde, der dann nach Rom ziehen musste, um sich dort vom Papst zum Kaiser krönen zu lassen. Das war fast immer schwierig und manchmal sogar unmöglich, so dass man vom 16. Jahrhundert an endgültig auf die Krönung durch den Papst verzichtete. Nach der Aufteilung des Reichs Karls des Großen, durch die Frankreich zu einem separaten Staat wurde, verblieb der Titel des »Königs der Römer« beim ostfränkischen Herrscher, auch wenn dieser faktisch nun eigentlich der »König der Sprecher verschiedener germanischer Dialekte« war.

Für jeden auch nur halbwegs historisch interessierten Besucher besteht die größte Herausforderung in der Schatzkammer des Aachener Doms darin, nicht vor Begeisterung in Ohnmacht zu fallen. Es gibt dort eine herrliche Gravur, die 1615 in Köln gedruckt wurde, um das touristische Interesse anzufachen. In einer Reihe kleiner Abbildungen werden die unvergleichlichen Schätze präsentiert, die in Aachen zu bestaunen sind. Die Windeln Jesu! Das Lendentuch, das er am Kreuz getragen hat! Das Tuch, auf das der Kopf Johannes' des Täufers gelegt wurde! Das Kleid, das Maria bei Jesu Geburt trug! Auf einem einige Jahre später entstandenen Stich sieht man eine elegant gekleidete Menschenmenge bei der Betrachtung der ausgestellten Reliquien, die zuletzt 2014 im Rahmen der Heiligtumsfahrt gezeigt wurden und selbst da noch einige Hunderttausend Pilger anzogen. Die »Großen Vier« sind jedoch längst nicht alles – unter anderem gibt es noch eine riesige goldene Hand (mit einer leicht buddhistischen Anmutung) zu sehen, die einen Teil von Karls Knochen enthält, und eine wundervolle frühe Bibel vom Hof Karls des Großen oder eines seiner unmittelbaren Nachfolger mit hinreißenden Abbildungen der vier Evangelisten, die in ihren Togen eifrig vor sich hin schreiben. Ich muss aufhören – aber wer wäre nicht begeistert vom Anblick eines echten Olifants? Leider haben spätere Pedanten nachgewiesen, dass es sich bei dem Exemplar in der Aachener Domschatzkammer zwar tatsächlich um ein aus einem Elefantenstoßzahn geschnitztes Jagdhorn handelt, allerdings wurde es erst rund zwei Jahrhunderte nach Karls Tod in Sizilien gefertigt und kann somit nicht Rolands Olifant gewesen sein, der in der Schlüsselszene des *Rolandslieds* eine entscheidende Rolle spielt. Und trotzdem ist der Anblick umwerfend. Das Allerbeste ist aber ein elfenbeinerner Buchdeckel mit Szenen aus dem Leben Jesu. Wenn er nicht schon Karl dem Großen gehört hat, entstand er zumindest nicht lange nach dessen Tod. Das abgenutzte

Elfenbein hat für mich etwas ähnlich Magisches wie die Stufe in der Maastrichter Basilika. Generationen von Händen, die das Gebetbuch einst hielten, haben darauf ihre Spuren hinterlassen, wodurch eine seltsam intime Verbindung zwischen uns und jenen Menschen entsteht, die vor Jahrhunderten an derselben Stelle standen wie wir jetzt – ein zeitlicher Abstand, der plötzlich gar nicht mehr so groß zu sein scheint.

Wie die meisten seiner Verwandten stammte Karl der Große aus dem heutigen deutsch-niederländisch-belgischen Grenzgebiet. Er erbte ein riesiges Territorium, das er auf Feldzügen gen Osten durch das Ruhrtal zu den heidnischen Sachsen noch vergrößerte. Er vernichtete das Reich der Awaren, die rund zwei Jahrhunderte in Mitteleuropa geherrscht hatten, und brachte den Awarenschatz als Kriegsbeute auf »fünfzehn Ochsenwagen« nach Aachen. Dennoch wäre es falsch, Karl den Großen als unumschränkten Herrscher über das Gebiet zwischen den Pyrenäen und Dänemark, zwischen den böhmischen Gebirgen und Mittelitalien zu betrachten. An vielen Orten unterhielt man wahrscheinlich nur eine sehr indirekte Beziehung zu ihm, aber über die vielen Adligen, die tatsächlich die Alltagsgeschäfte vor Ort führten, wissen wir kaum etwas. Während seines außerordentlich langen, ruhelosen Lebens reiste der Kaiser in seinem von Spanien bis an die Ostsee reichenden Land umher und setzte – wenn auch manchmal nur vorübergehend – seine Herrschaft durch. Nachdem bereits sein Großvater Karl Martell den Raubzügen der Araber auf französischem Boden weitgehend ein Ende gemacht hatte, unterwarf Karl der Große Gebiete in Mitteleuropa und schlug die »Nordmänner« zurück. In Bezug auf Letztere gestaltet sich die Geschichte allerdings ein wenig heikel, denn durch seine alljährlichen blutigen Feldzüge gegen die Sachsen hatte Karl unwissentlich die wichtigste militärische Macht zerschlagen, die die kriegerischen Ambitionen der Dänen in Schach hielt. Als nun Sachsen endgültig in Trümmern lag – und vereinzelte nervöse fränkische Missionare versuchten, kleine Häuflein reizbarer sächsischer Überlebender mit dem Wort Gottes aufzumuntern –, hatten die dänischen Häuptlinge plötzlich viel freie Zeit zur Verfügung. Sie konnten sich auf ihren grob gezimmerten Stühlen zurücklehnen und darüber nachsinnen, ob ihre Berserker wohl Spaß an einer kleinen Auslandsreise haben würden. Karl der Große war noch nicht lange begraben, da sollten seine Kinder und Enkel diese seefahrenden Touristen gründlich kennenlernen.

KAPITEL ZWEI

Karls geteiltes Erbe

2015 wurde ein überwältigend schönes Evangeliar versteigert. Es ist kein besonders kunstvolles Buch und diente unverkennbar eher dem Gebrauch als der Ostentation. Es umfasst etwa zweihundert Textseiten in makelloser Schrift mit einigen in roter oder grüner Tinte ausgeführten Buchstaben und wurde vor 835 entweder in Metz oder in einem Kloster im Elsass angefertigt. Leider war es eines der zahlreichen von Guglielmo Libri Carucci dalla Sommaja, dem (wenn man so sagen darf) großen Bücherdieb des 19. Jahrhunderts, geraubten Werke. Libri missbrauchte seine Stellung als Inspektor der französischen öffentlichen Bibliotheken, um mittelalterliche Manuskripte zu stehlen, die er anschließend teilweise zerschnitt und verkaufte. Auf diese Weise finanzierte er sich einen angenehmen Lebensstil, aber seine Kapriolen verursachen bis in die heutige Zeit bibliografisches Chaos. Das betreffende Evangeliar entwendete er offenbar aus einem Dominikanerkloster, es könnte allerdings auch schon zuvor – im Zuge der Französischen Revolution – einige Abenteuer erlebt haben. 1859 jedenfalls verkaufte Libri es in unversehrtem Zustand bei Sotheby's. 2015 erzielte es einen Erlös von drei Millionen Dollar.

Das Evangeliar soll ursprünglich Theutberga gehört haben, einer der großen, äußerst ungerecht behandelten Frauen des 9. Jahrhunderts und zugleich einer der zentralen Figuren in der Geschichte Lotharingiens. Wie zu Beginn des vergleichsweise günstigen Buchs erwähnt, das Sie gerade in den Händen halten, ging Lotharingien (das zunächst unter dem schlichten Namen »Mittelreich« bekannt war) aus der von den Enkeln Karls des Großen vorgenommenen Reichsteilung hervor. Wahrscheinlich bedauern wir heute den Zerfall des alten Karolingerreichs mehr, als es dessen Bevölkerung damals tat. Historiker lieben große politische Einheiten, weil sie glamouröser erscheinen, doch es gibt keinen Grund zu der Annahme, dass es für die Menschen einen wesentlichen Unterschied machte, ob sie nun die Untertanen eines strengen, aber gerechten lokalen Herrschers waren oder die Einwohner eines großen

Kaiserreichs. Wie dem auch sei, 843 wurde die Aufteilung des Karolingerreichs nach langjährigen Querelen zwischen den drei Brüdern im Vertrag von Verdun endgültig festgeschrieben. Karl der Kahle erhielt das Westfränkische Reich, Lothar I. das Mittelreich und Ludwig der Deutsche das Ostfränkische Reich. Die in diesem Abkommen gezogenen Grenzen hatten – wenn auch fortwährend umkämpft – Bestand, bis Napoleon ein paar Jahrhunderte später schließlich den gesamten Gewinn einsackte.

Für das Mittelreich lief es von Anfang an nicht rund. Wie bei den fränkischen Herrschern üblich, hatte Ludwig der Fromme, der Sohn und Erbe Karls des Großen, das Reich unter seinen Söhnen aufgeteilt. Lothar I., der Älteste der drei, hatte ursprünglich gehofft, das Reich wieder zusammenführen zu können, und sich im Kampf gegen seine Brüder sogar mit den umstrittenen Stellinga eingelassen – den Nachkommen zwangsbekehrter Sachsen, deren von Ludwig dem Deutschen brutal niedergeschlagener Aufstand das womöglich letzte Aufbäumen des alten Heidentums im Karolingerreich war. Wie üblich sind die diesbezüglichen Aufzeichnungen allerdings frustrierend ungenau. Die durch den Bürgerkrieg verursachten Schäden wurden durch Raubzüge der Wikinger im Norden und der Sarazenen im Süden noch erheblich verschärft, und so reiste Lothar, nachdem der Vertrag von Verdun seinen Ambitionen unwiderruflich ein Ende gemacht hatte, hektisch in seinem Mittelreich hin und her, um sowohl diese räuberischen Eindringlinge als auch verschiedene innere Aufstände zu bekämpfen. Nach seinem Tod wurden die südlichen Teile seines Reichs (die Provence und Norditalien) abgetrennt und verschwinden somit aus dieser Geschichte – abgesehen von dem Leitmotiv der kaiserlichen Verbundenheit mit dem Papst und gelegentlichen, üblicherweise ruinösen Versuchen diverser Kaiser, sich den unglaublich nervigen, widerspenstigen italienischen Stadtstaaten aufzudrängen.

Lothars Sohn Lothar II. übernahm das verkleinerte Mittelreich, das seitdem seinen Namen trägt: Lotharingien. Theutberga war Lothars Gemahlin (eine politische Verbindung, auf der sein Vater bestanden hatte) und vertrieb sich die Zeit damit, in ihrem hübschen Evangeliar zu lesen. Abgesehen davon befand sie sich in der schrecklichen Lage, ihrem Gemahl aus Gründen, über die wir nichts Genaueres wissen, keinen Erben schenken zu können. Und so versuchte dieser bis an sein – frühes – Lebensende mit allerlei Tricks, Theutberga loszuwerden, um stattdessen seine Mätresse Waldrada ehelichen zu können. Allerdings gab es keine legitime Grundlage, auf der die Geistlichkeit einer Auflösung der Ehe hätte zustimmen können. Eine Scheidung wäre somit illegal gewesen und hätte die gesamte Kirche bis hinauf zum Papst desavouiert. Trotz ihrer vordergründigen Anteilnahme waren Lothars Onkel in Westfranken und Ostfranken insgeheim erfreut, wussten sie doch beide, dass sich nach dem Tod eines kinderlosen Lothar für sie interessante Optionen in Bezug auf die Ausweitung ihres eigenen Machtbereichs bieten würden. Schließlich rief Lothar seinen Hof zusammen, beschuldigte Theutberga jedes auch nur denkbaren sexuellen Fehlverhaltens und unterzog sie einem Gottesurteil. Man legte einen Stein in ein Gefäß mit kochendem Wasser, den ihr Vertreter herausholen sollte. Wenn seine verbrühte Hand eiterte, war Theutberga schuldig. Lothar war vermutlich recht zuversichtlich, was den Ausgang der Prüfung betraf. Unter den Anwesenden herrschte opernhafte Erregung, als der Vertreter der Königin die Hand ins kochende Wasser tauchte, doch als er sie wieder herauszog und den Stein präsentierte, waren auf seiner Haut keinerlei Spuren zu sehen. Was würde man dafür geben, sich unter dieses streng riechende höfische Publikum mischen zu können und in das allgemeine Keuchen des Erstaunens und der Bestürzung einzustimmen! Gott hatte Lothars Anklagen als Lügen entlarvt und Theutbergas Unschuld bestätigt – davon sollte sich Lothars Autorität nie wieder vollständig erholen. In der Folge sah er sich äußeren Bedrohungen und sogar Invasionen ausgesetzt, befördert durch seinen ostfränkischen Onkel Ludwig den Deutschen, der seine Karten brillant ausspielte, indem er vorgab, über Lothars missliche Lage schockiert zu sein, aber gleichzeitig dazu beitrug, dass dieser alle anderen Brücken hinter sich abbrach. Schließlich reiste Lothar nach Rom, um den neuen Papst um Gnade zu bitten (der alte hatte in einem Wutanfall sämtliche rheinischen Bischöfe, die sich auf Lothars Seite gestellt hatten, exkommuniziert), starb jedoch auf dem Rückweg an Fieber. Theutberga zog sich daraufhin – wahrscheinlich mit ihrem Evangeliar – in ein Kloster in Metz zurück.

Theutbergas bedauernswerte Situation beschwor zwei Probleme herauf, die Europa in den kommenden Jahrhunderten beschäftigen sollten. Das erste ergab sich aus dem Bestreben des Papstes, in dieser Scheidungsangelegenheit das letzte Wort zu behalten. Sein Erfolg in dieser Frage bescherte ihm jenen immensen Macht- und Prestigegewinn, der den endlosen, gewaltsamen Auseinandersetzungen zwischen künftigen Kaisern und Päpsten zugrunde lag, die Gott sei Dank aus dem Rahmen dieses Buches fallen. Das zweite war das Fehlen eines legitimen Erben. Lothar hatte zwar mit Waldrada einen Sohn, Hugo, doch dieser wurde als sein Nachfolger übergangen, weil er unehelich geboren war – ein Umstand, der bis dahin nie eine Rolle gespielt hatte. Vor

Hugo lag ein bewegtes, ruchloses Leben voller Verschwörungen und Morde, bis er schließlich von Karl dem Dicken geblendet und in der Abtei von Prüm eingesperrt wurde, wo sein Großvater begraben lag.

Nach Lothars Tod traten seine Onkel auf den Plan und teilten Lotharingien unter sich auf, wobei Ludwig der Deutsche sich den Löwenanteil sicherte. Mit dem Vertrag von Ribemont schlossen ihre Erben 880 ein weiteres Abkommen, das einen in jeglicher Hinsicht grundlegenden Akt darstellte, denn nun fiel auch der Rest Lotharingiens an das Ostfränkische Reich, das sich als Heiliges Römisches Reich stabilisierte. Diese recht plumpe Verteilung des Kuchens verleitete die Herrscher des Westfrankenreichs und künftigen Frankreichs dazu, in späteren Jahrhunderten bei jeder sich bietenden Gelegenheit nach verlockenden Krümeln und Glasurhäppchen zu greifen. Trotzdem erwiesen sich die in Ribemont festgelegten Grenzen im Großen und Ganzen als verblüffend stabil – so etwa entlang der flämischen Schelde, die den französischen Herrschaftsbereich im Westen vom kaiserlichen Einflussbereich im Osten schied. Diese Grenze trieb viele Generationen potenzieller Eroberer in den Wahnsinn und schränkte die theoretisch mächtigen Grafen von Flandern, deren Besitzungen sich diesseits wie jenseits des Flusses erstreckten, ebenso in ihrer Handlungsfreiheit ein, wie es ihre reichen, aber notorisch treulosen, anstrengenden Städte Brügge und Gent taten.

Im Vertrag von Ribemont wurde auch die Aufteilung Burgunds festgeschrieben, die noch für schreckliches Kopfzerbrechen sorgen sollte. Ein Historiker hat fünfzehn verschiedene Staatsgebilde mit der Bezeichnung »Burgund« gezählt, die im Laufe der Jahrhunderte nacheinander, teils aber auch parallel zueinander existierten. Nach Ribemont gab es vier: Hochburgund, das den Bereich des Genfersees sowie des Neuenburgersees und dazu noch einen Teil der Alpenregion im heutigen Italien umfasste, Niederburgund, im Wesentlichen eine gigantische Version der Provence, die an einen Neffen der unglücklichen Theutberga mit dem vergnüglichen Namen Boso fiel, das zum Westfränkischen Reich gehörige Herzogtum Burgund mit seiner Hauptstadt Dijon und die Freigrafschaft Burgund (eine größere Ausgabe der künftigen Franche-Comté mit der Hauptstadt Dole) im kaiserlichen Herrschaftsgebiet. In diesem Buch wird dem Leser nur die Unterscheidung zwischen Herzogtum und Freigrafschaft zu schaffen machen und auch das nur bis Kapitel sechs.

Die Autoritätsprobleme, die sich schon unter Lothar deutlich gezeigt hatten, sollten für die weitere Zukunft Lotharingiens entscheidend sein. Dem sich herausbildenden französischen Staat gelang es – wenn auch mit unzähligen Rückschlägen –, die meisten Grafschaften und Herzogtümer im Westfränkischen Reich unter seine Herrschaft zu zwingen. Das Heilige Römische Reich (Ostfranken) war dazu nie in der Lage. Und das lotharingische Territorium bildete einen Flickenteppich aus speziellen Verabredungen, Gesetzeslücken und kuriosen Regelungen. Weder das Westfränkische noch das Ostfränkische Reich strebten je nach der Schaffung eines einheitlichen Staats, der mit unseren heutigen vergleichbar wäre, doch je stärker sich das westliche Königreich schließlich auf Paris konzentrierte, umso folgerichtiger schien das Bestreben, möglichst viele der umliegenden Territorien der königlichen Herrschaft zu unterwerfen.

Das Ostfränkische Reich war anders strukturiert, es hatte keine Hauptstadt. Der Kaiser reiste von Pfalz zu Pfalz, und die verschiedenen Gebiete schlossen, je nach örtlichen Erfordernissen und Persönlichkeiten, unterschiedliche Abkommen. Heute noch kann man im Zentrum von Xanten die Mauern der sogenannten Stiftsimmunität sehen, eines Bereichs, in dem die kirchlichen Herren der Stadt unabhängig von der kaiserlichen Autorität schalteten und walteten. Solche Immunitäten gab es überall, sie höhlten Gerichtsbarkeiten aus und schufen ein kirchliches Paralleluniversum, gegen das weltliche Herrscher kaum etwas ausrichten konnten. Dieses Universum reichte von kleinen Klöstern bis hin zu den großen geistlichen Territorien entlang des Rheins, etwa den Erzbistümern Trier (auf dessen Gebiet unter anderem Städte wie Koblenz lagen) und Köln. Und um das Thema ein für alle Mal abzuhaken: In den folgenden Jahrhunderten gelang es auch einzelnen Städten, ein Abkommen mit dem Kaiser zu schließen und sich aus regionalen Abhängigkeiten freizukaufen. Im Austausch gegen bestimmte Leistungen in Form von finanziellen Zuwendungen oder Soldaten wurden sie zu reichsunmittelbaren Städten, die allein dem Kaiser unterstanden. Auf lotharingischem Gebiet gehörten dazu Städte, die die Verantwortung für ihre Rechtsprechung selbst übernahmen, etwa Colmar und Mülhausen (Mulhouse), oder die es schafften, sich wie Basel und Straßburg aus dem Griff der kirchlichen Autoritäten zu befreien.

Das Ergebnis war eine Landkarte, die aussah wie ein Puzzle, das ein Hund zu fressen versucht und wieder ausgespuckt hatte. Anders als in England (oder später den Vereinigten Staaten), wo Countys (»Grafschaften«) mehr oder weniger einheitliche lokale Verwaltungseinheiten bilden – wenn auch in England hin und wieder mit recht exzentrischem Grenzverlauf –, konnte eine Grafschaft in Lotharingien so gut wie alles sein, von einem riesengroßen Territorium (die Grafschaften Holland oder Mark) bis hin zu einem sumpfigen kleinen Flecken wie der Grafschaft Bentheim. Entsprechend handelte es sich auch beim Grafentitel um einen ungemein bedeutsamen Rang oder eine regelrechte Farce. Herzogtümer waren in der Hierarchie höher angesiedelt, was allerdings nicht unbedingt mit größeren Territorien einherging: Den Herzögen von Bar (an der Grenze zu Frankreich) oder Limburg standen deutlich weniger Mittel zur Verfügung als so manchem der bedeutenderen Grafen.

Das ist wohl genug Verwirrung für ein Kapitel – auf die westlichen Exklaven des Herzogs von Württemberg können wir später noch zurückkommen. Bleiben wir stattdessen beim 880 geschlossenen Vertrag von Ribemont, mit dem die letzte Teilung dessen erfolgte, was immer noch als Erbe Karls des Großen erkennbar war. Unterzeichnet wurde er von Ludwig III., König des Westfrankenreichs, und Ludwig III., König des Ostfrankenreichs, Ururenkel beziehungsweise Urenkel Karls des Großen und beide benannt nach Karls Sohn und Nachfolger, Ludwig I., dem Frommen. Obwohl Lotharingien durch diesen Vertrag dem Ostfränkischen Reich zugeschlagen wurde, führte das Fehlen eines legitimen Erben dazu, dass das fränkische Mittelreich zu einer riesigen Zone wurde, auf die sowohl der deutsche als auch der französische König dynastische Ansprüche anmelden konnten. Und während in den folgenden Jahrhunderten die Ordnungszahlen hinter den Namen der französischen Ludwigs unaufhörlich stiegen, bestimmten die Auseinandersetzungen zwischen diesen beiden Machtblöcken in erheblichem Maße die Geschichte Westeuropas.

Adlige Herrschaften und städtischer Handel

Unzählige Kriege tobten im Lauf der Zeit an der gezackten Linie, die das Heilige Römische Reich und Frankreich voneinander trennte. Sie alle zu beschreiben wäre eine stumpfsinnige Angelegenheit und darüber zu lesen noch eintöniger. Während sich die Erörterung spezieller Ereignisse natürlich lohnt, kann man eine umfassende Darstellung der Entwicklungen eines jeden Königreichs, Herzogtums und jeder einzelnen Grafschaft getrost übergehen. Interessanter erscheint es mir, über die besonderen Spannungen nachzudenken, die eine solche Welt überhaupt erst entstehen ließen.

Frankreich und das Heilige Römische Reich vertraten unterschiedliche Ansichten dazu, wer zu bestimmen und wer Anweisungen Folge zu leisten habe. Bereits geringste Verschiebungen in ihrem Verhältnis wirkten sich regelmäßig verheerend aus. Es kostet uns große Mühe, alte Landkarten ebenso ernst zu nehmen wie die aktuellen und die früheren nicht als simple Vorläufer der vernünftigeren heutigen Aufteilungen zu betrachten. Ich werde versuchen, nur dieses eine Mal darauf hinzuweisen, dass Europas Werte, sein Verhalten und seine Ideologie in der Zeit zwischen 1914 und 1945 uns eine gönnerhafte Haltung in Bezug auf die Blutrünstigkeit, Rachsucht und Irrationalität früherer Epochen verbieten. Zudem setzt sich im öffentlichen Bewusstsein allmählich die Erkenntnis durch, dass die Art und Weise, wie die Europäer im 19. und 20. Jahrhundert ihre Kolonialreiche in Übersee beherrschten, es gleichermaßen problematisch erscheinen lässt, wenn wir uns über frühere Zeiten erheben, in denen man Bauern, Nichtchristen oder sonstige Gruppen kurzerhand auslöschte, bloß weil sie irgendjemandem im Weg waren.

Wir alle erschauern beim Gedanken an die Mongoleneinfälle, dabei haben wir selbst ganze Kontinente erobert, einen Großteil ihrer Einwohner umgebracht und die Gebiete anschließend vollständig neu besiedelt, und zwar in einem Ausmaß, von dem die Mongolen nur träumen konnten. Die Verbreitung des Christentums im östlichen Teil Europas erstreckte sich über mehrere Jahrhunderte und verschlang gewaltige Ressourcen, die aus Frankreich und dem Heiligen Römischen Reich abgezogen wurden. Wenn wir Karten von den Eroberungen Ottos des Großen oder den Rittern des Deutschen Ordens betrachten, schließen wir uns instinktiv ihren Kriegszügen an, folgen ihnen von Westen nach Osten und werden gedanklich und emotional ein Teil ihres Trosses. Aber es ist ein durchaus interessantes Experiment, sich einmal in die andere Seite zu versetzen und die Ereignisse aus der Perspektive eines der Besiegten zu betrachten. Es geht mir dabei nicht um die Fragwürdigkeit des Kampfes an sich – als Spezies scheinen wir ihn beinahe ebenso zu genießen wie eine gute Mahlzeit –, aber es zeigt sich doch eine auf Dauer ermüdende Tendenz in der historischen Erzählung, dass sich Autor und Leser im Geiste stets mit den Siegern verbrüdern. Zudem ist unser Blick in die Vergangenheit von einem ganz offenkundig unsinnigen Nationalismus gefärbt. So hat die englische Begeisterung über den Ausgang der Schlacht von Waterloo zwar insofern eine gewisse Berechtigung, als wir trotz aller späteren Entwicklungen immer noch in einer von Waterloo geprägten Welt leben. Aber es muss doch einen Punkt gegeben haben, von dem an wir zu Recht nur noch ein eher beiläufiges Interesse beispielsweise an der Schlacht von Azincourt empfanden, vor allem da wir über die Schlachten von Formigny oder Castillon (bei denen die Engländer aus Frankreich vertrieben wurden) lieber gar nichts mehr wissen wollten.

Wie bereits erläutert, hatten die Erben Karls des Großen mit dem Westfränkischen und dem Ostfränkischen Reich zwei einander gegenüberstehende Machtblöcke geschaffen. Obwohl das dazwischenliegende Lotharingien seit dem Vertrag von Ribemont mit dem Ostfränkischen Reich verbunden war, blieb es über die Jahrhunderte hinweg stets Gegenstand juristischer Spitzfindigkeiten, die die Herzen expansionsfreudiger westfränkischer Herrscher höherschlagen ließen. Im Laufe der Zeit wuchs bei allen Herrschern in den Nachfolgestaaten von Karls Reich, mochten sie nun größere oder kleinere Territorien regieren, das Gefühl für ihre jeweils eigene, weit zurückreichende Legitimität. Wenn auch ihre Aufmerksamkeit gelegentlich durch Kräfte außerhalb der Grenzen des alten Karolingerreichs (Spanien, England, Polen, Italien) abgelenkt wurde, blieben sie doch stets darauf bedacht, sich ihren Kontrahenten gegenüber Vorteile zu verschaffen. Manchmal wurde Lotharingien so lange unter Wasser gehalten, dass es schien, als müsse ihm unweigerlich die Luft ausgehen, doch dann kam es unversehens wieder an die Oberfläche und vermasselte allen anderen ihre gierigen Pläne. Dass Luxemburg, dieser dynastische und territoriale Quastenflosser, auch im 21. Jahrhundert noch existiert, ist ein leuchtendes Beispiel für die lotharingischen Beharrungskräfte. So viele stolze Eroberer hielten Luxemburgs gewaltige Festung für kurze oder auch längere Zeit besetzt, doch keiner von ihnen konnte sich auf Dauer halten, und so zogen sie schließlich einer nach dem anderen wieder ab.

Das vorrangige Bestreben jeder menschlichen Gemeinschaft besteht darin, ausreichend Nahrung und Sicherheit für das Überleben der Gruppe zu gewährleisten. Irgendwann erkannte der Mensch, dass sich dies leichter bewerkstelligen ließ, wenn sich mehrere Gemeinschaften zusammenschlossen. Schon im tiefsten »finsteren« Mittelalter reichten diese Netzwerke so weit, dass Rohstoffe und Waren über mehrere Hundert Kilometer hinweg transportiert und gehandelt werden konnten. In der Maastrichter Schatzkammer werden sehr alte aus Zentralasien, Byzanz und Ägypten stammende mittelalterliche Stoffe aufbewahrt, die erhalten blieben, weil in sie einst die Reliquien von Heiligen eingeschlagen gewesen waren. Diese wunderschönen, kunstvoll gefertigten Stoffe führen uns auf verstörende Weise vor Augen, dass weite Teile der Welt – darunter auch Maastricht – in jener Zeit keineswegs »finster« waren. Manchmal wurde der Fernhandel gestört – durch Plünderer, Überschwemmungen, technische Veränderungen und mehr oder weniger erzwungene Wechsel der Bündnisse –, oder er war Schwankungen unterworfen, die sich aus der Höhe der gerade im Umlauf befindlichen Geldmenge ergaben. Doch er beruhte stets auf differenzierten Beziehungen und erforderte mehr Kooperation, Sicherheit und Kreditwürdigkeit, als ein Ort allein hätte bieten können.

Diese Kooperation war allerdings von jeher von der scheinbar einfachen, aber in der Praxis überaus kniffligen Frage belastet, wer aus einer Verbindung den größeren Nutzen zog. Der Untergang des Römischen Reichs gilt allgemein als universelle Katastrophe, aber möglicherweise war es für die Menschen in den römischen Provinzen jenseits der Alpen durchaus eine feine Sache, nicht länger hohe Steuern zahlen zu müssen, mit denen Legionen, Paläste und das angenehme Leben in Italien finanziert wurden. Ein großer Vorteil dürfte auch die Tatsache gewesen sein, dass sie nun endlich nicht mehr vorgeben mussten, die grauenvolle fermentierte »Fischsoße« der Römer zu mögen. Experten behaupten, aus der Datierung der leeren tönernen Fischsoßenkrüge auf dem Grund des Rheins könne man ableiten, dass der Handel innerhalb des Reichs zu einem bestimmten Zeitpunkt zum Erliegen kam, aber genauso wahrscheinlich ist, dass die Leute das Zeug vor lauter Erleichterung einfach in den Fluss gekippt haben, sobald der letzte streng dreinblickende Legionär verschwunden war.

Der wirtschaftliche Niedergang in den nachrömischen Jahrhunderten und die gelegentliche Verwüstung ganzer Landstriche durch marodierende Goten, Sarazenen und dergleichen waren natürlich bedauerlich, aber auch so selten, dass man damit leben konnte. Es gibt Anzeichen dafür, dass viele Städte zwischen Gent, Basel und Konstanz durchgängig besiedelt waren. Dort scheint das Leben einfach seinen Gang genommen zu haben und für die Einwohner nicht aufregender oder weniger aufregend gewesen zu sein als zuvor, für uns jedoch bleiben diese Zeiten unsichtbar, weil darüber keinerlei Aufzeichnungen erhalten sind. Für herbe Verluste sorgte in diesem Zusammenhang die Rom-Begeisterung des 19. und 20. Jahrhunderts. Voller Vorfreude und das Klappern der Karrenräder auf dem Forum von Noviomagus (Nijmegen) bereits im Ohr, wühlten sich die Archäologen jener Zeit durch sämtliche Bauschichten, die sie von der aufregenden Entdeckung eines römischen Heizungssystems oder Bodenmosaiks (natürlich mit dem üblichen Delfindekor) trennten, mit dem Ergebnis, dass viele Jahrhunderte kompakter fränkischer und mittelalterlicher Geschichte auf Deponien endeten, ohne dass irgendjemand Notiz davon nahm.

Was für nahezu die gesamte Menschheitsgeschichte und für beinahe jeden Ort der Welt zutrifft, galt selbstverständlich auch für die frühmittelalterliche Wirtschaft: Sie diente vor allem dem Überleben. Dazu reicht im Grunde der einfache Warenverkehr zwischen den Herstellern von Pflügen und denen, die sie einsetzen, oder zwischen den Besitzern von Hühnern und den Erzeugern von Butter. Doch selbst in einer vergleichsweise kleinen Stadt werden die Handelsbeziehungen schnell kompliziert. Daraus erwächst der Bedarf an Münzen als Symbol für den Gegenwert der Waren, und schon bald ist dann eine unabhängige Autorität gefordert, die die Reinheit der Münzen garantiert, und zwar auch über größere Entfernungen hinweg.

Fast die gesamte Wirtschaft, die über den bloßen Lebensunterhalt hinausging, betraf im Mittelalter spirituelle Angelegenheiten – die Vorbereitung auf das wesentlich wichtigere Leben nach dem Tod. Uns ist der Anblick von Kathedralen in modernen Großstädten wie Antwerpen oder Köln vertraut, und die gewaltigen Dimensionen dieser Bauten beeindrucken noch heute, obwohl wir uns an endlosen Einkaufszentren und Straßenbahnhaltestellen vorbei zu ihnen vorkämpfen müssen. Wer jedoch einen intensiveren Eindruck davon gewinnen möchte, wie diese Sakralbauten im Mittelalter auf den Betrachter wirkten, sollte einen jener Orte besuchen, die – aus welchen Gründen auch immer – im Laufe der Zeit wieder zu Kleinstädten wurden oder nie etwas anderes gewesen sind. Toul ist dafür ein perfektes Beispiel. Die alte Römerstadt an der Mosel (Tullum Leucorum) war im Mittelalter Bischofssitz und scheint als letzte große Anstrengung vor dem Sturz in die wirtschaftliche Bedeutungslosigkeit den Bau einer gewaltigen Kathedrale unternommen zu haben, die im 14. Jahrhundert fertiggestellt wurde, aber wahrscheinlich der sechste Sakralbau an dieser Stelle war (ursprünglich stand dort ein römischer Tempel). Da Toul nur sechzehntausend Einwohner hat und sich immer noch hinter seine aus dem 17. Jahrhundert stammenden Befestigungsmauern duckt, wirkt die Kathedrale in ihrer mickrigen Umgebung geradezu absurd überdimensioniert, als wäre ein riesiges Stück von einem von Darth Vaders Sternzerstörern auf die Stadt gestürzt. Fast scheint es, als würden alle Häuser der Stadt mühelos im Innern des Gotteshauses Platz finden. Ein vergleichbar überwältigender Anblick bietet sich dem Reisenden, wenn sein Zug die Eisenbahnbrücke in Dordrecht passiert und er plötzlich die Kirche mit dem passenden Namen »Grote Kerk« (Große Kirche) vor sich aufragen sieht – ein so gewaltiger Bau, dass einen der Verdacht beschleicht, beim Blick auf den Bauplan habe damals jemand Dezimeter mit Metern verwechselt.

Schon die Vorgänger dieser gewaltigen Gotteshäuser waren sehr groß, da deren Bau oder Wiederaufbau über Jahrhunderte hinweg im Zentrum aller städtischen Bemühungen standen, die über den reinen Alltag hinausgingen. Was wir heute als das Ziel ansehen würden – die Fertigstellung –, war dabei wesentlich weniger wichtig als der Bauprozess selbst. Unter dem Schutz provisorischer Dächer nahmen die aufeinander folgenden Generationen in Gebrauch, was Stück für Stück in die Höhe wuchs. Zu behaupten, der Kirchenbau habe im »Fokus« des damaligen Lebens gestanden, wäre zu eng gefasst, vielmehr war das gesamte städtische Leben auf diese Gotteshäuser ausgerichtet. Sie verschlangen einen Großteil des Geldes, das nicht für den reinen Lebensunterhalt erforderlich war oder gar für profane weltliche Dinge wie einen bescheidenen Komfort aufgewendet wurde.

Was in dieser Darstellung bislang keine Beachtung fand, ist die Rolle des Herrschers. Abgesehen von sehr entlegenen Randbereichen gab es in Europa keine vollkommen isolierten, autarken Gemeinschaften. Aber welche Form von Zusammenschluss Sicherheit und Erfolg garantierte, wurde weder vor der Teilung des Karolingerreichs noch danach abschließend geklärt. Im Grunde ist noch 2017 (während ich diesen Absatz schreibe) jede politische Diskussion zu jedem beliebigen Thema lediglich das neueste Kapitel einer seit ewigen Zeiten geführten Debatte. Der erforderliche Schutz (durch Mauern, Gräben oder Truppen) war schon immer sehr kostspielig und heikel, und es konnte für dieses Problem naturgemäß ebenso wenig eine dauerhafte und für alle Zeiten brauchbare Lösung gefunden werden wie eine Antwort auf die Frage nach der Höhe eines Kirchturms, der angemessen ekstatisch und heilig aussehen sollte und keinesfalls den Anschein erwecken durfte, er sei zu billig gewesen. Gerade bei Kirchtürmen, die auch eine wichtige Funktion als Wachturm hatten und deren Glocken die Verbreitung militärischer Instruktionen in der Stadt übernahmen, musste mit der allgemeinen Entwicklung Schritt gehalten werden. Jeder sah ein, dass es ertragreicher war, Geld in den Handel mit benachbarten Städten oder in weniger fantasielose Verbesserungen als den Bau von Wehrmauern zu stecken. Doch Städte, die daraus den nachvollziehbaren Schluss zogen, Einsparungen bei der militärischen Ausbildung vorzunehmen und sich nicht länger mit der Pflege ihrer langweiligen alten Verteidigungsgräben abzugeben, wurden früher oder später bis auf die Grundmauern niedergebrannt. Wer sich für die Vergangenheit interessiert, richtet sein Augenmerk meist auf die großen Ereignisse in der Geschichte einer Stadt – eine Belagerung, die Schlacht in der Nähe –, aber genauso lohnt ein Blick auf die beschaulichen Friedenszeiten: Wenn es irgendwo seit Generationen vollkommen friedlich war, wer würde da den Mut haben vorzuschlagen, im kommenden Jahr das Geld einmal nicht in den fröhlichen Karneval zu stecken, sondern lieber für alle Fälle ein paar Bogenschützen anzuwerben?

Diesen Widerstreit zwischen Öffnung und Kooperation einerseits und der Notwendigkeit, die eigene Sicherheit zu gewährleisten, gab es zu jeder Zeit, aber man findet kaum Aufzeichnungen darüber. Wir wissen immer noch nicht, wie das Fränkische Reich im Wesentlichen funktionierte. Wie bei allen seinen kleineren und größeren Vorläufern waren die einzelnen Gebiete, aus denen es sich zusammensetzte, zumeist mit dem Schwert zu ihrem Glück gezwungen worden, allerdings waren damit auch in weitaus größerem Maß als zuvor Schutz und gegenseitige Unterstützung verbunden. Als sich die Wikinger im 11. Jahrhundert zum Christentum bekannten und damit die großen äußeren Bedrohungen endeten, entwickelte sich Westeuropa zunehmend zu einer Art Hinterland. Die Magyaren und Slawen machten keine Probleme mehr, seit Kaiser Otto der Große sie 955 auf dem Lechfeld und an der Raxa besiegt hatte. Deutsche Siedler (was damals jeden einschloss, der nicht die *lingua romana* sprach, also auch die heutigen Niederländer und Flamen) wanderten ostwärts und gründeten dort zahlreiche Städte, um die sich die ostdeutsche christliche Kultur konzentrierte. Dazu gehörte insbesondere Ottos Pfalz in Magdeburg, die zum Zentrum einer Massenbewegung wurde und sich an Stadtvorbildern orientierte, die im Westen bereits erprobt worden waren. In Magdeburg, rund fünfhundert Kilometer von Aachen entfernt, liegt Otto auch begraben – weit weg vom alten fränkischen Zentrum seiner Vorfahren.

Im Zuge der Sachsen- und Awarenkriege Karls des Großen und Ottos weiterem Vormarsch nach Osten ein Jahrhundert später bildete sich allmählich unter sehr verworrenen Umständen und vielfältigen Einflüssen eine neue politische Ordnung mit Territorien heraus, die von Grafen, Markgrafen oder Herzögen regiert wurden. Diese Herrscher, die von obskuren Vorfahren aus der Zeit der Wikingereinfälle abstammten, als die örtlichen Befehlshaber sich gegen die wie aus dem Nichts über die Flüsse tief ins Landesinnere eindringenden Fremden zur Wehr setzen mussten, verdankten ihre Vormachtstellung im Allgemeinen dem König in Paris oder dem zwischen seinen Pfalzen umherziehenden Kaiser und entwickelten eigene Varianten in Bezug auf Schutz und Ausbeutung. In den 850er Jahren verzeichnen wir einen Grafen von Artois, rund zehn Jahre später einen Markgrafen von Flandern und weitere zwanzig Jahre darauf einen Grafen von Holland. Zudem gab es den furchterregenden, wenn auch etwas nebulösen Reginar »Langhals«, möglicherweise ein Enkel Kaiser Lothars I., der die Funktionen des Herzogs von Lothringen, des Grafen im Maasgau und des Grafen im Hennegau auf sich vereinte und offenbar auch bei allen wichtigeren – wenngleich nur spärlich dokumentierten – Ereignissen zugegen war. Allerdings könnten sich (was heute ärgerlicherweise nicht mehr nachprüfbar ist) hinter diesem Reginar auch mehrere Personen verbergen, denn der Name war zu jener Zeit recht beliebt. Reginars vier Kinder wurden Herzog von Lothringen, Erzbischof von Mainz, Erzbischof von Utrecht und Graf im Hennegau, und seine weiteren Nachfahren – die »Reginare« – herrschen fast fünf Jahrhunderte lang über die erlesensten Besitzungen der Region (Löwen, Brüssel, Limburg), bis sie das Ganze schließlich vermasseln und – ohne Aussicht auf männliche Nachkommen – ihr Erbe gerade noch auf einen der Söhne des Herzogs von Burgund übertragen, bevor dieser 1415 in einer vollkommen veränderten Welt in der Schlacht von Azincourt getötet wird. Ein anderer Zweig der Reginare regierte in Hessen noch bis 1918.

Man kann es gar nicht oft genug wiederholen: Nur weil es aus dem frühen Mittelalter keine Aufzeichnungen gibt, bedeutet das nicht, dass die Leute untätig im Dreck herumstanden, in der Nase bohrten und darauf warteten, dass irgendetwas passiert. Seit ich durch die gewaltige Treverer-Festung gelaufen bin, deren Erbauer weder lesen noch schreiben konnten, fühle ich mich verpflichtet, immer wieder darauf hinzuweisen, dass ein funktionierendes, ja komplexes Europa auch schon existierte, bevor sich der menschliche Wesenszug durchsetzte, nun einmal Dinge aufzuschreiben. Einige der von der Rheinmündung bis zu den Schweizer Alpen verteilten lotharingischen Herrscher waren weltlich, andere geistlich, manche waren fromm, andere Psychopathen. Wie sie über ihre Untertanen herrschten und wie sie selbst von ihren manchmal fernen, eher abstrakten, zuweilen aber auch erschreckend nahen und realen Königen beherrscht wurden, sollte bis ins 20. Jahrhundert die europäische Geschichte vorantreiben.

Glanz und Elend der Kaiser

Es wäre falsch, zu behaupten, die Situation im christlichen Westeuropa habe sich in dem Jahrhundert nach dem Tod Karls des Großen nicht erheblich verschlechtert. Tatsächlich gibt es eindeutige Belege dafür, dass der Karlskult überhaupt erst in der schrecklichen, von wehmütiger Nostalgie geprägten Welt der 880er Jahre einsetzte. Notker der Stammler verfasste seine ausführlichen, wenn auch wenig verlässlichen Anekdoten über Karl den Großen 883 unter anderem mit dem Ziel, den bekümmerten, hoffnungslosen, kranken Kaiser Karl III., den Dicken, aufzuheitern, indem er – nur ein Jahr, nachdem ein Wikingerheer die Aachener Pfalzkapelle Karls des Großen in einem wohlbedachten symbolischen Akt in Ställe umgewandelt hatte – auf jenes goldene Zeitalter der Ordnung und des Fortschritts zurückblickte, als man sich noch nicht mit marodierenden Invasoren oder einem schier unerschöpflichen Reservoir an niederträchtigen, treulosen Vasallen herumschlagen musste.

Das Schicksal von Kaiser und Papst war damals so eng miteinander verflochten, dass der Prestigeverfall des einen den anderen mit in den Abgrund zog (während beide Instanzen zu Machtkämpfen neigten, sobald ihr Ansehen wieder stieg). Das christliche Westeuropa war eine sehr kleine, nahezu auf allen Seiten den Angriffen von Muslimen und Heiden ausgesetzte Region. Weite Teile des Kontinents, die für uns heute ein selbstverständlicher Teil unserer Welt sind (Spanien und Portugal, große Bereiche Britanniens, ganz Skandinavien und das östliche Sachsen), waren damals nichtchristliches Gebiet. Reisen rheinaufwärts nach Rom und wieder zurück waren so ziemlich die einzige touristische Route, auf die Christen sich einigermaßen gefahrlos begeben konnten. Ein Tiefpunkt im Gerangel zwischen geistlicher und weltlicher Macht war die sogenannte Leichensynode, als man Papst Formosus, dessen Pontifikat von erbitterten Parteikämpfen geprägt gewesen war, nach seinem Tod wieder ausgrub, in päpstliche Gewänder hüllte und auf seinem Thron festband, um ihn einem Schauprozess zu unterziehen. Während der halb verweste, in goldenes Tuch gewandete Leichnam so aufmerksam, wie es ihm möglich war, dem Schlussplädoyer des Anwalts folgte, waren der grausame Rollo und seine Wikingerfreunde (auch bekannt als die *Normannen)* damit beschäftigt, das Westfrankenreich zu verwüsten und den Grundstein für die künftige Normandie zu legen. Das vollständige Versagen der politischen und religiösen Führung in jenem Jahrhundert muss schlimme

Auswirkungen auf das Leben der meisten Menschen gehabt haben. Die einzige gute Nachricht war, dass es Kaiser Arnulf 891 in der Schlacht von Löwen (der ersten Erwähnung dieser wichtigen Stadt) gelang, ein Wikingerheer zu vernichten, das durch die Niederlande nach Süden marschierte – ein zaghafter Hinweis darauf, dass zumindest einige Teile Europas künftig von dieser Plage verschont bleiben könnten.

Nach wie vor waren die Ambitionen der ost- und westfränkischen Herrscher auf Lotharingien gerichtet. Es war ein Königreich und als solches glanzvoll und bedeutend, außerdem lag mit Aachen das wichtigste karolingische Erbe auf seinem Gebiet. Im Jahr 911 wurde der westfränkische König Karl III., der Einfältige, zugleich auch König von Lotharingien, doch seine Herrschaft war ein derartiges Fiasko, dass es peinlich wäre, die Einzelheiten auch nur in groben Zügen nachzuzeichnen. Zu den zahllosen Dingen, die während seiner Regierungszeit schiefliefen, gehörte der Einfall des Ostfrankenkönigs Heinrich I., der Vogler, der der Unabhängigkeit Lotharingiens ein Ende machte und es in ein großes Herzogtum umwandelte. Heutzutage kennt man Heinrich den Vogler vor allem als rauen, aber gutmütigen, in der Art eines Rugbytrainers auftretenden Herrscher aus Wagners *Lohengrin* (1850), wo er von den mystischeren Schwanenritter-Elementen der Oper auf durchaus komische Weise überfordert ist und eigentlich nur das gute Volk von Brabant dazu bringen will, ihn beim Kampf gegen die ungarischen Eindringlinge zu unterstützen. Dazu singt er Sätze wie »Für deutsches Land das deutsche Schwert!«, bei denen spätere Generationen teutonischer Versager weiche Knie bekamen und in Tränen ausbrachen, während sie für uns in Anbetracht des eindeutig belgischen Schauplatzes der Oper ziemlich befremdlich klingen.

Als Heinrich der Vogler auf der Bildfläche erschien (wie er an die Macht gelangte, bleibt rätselhaft, da es, abgesehen von einer abgedroschenen Legende, diesbezüglich keinerlei Quellen gibt), hatte sich der fränkische Herrschaftsbereich im Westen bereits auf das Gebiet der Île-de-France reduziert, während sich die ostfränkische Herrschaft auf den Mittelrhein konzentrierte. Mit Heinrich begann eine lange Phase erfolgreicher Expansion, in der sich sowohl das inzwischen unzweifelhaft eigenständige »Frankreich« als auch das weniger klar definierte »Kaiserreich« als deutlich erkennbare Einheiten herausbildeten. Für Heinrich und seine Nachfolger war die Herrschaft über Lotharingien von entscheidender Bedeutung, verschaffte sie ihnen doch die zunehmend wichtige kultische Verbindung zu Aachen (die Wikinger und ihre Pferde hatte man mittlerweile wieder vertrieben) und einen Zugang zu den bedeutenden finanziellen Ressourcen und dem Prestige der alten geistlichen Territorien Trier, Köln und Mainz. Die Dynastien der Ottonen (919–1024) und der Salier (1024–1125) institutionalisierten und erweiterten das System aus Herzogtümern, Grafschaften und Markgrafschaften (Verteidigungszonen entlang der Reichsgrenzen), das trotz aller Wendungen der Geschichte bis 1918 überdauerte und dessen Geister noch heute in harmloser Ausprägung an einigen Orten herumspuken.

Die Ottonen waren von einer geradezu chaotischen Nachlässigkeit, was ihre letzte Ruhestätte betraf, und so endeten sie (in chronologischer Reihenfolge) in Quedlinburg, Magdeburg, Rom, Aachen und Bamberg. Für nationalistische Historiker des 19. Jahrhunderts war dieses Durcheinander ein Ärgernis, erst recht aber empörten sie die ständigen Reisen der Kaiser nach Italien, wohin diese sich nicht nur in ihrer Eigenschaft als Herrscher über Teile Norditaliens begaben, sondern auch, weil es der Papst in Rom war, der sie überhaupt erst zum Kaiser krönte. Der Zorn dieser Historiker befeuerte die nationalistische Paranoia der Deutschen gegen den römischen Katholizismus und ihren Unmut darüber, dass die deutsche Identität im Mittelalter ebenso sehr durch die Launen eines »Herrn in Rom« bestimmt worden war wie durch germanische Vasallen, die in Lohengrin'scher Manier mit dem Schwert gegen ihre Schilde schlugen.

Wie widerwärtig die Motive dieser Historiker und Archäologen aus heutiger Sicht zum Teil auch wirken mögen, verdanken wir ihrem unermüdlichen Herumstöbern in verstaubten Archiven und ihren Grabungen in modrigen Gewölben letztlich doch viel von unserem heutigen Wissen. Viele von ihnen waren auch von jenem unbeirrbaren, sympathischen Lokalpatriotismus getrieben (und zwar nicht etwa einem rheinischen Lokalpatriotismus, sondern einem – sagen wir – spezifischen *Kölner* Lokalpatriotismus), der bis heute einer der großen Vorzüge Deutschlands ist. Ohne ihr obsessives Säubern und Umräumen bliebe uns der herrliche Anblick verwehrt, der sich dem Besucher in der Krypta des Speyrer Doms bietet. Diese überwältigende, sechs Meter hohe unterirdische Säulenhalle wurde 1041 angelegt und ist seither im Wesentlichen unverändert geblieben – ein Ort, in den seit fast einem Jahrtausend kein Tageslicht mehr gedrungen ist. Die Krypta ist die letzte Ruhestätte der Salier, deren Dynastie die Ottonen ablöste. Von Kaiser Konrad II. (Sohn des Grafen Heinrich von Speyer und der Adelheid von Metz) bis Heinrich V. liegen sie alle hier begraben, obwohl zwei von ihnen in Utrecht starben, weshalb ihre Eingeweide und Herzen im dortigen Dom beigesetzt wurden.* Auch der erste Habsburgerkaiser, Rudolf I., ist hier bestattet und blickt als stattliche steinerne Statue von seiner Grabplatte an der Wand finster auf uns herab. Die gesamte Krypta wurde kurz vor dem Ersten Weltkrieg gründlich erforscht und wiederhergerichtet. Das Ergebnis ist ein Museum voller sensationeller Exponate. So stellte sich zum Beispiel heraus, dass die Kronen, mit denen die Kaiser beigesetzt wurden, von äußerst billiger Machart waren – durchaus vernünftig, wenn man bedenkt, dass sie sich in Zukunft kaum noch abnutzen würden. Zu sehen sind auch das Kreuz und der Reichsapfel Heinrichs III. und die Sporen Heinrichs V. Als man Gisela von Schwaben, die Gemahlin Konrads II., ausgrub, entpuppte sie sich als mumifizierte Blondine. Es muss allen einen Heidenspaß bereitet haben, sich durch diese Schauerlichkeiten zu wühlen, die allesamt auf ansprechenden Fotografien verewigt wurden (Philipp von Schwaben war nur noch Mulch mit einem Totenschädel). Wenn man heute die Grabsteine berührt, erwartet man beinahe, dass sie sich ein wenig warm anfühlen – oder man macht sich auf ein leises Unbehagen gefasst, das einen angesichts jenes Widerhalls vergangener Macht beschleichen könnte, den wir gelegentlich noch wahrnehmen.

Brände, vorsätzliche Sprengungen und drastische Veränderungen im Architekturgeschmack haben zu zahlreichen Veränderungen an den imposanten kaiserlichen Sakralbauten geführt, dennoch verströmen sie bis heute eine Aura von geradliniger Zweckmäßigkeit und politisch-militärischem Gewicht. Die majestätisch weiten Innenräume der Dome zu Mainz, Speyer und Worms muss man bei jedem Wetter und sämtlichen Lichtverhältnissen erleben. Speyer in einer Winternacht, wenn die Lampen nur vereinzelte Lichtpfützen werfen und Tausende Tonnen kalten Steins irgendwie über Ihrem Kopf gehalten werden, ist ein kaum zu übertreffendes Erlebnis.

In einer Seitenkapelle des Mainzer Doms hängt das Udenheimer Kreuz – ein einfaches bemaltes Holzkruzifix aus dem Jahr 1070 mit einer schockierend nahbaren, fast naiven Christusfigur, die über die schwindelerregende

* Einer der beiden war Konrad II. Seinem Wunsch entsprechend, in Speyer eine große dynastische Kultstätte zu schaffen, wurde der Rest seines Leichnams in einem prächtigen Leichenzug, der das spektakulärste Ereignis jener Zeit gewesen sein muss, über Köln, Mainz und Worms rheinaufwärts an seine letzte Ruhestätte gebracht. Dieses kuriose Brimborium um Eingeweide und Herzen ist deshalb erwähnenswert, weil es uns mit einem Schlag vor Augen führt, dass sich die Hoffnungen, Ängste und seltsamen Gebräuche der Europäer faktisch überhaupt nicht von denen der bei Anthropologen so beliebten »Stämme« in anderen Teilen der Welt unterscheiden.

zeitliche Distanz von fast tausend Jahren auf die heutigen Gläubigen herabblickt. Das Kreuz entstand in der Zeit Kaiser Heinrichs IV., als das Papsttum (zu Heinrichs Leidwesen) nach einer Phase des Niedergangs und dem Tiefpunkt der »Leichensynode« allmählich wieder erstarkte und zunehmend politischen Einfluss im Heiligen Römischen Reich gewann, wo eine Reihe von Territorien zugleich geistlicher und weltlicher Natur waren. Aber auch über diese Hochstifte und unabhängigen Klöster hinaus waren kirchliche und weltliche Macht eng miteinander verflochten. Brun etwa, der Bruder Ottos des Großen, war ab 953 gleichzeitig Herzog von Lothringen und Erzbischof von Köln. (In Köln machte er sich um den Ausbau des großen Doms verdient, der 1248 bedauerlicherweise niederbrannte. Obwohl man recht bald mit dem Neubau begann, kam es in der Folge zu einer peinlichen Hängepartie aus unzähligen Baustopps, die dazu führten, dass der Nachfolgebau erst sechshundert Jahre später fertiggestellt werden konnte.) Mit der Zeit hatten die Kaiser sich angewöhnt, ihre obersten Kleriker selbst zu bestimmen, und verließen sich auf diese nicht nur in spirituellen, sondern auch in militärischen Belangen. Mit ihrer Unterstützung erwies sich Heinrich IV. als äußerst effizienter Herrscher, der mit Erfolg gegen die aufsässigen Thüringer und Sachsen und die heidnischen Slawen in Mecklenburg kämpfte. Papst Gregor VII. war hingegen der Auffassung, es sei doch viel vernünftiger, wenn die Kirche ihre Bischöfe selbst ernannte und parallel zu den weltlichen Autoritäten agierte – mit anderen Worten durch die »Investitur« ihres Personals eigenen politischen Einfluss gewann. Dieser alte Anspruch hatte über die Jahre immer wieder heftige Erschütterungen ausgelöst und teils erhebliche Schäden angerichtet. Und auch Gregors Bemühungen, seine Ansichten zur Investitur durchzusetzen, hatten verheerende Folgen. Heinrich berief in Worms einen Hoftag ein, auf dem er »seine« Bischöfe überredete, den Papst abzusetzen, woraufhin Gregor tief in die päpstliche Trickkiste griff: Drohungen, Kämpfe, Bestechungen, die Krönung des Gegenkönigs Rudolf in Mainz, und nach dessen Tod der Gegenkönig Hermann. Es folgten mehrere Einfälle des Kaisers in Italien und schließlich seine Absetzung durch den eigenen Sohn. Nachdem Heinrich in Lüttich gestorben war, wo er sich gerade um eine erneute Wendung in dieser haarsträubenden Geschichte bemühte, wurde seinem Leichnam die nahezu einmalige kuriose Behandlung zuteil, *außerhalb* des Speyrer Doms auf ungeweihtem Boden zwischengelagert zu werden. Erst sechs Jahre später wurde der über ihn verhängte Kirchenbann aufgehoben, und er durfte ins Innere des Doms umziehen.

Wie in Science-Fiction-Filmen, wo das Universum allein vom Willen eines hochintelligenten Wesens zusammengehalten wird und in seine Einzelteile zerfällt, sobald dieses für einen Moment abgelenkt ist, neigte das Kaiserreich zum Auseinanderbrechen, wenn die Konzentration des Kaisers nachließ. Doch wie in Frankreich und England gab es auch hier Kräfte, die sich für seinen Erhalt einsetzten, indem sie sich aus familiären, finanziellen oder ideologischen Gründen auf die Seite des Herrschers schlugen. Und so wurde der Investiturstreit schließlich 1122 unter Heinrichs Sohn Heinrich V. beigelegt, der dem Papst im Wormser Konkordat die Entscheidung über die Einsetzung der geistlichen Würdenträger zugestand, sich selbst jedoch dabei ein Mitspracherecht sicherte. Die besondere Natur des Heiligen Römischen Reichs mit seinen geistlichen Territorien und den unzähligen kleinen »Immunitäten«, die sich in einer seltsamen Mischung aus Religiösem und Profanem faktisch selbst verwalteten, blieb damit erhalten. Deutsche Historiker des 19. Jahrhunderts sahen darin den Ursprung allen Übels, jenen Punkt, an dem das zersplitterte Deutschland endgültig den Weg zu Schwäche und Bedeutungslosigkeit eingeschlagen habe, während sich England und Frankreich zu ansehnlichen Nationalstaaten entwickelten. Ohne Zweifel stärkte das Wormser Konkordat die Macht der geistlichen Territorien, von den großen, unabhängigen Hochstiften wie Utrecht, Lüttich oder Köln bis hin zu den winzigen, aber langlebigen Abteien wie Stavelot oder Prüm. Allerdings war ein Hass auf den Katholizismus, wie er diese sehr viel späteren deutschen Historiker blendete, im 12. Jahrhundert noch vollkommen undenkbar. Die gewaltigen Dimensionen der Kaiserdome entlang des Rheins machten jedermann unmissverständlich klar, wie die Macht im Heiligen Römischen Reich mit seinem einzigartigen Geflecht aus Kaisern, weltlichen und geistlichen Fürsten verteilt war – doch der religiöse Unterbau spielte dabei eine wesentliche Rolle. Der Mainzer Dom, eines der größten Bauwerke, die nach dem Ende des Römischen Reichs errichtet worden waren, steht noch heute, während die Kaiserpfalzen, die überdies nie so groß und prächtig waren wie diese Kathedrale, längst verfallen sind.

Trotz dieses kaiserlichen Zusammenhalts bestand das Heilige Römische Reich, das sich von der Mündung von Rhein und Schelde bis an die umkämpfte, immer weiter hinausgeschobene Ostgrenze erstreckte, aus einem Mosaik kleiner und kleinster Einheiten – einer zerborstenen Windschutzscheibe ähnlich –, das unter Druck zerspringen konnte. Jedes dieser Territorien hatte seine eigene Geschichte, seine Institutionen, seine Stärken und

Schwächen. Die neu eroberten Gebiete im Osten verblieben weitgehend im Besitz der Dynastien, die sie im 11. und 12. Jahrhundert unterwarfen. Und gegen alle Widrigkeiten hielten die Habsburger, Wettiner, Mecklenburger und die später hinzugekommenen Hohenzollern stand, bis ihre aufgebrachten Untertanen sie im 20. Jahrhundert schließlich verjagten. Auch die älteren westlichen Territorien erwiesen sich als dauerhaft und stark. Nahezu frei von kaiserlicher Einflussnahme legten sie Grenzen fest und bestimmten mit, wer einzelne Gebiete oder ganze Regionen beherrschte, indem sie in den kommenden Jahrhunderten zahllose heldenhafte Eroberer entweder freudig begrüßten oder im Staub zertraten.

Der Aufstieg des Jungen aus Boulogne

Bouillon ist eine seltsame kleine Stadt, eingezwängt in eine Miniaturversion des Grand Canyon. Im Laufe von Jahrmillionen hat der Fluss dort eine Schleife aus dem Boden gewaschen, in deren Mitte ein riesiger, von den hohen Hügeln am gegenüberliegenden Ufer umschlossener Felsbuckel aufragt. Als die ersten Menschen die Region besiedelten, bot ihnen dieser Felsen als natürliche Festung Schutz. Seit jener Zeit wurden gewaltige Mengen Stein auf die Felskuppe geschleppt, und Meter um Meter wuchsen abweisende Mauern und Türme in die Höhe. Die Stadt selbst breitet sich über die umliegenden Hügel aus, deren Hänge so steil ansteigen, dass es scheint, als genügte schon ein leichter Erdstoß, um die sich an die Schräge klammernden Häuser in den Fluss purzeln zu lassen. Das im waldreichen belgisch-französischen Grenzgebiet gelegene Bouillon war häufig umkämpft (an einem der zahlreichen Burgtore hat man in leisem Spott eine herrlich aufgeblasene Verlautbarung Ludwigs XIV. erhalten) und spielte zuletzt im frühen 19. Jahrhundert eine militärische Rolle als eine der zahlreichen niederländischen Festungen, die das nachnapoleonische Frankreich daran hindern sollten, sich noch einmal über seine Grenzen hinaus zu erheben. Nach der Belgischen Revolution von 1830 fand sich die Stadt dann plötzlich unter Brüsseler Herrschaft wieder – eine weitere Laune der Geschichte, gegen die ihre Einwohner machtlos waren.

Seinen mehr als neunhundert Jahre alten Ruhm verdankt die Stadt der Verbindung mit Gottfried von Bouillon, dem Anführer jener mörderischen Vergnügungsfahrt, die später als der Erste Kreuzzug bekannt werden sollte. Der asketische Pilgermönch begegnet einem in den Straßen von Bouillon an jeder Ecke. So saß ich einmal neben einer Heavy-Metal-artigen Gottfried-Statue in einer Kneipe, trank ein Gottfried-Bier und blickte durch das Fenster auf das Gottfried-Hotel. Zu meinem Bier hätte ich wohl auch noch einen aus regionalem Tabak gerollten Gottfried-Zigarillo und eine mit *pâté de Godefroy* bestrichene Brotscheibe genießen können, dekoriert mit roter Paprika, damit das Ganze einen levantinischen Touch bekam. Gottfried hätte in der Hitze der Schlacht von Askalon ein kühles Bier bestimmt zu schätzen gewusst, doch unglücklicherweise lebte er mehrere Jahrhunderte vor der Erfindung des Lagerbiers, und auch die Zutaten für Zigarillos und Pâté versteckten sich noch im unentdeckten Amerika. Diese unlautere Werbung für den Stadtheroen kratzt dann doch ein wenig an Bouillons perfektem Lack.

Gottfried ist sowohl in Frankreich als auch in Belgien ein bedeutender Nationalheld. Sein wuchtiges Standbild erhebt sich im Zentrum des königlichen Viertels von Brüssel, und im 19. Jahrhundert wurde er als eine Art männliche Johanna von Orléans mit kolonialem Erobererflair zum Gegenstand eines eher unangenehm schwülstigen katholischen Kults. Auch im Innern des Burgkomplexes von Bouillon steht eine Statue von ihm, zu deren Füßen eine große Kreuzform in den Boden eingelassen ist, die mit Kerzen ausgefüllt werden kann, wodurch eine spirituell-militärische Atmosphäre entsteht. Es klingt fast zu schön, um wahr zu sein, aber im örtlichen Museum gibt es tatsächlich eine Reihe fantastischer Luftbilder von Kreuzfahrerburgen zu sehen, aufgenommen in den 1930er Jahren von französischen Militärpiloten, die zuvor wahrscheinlich an der brutalen Niederschlagung der Großen Syrischen Revolution beteiligt gewesen waren – einem Unterfangen, das zweifellos Gottfrieds Überzeugungen entsprach. Leider weiß man nicht, ob Gottfried überhaupt jemals in Bouillon gewesen ist, denn er war ein »von« von allem Möglichen und Bouillon nur eine seiner vielen Herrschaften.

Vieles rund um die Kreuzzüge und die Gründe für ihr Entstehen ist immer noch rätselhaft. Sie hatten enorme Auswirkungen auf das 12., 13. und 14. Jahrhundert, endeten letztlich jedoch in einem kompletten Fehlschlag, als der Fall von Akkon 1291 das Ende des ganzen »Wir kämpfen in Jesu Fußstapfen«-Unternehmens besiegelte. Bevor Papst Urban II. 1095 in seiner großen Rede zum Kreuzzug aufrief, hatten die Normannen über den Seeweg England und Sizilien erobert, Kastilien hatte sein Gebiet vergrößert, die italienischen Flotten von Genua, Pisa und Venedig hatten ihre Vormachtstellung über das Mittelmeer ausgedehnt, und die Bedrohung durch die Wikinger war ausgeschaltet worden. Allenthalben müssen Rastlosigkeit und

Unternehmungslust in der Luft gelegen haben. Viele, die Urbans Aufruf zum großen Feldzug zwecks Befreiung der Heiligen Stätten von den Muslimen folgten, waren Gefährten oder Brüder jener Männer, die bei den erst wenige Jahre zurückliegenden Abenteuern zu Ruhm und Reichtum gelangt waren. Der Kreuzzug wurde schon bald zu einer Art Massenbewegung mit dem Ziel, alle heidnischen, ketzerischen und muslimischen Elemente in ganz Europa zu vernichten, was von Lissabon bis Riga auch erfolgreich in die Tat umgesetzt wurde. Kreuzzüge stellten einen aufregenden Initiationsritus für junge Ritter dar, bis die letzten Expeditionen in Mitteleuropa 1395 und 1443 mit blutigen Niederlagen gegen die Osmanen endeten und allen plötzlich einfiel, dass sie doch ganz dringend zu Hause gebraucht wurden.

Der Aufruhr, der Westeuropa nach Urbans Predigt erfasste, bewog Zehntausende Pilger und Soldaten, sich auf den Weg nach Osten zu machen. Es handelte sich bei diesem Kreuzzug zweifellos um eine religiöse Bewegung, auch wenn sich eine nicht unbeträchtliche Zahl von Schurken im Kettenhemd unter die Frommen mischte. Die zurückzulegenden Distanzen waren gewaltig. Den grausigen Auftakt lieferten Peter der Einsiedler, ein charismatischer Prediger aus Amiens, und der düstere Visionär Graf Emicho, die eine riesige, bunt zusammengewürfelte Pilgerschar anlockten und noch vor Beginn des »offiziellen« Kreuzzugs zu Ruhm und Ehren aufbrachen. Auf ihrem Weg durch das Rheinland verübten sie Massaker an den jüdischen Gemeinden in Trier, Mainz, Köln, Worms und Metz. Genaue Zahlen gibt es nicht, aber wahrscheinlich kamen allein in Worms etwa achthundert Juden ums Leben. Historiker neigen dazu, über diese allerersten militärischen Aktionen der gesamten Kreuzzüge rasch hinwegzugehen, ganz einfach weil der Rest der Geschichte noch so lang und komplex ist. Dabei waren es furchtbare Katastrophen und bis zum Holocaust die verheerendsten dokumentierten Ereignisse in der Geschichte dieser alten Gemeinden, deren Ursprünge häufig bis in die Römerzeit zurückreichten. Der Heilige Sand, der alte jüdische Friedhof in Worms, wurde spätestens seit dem 11. Jahrhundert durchgehend genutzt, bis er vor dem Ersten Weltkrieg von einer neuen Begräbnisstätte abgelöst wurde. Zwar haben die katastrophalen Ereignisse von 1096 an diesem eindrucksvollen Ort keine sichtbaren Spuren hinterlassen, aber der älteste identifizierbare Grabstein stammt aus jener Epoche. Der verwitterte, mit Flechten übersäte Stein zum Gedenken an einen gewissen Jakob ha-bachur, der 1076/77 dort begraben wurde, führt uns zurück in eine Welt kurz vor dem ersten Ausbruch des schriftlich festgehaltenen gewaltsamen Antisemitismus. Am Ende entgingen die Täter ihrer Strafe nicht. Auf ihrem Marsch durch Mitteleuropa wurden viele von lokalen Herrschern gefangen genommen und endeten auf den Sklavenmärkten des Balkans. Als die Überlebenden Konstantinopel erreichten, zogen sie, ohne auf Verstärkung zu warten, weiter nach Jerusalem, wo sie von den türkischen Heeren niedergemetzelt wurden. Ernüchtert trieb sich Peter der Einsiedler noch eine Weile im Tross des eigentlichen Kreuzfahrerheers herum, bevor er schließlich aus der Geschichte verschwand.

Im Zentrum dieses Ersten Kreuzzugs standen drei außergewöhnliche Brüder: die Söhne von Eustach II., dem Grafen von Boulogne, einem der Gefährten Wilhelms des Eroberers in der Schlacht bei Hastings, in dessen Familie eine ziemlich räuberische, verwegene Atmosphäre geherrscht haben muss. Sein ältester Sohn, Eustach III., erbte den Besitz des Vaters. Der zweite Sohn war Gottfried, der nicht nur Herr von Bouillon, sondern auch Herzog von Niederlothringen war. Und der dritte, Balduin, strich den Hauptgewinn ein: Er wurde erst Herrscher über einen Teil Armeniens und nach Gottfrieds Tod schließlich der erste König von Jerusalem. Er war ein außergewöhnlich dynamischer, brutaler Anführer, ohne den das Königreich Jerusalem womöglich untergegangen wäre, noch bevor es überhaupt gegründet worden war.

Der Weg, den diese Brüder zurücklegten, ist so unvergleichlich, dass es kaum zu vermitteln ist. Statt in Boulogne im eisigen Wind die Möwen zu beobachten und auf gesalzenem Fisch herumzukauen, fanden sie sich plötzlich umgeben von Minaretten und Bananenstauden im heißen Sand wieder. Gottfried verkörperte den asketischen Soldaten Christi, Eustach und Balduin hingegen standen für Verwegenheit, Einfallsreichtum und Gewalt. Ein interessantes Gedankenspiel in Bezug auf diesen Ersten Kreuzzug besteht darin, dass er durchaus auch hätte scheitern können. Doch stattdessen marschierten die vielen Tausend Kämpfer, denen vor allem Bauchgrimmen und der Gedanke an betrügerische levantinische Ramschverkäufer Sorgen bereiteten, ohne es zu wissen, in ein einzigartig günstiges Umfeld. Denn ihre mächtigsten Gegner, deren Festungen zwischen Bagdad und Kairo verstreut lagen, waren untereinander zerstritten und konnten so einer nach dem anderen besiegt werden. Überdies war das Gebiet um die Heiligen Stätten für die riesigen Reiche an Tigris und Nil zwar von einiger Bedeutung, hatte aber beileibe keine Priorität. Und weder der erste noch alle späteren Kreuzzüge stellten für die Metropolen der islamischen Staaten jemals irgendeine Gefahr dar.

Balduin, der mit Glück, rücksichtsloser Härte und Freude an seiner herausgehobenen Stellung die Errichtung des Königreichs Jerusalem mehr oder weniger erzwungen hatte, erlag während eines lächerlich unsinnigen Feldzugs an die Mündung des Nils einer Krankheit. Gut hundert Jahre später endete auch der Fünfte Kreuzzug (wenn dieses Durcheinander nicht so traurig wäre, müsste man darüber lachen) mit dem sinnlosen Tod zahlloser niederländischer und rheinländischer Soldaten, die im Schlamm des Nildeltas versanken – zur Schande des Grafen Wilhelm I. von Holland, dem es im Gegensatz zu den meisten seiner Männer irgendwie gelang, in die Heimat zurückzukehren. Da die Kreuzfahrer nie stark genug waren, die islamischen Hauptstädte zu erobern, war es nur eine Frage der Zeit, bis das gesamte Unternehmen scheiterte. Schon das Jerusalem am nächsten gelegene Damaskus erwies sich als uneinnehmbar, wie der deutsche König Konrad III. (der vom Papst nie zum Kaiser gekrönt wurde) und sein junger Neffe, der künftige Kaiser Friedrich I. Barbarossa, während des Zweiten Kreuzzugs schmachvoll erfahren mussten, als sie die Stadt vergeblich belagerten. Noch im hohen Alter versuchte Friedrich der Kreuzzugsbewegung neues Leben einzuhauchen, indem er seine untereinander zerstrittenen Vasallen 1188 zu einer großen Versöhnungszeremonie, dem »Hoftag Jesu Christ«, in Mainz zusammenrief. Ein Jahr später marschierte er mit einer schätzungsweise gut hunderttausend Mann starken Streitmacht durch Ungarn, wo er ein großes türkisches Heer besiegte. Doch noch bevor er das Heilige Land erreichte, ertrank er in einem kilikischen Fluss.

Der »lotharingische« Anteil an den Kreuzzügen variierte, doch die Strahlkraft der drei Brüder schuf eine Tradition, die – wie katastrophal sich die Lage auch entwickeln mochte – stets für frischen Nachschub an Freiwilligen sorgte (die auf ihrem Weg rheinaufwärts gelegentlich eigene Pogrome verübten). Sie kämpften entweder in den großen Kreuzzügen oder schlossen sich, was genauso wichtig war, dem kontinuierlichen Strom von Abenteurern und gottesfürchtigen Pilgern an, die als Siedler oder Angehörige der neuen geistlichen Ritterorden – etwa der Tempelritter oder Johanniter – ins Heilige Land zogen. In den darauffolgenden zwei Jahrhunderten wurde es üblich, dass sich jüngere Söhne in Richtung Osten aufmachten, von wo sie erst Jahre später und oft genug auch überhaupt nicht wiederkehrten. Es war reine Glückssache, ob sie in einer nagelneuen Burg landeten, parfümierte Gewänder trugen, eine armenische Erbin heirateten und zum Frühstück Granatäpfel verspeisten oder im Verlies eines seldschukischen Atabegs in Ketten lagen und die Feuchtigkeit von den Wänden zu lecken versuchten.

Nur selten vermitteln die Quellen einen Eindruck von den wahren Emotionen, die mit den Kreuzzügen einhergingen. Vieles, was wir darüber zu wissen glauben, beruht in Wirklichkeit auf den riesigen, ausdrucksstarken Ölgemälden, Skulpturen und Fresken, die im 19. Jahrhundert zu Hunderten entstanden. Für ihre Schöpfer bildeten die lange zurückliegenden Ereignisse in der Levante wesentliche Momente eines sich unausweichlich herausbildenden spezifisch belgischen, französischen oder deutschen (Nichtzutreffendes bitte streichen) Nationalbewusstseins. Letztlich sind es nur vereinzelte Bruchstücke, die uns eine Ahnung vom harten Los und der Ungewissheit jener Familien vermitteln können, die durch den lemminghaften Drang der Männer ins Heilige Land getrennt wurden. Dazu gehört etwa der herzzerreißende Text eines Liedes aus der Zeit des Dritten Kreuzzugs, der auf verschlungenen Wegen bis in unsere Tage erhalten blieb. Darin klagt eine Frau:

Ich werde singen, um mein Herz zu trösten,
denn ich will nicht sterben noch dem Wahnsinn verfallen ...
... Er schickte
mir das Hemd, das er trug,
dass ich es in meinen Armen halte. Nachts,
wenn die Liebe zu ihm mich quält,
nehme ich es in mein Bett und drücke es
an meinen nackten Leib, um meine Qual zu lindern.

Eine erstaunliche, berührende Statue verbirgt sich im Musée Lorrain in Nancy. Als Bernhard von Clairvaux, der angesehenste und einflussreichste Kirchenmann seiner Zeit, 1146 rheinabwärts wanderte und zu dem – wie sich herausstellen sollte – vollkommen sinnlosen Zweiten Kreuzzug aufrief, gehörte Hugo von Vaudémont zu denen, die seiner Rhetorik erlagen. Der Adlige schloss sich dem unglücklichen Heer Ludwigs VII. an. Wir wissen nicht, wer das Bildnis in Nancy in Auftrag gab und zu welchem Anlass, aber hier steht nun der nach sechs Jahren in der Fremde zurückgekehrte Hugo, hager, bärtig, einen Stock in der Hand und ein Kreuz um den Hals. Seine Frau Aigeline von Burgund, die einen aufwendig gearbeiteten Umhang trägt und deren geflochtener Zopf ihr bis auf die Hüfte hinabreicht, umarmt ihn zum Empfang. Während er ganz offensichtlich am Ende seiner Kräfte ist, zeugt ihre Haltung von Erleichterung und Stolz.

Die Zisterzienser

Eigentlich hatte ich vor, dieses Buch mit der Rückkehr an einen meiner Lieblingsorte beginnen zu lassen: die alte Zisterzienserabtei Altenberg, etwa zwanzig Kilometer nordöstlich von Köln. Ich sah mich dort stehen, einsam und klein in dem riesigen Gemäuer, Licht fällt durch die Grisaillefenster ins Innere, während ich die verwitterten Gräber der einst mächtigen Grafen betrachte und über die unerbittliche Grausamkeit der verstreichenden Zeit nachsinne. Und so traf ich, von schmerzlicher Wehmut erfüllt, Anfang Januar dort ein. Meine melancholische Grundstimmung war allerdings schon ein wenig angeknackst nach einer längeren Unterhaltung mit dem geistreichen, sarkastischen tunesischen Taxifahrer, der mich von Leverkusen hergebracht hatte.

Alles an diesem Ort schien geradezu ideal für einen Beginn: eisige Kälte, viel Schnee, kahle Bäume und von meiner kleinen Pension aus der Blick auf eines der schönsten Täler Deutschlands. Höchst Caspar-David-Friedrich-mäßig gestimmt eilte ich hinüber zur Abtei. Und schon bekam mein Plan die ersten Risse. Die Einsamkeit, an die ich mich von einem früheren Besuch dort erinnerte, war dahin, der Parkplatz voll besetzt, und durch die großen Tore strömten Scharen von Menschen hinein und heraus. Es gab neuerdings ein Restaurant und einen Laden, der mit religiösem Krimskrams vollgestopft war, und über allem hing eine fröhliche, ausgelassene Atmosphäre. Ich musste meine Erwartungen schleunigst herunterschrauben. Einigermaßen verdattert betrat ich also die Kirche. Es stellte sich heraus, dass die Menschenmassen hier waren, um eine Krippe von wahrhaft gigantischen Ausmaßen zu bestaunen. Sie erschien mir umso gewaltiger, als mein Vergleichsmaßstab die bescheidene Krippe war, die ich in den letzten Tagen zu Hause vor Augen gehabt hatte. Unser Exemplar besteht aus einem rudimentären Set stilisierter Holzfiguren der üblichen Verdächtigen, allerdings ergänzt um einige Asterix-Figürchen aus Plastik und ein ranziges Marzipanlamm, das ich vor vielen Jahren in Lüneburg gekauft habe und das mit zunehmendem Alter immer gruseliger aussieht. Im Gegensatz dazu erschloss sich mir auf den ersten Blick, weshalb die vielen Menschen den ganzen Weg auf sich genommen hatten, um die riesigen, von üppigen Fichtenzweigen umrahmten Engel, Ochsen und Weisen zu bewundern.

Doch von da an ging wirklich alles schief. Als ich mich endlich den Familiengräbern der Grafen von Berg zuwenden wollte, die ich zunächst voller

Vorfreude ignoriert hatte, waren sie nirgends zu sehen – ich hatte mir alles nur eingebildet. Wo waren der asketische Bruno, der bei einem Tjost zu Tode gekommene Gerhard, die betagte Margarete von Ravensberg, der kämpfende Erzbischof Friedrich? Ich geriet in Panik, dachte, ich hätte Altenberg womöglich mit Marburg verwechselt, und begann mich zu fragen, ob ich nicht besser in einer Schweizer Klinik aufgehoben wäre, deren Ärzte jahrelange Erfahrung darin hatten, Leuten den Kopf zurechtzurücken, die sich allzu tief in die Verstrickungen des Heiligen Römischen Reichs vorgewagt hatten. Der einzige Hinweis darauf, dass ich nicht den Verstand verloren hatte, war die prächtige Flagge des Hauses Berg, der steigende rote Löwe mit der blauen Zunge und den blauen Krallen, die sich genau dort befand, wo ich sie in Erinnerung hatte. Ein Schauer des Entsetzens erfasste mich, als mir klar wurde, dass sie genau über der Krippe hing. Das Podest mit dem absurd rotwangigen Engel, dem schwermütigen Ochsen, dem Jesuskind und all ihren Freunden ruhte *auf* den Gräbern der Grafen von Berg, die man als praktischen Unterbau missbraucht hatte. Damit hatte sich die ursprüngliche Idee für meinen Einstieg vollends erledigt: Zu schmerzlich war die Kluft zwischen dem anrührend romantischen stummen Vorwurf der verwitterten steinernen Sarkophage in einer menschenleeren Kirche und der Demütigung, die man ihnen zugefügt hatte, indem sie mit Brettern verkleidet und mit Verlängerungskabeln für Lichterketten versehen wurden.

Die Abtei war im 12. Jahrhundert von einem Grafen von Berg als Heimat für Zisterziensermönche gegründet worden. Wie so viele vergleichbare Orte wurde sie im Laufe ihrer Geschichte mehrmals schwer beschädigt und nach der Französischen Revolution schließlich säkularisiert. Sie blieb eine Ruine, bis sie die Aufmerksamkeit des mystisch veranlagten christlichen Preußenkönigs Friedrich Wilhelm IV. erregte, der sie aus demselben Impuls heraus wieder herrichten ließ, der ihn auch dazu bewog, die Türme und das Langhaus des Kölner Doms fertigzustellen.

In gewisser Weise bin ich davon überzeugt, dass diese Zisterzienserabteien die Grundlage für jeden Unterricht in europäischer Geschichte bilden sollten und dass sie weitaus bedeutsamer und interessanter sind als die meisten, oft nur flüchtigen politischen Ereignisse. Unsere erste Assoziation beim Gedanken an das Mittelalter sind Männer in Rüstungen, die unter lautem Hufgeklapper durch die Gegend reiten und aufeinander einschlagen, während das wahre Bild für diese Zeit doch ein schreibender Mönch sein sollte. Viele Rüstungen sind allein aus dem Grund bis heute erhalten geblieben, weil sie aus relativ beständigem Metall gefertigt wurden, das Werk der Mönche jedoch überdauert in allem, was wir denken, wissen und glauben.

Die erste Abtei des am Ende des 11. Jahrhunderts gegründeten Zisterzienserordens wurde in einer »Wildnis« außerhalb von Dijon erbaut. Man kann sich diese »Wildnis« in einer Region, die heute so eng mit reichhaltigem Essen und Trinken verknüpft ist, nur noch schwer vorstellen, damals jedoch bildete das Wildnis-Konzept (wie bei Johannes dem Täufer oder den Wüstenvätern) den Kern des zisterziensischen Ideals. Nicht zu unterschätzen ist in diesem Zusammenhang die bedeutende Rolle der Zisterzienser bei der Urbarmachung und Gestaltung der europäischen Landschaft. Jede Abtei war der Ableger einer älteren Abtei, deren Mönche an einen neuen Ort ausgesandt worden waren, um dort – idealerweise in »der Öde, im Geheul der Wildnis«, wie es im fünften Buch Mose heißt – zu bauen, zu arbeiten und zu beten. Im Laufe des Mittelalters breiteten sich die Niederlassungen des Ordens immer weiter nach Osten aus, wo die Brüder Wälder rodeten und Flussläufe umlenkten. Vom Rhein bis nach Polen begründeten sie christliche Gemeinden, legten neue Dörfer und Straßen an und förderten den wirtschaftlichen Austausch.

Es mag seltsam erscheinen, eine Region unmittelbar östlich des Rheins als »Wildnis« zu bezeichnen, aber noch heute ist das Tal, in dem die Abtei Altenberg liegt, eine feuchte, atmosphärische, düstere Gegend, in der nur vereinzelt Häuser stehen. Es gibt dort einen nahezu perfekten Spazierweg entlang der von den Zisterziensern angelegten Fischteiche (die nach achthundert Jahren immer noch genutzt werden) hinauf zu einem Hügelkamm, von dem aus man am Horizont eine schier endlose, surreale Wand aus fernen, in der Wintersonne schimmernden Fabriken und Schornsteinen erblickt. Ihre Konzentration auf diese »Wildnis« ermöglichte es den Zisterziensern, sich als die letzten direkten Nachfolger der ersten Christen zu sehen. Im Grunde war die gesamte Geschichte des Ordens geprägt von dem nie nachlassenden Bemühen, in einer Welt voller Versuchungen diese alte asketische Strenge zu bewahren. Jeder Mönch führte einen lebenslangen Kampf, um allen Ablenkungen zu widerstehen und sich allein dem Gebet und der Arbeit zu widmen – um es mit den Worten des großen Bernhard von Clairvaux auszudrücken: »Jenes Lauwarme hinter sich zu lassen, das Gott aus seinem Munde speit.«

Wie schön Altenburg auch sein mag, es ist nur eine leere Hülle, umgeben von einer Handvoll erhaltener oder wieder aufgebauter Gebäude. Um wirklich einen Eindruck von einer alten Zisterzienserabtei zu bekommen, muss man das absolut überwältigende, gut dreihundert Kilometer weiter südlich gelegene Maulbronn besuchen. Das Kloster, einer der größten Gebäudekomplexe Europas, hatte das außerordentliche Glück, gleich nach seiner Schließung im Zuge der Reformation von seinem neuen Besitzer, dem Herzog von Württemberg, in eine Schule umgewandelt zu werden. Dank dieser neuen Nutzung blieben die Gebäude trotz zahlreicher Widrigkeiten erhalten, es sind sogar noch einige der Zinnen und ein stimmungsvoller Turm zu sehen, in dem Doktor Faustus alchemistische Experimente durchgeführt haben soll. Hermann Hesse war dort Schüler, und er nutzte Maulbronn als Vorbild für das Kloster in seiner spektakulären Mittelalterfantasie *Narziß und Goldmund*. Allein die beeindruckend große Scheune ist ein beredtes Zeugnis für den erheblichen Beitrag der Klöster zur mittelalterlichen Wirtschaft – die zisterziensischen Laienbrüder trockneten und pökelten, webten und mahlten, während sich die Mönche in den geradezu unfassbar schönen, erhabenen Kirchenbauten vorwiegend dem Gebet widmeten

Da so große Teile des Maulbronner Komplexes erhalten sind, vermittelt das Kloster auch heute noch eine anschauliche Vorstellung von der einstigen zisterziensischen Strenge. Jeder Raum, jeder Flur war auf ein ausschließlich dem Gebet geweihtes Leben ausgerichtet. Farbe betrachteten die Mönche mit Misstrauen (ein »falscher Wert«, dem heiligen Bernhard zufolge), die Fensterscheiben bestanden aus klarem Glas oder wiesen einen leichten Graustich auf, sodass sie das direkte Sonnenlicht abtönten. Die Mönche verbrachten ihr Leben weitgehend in Schweigen, untereinander verständigten sie sich durch spezielle Handzeichen, und auch das war nur selten erlaubt. Wenn der Abt mit einem Mönch reden musste, geschah dies mit leiser Stimme in einem besonderen Raum, dem *auditorium*. Die Stille war umso eindrucksvoller, als sie lediglich durch die gesprochenen und gesungenen Stundengebete unterbrochen wurde, deren zermürbender Rhythmus im Sommer um zwei Uhr morgens einsetzte und um acht Uhr abends mit dem Schlafengehen endete. Bis zu ihrem Tod folgten die Mönche jahrein, jahraus einem genau festgelegten Zyklus aus Lesungen, Gebeten, Gesängen und der bereits am frühen Morgen beginnenden körperlichen Arbeit. Eines der auffälligsten Merkmale dieses Lebens war, dass es lediglich als sühnende Vorbereitung auf das Jenseits betrachtet wurde.

In der Abtei Maulbronn ist auch die ursprüngliche Einteilung der Kirche noch deutlich zu erkennen: Die Hauptkirche war den Mönchen vorbehalten.

Für die Laienbrüder, die ebenfalls eine wichtige Rolle im Klosterleben spielten – allerdings auf einer niedrigeren Ebene als die Chormönche – und einen Großteil der körperlichen Arbeiten auf dem Abteigelände erledigten, gab es einen separaten Bereich. Und im sogenannten *Paradies,* der überwältigend schönen überdachten Kirchenvorhalle, konnten die einfachen Gläubigen der Messe beiwohnen.

Mehr als dreihundert solcher Klöster bildeten einst ein dichtes, ganz Europa überspannendes Netz. Jedes von ihnen war unmittelbar mit einem »Mutterkloster« verbunden, mit dem es in regelmäßigem Kontakt stand, und so gingen sie letztlich alle zurück auf die große erste Abtei im burgundischen Cîteaux (Cistercium), in deren Umgebung heute kaum noch etwas an ihre eigenen Anfänge in der »Wildnis« erinnert. Auch jeder ihrer Ableger kämpfte in den folgenden Jahrhunderten mit dem wachsenden Widerspruch zwischen den asketischen, auf die Wüstenväter zurückgehenden Idealen der Zisterzienser und den zunehmenden weltlichen Versuchungen, die durch ihre erfolgreichen wirtschaftlichen Aktivitäten auf sie einstürmten. Mit der Zeit schlossen sich Angehörige königlicher Familien den klösterlichen Gemeinschaften an (manche gezwungenermaßen nach einem durch und durch weltlichen Fiasko, andere aufgrund wahrer Berufung) und mussten ihrem Stand entsprechend untergebracht werden. Im späten Mittelalter wurden immer mehr Seitenkapellen gestiftet, und die Klöster verstrickten sich genau wie alle anderen in einen regelrechten Fürbitten-gegen-Geld-Skandal, als die Mönche schier endlose Fürbitten für die reichen Stifterfamilien sprachen, um deren Zeit im Fegefeuer zu verkürzen. In diesem Umfeld bestand das Leben jedes einzelnen Mönchs aus dem beständigen Umschiffen zahlloser Klippen, die von kleineren Versuchungen (bedeutete der Honig im Refektorium schon einen gleichsam satanischen Rückschlag?) bis hin zu größeren Katastrophen wie Sex, Heimtücke oder dem Verlust der Berufung reichen konnten. Einer der wesentlichen Anklagepunkte der Reformation gegen diese Abteien lautete, sie seien ein Hort von Käuflichkeit und Heuchelei, doch belegen lässt sich dieser Vorwurf kaum. Jede Generation hatte mit den gleichen Problemen zu kämpfen, und das stete Ringen um die beinahe übermenschliche Askese, die von den Mönchen verlangt wurde, gehörte ebenso zur zisterziensischen Existenz wie das gelegentliche Scheitern daran. Trotzdem bildeten diese unvergleichlichen Institutionen über Jahrhunderte hinweg die spirituellen, kulturellen und wirtschaftlichen Triebfedern Europas, sie waren Pilgerstätten, Hüter der Vergangenheit und Garanten der Zukunft. Selbst dem genusssüchtigsten weltlichen Herrscher war bewusst, dass Burgen, Städte und Paläste nichts als vergängliches irdisches Beiwerk waren. Und womöglich hätte es die einst so hochmütigen kreuzfahrenden Herren von Berg sogar gefreut, wenn sie gewusst hätten, dass sie einmal als Podest für eine Weihnachtskrippe dienen sollten.

KAPITEL DREI

Die rheinische Sibylle

In den 1980er Jahren unternahm ich jedes Jahr eine Pilgerfahrt nach Kalamazoo, wo an der Western Michigan University zahlreiche Mediävisten zusammenkamen, um über ihre aktuellen Forschungen zu berichten. Als Verleger besuchte ich den Kongress auf der Suche nach interessanten Ideen für neue Bücher und fand die Zusammenkünfte stets sehr erfreulich. Für jemanden, der wie ich in England aufgewachsen ist, war Michigan ein magischer Ort. Ich konnte nie genug bekommen von den schier endlosen kontinentalen Weiten, von den kuriosen Rotflügelstärlingen mit ihren roten Federepauletten und von den großen Seen. Einmal fuhr ich in weitem Bogen von Kalamazoo über die kanadische Seite des Huronsees und die Obere Halbinsel wieder zurück nach Kalamazoo.

Es waren fast schon kitschig glückliche Tage. Jede Kleinstadt hatte ihre eigene seltsame Geschichte zu erzählen, von den Finnen in Sudbury bis zu den kornischen Einwanderern der Oberen Halbinsel mit ihrer sehr urtümlichen Variante von Cornish Pasties. Und auch beim Kongress selbst begegnete man höchst ungewöhnlichen Menschen. Einige Forscher aus Toronto hatten ein Trebuchet (eine mittelalterliche Wurfwaffe) in Originalgröße nachgebaut, das sie ausgelassen auf einem Sportplatz vorführten. Sie schleuderten Gegenstände über große Distanzen und demonstrierten auf diese Weise, wie furchterregend die mittelalterliche Technik gewesen war. Jedes Jahr kamen auch Trappistenmönche aus der Abtei Gethsemani in Kentucky, die den Argwohn ihres Ordens gegenüber trivialem Gerede geradezu meisterhaft zum Ausdruck brachten, indem sie Schachteln mit zähem Walnuss-Bourbon-Fudge verkauften. Tatsächlich erinnerte dieses Kalamazoo mit all den kleinen Ständen, an denen Ikonen, Rosenkränze, Gebetbücher, Plakate und Statuen feilgeboten wurden, im 20. Jahrhundert stark an das Brügge des 13. Jahrhunderts – von der großen Sporthalle, in der das Ganze stattfand, einmal abgesehen.

Den Höhepunkt des Kongresses bildete stets die abendliche Disco, eine heikle, mit zahlreichen Peinlichkeiten verbundene Veranstaltung, bei der sich gereifte Persönlichkeiten die gleichen Fehlgriffe bei der Wahl ihrer Sexualpartner leisteten, wie sie es schon als Studenten getan hatten. Man kam immer sehr schnell mit jemandem ins Gespräch, der genau wusste, wer wen in der Vergangenheit aufs Übelste betrogen hatte, und sich genüsslich daran erinnerte, wie Person A Person B einen Becher Met ins Gesicht gekippt hatte. Einmal – als wie üblich »Rock Lobster« der B-52s gespielt wurde – fiel eine ganze Gruppe mitten auf der Tanzfläche auf Hände und Knie, wippte mit dem Kopf und imitierte aus Spaß die wackelnden Hummer. Zumindest glaubte ich das, bis sich herausstellte, dass bloß jemand eine Kontaktlinse verloren hatte.

Wenn die Teilnehmer nicht gerade klösterliche Süßigkeiten verdrückten oder einander auf der Tanzfläche näherkamen, wurden Vorträge zu allen möglichen Themen gehalten, doch das wahrhaft Spektakuläre, Neue und Aufregende jener Dekade war das plötzliche Auftauchen Hildegards von Bingen. Diese zuvor eher unbekannte rheinische Mystikerin aus dem 12. Jahrhundert war der wahr gewordene Traum der Achtzigerjahre. Ihre außerordentlichen Leistungen wiesen Berührungspunkte mit so gut wie jeder aktuellen Strömung auf, seien es soziale Fragestellungen, Feminismus, Musik, Homosexualität oder Politik. Fast wirkte sie wie die Erfindung oder zumindest wie eine bewusste Projektionsfläche ihrer glühendsten Verehrer, während sie selbst den Kongress in Kalamazoo wahrscheinlich als Ausgeburt der Hölle betrachtet hätte.

Hildegard wurde in einer kleinen Stadt unweit des westlichen Rheinufers bei Worms geboren. Ihr Schicksal war von dem Umstand bestimmt, dass sie als zehntes Kind der Familie zur Welt kam. Dem universellen Anspruch gehorchend, dass der zehnte Teil der Besitztümer eines Menschen (Geld, Ernten, Wein) der Kirche gebühre, gaben ihre Eltern sie schon als junges Mädchen ins Kloster, wo sie später zusammen mit der etwas älteren Jutta von Sponheim als Klausnerin eingeschlossen wurde. Diese religiöse Zeremonie und ihre Folgen erinnern an einen Albtraum: Es wurde ein Gottesdienst abgehalten, ganz so, als seien die jungen Frauen in weltlicher Hinsicht nicht mehr am Leben, und das Ganze endete damit, dass ihre Zelle zugemauert wurde. Durch ein kleines Fenster konnte Nahrung hinein- und Abfall herausgereicht werden, ansonsten waren diese sogenannten Inklusinnen vollständig von der Welt abgeschieden. Bis zu ihrem Tod hatten sie für die

Erlösung der Menschheit zu beten – eine der Waben im riesengroßen christlichen Bienenkorb des Gebets zur Rettung der Menschen. Unter strenger Aufsicht wurden ihnen gelegentlich Gespräche mit Außenstehenden gestattet, allerdings verhinderten ausgeklügelte Vorrichtungen dabei jeglichen Augenkontakt. So verbrachte Hildegard mehr als zwanzig Jahre. Jutta kasteite sich auf grauenvolle Weise, indem sie Ketten um ihren Körper schlang, die im Laufe der Jahre mit ihrem Fleisch verwuchsen; sie verweigerte jegliche Nahrung, schrie und hatte Visionen. In mancherlei Hinsicht bleiben die wahren Umstände von Hildegards Leben in der Klause mysteriös, da die Isolation sie nicht daran gehindert zu haben scheint, lesen zu lernen und ein Instrument zu spielen. Aber wie auch immer ihr Dasein in der Zelle gewesen sein mag, es war unbestritten hart.

Nach Juttas Tod gab Hildegard das Leben als Klausnerin auf. Sie verließ das Kloster, gründete ihre eigene Abtei und war fortan von einer Ehrengarde aus jungen Nonnen mit üppigen Schleiern und goldenen Krönchen umgeben. Hildegard wurde achtzig Jahre alt und leistete auf allen Gebieten, mit denen sie sich beschäftigte, Außerordentliches. Sie wurde von überwältigenden Visionen heimgesucht, die sie anschließend niederschrieb und von den Nonnen in ihrem Kloster Rupertsberg illustrieren ließ. Heute fällt es uns schwer, die Schilderungen dieser Visionen zu lesen, weil sie für uns kompletter Unsinn sind oder – anders ausgedrückt – höchstens in einer Zeit geschätzt werden konnten, deren Werte kaum etwas mit den unsrigen gemein hatten. Aber die Illustrationen sind einfach umwerfend: ein über und über mit Augen bedeckter goldener Lenkdrachen, das dreiflügelige Haupt Gottes, Luzifer und seine Anhänger, die als schwarze Sterne in einen Abgrund geschleudert werden, das kosmische Ei, der mit Exkrementen verschmierte Kopf des Antichrist, aus den Genitalien einer besudelten Mutter Kirche hervorkommend, oder eine fast sufi-artig anmutende Darstellung Christi im goldenen Lichtkreis des Heiligen Geistes. Hildegard zieht den nichts ahnenden Betrachter in eine sehr eigenartige Welt hinein. Sie hat ihre eigene Sprache mit eigenen Schriftzeichen erfunden – wozu, ist bis heute ein Rätsel. Diese Sprache enthält einige wunderschöne Wörter, *kulzphazur* etwa bedeutet Ururgroßvater, *zuuenz* Heiliger und *limzkil* Kind. Sie schrieb Faszinierendes über Medizin und wurde zu einer Ikone des New-Age-Heilens, das ihre teilweise doch recht seltsamen Empfehlungen praktisch umzusetzen versuchte. Unter all ihren kuriosen Ratschlägen dürfte der zur Behandlung von Gelbsucht unübertroffen sein, wonach man sich vorsichtig eine betäubte Fledermaus auf die Lenden binden soll und dann abwartet, bis sie stirbt. Sie reiste umher und predigte in Städten wie Metz, Mainz und Köln wider das Übel der aufkeimenden Katharerbewegung. Wie ihr dies als Frau in einem Umfeld möglich war, in dem lediglich Männer in der Öffentlichkeit eine religiöse Rolle spielten, ist bis heute unklar.

In vielerlei Hinsicht beruht Hildegards Bedeutung schlicht darauf, dass wir von ihr wissen. Unzählige mittelalterliche Manuskripte stammen von anonymen Verfassern, über deren Leben wir keine Kenntnis haben, aber Hildegards Leben ist gut dokumentiert. Ihr Werk ist zwar völlig unverständlich, aber zumindest klar umrissen und von überschaubarem Umfang. Diese Frau war so vielseitig begabt, dass aus heutiger Sicht unmöglich zu erkennen ist, was allein von ihr stammt und was in Zusammenarbeit mit anderen entstand. So haben wir insbesondere nicht die geringste Ahnung, ob sie die Abbildungen ihrer Visionen selbst zeichnete oder ob die Darstellungen nach ihren Anweisungen von Nonnen geschaffen wurden – wovon wir ausgehen, weil es kaum vorstellbar ist, dass so viel Genialität in einem einzigen Menschen vereint gewesen sein soll. Ihr musikalisches Werk stammt dagegen unzweifelhaft von ihr selbst, und es nimmt nicht nur deshalb eine Sonderstellung ein, weil es sich um großartige Kompositionen handelt, sondern auch weil wir diese im Zusammenhang eines ganzen Korpus betrachten können (und nicht, wie bei einem Großteil der zeitgenössischen Musik, als einzelne Werke anonymer Schöpfer). Die Texte ihrer Lieder sind sprachlicher Ausdruck von Visionen (sie handeln von Türmen, Gewürzen, Juwelen und Wolken), doch sind sie eingebettet in geradezu magische Melodien und wurzeln häufig in der rheinischen Welt – so etwa ihre fantastischen Gesänge an den heiligen Eucharius, der neunhundert Jahre vor Hildegards Lebzeiten als Bischof von Trier wirkte, oder an die heilige Ursula und ihre elftausend Jungfrauen, deren zahllose Gebeine in Köln ausgegraben wurden, als Hildegard ein Kind war.

Passenderweise begann Hildegards Renaissance im 20. Jahrhundert damit, dass eine neue Generation von Ordensfrauen sie für sich entdeckte, ihre Schriften neu herausgab und die Illustrationen ihrer Visionen kopierte. Seither wurde sie von unzähligen Gruppierungen vereinnahmt, die so gut wie nichts miteinander verbindet. Damit ist sie eine ungleich attraktivere Gestalt als beispielsweise ihr Zeitgenosse Konrad III., für den nur ein winziger Zirkel von Spezialisten bestenfalls lauwarme Gefühle hegt. Sogar ihre Rezepte werden heute noch nachgekocht. In einem norddeutschen Kloster überließ man mir einmal freundlicherweise ein Rezept für »beruhigende Kekse«, die so viel Muskat enthielten, dass ich sie völlig ungenießbar fand. Eines meiner Kinder hat dennoch einen gegessen, war danach allerdings kein bisschen ruhiger als zuvor. 2012 wurde Hildegard, nachdem über die Jahrhunderte immer wieder Diskussionen um sie aufgeflackert waren, schließlich von Papst Benedikt XVI. heiliggesprochen (eine kleine Hilfestellung unter Deutschen) – nur wenige Jahre nachdem ihre geliebte heilige Ursula und die elftausend Jungfrauen eine schmerzhafte Degradierung hatten hinnehmen müssen. Bei aller Verehrung kann man sich des Eindrucks nicht erwehren, dass Hildegard im Grunde eine schroffe, gequälte Persönlichkeit war und in einer Welt lebte, die von der unsrigen geradezu aberwitzig weit entfernt ist. Wir mögen ihre Vorliebe für Dinkel übernommen haben und ihre Kompositionen lieben (in den 1990er Jahren liefen sie, mit zusätzlichem Bass unterlegt, in den Clubs auf Ibiza – und danach garantiert auch bei der abendlichen Disco in Kalamazoo), doch dem Großteil ihres Werkes und ihrer Forderung nach bedingungslosem Gehorsam und einem ausschließlich auf das Jenseits ausgerichteten Leben begegnen wir bestenfalls mit ängstlicher Skepsis. Manchmal erscheint sie in ihrer Bilderwelt und ihrer plastischen Eigentümlichkeit wie ein Dante des 12. Jahrhunderts, doch dann entschwebt sie wieder in einen spirituellen Kosmos, in den die meisten von uns ihr nicht folgen können.

Ein paar Fakten

Nachdem das Westfränkische Reich endgültig das Nachsehen gehabt hatte und Lotharingien dem Ostfränkischen Reich zugefallen war, wurden die Grenzen zwischen den beiden Blöcken zu einem prägenden Element für die Zukunft Europas, da die großen Herzöge und Grafen als Vasallen entweder dem französischen oder dem deutschen König Gefolgstreue schuldeten. Frankreich war damals noch von schlankerer Gestalt und lag weiter im Westen als das klobige Sechseck, zu dem es sich seither entwickelt hat. Von den »deutschen« Landen unterschied es sich durch seine strikte Ausrichtung auf die Hauptstadt Paris und deren reiches, fruchtbares Umland, die Île-de-France. Die deutschen Herrscher dagegen waren noch jahrhundertelang in Bewegung, reisten – gleich König Lear – von Pfalz zu Pfalz und von Stadt zu Stadt. Für die meisten deutschen Historiker des 19. Jahrhunderts war dies ein Grund zur Scham, galt ihnen das Wanderkönigtum doch als entehrend, schwach und ursächlich für Deutschlands Elend. Daher richteten sie ihr Augenmerk vor allem auf »starke« Kaiser wie Otto den Großen oder Friedrich Barbarossa und sahen es als historische Tragödie an, dass es bedeutenden Kaiserstädten wie Nürnberg, Aachen oder Regensburg nie gelungen war, sich zu einem deutschen Paris zu erheben, wodurch das Kaiserreich zu Ohnmacht und Demütigung verdammt gewesen sei. Diese Pickelhaubensicht der Geschichte ist aus naheliegenden Gründen inzwischen ein wenig in Verruf geraten.

Die Unterschiede zwischen Westfränkischem und Ostfränkischem Reich beruhten im Wesentlichen auf ihrer jeweiligen Geografie. Mit welchen Widrigkeiten der Herrscher in Paris auch zu kämpfen hatte, er konnte sich darauf verlassen, dass ein Großteil seines Reichs vom Meer oder hohen Bergen begrenzt und auch die Ostgrenze zum Heiligen Römischen Reich annähernd verbindlich festgelegt war. Es war nahezu unmöglich, Frankreich zu erobern, und selbst die hartnäckigen Engländer wurden letzten Endes vor die Tür gesetzt. Das Ostfränkische Reich hingegen war ein Kolonialreich, das im Kampf gegen Slawen, Wikinger, Magyaren und lateinisch geprägte Völker immer weiter nach Zentraleuropa vorstieß. Im späten Mittelalter wurde der Kampf gegen den Islam, der nahezu ohne Unterbrechung an einer schier endlosen Frontlinie ausgetragen wurde, zu einer der wesentlichen Aufgaben der Kaiser. Dadurch fiel die Wahl der »Hauptstadt« schließlich auf Wien (vorgeblich weil man von dort aus die Osmanen am besten im Blick hatte, in Wahrheit war es lediglich die Heimatstadt der Habsburger) – eine Rolle, die die Stadt bis zum 18. Jahrhundert übernahm. Dies alles führte dazu, dass das Heilige Römische Reich (von nun an verwende ich den Begriff Ostfrankenreich nicht mehr) wie von einem Magneten immer weiter nach Osten gezogen wurde, wobei viele der Heerführer, die sich im Kampf gegen die Osmanen auszeichneten, aus dem fernen Lothringen und dem Rheinland stammten. Aufgrund dieses komplexen Gemenges aus Perspektiven (der Kolonisierung »neuer« Gebiete in Schlesien oder Brandenburg) und Gefahren (ganze Städte wurden bei Tatareneinfällen niedergebrannt) entwickelten sich die Geschicke des Heiligen Römischen Reichs nahezu unabhängig von denen Frankreichs. Der Kaiser war gezwungen, unablässig durch sein Reich zu reisen, um alle möglichen Krisen zu bewältigen, und ihm blieb nichts anderes übrig, als einen Teil der Verantwortung auf Dauer regionalen Herrschern zu übertragen, die im Allgemeinen Markgrafen oder Herzöge genannt wurden und in ihrem Herrschaftsbereich die Grenzsicherung übernahmen.

Im 14. Jahrhundert wurden diese Strukturen in eine feste Form gegossen, die allerdings sehr viel ältere Praktiken widerspiegelte. In dem als Goldene Bulle bekannt gewordenen Dokument wurden alle erforderlichen Schritte zur Wahl eines neuen deutschen Königs festgeschrieben. Die recht überschaubare Wählerschaft umfasste lediglich sieben Personen: die drei rheinischen Fürstbischöfe von Mainz, Köln und Trier sowie vier weltliche Herrscher – im Westen der Pfalzgraf bei Rhein und im Osten der König von Böhmen, der Markgraf von Brandenburg und der Herzog von Sachsen. Abgesehen von einigen wenigen Wechseln in späteren Jahrhunderten hatte das Gremium in dieser Form Bestand, bis Napoleon kam und die ganze Bande hinwegfegte. Jede Wahl stellte die Kurfürsten vor ein ernstes Dilemma. Natürlich wäre es amüsant, sich für einen unfähigen Kandidaten zu entscheiden und anschließend einfach nach eigenem Gusto zu schalten und zu walten, allerdings barg dies stets die Gefahr verhängnisvoller Anarchie – weshalb ihnen im Grunde gar nichts anderes übrig blieb, als jemanden aus dem engen Kreis der Familien zu wählen, die reich genug und mit ausreichend mächtigen Territorien ausgestattet waren, um die Aufgabe überhaupt erfolgreich meistern zu können. Wie bei der zweiten großen Wahl jener Zeit, der Papstwahl, drohten immer das Risiko eines fundamentalen Zerwürfnisses und die Ausrufung von Königen und Gegenkönigen, doch in der Realität kam es dazu nur selten. Die Kaiser entstammten verschiedenen Herrscherhäusern, hauptsächlich den Staufern und den Luxemburgern, bis Friedrich III. von Habsburg 1440 eine sensationelle Serie begründete, die mit einer kurzen Unterbrechung bis 1806 anhielt, als das Heilige Römische Reich abgeschafft wurde. Die Habsburger herrschten danach in eingeschränkter, aber durchaus nicht gering zu schätzender Funktion als Kaiser von Österreich noch bis 1918 weiter.

Während die römisch-deutschen Könige gewählt wurden, entwickelte sich in Frankreich eine Erbmonarchie. Nachdem Hugo Capet 987 zum König der Franken gewählt worden war, herrschten seine Nachkommen durch alle Wechselfälle der Geschichte hindurch, bis Louis Philippe 1848 ins Exil floh. Beide Monarchien schlugen sich – wie alle Monarchien – mit den üblichen Problemen herum: allzu mächtige Untertanen, Wahnsinn, schlechtes Urteilsvermögen, demütigende Niederlagen auf dem Schlachtfeld, persönliche Abneigungen, Senilität, intrigante Ehefrauen und Kinder, Fettleibigkeit, zu viel Zeit, die mit Falkenjagd, Unzucht, Gebeten oder dem Erwerb von Wandteppichen vergeudet wurde, und so weiter. Und beide Monarchien litten – wie alle Monarchien – unter der »Erbsünde«, das heißt: Niemand, der je den

Thron bestieg, tat dies völlig unbelastet. So mag der König nach dem Krönungseid zwar in eine leuchtende Aura religiöser Erwählung und weltlicher Macht gehüllt sein, doch er versteht sich weiterhin nicht mit seiner Mutter, und sein jüngerer Bruder ist ein besserer Reiter als er und außerdem – da sind sich alle einig – sowieso viel sympathischer.

Die größte Unwägbarkeit jedoch, die einem Herrscher mit seinem Thronantritt zufiel, war die Beziehung zu seinen wichtigsten Vasallen. In Frankreich nahm die Situation im 12. Jahrhundert eine besonders heikle Entwicklung, als das ursprünglich aus Anjou stammende Haus Plantagenet immer mächtiger wurde, seinen Herrschaftsbereich auf fast den gesamten Westen Frankreichs ausdehnte und zu allem Überfluss auch noch die Könige von England stellte. Die lange Regierungszeit des unglücklichen französischen Königs Ludwig VII. war eine schier endlose Abfolge von Demütigungen. So verpfuschte er nicht nur den Zweiten Kreuzzug, sondern musste auch hinnehmen, dass die Ehe mit seiner ersten Frau Eleonore, der bedeutendsten Erbin der Zeit, annulliert wurde. Eleonore heiratete daraufhin Heinrich Plantagenet, den Grafen von Anjou und künftigen König Heinrich II. von England, wodurch dieser in den Besitz des riesigen Herzogtums Aquitanien gelangte, das den gesamten Südwesten Frankreichs umfasste. Dadurch schmolz das eigentliche Herrschaftsgebiet des französischen Königs, die Krondomäne, auf einen winzigen Rest zusammen, der zum großen Teil von angevinischen Besitzungen umgeben war. Aber selbst dieser Tiefpunkt verdeutlicht nur, dass das französische Königtum mittelfristig immer den Sieg davontrug. Vielleicht wird man in ferner Zukunft ein grässliches Spielzeug erfinden, einen Robo-Teddy oder dergleichen, von dem man Teile abschneiden, den man zusammenpressen und sogar anzünden kann. Doch selbst wenn sein psychotischer kindlicher Besitzer ihn in einen glimmenden Fetzen verwandelt, wird er wenig später in der gleichen Gestalt und mit dem gleichen freundlichen Lächeln wie einst im Laden wieder zu neuem Leben erwachen. Frankreich erscheint mir ähnlich. »Na, das lief ja nicht so toll«, muss Ludwig VII. bei seinem Tod gedacht haben, doch seinem Sohn Philipp August gelang es innerhalb kürzester Zeit, die Angeviner zu vernichten und das gesamte Königreich zu alter Größe zurückzuführen.

Den entscheidenden Schauplatz dafür lieferte ihm die Grafschaft Flandern. Nach der Dreiteilung des karolingischen Reichs war Flandern zunächst an den Westen gefallen, wodurch die Grenze zwischen der Grafschaft und ihrem unmittelbaren Nachbarn, dem zu Lotharingien und später dem

Heiligen Römischen Reich gehörenden Brabant, von fundamentaler Bedeutung wurde. Auf alten Karten findet man unmittelbar westlich von Antwerpen noch einen kleinen Flecken namens Waasland, der als Teil Flanderns abgebildet ist, im Laufe des 11. Jahrhunderts jedoch auf Brabant überging. Historiker haben es inzwischen aufgegeben, nach dem Grund dafür zu suchen – wahrscheinlich handelte es sich um derart sumpfiges, wertloses Marschland, dass es einfach niemandem auffiel, als sich die Ufer von Schelde und Durme verschoben. Doch das nur nebenbei. Flandern jedenfalls entwickelte sich zu einer außerordentlich mächtigen, wirtschaftlich erfolgreichen Region. Es verfügte über den unschätzbaren Vorteil einer langen Küste, was es ihm (gleich einem Frankreich in Miniaturformat) erlaubte, sich auf die Verteidigung seiner Landgrenzen zu konzentrieren, wo Angriffe nur aus wenigen Richtungen erfolgen konnten. Seine Städte Ypern, Brügge und Gent gelangten als bedeutende Umschlagplätze für englische Wolle zu enormem Wohlstand, und ein Großteil der städtischen Bevölkerung fand Arbeit in der Tuchherstellung. Ganz in der Nähe lag die Grafschaft Boulogne, ein kleineres, aber ebenfalls wohlhabendes Gebiet, dessen Grafen wie die von Flandern eine wichtige Rolle bei den Kreuzzügen spielten. Doch ganz gleich, wie eigenständig die Grafen auch agieren mochten, Boulogne und Flandern waren von Frankreich abhängige Territorien und schuldeten dem König Vasallentreue.

In seinem Bestreben, der französischen Monarchie zu alter Stärke zu verhelfen, richtete Philipp August den Blick schließlich nach Norden. Dort hatte sich eine große Koalition zusammengefunden, bestehend aus den nach Unabhängigkeit strebenden Grafen von Flandern und Boulogne, Kaiser Otto IV. sowie dem Liebling aller englischen Schulkinder, dem englischen König Johann Ohneland (der Sohn Heinrich Plantagenets), dessen unfassbarer, inkompetenter Treulosigkeit wir alle so viel zu verdanken haben – nicht zuletzt den wunderbaren Film *Robin Hood, König der Vagabunden* mit Errol Flynn, der in unserer Familie mindestens zweimal pro Jahr geschaut wird. In der Schlacht bei Bouvines, tief in flämischem Territorium, brachte Philipp August den Verbündeten 1214 eine vernichtende Niederlage bei. Dass kein englisches Schulkind jemals von der Schlacht bei Bouvines gehört hat, obwohl diese England wieder einmal zu einem isolierten Inselstaat machte und somit unmittelbar für die sich ausbreitende Atmosphäre verhängnisvollen Niedergangs verantwortlich war, die auf direktem Wege zur Magna Charta führte, ist ein interessantes Beispiel dafür, wie nationale Geschichtsschreibung funktioniert.

In seiner Freizeit widmete sich Philipp August übrigens dem Bau der Kathedrale Notre-Dame, des Louvre und der Pariser Markthallen, doch sein größter Erfolg bestand darin, dass er zum Zeitpunkt seines Todes mit Fug und Recht behaupten konnte, die Zeit der französischen Demütigungen sei vorüber. Aber es sollte nicht lange dauern, bis dem französischen Robo-Teddy der nächste furchtbare Schlag versetzt wurde.

Geschichten vom Wolf Isegrim

Das Hochmittelalter ist eine Epoche, die sich der Errichtung riesiger Kirchen und Burgen verschrieben hatte und durch bedeutende intellektuelle und religiöse Strömungen geprägt war, und doch lohnt es, den Blick zunächst auf einige kleinere Objekte zu richten. Das erste davon ist geradezu winzig. Es handelt sich um eine kleine durchbrochene Kugel – kaum größer als ein Christbaumschmuck –, die in einer der Maas-Städte, wahrscheinlich Dinant, gefertigt wurde. Sie besteht aus ziseliertem Messing und diente dem Verbrennen von Weihrauch. Sie ist mit stilisierten Geschöpfen und Laubwerk verziert, aber das wahrhaft Geniale sind die drei Figürchen oben auf der Kugel, in deren Zügen sich aufrichtiges Erstaunen über ihre Lage spiegelt. Sie verkörpern Schadrach, Meschach und Abed-Nego (welch faszinierende Namen), jene jüdischen Männer, deren Glaube von König Nebukadnezar im glühenden Feuerofen geprüft wurde. Eigentlich ist es traurig, dass diese winzigen Gestalten in einer Museumsvitrine in Lille gefangen sind und nicht mehr der originellen Beschäftigung nachgehen können, sich duftende Rauchschwaden um die Nase wehen zu lassen, wozu sie vor neunhundert Jahren geschaffen wurden. Vielleicht existiert irgendwo in Lille eine geheime Untergrundbewegung, die es sich zum Ziel gesetzt hat, die drei zu befreien und wieder ihrer wahren Bestimmung zuzuführen.

Das andere, kaum größere Objekt, das ich schlicht deshalb immer wieder besuche, weil es so rätselhaft ist, befindet sich hoch oben an einem Pfeiler im Freiburger Münster, wo man es leicht übersehen kann. Das kleine Steinrelief muss einst Teil eines längst verschwundenen umfangreicheren Bildprogramms gewesen sein, von dem nur diese wenigen Figuren als Erinnerung bewahrt wurden – vielleicht hat man sie aber auch verschont, weil sie einfach so wunderschön sind. Das Relief zeigt drei menschliche Gestalten im Kampf gegen drei riesige Tiere mit fürchterlichen Mäulern, von denen zwei wie

Menschen gekleidet sind. In der Luft schwebt ohne erkennbaren Bezug zu dem Tohuwabohu darunter ein gewaltiger Widderkopf, der wahrscheinlich zu einem mittlerweile fehlenden Teil des Frieses gehörte. Nur ein kleines Stück davon entfernt ist ein weiteres, leider recht verwittertes, aber nichtsdestoweniger herrliches Fragment zu sehen, das Alexander den Großen in einem von Greifen gezogenen Fluggerät zeigt. Wenn ich im Laufe der Jahre immer wieder zu diesen Bestien zurückgekehrt bin, dann nicht zuletzt deshalb, weil sie mich auf eigentümliche Weise an die Tiermasken der Kwakwaka'wakw im amerikanischen Nordwesten erinnern (ich erwähne das hier nicht aus dem pathologischen Drang, meine ethnografische Bildung zur Schau zu stellen, sondern weil die Familie meiner Frau am Rande der Salish Sea lebt und ich im Sommer jede sich bietende Gelegenheit nutze, Beispiele dieser großartigen künstlerischen Tradition zu bewundern). Die Freiburger Bestien haben etwas seltsam Disneyhaftes. Obwohl der Bildhauer ihnen den Anschein furchterregender Muskelkraft verliehen hat, bleiben die Menschen von ihnen vollkommen unbeeindruckt. Dass ich die Figuren für rätselhafte Grotesken gehalten hatte, erwies sich allerdings als Zeichen meiner Unwissenheit. Bei meinem letzten Besuch in Freiburg eröffnete mir ein Mitarbeiter zu meiner leisen Bestürzung vergnügt, dass es sich bei der rechten Gestalt (scheinbar eine Frau, die auf einer Bestie reitet) in Wirklichkeit um Samson handle, der einen Löwen bändigt (das lange Haar ein Zeichen seiner Stärke), während die beiden Männer in Mönchskutten mit den beiden bekleideten Bestien zwei Episoden aus der Geschichte vom Wolf Isegrim darstellten, in der ein Mönch einen Wolf wie einen Menschen kleidet und versucht, ihm etwas beizubringen (man erkennt ein kleines Buch und einen Stift). Doch der Wolf wird von einem sich nähernden Schaf abgelenkt, wendet sich – unfähig, seine Wolfsnatur zu verleugnen – von dem Mönch ab und stürzt sich mit einem Satz auf das Schaf. Zunächst enttäuscht darüber, dass das, was ich aus reiner Gedankenlosigkeit für ein altes Mysterium gehalten hatte, sich als etwas ganz anderes entpuppte, erkannte ich bald, dass es keinen Unterschied machte – diese Kreaturen brachten auf vollendete Weise eine universelle menschliche Angst und Faszination zum Ausdruck.

Die Wölfe wurden um das Jahr 1200 während der ersten Bauphase des Freiburger Münsters gestaltet. Finanziert wurde der Bau von Herzog Berthold V., dem letzten Spross der Dynastie der Zähringer, der kurz zuvor auch schon die Stadt Bern gegründet hatte, die sich als ebenso beständig erweisen sollte wie das Münster. Solche Initiativen waren typisch für die in vielerlei

Hinsicht aufregendste, fröhlichste und unterhaltsamste Epoche in der gesamten europäischen Geschichte. Wir könnten natürlich wie üblich über die geringe Lebenserwartung mosern, die mangelnde Hygiene und die endlose Plackerei auf den Feldern, aber das entspräche lediglich der herablassenden und intellektuell unsinnigen Haltung, dass sämtliche bisherigen menschlichen Aktivitäten auf dem gesamten Planeten zu bedauern und zu ignorieren seien, weil die Leute noch keinen Breitbandzugang hatten.

Die Gründung Berns ist ein gutes Beispiel für mittelalterliche Mobilität und jene Ambitionen, die in unmittelbarer Nähe zu alten Römerstädten wie Basel oder Konstanz auf älteren Traditionen aufbauen und zugleich etwas Neues hervorbringen konnten. 1191 befahl Berthold die Rodung einer bis dahin unbeachteten dicht bewaldeten und hervorragend zu verteidigenden Halbinsel in einer Flussschlinge der Aare. Eine Reihe höchst unzuverlässiger, aber hübscher Gemälde, die viele Jahre später angefertigt wurden, zeigen die Entdeckung des Ortes, den undurchdringlichen Wald und – als absoluten Höhepunkt – die Erlegung des Bären, der zum Wappentier der Stadt werden und viele Generationen unglücklicher Tiere dazu verdammen sollte, ihr Dasein in den Berner Bärengräben zu fristen. Bei Bertholds Tod 1218 war die Siedlung bereits so wohlhabend, dass sie Verhandlungen mit dem Kaiser aufnahm und aus diesen als Freie Reichsstadt hervorging. Künftige Herrscher aus den Familien Valois und Habsburg sollten diese Entwicklungen ebenso schmerzlich bedauern wie einen weiteren entscheidenden Durchbruch jener Jahrzehnte: die Öffnung des Sankt-Gotthard-Passes.

Obwohl der Weg über den Pass noch jahrhundertelang ein furchterregendes Erlebnis blieb (wozu unter anderem eine schwankende Brücke über einem tiefen Abgrund beitrug, die einem das Blut in den Adern gefrieren ließ), konnten Soldaten und Kaufleute den Weg von Nordeuropa über Bern nach Italien nun durchgehend auf dem Rücken eines Pferdes zurücklegen – wobei sich allerdings ein gewisser Prozentsatz der armen Tiere jedes Jahr zu den windgedörrten Stapeln gesellte, die sich bereits auf dem Grund diverser Schluchten türmten. Während Bern dank des Fernhandels über den Pass allmählich reich wurde, gelangten nun auch die kraftstrotzenden, autarken und bis dahin gnädigerweise in ihren Bergen eingeschlossenen Bewohner der drei Urkantone Uri, Schwyz und Unterwalden, die den Kern der künftigen Schweiz bilden sollten, hinab in die tiefer gelegenen Gebiete. Das Bild der Schweizer als ein Volk von ungemein tüchtigen, unerbittlichen, in einer Art Eisfestung lebenden Menschen hat sich auch der heutige »Nordrand« des

Landes angeeignet, freundliche Handelsstädte wie Basel, Schaffhausen, Zürich oder Bern, die als südliche Ausläufer des Heiligen Römischen Reichs bestenfalls an steilen Hängen liegen. In Wirklichkeit waren es jedoch Uri, Schwyz und Unterwalden, die drei ursprünglichen Waldstätte, mit denen der ganze Ärger begann, als nun von Norden her aus Luzern und von Süden über den Gotthardpass Handel, Menschen und Ideen in die die bislang unzugängliche Region einströmten. Was der Grund dafür war, lässt sich im Nachhinein nicht mehr genau sagen, aber im Gegensatz zu anderen regionalen Schutzbünden, die sich im gesamten Heiligen Römischen Reich bildeten, entwickelte sich die Schweizer Eidgenossenschaft zu einem ernst zu nehmenden und beständigen Zusammenschluss. Bei den rauen Gesellen, die auf den Wandfresken im Rathaus von Basel und anderen Orten abgebildet sind, handelt es sich also mitnichten um die Softies, die tatsächlich in dieser Stadt lebten, sondern um die echten, wortkargen Muskelberge, die aus den Bergen herabstürmten und für Chaos und Verderben sorgten, sobald die Habsburger oder die Herzöge von Burgund in späteren Jahrhunderten ihre Heere versehentlich auch nur einen Schritt zu weit südlich in Richtung der Alpen marschieren ließen und dadurch eine Art Schweizer Stolperdraht-Alarm auslösten. Ich werde später noch einmal auf die besondere Schweizer Beziehung zu den Habsburgern zurückkommen, doch die Ursprünge dieser Kräfteverschiebung liegen im 13. Jahrhundert, und zu ihren langfristigen Auswirkungen gehört nicht zuletzt, dass sie den bis dahin herrschenden Dualismus aus Westfränkischem und Ostfränkischem Reich aufbrach. In den Alpen wurden erstmals gewisse Formen von Unabhängigkeit möglich, auch wenn die kaiserliche Obrigkeit diesen Umstand weitgehend zu ignorieren suchte und (da sie nun einmal nichts daran ändern konnte) mehr oder weniger so tat, als existierten die Schweizer gar nicht (ihre förmliche Anerkennung durch die Habsburger erfolgte erst 1648).

Auch in anderen Teilen des Heiligen Römischen Reichs erwuchsen den Habsburgern Probleme. Zur gleichen Zeit, als im Süden Bern gegründet wurde, sorgten einige tatkräftige Fischer am äußersten nördlichen Ende Lotharingiens in einer tristen Einöde aus Schlamm, Sand, Fröschen und Flüssen, die unentwegt ihr Bett verschoben, für ähnlich düstere Zukunftsaussichten, indem sie am Fluss Amstel einen Damm errichteten. Auch wenn dieses Buch Amsterdam nur am Rande berührt, ist ein wenig historischer Hintergrund vonnöten. Während Bern im Süden die Vorreiterrolle darin übernahm, den Habsburgern die Suppe zu versalzen, bildete Amsterdam den entsprechenden

Gegenpart im Norden, und es ist ein kurioser Zufall, dass die beiden Städte beinahe gleichzeitig gegründet wurden. Amsterdam entstand in einer zähflüssigen, morastigen Welt, einem vermeintlich wertlosen Gebiet ohne nennenswerte feudale Strukturen, das von seinen nominellen Oberherren in Utrecht wenig beachtet wurde. Der Aufschwung der jungen Siedlung beruhte nicht nur auf ihrem immer ausgeklügelteren Schleusensystem, sondern ebenso sehr auf einem religiösen Glücksfall: Ein besonders absurdes Wunder um eine feuerfeste Hostie machte Amsterdam zu einem bedeutenden Pilgerort. Später stand die Stadt an der Amstel mit Fischfang, Seefahrt und Seifensiederei für eher derbe Industrie (im Gegensatz zu den hochnäsigen südlichen Niederlanden, deren Wohlstand auf schlabbrigen Wandteppichen, zarten Handschuhen und sonstigem Firlefanz beruhte) und wurde steinreich.

Irgendwann fand jemand heraus, dass Heringe sich länger hielten und auch viel besser schmeckten, wenn man sie nicht vollständig ausnahm, sondern die Bauchspeicheldrüse drinließ, bevor man sie in Fässer mit Salzlake einlegte. In einer Zeit, die von verheerenden saisonalen Schwankungen zwischen Überfluss und Hungersnot geprägt war, waren Fässer voller haltbarer Heringe ein Geschenk des Himmels. Außerdem konstruierten die Amsterdamer spezielle robuste Schiffe, auf denen die Fische bereits ausgenommen und eingelegt wurden, während sie noch über der Doggerbank (einem Überbleibsel von Doggerland) vor Anker lagen, wo es einen schier unerschöpflichen Vorrat an Heringen gab. Zu Hochzeiten wurden pro Jahr zweihundert Millionen Stück gefangen.

Dies genügt als Information zu Amsterdam, abgesehen davon, dass die Interessen der Stadt stets mehr nach Norden, Osten und Übersee ausgerichtet waren – nach Deutschland, in die Ostseeregion, die nordischen Länder, die Neue Welt und auf die Gewürzinseln in Fernost. Ihr Verhältnis zum Rest der Niederlande war dagegen von Beginn an eher distanziert. Amsterdam gehörte zwar zur Grafschaft Holland, zeigte aber nur eine geringe Affinität zu allem, was in seinem Süden lag. Teils religiöse, teils durch die Politik der Habsburger bedingte Entwicklungen führten dazu, dass Amsterdam sich – wenn auch unfreiwillig – zu einem ebenso unerbittlichen und furchteinflößenden Kämpfer gegen äußere Gegner entwickelte wie Bern, und keinem der zahllosen Herrscher, die allein schon bei der Erwähnung der beiden Städte vor Wut mit den Zähnen knirschten, gelang es jemals, eine von ihnen zu erobern, bis Ende des 18. Jahrhunderts schließlich die revolutionären französischen Truppen einmarschierten.

Das politische Chaos in der ersten Hälfte des 13. Jahrhunderts erwies sich nicht nur für Bern und Amsterdam als Segen, sondern auch für viele andere Städte und Fürsten. Wie die Magna Charta letztlich das Resultat von Johann Ohnelands Unfähigkeit war (eine Schwäche, für die wir ihm alle dankbar sein sollten), so machte die Herrschaft Kaiser Friedrichs II. sämtliche Aussichten zunichte, dass das Heilige Römische Reich jemals zu einem zweiten Frankreich werden könnte (dessen Könige wiederum das 13. Jahrhundert dazu nutzten, ihr Reich sehr viel wärmer und angenehmer zu gestalten, indem sie die Provence übernahmen und im Süden Ketzer massakrierten). Friedrich war ein faszinierender Mann mit außergewöhnlichen Talenten, doch er richtete sein Augenmerk so sehr auf Italien und den Mittelmeerraum, dass seine deutschen Vasallen ihm erhebliche Zugeständnisse abringen und einzelne Fürsten immer unabhängiger über ihr Lehen verfügen konnten. Ob er nun während des Sechsten Kreuzzugs höchstpersönlich auf Arabisch über einen erneuten Zugang der Christen nach Jerusalem verhandelte, in Palermo, wo er viele Jahre hofhielt, eine Abhandlung über die Falkenjagd verfasste oder wieder einmal beschuldigt wurde, der Antichrist zu sein – was auch immer Friedrich tat, er war seinen deutschen Untertanen keine große Hilfe. Das Verhältnis zwischen Adligen, Ratsherren und dem Kaiser war immer schon kompliziert gewesen, doch nun wurden die deutschen Lande endgültig zu einer Art geopolitischem Schotterfeld, in dem die einzelnen Herrscher ihren kreativen Neigungen freien Lauf ließen und jenes dichte Netz aus topmodernen Palästen, Burgen, Kirchen und Klöstern finanzierten, das zum Teil noch heute zu bewundern ist.

Das 13. Jahrhundert war geprägt von aufregenden Neuheiten wie etwa dem aus der arabischen Welt stammenden Papier, das schon bald nach seiner – unter anderem Friedrich zu verdankenden – Einführung das unpraktische Pergament verdrängte. Zwar hatte dies einige unerfreuliche Konsequenzen für Archive, da Papier sehr viel empfindlicher ist als Pergament, trotzdem überwogen die Vorteile, nicht zuletzt wurden die Bücher viel billiger und erreichten so ein breiteres Publikum. Für Aufregung sorgten auch die Mongoleneinfälle während der 1240er Jahre, die in Osteuropa verheerende Folgen hatten, weiter westlich jedoch lediglich einen wohligen Schauer auslösten, da die Eindringlinge nach einer Weile auf ebenso mysteriöse Weise wieder verschwanden, wie sie gekommen waren – allerdings nicht ohne das Rezept für chinesisches Schießpulver zurückzulassen, dessen mannigfaltige Anwendungsmöglichkeiten in den folgenden Jahrhunderten ausgiebig erprobt und verfeinert wurden. Es kam zu religiösen Erneuerungsbewegungen mit erheblichen Folgen, wenn auch auf völlig anderem Gebiet. Dominikaner, Franziskaner, die sich später von diesen abspaltenden Minoriten und Beginengemeinschaften sollten dem Christentum ein ganz neues Gesicht verpassen, indem sie sich – jeder auf seine Weise – bemühten, die »stinkende Jauche der Häresie« auszutrocknen, wie Papst Alexander III. es so plastisch ausgedrückt hatte. Neben dominikanischen Genies wie Meister Eckhart und Thomas von Aquin brachte die Zeit auch aufsehenerregende Mystikerinnen wie Christina die Wunderbare hervor, eine Kuhhirtin aus Brabant, die Latein sprach und spektakuläre Dinge vollbrachte, sich wie ein Derwisch im Kreis drehte oder in Trance auf Kirchendächer und sogar Turmspitzen kletterte.

Straßenszenen

Ich weiß, ich wiederhole mich, aber in vielen Städten auf dem Gebiet des einstigen Lotharingien beschleicht einen immer wieder aufs Neue das geradezu überwältigende Gefühl, Teil eines jahrhundertealten Kontinuums zu sein. In diesen Straßen ist die Erinnerung an Ideen und alltägliche Bedürfnisse, die unverändert aus Zeiten überdauert haben, als es noch keine schriftlichen Aufzeichnungen gab, so deutlich präsent, dass man sich unweigerlich als Letzter in jener langen Reihe von Menschen wähnt, die sie im Laufe der Zeit bevölkert haben. Am deutlichsten ist dieser Eindruck in Brügge, weil der Wohlstand der Stadt zurückging, nachdem ihr Zugang zum Meer um das Jahr 1500 versandet war, und so eine verblüffend altertümliche Stadtkulisse zurückblieb. Auf eine vitalere Weise spürt man es auch in Gent, das zwar im 19. Jahrhundert zu einem bedeutenden industriellen Zentrum mit moderneren Bauten wurde, dessen Innenstadt jedoch weitgehend unangetastet blieb, sodass Straßenbahnschienen und Ramschläden die Kontinuität noch unterstreichen.

Wenn man in Gent von der Burg der Grafen von Flandern Richtung Süden schlendert, passiert man zunächst den Fischmarkt, überquert beim alten Fleischhaus das Flüsschen Leie und gelangt über den Gemüsemarkt zum Kornmarkt. Gleich hinter den Gebäuden an der Westseite des Kornmarkts liegen die Zunfthäuser, und weiter südlich erhebt sich am gegenüberliegenden Flussufer »Het Pand«, der mächtige Bau des ehemaligen Dominikanerklosters, der immer noch das Stadtzentrum beherrscht. Zweigt man vom Kornmarkt in östlicher Richtung ab, liegen gleich hinter der massigen Sint-Niklaas-Kirche der Geflügelmarkt,* die Tuchhalle, der Belfried und die Sint-Baafs-Kathedrale. Und am nördlichen Rand des Platzes, beim Buttermarkt, befindet sich das mehrfach um- und ausgebaute Rathaus.

Dieser Spaziergang hätte vor tausend Jahren nicht viel anders ausgesehen als heute, auch wenn manches sich damals an anderer Stelle befand und von Sint-Baafs noch eine frühere Version stand. Tatsächlich scheint die ganze Stadt um das ursprüngliche Kloster herum gewachsen zu sein, das dem heiligen Bavo geweiht war, einem merowingischen Taugenichts, der zum Asketen wurde und auf einem Baum lebte. Seine Reliquien standen jahrhundertelang im Zentrum der Genter Prozessionen. Um 1100 wurde der Vorläuferbau der Sint-Niklaas-Kirche errichtet. Die Tuchhalle und der Belfried kamen später hinzu. Von der Mitte des 18. Jahrhunderts an war im Untergeschoss der Tuchhalle das Stadtgefängnis untergebracht, und in den Jahrhunderten zuvor wäre dem glücklichen Spaziergänger der Anblick des höchst befremdlichen Steinreliefs erspart geblieben, das sich bis heute über dem Eingang zu dem kleinen Anbau mit der einstigen Wärterwohnung befindet. Es zeigt die irritierend anzügliche römische Geschichte des alten Cimon, der zum Hungertod verurteilt und in ein Verlies gesperrt wird. Obwohl man ihm nichts zu essen gibt, stirbt er nicht, weil seine Tochter ihn bei ihren Besuchen heimlich an ihrer Brust trinken lässt. Es ist mir nicht gelungen, herauszufinden, wie jemand auf die Idee kommen konnte, dies sei ein passendes Motiv für ein Relief (ich habe einen steinreichen perückentragenden, pedantischen Antikenverehrer im Verdacht), aber man könnte immerhin argumentieren, dass einer der wenigen erfreulichen Aspekte eines Aufenthalts im Genter Gefängnis darin lag, nicht länger am Bildnis des genüsslich nuckelnden Alten vorbeilaufen zu müssen.

Am Stadtbild von Gent lassen sich die komplexen Funktionsweisen alter Städte und das vielschichtige Zusammenspiel von weltlichen Herrschern, Kirche und Kaufleuten noch immer ablesen. Schon vor Beginn der schriftlichen Aufzeichnungen war ein solcher Ort ein schwieriges Pflaster: Wer gehörte dazu und wer nicht, wer hatte das Recht, Hühner zu verkaufen, und wer nicht, wer übte welche religiöse Funktion aus, und was erhielt er dafür als

* Ein hübsches Beispiel für einen Gleichklang in den westeuropäischen Sprachen: *Poeljemarkt* auf Niederländisch, *Marché des Poulets* auf Französisch und *Poultry Market* auf Englisch.

Gegenleistung? So modern erscheinende Angelegenheiten wie Bebauungspläne, Genehmigungen, Hygiene, Steuern, Fahrplanerstellung, Transport, Qualifikationen, Sicherheit und Kommunikation wurden um 1200 oder 1500 nicht weniger streng geregelt und kontrolliert als heute. Jedem Gemüsekarren wurden ein bestimmter Standort und bestimmte Termine zugewiesen und die dafür zu entrichtenden Gebühren an unterschiedliche religiöse und weltliche Stellen abgeführt. Gewichte und Maße waren von entscheidender Bedeutung und an jedem beliebigen Marktflecken ein nie versiegender Quell von Manipulationen und Streit. Die Glocken des Belfried bestimmten den religiösen Tagesablauf und gaben in militärischen Notzeiten das Signal für die verschiedenen städtischen Truppen. Innerhalb der Stadtmauern hielt sich nur auf, wer die Erlaubnis dazu hatte. Alle, die lediglich einen Tagespass hatten, mussten vor dem Abendläuten und der Schließung der Tore wieder verschwunden sein. Wer in einer Herberge übernachtete, wurde registriert und benötigte einen Bürgen. Beamte in Diensten des Grafen oder des Heiligen Römischen Reichs verfügten über Amtsinsignien, die ihnen das Recht auf Durchreise oder Unterbringung sicherten. Klöster wie Het Pand boten jedermann Obdach, ganz gleich, ob es sich um Gäste des Abts oder durchziehende Pilger handelte.

Gent war vor allem für seine *gebuurten* bekannt – Gemeinschaften, die gewöhnlich eine bestimmte Straße und deren Seitengassen umfassten. Sie organisierten die Nachtwache, führten Feuerschutzübungen durch, bei denen die Flucht aus brennenden Gebäuden und das Löschen von Bränden trainiert wurden, beteiligten sich mit Prozessionswagen und Kostümen an Feierlichkeiten des Viertels oder der gesamten Stadt und kümmerten sich um die Beerdigung verstorbener Mitglieder, die aus der Gemeinschaftskasse bezahlt wurden. Sie spielten eine entscheidende (inzwischen aus offiziellen Aufzeichnungen nahezu verschwundene) Rolle im Leben von Dienstboten, einfachen Ladenbesitzern und Handwerkern, die in Städten wie Gent für einen geregelten Ablauf sorgten. Viele Bürger trugen Abzeichen oder eine Art Uniform, was von einem einfachen Band als Verweis auf eine bestimmte Bruderschaft bis hin zu den in verschiedenen Farben gehaltenen Gewändern der Geistlichen und den Kutten der auf den ersten Blick zu unterscheidenden Mönchsorden reichte.

Wie unschwer zu erkennen, liebe ich diese Atmosphäre. Mein Traum wäre es, mit einem Beutel voller Münzen am Gürtel, bunten Strumpfhosen und einem kaiserlichen Geleitbrief lärmend und zechend durch eine mittelalterliche Stadt zu streifen, allerdings mit der Lebenserwartung des 21. Jahrhunderts und einem Knopf, der mich unverzüglich wieder zurück in die Gegenwart versetzt, sobald die Lage brenzlig wird. Abgesehen von dem Risiko, aus blankem Neid auf meine schrillen Beinkleider bei lebendigem Leib verbrannt zu werden, wäre ich aber wohl relativ sicher gewesen. Soweit wir wissen, war das Stadtleben in hohem Maß reguliert, und darüber hinaus sorgten die aufwendig begangenen religiösen Feste sowie der alltägliche Rhythmus aus Messen und privaten Gebeten für Ordnung. Die bedeutendsten Familien aus dem Umfeld der Grafen von Flandern bestimmten das weltliche wie das religiöse Leben. Sie stellten die wichtigsten Amts- und Würdenträger und herrschten mit eiserner Hand über das Gemeinwesen.

Gent, Brügge und Ypern entwickelten schon sehr früh enge Beziehungen zu London und werden bereits in den Chroniken Æthelreds des Unberatenen am Ende des 10. Jahrhunderts als Handelspartner erwähnt. Im 12. Jahrhundert hatte sich England zum Motor des flämischen Wohlstands entwickelt und lieferte gewaltige Mengen an Getreide, Tierhäuten, Kohle und Käse auf den Kontinent. Die Verarbeitung der Wolle von unzähligen englischen Schafen beförderte zudem das unaufhaltsame Wachstum der flämischen Textilproduktion. Selten hatten Schafe ein derartiges politisches Gewicht. Ihre schier unermessliche Zahl sicherte ganzen Heerscharen von um ihr Wohl bemühten Menschen den Lebensunterhalt: Sie legten riesige Weiden an, um die Schafe mit köstlichem Gras zu versorgen, sie wuschen sie, damit ihr Fell glänzend und lockig wurde. Den Schafen verdanken wir die riesigen Kirchen in den Cotswolds und East Anglia, die auch heute noch, viele Jahrhunderte später, wie gleichsam pharaonische Monumente vergangener Schafsglorie in die Höhe ragen. Anfang des 12. Jahrhunderts wurden flämische Tuche an so fernen Orten wie Nowgorod gehandelt, und die damaligen Beziehungen zwischen England und Flandern müssen von einer Dynamik geprägt gewesen sein, die man eher mit dem 19. Jahrhundert assoziieren würde.

Flandern umfasste zu jener Zeit ein viel größeres Gebiet als der heutige belgische Teilstaat, mit Küstenstädten wie dem seinerzeit noch unbedeutenden Dünkirchen sowie den weiter südlich gelegenen Städten Lille, Douai und Cassel (Rijsel, Dowaai und Kassel). Das Geniale an den Wolltuchen war, dass sich europaweit eine Industrie rund um ein Produkt entwickelte, das im Gegensatz zu Lebensmitteln nicht verderblich war, sich aber durch Gebrauch abnutzte und somit immer wieder ersetzt werden musste. Schafe finanzierten auch all die herrlichen Handelsgebäude, die in den flämischen Städten noch heute bewundert werden können – allerdings manchmal nur als Rekonstruktion. Die gewaltige, 1304 errichtete Tuchhalle in Ypern, in der sich Regale voller Stoffe aneinanderreihten, muss so etwas wie eine immerwährende Fashion Week der Luxusklasse gewesen sein. Dieses märchenhafte Gebäude wurde im Ersten Weltkrieg vollständig zerstört, allerdings später wieder aufgebaut.

In Brügge wiederum kannte der Einfallsreichtum nahezu keine Grenzen, wenn es um ausgeklügelte Konstruktionen und neuartige Architekturen ging. Ursprünglich wurde in den weitläufigen Hallen am Fuß des Belfrieds mit Wolltuchen, aber auch Gewürzen, Färbemitteln, Handschuhen und feinsten Stoffen gehandelt. Doch dann errichteten die Brügger eines jener großartigen Bauwerke der europäischen Geschichte, die leider nicht erhalten geblieben sind: die Wasserhalle, die nach acht Jahrzehnten stetigen Werkelns 1366 endlich vollendet war. Dieser erstaunliche Bau war mit dem Kanalnetz der Stadt verbunden, sodass die Boote einfach unter einer mit Häusern bebauten Brücke hindurch in die Halle hineinfahren konnten. Das Innere des Dachraums bestand aus einem riesigen, raffiniert konstruierten Tuchlager, in dem sich Schaffelle, Tuchballen, Muster und exotische Stoffe türmten. Doch im Brügger Hafenbereich gab es noch weitere Konstruktionsleistungen zu bewundern. Ganz in der Nähe der Wasserhalle stand am Ufer einer Gracht ein mächtiger Kran, der über eine Tretmühle von sogenannten Krankindern angetrieben wurde und Weinfässer und andere Güter aus den Booten löschte. All das ist mittlerweile Geschichte, der Kanal wurde zugeschüttet, die Wasserhalle abgerissen. Neben dem überwältigenden Groeningemuseum, in dem Gemälde von van Eyck, van der Weyden, Memling und anderen zu bestaunen sind, deren Arbeiten dank einer späteren Neuauflage des flämischen Tuchwohlstands finanziert wurden, liegt ein winziger Park mit zwei traurigen kleinen Säulen. Sie sind alles, was von der Wasserhalle noch übrig ist.

Allmählich geht mir der Platz aus, und ich gerate in Panik – ich könnte ohne Weiteres das ganze Buch mit Geschichten aus dem damaligen Flandern füllen. Wenn ich mich jedoch für eine allerletzte Kostbarkeit entscheiden muss, dann fällt meine Wahl auf das in den 1240er Jahren erbaute Hospital der Gräfin Johanna von Flandern in Lille. Johannas Vater, Graf Balduin IX., machte einige unangenehme Erfahrungen auf dem Balkan, wo sein Schädel in eine Trinkschale verwandelt wurde, und ihr Ehemann, ein glückloser portugiesischer Prinz, verbrachte nach der verheerenden Niederlage in der Schlacht bei Bouvines viele Jahre in französischer Gefangenschaft, weshalb Johanna die Herrschaft über ihre Grafschaft selbst in die Hand nahm. Sie war eine bemerkenswerte Persönlichkeit in der klassischen Tradition flämischer Regenten, die ihre Zeit zwischen aufwendigem Gewässermanagement und der Gründung von Klöstern (vornehmlich Zisterzienserabteien) und Beginenhöfen aufteilten. Das heutige Hospital im Zentrum von Lille umfasst leider nur Gebäude aus späterer Zeit und ist dennoch von einer eigentümlichen Aura des Vergangenen umgeben. Augustinerinnen kümmerten sich dort um Kranke, Mittellose und Pilger auf der Durchreise. Wie alle derartigen Einrichtungen wurde auch dieses Hospital vom Sturm der Französischen Revolution hinweggefegt (bis 1939 war dort ein Heim für Waisen und alte Männer untergebracht), aber zuvor hatte es – abgesehen von gelegentlichen Bränden, Unruhen und Invasionen – fünfhundertfünfzig Jahre ununterbrochen als Hospital gedient. Ich war sehr beeindruckt davon, wie stark auch dort die enge Verbindung zwischen Alltäglichem und Spirituellem zu spüren ist, die man im heutigen Gent noch antrifft, jenes Gefühl, dass Kirchen und Märkte einst als unterschiedliche Aspekte ein und desselben Ganzen betrachtet wurden.

In einigen Räumen im Hospital der Gräfin wird dies besonders deutlich. Die Augustinerinnen schoren sich die Haare, verfügten über keinerlei persönlichen Besitz und legten die Arbeit erst nieder, wenn Gebrechlichkeit oder Tod sie dazu zwangen. Die Mahlzeiten nahmen sie schweigend ein, während eine von ihnen aus der Bibel vorlas. Sie bereiteten alle möglichen Heilmittel zu, für die gewöhnlich Pflanzen die Grundlage bildeten, die sie selbst anbauten und in Sirup oder Salbentöpfen konservierten. Sie stellten auch jene seltsame Mixtur her, die als Theriak bekannt war, einen Trank mit erstaunlich vielen Zutaten nach einem Rezept von Galen, der eigentlich nicht die geringste Wirkung gehabt haben kann, aber es muss großen Spaß gemacht haben, die unterschiedlichsten Bestandteile diverser Früchte und Tiere sowie Samen, Blätter und Gummi zu diesem Brei zu zerstampfen. Das wirklich Interessante und Berührende an der Krankenpflege der Nonnen war, dass es für sie völlig unerheblich war, ob sie jemanden gesund pflegten oder ihn beim Sterben begleiteten – beides waren hingebungsvolle, in ihrem Glauben begründete Akte der Nächstenliebe, und weder der eine noch der andere Ausgang war vorzuziehen.

Lille, und damit auch Johannas Vermächtnis, sollte indes nicht mehr lange bei Flandern bleiben. Über viele Generationen von Schafen hatten sich deutlich weniger Generationen von Grafen vergeblich bemüht, Flandern aus der Abhängigkeit von Frankreich zu befreien. Nachdem Philipp August durch seinen Sieg in der Schlacht von Bouvines 1214 die französische Autorität über Flandern gefestigt hatte, bildeten sich im 13. Jahrhundert in den Städten zunehmend gegensätzliche Parteien heraus, die profranzösisch gesinnten *Leliaards* (benannt nach der Lilie im Wappen der französischen Könige) und die antifranzösischen *Klauwaards* (nach den Klauen des flämischen Löwen, des Wappentiers der Grafen von Flandern). Im Zuge einer erneuten Machtausdehnung der französischen Krone unter Philipp IV., dem Schönen (einem erschreckend effizienten Herrscher), wurde Graf Guido I. von Flandern 1300 gefangengenommen, und Frankreich errichtete nach einer Reihe grausamer, vernichtender Schlachten über ganz Flandern verstreut Garnisonen. Daraufhin erhoben sich in den frühen Morgenstunden des 18. Mai 1302 die *Klauwaards* in Brügge und richteten unter den Franzosen und ihren Unterstützern ein Blutbad an, dem etwa zweitausend Menschen zum Opfer fielen. Philipp entsandte ein Heer, um die Ordnung wiederherzustellen, doch die zum Äußersten entschlossenen, mit Spießen und kurzen, schweren Speeren bewaffneten flämischen Fußsoldaten rieben die Blüte des französischen Ritterstands in der Schlacht von Kortrijk vollständig auf. Nach den rund fünfhundert Sporenpaaren, die die Sieger den gefallenen französischen Adligen abnahmen und in der nahen Liebfrauenkirche aufhängten, wurde die Auseinandersetzung auch als die »Schlacht der goldenen Sporen« bekannt (leider blieben diese Sporen nicht lange in der Kirche – stattdessen hängt dort heute ein furchtbar deprimierendes Gemälde von van Dyck, das die Kreuzaufrichtung zeigt).

Inzwischen gibt es in Kortrijk ein ganzes Museum zu dieser Schlacht, deren Jahrestag einer der wichtigsten Termine im Kalender flämischer Nationalisten ist. Damals waren die Auswirkungen vergleichsweise gedämpft. Der erste Schock war immens, doch dann erwiesen sich die Ereignisse geradezu als Paradebeispiel für die große Bedeutung des Erbfolgeprinzips in mittelalterlichen Gesellschaften: Auf einen Schlag kam ein breiter Querschnitt des älteren französischen Adels ums Leben, und Dutzende fassungsloser Erben – jüngere Brüder, Regenten und Minderjährige – traten ohne jede Vorwarnung an ihrer Stelle in zahllosen größeren und kleineren Territorien die Herrschaft an. Philipp IV. mangelte es trotz der Niederlage weder an Mitteln noch an Entschlossenheit, und so gelang es ihm nach erbitterten Kämpfen, an die man sich vor Ort weniger gern erinnert, den Aufstand niederzuschlagen. Der 1305 geschlossene folgenschwere Vertrag von Athis-sur-Orge erhielt zwar Flandern als eigenständige Grafschaft mit besonderen Privilegien, aber die Städte Douai, Bouvines und Lille gingen in französischen Besitz über, wodurch ein französischsprachiges Flandern entstand, das seitdem für noch kompliziertere Verhältnisse sorgt.

Wie in Gent habe ich auch in Lille viel Zeit mit Spaziergängen verbracht. In beiden Städten hatte ich dabei das Gefühl, durch Straßen zu gehen, die sich – zumindest in den alten Vierteln – nicht sonderlich verändert haben. Sie mögen zwar von jüngeren Gebäuden gesäumt sein, aber ihre Breite entspricht immer noch der von Kutschen, und die Autos müssen zusehen, wie sie damit zurechtkommen. Immer noch drängen sich in den Erdgeschossen Läden, während darüber die Menschen wohnen, und die Symbole der kleinen Werbeschilder, die von den Häusern in die Straße hineinragen, wären auch vor Jahrhunderten auf den ersten Blick verständlich gewesen: Stiefel, Brezeln, Bier. In vielerlei Hinsicht scheinen diese Straßen vor achthundert Jahren genauso gewerblich, geschäftig und »modern« gewesen zu sein wie heute. Nachdem meine Arbeit an diesem Buch jetzt beendet ist und ich keinen Grund mehr habe, mich noch länger in diesen Städten herumzutreiben, kommt es mir vor, als sei ich nun selbst zu einem jener Geister geworden, die für alle Zeiten von der Burg der Grafen über den Fischmarkt und weiter zum Buttermarkt wandeln.

Die Kathedrale von Amiens

Zwar strahlen die großen mittelalterlichen Kirchenbauten eine schier unbesiegbare Kraft und Beständigkeit aus, aber manchmal habe ich den Eindruck, als sei das alles nur ein Bluff, als seien sie in Wirklichkeit den Launen von Mensch und Natur hilflos ausgeliefert. Unfähig, sich zu ihrer Verteidigung auch nur einen Zoll zu bewegen, sind diese Kathedralen ebenso auf unsere nie nachlassende Aufmerksamkeit und Fürsorge angewiesen wie eine Kuh im Stall. Kriege, vor allem Belagerungen, stellen die offensichtlichste Bedrohung dar, doch genauso gefährlich sind die völlig unvorhersehbaren Unglücke, die sich im Laufe der Zeit immer wieder ereignen. Die Buntglasfenster des Aachener Doms waren in gutem Zustand, bis ein gewaltiger Hagelsturm sie im frühen 18. Jahrhundert innerhalb weniger Augenblicke zerstörte. 1857 war Mainz an der Reihe, als die Explosion eines nahen Pulverturms die Fenster des nach jahrelanger Nutzung als französische Kaserne gerade erst wieder restaurierten Doms über die gesamte Innenstadt verteilte. Die Fenster im Dom zu Worms fielen 1921 der verheerenden Explosion in einer Fabrik vor den Toren von Ludwigshafen zum Opfer, bei der rund fünfhundert Menschen getötet wurden und noch fünfzehn Kilometer entfernt sämtliche Fensterscheiben barsten. Die herrliche Grote Kerk in Zwolle besaß einst einen hohen Turm. Nachdem dieser 1669 vom Blitz getroffen worden war, baute man ihn wieder auf, doch 1682 schlug der Blitz erneut ein und ließ eine Seite des Turms in sich zusammenstürzen. Jan Grasdorp, einem örtlichen Maler, war das ungewöhnliche Glück beschieden, gleich beide Katastrophen mitsamt den besorgt dreinblickenden Bürgern der Stadt verewigen zu können. Der Kirchenrat dachte lange über die Ereignisse nach und kam zu dem durchaus nachvollziehbaren Schluss, dass Gott die Gemeinde wohl auf den Anflug von Hochmut hinweisen wolle, der durch einen derart hohen Kirchturm in einer ansonsten flachen Umgebung zum Ausdruck kam. Und so entschied man, den Turm nicht wieder aufzubauen, sondern an seinem früheren Standort einen äußerst hübschen, eleganten Versammlungsraum einzurichten, mit dem Ergebnis, dass Zwolle heutzutage für eine Kirche ohne Turm berühmt ist.

Dies sind nur einige Beispiele für die physische Verwundbarkeit dieser scheinbar für die Ewigkeit bestimmten Bauten – ganz zu schweigen von mutwilligen Grausamkeiten, wie sie etwa Ludwig XIV. beging, als er aus reiner Missgunst einen Teil des Speyerer Doms niederbrennen ließ. In engem Zusammenhang mit Naturkatastrophen steht auch ein weiteres Problem der Kirchen, nämlich die Notwendigkeit, die Beziehung zu den Menschen in ihrer Umgebung aufrechtzuerhalten, um als Institution weiterhin gebraucht zu werden. Gerade über diesen Punkt habe ich mir viele Gedanken gemacht, während ich durch die Kathedrale von Amiens wanderte, deren Ausstrahlung, Größe und Schönheit sie zu einem der wahrscheinlich großartigsten Bauwerke Europas macht. Sie wirkt wie ein einziger riesiger Block, der aus einem Steinbruch geschnitten, auf eine Hügelkuppe versetzt, in Kathedralenform gehauen und zu guter Letzt von zahllosen Männern mit Meißeln ausgehöhlt wurde.

Mit ihrem Bau, der bis zur Fertigstellung etwa ein halbes Jahrhundert dauerte, wurde 1220 begonnen, und das stellt uns vor unbequeme Fragen hinsichtlich des Wesens der westlichen Zivilisation: Seit jener Zeit wurden viele herrliche Gebäude errichtet, aber ich bin mir nicht sicher, ob irgendeines davon *besser* ist. Die Tatsache, dass ein so überwältigend komplexes, elegantes, ungewöhnliches, riesiges Bauwerk vor so langer Zeit entstehen konnte, spricht unserem unerschütterlichen Fortschrittsglauben Hohn. Aber vielleicht noch wichtiger ist, dass die Kathedrale immer noch genutzt wird, weil sie über die Jahrhunderte hinweg ihre Bestimmung bewahrt hat. Bemerkenswerte Ereignisse fanden dort im Beisein der Könige von Frankreich und der Herzöge von Burgund statt, und auch die Alliierten begingen dort nach dem Ende des Ersten Weltkriegs ihren großen Dank- und Gedenkgottesdienst. Doch die Ideologien, die sowohl innerhalb als auch außerhalb der Kathedrale aufkeimen und wachsen, stellen eine beständige Bedrohung für das Gebäude selbst und die unzähligen kleinen Statuen, Objekte und Gemälde dar, die es mit seiner schützenden Hülle umgibt. Natürlich bedeuten Konflikte stets eine große Gefahr (im Ersten Weltkrieg verkleidete man die Schätze der Kathedrale, die nicht fortgebracht werden konnten, mit Stahlgerüsten und stapelte darauf tonnenweise mit Erde gefüllte Säcke; eine einzige deutsche Granate drang durch das Dach und fiel, ohne zu explodieren, auf den Boden), schlimmere Auswirkungen jedoch haben Überzeugungen. Im 16. Jahrhundert etwa beraubten die protestantischen Bilderstürmer viele Kirchen ihres Schmucks. Ende des 18. Jahrhunderts plünderten die säkularen Revolutionäre sie erneut und machten sie in manchen Fällen gar dem Erdboden gleich. So verschwanden unter anderem die gewaltigen, einst berühmten Kathedralen von Arras und Lüttich, die man nach der Französischen Revolution Stein für Stein abgetragen hat, um damit neue Gebäude zu errichten. In Frankreich selbst, aber auch im Rheinland und in den südlichen Niederlanden, die auf dem Höhepunkt des revolutionären Furors erobert wurden, loderten riesige Scheiterhaufen, auf denen sakrale Kunst aus Jahrhunderten in Flammen aufging. Die Kathedrale von Amiens ist ein spektakulärer Bau, aber ihre Ausstattung besteht zum großen Teil aus tristen, feuchten, vernachlässigten dekorativen Ersatzstücken des 19. Jahrhunderts.

In diesem Kontext kommt mir stets (es folgt ein kurzer geografischer Abstecher) die sensationelle Quwwat-ul-Islam-Moschee bei Delhi in den Sinn. Sie wurde nur wenig früher als die Kathedrale von Amiens erbaut, und zwar aus den Trümmern zerstörter Hindu- und Jain-Tempel, deren dekorative Elemente noch heute zu erkennen sind. Die Moschee ist mittlerweile eine Ruine. Die Region, in der sie steht, wurde nach ihrem Bau erneut für kurze Zeit von Hindus beherrscht, dann von Muslimen, später von Christen, und nun regieren dort wieder mehrheitlich Hindus. Ich erwähne dies, weil die Moschee im Laufe ihrer Geschichte viele Male von der vollständigen Zerstörung bedroht war. Mehr als diese zerschlagenen Überreste konnte man im

Grunde nicht erwarten. Was große Teile Westeuropas von den meisten anderen Regionen der Welt unterscheidet, ist die Kontinuität des Glaubens. Selbst die Bedrohung durch die Französische Revolution hatte für Amiens keine gravierenden Folgen, und obwohl die Zahl der Gläubigen in der heutigen Zeit rapide gesunken ist, gibt es weder Stimmen, die eine Zerstörung des Gebäudes fordern, noch eine gesellschaftliche Strömung, die sich gegen die verbliebenen Nutzer wendet. Das macht Westeuropa zu etwas Besonderem, denn es gibt nur wenige Orte auf der Welt, die nie einen vollständigen Umbruch der religiösen und sozialen Ordnung erleben mussten. Ob es nun die Mongolen in Bagdad waren, die Spanier in Mexiko, die Briten in Australien oder eben die Tadschiken in Delhi – das Bestreben, andere Kulturen auszulöschen, war in der menschlichen Geschichte beinahe die Regel. Von der großen, entsetzlichen Ausnahme des periodisch aufflammenden Antisemitismus einmal abgesehen, blieb Westeuropa von dieser Erfahrung weitgehend verschont. Selbst die religiösen Differenzen innerhalb des Christentums schufen, insgesamt betrachtet, eher symbolische Märtyrer, da man nicht danach strebte, sich gegenseitig auszurotten, und die meisten Abweichler dank der fragmentierten politischen Gestalt Westeuropas doch noch irgendwo einen Zufluchtsort fanden.

An Stätten wie der Kathedrale von Amiens treibt mich seit Jahren die Frage um, ob die atemberaubende Zuversicht und Pracht dieses Gotteshauses in einer Kultur wurzeln, in deren Tradition wir auch heute noch stehen, oder ob sich darin eine andere, ältere Kultur ausdrückt. Über dieses Thema wurde bereits endlos gestritten, und wahrscheinlich gibt es auch keine befriedigende Antwort darauf, aber man könnte doch argumentieren, dass die Katastrophen, die im 14. Jahrhundert über weite Teile Europas hereinbrachen, derart extrem waren, dass sie zu einer tiefen Kluft zwischen uns und jener hochmütigen, ja geradezu arroganten Kultur führten, die Amiens hervorbrachte. Im 13. Jahrhundert zeigten sich viele Städte von dem fast schon hysterischen Drang getrieben, ihre gesamten Mittel in den Bau von Kathedralen zu stecken, wie wir sie heute noch in Metz, Straßburg oder Köln vor uns sehen – grenzenlos ehrgeizige Bauten, deren Vollendung Jahrhunderte in Anspruch nahm und eine Gesellschaft voraussetzte, die über Stabilität, Ressourcen und genügend Zeit verfügte. Doch das sollte sich bald ändern.

Hunger, Pest und Überschwemmung

Jedes Jahrhundert durchlebt seine Katastrophen – sie sind Teil unserer Beziehung zu anderen Menschen und zu unserem Planeten –, doch in der Spanne zwischen den Jahren 1315 und 1420 kam es zu einer außergewöhnlichen Serie fürchterlicher Katastrophen. Was deren Schilderung in einer Erzählung wie dieser problematisch macht, ist die Tatsache, dass sie weder sichtbare Spuren hinterlassen haben, die man betrachten könnte, noch Texte, die sich als Lektüre anbieten. Was blieb, war eine gewaltige unsichtbare Narbe in Gestalt der Millionen von Menschen, die ihr Leben verloren, und jener Millionen, die infolgedessen gar nicht erst geboren wurden. Mehrere Male erlebten die Menschen jener Zeit einen vollständigen Zusammenbruch ihrer Gesellschaft, wie er in Europa seither kaum wieder vorgekommen ist. Natürlich gab es auch ruhige Phasen, einzelne Generationen mögen Glück gehabt haben oder die Bewohner eines bestimmten Dorfes verschont geblieben sein, aber insgesamt muss das Gefühl verbreitet gewesen sein, man sei von gewaltigen Umwälzungen bedroht, die weit mächtiger waren als eine herannahende Armee.

Der erste Schlag erfolgte in Gestalt einer Hungersnot, die weite Teile Nordwesteuropas erfasste und von der dreißig Millionen Menschen betroffen waren. Natürlich wusste jeder, dass man Getreide für schlechte Zeiten vorrätig halten sollte, doch jahrelang waren die Ernten gut gewesen, und über Generationen hinweg wäre jemand, der längerfristige Vorratshaltung anmahnte, zu Recht als närrischer Schwarzmaler abgetan worden. Zudem bestand bei der Lagerung von Getreide stets die Gefahr, dass es verfaulte oder von Schädlingen gefressen wurde. Im 13. Jahrhundert waren die Bevölkerungszahlen stark gestiegen, und die Bauern sicherten die Versorgung von immer mehr Menschen, indem sie jedes halbwegs fruchtbare Stück Land zum Anbau nutzten. Es ist nur ein Detail (und ziemlich überflüssig obendrein), aber es kann nicht schaden, zu erwähnen, dass dies in den nördlichen Regionen der Niederlande und den angrenzenden deutschen Gebieten durch sogenannte Plaggendüngung erfolgte. Dazu mischte man eine Art künstlichen Boden aus Tierdung, Heidewurzeln, Waldabfällen, Grassoden und Torf zusammen, der auf kargen Böden ausgebracht wurde, wo er nach mehreren Jahren »anwuchs« und so die unfruchtbare Erde in Ackerland verwandelte, ein Vorgang, der nicht nur Geduld, sondern auch Glück erforderte. Längst hatten sich die Menschen an das gute Wetter gewöhnt und planten entsprechend. Im Jahr 1315 scheint es jedoch ununterbrochen geregnet zu haben – fast so, als spielte jemand ohne Sinn und Verstand an den Reglern herum. Felder wurden überschwemmt, Flüsse traten über die Ufer, und ein Großteil der Ernten verfaulte, bevor sie eingebracht werden konnten. Für Getreidebrand, Schimmel, Mehltau und Rostpilz schuf die anhaltende Feuchtigkeit geradezu paradiesische Bedingungen. Schaf- und Rinderseuchen dezimierten die Herden. Es war das goldene Zeitalter des Großen Leberegels – wenn schon für niemanden sonst. In Xanten wurden bereits in diesem ersten Jahr verzweifelte Reliquienprozessionen organisiert, überall in der Stadt beteten und fasteten die Menschen. 1316 lag der Getreidepreis bis zu achtmal höher als üblich. Einige wenige verdienten ein Vermögen, aber das machte die Sache nur noch schlimmer, da Spekulanten die knappen Vorräte in die hungernden Küstenregionen schafften, wo die Preise förmlich explodiert waren, und so den Mangel im Landesinnern verschärften. Deiche brachen, die Ochsen, die man zum Pflügen brauchte, starben. Einige der Viehseuchen waren hoch ansteckend und absolut widerlich – ich kann mich beim besten Willen nicht dazu durchringen, die Symptome zu beschreiben. Sommerliche Hagelstürme vernichteten die wenigen Ernten, die es fast bis zur Reife geschafft hatten, und die Winter waren so kalt, dass das Eis bis weit in die Nordsee hineinreichte und das letzte verbliebene Vieh erfror.

Da die Not anhielt, waren sämtliche Hilfsmöglichkeiten irgendwann erschöpft. Es gibt keine verlässlichen Zahlen, doch ein Gelderländer Chronist bezeichnete 1315 als das Jahr des »großen Sterbens«. Aus einem erhaltenen Register der Stadt Ypern geht hervor, dass zwischen Mai und Oktober 1316 von rund fünfundzwanzigtausend Einwohnern dreitausend starben. In Brügge wurden in jenem Sommer zwischen hundertsechzehn und hundertsechsundfünfzig Leichen pro Woche aus den Häusern und von den Straßen geholt. Da diese Städte mittlerweile von Flüchtlingen überlaufen waren, ist unklar, ob es sich bei den Toten um Einheimische oder Zugezogene handelte. Nachdem sämtliche Herden verendet waren, aßen die Menschen das Fleisch halbwilder Schweine, bis auch deren Population 1316 aufgezehrt war. Die Siedepfannen, in denen das zur Konservierung von Fleisch und Fisch benötigte Salz produziert wurde, stellten den Betrieb ein, da die Kristalle bei der hohen Luftfeuchtigkeit nicht trocknen konnten – woraufhin auch der Salzpreis in die Höhe schoss. Die Menschen suchten ihr Heil im Osten und wanderten in die vergleichsweise dünn besiedelten Habsburgergebiete und nach Polen aus (viele der »deutschen« Siedler waren also in Wirklichkeit flämischer oder niederländischer Herkunft).

In Flandern waren zwischen zehn und dreißig Prozent der Gehöfte verlassen, die Klöster standen leer. Alles Essbare war aufgebraucht. Wie es scheint, hörte man über mehrere Jahre in ganz Nordeuropa kein Vogelzwitschern mehr. Niemand vermochte über die akute Panik hinaus zu planen, die jeden Tag erfüllte, und selbst so robuste Tiere wie Gänse wurden eher geschlachtet als zur Eierproduktion am Leben erhalten. Wohlhabende Städte wie Brügge, die über einen Zugang zum Meer verfügten, konnten Getreide aus Südwestfrankreich importieren, doch weiter im Landesinnern blieb die Lage katastrophal, bis sich das Blatt nach einem letzten bitterkalten Winter 1317/18 allmählich wendete.

Hungersnöte kamen in Westeuropa nur sehr selten vor. Ein Löwener Chronist wusste noch Jahrhunderte später zu berichten, dass 1146, 1197, 1316 und 1530 Hunger geherrscht hatte, weil sich diese Phasen tief in das kollektive Gedächtnis eingebrannt hatten. Es gab noch einige Nachbeben (ein Aachener Chronist spricht für 1322 von »Unwettern, Hagelstürmen und Epidemien«), doch insgesamt scheint sich die Region rasch wieder erholt zu haben. Bis jene zweite verheerende Katastrophe über sie hereinbrach, die als der Schwarze Tod bekannt werden sollte. Diese schreckliche Kombination tödlicher Krankheiten wurde erstmals 1333 in China erwähnt, 1346 erreichte sie Sizilien, 1348 Frankreich und Deutschland. Einer realistischen Schätzung zufolge fielen fünfundvierzig bis fünfzig Prozent der gesamten europäischen Bevölkerung der Pest zum Opfer, wobei der Anteil im Mittelmeerraum wahrscheinlich höher lag als weiter nördlich. Und natürlich hatte niemand die geringste Ahnung, wie diese Krankheit tötete oder warum.

Die Ursache vermutete man im Zorn Gottes, wahlweise auch in der fatalen Konjunktion dreier Planeten. Abgeschiedenere Dörfer, etwa in der Schweiz, oder dünner besiedelte Landstriche in Flandern und den Niederlanden kamen entweder ungeschoren davon oder wurden komplett entvölkert. Rund zwei Drittel der jüdischen Gemeinden starben aus. Im Sommer 1349 erreichte die Pest Tournai, wo ihr als einer der Ersten der Bischof erlag. Es folgten ein paar ruhige Wochen, aber dann geriet die Epidemie völlig außer Kontrolle und raffte rund dreißig Prozent der Stadtbevölkerung dahin. Die Ratsherren versuchten, die Stadt moralisch zu reinigen, indem sie Flüche, Glücksspiel, die Arbeit am Sonntag sowie das Zusammenleben unverheirateter Paare verboten – »jedermann erwartete Tag für Tag den Willen des Herrn«, schrieb der Chronist Gilles Li Muisis. Kein Geld durfte für Trauerkleidung ausgegeben werden, die Glocken sollten nicht läuten. Die berühmten

Würfelmacher der Stadt – noch so ein absurdes Detail – machten keine Geschäfte mehr und verlegten sich auf das Schnitzen kleiner Gegenstände, die zum Beten genutzt werden konnten.

Die Sozialstrukturen scheinen vollständig zusammengebrochen zu sein. Roma, Aussätzige, Pilger und Fremde wurden umgebracht, sobald man ihrer ansichtig wurde. 1349 wurden in Straßburg rund zweitausend Juden getötet, weitere Massaker folgten im Verlauf des Sommers in Mainz und Köln. Flagellantenprozessionen zogen durch die Straßen, und in den Kirchen wurden feierliche Messen abgehalten, bei denen sich vermutlich zahllose Gemeindemitglieder unwissentlich ansteckten. Schließlich flaute die Pest ab, aus welchem Grund, kann niemand mit Gewissheit sagen, aber eine plausible Theorie lautet, die Krankheit habe sich nicht weiter verbreitet, nachdem ihre Hauptüberträger, die Ratten, selbst daran gestorben waren. Alle späteren Ausbrüche der Pest (die zwar auf lokaler Ebene noch grausam wütete, aber nie wieder den gleichen europaweiten Schrecken verbreitete wie beim ersten Mal) scheinen auf die Einschleppung neuer Ratten aus Asien zurückzugehen. Die Auswirkungen des Schwarzen Todes waren verheerender als alles, was Europa in seiner Geschichte jemals erleben musste – schlimmer noch als die Folgen der beiden Weltkriege im 20. Jahrhundert. Ganze Regionen wurden durch die Epidemie entvölkert, und es dauerte Jahrhunderte, bis sie sich davon erholt hatten. Hundert Jahre später waren immer noch etwa vierzigtausend deutsche Ortschaften unbewohnt.

Zum Abschluss dieses deprimierenden Kapitels dürfen auch die beiden Elisabethenfluten nicht unerwähnt bleiben. Die Niederlande verdanken ihre Gestalt dem Zusammenspiel aus mehr oder weniger katastrophalen Sturmfluten und dem Bemühen, gegen diese in Zukunft gewappnet zu sein. Dadurch entstand entlang der Küsten eine Landschaft, die auf jemanden, der so etwas nicht gewohnt ist (mich zum Beispiel), einen geradezu furchterregenden Eindruck macht. Wenn ich Felder sehe, die je nach Jahreszeit so glatt und eben erscheinen wie die grüne oder braune Oberfläche eines Gewässers, und mir dann in Erinnerung rufe, dass diese Felder unterhalb des Meeresspiegels liegen, fällt es mir schwer, nicht in Panik zu geraten. Einer der Nachteile beim Besuch der Scheldemündung, die zu meinen absoluten Lieblingsorten gehört, besteht darin, dass ich – wenn ich nicht gerade beim Anblick der riesigen Schiffe ekstatisch auf der Stelle hüpfe – das Dorf Breskens sehen muss, wie es sich dort im Schatten eines hohen Deichs zusammenkauert, während die Nordsee wie eine bedrohliche Migräne mehrere Meter über ihm lauert.

Offensichtlich hält der Deich, aber wenn ich dort leben sollte, würde ich vermutlich über einen Umzug nachdenken.

Die gewaltigen Sturmfluten, die in den Niederlanden wiederholt für verheerende Schäden sorgten, und die gigantischen Gegenmaßnahmen, mit denen die Menschen das Flusswasser kanalisierten und das Meerwasser zurückzuhalten versuchten, sind der Stoff für eines der großen Epen der europäischen Geschichte. Die Zuiderzee, die in etwa dem heutigen Ijsselmeer entspricht, war das Ergebnis mehrerer mittelalterlicher Katastrophen, die große Landstriche verschlangen – tatsächlich verdankt Amsterdam seinen bedeutenden Hafen dem Umstand, dass sich das Meer Stück für Stück dorthin vorgearbeitet hat. Den Sturmfluten des ausgehenden 14. und beginnenden 15. Jahrhunderts ist dagegen gar nichts abzugewinnen, denn sie waren durch und durch zerstörerisch. 1375, 1404 und 1421 brachen sie über Flandern, Zeeland und Holland herein, die beiden letzten seltsamerweise jeweils am 19. November, weshalb sie nach der heiligen Elisabeth von Thüringen benannt wurden, deren Namenstag an diesem Tag gefeiert wird. Auf eine Art und Weise, die man sich damals nur als Gnade oder Strafe Gottes erklären konnte, blieben manche Dörfer verschont, während andere in den Wassermassen untergingen. Die Wucht der zweiten Flut war so groß, dass die Inseln, die bis dahin in der Scheldemündung gelegen hatten (Überreste des alten Doggerland), in die Nordsee hinausgerissen wurden und für immer verschwanden. Herzog Johann Ohnefurcht befahl daraufhin die Errichtung eines Deichs entlang der Küste südlich der Scheldemündung, von dem Teile bis heute erhalten sind (der *Graaf Jansdijk*). Niemand weiß genau, wie viele Menschen bei diesen drei Sturmfluten ums Leben kamen – insgesamt waren es sicher mehrere Zehntausend. Die letzte große Sturmflut in den Niederlanden, die 1953 auf Zeeland traf und aufgrund der Schäden und des vernachlässigten Zustands der Deiche nach dem Zweiten Weltkrieg mehr als fünfzehnhundert Einwohner der Provinz das Leben kostete, macht deutlich, wie hoch das Risiko zu jeder Zeit gewesen ist. Fast erscheinen all die Festungen, Stadtmauern und sonstigen Bollwerke im restlichen Westeuropa nur wie ein blasser Abglanz jener Bauten von schwindelerregenden Dimensionen, mit denen eine ganze Küstenlinie gegen die See befestigt wird. Ein bis weit ins Hinterland reichendes, schier endloses System aus Schleusen und Deichen reguliert parallel dazu Europas größtes Flussdelta und hält Ströme im Zaum, die in früheren Zeiten durch die Gegend gepeitscht wären wie eine Schlange, die man am Schwanz gepackt hält. Ich weiß noch, dass ich einmal im weit im

Landesinnern gelegenen Zutphen darüber klagte, wie eintönig die Ijssel dort aussehe, im Grunde sei sie nichts weiter als eine überdimensionierte Gosse – doch diese Eintönigkeit dient einem äußerst sinnvollen Zweck.

Der Kühne und der Wahnsinnige

Vor vielen Jahren besuchte ich mit einem Teil meiner Familie das burgundische Städtchen Beaune. Den Nachmittag verbrachten wir im Hôtel-Dieu, einem berückend schönen Hospitalkomplex aus dem 15. Jahrhundert, der von Nicolas Rolin, dem Kanzler Philipps des Guten, und seiner Frau Guigone de Salins gestiftet worden war. Unser Baby bekam an jenem Abend Fieber, und wir mussten mit ihm ins städtische Krankenhaus. Kaum war klar, dass wir Engländer waren, machte das Klinikpersonal sich einen Spaß daraus, so zu tun, als verstünde niemand ein Wort von dem, was wir sagten, obwohl meine Schwester Französisch studiert und mehrere Jahre in Frankreich verbracht hatte. Noch heute erinnere ich mich an den seltsamen Kontrast zwischen meiner Angst um das Baby, dessen Gesicht sich inzwischen dunkelrot verfärbt hatte, und dem grotesken Verhalten des Personals, das unter theatralischen Gesten (Grimassen, weit aufgerissene Augen, langsames Nicken, erhobene Handflächen) nur Bruchstücke von dem herauspickte, was in der Sprache Racines über die Lippen meiner Schwester kam. Gleichzeitig überkommt mich ein Anflug von schlechtem Gewissen, wenn ich daran zurückdenke, wie wütend ich darüber war, dass wir bereits das Jahr 1994 schrieben. Zwischen 1443 und 1980 nämlich hätten wir mit einem kranken Baby auf schnellstem Wege in das magische Hôtel-Dieu eilen können. Wir wären bei Rogier van der Weydens großartigem *Jüngsten Gericht* links abgebogen, durch die Tür getreten, hinter der haubentragende Nonnen Weinmolken zubereiteten und Salben mischten, und dann weiter zu dem herrlichen großen Saal gerannt, dessen Fliesenboden mit der Devise der Rolins geschmückt war: »Du einzige«. Es frustrierte mich, dem zeitlich so nah und doch so fern zu sein – eine jahrhundertealte Institution war ein paar Jahre zu früh geschlossen worden, und jetzt saßen wir in diesem klinisch sauberen modernen Raum, während die Unterhaltung unausweichlich auf das beliebte französische Thema »Rektalzäpfchen« zusteuerte.

Das Hôtel-Dieu in Beaune ist etwas Besonderes, weil die prächtigen Bauten der Burgunder ansonsten weitgehend verschwunden sind. Als Kaiser

Karl V. im 16. Jahrhundert einen Großteil der Territorien der Herzöge erbte, ließ er nicht nur deren Lieblingspalast in Hesdin dem Erdboden gleichmachen, sondern verlegte gleich auch noch die ganze Stadt um mehrere Kilometer. In Brüssel führt eine der kurioseren Besichtigungstouren in die Kellergewölbe unter dem heutigen Königspalast, wo kürzlich die Überreste des alten, 1731 vollständig niedergebrannten Coudenberg-Palasts freigelegt wurden. Die Aula Magna, der große Bankettsaal Herzog Philipps des Guten, einst das prunkvollste Bauwerk Europas, liegt da unten, allerdings nur noch in Gestalt eines Stücks Kachelboden, das in den Keller gefallen sein muss, als das ganze Gebäude einstürzte. Einige der großartigen Kunstwerke, die mit der Herrschaft der Burgunder verbunden sind, blieben bis heute erhalten, dazu ein paar Waffen und einige stark restaurierte Bürgerbauten (die Rathäuser von Löwen, Brüssel und Middelburg), doch im Großen und Ganzen wurde ihre dominante Präsenz entweder durch ihre habsburgischen Nachfolger oder durch zahllose Wellen von Gewalt und schierem Pech erfolgreich ausgelöscht. Trotzdem prägten ihre Taten Europas Zukunft. Noch heute leben wir in einer Welt, die durch ihre Gier, ihr Glück und ihren rücksichtslosen Ehrgeiz gestaltet wurde.

Die vier Herzöge – Philipp der Kühne, Johann Ohnefurcht, Philipp der Gute und Karl der Kühne – herrschten etwas mehr als ein Jahrhundert, von 1363 bis 1477. In vielerlei Hinsicht war ihre Macht reine Illusion, denn sie lag nicht in eigener Stärke begründet, sondern verdankte sich hauptsächlich der Schwäche ihrer Gegner. Deren Tiefpunkt war wohl 1398 erreicht, als Philipp der Gute in Reims einem Treffen des römisch-deutschen Königs Wenzel mit Karl VI. von Frankreich beiwohnte, bei dem Wenzel (dessen Autorität ohnehin kaum über den Stuhl hinausreichte, auf dem er saß) betrunken war und Karl wieder einmal einen Anfall von Wahnsinn erlitt.

Das Reich der Herzöge erstreckte sich in nordsüdlicher Ausdehnung ebenso weit wie das einstige Lotharingien. Obwohl die einzelnen Gebiete, aus denen sich das Herzogtum zusammensetzte, im Laufe der Zeit dem deutschen beziehungsweise dem französischen Einfluss entglitten waren, unterstanden die Burgunder in ihren Territorien als Vasallen auch weiterhin entweder dem deutschen Kaiser oder dem französischen König. Allerdings ignorierten sie diese Verpflichtungen kurzerhand und hielten an der erfolgversprechenden Strategie fest, ihre Rivalen (und nominellen Lehnsherren) einfach weiter in deren Trunksucht und Wahnsinn zu bestärken. Auch die Verwüstung Frankreichs durch englische Truppen kam ihnen sehr gelegen.

Doch kaum hatten sich die beiden Monarchien – im Osten unter den Habsburgern, im Westen unter Karl VII. und Ludwig XI. – wieder gefangen und die Franzosen die Engländer endgültig vertrieben, war der Spaß für die Burgunder vorbei.

Philipp der Kühne, der Erste in der Reihe, war als vierter Sohn König Johanns II. in vielerlei Hinsicht ein ganz gewöhnlicher französischer Prinz. Dass die französischen Monarchen eine übernatürliche Macht und Größe besessen hätten, ist zwar schwer zu glauben, wurde von ihnen aber von jeher behauptet. Nach ihrem Selbstverständnis hatte Gott ihnen die Herrschaft übertragen, und so thronten sie nun im Mittelpunkt eines weiten, komplizierten Netzes aus weltlichen und kirchlichen Beziehungen, über die alles im gesamten Königreich geregelt wurde. Die Dynastie der Kapetinger, die seit 987 auf dem Thron saß, verfügte im Grunde nur über eine einzige Kernkompetenz: die Fähigkeit, mindestens einen Sohn zu zeugen, der das Erwachsenenalter erreichte. Das verlieh ihnen mit der Zeit ein erstaunliches Gewicht, waren sie doch weder ehemalige Wikingerpiraten wie die normannischen Glücksritter in London noch peinliche gewählte Mandatsträger wie der römisch-deutsche König oder der Papst. Nachdem Philipp II. August seine englischen, normannischen, flämischen und deutschen Widersacher 1214 in der Schlacht bei Bouvines Mores gelehrt hatte, bezeichneten er und seine Nachkommen sich nicht mehr als Könige der Franken (was inzwischen doch ein wenig altmodisch und nach Stammesfürstentum klang), sondern als Könige von Frankreich. Die Frage, innerhalb welcher Grenzen dieses »Frankreich« liegen solle, bestimmte von da an die westeuropäische Geschichte – und wurde womöglich erst mit der Rückgabe des Saarlands an die Bundesrepublik 1957 und der Unabhängigkeit Algeriens 1962 endgültig geklärt.

Macht und Prestige der französischen Monarchie führten dazu, dass der Mensch auf dem Thron weit weniger wichtig war als die Funktion des Herrschers. Doch nach einem sensationellen Lauf, bei dem mehr als drei Jahrhunderte lang Sohn auf Sohn gefolgt war, geriet der Motor der Kapetinger ins Stottern. Ludwig X. brachte es 1316 lediglich zu einem Sohn, und dieser Johann I., der erst nach Ludwigs Tod zur Welt kam, starb bereits fünf Tage nach der Geburt. Dadurch verlagerte sich die Nachfolge zurück in die Generation seines Vaters, und Ludwigs ältester Bruder übernahm als Philipp V. das Zepter. Allerdings hatte auch er keine männlichen Nachkommen, woraufhin der nächste Bruder, gleichermaßen ohne Sohn, als Karl IV. in die Bresche sprang. Diese Abfolge extrem kurzer Regierungszeiten (vier Könige in nicht einmal vierzehn Jahren) bedeutete einen höchst verschwenderischen Umgang mit dem heiligen Öl, das der Heilige Geist einst freundlicherweise geliefert hatte, vor allem aber war es eine Katastrophe für die weitere Erbfolge. Denn nach Karls Tod konnte – mit gleichermaßen plausiblen Argumenten auf beiden Seiten – sowohl Philipp von Valois Anspruch auf den Thron erheben (der nächste, wenn auch nicht gerade sehr nahe Verwandte in direkter männlicher Linie) als auch der Sohn Isabellas, der Schwester der drei königlichen Brüder. Dieser war allerdings nicht nur unglücklicherweise der aktuelle König von England, sondern ausgerechnet auch noch der psychopathische Teenager Eduard III. Am Ende trug Philipp den Sieg davon und bestieg als Philipp VI. den Thron. Aber von da an wurde die Debatte um widerstreitende Erbfolgeprinzipien aus der Schublade gekramt, sobald eine der beiden Seiten gerade in der passenden Stimmung war, was letztlich zum Hundertjährigen Krieg, zum finanziellen Ruin Frankreichs und zur endgültigen Vertreibung der Engländer vom Kontinent führte. Offiziell gaben die englischen Könige den Anspruch auf den französischen Thron erst 1802 auf.

Die erste Seeschlacht des Hundertjährigen Krieges, die Schlacht von Sluis im heutigen Seeländisch-Flandern, fand 1340 in einer Bucht statt, in der man heute irritierenderweise festen Ackerboden unter den Füßen hat. Es ist ein äußerst merkwürdiges Gefühl, in einem Bus durch endlose Felder zu fahren und sich dabei vorzustellen, dass hier einst Hunderte Kriegsschiffe voller Bogenschützen gegeneinander kämpften. Die Schlacht endete mit einem derart triumphalen Sieg der Engländer, dass jede Hoffnung der Franzosen auf eine Invasion der Insel dahin war; mindestens sechzehntausend französische Seeleute und Soldaten kamen ums Leben, 190 von 213 Schiffen wurden zerstört oder erobert. 1346 standen sich Engländer und Franzosen in der Schlacht bei Crécy an der Somme erneut gegenüber, und auch diesmal wurden Letztere vernichtend geschlagen (was sich bei der gleichermaßen verheerenden Schlacht von Azincourt 1415 noch einmal auf eigentümliche Weise wiederholen sollte). Der Graf von Flandern wurde ebenso getötet wie der Herzog von Lothringen. Calais fiel an die Engländer und wurde für mehr als zwei Jahrhunderte eine englische Garnison.

Philipp der Kühne, der vierte Sohn König Johanns II. von Frankreich, trat erstmals 1356 bei der Schlacht von Poitiers in Erscheinung, die ebenso katastrophal verlief wie die vorherigen. Tatsächlich endete sie sogar noch schlimmer, denn Johann und der vierzehnjährige Philipp wurden gefangen genommen und Philipp begleitete seinen Vater als Geisel nach London, wo er sich die Zeit beim Schachspiel mit dem Schwarzen Prinzen vertrieb. Nachdem Frankreich im ruinösen Frieden von Brétigny den gesamten Südwesten des Landes vollständig und auf Dauer an England abgetreten hatte, kehrten die beiden nach Frankreich zurück, und der König belehnte Philipp mit dem Herzogtum Burgund, einem großen und reichen Territorium mit der Hauptstadt Dijon. Zeit seines Lebens sah sich Philipp nicht nur mit den erbärmlichen Zuständen in Frankreich konfrontiert, das von bewaffneten Banden und der Pest heimgesucht wurde, sondern auch mit einem verheerenden Mangel an königlicher Autorität, den er geschickt für sich zu nutzen wusste. Er war nie ein großer Feldherr. 1369 sollte er eine Invasion Englands befehligen, doch das Unternehmen scheiterte unter tragikomischen Umständen: Philipp versammelte ein großes Heer und ließ in der Normandie den Bausatz für eine hölzerne Burg anfertigen (mit kilometerlangen Wänden, so die reichlich unglaubwürdige Behauptung). Die Einzelteile wurden auf Schiffen über den Ärmelkanal transportiert, aber eines der Schiffe wurde von den Engländern aufgebracht, und ohne die verlorenen Teile wurde der gigantische Bausatz unbrauchbar. In London rissen die Engländer derweil in Erwartung eines französischen Angriffs Vororte nieder, um ein freies Schussfeld zu schaffen, und riefen den Notstand aus. Doch die Wochen verstrichen, ohne dass etwas geschah. Philipp, der bibbernd im kalten, regnerischen Sluis saß, schaute auf einen immer stürmischeren winterlichen Ärmelkanal hinaus und blies die Invasion schließlich ab. Damit waren die Franzosen für die nächsten Jahre erneut in die Rolle der Verteidiger gedrängt.

Inzwischen kennt kaum noch jemand den Namen Sluis. Ich bin in Kent aufgewachsen, und es kommt mir seltsam vor, in einer niederländischen Kleinstadt zu stehen, die so sehr an Kent erinnert – die gleiche gewundene Hauptstraße, in der die Leute den lieben langen Tag alle möglichen Kleinigkeiten einkaufen, von Weiden gesäumte Gewässer, auf denen Enten schaukeln, und eine ähnliche Vorliebe für Kuchen. Doch was heute ein kleiner Marktflecken im Landesinnern ist, bildete früher den schwer befestigten Zugang zu jenem Fluss, der Brügge zu einem der bedeutendsten Häfen der Welt machte. Man kann es sich heute kaum noch vorstellen, weil der Ort so verschlafen wirkt, seit der Fluss versandete, aber seinerzeit waren Brügge, Gent und Ypern der Motor, der Flandern zu einer der dynamischsten Regionen in ganz Europa werden ließ. Die beste Entscheidung, die Philipp von Burgund in seinem ganzen Leben getroffen hat, war, nach dem überraschenden Tod Philipps von Rouvres dessen erst zwölfjährige Witwe Margarete von

Flandern zu heiraten, die eines Tages die Grafschaft Flandern, die Freigrafschaft Burgund (seit jener Zeit Franche-Comté genannt), das Artois, Nevers und Rethel erben würde. Da Flandern französischer Lehnshoheit unterstand, arrangierte der soeben aus englischer Gefangenschaft entlassene König Johann II. in Windeseile die Hochzeit seines Sohnes mit der künftigen Erbin – wobei er allerdings zunächst durch einige hinterhältige Intrigen beim Papst noch Eduard III. ausstechen musste, der Margarete mit einem seiner eigenen Söhne verheiraten wollte.

In Flandern herrschten zu jener Zeit erbitterte Auseinandersetzungen, die sich vor allem auf Gent konzentrierten, das revolutionäre Kräfte in einen Stadtstaat verwandeln wollten, wie man sie in ganz Europa kannte (beispielsweise die Hansestädte – Heimat der »Oosterlinge«, so der hübsche Name, mit dem flämische Chronisten die Kaufleute der Hanse bezeichneten). Gents Pech war, dass es geografisch gerade noch zu Frankreich gehörte. Hätte die Stadt am anderen Scheldeufer gelegen, wäre sie Teil des Heiligen Römischen Reichs gewesen und hätte sich mehr oder weniger unbehelligt zu einem flämischen Hamburg entwickeln können. So aber riefen Philipp der Kühne und sein Schwiegervater Ludwig von Male ein französisches Heer zu Hilfe, das sich durch die Region nach Norden kämpfte, Ypern und Poperinge einnahm und sogar Brügge gefährlich zu werden drohte. Bei Kämpfen im Waasland entkam ein Teil der Genter Truppen über die Deiche, indem sie mit ihren Piken wie beim Stabhochsprung darüber hinwegsetzten. Als seine Verbündeten nach und nach fielen, blieb Gent nichts anderes übrig, als sich einer offenen Feldschlacht zu stellen, für die städtische Milizen im Allgemeinen schlecht ausgerüstet sind. Ihre Anführer gaben die Parole aus: »Selbst wenn sie alle Flamen hinrichten, werden noch unsere ausgedörrten Gebeine den Kampf fortsetzen.« Im dichten Nebel wurde ihr Heer 1382 in der Schlacht bei Roosebeke nördlich von Passendale vollständig vernichtet. Der englische König – im Geiste auch König von Frankreich –, der Gent Unterstützung zugesagt hatte, sah nun die Gelegenheit gekommen, seine Autorität geltend zu machen. Im darauffolgenden Jahr eroberte ein aus Calais entsandtes englisches Heer Dünkirchen und belagerte anschließend Ypern. Diese Belagerung war eines der größten Desaster der Zeit. Zwar konnte Ypern nicht eingenommen werden, aber die Stadt und ihr gesamtes Umland waren danach in einem solchen Ausmaß verwüstet, dass sie sich nie mehr davon erholten. Ypern, einst so bedeutend wie Gent und Brügge, wurde zu einem unscheinbaren Marktflecken und ist es bis heute geblieben. Zum Abzug zwang die

Engländer schließlich der große Gleichmacher und Zerstörer aller Pläne: die unkontrollierbare Ruhr. Wütend und unter gegenseitigen Beschuldigungen zogen sie sich in einem heillosen Durcheinander erst nach Cassel und dann weiter an die Küste zurück. Und ein englischer Chronist schrieb bedauernd: »Gott hat uns einen Tritt in den Hintern verpasst.«

KAPITEL VIER

Der Furchtlose und der Gute

In vielerlei Hinsicht erinnert der wuchernde burgundische Staat an eine riesige Würgefeige, die sich vom Ärmelkanal bis zu den Alpen um die französischen Grenzen schlingt, Frankreich einzwängt, sich wie ein Parasit von ihm ernährt und – die geografische Unbestimmtheit Lotharingiens nutzend – in sämtliche Zwischenräume vordringt. Sowohl Philipp der Kühne als auch sein Sohn Johann Ohnefurcht waren als Prinzen von Geblüt tief in die verheerenden politischen Entwicklungen Frankreichs verstrickt und betrachteten ihr Eingreifen ganz offensichtlich als Versuch, in Paris wieder für mehr Stabilität zu sorgen. Fatalerweise war es jedoch nicht nur der Krieg gegen die Engländer, der das Königreich zunehmend im Chaos versinken ließ, sondern ebenso die Skrupellosigkeit der Burgunder. Gewaltige Summen aus dem französischen Staatsschatz flossen nach Burgund, allerdings war die persönliche Bereicherung der Herzöge nur ein Teil jener Plünderungen geradezu epischen Ausmaßes, denen der einst bestregierte Staat Europas nun ausgesetzt war.*

Johann Ohnefurcht gelangte schon als junger Mann durch seine Beteiligung am katastrophal verlaufenen Kreuzzug von 1396 zu Ruhm – eine Parodie früherer derartiger Unternehmungen, die oft genug selbst nicht sonderlich erfolgreich verlaufen waren, insbesondere nicht auf dem Balkan. Wie bereits erwähnt, fand Balduin IX., einer von Johanns Vorgängern als Graf von Flandern, dort ein sehr unerfreuliches Ende: 1204 war er als einer der Anführer des Vierten Kreuzzugs in einer prunkvollen Zeremonie in der Hagia Sophia in Konstantinopel zum Lateinischen Kaiser gekrönt worden, doch

* Die Beziehung zwischen der französischen Krone und den Herzögen von Burgund war von Höhen und Tiefen geprägt. Einen dieser Tiefpunkte erlebte sie im August 1414, als Karl VI. Johann Ohnefurcht in Arras belagerte und ihm einen Brief schickte, adressiert an »Johann, den vermeintlichen Herzog von Burgund, zerfressen von glühendem Ehrgeiz und Neid«.

schon ein Jahr später ließ der bulgarische König aus seinem Schädel eine neumodische Trinkschale fertigen. Trotzdem machte sich – aufgeschreckt durch die besorgniserregenden Eroberungen der Osmanen in Südosteuropa – ein großes – wenn auch eindeutig zweitklassiges – Kreuzfahrerheer in der Nachfolge Balduins gen Osten auf, um Bayezid dem Blitz Einhalt zu gebieten. Die Berichte über die Ereignisse sind frustrierend ungenau, vermutlich weil sich die Chronisten nicht allzu lange damit aufhalten, sondern lieber wieder über Erfreulicheres schreiben wollten.

Der Kreuzzug scheint eher leichtfertig organisiert gewesen zu sein, zwischen den einzelnen Truppenteilen herrschte Verwirrung, und es gab keine eindeutige Führung. In der epochalen Schlacht bei Nikopolis wurden die Kreuzfahrer schließlich von Bayezid (von dem die amüsante Aufschneiderei überliefert ist, er werde zu gegebener Zeit »seine Pferde auf dem Altar von Sankt Peter füttern«) niedergemetzelt. Dem französischen Chronisten Froissart zufolge war dieses Desaster allenfalls mit der im *Rolandslied* geschilderten Niederlage gegen die Sarazenen vergleichbar. Johann wurde gefangen genommen und in Gallipoli festgesetzt, wo er sich notgedrungen in Geduld übte, während sein Vater in seinen weitläufigen (wahrscheinlich eher unbeeindruckten) Territorien die gewaltige Lösegeldsumme von zweihunderttausend Dukaten einsammelte. Überdies umschmeichelte er Bayezid mit Geschenken, darunter zwölf herrliche weiße Streitrösser samt Pferdeknechten in farblich passender Livree (wie sich das weitere Leben dieser Pferdeknechte gestaltete, bleibt eines der zahlreichen Rätsel der Vergangenheit).

Im weiteren Verlauf seines von Krieg und Gewalt geprägten Lebens beschränkte sich Johann nicht auf die Verwaltung seines riesigen Erbes, sondern mischte sich immer wieder in die Angelegenheiten Frankreichs ein, dessen unglücklicher, aber nichtsdestoweniger langlebiger König Karl VI. behauptete, er heiße in Wirklichkeit Georg, außerdem heulte er wie ein Wolf und lebte in dem Wahn, sein Körper sei aus Glas. In dieser Phase stand Frankreich kurz vor dem endgültigen Auseinanderbrechen. Als sei es nicht genug, dass englische Truppen marodierend durchs Land zogen, drohten nun auch noch die bewaffneten Auseinandersetzungen zwischen Johanns Anhängern (den *Bourguignons*) und den Parteigängern Ludwigs von Orléans, des jüngeren Bruders des Königs (den *Orléanisten*, später auch *Armagnacs* genannt), das Reich zu zerreißen. Johann heuerte gedungene Mörder an und ließ Ludwig 1407 in Paris auf offener Straße umbringen – ein nahezu beispielloser Verstoß gegen die guten Sitten.

Der endgültige Todesstoß für ein gedeihliches Miteinander war schließlich die Ankunft Heinrichs V., der die Schlacht von Azincourt 1415 zum Teil auch deswegen für sich entscheiden konnte, weil Johann seine eigenen Truppen zurückhielt, sodass im Kampf gegen die Engländer hauptsächlich Armagnacs ums Leben kamen (immerhin fiel auch einer von Johanns Brüdern). 1419 wurde Johann selbst bei einem als diplomatischer Austausch von Höflichkeiten getarnten Treffen auf Veranlassung des französischen Thronfolgers auf der Brücke von Montereau ermordet. Durch diese Abfolge von Ereignissen wandelte sich Burgund über die Jahre von der schlichten, wenn auch lukrativen Apanage eines französischen Prinzen zu einem eigenen Staat. Johann Ohnefurchts Ermordung bewog seinen Sohn und Erben Philipp den Guten endgültig zum Bruch mit Frankreich und zum Abschluss eines Bündnisses mit England. Niemandem, der mit dem Mord an seinem Vater in Verbindung stand, hat er jemals verziehen – nicht dem König und erst recht nicht dem jungen Dauphin, der 1422 als Karl VII. den Thron bestieg, nachdem sein unglückseliger heulender Vater schließlich doch noch gestorben war. Anders als sein Vater und Großvater hielt sich Philipp der Gute kaum in Paris auf. Während seiner langen Herrschaft pendelte er vielmehr unablässig zwischen seinen Höfen in Brügge, Lille, Dijon, Hesdin, Den Haag und vor allem Brüssel hin und her, der Hauptstadt des Herzogtums Brabant, das er 1430 geerbt hatte.

Je länger Philipp regierte, desto stärker bildete sich Burgund als eigenständiges Reich heraus. Ich vermute, er erhielt den Beinamen »der Gute« nicht, weil er »gut« im moralischen Sinne war, sondern weil er seinen Job ziemlich gut machte. Er führte erbitterte Kriege und scheint in vielerlei Hinsicht genauso niederträchtig und zynisch gewesen zu sein wie sein Vater und später sein Sohn Karl der Kühne. Er verleibte sich eine Reihe weiterer Territorien ein, wobei der Kauf der alten Markgrafschaft Namur in dieser Geschichte wohl das unritterlichste Kapitel gewesen sein dürfte. In Namur herrschte ein Nebenzweig des Hauses Dampierre, dessen Aussterben Philipps Großvater einst die Grafschaft Flandern eingebracht hatte. Da der Markgraf von Namur keine Nachkommen hatte, verkaufte er Philipp das Erbrecht und finanzierte mit dem Erlös seinen extravaganten Lebensstil. So waren ihm noch einige ausgesprochen angenehme Jahre beschieden, bevor ihn der Tod ereilte. Sehr viel ernster und folgenreicher verlief dagegen Philipps langjähriger Krieg gegen die bemerkenswerte Jakobäa von Straubing-Holland.

1417 starb Jakobäas Vater Wilhelm, unter anderem Graf von Holland, Zeeland und Hennegau, an einem Hundebiss. Sowohl Johann Ohnefurcht als auch Philipp der Gute waren seit Langem in die Angelegenheiten dieser Grafschaften verstrickt, da Johann mit Wilhelms Schwester Margarete verheiratet war, Wilhelm wiederum mit Johanns Schwester, die verwirrenderweise ebenfalls Margarete hieß. Die wichtigste Schlacht seiner gesamten Herrschaft schlug Johann Ohnefurcht für den jüngeren Bruder seiner Frau und seines Schwagers – ebenfalls ein Johann (allerdings von Bayern) und Fürstbischof von Lüttich, einem großen geistlichen Territorium, das wie ein Keil die südlichen Niederlande durchschnitt. Als Johanns (des Fürstbischofs) rebellische Untertanen sich gegen ihn erhoben, wurde der Aufstand in der blutigen Schlacht von Othée niedergeschlagen. Die weltlichen Rädelsführer wurden hingerichtet und die kirchlichen Anführer ertränkt, da das Blut von Kirchenmännern nicht vergossen werden durfte. In der komplizierten Beziehung zwischen den ungleichen Geschwistern Margarete und Wilhelm hätte es aus vielerlei Gründen zum Bruch kommen können. Am Ende erfolgte er, weil Margarete einen Sohn zur Welt brachte (Philipp den Guten), Wilhelm hingegen nur eine Tochter hatte, besagte Jakobäa. Nach Wilhelms unseligem Zusammenstoß mit dem wild gewordenen Haustier ließ Johann von Bayern Kirche Kirche sein, übernahm den Grafentitel und suchte sich schleunigst eine Ehefrau, um nun seinerseits einen Erben zu zeugen, allerdings ohne Erfolg.

Johanns Nichte Jakobäa heiratete unterdessen 1418 Johann IV. von Brabant, dessen Vater, Johann Ohnefurchts Bruder Anton, in der Schlacht von Azincourt ums Leben gekommen war. Als das Herzogtum nach Antons Tod an seinen Sohn Johann IV. fiel, war dieser unglücklicherweise erst fünfzehn Jahre alt und – dem einzigen erhaltenen Bildnis zufolge – ein ziemlicher Schwächling. Jedenfalls war er nicht in der Lage, Jakobäas Erbe zu schützen, was er eigentlich hätte tun sollen, weshalb Jakobäa schon bald die Geduld mit ihm verlor und mit ihrer Mutter nach Brüssel und von dort weiter nach London floh. Nachdem sie einen hilfsbereiten, allerdings weithin ignorierten und in finanziellen Nöten steckenden Gegenpapst dazu gebracht hatte, ihre Ehe mit Johann IV. zu annullieren, heiratete sie den jüngeren Bruder des englischen Königs Heinrich V., Humphrey, Herzog von Gloucester. All das wirft kein besonders gutes Licht auf irgendeinen der Beteiligten. Als Johann von Bayern schließlich erkannte, dass das Spiel verloren war und seine Abkehr vom Kirchenamt sowie die darauffolgende Heirat alle nur unnötig Zeit gekostet hatte, ernannte er Philipp den Guten zu seinem Erben. Kurz darauf wurde er in Den Haag mittels eines vergifteten Gebetbuchs ermordet (das 15. Jahrhundert bleibt in dieser Hinsicht einfach unübertroffen!). Herzog Humphrey und Jakobäa saßen derweil in Mons, bis sich Humphrey – es ist beinahe zu absurd, um es aufzuschreiben – eine von Jakobäas Hofdamen schnappte und mit ihr nach England durchbrannte. Jakobäa selbst wurde in Gent unter Hausarrest gestellt, doch ihr gelang (als Mann verkleidet) die Flucht nach Antwerpen und weiter nach Gouda, wo sie ihre Unterstützer um sich scharte.

Es folgte ein langer, brutaler Krieg zwischen Jakobäas Anhängern und denen Philipps des Guten, in dessen Verlauf (1425–1428) ein Großteil der nördlichen Niederlande verwüstet wurde. Die einzelnen Städte kämpften dabei auf unterschiedlichen Seiten, Rotterdam und Leiden etwa unterstützten Philipps Anspruch. Am Ende gestand Jakobäa Philipp im weitreichenden Delfter Versöhnungsvertrag zu, ihre Territorien zu verwalten und letztlich zu erben, sollte sie kinderlos sterben. Sie behielt zwar ihre Titel, zog sich aber ins Privatleben zurück. Als Nächstes schaltete sich 1428 der rechtmäßige Papst ein und erklärte, Jakobäas erste Ehe sei immer noch gültig. Da der bedauernswerte Johann IV. bereits im Jahr zuvor verstorben war, hatte diese Entscheidung allerdings keine nennenswerten Auswirkungen, abgesehen davon, dass Humphrey nun seine Hofdame heiraten konnte (von der sich später herausstellen sollte, dass sie eine Hexe war). Auch Jakobäa heiratete ein weiteres Mal, starb jedoch bereits mit fünfunddreißig Jahren nach einem ungewöhnlich interessanten und ereignisreichen Leben, ohne einen Erben zur Welt gebracht zu haben.

Ich bitte um Entschuldigung für diese verwirrende Flut von Namen und Ereignissen (im Theater könnte man das sehr schön als turbulente Farce, etwa im Stil von Ray Cooneys *Doppelt leben hält besser* oder *Nicht jetzt, Liebling*, darstellen), aber in diesem Strudel individueller Lüste, Begierden und Fehleinschätzungen liegt der Ursprung künftiger Nationen. Eine Reihe von Gebieten, die zuvor gewöhnliche Territorien im Nordwesten des Heiligen Römischen Reichs gewesen waren, wurden ungeachtet der Proteste des machtlosen Kaisers Sigismund aus diesem Einflussbereich herausgelöst. Bis zu seinem Tod 1467 gelang es Philipp, sowohl Frankreich umfangreiche Territorien zu entreißen (hauptsächlich Burgund, Flandern, das Artois, Boulogne, das Vermandois, Ponthieu und die Picardie) als auch dem Heiligen Römischen Reich (Zeeland, Brabant, Holland, Hennegau, Namur, Limburg, die Franche-Comté und Luxemburg – ein weiterer Coup, auf den ich leider an dieser Stelle nicht auch noch eingehen kann, aber es ist eine wirklich schöne Anekdote, und ich empfehle Ihnen, sie nachzulesen*).

Eine weitere bedeutende Entwicklung vollzog sich weiter südlich. Dies ist nicht der passende Moment, in die typisch lotharingische Problematik des Herzogtums Bar einzutauchen, das von der Maas in zwei Teile zerschnitten wurde, von denen der eine (mit dem hübschen Namen »Barrois mouvant«, bewegliches Bar) Frankreich Lehnstreue schuldete, der andere (»Barrois non mouvant«, das unbewegliche Bar) dem Heiligen Römischen Reich. Was das Herzogtum Bar an dieser Stelle allerdings relevant macht, ist die Tatsache, dass nur ein paar Meter hinter der Grenze zum französischen Teil des Herzogtums im Jahr 1412 Johanna von Orléans geboren wurde, jene Frau, die innerhalb kürzester Zeit die Position des ungekrönten Königs Karl VII. von Frankreich grundlegend veränderte. Inspiriert durch eine Reihe von Visionen, beflügelte Johanna die französischen Truppen auf eine Weise, wie wir es heute kaum mehr nachvollziehen können, und durchkreuzte so die Pläne der Engländer und Burgunder, Frankreich unter sich aufzuteilen. Nachdem sie noch an Karls triumphaler Krönung teilgenommen hatte, wurde sie von burgundischen Soldaten gefangen genommen und den Engländern ausgeliefert, die die Neunzehnjährige 1431 als Hexe verbrannten. Wie über Jakobäa von Bayern, die wenige Jahre später starb, wissen wir im Grunde auch über sie frustrierend wenig. Die Protagonisten jener Zeit bleiben alle auf ihre Art schemenhaft, denn sie lebten kurz vor jener entscheidenden Wende, als der große französische Geschichtsschreiber Philippe de Commynes mit seinen lebendigen und psychologisch komplexen Schilderungen der nächsten Generation politischer Akteure die historische Darstellung revolutionierte.

Mit List und Schmeicheleien legte Philipp der Gute unterdessen eine Reihe dynastischer Zeitbomben – Arrangements, dank derer er oder seine Nachfolger beim Tod bestimmter Personen Territorien erben würden, auf

* Ich kann es einfach nicht weglassen, es wäre zu grausam: Luxemburg wurde dank eines speziellen *escaladeur* eingenommen, eines Kletterers, der mithilfe einer aus Seide und Haken gefertigten Sturmleiter die Stadtmauer erklomm. Er entdeckte ein unbewachtes kleines Gittertor und kehrte in der dunkelsten Nacht des Jahres mit hundert barfüßigen, sorgfältig ausgewählten Männern zurück. Sie waren lediglich mit Dolchen, Brustpanzern und einer riesigen Zange ausgerüstet, deren Griffe zwölf Fuß lang waren. Damit knipsten sie die Gitterstäbe und Schlösser des Tores auf, und die Stadt fiel beinahe ohne Blutvergießen in burgundische Hände. So!

die sie streng genommen keinerlei Anspruch hatten. Aus den erhaltenen Chroniken geht hervor, dass weder ihm noch seinem Sohn Karl dem Kühnen das wahre Ausmaß der Unversöhnlichkeit ihrer Gegner – des Königs von Frankreich und des deutschen Kaisers – bewusst war. Dabei waren sie in eine große, sich stetig weiter auftürmende Wolke aus Feindseligkeit gehüllt, die sich erst mit dem Sturz ihrer Dynastie auflösen sollte.

Von Johanna wachgerüttelt, war Karl VII. in seine nun wieder sichere Hauptstadt zurückgekehrt, die sich allmählich von den Schrecken der vergangenen Jahre erholte. Mit einem Selbstvertrauen, das dem Philipps in nichts nachstand, zweifelte er nicht daran, dass es ihm langfristig gelingen würde, die Eindringlinge zu vertreiben, die seine Territorien noch immer besetzt hielten. Sein Sohn Ludwig XI., einer der größten französischen Könige aller Zeiten, sollte, was Heimtücke und Gerissenheit anging, noch in einer ganz anderen Liga spielen als Philipp und Karl. Die zweite schlechte Nachricht für die Burgunder war die Wahl Friedrichs von Habsburg zum neuen deutschen Kaiser. Friedrich III. war mitunter von einer gleichsam murmeltierhaften Lethargie, doch mit seinem Erbe verfügte er über eine weit schlagkräftigere Hausmacht als sein schwacher Vorgänger Sigismund. Dank der Verbindungen und Besitzungen seiner Familie im südlichen Teil des Heiligen Römischen Reichs und über dessen Grenzen hinaus war er um ein Vielfaches mächtiger als Sigismund, und auch er blickte mit kühlem Missfallen auf die Burgunder.

Die sich nun entfaltende Tragödie hatte nicht unbedingt damit zu tun, dass Karl der Kühne 1467 das Herzogtum erbte, sondern eher mit dem Ausmaß, in dem er und seine Vorgänger die Autonomie ihrer nördlichen Besitztümer zerstört hatten. Die Niederschlagung des Lütticher Aufstands durch Johann Ohnefurcht, die wiederholte Verwüstung Flanderns durch Burgunder, Franzosen und Engländer und das Erlöschen oder die Vertreibung der alten regionalen Dynastien hatten dazu geführt, dass die Einwohner von Gent und Antwerpen, Leiden und Mons, Luxemburg und Maastricht nicht einen Hauch ihrer früheren Selbstbestimmung hatten wahren können. Der Stolz auf die bürgerliche Welt der Tuchstädte und der ausgeprägte Drang jener Zeit, große städtische Bauten zu errichten – etwa die Rathäuser von Arras, Löwen und Brüssel –, half den Menschen wenig, wenn ihr Schicksal einzig und allein vom Überleben des gnadenlosen Herzogs abhing. Denn Karl der Kühne hatte nur ein Kind, und das war eine Tochter. Zu schade, dass Jakobäa von Bayern nicht mehr lebte und sich an dieser Wendung des Schicksals erfreuen konnte.

Betnüsse

Ich bin in spiritueller Hinsicht von jeher zwiegespalten. Meine Eltern waren Katholiken, und ich wurde katholisch erzogen, besuchte aber seit meiner frühesten Kindheit protestantische Schulen. Ich kann nicht beschwören, dass ich anfangs den Unterschied bemerkte, aber mit der Zeit erkannte ich, dass es sich um zwei Glaubensrichtungen mit sehr unterschiedlichem Charakter handelt. Diese ungewöhnliche religiöse Prägung wirkt bis heute nach und beeinflusst auf interessante Weise meine Haltung zu Geschichte, Kultur und dem Schreiben. Ein Großteil dieses Buchs beschäftigt sich mehr oder weniger unterschwellig mit dem Thema Religion – aus dem einleuchtenden Grund, dass die Geschichte Lotharingiens seit der Reformation die Geschichte eines religiösen Flickenteppichs war. Meine eigenen Sympathien schwanken jämmerlich, je nachdem, wo ich mich gerade befinde. Wenn ich eine der großen reformierten Hallenkirchen des Gelderlands besuche, deren einziger Schmuck in der Gestaltung der Schrift in der Agende besteht, schrecke ich als Katholik zurück: oh, Hochmut der Menschen, Sackgasse des reinen Wortes, so öd und freudlos! Betrete ich hingegen eine barocke katholische Kirche im Rheinland, eine Explosion aus zuckrigem Stuck, Gemälden von gemarterten Heiligen und schluchzenden Gottesmüttern, schreckt der Protestant in mir zurück: oh, diese maßlose Emotionalität, dieses inhaltsleere Getöse einer schlichten, plakativen Religion, man kommt sich ja vor wie auf den Philippinen! Natürlich sind beide Reaktionen kindisch, seltsam unreflektiert und im Grunde gar nicht böse gemeint. Aber durch die Eigenart in meiner Erziehung bin ich fasziniert und angewidert zugleich von jenem großen Schisma, das unseren Teil Europas seit fünfhundert Jahren entzweit – mich berührt eine alte Lutherbibel genauso wie ein spektakulärer Rubens. Wenn ich mir die außergewöhnliche Begegnung zwischen dem jungen Kaiser Karl V. und Martin Luther in Worms vorstelle, kann ich mich einfach nicht entscheiden, auf wessen Seite ich mich schlagen soll. Der Bildersturm, der in den 1560er Jahren in Flandern und den Niederlanden wütete, war eine kulturelle und spirituelle Katastrophe, aber auch ein willkommenes Großreinemachen.

Ich will durchaus nicht andeuten, dass mein innerer Zwiespalt mir tiefere Einblicke in jene religiösen Auseinandersetzungen ermöglicht, die in unregelmäßigen Abständen die Region verwüsteten, aber zumindest kann ich von mir behaupten, dass ich auf eigentümliche Weise beide Seiten in mir trage.

Beide begeistern und empören mich gleichermaßen, und so gibt es in diesem Buch keinerlei implizite Ebene, auf der der Triumph der einen oder anderen Seite als wünschenswerter, angemessener oder fortschrittlicher erachtet würde. Allenfalls liegt hier so etwas wie ein Anti-Buch zu Max Webers *Protestantischer Ethik* vor, da Lotharingien eine Art großes Labor ist, in dem jede spezifische Verbindung zwischen Protestantismus und Kapitalismus experimentell widerlegt wird: Am Ende strotzt die gesamte Region von durch und durch katholischen Schornsteinen und katholischer Industrie. Und selbstverständlich steht dieses chaotische Wirrwarr unterschiedlichster religiöser Strömungen im Zentrum meiner These, dass hier eine natürliche, begrüßenswerte Bruchlinie verläuft, die tiefgreifende Auswirkungen auf die europäische Geschichte hatte.

Bei Reisen durch die Niederlande, Flandern und das Rheinland bleibt dem Betrachter kaum verborgen, dass es sich um eine religiöse Landschaft mit zahlreichen Narben handelt und dass es vor den sehr viel später erfolgten Zerstörungen durch ideologische und physische Einflüsse eine Zeit gab, in der ganze Stadtsilhouetten, von ihren Sakralbauten beherrscht, miteinander im Wettstreit lagen. Als Engländer, in dessen Heimat noch viele der großen alten Kirchen stehen – allerdings ohne die Gemälde und die sonstige Ausstattung, die während der Reformation größtenteils verbrannt oder eingeschmolzen wurden –, schwelge ich jedes Mal aufs Neue in der reichen, wunderschönen Vielfalt des Kontinents. Wenige Minuten Zugfahrt trennen die weiß verputzte Nüchternheit Dordrechts von den beinahe übertrieben kitschigen Exzessen Antwerpens. Nur eine triste, eintönige Busfahrt liegt zwischen der einstigen calvinistischen Hochburg Heidelberg und der alten katholischen Hochburg Speyer.

Immer wieder aufs Neue mit verschiedenen religiösen Ausrichtungen konfrontiert zu werden, ist eine äußerst stimulierende Erfahrung. Ihre geografische Verteilung ist das Ergebnis erbitterter Kämpfe, deren Schärfe im Wesentlichen (wenn auch nicht ausschließlich) daher rührt, dass das Allerwichtigste auf dem Spiel stand – der Zugang zum Leben nach dem Tod. Die Linie, die man durch die Region unmittelbar nördlich der belgischen Grenze ziehen kann, markiert – aus katholischer Sicht – das tragische Ende der Bemühungen um eine Ausmerzung der Häresie. Ganze Generationen hatten sich dieser Aufgabe verschrieben, bis sie zugunsten schändlicher Realpolitik aufgegeben wurde. Vom niederländisch-protestantischen Standpunkt aus betrachtet wurde hier dank des siegreichen Kampfes mehrerer Generationen der unerbittliche Strom der römischen Lava zum Stillstand gebracht, sodass die Reformierte Kirche überleben konnte.

Die eigentlichen Ursprünge der Reformation liegen weiter im Osten, wo Luther seinen großen Auftritt hatte. Aber dank der katholischen Kontinuität jener Region wurden dort zahllose Schätze weiterhin verehrt, die andernorts verbrannt worden wären. In Gent etwa loderten während des Bildersturms die Flammen der Scheiterhaufen, auf denen Gemälde, Altäre, Wandbehänge, Skulpturen und weiterer Kirchenschmuck verbrannt wurden, so hoch, dass sie noch in fünfzehn Kilometern Entfernung zu sehen waren. Innerhalb kürzester Zeit wurde so ein enormer Teil der westeuropäischen Kunst mehrerer Jahrhunderte vernichtet. Van Eycks *Anbetung des Lamms* entging diesem Inferno nur, weil man die einzelnen Altarbilder auseinandergenommen und in den Kirchturm hinaufgeschafft hatte. Bei einem zweiten Ausbruch ikonoklastischer Zerstörungswut wurde der Altar von einer bewaffneten Wache geschützt.

Dass Teile der Niederlande später unter den Spaniern mit Gewalt erneut zum Katholizismus bekehrt wurden, erwies sich für Künstler wie Rubens nachgerade als Geschenk des Himmels, brauchte man nun doch wieder frischen Bilderschmuck. Die Flut neuer religiöser Kunstwerke muss einen gewaltigen Einfluss auf die Wirtschaft der Spanischen Niederlande gehabt haben. Andere Regionen blieben von der Notwendigkeit verschont, da sie dauerhaft katholisch waren, dafür hatten dort Kriege verheerende Auswirkungen. So wissen wir beispielsweise so gut wie nichts über die Künstler der Kölner Malerschule, da deren Namen im Laufe der Jahrhunderte und Katastrophen verloren gingen, was zu einem (in kunsthistorischen Begriffen) frustrierenden Mangel an Narrativ und Dramatik führte – sie hatten einfach keinen Vasari. Die einzige Ausnahme ist Stefan Lochner, und auch ihn können wir nur deshalb mit einigen Bildern in Verbindung bringen, weil Dürer ihn an einer Stelle in seinem Tagebuch erwähnt: Er bezahlte eine Gebühr, damit Lochners Triptychon im Dom für ihn geöffnet wurde. Dank dieser einen flüchtigen Bemerkung tritt ein individueller Mensch einen Schritt aus dem Dunkel hervor.

Es gibt ein Gemälde von Lochner, das mich seit Jahren nicht loslässt, nämlich die in den 1440er Jahren entstandene *Madonna im Rosenhag*, ein winziges Tafelbild mit derart intensiven, satten Farben und präzisen Miniaturendarstellungen, dass es gewöhnliche Menschenaugen schmerzt – das Bild scheint für Wesen mit einem anderen Sehvermögen geschaffen worden zu sein. Das Jesuskind erinnert ein wenig an eine Plastikpuppe mit beweglichen Gliedern, aber alles andere, von Marias Antlitz und Krone bis hin zu dem Obst und den Musikinstrumenten in den Händen der sie umgebenden Engel, ist absolut perfekt – Kunst in höchster Vollendung.

Dieses Bild ist so berührend, weil es unverkennbar der privaten Glaubensausübung diente. In den Museen der Region finden sich überall Objekte wie dieses, die ohne Frage katholisch sind, aber keines vermittelnden Priesters bedürfen. In den meisten Häusern standen kleine Altäre, und ein schlichtes Kreuz und einen Platz zum Niederknien konnte sich jeder leisten. Das Besondere an diesem Gemälde ist die Rosenlaube, ein privater, symbolischer Garten fernab des feierlichen, öffentlichen Zeremoniells einer Messe. Die extremste Ausprägung dieser intimen Form der Einkehr war die im frühen 16. Jahrhundert aufflammende Mode der flämischen Betnüsse – walnussgroße hölzerne Kugeln, die, wenn man sie aufklappte, minutiös geschnitzte Kreuzigungsszenen mit zahlreichen expressiven Figuren in der Größe eines Reiskorns offenbarten. Diese gleichermaßen meisterhaften wie verstörenden Objekte, deren Schöpfer möglicherweise mit Bedacht anonym blieben, waren gewissermaßen der Inbegriff eines Tragaltars und dienten nicht der kollektiven, sondern vielmehr einer individuellen Glaubenserfahrung. Tatsächlich konnte selbst der unmittelbare Betrachter ihre Details kaum richtig erkennen, und erst heute kommen sie dank der digitalen Technologie des 21. Jahrhunderts vollends zur Geltung.

Worauf ich hinauswill, ohne noch endlos Beispiele aneinanderzureihen, ist, dass die Welt des Gebets im Großen und Ganzen stets privat, gelegentlich auch exzentrisch, aber auf jeden Fall immer eine persönliche Angelegenheit war. Vor van Eycks *Madonna des Kanzlers Nicolas Rolin* scheint einst nur Nicolas Rolin selbst gebetet zu haben – es hat also fast etwas Voyeuristisches, wenn wir das Gemälde heute im Louvre betrachten. Diese Kluft zwischen öffentlicher Andacht und privatem Gebet war schon immer potenziell problematisch, selbst hinter Klostermauern. Jedes Kloster war ein Schlachtfeld, auf dem sich der einzelne Mönch dem Bösen stellte und es – sowohl um seiner eigenen Erlösung willen als auch im Dienste der gesamten Menschheit – zu besiegen suchte. Dieser Kampf wurde in endlosen gemeinsamen Gebeten ausgefochten, aber genauso erbittert in individuellen Andachtsübungen. (Nur als Einschub zu diesem Thema: In London existiert noch heute ein sehr kleines Kloster, dessen Nonnen für die Sicherheit der Londoner Bürger beten, die sich nachts im Freien aufhalten. Und so wird hoch über den Köpfen der

Menschen, deren turbulentes Treiben am Piccadilly Circus vornehmlich ums Trinken und Übergeben kreist, einer uralten Tradition folgend noch immer ein unsichtbarer spiritueller Streit geführt.)

Die Rosenlaube ist ein wichtiges Element in Lochners Gemälde, und auch sonst begegnet uns das Bild des Gartens als privater spiritueller Raum immer wieder – unverkennbar in den Kreuzgängen und Kräutergärten der Klöster, aber auch auf zahllosen ähnlichen Gemälden, die die Verehrung Mariens mit einer Laube oder einem ummauerten, mit symbolischen Blumen bepflanzten Garten verknüpfen. Darauf wiederum sind die bis heute im Dunkeln liegenden Ursprünge des Rosenkranzes zurückzuführen, der möglicherweise Ende des 15. Jahrhunderts in Douai oder Zwolle erstmals gebetet wurde. Diese ganze Welt individuellen spirituellen Ringens und Flehens war durch und durch katholisch, und doch entzog sie sich zwangsläufig der Kontrolle der Priester. Über Jahrhunderte schien die Kirche dieses Problem im Griff zu haben, aber in Wahrheit war es stets präsent: Wie der einzelne Mönch oder Priester seine persönliche Zwiesprache mit Gott gestaltete, war nicht zu überwachen. Das Beginenwesen, eine der bemerkenswertesten und zudem äußerst langlebigen Formen institutioneller Gemeinschaft, hat in Belgien und den Niederlanden wunderschöne Gebäudekomplexe hinterlassen. Dort konnten sich Männer oder Frauen von der Welt zurückziehen und den Rest ihres Lebens dem Gebet widmen, ohne dazu in einen Orden eintreten zu müssen. In den Beginenhöfen von Breda oder Brügge hat bis heute die Vorstellung von einer perfekten Gemeinschaft überdauert – häufig um ideale Gärten konzentriert, die den Beginen neben Nahrung und gesunder körperlicher Betätigung auch jene Blumen lieferten, die (wie bei Lochner) mit bestimmten Heiligen verbunden waren. Wie sehr sich die offizielle katholische Kirche auch bemühte, die Reinheit der Lehre zu gewährleisten – denn dieses galt als wesentliche Voraussetzung für den Zugang zum Jenseits –, gelang ihr dies nicht durchgängig, und zwar nicht nur, weil ein Großteil des menschlichen Lebens offenkundig aus einer Parade der Sieben Todsünden besteht, sondern vor allem weil private Gedanken und Ideen schlicht nicht zu kontrollieren sind. In mehreren niederländischen Städten entwickelte sich so schon lange vor Luther eine ernst zu nehmende Herausforderung für den Katholizismus.

Ein Rat von Mehmed dem Eroberer

Die meisten Zeugnisse von Glamour und Stil der Burgunder fielen Unglücken, Rachsucht oder sich verändernden Moden zum Opfer. So wissen wir beispielsweise, dass Philipp der Gute allein in Brügge fünfzehn Goldschmiede finanzierte, doch nur ein einziges Exemplar ihrer Arbeiten blieb bis heute erhalten. Im Gegenzug kennen wir viele von Philipps Manuskripten – vermutlich deshalb, weil man Papier nicht einschmelzen und zu Geld machen kann. Wir wissen auch, dass Philipp 1425 zur Vorbereitung auf einen geplanten und schließlich doch wieder abgesagten Zweikampf mit Jakobäas Ehemann Humphrey, dem Herzog von Gloucester, hundertachtzig Künstler – darunter zahlreiche Stickerinnen – mit der Anfertigung einer angemessen dramatischen Ausstattung für seine Pferde und seine prächtigen Zelte beauftragte. Doch nichts von dieser gewaltigen und letztlich unnötigen Produktion hat die Zeiten überdauert, auch nicht die Automaten, für die sich die Herzöge begeisterten und über deren Funktionsweise wir heute nur Vermutungen anstellen können. Von Natur aus vergänglicher waren die gigantischen Schneeskulpturen, die im bitterkalten Winter 1434/35 auf den beiden großen Plätzen der Stadt Arras errichtet wurden und die unter anderem die Sieben Schläfer von Ephesus, einen Totentanz und Johanna von Orléans darstellten. Aber auch die meisten im Norden des Reichs gelegenen Paläste der Herzöge wurden zerstört bis auf jenen Überrest in Lille, in dem heute das Tourismusbüro untergebracht ist. Ihre Burg in Gent steht zwar noch, wurde aber so rücksichtslos restauriert, dass sie inzwischen eher wie eine Spielzeugburg aussieht. Zumindest blieb Philipps Audienzhalle (wenn auch ohne ihre ursprüngliche Ausstattung) erhalten heute ein ungemein beeindruckender Andenkenshop.

Da die meisten Kunstwerke der Region im 16. Jahrhundert im Zuge des Bildersturms zerstört wurden, stellt eine äußerst kunstvoll ausgeführte, kostbare Votivgabe Karls des Kühnen für die Lambertuskathedrale in Lüttich eine seltene Ausnahme dar. Das Reliquiar besteht aus einer goldenen Karlsfigur, die eine gläserne Phiole mit einem Finger des heiligen Lambertus hält. Hinter ihr steht ein goldener heiliger Georg, der mit der einen Hand seinen Helm lüftet, während die andere bestärkend auf Karls Rücken liegt. Unwillkürlich beschleicht einen der Wunsch, mit einer Zeitmaschine ins 15. Jahrhundert zurückzureisen und zu schauen, ob man Karls Reliquiar nicht gegen etwas Ansehnlicheres eintauschen könne, denn es hat etwas unbestreitbar Jeff-Koons-Artiges an sich, was es schwer macht, sich damit anzufreunden.

Der Lieblingspalast der Herzöge lag in Hesdin in der Grafschaft Artois. Er verfügte über herrliche Installationen zur Belustigung der Gäste: Sie erzeugten verborgene Stimmen, versprühten Wasser und ließen Schnee rieseln. Es gab eine Falltür, durch die Besucher in große Federhaufen fielen, und es waren Leitungen verlegt worden, um Frauen »von unten« nass spritzen zu können. Es gab die bereits erwähnten mysteriösen, aber zweifellos faszinierenden Automaten und einen märchenhaften, der Geschichte von Jason und dem Goldenen Vlies gewidmeten Raum (zur Feier des von Philipp dem Guten gestifteten Ritterordens), den der berühmte Buchdrucker William Caxton während seiner Brügger Jahre sah und den er als »kunstvoll und wundersamlich ausgemalt« beschrieb. Nicht zuletzt war der Hof der Burgunderherzöge berühmt für einen besonderen Tanz, die »moresca«, aber wir haben weder eine Vorstellung davon, wie er getanzt wurde, noch von der dazugehörigen Musik. Da der Palast mitsamt seinen Befestigungen von Kaiser Karl V. dem Erdboden gleichgemacht wurde, sind heute von dem Bauwerk keine Spuren mehr vorhanden.

Was allerdings in großer Zahl erhalten blieb, sind Bildteppiche, deren Schönheit und Komplexität zur Zeit der Herzöge einen Höhepunkt erreichte, während die Darstellung nach ihrer Herrschaft wieder statischer und banaler wurde. Die Tapisserien entwickelten sich zum Inbegriff der flämischen und Brabanter Kunst. Diese inzwischen erschreckend ausgebleichten Stücke sind extrem schwer und eigneten sich daher schlecht als Beute – hinzu kommt, dass der Kreis der potenziellen Käufer, die sich in der Öffentlichkeit mit Herkules oder Alexander dem Großen vergleichen wollten, schon immer klein und eng umrissen war. Im Musée de la Tapisserie in Tournai sind einige wunderschöne, bizarre Exemplare ausgestellt, die Pasquier Grenier zugeschrieben werden, dem Bildwirker und Hoflieferanten Philipps des Guten. Die eigentümliche Art und Weise, in der sie eine Geschichte ohne jede Rücksicht auf zeitliche Abfolge oder reale Größenverhältnisse erzählen, verströmt eine ganz eigene Atmosphäre, die erst im 20. Jahrhundert mit der Kunst der Moderne wiederkehren sollte. *Hungersnot und Fall von Jerusalem* zeigt Männer, die größer sind als Pferde, und Mauern, über die man ohne Weiteres hinwegsteigen könnte; eine Stadt besteht lediglich aus einem Turm, eine Armee aus einer Handvoll Männer, eine verhungernde Frau, die ein kleines Kind aufisst, steht sinnbildlich für viele andere. Dieser Bildteppich diente ganz unverkennbar dem Zweck, Besuchern und Bittstellern vor Augen zu führen, welches Schicksal unbotmäßigen Städten drohte. Und so ist es durchaus passend, dass er heute in Tournai hängt, jener halb eigenständigen Enklave, die Karl dem Kühnen Jahr für Jahr höflich, aber nervös zehntausend Francs auszahlte, um ihre Ruhe zu haben. Im selben Museum gibt es auch eine herrliche Darstellung der Schlacht von Roncesvalles mit dem grässlich verwundeten Roland, dem sein Olifant über dem Rücken hängt (aufmerksamerweise wurde sein Name in die Rüstung eingestickt wie in das Sporttrikot eines Schulkinds), und einem heimtückischen Muslim mit juwelenbesetztem Goldhelm, der einem Franken mit boshaftem Grinsen den Speer in den Hals rammt. Durch diesen Bildteppich stellte sich Philipp in die Tradition sühnender Ritterlichkeit (auch wenn er selbst vor dem Duell mit Herzog Humphrey gekniffen hatte) und schlug eine Brücke zur Macht und dem Glanz Karls des Großen.

Man fragt sich unwillkürlich, ob es den Herzögen (und anderen Herrschern jener Zeit) oder ihren Gästen nicht auf Dauer langweilig wurde, immer wieder mit denselben Gestalten verglichen zu werden – überall trifft man auf Tapisserien mit Darstellungen von Gottfried von Bouillon oder Karl dem Großen. Aber vielleicht ging es gerade um das Unwandelbare dieser Ikonografie: Größe und Legitimität schufen eine beständige Gegenwärtigkeit, in der sowohl dynastische Helden als auch klassische Vorbilder lebendig blieben. Als 1453 die katastrophale Nachricht von der Einnahme Konstantinopels durch die Osmanen eintraf, veranstaltete Philipp der Gute in Lille das sogenannte Fasanenfest mit einer Fülle von Speisen und Getränken, Musikern, die in einer riesigen Pastete saßen, einem Elefanten, einer eigens von Guillaume Dufay komponierten Klagemotette und allegorischen Darstellungen der geschändeten Stadt Konstantinopel. Die burgundische Elite gelobte, auf einen neuen Kreuzzug zu gehen, doch zu konkreten Planungen kam es nicht – Konstantinopel geriet still und leise in Vergessenheit. Mit etwas Glück war Philipp der Gute von seinen Darstellungen klassischer Heroen umgeben, als er einen Brief von Mehmed dem Eroberer erhielt, in dem der Sultan ihm verkündete, er werde mit Philipp das Gleiche machen wie sein Großvater Bayezid einst mit Philipps Vater, sollte der Herzog auf den Gedanken verfallen, sich auf einen Kreuzzug zu begeben. Das Schreiben unterzeichnete er mit »der wahre Erbe König Alexanders und Hektors von Troja, Sultan von Babylon, König von Troja«.

So ungerecht es auch sein mag: Die Herzöge von Burgund erscheinen uns dank diverser Neuerungen sehr viel lebendiger als ihre Vorgänger. Da *endlich* Ölporträts in ordentlicher Qualität angefertigt wurden, wissen wir beispielsweise, wie sie und die Menschen in ihrem Umfeld aussahen. Diese Porträts wurden vielfach kopiert und überall in den Niederlanden verteilt, manchmal – etwa im Hospital der Gräfin Johanna in Lille – hingen sogar die Bildnisse aller vier Herzöge nebeneinander aufgereiht wie Fußballsammelbildchen. Ihr loyaler langjähriger Kanzler Nicolas Rolin gehört zu den bekanntesten Gesichtern des 15. Jahrhunderts, weil er sowohl von Jan van Eyck als auch von Rogier van der Weyden auf zwei der großartigsten Gemälde aller Zeiten verewigt wurde – was Rolin möglicherweise mit den gewaltigen Bestechungsgeldern finanzierte, die der französische König ihm heimlich zukommen ließ, wie wir heute wissen. Darüber hinaus existieren viele präzise Zeichnungen aus jener Zeit. Ein besonders interessantes Werk ist van Eycks *Heilige Barbara,* in dessen wunderbar detailliertem Hintergrund wohl der im Bau befindliche Kölner Dom zu sehen ist, dazu Scharen von Arbeitern und der berühmte riesige Kran auf dem Südturm des Doms, der, nachdem die Arbeiten 1475 zum Stillstand gekommen waren, noch vierhundert Jahre lang eine der prominentesten Landmarken des Rheinlands bleiben sollte.

Den nachhaltigsten Eindruck hinterlässt jedoch eine neue Form des Schreibens – insbesondere die bemerkenswerten Memoiren des Philippe de Commynes. Deren Wirkung ist allenfalls mit dem Unterschied zwischen Schwarzweiß- und Farbfilm zu vergleichen. Plötzlich wurden aus steifen, würdevollen, distanzierten Persönlichkeiten, deren Motive oft genug im Dunkeln blieben, da über sie lediglich klösterliche Chronisten berichteten, die nur wenig Einblick in die tatsächlichen Geschehnisse hatten, lebendige, vielschichtige, zweifelnde Menschen. An dieser Stelle reicht der Platz nur dafür, jedem dringend anzuraten, Philippe de Commynes' Erinnerungen zu lesen. Er diente sowohl Ludwig XI. als auch Karl dem Kühnen viele Jahre lang, kannte beide aus nächster Nähe und schrieb freimütig über Ereignisse, die für ihn nicht mehr als zeitgenössischer Klatsch waren, für uns jedoch Weltgeschichte bedeuten. Seine Ausführungen zu England und den Rosenkriegen sind ebenso faszinierend wie seine Schilderungen des Treibens in Calais, wo unablässig Schiffe aus- und einliefen, die über den Ärmelkanal pendelten, an Bord je nach Lage der Dinge verängstigte Unterlegene oder rachsüchtige Sieger. Aus seinen Erinnerungen geht hervor, dass es ohne die wankelmütigen Inseln burgundischen Entgegenkommens auf der gegenüberliegenden Seite des Kanals womöglich nie zu den Rosenkriegen gekommen wäre. Commynes' Einfluss ist genauso unfair wie der des Farbfilms. Sein Schreibstil bildet einen vielleicht ebenso entscheidenden Übergang zwischen

»mittelalterlich« und »frühneuzeitlich« wie alle anderen technischen und intellektuellen Neuerungen. Bei vielen Fragen zur Persönlichkeit von Philipp dem Kühnen und seinen Vorgängern sind wir letztlich auf Mutmaßungen angewiesen, aber nun kommt Philippe de Commynes daher und präsentiert uns ein umfassendes, komplexes Bild von Karl dem Kühnen. So gibt es einen außergewöhnlichen, geradezu romanesken Moment nach der Schlacht bei Montlhéry, kurz nachdem Karls Truppen Ludwig XI. besiegt haben. Commynes beschreibt, wie er den einunddreißigjährigen Karl auf seinem Pferd sitzen sah, »auf dem Schlachtfeld in froher Stimmung, in dem Glauben, der Ruhm des Sieges falle ihm zu« – und diesen Augenblick verknüpft Commynes dann mit sämtlichen desaströsen Entwicklungen in Karls Leben. Jemand, der vor Montlhéry kaum einen Gedanken an Krieg verschwendet hatte, tat von nun an nichts anderes mehr, als Krieg zu führen: »Dadurch endete er sein Leben und zerstörte sein Haus.« Die Schilderung dieser Schlacht ist etwas vollkommen Neues, denn Commynes fängt den ganzen Schrecken der Kämpfe ein, das schiere Chaos, wenn an einer Stelle isolierte Gruppen in Panik geraten und an anderer berittene Kämpfer in wildem Galopp davonsprengen und niemand eine Ahnung hat, wer gerade die Oberhand hat und wieso. Für Commynes liegt der Ausgang einer jeden militärischen Aktion in Gottes Hand. Damit es überhaupt zu einer Schlacht kommt, müssen beide Seiten davon überzeugt sein, gewinnen zu können, denn wer zweifelt, würde von vornherein kapitulieren und auf Gnade hoffen. Daher ist der Sieger auch nicht fähiger als der Unterlegene, sondern lediglich dadurch begünstigt, dass er Gott auf seiner Seite hat: »Dieses Geheimnis ist so groß, dass Königreiche und große Herrschaften dadurch manchmal in Verwüstung enden, während andere anwachsen und zu existieren beginnen.«

Eine Stadt trifft die falschen Entscheidungen

Jede bedeutendere flämische Stadt des ausgehenden Mittelalters stand immer wieder vor der heiklen Frage, wie lange der jeweilige Landesherr das aggressive Verhalten, das sie ihren Nachbarn gegenüber an den Tag legte, noch als angemessenen Ausdruck gesunder Streitlust betrachten würde und wann die Grenze überschritten war. In manchen Städten – Dinant ist in diesem Zusammenhang ein gutes Beispiel – konnten die führenden Kaufleute viele Jahre lang nach Gutdünken agieren, ohne dass der Herrscher eingriff, da er entweder noch unmündig war, in fernen Regionen Krieg führte oder schlicht unfähig oder alt und klapprig war.

Geografisch betrachtet ist Dinant noch heute ein sehr merkwürdiger Ort. Die Stadt entstand auf einem schmalen Streifen, eingezwängt zwischen einem gewaltigen Kalksteinfelsen und der Maas. Oben auf dem Steilhang befindet sich eine Festung, von der aus jahrhundertelang jeder, der die Stadt bedrohte, mit Gegenständen beworfen oder beschossen werden konnte. Dinant, das auf dem Territorium der Fürstbischöfe von Lüttich lag, unterhielt eine zutiefst dysfunktionale Beziehung zu seiner Nachbarstadt Bouvignes, die zur Grafschaft Namur gehörte und sich auf der gegenüberliegenden Seite des Flusses befand. Irgendwann errichtete man einen gewaltigen Turm, nur um Bouvignes zu beeindrucken. Die Einwohner beider Städte – in denen Trinkgefäße und Kirchenschmuck aus Messing gefertigt wurden – scheinen alles in allem viel zu viel Zeit bei ihren Zunftmählern verbracht zu haben, wo sie sich mit dunkelrot angelaufenen Gesichtern über gegenseitige Schmähungen ereiferten, die viele Generationen zurückreichten.

Im frühen 15. Jahrhundert wurde die Grafschaft Namur – und damit auch Bouvignes – an die Burgunder verkauft, und Dinant sah sich schlagartig einem sehr mächtigen und potenziell aggressiven Nachbarn am anderen Flussufer gegenüber. Während der Auseinandersetzungen zwischen den Burgundern und der wiedererstarkten, zu alter Gerissenheit zurückgekehrten französische Monarchie leistete sich Dinant 1465 mehrere fatale Fehler, darunter weitere Provokationen in Richtung Bouvignes. In der vorschnellen Überzeugung, Karl, der Sohn von Herzog Philipp dem Guten, habe in der Schlacht bei Montlhéry eine Niederlage erlitten, kam etwa ein Einwohner von Dinant, der sich besser weiter mit der Herstellung von Trinkbechern beschäftigt hätte, auf die Idee, es sei doch ein toller Spaß, eine Puppe zu basteln, die Karl darstellte, und diese in Sichtweite von Bouvignes an einem Galgen baumeln zu lassen. Außerdem verkündete man unter lautem Gejohle, Karl sei ein Bastard, sein Vater ein Hahnrei und seine Mutter eine Hure.

Bei ihren Friedensverhandlungen verständigten sich Karl und Ludwig XI. darauf, Dinant eine Sonderbehandlung zukommen zu lassen. Karl marschierte mit seiner topmodernen Kanone nach Dinant und erzwang innerhalb weniger Tage die Kapitulation der Stadt. Dinants oberster Waffenmeister wurde von der Festung gestürzt, Karls Soldaten banden Hunderte männlicher Einwohner aneinander und ertränkten sie in der Maas, die Frauen flohen nach Lüttich, und die Stadt wurde geplündert und niedergebrannt. Am Ende streute Karl in einer jener betont altrömischen Gesten, deren er sich gern bediente, Salz auf die traurigen Überreste einer der zuvor wohlhabendsten kleineren Städte Europas.

Die Zerstörung von Dinant markierte die endgültige Machtübernahme Karls des Kühnen, dessen Vater ihm bereits ein Jahr zuvor die Regierungsgeschäfte übertragen hatte. Die ihm noch verbleibenden gut zehn Jahre seines Lebens verbrachte der junge Herrscher in einem einzigen kriegerischen Rausch, wodurch er sein Reich letztlich in den Untergang stürzte und Westeuropa unfreiwillig eine neue Gestalt verlieh.

Das mittlerweile wieder aufgebaute Dinant erinnert sich heute lieber an Adolphe Sax, einen Sohn der Stadt und Erfinder des Saxophons, als an seine Beziehung zu Karl dem Kühnen. Ein kurioses Überbleibsel aus jener Zeit sind die sogenannten *Couques,* extrem harte Kekse aus Mehl und Honig, die angeblich erstmals während der Belagerung Dinants durch Karl den Kühnen aus den einzigen Zutaten hergestellt wurden, die den Einwohnern der Stadt noch geblieben waren. In einer anderen Version der Geschichte heißt es, die wenigen überlebenden Einwohner hätten das zusammengebackene Gemisch aus Mehl und Honig nach der großen Feuersbrunst entdeckt und sich dankbar davon ernährt, die köstlichen *Couques* seien also ein Produkt des Zufalls. Wieder eine andere Fassung besagt, im Mittelalter habe man Belagerer vertrieben, indem man sie mit *Couques* bewarf. Wie bei so vielen Geschichten, die sich um Lebensmittel ranken, stößt man auch hier auf die unverkennbaren Merkmale viktorianischen Touristenhumbugs. Dieses steinharte Backwerk scheint vollkommen nutzlos – es sei denn als kugelsichere Weste. Die Einheimischen brechen ein Stück davon ab und weichen es ungefähr eine Stunde in ihrem Kaffee ein. Oder sie stecken es sich in den Mund und lassen es da, bis es sich irgendwann zu biegen beginnt. Nachdem ich dummerweise beschlossen hatte, einen dieser Kekse zu kaufen, stand ich in der Schlange hinter einem einheimischen Paar, das sich selbst über die *Couques* lustig machte und mutmaßte, sie würden wohl aus Holz geschnitzt. Die leere, resignierte Miene des Verkäufers ließ darauf schließen, dass er solche Späße immer wieder zu hören bekam. Die Kekse werden in Hohlformen gebacken, sodass man mit Stadtansichten von Dinant, mit Hirschkälbern oder mit Getreidegarben verzierte Exemplare erwerben kann. Ich entschied mich für einen Jungen im Matrosenanzug, der mit einem Hund kuschelt, doch als ich ihn zu Hause präsentierte, wirkte er gar nicht mehr so putzig, sondern vielmehr ziemlich furchteinflößend.

Dinant ist eine merkwürdige, hübsche Kleinstadt mit einer finsteren Vergangenheit. In beiden Weltkriegen erlebte sie Momente, die an Karl den Kühnen erinnerten. Die Maas erscheint auf französischen Militärkarten so breit, dass sie wie ein beeindruckendes Hindernis wirkt, auf deutschen dagegen schmal genug, um den Eindruck zu erwecken, ihre Überquerung dürfte kein großes Problem darstellen. An diese düstere Tatsache musste ich immer wieder denken, als ich vom Zentrum aus am Flussufer entlangspazierte. Ein eigentümlich geformter Kalksteinfelsen riegelt Dinant nach Süden hin fast vollständig ab, sodass dem Autoverkehr dort nichts anderes übrig bleibt, als sich durch eine schmale Lücke zu zwängen. Der Anblick kam mir seltsam vertraut vor. Wahrscheinlich gehört es unter Kunsthistorikern zum Allgemeinwissen, doch mir ist nur durch Zufall aufgefallen, dass es sich hier um jene biblische Landschaft handelt, die man auf dem herrlichen, um 1520 entstandenen Gemälde *Landschaft mit der Zerstörung von Sodom und Gomorrha* des in Dinant geborenen Malers Joachim Patinir sieht. Engel geleiten Lot und seine Töchter durch den Felsspalt (von wo aus sie sich zu ihrer bizarren, feuchtfröhlichen Orgie aufmachen). Ein kleiner weißer Fleck hinter ihnen symbolisiert Lots zur Salzsäule erstarrte Frau, eine der grausamsten und sonderbarsten Bibelstellen überhaupt. Der Rest des Gemäldes besteht aus Flammen – ein entsetzliches Orange, das sich im Fluss widerspiegelt: Man sieht die Umrisse aufgereihter brennender Windmühlen, und selbst die Hügel im Hintergrund scheinen vor Hitze zu glühen. Nahezu alle erhaltenen Gemälde Patinirs strahlen etwas Unheimliches aus, aber dieses Bild, das an das brennende Dinant von 1466 erinnert und auf das brennende Dinant von 1914 vorausweist, kommt mir jedes Mal, wenn ich es sehe, noch schlimmer vor.

Der Kühne und die Schweizer

In Mexiko gibt es eine Gegend, die für ihren Treibsand berüchtigt ist. Diese grausigen trockenen Sümpfe entstehen und verschwinden je nach Witterungsverhältnissen und Temperatur und können sich jederzeit unversehens vor den Füßen des arglosen Wanderers auftun. Das Furchtbare an Treibsand ist offenbar, dass man instinktiv zu strampeln beginnt und dadurch überhaupt erst jenen Sog erzeugt, der einen in die Tiefe zieht. Die einzige Chance zu überleben besteht darin, ganz ruhig zu bleiben und sich so zu verhalten wie in Wasser: Man lässt sich bäuchlings treiben und bewegt sich mit *sehr* langsamen, flachen Schwimmzügen auf den Rand zu. Nur bringt kaum jemand den Mut auf, tatsächlich mit dem Schwimmen zu beginnen. Die meisten mexikanischen Opfer wissen, wie wichtig es ist, Ruhe zu bewahren, doch wenn sie einmal das treibende Stadium erreicht haben, können sie sich einfach nicht überwinden, eine Bewegung auszuführen, die sie, sollten sie sie falsch einschätzen, beim geringsten Anflug von Panik in die Tiefe ziehen würde, wo sie ein grauenvoller Tod erwartet. Was zur Folge hat, dass diese unwirtliche, flache Gegend mit den Schädeln jener Unglücklichen übersät ist, deren Leben in einem Zustand vollkommener Reglosigkeit endete – und obenauf sitzen immer noch die in der Sonne ausgebleichten Sombreros.

Sie haben ja recht, ich glaube die Geschichte auch nicht. Aber man hat sie mir vor so vielen Jahren erzählt, dass ich mich nicht mehr erinnern kann, wem ich die Schuld dafür geben soll. Und sieht man einmal von ihrem Wahrheitsgehalt ab, erscheint sie mir von jeher als eine äußerst treffende historische Metapher. Wenn wir den Blick in die Vergangenheit richten, stoßen wir immer wieder auf Handlungen, die uns aus heutiger Sicht wie ein unbesonnener Sprung erscheinen, doch die Alternative wäre Reglosigkeit gewesen, und die hat in der menschlichen Geschichte schlicht keinen Platz. Herrschaft und die Beziehungen zwischen einzelnen Staaten scheinen nach einer Form von Tatkraft zu verlangen, deren Auswirkungen harmlos, aber auch katastrophal sein können. Es gibt so gut wie kein Beispiel für die erfolgreiche Untätigkeit eines Herrschers. In diesem Buch wimmelt es von Protagonisten, die wild um sich schlagen, statt eine durchdachte, kohärente Politik zu betreiben, und daraufhin untergehen. Offenbar existiert in uns Menschen ein tief verwurzelter Drang, *nicht* als friedlich treibender Totenschädel unter einem Sombrero zu enden. Das ausgehende 15. Jahrhundert ist eine besonders fruchtbare Zeit für scheinbar sinnlosen militärischen Aktionismus. Deshalb ist es für uns auch so eine unglaubliche Erleichterung, endlich zum 16. Jahrhundert überzugehen, in dem groß angelegte Realpolitik, gesellschaftliche Auseinandersetzungen und religiöser Hass die Luft reinigen. Zumindest werden die Menschen nun mit einer bestimmten Absicht umgebracht, während sich bei manchen früheren Kriegen unweigerlich der Eindruck aufdrängt, sie seien aus derart leichtfertigen Gründen vom Zaun gebrochen worden, dass sich eine eingehendere Betrachtung gar nicht lohnt. Ein passendes Beispiel dafür liefert der auffallend klein gewachsene, geradezu peinlich unbeholfene König Karl VIII., der zwischen 1483 und 1498 auf dem französischen Thron saß. Niemand scheint ihn wirklich gemocht zu haben, und nichts in seinem Verhalten wirkte in irgendeiner Weise königlich oder auch nur plausibel. Aus einer Laune heraus beschloss er, in Italien einzumarschieren, um sich zum König von Neapel zu krönen. Er stellte eine gewaltige, nach dem neuesten Stand der Technik ausgerüstete Armee auf und wälzte sich damit über die Halbinsel, wobei er auf dem Weg nach Süden mit seiner modernen Artillerie eine Reihe großartiger Renaissancestädte zerstörte und eine der wohlhabendsten und imponierendsten Regionen Europas verwüstete. Damit läutete er eine neue, schreckliche Ära in der italienischen Geschichte ein, die sich über mehrere Generationen hinziehen sollte.

Nachdem er ein paar Wochen in Neapel verbracht hatte, machte er sich mit seiner Armee auf den Rückweg nach Frankreich. Allerdings hatte er offenbar nicht bedacht, dass er nun aufgrund der geografischen Lage Neapels auf den – leider nicht vorhandenen – guten Willen jener Städte angewiesen sein würde, die er auf seinem Weg nach Süden zerstört oder mit Zerstörung bedroht hatte. Das Ganze endete schließlich mit der Niederlage der Franzosen in der Schlacht bei Fornovo, die Karl einen Teil seiner Armee und die gesamte Kriegsbeute kostete. Zurück in Frankreich, kam es zu einer kapriziösen Wendung der Geschichte: Kaum siebenundzwanzigjährig, prallte Karl mit dem Kopf gegen einen Türsturz und verstarb. In Anbetracht seiner geringen Körpergröße lässt dies auf eine geheime Intrige von Höflingen schließen, die während seines Aufenthalts in Italien in Zusammenarbeit mit fanatischen, wenngleich verschwiegenen Zimmerleuten emsig sämtliche Türstürze des Palastes abgesenkt hatten in der Hoffnung, dass genau dies passieren möge. Eine plausiblere Erklärung wäre allerdings, dass jemand beim Zusammentreffen seines Schädels mit dem Türsturz nachgeholfen hat. Wie dem auch sei, es ist kaum möglich, sich mit Karl VIII. zu beschäftigen, ohne angesichts der schieren Sinnlosigkeit des Italienfeldzug mit seinen Tausenden von Toten die Hände über dem Kopf zusammenzuschlagen. Zu den Nebenwirkungen dieses Unterfangens gehörte immerhin auch, dass die heimkehrenden Veteranen Parmesankäse und Syphilis in ganz Europa verbreiteten und die schillernde Kultur der Renaissance in Frankreich Fuß fasste, womit dort eine neue Epoche heraufzog. Gegen diesen zweiten Punkt könnte man allerdings einwenden, dass ein höflicher Brief an Leonardo da Vinci mit der Bitte um ein paar Tipps womöglich den gleichen Effekt gehabt hätte, und zwar ohne Anklänge an den *Triumph des Todes*.

Das zweite Beispiel für den gigantischen militärischen Aberwitz dieser Epoche stammt aus der Generation zuvor und ist der riesige Scherbenhaufen

Karls des Kühnen. Während Karl im Englischen und auch im Deutschen den gleichen Beinamen trägt wie sein Großvater Philipp, *the Bold* oder *der Kühne*, werden im Französischen zwei unterschiedliche Bezeichnungen verwendet: *le hardi* für Philipp und *le téméraire* für Karl. In Ersterem verbindet sich Kühnheit mit strategischem Weitblick, während Letzteres einen eher waghalsigen, ungestümen Klang hat. Karl regierte knapp zehn Jahre als Herzog von Burgund und verschleuderte in dieser Zeit durch erratische, undurchdachte Kriege sein gesamtes Erbe. Nach lotharingischen Begriffen überschritt er eine ganze Reihe von Grenzen. Unwissentlich löste er damit jene Infrarot-Alarmanlage aus, die die Linie zwischen seinen französischen und französisch-flämischen Besitzungen und der unzweifelhaft deutschen Welt weiter östlich sicherte. Was er lediglich als Arrondierung oder Auffüllen seiner ererbten Lande betrachtete (die, wie ein rascher Blick auf eine Karte zeigen würde, aus einem wilden Flickenteppich einzelner Territorien bestanden), bildete in den Augen anderer eine tödliche Gefahr. Rheinländer, Schweizer und Lothringer hatten gute Gründe, seinen Tod zu wünschen.

Es gibt keine Anzeichen dafür, dass Karl sich darüber im Klaren war, welch starke Kräfte sich gegen ihn formierten. Er verhöhnte die Schweizer als »tierisches Volk« und sah in all seinen Gegnern lediglich eine Abfolge militärischer Hindernisse, die es schnellstmöglich aus dem Weg zu räumen galt. Er scheint zudem in der Illusion gelebt zu haben, der zwanghaft verschlagene französische König Ludwig XI. – der Vater des kleinen Karl VIII. – sei sein bester Freund, während dieser in Wahrheit nichts anderes im Sinn hatte, als ihn zu vernichten. Und auch die vermeintliche Trägheit des langjährigen deutschen Kaisers Friedrich III. verstellte lediglich den Blick auf dessen Entschlossenheit, Karls Sturz herbeizuführen. Während der sich hinziehenden, am Ende ergebnislosen Belagerung der rheinischen Festung Neuss durch die Burgunder loteten Karl und Friedrich die Möglichkeit einer Ehe zwischen Karls einziger Tochter, Maria von Burgund, und Friedrichs ältestem Sohn Maximilian aus. Dank dieser Unterredung, die Karls Position zu stärken schien (und in der Friedrich Karls Plan einer Erhebung in den Königsstand offenbar wohlwollend aufnahm), fiel einige Jahre später so gut wie alles, wofür Karl und seine Vorfahren gekämpft hatten, schließlich in die Hände der Habsburger.

Man kann sich das Chaos, das Karl auslöste, kaum groß genug ausmalen. Verständlicherweise gerieten andere Städte entlang des Rheins während der Belagerung von Neuss in Panik. Wir verfügen über bemerkenswert detaillierte Aufzeichnungen zu den Vorkehrungen, die Straßburg im Winter 1475 traf. Aus Sorge, Karl könne nach einer erfolgreichen Eroberung von Neuss mit Straßburg weitermachen, ließen die Stadtoberen fünf Klosterkomplexe und sechshundertzwanzig Häuser niederreißen, um einen freien Verteidigungsring um die Stadtmauern zu schaffen. Sie leiteten den Rhein um, sodass dieser die Stadt vollständig einschloss, und kauften genug Getreide, um die Bevölkerung zehn Jahre lang zu ernähren, dazu einen Dreijahresvorrat an Wein und Salz. Es gab wohl in der ganzen westlichen Welt keinen einzigen Söldner, der nicht freudig seine Armbrust putzte, sich bei dem Meistbietenden verdingte und mit dem Gedanken spielte, endgültig sesshaft zu werden, wenn diese ganze Geschichte erst einmal vorüber war. Reisende brachten das beunruhigende Gerücht nach Bern, Karl plane, sämtliche Einwohner niederzumetzeln, die Stadt in Weideland zu verwandeln und eine steinerne Gedenktafel mit der Inschrift »Hier stand einst eine Stadt mit dem Namen Bern« zu errichten.

Die Einzelheiten der Feldzüge Karls des Kühnen sind durchaus unterhaltsam, letzten Endes waren sie jedoch nichts weiter als die Bemühungen von Äsops Frosch, der sich so lange aufblähte, bis er platzte. Karl schien blind zu sein für Ludwigs unerbittliches Streben, jene Teile Frankreichs zurückzuerobern, die im Zuge früherer Demütigungen verlorengegangen waren, blind für das Wiedererstarken des Heiligen Römischen Reichs unter den Habsburgern und blind für die Schweizer Befürchtungen angesichts seines Vordringens an den südlichen Rändern Deutschlands. Und so endete Karl, der 1473 noch kurz davorgestanden hatte, König von Burgund zu werden, Anfang 1477 als nackter, von wilden Tieren angefressener Leichnam im Schnee.

Das inzwischen umfassend restaurierte Schloss Grandson im äußersten Westen der Schweiz (unmittelbar gegenüber einem Restaurant gelegen, in dem »mittelalterliche Spezialitäten« serviert werden) war der Ort, an dem sich die Schlinge um Karls Hals zuzuziehen begann. Das Schloss selbst ist ein wahrer Genuss. Es gibt dort eine mit Ziernägeln und Eisenriegeln versehene Toilettentür, eine unfreiwillig komische, halbherzig nachgebaute Folterkammer und ein aus dem 18. Jahrhundert stammendes Jesuskind aus bemaltem Lindenholz, dem man nachträglich einen Apfel auf den Kopf genagelt hat, um es in Wilhelm Tells tapferen kleinen Sohn Walter zu verwandeln. Nach der erfolgreichen Belagerung durch Karl den Kühnen ergab sich die Burgbesatzung dem Herzog, wurde jedoch anschließend auf ähnlich groteske Weise abgeschlachtet wie die Einwohner von Dinant. Dadurch hoffte Karl die Schweizer so sehr in Furcht und Schrecken zu versetzen, dass sie sich ihm freiwillig unterwarfen. Doch stattdessen wurde diese Gräueltat zu einem prägenden Moment in der Ausbildung des Schweizer Nationalgefühls.

Drei schwere Niederlagen gegen die Alte Eidgenossenschaft, den furchterregenden »Alten großen Bund oberdeutscher Lande«, kosteten Karl seine Armee. Sein Reichtum, sein Ruf und die Ressourcen seiner zahllosen Territorien hatten ihn zu einem gefürchteten Feldherrn gemacht, doch nach den Schlachten bei Grandson (wo die Schweizer diesmal durch den Hörnerschall der Männer von Uri angetrieben wurden), Murten und Nancy war davon so gut wie nichts mehr übrig. Insbesondere die Schlacht bei Murten war ein derartiges Gemetzel, dass sich Karls Heer nicht mehr davon erholen sollte. Da die Herzöge von Burgund keine feste Hauptstadt hatten, mussten sie ihre prächtigsten Besitztümer stets mit sich führen, was allerdings ein Problem sein konnte, wenn sie gezwungen waren, Hals über Kopf vom Schlachtfeld zu fliehen. So kam es, dass sich in den Schweizer Milchbauernstädtchen das erbeutete Gold, die Juwelen und die Tapisserien bald zu riesigen Haufen türmten. Die seidenen Kriegsfahnen sind längst vermodert, doch eine Zeit lang waren sie der ganze Stolz des Berner Münsters. In Basel ist immer noch ein Teil der »Burgunderbeute« zu bewundern – ihre Präsentation bildete den Ursprung des großartigen Historischen Museums der Stadt –, darunter zwei riesige, in Mechelen und Mons gegossene Kanonen und ein zum Schutz gegen Dolchstöße mit Stahl verstärktes Wams, das einst Karl dem Kühnen gehörte. Als wollte es seinen unglücklichen Träger verhöhnen, hat dieses ungewöhnliche Objekt als eines von sehr wenigen Kleidungsstücken mehr als ein halbes Jahrtausend überdauert. In Luzern wurden die erbeuteten Schätze in einem eigenen Raum aufbewahrt, von dem eine Zeichnung aus dem Jahr 1513 existiert, die uns noch heute einen verführerischen Blick auf verschiedene Gewänder, einen Tragaltar, ein Schwert, einen prunkvollen Sessel, einige Banner und einen Becher gewährt. Vieles verschwand allerdings auch in den Taschen diebischer Pikeniere. Karls großer gelber Diamant, der sogenannte Florentiner, wanderte jahrhundertelang durch die Hände von Päpsten, Herzögen und diversen Habsburgern, bevor er nach dem Ersten Weltkrieg für immer verlorenging.*

* Dieser Diamant war ein frühes Beispiel für die Revolution, die der jüdische Diamantenschleifer Lodewijk van Berken in Antwerpen begründet hatte. Er erfand den Scaif, eine Polierscheibe, die eine bis dahin beispiellose Komplexität des Diamantschliffs ermöglichte, und entwickelte den Pendeloque- oder Tropfenschliff. Bis heute ist Antwerpen ein Zentrum der Diamantenindustrie.

Nachdem Karl in Murten einen Großteil seiner Artillerie, seines Ansehens und seiner besten Männer verloren hatte, versuchte er mit der Belagerung von Nancy ein weiteres Loch in seinem auseinanderbrechenden Reich zu stopfen. Er hatte die Stadt zuvor dem Herzog von Lothringen abgenommen, doch dem Lothringer treu ergebene Einheiten hatten seine Soldaten wieder aus der Festung verjagt. Aber Karl brauchte Nancy, um die Lücke zwischen jenen beiden Gebieten zu füllen, die er und seine Vorgänger als »unsere Länder hier« (der Norden) und »unsere Länder dort« (der Süden) bezeichneten.

Die Bedingungen der Belagerung waren fürchterlich, der Schnee lag »eine halbe Lanze tief«. Allein am Heiligen Abend erfroren rund vierhundert Burgunder. Ein erboster Ritter war der Ansicht, man solle Karl höchstpersönlich mit einer Bombarde über die Mauern von Nancy feuern. Karl reagierte auf die für ihn typische charmante Art, mit der er sich im Laufe seines Lebens schon so viele Freunde gemacht hatte, und ließ den Ritter hängen. Während eines heftigen Schneesturms rieb ein Entsatzheer aus verbündeten Lothringer und Schweizer Truppen Karls Armee schließlich vollständig auf und tötete den Herzog.

Im Museum der Schönen Künste in Nancy hängt eine sehr schöne, wenn auch historisch mehr als unzuverlässige Darstellung dieser Schlacht von der Hand des jungen Eugène Delacroix. Das Gemälde wurde 1828 von Karl X. in Auftrag gegeben, kurz bevor dessen eigene Herrschaft endete – allerdings war er ein alter Hase, was Revolutionen betraf, und wusste im Gegensatz zu seinem Namensvetter, wie man die Flucht ergreift. Das spektakuläre Historienpanorama präsentiert die Schlacht als eine Art Sandwich aus gelbweißen Wolken am oberen Bildrand und schmutzig weißem Schnee am unteren, während die Füllung aus einer Masse kämpfender Männer und dem verzweifelten Karl dem Kühnen besteht, der mit wildem Blick zu dem triumphierenden jungen Herzog von Lothringen in seiner prachtvollen Rüstung aufschaut, welcher sich anschickt, mit seinem Speer der Dynastie ein Ende zu bereiten.

Mitten in der Nacht erreichten vom Schlachtfeld geflohene Soldaten die Stadt Metz. Vom zugefrorenen Graben aus flehten sie die Stadtwache an, sie einzulassen. Als sie erklärten, was geschehen war, weigerten sich die Wachen rundheraus, ihnen zu glauben, und hielten sie für Vagabunden, die sich mit dieser Lüge ein Obdach für die Nacht erschleichen wollten. Am Ende wurden die Tore geöffnet, doch in den darauffolgenden Tagen starben viele der

Überlebenden in den Spitälern von Metz an Erfrierungen, Schock und Unterkühlung.

Nach und nach verbreitete sich in Europa die Nachricht, dass der mächtigste, hochmütigste und glamouröseste Herrscher des Kontinents den Tod gefunden hatte und ein neunzehnjähriges Mädchen die neue Herrin von Burgund war.

KAPITEL FÜNF

Das große Erbe

Erstaunlich große Teile der französischen Geschichte spielten sich vollkommen losgelöst von den Küsten des Landes ab. Während einiger Phasen des Hundertjährigen Krieges hatte Frankreich so gut wie keinen Zugang zum Atlantik, da alle Häfen in englischer, bretonischer oder burgundischer Hand waren. Erst im 16. Jahrhundert wurde der große Seehafen Le Havre gegründet, und man geht davon aus, dass Ludwig XIV. trotz seiner schier endlosen Herrschaft das Meer nur bei drei Gelegenheiten mit eigenen Augen erblickte, da sich seine perückigen Abenteuer ausschließlich im Landesinnern abspielten. Man könnte die generelle Theorie formulieren, dass die Küsten für den französischen Staat schlicht nicht lebensnotwendig waren, da dieser von Natur aus eine Binnenmacht war. In den jahrhundertelangen Auseinandersetzungen zwischen Frankreich und England bewahrte England stets die Herrschaft über den Ärmelkanal, weil die Sicherheit auf diesem Gewässer für die Insel eine Frage von Leben und Tod darstellte, während *La Manche* für Frankreich eher etwas von einem optionalen Extra hatte. Eine komplementäre generelle Theorie wäre demzufolge, dass die englischen Heere, wann immer sie durch Frankreich marschierten, von einem eklatanten Mangel an Überzeugung im heimischen London gehemmt wurden und mit jedem Schritt mehr an ihrer eigenen Rolle zweifelten. Vorübergehende Erfolge schienen für die englische Seite stets mit einem Fiasko zu enden, auch wenn es gelegentlich ein paar Jahre dauern mochte, bis sich die französische Nation wieder so weit erholt hatte, um sie erneut aus dem Land zu jagen. Selbst die verheißungsvollen Phasen nach den Siegen in Crécy und Azincourt bildeten da keine Ausnahme und erwiesen sich als letztlich ebenso vergänglich wie alle anderen. Tatsächlich dürfte einer der Gründe, warum Azincourt immer noch derart im kollektiven Gedächtnis der Engländer nachhallt, der Umstand sein, dass viele Jahre verstreichen sollten, ehe wieder ein vergleichbarer Sieg errungen wurde (bis zur Zweiten Schlacht bei Höchstädt dauerte es fast drei Jahrhunderte). Englische Heere schienen in einem ewigen Kreislauf gefangen zu sein: Zunächst mitreißende Ansprachen und Begeisterungsstürme in Calais, und ein paar Monate später starben dann wieder alle an Hunger, Pest oder ihren Verwundungen.

In der zweiten Hälfte des 15. Jahrhunderts herrschte in den französischen, flämischen und englischen Kanalhäfen ungewöhnliche Betriebsamkeit. Doch wie in Shakespeares drei Dramen über Heinrich VI. drängten in einem Getümmel aus Wimpeln, Waffenröcken und Plattenharnischen einfach zu viele Beteiligte für einen kurzen Moment auf die Bühne, um den Zuschauer wirklich fesseln zu können. Philippe de Commynes' Memoiren sind unter anderem deshalb so unterhaltsam, weil er mit konsterniertem Achselzucken auf sein Leben zurückblickt – das Eingreifen Gottes scheint noch bei Weitem die plausibelste Erklärung für sämtliche Entwicklungen zu sein, wenn aus dem stolzen Ritter des einen Jahres der niedergetrampelte Leichnam des nächsten werden kann.

Besonders geschäftig war das Treiben in Calais (»Sag, Schiffskamerad, kommt da nicht schon wieder Margarete von Anjou?«). Die Stadt erlebte ihre ganz eigene Variante der englischen Rosenkriege, die an die Situation hinter den Kulissen eines Theaters erinnerte, wo sich alle gegenseitig zur Seite schubsen, um sich für ihren Auftritt auf der großen Bühne bereit zu machen. Eines Tages landeten dort auch Eduard IV. und sein jüngerer Bruder, der künftige Richard III. Eduard war mit den Nerven am Ende, ohne Zukunftsperspektiven und dermaßen blank, dass er den Kapitän des Schiffes mit seinem pelzgefütterten Mantel bezahlte und sich dann zitternd nach Den Haag aufmachte, wo er als mittelloser Gast Karls des Kühnen Unterschlupf fand (»eine so armselige Gesellschaft war wohl niemals da gewesen«, höhnt Commynes). Doch nach einer Weile schickte Karl Eduard nach Zeeland und heuerte dort für ihn eine Begleitflotte aus Hanseschiffen an. So kehrte Eduard zurück nach England und triumphierte über seine Widersacher.

Das größte Drama aber lag im Wesen Ludwigs XI. begründet. Er war ein außergewöhnlicher König, umzingelt von streitlustigen Opportunisten, die er letzten Endes alle in die Knie zwang. In der englischsprachigen Welt ist Ludwig XI. kaum bekannt, in Frankreich jedoch schätzt man ihn als Auslöser wohligen Grusels – in Paris wunderbar verkörpert durch die unvergleichlichen Wachsfiguren im Musée Grévin. Eines der ältesten Tableaus dort zeigt einen geradezu schaurigen Ludwig XI. in Strumpfhosen und Pelzmantel, wie er den unglücklichen Kardinal de La Balue verhöhnt, der in dem abscheulichen, an eine Lattenkiste erinnernden eisernen Käfig eingesperrt ist, in dem er elf Jahre verbringen musste. Wie es scheint, entspricht diese Szene nicht ganz der Realität, aber sie hat Generationen von Pariser Schülern eine durchaus zutreffende Vorstellung vom Charakter Ludwigs XI. vermittelt. Meiner eigenen Familie haben andere Wachsfiguren sehr viel mehr Freude bereitet. Jahrelang hingen bei uns Fotografien an der Wand, die unsere damals noch kleinen Söhne bei einer angeregten Unterhaltung mit einem wächsernen Jean-Paul Sartre und einem sogar noch wächserneren Bernard-Henri Lévy zeigten.

Ludwig XI. war außerordentlich gut darin, anderen Furcht einzuflößen, aber er wusste auch, wann es galt, einfach nur abzuwarten – wenn nötig über Jahre. Jedes Zugeständnis, das er machte, etwa indem er Karl dem Kühnen die Somme-Städte und Amiens überließ, betrachtete er lediglich als Zwischenschritt. Sein größter Vorteil bestand darin, dass er lange genug lebte und insgesamt zweiundzwanzig Jahre auf dem Thron saß – eine Zeit, in der sich die Situation des Landes von Grund auf wandelte. Er liebte ausgefallene Gefängniskäfige, Täuschungen, heimliche Briefe und beiläufig fallen gelassene Andeutungen und versah Gesandtschaften mit Vorliebe mit falschen Instruktionen. Was Commynes, der zu seinem engsten Umfeld gehörte, mehr verblüffte als alles andere, war die vollkommen sinnlose Komplexität der immer weiter ausufernden Ränke seines Herrn.

Einer von Ludwigs größten Gegenspielern war sein jüngerer Bruder Karl. Er war der designierte Thronfolger und wurde im Laufe seines wechselvollen Lebens nacheinander Herzog von Berry, Herzog der Normandie und Herzog der Guyenne. Er glaubte, seinem Bruder durch ein Bündnis mit den Burgundern und Bretonen überlegen zu sein, doch das war ein Irrtum. Bei einer Plauderei mit Commynes scherzte Karl der Kühne einmal: »Mir liegt das Wohl des Reiches [sehr] am Herzen, denn statt des einen Königs, den es hat, wünsche ich ihm sechs« – es war das Credo all derer, die Gefallen an der innerfranzösischen Spaltung fanden. Karl büßte seine Rolle als Thronerbe ein, als 1470 Ludwigs Sohn (der künftige Karl VIII.) geboren wurde, und starb 1472 im Alter von fünfundzwanzig Jahren, wahrscheinlich an einer Geschlechtskrankheit. Seine Ländereien fielen zurück an die Krone. Infolge des komplizierten, aber nichtsdestoweniger bestehenden Bündnisses zwischen Eduard IV. von England und Karl dem Kühnen landete 1475 eine riesige englische Armee in Calais, um Ludwig XI. ein für alle Mal zu besiegen. Die Invasion entsprang Eduards alkoholvernebelt-melancholischem Wunsch, die alte

Magie des Sankt-Crispians-Tags wieder aufleben zu lassen. Doch das Unternehmen endete als Schmierentheater: Statt entgegenkommenderweise seinen vorgesehenen Part in der Neuinszenierung der Schlacht von Azincourt zu übernehmen, bot Ludwig Eduard und seiner engsten Entourage ganz einfach eine gewaltige Geldsumme, damit sie abzogen. Karl der Kühne hatte sich ein derart verräterisches Abkommen niemals vorstellen können und in Verkennung der Lage seine Truppen nicht mit Eduards Heer zusammengeführt. Und so verhandelten der englische und der französische König allein auf einer recht spaßig klingenden, eigens für diesen Anlass erbauten Brücke in der Nähe von Amiens, die in der Mitte durch ein Gitter geteilt war (diesmal allerdings ohne jene kleine Tür, die es ermöglicht hatte, Johann Ohnefurcht unter vergleichbaren Umständen zu ermorden – die Geschichte war allen noch bestens in Erinnerung). Eduard verlangte, der nächste König von Frankreich zu werden (»wie sie es gewohnt waren«, schreibt de Commynes), entschied sich dann aber doch für das Geld. Die vielbeschäftigten Seeleute, die die Truppen von Calais wieder nach England übersetzen sollten, dürften zumindest abfällig das Gesicht verzogen haben, als die ehrlosen, nun aber steinreichen Heerführer zurück an Bord schlichen.

Bereits zu diesem Zeitpunkt hatte Ludwig XI. seine Position entscheidend gefestigt. Nachdem er seinen mürrischen Bruder überlebt und Eduard IV. ausgezahlt hatte, blieb jetzt nur noch Karl der Kühne. Die interessante Frage ist, ob es Karl womöglich gelungen wäre, sein Reich zu stabilisieren, Lotharingien also faktisch wieder auferstanden wäre, wenn er das Kriegführen rechtzeitig eingestellt hätte. Für einen sehr kurzen Moment existierte ja tatsächlich ein riesiger, burgundisch beherrschter Landbogen von den Somme-Städten bis hinunter an die Schweizer Grenze. Von Arnold von Egmond erwarb Karl die Gebiete, die heute die niederländische Provinz Gelderland bilden (das Herzogtum Geldern, die Grafschaft Zutphen und die sogenannte Veluwe – »das Ödland«). Er kontrollierte die geistlichen Territorien Lüttich und Utrecht (Letzteres umfasste die heutigen Provinzen Utrecht und Overijssel, dazu das damals noch nicht trockengelegte Flevoland), er marschierte in Lothringen und Bar ein, und die Habsburger hatten ihm aus Geldnot bereits den Sundgau (»Südgau«, das heutige südliche Elsass) verpfändet, einen Flickenteppich kleinerer Herrschaften am Oberrhein.

Als die Nachricht von Karls Tod in der Schlacht bei Nancy Ludwig erreichte, konnte dieser sein Glück kaum fassen. Das riesige Reich tanzte vor seinen Augen, denn die einzige Erbin Karls des Kühnen war dessen neunzehnjährige Tochter Maria, »die Reiche«, wie sie nun genannt wurde. Sowohl Ludwig als auch der deutsche Kaiser Friedrich III. hatten einen Sohn, der als Heiratskandidat infrage kam. Doch Maria, die von kühlem, schroffem Wesen gewesen zu sein scheint, hatte eine kluge Beraterin – ihre Stiefmutter Margarete von York, die Schwester Eduards IV. (Das Folgende nur nebenbei: Zu den zahllosen Wundern in der Schatzkammer des Aachener Doms gehört die umwerfend schöne, prunkvolle Krone, die Margarete von York bei ihrer Hochzeit mit Karl dem Kühnen in Brügge trug. Sie wirkt umso beeindruckender, als alle anderen englischen Kronen während des Bürgerkriegs ihrer Edelsteine beraubt und eingeschmolzen wurden.) Margarete war es, die im Strudel der Gerüchte, Nachrichten, Drohungen und Ängste nach Karls Tod die wichtigsten Entscheidungen traf. Allerdings wusste Ludwig dank seines höchst effizienten Botensystems schon am 10. Januar, dass Karl gefallen war, während Margarete und Maria in Gent zwei Wochen später immer noch hofften, er möge mit dem Leben davongekommen sein.

Die lehnsrechtlichen Folgen von Karls Tod waren immens. Ludwig XI. verkündete unverzüglich, dass sämtliche französischen Territorien unter der Herrschaft der Herzöge von Burgund – die Picardie, das Artois, Flandern und das eigentliche Herzogtum Burgund – nun an die Krone zurückfielen. An der Spitze seines Heeres reitend, metzelte er die Garnisonen mehrerer Festungen nieder, um die übrigen zur Aufgabe zu bewegen, und brachte örtliche Grundherren durch Bestechung dazu, gegen die Treuepflicht zu verstoßen, die sie Maria schuldeten. Im Rausch der ersten Monate fiel Stadt um Stadt von der Somme bis Boulogne in französische Hände: Amiens, Arras, Béthune, Lens und der Palast in Hesdin mit seinen munteren Wasserspielen. Französische Truppen marschierten in das Herzogtum Burgund ein, womit dessen Existenz als Vasallenstaat nach über einem Jahrhundert endete. Ludwig fügte das riesige Gebiet seiner mit der Guyenne, dem Berry und der Normandie ohnehin bereits beträchtlichen Sammlung heimgefallener Herzogtümer hinzu. In London schrillten sämtliche Alarmglocken, als sich abzeichnete, dass die Franzosen womöglich auch noch Flandern an sich reißen könnten – doch auch diesmal spielte Ludwig Eduard IV. mit vagen, wertlosen Versprechungen und weiteren Truhen voller Geld auf geradezu brillante Weise aus.

Aber die Gewalt hatte auch eine Kehrseite, wie Ludwig selbst Commynes gegenüber später eingestand: Es war nicht gerade der ideale Weg, der jungen Maria von Burgund den Hof zu machen. Kaiser Friedrich III. erinnerte sich plötzlich wieder an seine Gespräche mit Karl dem Kühnen während der

Belagerung von Neuss, und auch der Herzog von Clarence, Margarete von Yorks Bruder, brachte sich als Heiratskandidat ins Spiel. Margarete wusste jedoch, dass er ein Taugenichts war, und strich ihn kurzerhand von der Bewerberliste (einige Monate später gelangte er zu nachhaltigem Ruhm, als er in einem Fass Malvasierwein hingerichtet wurde). Ludwig sah sich nach seinen brutalen Feldzügen überdies mit der harschen Reaktion der Eliten in den nördlichen Burgunderterritorien konfrontiert, die ihre Privilegien durch die Franzosen akut bedroht sahen. Maria hatte nach dramatischen, emotionalen Verhandlungen am 11. Februar in Gent das »Große Privileg« erlassen, ein Dokument, mit dem sie sich die Unterstützung der Generalstände sicherte, indem sie einen Großteil von Karls repressiven Gesetzen zurücknahm und eine neue Grundlage für ihre Herrschaft über Flandern, Brabant und die restlichen burgundischen Gebiete schuf. Eine Klausel des Vertragswerks besagte beispielsweise, dass ab sofort die Verwaltung der niederländischsprachigen Provinzen in niederländischer Sprache zu erfolgen habe, ein Thema, das schon damals für böses Blut sorgte und uns bis zum heutigen Tag verfolgt.

Margarete war entsetzt über Ludwigs Einmarsch in das Herzogtum. Aber Ludwigs Wunsch, Maria mit seinem eigenen Erben Karl zu vermählen, krankte ohnehin daran, dass Karl erst sieben Jahre alt war und Maria bereits neunzehn. Unter normalen Umständen wäre dieser Altersunterschied lediglich eine der üblichen royalen Absurditäten gewesen, doch nun befand man sich in einer nahezu beispiellosen Notlage, überall herrschte Chaos: Das Herzogtum Geldern erklärte seine Unabhängigkeit, und französische Truppen rückten in die Freigrafschaft Burgund ein, die zum Heiligen Römischen Reich gehörte und auf die Frankreich nicht den geringsten Anspruch hatte. Für diese Herausforderung bedurfte es eines erwachsenen Mannes mit umfangreichen Ressourcen und nicht eines sonderbaren kleinen Dauphins. Maximilian, der Sohn Friedrichs III., war dagegen nur ein wenig jünger als Maria, was bedeutete, dass die beiden in diesem dynastisch äußerst prekären Moment bald Kinder bekommen konnten. Und so heirateten Maximilian und Maria im August desselben Jahres in Gent. Die Habsburger strichen den Hauptgewinn ein, und es begann eine neue Ära.

Commynes, der seine Memoiren rund zwanzig Jahre später verfasste, blickte voller Unglauben und Bestürzung auf diese Zeit zurück. Über vier Generationen hatten die Herzöge ihre Besitzungen ausgedehnt und verwaltet und dort ein Maß an Wohlstand und Sicherheit geschaffen, das nun wie ein ferner Traum anmutete. Und all das Elend, all diese Zerstörung nur, schrieb

Commynes mit Blick auf den vollkommen belanglosen Streit, der Karl überhaupt erst dazu bewogen hatte, seine Aufmerksamkeit auf die südlichen Ausläufer seines Reichs zu richten, »weil einem Schweizer, der durch sein Land zog, von Herrn de Romont ein Karren Schafsfelle fortgenommen wurde«.

Maria die Reiche und die Zukunft der Welt

Die Liebfrauenkirche in Brügge wird momentan aufwendig restauriert, und so herrscht dort ein heilloses Durcheinander aus Kabeln, Plastikverkleidungen, Sperrholzwänden und entschuldigenden Hinweisschildern. Wer sich schließlich in den Chorbereich vorgekämpft hat, steht gerührt vor den beiden gebieterischsten und vornehmsten Bewohnern der Kirche: Karl dem Kühnen und Maria von Burgund, die reglos in ihren Sarkophagen liegen und nicht die leiseste Klage über all das Gebohre und Gehämmer vorbringen können. Karl pflegte sich vor dem Zubettgehen zu entspannen, indem er sich in der abendlichen Stille Geschichten über die großen Feldherren der Vergangenheit vorlesen ließ (nach seiner katastrophalen Niederlage in Grandson wählte sein Narr die riskante Formulierung: »Da wurden wir aber ordentlich gehannibalt, mein Herr!«). Er wäre von dem Trubel ringsum sicher nicht angetan gewesen, aber noch viel mehr hätte ihm missfallen, dass die Besucher von seinem Grab oder dem seiner Tochter kaum Notiz zu nehmen scheinen – alle fotografierten Michelangelos *Madonna*, aber ich sah niemanden, der mehr als einen flüchtigen Blick auf die schlichten und dennoch eindrucksvollen Bronzebildnisse warf oder die kunstvoll gearbeiteten Stammbäume an den Seiten der marmornen Sarkophage betrachtete.

Diese Kirche war einst einer der bedeutendsten Sakralbauten der Niederlande. Die beiden Grabmale stehen Seite an Seite und symbolisieren auf diese Weise den Legitimitätsübergang von den Valois-Herzögen auf die Habsburger. Durch Marias Heirat mit Erzherzog Maximilian fiel das riesige Geflecht von Karls außerhalb des französischen Lehnsbereichs liegenden Territorien an eine Familie, die nicht nur die Kaiser des Heiligen Römischen Reichs stellte, sondern auch über weite Teile Mitteleuropas herrschte, was die Habsburger zu den mächtigsten Fürsten der europäischen Geschichte seit dem römischen Kaiserreich machte. Ihre Ehe währte nur kurz, mit gerade einmal fünfundzwanzig Jahren brach sich Maria bei einem Jagdunfall die Wirbelsäule und starb nur fünf Jahre nach ihrem Vater. Doch man kann mit

Fug und Recht behaupten, dass die Entscheidungen, die sie in ihrem kurzen Leben gemeinsam mit ihrer Stiefmutter Margarete von York traf, den Verlauf der Weltgeschichte prägten – zum Teil durchaus negativ: Hätte sie, wie von Ludwig XI. geplant, dessen Sohn Karl geheiratet, wäre ihr gewaltiges Erbe an die französische Krone gefallen und Frankreich zu einem in sich geschlossenen, leicht zu verteidigenden Superstaat geworden. Durch ihre Ehe mit Maximilian stürzte sie Europa hingegen ins Chaos, und die Streitigkeiten um das Erbe der Burgunder hielten bis weit ins 20. Jahrhundert hinein an. Aber sobald wir von einer Verbindung zwischen Maria und Karl ausgehen, kommen schon vom Moment der Verlobung an – geschweige denn zehn oder zwanzig Jahre später – so viele mögliche Entwicklungen ins Spiel, dass es müßig ist, über die weiteren Folgen zu spekulieren. Fakt ist, dass die Franzosen in den folgenden drei Jahrhunderten versuchten, die Gebiete jenseits ihrer nördlichen Grenze zu erobern, und das hieß: jahrelange zermürbende Kriege, Staatsbankrotte, Aufstände, unzählige Tote und buchstäblich Tausende langweiliger Gemälde, die perückentragende Männer zu Pferde zeigen, wie sie auf dem Schlachtfeld um das kämpften, was Ludwig für ein bisschen Höflichkeit, einen goldenen Ring und ein halbwegs anständiges Büfett hätte bekommen können. Es ist mir nicht gelungen, ein passendes Zitat aufzutreiben, aber irgendein historisch bewanderter Offizier der Revolutionsarmee dürfte eine bissige Bemerkung gemacht haben, als er 1795 *endlich* in Amsterdam einmarschierte.

Maria starb, bevor sich die meisten Wagnisse der habsburgischen Heiratspolitik ausgezahlt hatten, trotzdem war sie, was die Zukunftssicherung anging, weitaus effizienter als ihr Vater, denn sie hatte zwei Kinder zur Welt gebracht: einen Sohn und Erben, Philipp, und eine außergewöhnlich beeindruckende, interessante Tochter, Margarete, auf die ich später noch zu sprechen kommen werde. Elf Jahre nach ihr starb mit siebenundsiebzig Jahren ihr Schwiegervater Kaiser Friedrich III. und verschwand nach einem Leben, das die gesamte Spanne von der Schlacht von Azincourt bis zur Entdeckung Amerikas abgedeckt hatte, in seinem merkwürdigen orangebraunen Grabmal in Wien. Marias Gemahl Maximilian war noch zu Friedrichs Lebzeiten in Frankfurt zum römisch-deutschen König gewählt und in Aachen gekrönt worden, damit er einen Großteil der Amtsgeschäfte des Kaiserreichs von seinem Vater übernehmen konnte. Damit begründete er die Tradition der Habsburger, die Königswahl noch vor dem Tod des aktuellen Herrschers hinter sich zu bringen. Auf diese Weise sicherten sie eine kontinuierliche dynastische

Stabilität und konnten mit der feierlichen Kaiserkrönung durch den Papst warten, bis sie ihnen irgendwann in den Terminkalender passte.

Ich habe mich wirklich bemüht, in diesem Buch nicht endlos über Kriege zu schreiben, aber leider wurde nun einmal endlos Krieg geführt. Durch das Erlöschen der Herzöge von Burgund gewann im Norden erneut jene vertikal verlaufende Linie an Bedeutung, die die faktisch zum Heiligen Römischen Reich gehörenden Gebiete von denen trennte, die Frankreich zur Lehnstreue verpflichtet waren. Der blutige Krieg zwischen Maximilian und Ludwig verwüstete die Region nördlich der Somme. Eine Reihe epischer Belagerungen und Schlachten ruinierte einst wohlhabende Städte, und mit jedem Jahr sank der Wert dessen, was für den Sieger übrig blieb. Verkompliziert wurde die ohnehin schwierige Lage dadurch, dass Marias Erbe auf ihren Sohn Philipp übergegangen war und Maximilian lediglich als Regent agierte. Als Fremder in der Region und in Anbetracht der Tatsache, dass Philipp erst vier Jahre alt war und höchstens vage Vorstellungen vom Lehnswesen hatte, war Maximilians Autorität beim örtlichen Adel eher schwach ausgeprägt. Zudem musste er sich – wie üblich – mit dem rebellischen Gent herumschlagen. Und auch die finanziellen Engpässe, die ihn sein Leben lang verfolgten, machten ihm zu schaffen. Mehr als einmal standen alle schon sorgsam aufgereiht und ausgerüstet in Schlachtordnung bereit, die schicken Kriegsbanner flatterten im Wind, doch dann verbreitete sich das Gerücht, Maximilian sei wieder einmal das Geld ausgegangen – und schon machten sich seine Soldaten auf den Heimweg oder, was noch schlimmer war, begannen angeregt mit der Gegenseite zu plaudern. Am Ende war die Lage so hoffnungslos, dass er, obwohl er jahrelang mit Dürer und anderen sein monumentales Grabmal in Innsbruck geplant hatte, vollkommen mittellos vierhundertfünfzig Kilometer weiter östlich in Wiener Neustadt beigesetzt wurde, wo er bis zum heutigen Tag liegt. In den darauffolgenden Jahrhunderten hat niemand das nötige Geld aufgebracht, um ihn nach Innsbruck zu holen, damit er dort endlich eine würdige letzte Ruhestätte in seinem größten künstlerischen Vermächtnis findet.

Nach vielen Zusammenstößen und Fehlstarts schloss die neue, nicht sonderlich beeindruckende Generation 1493 den sogenannten Frieden von Senlis. Unterzeichnet wurde er von Karl VIII., der seinem Vater als König von Frankreich auf den Thron gefolgt war, und Maximilian in Vertretung seines beinahe erwachsenen, aber noch unmündigen Sohnes Philipp, eines mürrischen Teenagers, der als Philipp der Schöne in die Geschichte eingehen sollte. In dieser Übereinkunft wurde der Anspruch der Habsburger auf die Freigrafschaft

Burgund, das Artois – das vorübergehend in französische Hände gefallen war – und die kleine Grafschaft Saint-Pol bestätigt. Zudem konnten sie die Grafschaft Charolais behalten, ein kleines Gebiet südlich des nunmehr unter französischer Herrschaft stehenden Herzogtums Burgund, dem eine wenig beneidenswerte Zukunft unter ständig wechselnden Herrschern bevorstand, bis es 1760 schließlich endgültig im französischen Staatsgebiet aufging. Die Somme-Städte und Boulogne fielen an Frankreich, wo sie in Zukunft bleiben sollten. Für Flandern hingegen galt das Gleiche wie immer, wenn im Laufe der Geschichte Vereinbarungen bezüglich der Grafschaft getroffen wurden: Die französische Krone stimmte nur unter dem mentalen Vorbehalt zu, dass die Grafschaft eigentlich zu Frankreich gehörte. Und wenn sie nun unter habsburgischer Kontrolle stand, war dies allenfalls mit einem Stück Obstkuchen vergleichbar, das man kühl stellt, bis man es später wieder hervorholt.

Während Karl VIII. seine unsinnige Energieverschwendung fortan auf andere Ziele richtete, konnten die Habsburger ihre Autorität nördlich der französischen Grenzen festigen. Unter den Herzögen von Burgund hatte die Region nach und nach eine eigene Identität entwickelt. Von unschätzbarem Wert hatte sich dabei erwiesen, dass Grafschaften wie Holland und Flandern, die unter normalen Umständen miteinander rivalisiert hätten, gezwungen waren, sich gegen die französische Bedrohung zu verbünden und miteinander zu kooperieren. Ein weiterer fundamentaler Unterschied zwischen Holland und anderen Grafschaften innerhalb des Kaiserreichs – etwa Mark oder Lippe, aber auch größeren Territorien wie der Kurpfalz – bestand darin, dass das Gebiet trotz aller Privilegien und Sonderregelungen in einen dynastischen Rahmen gepresst worden war, in dem es ihm schlicht nicht möglich war, sich beispielsweise Brabant zum Feind zu machen. Die ewigen Streitigkeiten, die den Rest des Heiligen Römischen Reichs nahezu unregierbar machten, waren in den neuen habsburgischen Territorien sehr viel schwächer ausgeprägt – zum einen, weil es ihnen unter den Herzögen nun einmal so zur Gewohnheit geworden war, und zum anderen, weil Regionen wie Holland sehr wohl wussten, dass nur eine enge Bindung an die übrigen habsburgischen Besitzungen sie vor einem Besuch der Franzosen schützen konnte. Maximilian übernahm auch wichtige Institutionen der Burgunder, etwa den Orden vom Goldenen Vlies, in den reichszugehörige Adlige und Verbündete aufgenommen wurden und dessen Ordenskette bei Prozessionen und auf Porträts stets der auffälligste Schmuck am Hals der Habsburgerkaiser war.

Wie seine Mutter starb Philipp der Schöne jung – möglicherweise wurde er vergiftet. Doch wie Maria lebte auch er lange genug, um die europäische Zukunft nachhaltig zu beeinflussen. In einer weiteren sensationell einträglichen habsburgischen Eheschließung hatte er eine der Töchter Ferdinands von Aragón und Isabellas von Kastilien geheiratet und nach einer Reihe unerwarteter Todesfälle überraschend als Philipp I. den spanischen Thron bestiegen. Da er bald darauf starb, war seine Herrschaft nur kurz, doch er und seine Frau hatten sechs Kinder: Kaiser Karl V., Kaiser Ferdinand I., Maria von Ungarn und die künftigen Gemahlinnen französischer, portugiesischer und skandinavischer Könige. Beim Poker wäre ein solches Blatt absolut unmöglich – ein gezinkter Super-Royal-Flush. Vor allem aber bedeutete es, dass Karl V. sämtliche burgundischen, habsburgischen und spanischen Besitzungen erbte, natürlich inklusive Amerika, dessen Potenzial sich unter Philipp allmählich abzuzeichnen begann. Niemand hatte je zuvor über ein so großes Reich geherrscht – und das aufgrund so vieler unvorhersehbarer Zufälle.

Frischer Wind auf der Habichtsburg

Deutsche Historiker des 19. Jahrhunderts redeten gern von den fünf großen »Stammesherzogtümern« des Ostfrankenreichs: Lothringen, Sachsen, Bayern, Franken und Schwaben. Schon der Klang dieser Namen, die an Flügelhelme, ruppige Kampfgefährten, biertriefende Schnurrbärte und Krieger denken ließen, die mit Schwertern gegen ihre Schilde schlugen, um ihrem neuen Häuptling zu huldigen, konnte Wagner-Fans in Ekstase versetzen. Auf jeweils eigene Weise haben die Geister der fünf Herzogtümer bis heute überlebt, doch nur Bayern hat auf Dauer seine politisch stabile Gestalt bewahrt. Schwaben und Lothringen dagegen zersplitterten in zahllose Fragmente, von denen einige in der späteren Schweiz aufgingen.

Im Falle Schwabens fiel dieser galaktische Urknall mit dem chaotischen Zusammenbruch der staufischen Herrschaft in den 1250er Jahren zusammen. Das darauf folgende Interregnum blieb noch lange als entsetzliche Katastrophe in Erinnerung, die das gesamte Kaiserreich in heillose Anarchie stürzte, sodass jeder nur noch darauf bedacht war, seine eigene Haut zu retten. Im fernen Norden des Heiligen Römischen Reichs verschaffte das Chaos Wilhelm II., dem zwischenzeitlich zum – weitgehend ignorierten – römisch-deutschen Gegenkönig gewählten Grafen von Holland, den nötigen Freiraum, sich der Grafschaft Zeeland zu bemächtigen, was in ferner Zukunft noch erhebliche Konsequenzen haben sollte. Natürlich brauchte er eine glanzvolle Residenz, die seinem neuen, wenn auch fragilen Status angemessen war, weshalb er den Binnenhof errichten ließ, die Keimzelle der künftigen Stadt Den Haag. Sein Vorgehen war typisch für die ungeregelten Zustände im gesamten Reich: Überall herrschten Gewalt, Verrat und Ungewissheit. Die Erinnerung an dieses Durcheinander war ein wesentlicher Grund für die relative (aber wirklich nur relative) Disziplin, die das 1273 unter Rudolf I. – dem ersten Herrscher aus dem Hause Habsburg – wiedervereinte Reich kennzeichnete.

In diesen unübersichtlichen Zeiten, als sich von einzelnen Burgen bis hin zu kleineren Verteidigungsbündnissen, deren Mitglieder natürlich ebenso schnell zu gegenseitigen Angriffen übergehen konnten, jeder gegen jeden wandte, zerbrach Schwaben in ein kaum überschaubares Mosaik aus unterschiedlichsten Mikrostaaten. Der allgemeinen Zerstrittenheit zum Trotz schlossen sich drei kleinere Territorien – Uri, Schwyz und Unterwalden – zu einem Bund zusammen, der im Gegensatz zu allen anderen Bestand haben sollte. In gewisser Weise beruhte die Verbindung dieser drei Kerngebiete der künftigen Schweiz auf einem Mangel an Alternativen: Sie lagen inmitten eines schützenden Rings aus dem politisch fragmentierten Rest Schwabens, der nur sehr dünn besiedelten Freigrafschaft Burgund (der Franche-Comté) und dem furchteinflößenden Schwarzwald, der damals noch furchteinflößender wirkte, weil der Rhein, der ihn begrenzte, erheblich breiter und reißender war als heute. Gleichzeitig erfolgte ihr Bündnis als Reaktion auf eine ernsthafte Bedrohung.

Den eigentlichen Anstoß zur Kooperation der verschiedenen Bergtäler gab Rudolf I., dessen Stammburg (die Habsburg, wo die Geschicke der Familie ihren Ausgang nahmen) mit ihren ausgedehnten Ländereien im damaligen Schwaben lag. Ungeachtet ihrer geringen Größe verfügte jede der drei Schweizer Gemeinschaften über einen besonderen Trumpf. Uri beispielsweise kontrollierte den Zugang zum Gotthardpass, dessen Schlüssel es dem von Geldsorgen geplagten letzten Stauferkaiser abgekauft hatte. Wie bereits erwähnt, wirkte die Öffnung der Alpenpässe wie ein Zauberstab, vergleichbar dem Kunststück der Holländer, die den Meeresboden auffüllten und in fruchtbares Ackerland verwandelten. Das eindrucksvollste Beispiel für die segensreiche Wirkung des neuen Handelswegs war Luzern, das innerhalb weniger Jahr fast dieselbe Größe erreichte wie zu den verrückten Zeiten seiner touristischen Blüte im 19. Jahrhundert. Es war das Schicksal der Habsburger, dass sie sowohl als regionale Grundherren wie auch in ihrer Eigenschaft als Kaiser in endlose Auseinandersetzungen mit diesen unabhängigen, streitlustigen Bergvölkern verstrickt wurden. Falls jemals Zeitreisen erfunden werden sollten (was leider per Definition nicht sein darf, da es ansonsten in unseren Geschichtsbüchern nur so von in Alufolie gewickelten Wichtigtuern wimmeln würde, die bei der Schlacht von Hastings Bazookas an die Gefolgsleute von König Harald verteilen, und dergleichen Unsinn mehr), dann könnte der Auftrag des ersten Reisenden womöglich darin bestehen, einen kurzen Ausflug ins Spätmittelalter zu machen und den Habsburgern und Burgundern zu raten, sich lieber nicht mit den Schweizern anzulegen.

Die Habsburg, im heutigen Schweizer Kanton Aargau gelegen, gibt es immer noch. Ein hübscher Spazierweg führt vom Städtchen Brugg durch den Wald zur Burg, die dräuend über dem Tal der geradezu künstlich blau leuchtenden Aare thront, kurz bevor diese in den herkömmlicher gefärbten Rhein mündet. Ich habe mich so viele Jahre mit der Familie der Habsburger beschäftigt und über sie geschrieben, dass es mir fast ein wenig abgedroschen erschien, nach all der Zeit endlich vor der ursprünglichen »Habichtsburg« zu stehen, nach der sich das Geschlecht benannt hatte. Halb rechnete ich mit Sphärenklängen, einem Regenbogen und einer Art Gedenkbecher, doch in Wirklichkeit wirkte die Burg mit der kleinen Caféterrasse und einer Handvoll Informationstafeln eher trist.

Die Beziehungen zwischen den Habsburgern und den künftigen Schweizern hatten einen großen Einfluss auf die Identitätsbildung beider Seiten – jedoch nur für Letztere in positivem Sinne. Während im Süden der Habsburgerterritorien die Schweizer lauerten, erstreckte sich ihr Einfluss im Osten bis nach Tirol. Dann folgte der »Schutzraum« Bodensee, und im Norden reichten ihre Besitzungen über die Habsburg hinaus in die Region mit dem seltsamen Namen »Vorlande« (»Vorderösterreich«), die im 14. Jahrhundert Orte wie Belfort, mehrere Herrschaften im Elsass sowie Freiburg im Breisgau und die »Waldstädte« am Südrand des Schwarzwalds umfasste. Dadurch konnten die Habsburger, schon bevor sie von 1452 an dauerhaft zu Kaisern des Heiligen Römischen Reichs wurden, auf ein weit verzweigtes Netz von Freunden, Nachbarn und Söldnertruppen zurückgreifen, wenn sie es mit den Schweizern aufnehmen wollten.

Doch jeder dieser Versuche endete unweigerlich mit einer Demütigung. Eine Spezialität des lotharingischen Partikularismus bestand darin, den

Mächtigen ihre Grenzen aufzuzeigen, und das gelang im Süden ebenso gut wie überall sonst. Generationen säbelrasselnder, bärtiger Oberbefehlshaber dürften beim Blick auf die Landkarte lauthals gelacht und sich freudig die Hände gerieben haben, weil sie glaubten, es werde ein Leichtes, diese kleinen, verstreuten Gebiete zu unterwerfen. Aber weit gefehlt! Eines der Klischees über die Schweizer besagt, es gebe einen Zusammenhang zwischen ihrer ausgeprägten Disziplin und Zielstrebigkeit und ihrer besonders strikten Auslegung des Protestantismus. Dabei haben sie beinahe den gesamten Schaden, den sie Europa zufügten, im 14. und 15. Jahrhundert als brave, herkömmliche Katholiken angerichtet. Der Schweizer Umgang mit der Helmbarte – einem sehr langen Stab mit rasiermesserscharfer, gebogener Klinge am oberen Ende – verwirrte die Blüte des schwäbischen Ritterstands derart, dass die kostbar ausgerüsteten Adligen reihenweise wie Schlachtvieh am Spieß endeten.

Wie bei den Franzosen, die von englischen Bogenschützen niedergemäht wurden, dauerte es auch hier erstaunlich lange, bis die unterlegene Seite auf ihren technischen Rückstand reagierte. Nach einer Weile muss es für beide Parteien ein eher langweiliges Spektakel gewesen sein, wenn sich wieder einmal ein schwäbischer Graf in seinen stählernen Plattenharnisch warf, sich mit farbenfrohen Wappen schmückte, diverse Lederutensilien anlegte und sich das Zeichen der Gunst seiner Dame um den Arm knotete. So galoppierte der seit frühester Kindheit im spielerischen Schwertkampf und dem Führen eines Streitrosses geübte Graf dann in Richtung der Schweizer Grenze. Der kernige Appenzeller Bauer aß währenddessen gelassen sein köstliches Käsebrot, spuckte in die Hände, packte seine Helmbarte und erwartete seelenruhig den sicheren Sieg. Mit der Zeit gingen den Habsburgern die motivierten Ritter aus, und so schickten beide Seiten schließlich große Haufen dieser Hellebardiere ins Feld, die unter wildem Hauen und Stechen aufeinander losgingen. Das erste Heer, das in einer solchen Schlacht ins Stocken geriet, wurde auf der Stelle überrannt, und es war nahezu unvermeidlich, dass in einem Gefecht zwischen bunt zusammengewürfelten Söldnern und Vasallentruppen auf der einen und Bürgersoldaten, die ihre Familien und Höfe verteidigten, auf der anderen Seite Erstere schneller die Lust verloren und folglich aufgespießt wurden.

Sämtliche Invasionsversuche der Habsburger prallten an den Schweizer Grenzen ab. Da im gesamten Heiligen Römischen Reich ständig kleinere Aufstände erfolgreich niedergeschlagen wurden, erregte die unbeugsame

Entschlossenheit des Schweizer Widerstands in diesen Konflikten allseits ungläubiges Erstaunen. 1315 kam zunächst Herzog Leopold I. von Österreich angaloppiert, doch seine Truppen wurden in der Schlacht am Morgarten vernichtend geschlagen und seine Ritter niedergemetzelt. 1386 war Herzog Leopold III. von Österreich an der Reihe, der eigens einen Sensentrupp mit sich führte und auf dem Weg von Brugg in Richtung Süden alle Ernten zerstören ließ. In der Schlacht bei Sempach töteten die Schweizer dann nicht nur Leopold selbst, sondern auch viele seiner Adligen und den Großteil seiner Fußsoldaten (darunter höchstwahrscheinlich auch diejenigen, die dummerweise statt Waffen nur landwirtschaftliches Gerät dabeihatten). 1415 fiel der Aargau mitsamt der Habsburg an die Schweizer, die ihn nie wieder hergaben. 1460 eroberten sie den Thurgau – die Region östlich von Zürich –, ein Zugewinn, der ihnen hübsche Grundstücke mit Blick auf den Bodensee bescherte. Nachdem sie 1477 in Nancy mit dem Sieg über Karl den Kühnen die Geschichte Europas verändert hatten – ironischerweise diesmal zugunsten der Habsburger –, amüsierten sie sich 1499 sechs Monate lang damit, sämtliche Truppen zu massakrieren, die Maximilian I. ihnen schickte. Nach der katastrophal verlaufenen Schlacht bei Dornach, in der sogar Maximilians Oberbefehlshaber fiel, beschlossen die Habsburger, von nun an einfach so zu tun, als existierten die Schweizer gar nicht. Sie gestanden diesen widerspenstigen Schwaben zu, sich nicht länger als Teil des Heiligen Römischen Reichs zu betrachten, entließen sie jedoch nicht in die Unabhängigkeit, sondern in eine Art »Von denen haben wir seit Ewigkeiten nichts mehr gehört, und darüber reden wir auch nicht«-Schwebezustand. Zum Abschluss des Nordschweizer Dramas nutzten auch noch Basel und Schaffhausen den Umstand, dass Maximilians Kampfgeist nach Dornach erschöpft war, und verschwanden in Richtung Eidgenossenschaft.

Ein über die Jahrhunderte hinweg nicht zu unterschätzender Vorteil der Schweizer – den sie später mit den Niederländern gemeinsam haben sollten – bestand darin, dass sie trotz ihrer unbestreitbaren Bedeutung für die Habsburger doch von weitaus geringerem Interesse waren als andere Schwerpunkte der Familie. Wenn sie tatsächlich einmal in den Fokus kaiserlicher Vergeltungsmaßnahmen gerieten, gelang es ihnen, die Invasoren abzuwehren. Aber oft genug konnten sie sich einfach darauf verlassen, dass dem Heiligen Römischen Reich das Geld ausging oder es anderswo wichtigere Schlachten zu schlagen gab. Friedrich IV. beispielsweise, genannt »Friedl mit der leeren Tasche«, der Sohn Herzog Leopolds III., sah sich in den Jahren nach 1410 mit einer derartigen Flut von Problemen konfrontiert, dass es nur eine Demütigung unter vielen war, als auch er mehrere kleinere Gebiete an die Schweizer verlor. Für die Schweizer hingegen bedeutete jeder einzelne dieser Coups eine Lehrstunde in Sachen Bürgersinn. Trotz gelegentlich mit Gewalt ausgetragener Unstimmigkeiten bewährte sich ihr ursprünglicher Bund, und so erwies es sich als sinnvoll, diesen auszuweiten, wobei sich jedes neue Mitglied seiner umfassenderen Verantwortung bewusst war. Kurioserweise wurde die Eidgenossenschaft so quasi zu einer Miniaturversion des Habsburgerreichs – mit Zwistigkeiten darüber, welches Feld zu welchem Kanton gehörte, mit städtischen Oligarchien, die rücksichtslos ländliche Regionen ausbeuteten, und mit bösem Blut zwischen einzelnen Mitgliedern, die sich manchmal über Jahrhunderte befehdeten. Doch das Gebilde, das sich letztlich zu der Schweiz entwickeln sollte, wie wir sie heute kennen, war ein faszinierendes Experiment ohne jede Einwirkung von Adel oder Königen. Und genau deshalb schwebte es wie ein permanentes Fragezeichen über den Herrschaftsformen im restlichen Europa. Im Süden Deutschlands wurde eine dicke schwarze Linie gezogen, die nicht mehr überschritten werden durfte und die durch die Friedensvereinbarungen von 1499 dauerhafte Gültigkeit erhielt. Woraufhin sich im folgenden Jahrhundert ein anderes Geflecht aus Städten, Grafschaften und geistlichen Territorien am erheblich flacheren, dafür deutlich wasserreicheren nördlichen Ende Lotharingiens mit ähnlichen Schrecken und Perspektiven konfrontiert sah.

»Hüte dich, hüte dich, Gott sieht!«

Zu den weniger bedeutenden Ereignissen des unheilvollen Jahres 1567 gehörte die Suche von Sonderbeauftragten des Herzogs von Alba nach Hieronymus Boschs Gemälde *Der Garten der Lüste*. Dieses befand sich im Besitz der Grafen von Nassau, deren Vorfahren es vermutlich Ende des Jahrhunderts zuvor auch in Auftrag gegeben hatten. Nun aber hatten die Grafen es aus ihrem Palast in Brüssel fortgeschafft und vor den spanischen Besatzern versteckt. Albas Gesandte ergriffen deshalb den Vorsteher des Palasthaushalts und folterten ihn beinahe zu Tode. Der Herzog selbst besaß eine nach dem Gemälde angefertigte Tapisserie (gewissermaßen das Äquivalent einer verschmierten Fotokopie), und zweifellos hatte das Werk etwas, das die Menschen verrückt machte. Die Folter jedenfalls muss gewirkt haben, denn im darauffolgenden Jahr befand sich das große Triptychon auf dem Weg nach Madrid, wo es seitdem aufbewahrt wird.

Boschs Gemälde lassen niemanden unberührt. Wahrscheinlich schreibe ich dieses Buch überhaupt nur, weil ich mit sechzehn in einem Buchladen gearbeitet habe, in dem in der Nähe der Kasse zufällig eine prächtig ausgestattete Gesamtausgabe von Boschs Werken mitsamt denen seiner Epigonen lag. Mein Interesse an den Habsburgern wurde dann durch meinen ersten Besuch in Wien geweckt. Die Stadt hat mich regelrecht überwältigt, und obwohl ich gern behaupten würde, dass ich mich aufgrund meiner Begeisterung für Musil und Mahler auf die Reise begeben hatte, war es in Wirklichkeit die Tatsache, dass in Wien Boschs *Weltgericht* und – in meiner persönlichen Rangliste unmittelbar dahinter stehend – Pieter Brueghels *Turmbau zu Babel* zu sehen waren. Erst vor zwei Jahren unternahm ich endlich eine Pilgerfahrt nach s'-Hertogenbosch. Die Aussicht darauf erfüllte mich im Vorfeld mit leiser Besorgnis. Ich beschäftigte mich schon so lange mit allen möglichen Details aus Boschs Werken, dass ich irgendwie davon ausging, in seiner Heimatstadt die lichtdurchflutete, mit Türmchen gespickte, soghafte Atmosphäre seiner Werke vorzufinden. Und zugleich fürchtete ich, sie könne stattdessen von Dingen wie Ampeln und Dönerläden dominiert sein. Nachdem ich den ersten Schock (Ampeln und Dönerläden) überwunden hatte, war die Stadt ganz genauso, wie sie sein sollte, nämlich ein realer Ort mit einer faszinierenden Geschichte. Ein Großteil der militärischen Befestigungsanlagen ist noch erhalten, und eine spektakuläre Reihe von Wässerwiesen sieht noch genauso aus wie im 17. Jahrhundert: Sie sind auf einem Gemälde der Belagerung von 1629 zu sehen, die dazu führte, dass 's-Hertogenbosch heute niederländisch ist und nicht belgisch. Doch auch Künstler müssen nun einmal *irgendwo* leben, was nicht bedeutet, dass ihre persönliche Sicht der Welt in eigentümlicher Weise auf den Ort selbst abfärbt oder sein Äußeres prägt.

Hieronymus Boschs richtiger Name lautete Jheronimus van Aken, doch als Signatur verwendete er eine etwas klassischere Version seines Vornamens, ergänzt um die heute noch gebräuchliche Kurzform des Namens seiner Heimatstadt: Den Bosch. Auf Englisch könnte man ihn auch Jerry Wood nennen, aber das wäre dann doch ein wenig albern. Der Name 's-Hertogenbosch bedeutet »Wald des Herzogs« und geht auf den Gründer der Stadt zurück, den energischen, unsteten Kreuzfahrer Heinrich I., Herzog von Brabant und Niederlothringen, der im frühen 13. Jahrhundert eine ganze Reihe von Städten gründete, um seine Besitzungen auszudehnen und zu sichern.

Hieronymus Bosch starb 1516, nur ein paar Jahre vor Kaiser Maximilian, und obwohl es in dieser Zeit bereits reichlich Kommunikation, Bürokratie, Korrespondenzen und Tagebücher gab, wissen wir nur sehr wenig über ihn. Er muss auch damals schon für Aufsehen gesorgt haben, doch zugleich war er von vielen außergewöhnlichen Künstlern umgeben, die mit anderen Mitteln arbeiteten. Seine Bilder waren lediglich *eine* Form des Ausdrucks für jenen alles verzehrenden Schmerz über den Sündenfall, der sich ebenso im privaten Gebet, im Gesang, in Prozessionen, Predigten, wohltätigen Werken, dem Bau, der Erhaltung und der Verschönerung von Kirchen, in Gebetskreisen von Verwandten und Freunden sowie im Gottesdienst offenbarte. Bosch zielte in seinen Gemälden nicht auf eine ästhetische Reaktion, vielmehr sollte der Betrachter auf die Knie sinken und über sein Schicksal in einer gefallenen Welt nachdenken. Eine Frau, die beschloss, den Rest ihres Lebens in einem Beginenhof zu verbringen, Kranken beizustehen und in der Bibel zu lesen, war ein lebendiges, menschliches Äquivalent zur Leinwand, zum Holz und der Ölfarbe von Boschs *Heuwagen* – wenngleich sie im Gegensatz zu ihm mit einem Medium arbeitete, das keinerlei greifbare Spuren hinterlassen hat.

Vieles hängt von der Frage ab, ob Bosch Humor hatte oder nicht. Dienten seine Visionen von Hölle und Höllenqualen der Unterhaltung, oder waren sie ernst gemeint? Mit Anfang fünfzig stellte ich mit einer gewissen Befriedigung fest, dass sich mein Interesse an den drastischeren Elementen in Boschs Gemälden endlich gelegt hatte. Ein nackter Vielfraß, dessen Mund für immer und ewig mit den in einem Fass gesammelten Exkrementen eines Ghuls gefüllt wird, ist zweifellos ein eindrucksvolles Bild, doch wahre, dauerhafte Größe erwarb Bosch nicht als Erfinder von Grotesken, sondern als Maler des abgründig Schönen – als visuelles Pendant zu Milton. Allein seine Vögel: Wie konnte er sich nur so viele verschiedene kleine Vögel oder vogelähnliche Kreaturen ausdenken? Oder seine Pflanzen: Wie um alles in der Welt kam er auf die eierähnliche, dornige Pflanze auf dem Bild *Johannes der Täufer in der Einöde*, die netterweise sowohl Heuschrecken als auch wilden Honig produziert? Und seine Vorstellungen vom Himmel: eine Art lichterfüllter Kegel oder ein Ort, aus dem Luzifers aufständische Gefährten verstoßen werden und sich im Sturz in große Insekten verwandeln! Darüber hinaus hat er die großartigsten Posaune spielenden Engel aller Zeiten erfunden, die beinahe unsichtbar über dem Chaos des *Weltgerichts* schweben. Es sind solche fröhlichen Geschöpfe, die irgendwie Unterhaltung und Ernst miteinander in Einklang bringen – Hunderte kleiner Details, die wie überflüssige Bravourstücke erscheinen könnten, aber das allzu Selbstverständliche erst sensationell machen. Mit Sicherheit würde Hieronymus Bosch trotz harter regionaler Konkurrenz auch den Wettbewerb um die beste Darstellung des Garten Eden gewinnen (außerdem entwarf er Prunkwagen für den Karnevalsumzug der Stadt, von denen nicht die geringste Beschreibung erhalten ist, aber man darf getrost davon ausgehen, dass sie absolut fantastisch und die besten Karnevalswagen waren, die jemals gebaut wurden).

Der einzige Schlüssel zum Verständnis von Boschs Werk, der sich in 's-Hertogenbosch selbst finden lässt, ist die riesige, seltsam zusammengeschustert wirkende Sankt-Johannes-Kathedrale. Zu Boschs Lebzeiten wurde der Vorgängerbau abgerissen und die neue Kathedrale errichtet. Das Ergebnis ist ein fantastisches Labyrinth gotischer Kuriositäten. Noch heute dominiert der Bau das Stadtbild, aber zum Zeitpunkt seiner Entstehung muss er alles menschliche Streben in den Straßen der Stadt überragt haben. Und genau das war das Ziel der Einwohner: ein Bauwerk zu schaffen, das so groß, prächtig und teuer war, finanziell derart ruinös, dass keine übernatürliche Instanz verkennen konnte, zu welchen Opfern die Stadt für ihre Erlösung bereit war. So, wie auch Bosch es ins Zentrum seines Gemäldes *Die sieben Todsünden und Die vier letzten Dinge* hineingeschrieben hatte: »Hüte dich, hüte dich, Gott sieht.« Ein Satz, der nach der Reformation eine gehörige Bedeutungsverschiebung erfahren sollte.

Gut ein Jahr nach Boschs Tod schickte Luther 1517 dem Erzbischof von Mainz seinen berühmten Brief mit den *Fünfundneunzig Thesen*, und schon bald war das, was Gott in den von Gemälden und Weihrauch erfüllten Kathedralen sah, in den Augen der striktesten Reformer schierer Bombast und Ausdruck grotesken menschlichen Hochmuts. Statt in gigantische, vielschichtige Gesamtkunstwerke wie die Sankt-Johannes-Kathedrale zu investieren, wollten sie den Kirchenbau in seiner radikalsten Ausprägung künftig darauf beschränken, die Gläubigen vor Regen zu schützen. Damit geriet eine ganze Empfindungswelt unter Beschuss.

Während die aktuelle Sankt-Johannes-Kathedrale gebaut wurde, lagen solche Ideen noch in einer unvorstellbaren Zukunft. Maximilian I. hielt in der Kathedrale eine Zusammenkunft des Ordens vom Goldenen Vlies ab, von der ein bemalter Schild erhalten blieb. Dieser war eigentlich für Eduard IV. von England vorgesehen gewesen, der jedoch bedauerlicherweise nicht an dem Treffen teilnahm. Die kalligrafisch gestaltete Inschrift auf dem Schild passt zu der auf Boschs Gemälde *Das Steinschneiden*, was darauf schließen lässt, dass es zumindest in diesem Fall eine Zusammenarbeit zwischen ihm und Pierre Coustain, dem Maler des betreffenden Schildes, gab. Der berühmteste und reizvollste Schmuck der Kathedrale sind Dutzende Statuen von Sündern, die über die Strebebögen dem Himmel entgegenklettern. Als die stark verwitterten Figuren bei Restaurierungsarbeiten durch neue steinerne Kopien ersetzt wurden, traf man die kluge Entscheidung, die Originale in einem kleinen Museum neben der Kathedrale auszustellen. Wir werden nie erfahren, ob Bosch an der Schaffung dieser Statuen beteiligt war. Ich jedenfalls stelle mir gern vor, wie er und der unbekannte Bildhauer miteinander um die faszinierendsten und bizarrsten Effekte wetteiferten – jeder in seinem Medium. Es gibt kaum ausdrucksstärkere Kunstwerke als Bildnisse, die für große Höhen entworfen wurden und, nachdem sie jahrhundertelang der Erosion und dem Rauch ausgesetzt waren, schließlich heruntergeholt werden und aus der Nähe betrachtet werden können. Karl der Große in Zürich ist ein beeindruckendes Beispiel dafür, aber auch im Museum in 's-Hertogenbosch sind die wunderlichsten Gestalten versammelt: Da ist etwa ein Mann, der sich vor Schmerzen so weit nach hinten krümmt, dass sein Rücken einen Bogen beschreibt und sein Gesicht in die Höhe weist, dazu ist er, wie zum Hohn, mit eleganten Schuhen und einem geschlitzten Wams bekleidet. Es gibt einen geflügelten Drachen, auf dessen Rücken ein zweites Monster hockt, ein Einhorn, das einen Drachen tötet, ein sich kratzendes langohriges Monster, einen auf den Knien kriechenden Mönch, einen Teufel mit einem Buch, einen Bären mit einem Bienenstock, eine Frau, die von einem Wilden Mann gefesselt wird, einen heulenden Hund und einen Geigenspieler. Und kaum ist dem Betrachter bewusst geworden, dass die niederländische Bildhauerei im 15. Jahrhundert ebenso großartig war wie die Malerei dieser Region, präsentiert ihm das Museum unversehens eine alte Statue von Gottfried von Bouillon und einen Rinderkiefer, der im 13. Jahrhundert als Schlittschuh benutzt wurde, was zu einer weiteren Erleuchtung führt: Mit einem Mal bemerkt man auf unzähligen niederländischen Eis- und Schneegemälden, dass sich die Schlittschuhläufer tatsächlich Kiefer unter die Füße gebunden haben. In diesem Museum kam ich mir vor wie hinter der Bühne eines chaotisch geführten Theaters, wo sich die alten Requisiten längst vergessener Aufführungen stapeln (ganz zu schweigen davon, dass niemand über die Verwendung leichterer Materialien nachgedacht hat).

Eine der zahlreichen Eigentümlichkeiten der kletternden Figuren besteht darin, dass sie an ihrem ursprünglichen Standort auf dem Dach kaum zu erkennen waren. Vor allem in einer Welt vor der Erfindung des Teleskops war ihre Wirkung eher begrenzt. Doch letztlich (und das ist einer der Momente, in denen die Vergangenheit für uns schwer nachvollziehbar wird) handelte es sich bei den Statuen um rein religiöse Objekte, entscheidend war nicht, sie zu bewundern, sondern nur, sie herzustellen oder für ihre Herstellung zu bezahlen. Tatsächlich waren große Teile der Kathedralen für die meisten Betrachter seit jeher unsichtbar, und für die Handwerker, die die Fialen oder die kleinsten Einzelheiten des Chorgestühls schufen, lag der Wert ihres Tuns nicht im Ergebnis, sondern in der Arbeit selbst. Hieronymus Bosch empfand zweifellos das Gleiche in Bezug auf seine Bilder: Das Malen an sich war ein religiöser Akt und sein grenzenloser Einfallsreichtum eine Gabe Gottes. Einige seiner Gemälde waren dazu bestimmt, vor den Augen der Gläubigen in Kirchen ausgestellt zu werden (auch wenn sie oft nur zu bestimmten Feiertagen gezeigt wurden), andere wiederum dienten dem intimen Gebet. Nur wenige ausgesuchte Freunde und Gäste der Grafen von Nassau hatten Zugang zum *Garten der Lüste*. Es war eine Welt voller seltener Kostbarkeiten, geprägt von einer Ästhetik, die unserer eigenen fast vollkommen fremd ist.

Fünf turbulente Jahrhunderte sind seitdem vergangen, was den Seltenheitswert dieser Kostbarkeiten noch erhöht hat. Es gibt quälend verführerische Hinweise auf verlorene Gemälde von Hieronymus Bosch. In einer Genter Kirche hing eine große, aufwendig gestaltete *Kreuztragung Christi*, die wir durch eine 1556 angefertigte Zeichnung kennen, wenngleich der Künstler Boschs Figuren in einen sehr viel geschmeidigeren Renaissancestil übertrug. Trotzdem wird deutlich, dass es sich um ein überwältigendes Werk gehandelt haben muss – rund dreißig Figuren in kunstvollen Rüstungen mit Fahnen, Posaunen und merkwürdigen Speeren. Es wurde so gut wie sicher während des protestantischen Bildersturms zerstört. Das gleiche Schicksal könnte auch den Flügelaltar mit einer Darstellung der *Schöpfung der Welt in sechs Tagen* ereilt haben, die Bosch gemeinsam mit seinem älteren Bruder für die Sankt-Johannes-Kathedrale anfertigte. Stellen Sie sich vor, wie herrlich diese Bilder gewesen sein mögen. Doch sie sind ebenso unwiederbringlich verloren wie ein großes *Jüngstes Gericht*, das Philipp der Gute bei Hieronymus Bosch in Auftrag gab, als er sich während eines Feldzugs gegen das Herzogtum Geldern in 's-Hertogenbosch aufhielt. Begleitet wurde Philipp bei dieser Gelegenheit von seinem guten Freund Heinrich III., dem Grafen von Nassau und Herrn von Breda, für den oder für dessen Onkel und Vorgänger der

Garten der irdischen Lüste angefertigt wurde. Einige Jahre nach Heinrichs Tod gelangte das Gemälde in den Besitz seines Neffen Wilhelm der Schweiger, einem der Anführer des niederländischen Aufstands gegen die Spanier. Es mag zynisch klingen, aber ohne die fanatische Gier des Herzogs von Alba, mit dessen brutalem Vorgehen dieser Abschnitt begonnen hat, wären wahrscheinlich noch viel mehr von Boschs Werken zerstört worden. Manches bleibt in dieser Geschichte mysteriös. Der erste kunsthistorische Verweis auf das Bild findet sich in einem Bestandsverzeichnis aus dem Jahr 1593: »Ein Abbild der Vielfältigkeit der Welt, das sie *Die Erdbeere* nennen.« So ist also selbst sein heute üblicher Name eine jüngere Erfindung und führt auf eine falsche Spur.

Wahrscheinlich werde ich (wie so viele andere auch) mein Leben lang immer wieder über diese wunderschönen, rätselhaften Gemälde nachdenken. Erst kürzlich ist mir etwas Eigenartiges auf dem Bild *Der Hausierer* aufgefallen: Auf einem Hügel im Hintergrund erhebt sich dort ein Galgen. Wenn man jedoch die Perspektive berücksichtigt, muss dieser Galgen mindestens hundert Meter hoch sein und kann höchstens dazu gedient haben, einen Riesen oder einen Wal zu hängen. Was geht da vor sich? Wir werden es nie erfahren.

Viele Verwendungsmöglichkeiten für Papier

In Basel gibt es eine wunderschöne, von einem moosbewachsenen, donnernden Wasserrad angetriebene Papiermühle. Im Innern des Gebäudes kann man den Verlauf der verschiedenen mit dem Rad verbundenen Wellen verfolgen, die die Hämmer heben und senken, mit denen die Lumpen zu Papier zerstampft werden – vermutlich der einzige technische Vorgang, den ich jemals wirklich begriffen habe. Zu sehen, dass Papier in seiner flüssigen Form fast genauso aussieht wie Pfannkuchenteig, stellte eine äußerst befriedigende Verbindung zwischen zwei großen Leidenschaften meines Lebens her. Im Rest der Mühle informierten Schautafeln über die zahlreichen Verwendungsmöglichkeiten von Papier. Leider wurde der erfreuliche Gesamteindruck durch Ausführungen dazu ruiniert, wie unterschiedlich Amerikaner und Europäer Toilettenpapier verwenden. Ich weiß nicht, ob die diesbezüglichen Informationen zutreffend waren, aber ich weigere mich, an dieser Stelle näher darauf einzugehen.

Die Papiermühle ist Basels größter Trumpf im anhaltenden Streit zwischen Mainz, Straßburg und Basel darüber, welche der drei Städte die bedeutendste Rolle bei der Erfindung und Verbreitung des Buchdrucks gespielt hat. Die genauen Einzelheiten werden wohl für immer ungeklärt bleiben. Tatsächlich pendelte Johannes Gensfleisch – besser bekannt als Johannes Gutenberg – zwischen Mainz und Straßburg hin und her, was für die endgültige Zuordnung wenig hilfreich war und es steifen Lokalpatrioten des 19. Jahrhunderts in beiden Städten erlaubte, Gutenberg-Statuen aufstellen zu lassen. Es trifft ebenfalls zu, dass sich Basel sehr früh zu einem wichtigen Zentrum der Buchdruckerkunst entwickelte. Aber das war in vielen anderen Städten ähnlich. Die Geschwindigkeit, mit der sich der Buchdruck nach 1440 in ganz Europa verbreitete, ist auch aus heutiger Sicht immer noch atemberaubend. Innerhalb einer Generation war die Haltung zu Büchern eine vollkommen andere geworden. Der aus englischer Sicht wichtigste Beteiligte an diesem Prozess war der bereits erwähnte William Caxton, der in Brügge in Diensten Margarete von Yorks stand und wohl während einer Reise nach Köln erstmals eine Druckerpresse sah.

Gutenbergs Erfindung speiste sich aus zahlreichen Quellen. Er selbst war Goldschmied, doch eine vergleichbare Präzision war in vielen Lebensbereichen des 15. Jahrhunderts zu beobachten – auch der Einbau eines Karrenrads (oder eines Mühlrads) erforderte genaues Arbeiten, wenngleich in einem sehr viel größeren Maßstab, und ein Plattenharnisch bestand aus einer Vielzahl minutiös gefertigter Einzelteile. Meine persönliche Vermutung – die ich allerdings durch nichts belegen kann – ist, dass ein entscheidender Ansporn für diesen Zuwachs an Präzision auf sämtlichen technischen Gebieten in dem das ganze Jahrhundert durchziehenden Wettstreit um eine immer größere Akkuratesse beim Bau von Schusswaffen zu suchen ist, wo eine Abweichung von wenigen Millimetern dazu führen konnte, dass dem Schützen brennende Gase um die Ohren flogen oder gleich die ganze Waffe explodierte. Außerdem ist bekannt, dass Gutenberg bei seinen ersten Versuchen mit einer Weinpresse experimentierte, eines der entscheidenden Elemente seiner Erfindung also bereits vorhanden war.

In unserer Vorstellung führt eine direkte Linie von der Erfindung des Buchdrucks zur Reformation: die neue Technik, die die Autoritäten narrte und das Wort Gottes auf eine Weise verbreitete, die einfach nicht einzudämmen war. Die berühmte Begegnung zwischen Kaiser Karl V. und Martin Luther 1521 in Worms (welche in einem eindrucksvollen Gebäude gleich neben dem Dom stattfand, das leider 1689 von den Truppen Ludwigs XIV. niedergebrannt wurde) gerät so zu einer Machtprobe zwischen hierarchischer, mittelalterlicher, lateinischer Steifheit und einer allgemeinsprachlichen, modernen, volksnahen Zukunft. Penibel illuminierten Manuskripten stehen billige, unterhaltsame Drucke gegenüber, die den von Teufeln verspotteten Papst zeigen. Gleichzeitig vollzieht sich hier der Übergang zwischen zwei Welten: auf der einen Seite die Unwissenheit des »finsteren« Mittelalters, auf der anderen Menschen, die in fesselnden Romanen schmökerten.

Es steht außer Frage, dass Karls Entscheidung, in Worms die Reichsacht über Luther zu verhängen, weitreichende Folgen für die Zukunft Europas hatte. Ebenso steht außer Frage, dass diese Folgen durch Gutenbergs Erfindung beeinflusst wurden und ihre größte Wirkung in den Regionen entlang des Rheins entfalteten. Doch die damaligen Ereignisse umfassten weit mehr als nur einen Streit zwischen Luther und dem Papst über die künftige Ausrichtung der Moderne. Verständlicherweise wünschen wir uns eine Geschichte im Stil von *Frankensteins Kampf gegen die Teufelsmonster*, und auch der Protestantismus vertritt nur allzu gern diese Position (obwohl die protestantische Bewegung selbst in unzählige Einzelkirchen zersplitterte), aber so ist es nie gewesen. Schon vor Worms, also in einer Zeit vor dem vermeintlichen Sündenfall, litt das Christentum unter ernsten Problemen, die nicht das Geringste mit dem Buchdruck zu tun hatten. Zu den offenkundigen gehörte, dass es seit jeher gespalten war, auch wenn man es in Westeuropa vorzog, so zu tun, als existiere die Ostkirche gar nicht, und sich jedes Mal die Ohren zuhielt und laut vor sich hin summte, wenn aus Konstantinopel Andeutungen zu hören waren, Rom sei doch bloß ein unerfahrener, geradezu lächerlicher Ableger der wahren Kirche. Zum großen Teil waren die pompösen Zeremonien, in denen die Päpste Karl den Großen und seine Nachfolger zu römisch-deutschen Kaisern krönten, und die aufwendige Ikonografie um die Thebäische Legion und die alten, mit Kaiser Konstantin verbundenen Stätten eine Reaktion auf das unübersehbare Ärgernis, dass das wahre Römische Reich im Osten unter anderen Herrschern weiterhin Bestand hatte. Diesem Umstand war auch ein gut Teil der Spannungen geschuldet, die 1204 in der verheerenden Plünderung Konstantinopels durch die Kreuzfahrer gipfelten. Insgesamt scheiterten die Kreuzzüge jedoch an einer Verkettung von Katastrophen, in deren Verlauf das gesamte christliche Reich des Ostens unterging: Russland geriet unter mongolische Herrschaft, die Osmanen fegten über sämtliche weiter südlich gelegenen Gebiete hinweg, und 1453 fiel schließlich auch Konstantinopel.

Zwar ist durchaus vorstellbar, dass sich der Papst einen kleinen Sherry genehmigte, als ihn diese Nachricht erreichte, doch in einem größeren Zusammenhang betrachtet ließ das Ereignis keinen anderen Schluss zu als den, dass sich das Christentum auf dem Rückzug befand. Zwar durften die Christen sowohl unter den Mongolen als auch unter den Osmanen weiterhin ihren Glauben ausüben, doch es war der Glaube von Untertanen. 1529 scheiterten die Osmanen mit ihrem Versuch, Wien zu erobern, wodurch der päpstliche Einflussbereich stabilisiert wurde. Man könnte die Lage allerdings auch anders sehen: Die Osmanen beherrschten nun eine riesige Region, die von Wien bis an den Indischen Ozean und zum Roten Meer reichte, und auf ihrem Gebiet lagen viele der wichtigsten Zentren der menschlichen Zivilisation. Wäre es ihnen tatsächlich gelungen, sich durch das Heilige Römische Reich nach Westen vorzukämpfen, hätte nur noch Frankreich zwischen ihnen und dem Atlantik gelegen. Global betrachtet, spielten sich die Dramen des christlichen Europas auf einer sehr begrenzten Fläche ab.

Dieses Gefühl, dass das Christentum von allen Seiten bedrängt und sein Universalitätsanspruch verhöhnt werde, wurde durch die zahllosen Formen von Häresie auf seinem ureigenen Territorium noch schmerzhaft verstärkt. Trotz erbitterter Verfolgung und einer erneuten Serie von Massakern im späten 15. Jahrhundert war den Waldensern seit dem 12. Jahrhundert nicht beizukommen. Noch ärgerlicher war die Tatsache, dass sich das Königreich Böhmen fest in der Hand der durch und durch antirömisch eingestellten Hussiten befand, die sich auch durch mehrere größere Kreuzzüge nicht von dort hatten vertreiben lassen.

Darüber hinaus wurde die Autorität des Papstes auch schon in den Jahrhunderten vor Luther in einem solchen Ausmaß angefochten, dass seine Macht phasenweise auf die eines lächerlichen, aufgeblasenen italienischen Territorialfürsten geschrumpft war. Jeder hat seine eigene Lieblingsgeschichte über die Päpste (die »Leichensynode« etwa ist immer eine lohnende Lektüre), doch eines der Highlights ist das Große Abendländische Schisma, als von 1378 an zeitweise gleich drei rivalisierende Päpste nebeneinander amtierten. Diese Spaltung hatte verheerende Auswirkungen auf das Ansehen des Heiligen Stuhls. Zwar wurde sie 1417 auf dem Konzil zu Konstanz offiziell beendet, allerdings vertrat die Versammlung der Bischöfe die raffinierte, intellektuell wirkmächtige Auffassung, der Papst dürfe von nun an nur noch in Abstimmung mit jenen bedeutenden Männern handeln, die ihn wählten – mit anderen Worten dem Konzil. Und kurioserweise erwiesen sich gerade einige der Territorien, die dem Papst am kritischsten gegenüberstanden – etwa das Rheinland –, als besonders unempfänglich für Luthers Thesen. Anders ausgedrückt: Eine skeptische Haltung gegenüber der Vormachtstellung des Papstes entsprach einer langen, ehrenwerten, durch und durch katholischen Tradition.

Das Konstanzer Konzil war auch insofern von Bedeutung, als es den entscheidenden abschreckenden Präzedenzfall für Luther schuf: Nachdem der römisch-deutsche König Sigismund Jan Hus freies Geleit zugesichert hatte, kam dieser nach Konstanz, um die Sache der Hussiten zu vertreten, endete jedoch innerhalb kürzester Zeit mit einem papiernen Ketzerhut auf dem Haupt auf dem Scheiterhaufen. In Worms war die Erinnerung an Jan Hus auf beiden Seiten noch sehr lebendig. Seine Hinrichtung hatte die Hussitenbewegung nicht ausgelöscht, aber dafür den Status des Kaisers schwer beschädigt. Trotzdem war dieser Luther äußerst lästig ... Dass seine Verbündeten ihn entführten, verkleideten und auf einer Burg des Kurfürsten von Sachsen versteckten, mag ihn tatsächlich vor der Einkerkerung oder gar Hinrichtung bewahrt haben, vor allem aber machte es ihn zu einer europäischen Berühmtheit.

Die schärfste Kritik am Katholizismus kam jedoch aus dem Oberstift Utrecht, einer großen Exklave östlich der Stadt, die zum Herrschaftsbereich der Bischöfe von Utrecht gehörte und seit dem 16. Jahrhundert den Namen Overijssel trägt. In Europa gediehen viele unterschiedliche Formen persönlicher Andacht. Die überwiegende Mehrheit der Gebete wurde nicht in einer Kirche gesprochen, sondern vor privaten Altären und stand in Zusammenhang mit religiösen Pamphleten, in Privatbesitz befindlichen Gemälden oder Stundenbüchern. Und da es einfach nicht möglich war, diese Art von Aktivitäten zu kontrollieren, verbargen sich in jeder Straße potenziell eine Vielzahl ketzerischer Überzeugungen. Overijssel war die Heimat der in sich gekehrten, privaten Welt der Ordensgemeinschaft der *Brüder vom gemeinsamen Leben*, in deren Umfeld auch die *Nachfolge Christi* entstand (das Werk wird im Allgemeinen Thomas von Kempen zugeschrieben, dessen Gebeine inzwischen in einem irritierend kleinen Schrein in der Liebfrauenkirche in Zwolle aufbewahrt werden, über dem ein hübsches kleines Gemälde den Moment seiner Erleuchtung zeigt). Es ist eines der am weitesten verbreiteten Bücher aller Zeiten. Seine Lektüre ist eine beschwerliche, eigentümliche Erfahrung, die mit erdrückenden Forderungen und unbequemen Fragen verbunden ist. Es ist von verstörender Selbstgenügsamkeit und versetzt den Leser in eine Welt, in der die *Nachfolge Christi* und die Bibel das Einzige sind, was ein armer

Sünder zu seiner Erlösung braucht. Das Vorhaben des Papstes, einen prächtigen neuen Petersdom zu erbauen, scheint sich auf einem völlig anderen Planeten abzuspielen.

Die *Nachfolge Christi* war ein Bestseller in Manuskriptform – bis zum heutigen Tag sind Hunderte Kopien des Werks erhalten. Natürlich waren die Auflagen von Handschriften wesentlich geringer als die von Druckerzeugnissen, doch auch die Rezeption war eine andere, denn die einzelnen Manuskripte wurden von Dutzenden Gläubigen gelesen, bevor sie auseinanderfielen. Mit anderen Worten: Es gab auch schon vor Gutenberg eine alte, sehr effiziente Tradition der Verbreitung und des geteilten Zugangs zu Büchern. Selbst strenggläubige Katholiken konnten den Ansichten des Thomas von Kempen etwas abgewinnen. So war die *Nachfolge Christi* – neben der Bibel – eines der beiden Bücher, die stets auf dem Schreibtisch von Ignatius von Loyola, dem Generaloberen der Jesuiten, lagen. Trotzdem verkörperte sie ein (aus vatikanischer Sicht) gefährlich eigenständiges Christentum, das den Vatikan in theologischer Hinsicht kaum noch benötigte.

Zum Schluss möchte ich noch eine letzte, absolut unbelegbare These aufstellen, die auf meinen sich über zwei Jahrzehnte erstreckenden Streifzügen durch rheinische, flämische und niederländische Museen beruht. Von den Neunzigerjahren des 15. Jahrhunderts an ist eine geradezu explosionsartige Zunahme äußerst lebendiger, qualitativ hochwertiger Altarmalerei zu verzeichnen. Die Kunst des 15. Jahrhunderts war insgesamt außergewöhnlich und häufig von höchster Qualität (man denke an van Eyck und van der Weyden), entwickelte sich allerdings zumeist in Verbindung mit Herrscherhöfen und wohlhabenden Förderern. Aber in diesem letzten Jahrzehnt scheint noch das kleinste Kirchlein ein Gemälde zu bekommen. Im Historischen Museum der Stadt Frankfurt etwa stapeln sich die aus zahllosen hessischen Dörfern stammenden Exponate mittlerweile hüfthoch. Diese häufig anonymen Bilder sind von einer unglaublichen emotionalen Direktheit, man stößt auf entsetzliche Darstellungen von Dornenkronen, die Jesus mit Wucht aufs Haupt gedrückt werden (ein besonders in Deutschland beliebtes Motiv). Noch heute wirken sie wie ein Schlag ins Gesicht. Sie sollten die Selbstzufriedenheit des Betrachters erschüttern und bilden insofern eine visuelle Entsprechung zur *Nachfolge Christi*, als sie eine unmittelbare, persönliche Beziehung zwischen dem emotionalen Extrem der abgebildeten Ereignisse und dem einzelnen Gläubigen einfordern. Leider gibt es keine Möglichkeit, herauszufinden, ob meine Einschätzung zutrifft, aber selbst wenn man die

Erfindung des Buchdrucks außer Acht lässt, war die Institution Kirche schon vor Luthers Reise nach Worms auf mannigfaltige und gravierende Weise unterminiert. Zahllose Christen verspürten eine unmittelbare Verbindung zur Bibel, die keines komplizierteren Rahmens mehr bedurfte als eines bequemen Stuhls. Der »Protest«, den Luthers Anhänger weiter ausformulierten, hätte zu einer Generalüberholung des Christentums führen sollen. Doch es kam anders: Während sich der Protestantismus in zahllose, kaum mehr zusammenhängende Strömungen aufspaltete, gelang es dem Katholizismus in einer vollkommen unerwarteten Reaktion, sich erfolgreich zu reformieren, seine westeuropäischen Grenzen zu überwinden und große Teile der Welt zu erobern. Aber auf dem Weg dahin wurden über die nächsten hundertfünfzig Jahre blutige Kriege ausgefochten, die Millionen Menschen das Leben kosteten.

Der Alt man.

KAPITEL SECHS

Die neue Welt

Im Sommer 1520 beschloss mein liebster Deutscher aller Zeiten, Albrecht Dürer, seine Heimatstadt Nürnberg zu verlassen und ein Jahr mit seiner Frau Agnes Frey durch die Niederlande zu reisen. Der berühmteste Maler, Kupferstecher und Zeichner Nordeuropas war begierig darauf, die Bekanntschaft des jungen Königs Karl von Spanien zu machen, der nach Aachen kommen sollte, um dort zum römisch-deutschen König gekrönt zu werden. Dürer wollte – so der vielleicht etwas banale Grund – sicherstellen, dass die kaiserliche Leibrente, die ihm Karls kürzlich verstorbener Vorgänger Maximilian ausgesetzt hatte, auch weiterhin gezahlt wurde. Er hatte mit seinem Ansinnen Erfolg. Die schriftliche Anweisung des späteren Kaisers Karl V. an den Rat der Stadt Nürnberg, Dürer hundert rheinische Gulden pro Jahr auszuzahlen, ist bis heute erhalten. Ich kann mich nicht an Zeiten erinnern, in denen ich Dürer nicht verehrt hätte, aber ich habe lange nicht gewusst, dass er während des Aufenthalts im Rheinland und in den Niederlanden Tagebuch geführt hat. Dieses außergewöhnliche Dokument scheint ursprünglich nur als eine Art Rechnungsbuch gedacht gewesen zu sein, in dem er seine Ausgaben auflistete, und tatsächlich besteht es in weiten Teilen aus Anmerkungen zu den Kosten von Mittagessen und Gebühren sowie einer minutiösen Aufzählung sämtlicher Trinkgelder, die er während dieser Zeit gegeben hat. Auf ihre Weise sind sogar diese Notizen faszinierend, denn sie beschwören eine ganze Welt aus Straßenlümmeln, Weinhändlern, Dirnen, Schankwirten und herumlungernden Gestalten herauf, die gewissermaßen einen Vorgeschmack auf das trunkene Chaos bieten, das die Brueghels einige Jahre später zelebrieren werden. Die Ausgaben selbst sind gelegentlich von eigentümlicher Intimität. In Köln erwirbt Dürer für zwei Weißpfennige »ein Todtenköpflein«, und in Antwerpen bezahlt er einen dreiundneunzigjährigen Mann dafür, dass er ihm Modell sitzt (»3 Stüber«). Das überwältigende Ergebnis dieses Porträts ist sein Bildnis des *Heiligen Hieronymus im Studierzimmer*, das er einem Kaufmann der portugiesischen Handelsniederlassung in Antwerpen verkauft. Dieser schickt es nach Lissabon, wo es bis heute zu sehen ist.

Auf seiner Reise durch die südlichen Niederlande entdeckt Dürer die wundersamsten Dinge. In Antwerpen etwa besucht er die Werkstatt, in der der Triumphbogen für den Einzug König Karls von Spanien in Brüssel gebaut wird. In Brüssel sieht er zu, wie Raffaels riesige Tapisserien für die Sixtinische Kapelle gewebt werden, wahrscheinlich nach Vorlage jener Kartons, die im Londoner Victoria and Albert Museum ausgestellt sind (die Bildteppiche selbst wurden noch im selben Jahrzehnt bei der Plünderung Roms, einem der größten Fehler in Karls gesamter Laufbahn, gestohlen). Er hört, dass bei Zierikzee ein Wal gestrandet sei, eilt nach Zeeland, um einen Blick darauf zu werfen, wobei er um ein Haar Schiffbruch erleidet, und kommt doch zu spät, weil der Kadaver von den Gezeiten bereits wieder mitgerissen wurde. Da er nun schon einmal in der Nähe ist, besucht er auf der Insel Walcheren die Prämonstratenserabtei in Middelburg und sieht dort Jan Gossaerts Triptychon – »nicht so gut in der Zeichnung (und Composition) als in der Malerei«. Wir werden nie erfahren, ob sein Urteil zutreffend war, da das Kunstwerk vier Jahrzehnte später bei einem Brand vernichtet wurde. Im Brüsseler Rathaus bewundert er Rogier van der Weydens Bildtafeln *Der Richter Trajan* und *Der Richter Herkinbald* (Letzterer ein fiktiver Brabanter Herrscher) – die Tafeln wurden 1695 im Pfälzischen Erbfolgekrieg zerstört.

Doch nicht alles ist entschwundener Glanz. In der Brügger Liebfrauenkirche sieht Dürer Michelangelos *Madonna,* die vier Jahre zuvor aufgestellt wurde und sich bis heute dort befindet. Man zeigt ihm van Eycks Genter Altar, für ihn »eine überköstliche, hochverständige Malerei, und insbesondere die Eva, Maria und Gott Vater sind sehr gut«. Die Tafeln waren damals weniger als ein Jahrhundert alt – im Verhältnis zu Dürer also ein zeitlicher Abstand, der in etwa dem zwischen uns und Marcel Duchamps *Die Braut von ihren Junggesellen nackt entblößt, sogar* entspricht. Was er sah, war folglich alt, stand jedoch in einer Tradition, die er wiedererkannte und der er sich zugehörig fühlte – auch wenn er mit seinen Streifzügen durch die Niederlande selbst dazu beitrug, dort jene Renaissance-Ideale zu verbreiten, die van Eyck bald nur noch naiv erscheinen lassen würden (um nicht den viel später geprägten, so abfällig klingenden Begriff der »flämischen Primitiven« zu verwenden, der in der Kunstgeschichte gebräuchlich ist).

Das Tagebuch bietet einen nahezu unerschöpflichen Quell an Informationen. So vermerkt Dürer darin beispielsweise, wenn er einige seiner

Holzschnitte oder Kupferstiche verschenkt, verkauft oder gegen etwas anderes eintauscht. Die Vorstellung, dass er eine ganze Mappe mit Abzügen von seinem *Heiligen Hieronymus im Gehäus*, den *Sechs Knoten*, *Melencolia I* und *Ritter, Tod und Teufel* mit sich herumschleppt, macht mich immer wieder aufs Neue fassungslos. Er verteilt sie an Freunde und Kollegen in den gesamten südlichen Niederlanden, wirft mit einigen der bedeutendsten Kunstwerke Nordeuropas um sich, und so manches davon wurde vermutlich zerknittert, mit Wein übergossen oder vom Hund verschleppt. Aus jeder dieser Eintragungen scheint eine gewisse Aufregung zu sprechen: Es handelte sich um neuere Werke, und wir können annehmen, dass Dürer sehr stolz darauf war. Kunsthistoriker haben mit großem Enthusiasmus den Einfluss seiner Geschenke auf die folgenden Künstlergenerationen nachverfolgt, doch die gelegentliche Übernahme eines Profils oder eines dekorativen Elements erscheint mir weit weniger bedeutsam als die absolut atemberaubende Situation, in einer Antwerpener Schenke zu sitzen und einen erst kürzlich gefertigten Abzug von *Melencolia I* in den Händen zu halten, während der Künstler gespannt auf eine Reaktion wartet (ich hätte wohl mit ziemlicher Sicherheit etwas haarsträubend Banales gestottert).

Dürer notiert alles Mögliche: seine Bestürzung über die Nachricht von Luthers Gefangennahme (der Reichstag zu Worms fand während seiner Reise statt) und seine Sorge, er könne getötet worden sein – heute wissen wir, dass die Entführung lediglich vorgetäuscht war, um den Reformator in Sicherheit zu bringen. Er verleiht seiner grenzenlosen Bewunderung für Luther Ausdruck und beklagt, dass Erasmus von Rotterdam sich nicht öffentlich für ihn eingesetzt habe – schließlich schaut er noch auf einen Sprung bei Erasmus vorbei und zeichnet ein wunderbares Porträt des greisen Gelehrten. Außerdem nimmt er an Karls Krönung teil. Während der ganzen Zeit zeichnet er unentwegt, sodass sich anhand dieser Skizzen seine Reisestationen präzise nachverfolgen lassen: einige irische Söldner, livländische Frauen in ihrer Hoftracht, das Scheldeufer, eine afrikanische Dienerin. Er zeichnet das vielleicht amüsanteste Skizzenblatt aller Zeiten: eine willkürliche Zusammenstellung von Löwen, Burgen, einem Pavian und einem schamanenhaften Luchs mit geschlossenen Augen.

Mit Dürer werfen wir einen Blick auf eine große Ära der niederländischen Geschichte, und die Wirkung ist packend und frustrierend zugleich: Mehr als diese wenigen Worte, die beiläufigen Urteile, den Ärger über eine bestimmte Gebühr bekommen wir nicht. Was jedoch – und das ist das

Entscheidende – die Mängel dieses Tagebuchs mehr als ausgleicht, ist der Umstand, dass sich Dürer durch puren Zufall genau dort aufhält, wo der Lauf der Menschheitsgeschichte kurz zuvor unwiderruflich eine fundamental neue Wendung genommen hat. Es gibt noch ein paar weitere Städte, denen diese Ehre zukommen könnte (Barcelona vielleicht, wo Ferdinand und Isabella Christoph Kolumbus mit seinen Papageien und »indischen« Gefangenen auf den Stufen des Palasts in Empfang nahmen), doch 1520 kann Antwerpen mit Fug und Recht als der Ort bezeichnet werden, an dem Alte und Neue Welt dauerhaft aufeinandertreffen. In Dürers Tagebuch und seinen Skizzen finden sich darauf zahlreiche Hinweise. Der berühmteste ist seine herrliche Zeichnung eines Walrosses, die erste überhaupt in der westlichen Kunst. Das Tier war tot, und eine Anmerkung auf der Zeichnung besagt, es sei »in der niderlendischen see« (also der Nordsee) gefangen worden, was unwahrscheinlich ist und wohl eher ein Hinweis darauf, dass die Niederländer inzwischen auch hoch oben in der Arktis Fischfang betrieben. Dieses Walross mit seinen traurigen Hundeaugen ist ein unfreiwilliger, flossenfüßiger Botschafter aus einer Region, die Westeuropäern – abgesehen von den Bewohnern Nordskandinaviens – bis dahin nahezu unbekannt war.

Einen weiteren Fingerzeig auf künftige Entwicklungen entdecken wir in Dürers Beziehung zu dem portugiesischen Kaufmann, der den *Heiligen Hieronymus im Studierzimmer* erworben hat. Dieser schenkt seinem Gast Zuckerhüte und Zuckerpenit. Als ich das las, fragte ich mich, wo dieser Zucker, der offensichtlich als wertvoll galt, wohl hergekommen sein mochte, denn für Brasilien war es noch zu früh. Zufällig war ich jedoch einige Jahre zuvor auf Madeira gewesen, und zu den zahlreichen Sehenswürdigkeiten der Insel gehört auch ein Museum für religiöse Kunst, bei dessen Besuch ich unter anderem einige ziemlich ramponierte flämische Statuen und Gemälde gesehen hatte. Wie sich herausstellte, bezog Dürers portugiesischer Gönner, Rodrigo Fernandez d'Almada, seinen Zucker von den Plantagen auf Madeira, und er war es auch, der im Gegenzug diese Skulpturen und Gemälde auf die Insel geschickt hatte. Ich war sprachlos. Madeira, wo erstmals afrikanische Sklaven auf den Plantagen eingesetzt wurden, war eine Art Versuchslabor für jenes entsetzliche Grauen, das die Europäer bald darauf über Westafrika und die Neue Welt bringen sollten.

Unzählige Schiffe brachten ihre Ladung aus Übersee nach Antwerpen. Über die Schelde gelangten sie zum weit im Landesinnern gelegenen Hafen mit seinen sicheren Ankerplätzen und einem umfangreichen Angebot an

Dienstleistungen. Von dort aus gelangte man mühelos in all die Städte, die auch Dürer besucht. Er selbst hat eine große Schwäche für Exotika, lässt sich »eine kalikutische, hölzerne Wehr« (Waffe) schenken, eine »indianische Nuss und eine alte türkische Geissel«, dazu kauft er für vier Gulden »Meerkätzlein« – und stellt so mit diesen wenigen Worten eine Verbindung zwischen Antwerpen und Indien, der Levante und Afrika her. Bereits vor seiner Ankunft war in diesem Jahr die wohl spektakulärste Schiffsladung in Antwerpen gelöscht worden: die ersten kostbaren Beutestücke aus Hernán Cortés' Eroberung des Aztekenreichs, die der Konquistador als Geschenk für König Karl nach Europa geschickt hatte. Der Schatz wurde in Brüssel ausgestellt, und Dürer besichtigte ihn. Mittlerweile existiert kaum noch etwas davon, die Spanier haben alles eingeschmolzen, die ganze Pracht durch ihre Gier und ihren religiösen Abscheu zerstört. Das einzige heute noch bekannte Exponat ist ein herrlicher mexikanischer Kopfschmuck aus Quetzalfedern, bekannt als Montezumas Federkrone, der erstmals 1575 im Inventar einer habsburgischen Sammlung in Tirol erwähnt wird – was bedeutet, dass er genauso gut von einem der zahllosen späteren spanischen Massaker in Mittelamerika stammen könnte.

Dürer ist hingerissen von den Gegenständen »aus dem neuen Goldland«. Fasziniert betrachtet er die Kleidung, die Waffen, Speere, Harnische, eine riesige aus Gold gefertigte Sonne und den dazu passenden Mond aus Silber: »Ich aber habe all mein Lebtag nichts gesehen, das mein Herz so erfreut hätte wie diese Dinge. Denn ich sah darunter wunderbare, kunstvolle Sachen, und verwunderte mich über die subtilen Ingenia der Menschen in fremden Landen. Ja ich kann gar nicht genug erzählen von den Dingen, die ich da vor mir gehabt habe.«

Margarete von Österreich

In Dürers Tagebuch stecken so viele faszinierende Details, dass sie den Rahmen dieses Buches unweigerlich sprengen würden. Daher will ich mich auf eine weitere Zeile aus seiner Zeit in Brüssel beschränken: »Am Sonntag vor Margaretha (7. Juli) gab der König von Dänemark dem Kaiser, der Frau Margareth und der Königin von Spanien ein grosses Bankett und lud mich ein und ich ass auch auf demselben.« Dieser schlichte Eintrag strotzt geradezu von Perspektiven: Besagter König war Christian II., ein chaotischer, sprunghafter, ewig zaudernder Herrscher, der sich mit seiner Gemahlin Isabella, einer jüngeren Schwester Karls (der seit seiner Krönung zum römisch-deutschen König den Titel »erwählter Kaiser« trug), in Brabant aufhielt. Es existiert eine wunderbare Zeichnung dieses dänischen Königs, auf der Dürer ganz nebenbei auch die Männermode der 1520er Jahre festgehalten hat – langes, schönes Haar, voller Bart –, eine Haartracht, die wenig später in der Versenkung verschwand und erst um 1967 zurückkehrte. Christian sollte bald darauf nach Dänemark zurückreisen, wo er sich so gründlich unbeliebt machte, dass er die letzten sechsunddreißig Jahre seines Lebens in Gefangenschaft verbrachte. Die Erwähnung des Kaisers wiederum bringt mich auf das heikle Thema, dass dieser bei den zahllosen Banketten, an denen er teilnahm, eigentlich weder essen noch trinken konnte, da er mit seinem hinderlich vorstehenden Habsburgerkiefer eine solche Schweinerei veranstaltete. Offenbar zog er sich zum Essen in ein privates Gemach zurück, aber aus verständlichen Gründen wird dieser Punkt in den offiziellen Hofprotokollen stets leicht geschönt dargestellt. Daher ist es mir trotz mehrjähriger Recherche auch nicht gelungen, herauszufinden, wie die kaiserliche Würde bei diesen öffentlichen Anlässen, bei denen erlesene Köstlichkeiten serviert und immer wieder Trinksprüche vorgebracht wurden, gewahrt bleiben konnte.

Die beiden wirklich interessanten Gäste bei diesem Bankett sind jedoch »Frau Margareth« und die Königin von Spanien. Es macht Freude, Letztere in Brüssel zu sehen. Einst als die schöne Germaine de Foix bekannt, verbrachte sie ihre Jugend in den schauerlichen Umarmungen des sehr viel älteren Königs Ferdinand von Aragón. Nach einer Reihe von Todesfällen stand Ferdinand zu seinem Entsetzen plötzlich als letzter männlicher Vertreter seiner Dynastie da, und das Königreich Aragón drohte bei seinem Tod über seine Tochter Johanna die Wahnsinnige und deren Ehemann Philipp an die verhassten Habsburger zu fallen. So war jeder Verkehr zwischen den Eheleuten (befördert durch den ausgiebigen Einsatz von Aphrodisiaka und begleitet von unzähligen Hochämtern und den Gebeten des gesamten Hofes) ein Akt der Hoffnung, Aragón doch noch als eigenständiges Königreich bewahren zu können. Es muss allen wie ein Albtraum erschienen sein, dass der Sohn, der auch tatsächlich geboren wurde, schon nach wenigen Stunden starb. Als der verzweifelte Ferdinand schließlich das Zeitliche segnete, erbte Johannas Sohn Karl sowohl Kastilien (den Nachlass seiner Großmutter Isabella) als auch Aragón (vonseiten seines Großvaters Ferdinand). Fortan war Spanien ein geeintes Königreich, allerdings mit den Bruchlinien, die bis in die Gegenwart für Spannungen sorgen. Germaine, nun Königinwitwe, war infolge der merkwürdigen familiären Umstände Karls Stiefgroßmutter, aber nur zwölf Jahre älter als er. Das Ganze ist etwas mysteriös, doch es scheint, als habe sie Karl den Antritt seines spanischen Erbes versüßt, indem sie eine Affäre mit ihm begann, aus der eine geheimnisvolle Tochter hervorgegangen sein soll. 1519 wurde Germaine mit einem unbedeutenderen Mitglied des Hauses Hohenzollern verheiratet, und wenige Jahre nach dem Bankett in Brüssel verfrachtete man die beiden als Vizekönig und -königin von Valencia nach Spanien.

Der absolute Star der illustren Brüsseler Gästeschar ist unumstritten »Frau Margareth«. Margarete von Österreich, eine der prägenden Gestalten des frühen 16. Jahrhunderts in Europa, war die Tochter von Kaiser Maximilian und Maria von Burgund. Sie war Maximilians Statthalterin in den Niederlanden gewesen, bis ihr Neffe Karl mit Erreichen seiner Mündigkeit die Herrschaft übernahm und sie feuerte. Als sich dann wenige Jahre später die gewaltigen, unregierbaren Dimensionen seines Riesenreichs abzuzeichnen begannen, hatte er sie wieder in ihr früheres Amt eingesetzt. Wie Germaine war auch Margarete kein eheliches Glück beschieden. Schon als Kind zur künftigen Ehefrau des abscheulichen Karl VIII. bestimmt, war sie jahrelang im aufwendigen Zeremoniell des französischen Hofs erzogen und von französischen Höflingen umschmeichelt worden. Doch dann änderten sich unversehens die politischen Prioritäten, Margarete wurde verstoßen und entging so dem Leben an der Seite des durchgeknallten Karl. Maximilian schickte sie nach Spanien, wo sie Ferdinands und Isabellas Sohn Johann, den Fürsten von Asturien, heiratete. Dieser starb kurz nach der Hochzeit (was zu der Krise führte, aus der Germaine Aragón hätte retten sollen), und Margarete brachte eine tote Tochter zur Welt. Danach heiratete sie erneut – ein Glücksfall diesmal, denn der Auserwählte war der schneidige, amüsante Herzog von Savoyen, Philibert II. Es gibt detaillierte Berichte über die glamouröse Antrittsreise des Paares, in deren Verlauf die wichtigsten Städte Savoyens – von Genf über Chambéry und weiter nach Turin – ihrer neuen burgundischen Herzogin huldigten. Wie üblich drängt sich der Eindruck auf, dass diese endlosen allegorischen Festzüge mit der Zeit etwas eintönig geworden sein müssen. Aber wer wäre nicht begeistert gewesen von dem erstaunlichen Einfall einiger Mönche, einen Brunnen in Gestalt einer gigantischen Jungfrau zu errichten, aus deren Brüsten Ströme von Wein flossen? Wer hätte sich nicht geschmeichelt gefühlt, wenn ihm das Turiner Grabtuch als Schmuck in die eigene Privatkapelle gebracht worden wäre?

Doch kaum hatte Margarete sich an ihren neuen, fröhlichen Hof gewöhnt, da fasste der vierundzwanzigjährige Philibert, dem bei einer seiner zahlreichen Wildschweinjagden heiß geworden war, den fatalen Entschluss, von der eiskalten Quelle in Saint-Vulbas zu trinken. Wie so oft sind die tatsächlichen medizinischen Hintergründe unklar. Fakt ist, er wurde krank und starb trotz aller Gelübde, Gebete und der möglicherweise nicht ganz so hilfreichen Versuche, ihn mit zermahlenen Perlen zu behandeln. Mit diesem Unglück endeten Margaretes Eheabenteuer. Die junge Witwe, die nur wenige Tage älter war als ihr verstorbener Gatte, geriet in eine schwere Krise, unternahm einen Selbstmordversuch, schnitt sich die Haare ab und beschloss, ins Kloster zu gehen.

Irgendwie scheint Margarete vom Pech verfolgt gewesen zu sein. Während eines Besuchs bei ihrem Vater Maximilian in Straßburg wurde ihr zahmer Lieblingspapagei von einem großen Hund gefressen, und dann wäre sie um ein Haar auch noch mit dem paranoiden alten Geizhals Heinrich VII. von England verheiratet worden. Ihre Chance, selbst eine bedeutende Rolle zu übernehmen, ging mit einer wahren Katastrophe für die Habsburger einher. Zwei Jahre nach Philibert starb unerwartet ihr einziger Bruder, König Philipp I. von Kastilien, Herrscher über die Niederlande, Herzog von Burgund (das er von seiner Mutter Maria geerbt hatte) und designierter Erbe von Aragón (daher die hektische Betriebsamkeit bei Ferdinand und Germaine).

Damit drohten sämtliche Pläne Maximilians zu scheitern, denn Philipps und Johannas Sohn Karl war noch so klein, dass es eines geradezu absurd komplizierten Geflechts unterschiedlichster Regentschaften bedurfte, um sicherzustellen, dass er eines Tages einen Großteil der Welt erben konnte. Margarete wurde zu einem wesentlichen Bestandteil dieser Arrangements: Sie verfügte über das Ansehen, die direkten verwandtschaftlichen Beziehungen und die Erfahrung, die notwendig waren, um das heraufziehende habsburgische Fiasko abzuwenden, als Johanna sich weigerte, den Tod ihres Mannes anzuerkennen, und in geistige Umnachtung verfiel. 1507 wurde Margarete zur Statthalterin der habsburgischen Niederlande. Nachdem Karl sie 1517 unklugerweise von ihren Aufgaben entbunden und diese Entscheidung bald bedauert hatte, kehrte sie 1519 zurück und bekleidete das Amt bis zu ihrem Tod 1530. Somit war sie, obwohl erst Anfang vierzig, die erfahrenste Herrscherin am Tisch, als Dürer sie 1521 bei ihrer Plauderei mit Karl, Germaine und Christian II. beobachtete.

Erstaunlicherweise steht der Palast in Mechelen noch, von dem aus sie die Niederlande regierte – zumindest dessen Fassaden. Und diese illustrieren beispielhaft eines von Margaretes Problemen: Sie war offenkundig bestrebt, das peinlich spätmittelalterlich anmutende Gebäude zu restaurieren und entsprechend den Vorstellungen der Renaissance vornehmer zu gestalten. Aber mittendrin ging ihr das Geld aus, und so blieb der eine Teil schroff und voller Türmchen, während sich am anderen Ende ein zartes, hübsches Gebäude erhebt. Dadurch bewahrt der Palast in gewisser Weise auch die Erinnerung an ihre Tugenden, denn er vermittelt den Eindruck eines Menschen, der sich auf eine vernünftige, besonnene Weise bemüht, sein Bestes zu tun, statt überzuschnappen und sämtliche Steuereinnahmen in ein persönliches Prestigeprojekt zu stecken. Margaretes Hof wurde zum Anziehungspunkt für Künstler und Komponisten aus dem gesamten Heiligen Römischen Reich, und auch die zentrale Rolle der Niederlande im nordeuropäischen Handel lockte viele interessante Persönlichkeiten in die Stadt. Während Margaretes erster Amtszeit als Statthalterin lebte die junge Anne Boleyn an ihrem Hof, die später nach England zurückkehrte und ihre bemerkenswerte Funktion als Katalysator des englischen Protestantismus übernahm. Dürer besuchte Margarete im Frühsommer 1521 und notierte bei dieser Gelegenheit, dass er ihr sein Porträt von Kaiser Maximilian gezeigt habe. Während ihrer langjährigen Beziehung war Dürer in die meisten der zahlreichen künstlerischen Projekte des Kaisers eingebunden, aber dieses Gemälde dürfte die wohl großartigste Darstellung eines Habsburgers überhaupt sein: Maximilian als eine Art hakennasiger Hexenmeister im Pelzmantel, der einen Granatapfel in der Hand hält. Das Porträt entstand 1519, kurz vor Maximilians Tod, in Augsburg. Selbst aufgerollt war es alles andere als handlich und wahrlich nicht leicht zu transportieren, also kann man wohl davon ausgehen, dass einer von Dürers Hauptgründen für seine Reise der Wunsch gewesen sein muss, es Margarete zu überreichen. Allerdings stieß das Bildnis ihres Vaters bei der Statthalterin nicht gerade auf Begeisterung, und »da sie ein solches Missfallen daran hatte, so nahm ich ihn wieder mit fort«. Im Gegenzug zeigte sie ihm einige Stücke aus ihrer eigenen Sammlung, die Meisterwerke wie van Eycks *Arnolfini-Hochzeit* umfasste. Dürer kommentiert das Ganze zusammengefasst mit einem schlichten »gut«, was nun doch ein wenig enttäuschend ist.

Spätere Generationen, deren Leben sich immer mehr in einen grausamen Albtraum verwandelte, blickten mit wachsender Nostalgie auf Margaretes Herrschaft zurück. Als in Brüssel geborene Nachfahrin des Hauses Burgund,

Enkelin Karls des Kühnen und Tochter Marias von Burgund genoss sie hohes Ansehen. Sie machte Mechelen zu einer wahren Hauptstadt und schützte ihre Untertanen bis zu einem gewissen Grad vor den Auswirkungen ihres problematischen Status als ein zwar reicher, aber dennoch winziger Bestandteil eines riesigen, durch und durch aberwitzigen dynastischen Konglomerats. Sie starb wahrscheinlich gerade noch rechtzeitig, denn so musste sie nicht mehr erleben, wie ihr vor sich hin stümpernder Neffe Karl V. in dem Versuch, sein gewaltiges, sich von Peru bis Apulien erstreckendes Reich zu regieren, jene fatalen Entscheidungen traf (oder nicht traf), deren Folgen Europa zerreißen sollten.

Leben und Abenteuer Kaiser Karls V.

Im Freiburger Münster gibt es so viele großartige Dinge zu sehen, dass es fast einer Beleidigung gleichkommt, es jemals wieder zu verlassen. Manchmal habe ich mich gefragt, ob ich nicht dieselbe Fülle an Informationen aufnehmen könnte, wenn ich einfach still stehen bliebe, statt mich unablässig von Stadt zu Stadt zu schleppen. Die Kanzel des Münsters wäre sicherlich einer der Orte, an denen sich mit wenigen Schritten ein ganzes Universum künstlerischer Pracht und historischer Tiefe vor meinen Augen entfalten würde. Mit seinen seltsamen, überraschenden Charakteren bildet Hans Baldung Griens Triptychon am Hochaltar eine Art Zusammenfassung und Abschluss der deutschen Spätgotik, und selbst wenn man es tagelang betrachtete, würde man immer noch etwas Neues entdecken: Diese inbrünstigen, wenn auch ein wenig schrägen Meditationen über das Leben Mariens enthalten unter anderem die beste *Flucht nach Ägypten* aller Zeiten mit einem graubärtigen Joseph auf der Wanderschaft, der eine orangefarbene Koboldsmütze auf dem Kopf hat, einem hinreißenden Esel und kleinen Putten, die in einer Palme herumturnen. Die Altarbilder entstanden zwischen 1512 und 1516. In jenen Jahren muss der gesamte Chor des Münsters von fortwährendem Sägen, Hämmern und Rufen erfüllt gewesen sein, da nicht nur das gewaltige Triptychon eingepasst wurde, sondern auch eine Reihe überwältigender Buntglasfenster. Diese waren ein Geschenk Kaiser Maximilians und priesen die Tugenden des Hauses Habsburg. Wenn die Sonne im richtigen Winkel steht, erstrahlen die Embleme des vor über zweihundert Jahren untergegangenen Heiligen Römischen Reichs noch immer über Baldungs Tafelbildern. In den beiden Kapellen hinter dem Hochaltar ist ein besonderer Moment der Habsburgergeschichte festgehalten: Maximilian I. (mit einer frühen Designerbrille auf der Nase), sein Sohn Philipp der Schöne und seine beiden Enkel, Karl V. und Ferdinand I., beten vor ihren jeweiligen Heiligen. Diese Heiligen sind viel größer dargestellt als die Habsburger, sie tragen geradezu atemberaubende Gewänder und scheinen in der Luft zu schweben, trotzdem wirken sie irgendwie zu bemüht – wie erfolglose Dschinns oder die abgelehnten Bewerber um den Job eines Kaufhaus-Weihnachtsmanns. Wie finster sie auch dreinblicken mögen, dem anmaßenden Dünkel von Europas hochmütigster Familie haben sie nichts entgegenzusetzen.

Diese Fenster sind nur einer der sensationellen Aspekte eines insgesamt sensationellen Bauwerks (neben zahllosen Statuen und Gemälden in den übrigen Kapellen), aber das wahrhaft Bemerkenswerte ist, dass sie während der Reformation geschaffen wurden – und die Reformation unversehrt überstanden, da Freiburg bis zum heutigen Tage durchgängig katholisch geblieben ist. Orte wie das Münster verdeutlichen die große Kraft und Zuversicht des Katholizismus, als sehr viel weiter im Osten – in Wittenberg – 1517 die Verbreitung von Luthers Ideen einsetzte. Nicht weit von Freiburg entfernt arbeitete Matthias Grünewald an seinem Isenheimer Altar für ein Kloster im Elsass. Der in Basel geborene und in Zürich aufgewachsene Komponist Ludwig Senfl schrieb seine *Missa Paschalis*, eines der schönsten Musikstücke aller Zeiten, und komponierte fantastische Werke für Kaiser Maximilian – darunter als krönenden Abschluss eine Trauermotette aus Anlass von Maximilians Tod: »Darum heult, Ihr Knaben, / weint, Ihr Priester, / trauert, Ihr Sänger, klagt, Ihr Adligen, / und sagt: / Maximilian ruhe in Frieden.« In Bern und Basel entstanden die beiden letzten großen Totentänze – der eine ein monumentales Wandbild von Niklaus Manuel Deutsch, der andere eine Serie kleiner, äußerst populärer Holzschnitte von Hans Holbein dem Jüngeren. Holbeins *Totentanz*-Bilder werden oft als satirisch aufgefasst, da auf ihnen fette Äbte und hübsch gekleidete Gräfinnen von einem höhnischen Tod verspottet und fortgeführt werden, doch in Wahrheit wirken sie furchteinflößend und egalisierend: Wer wir auch sind – ob Kaiser oder Bauer –, uns alle erwartet das gleiche Schicksal.

Die Reformation überrollte auch diese Region, allerdings nicht überall mit den gleichen Konsequenzen. Aus Zürich waren bis 1523 alle Bildnisse verschwunden, Basel wurde 1529 reformiert, und die Katholiken – darunter Erasmus von Rotterdam – suchten Zuflucht in Freiburg. Das Tempo der

Veränderungen war schwindelerregend. Nachdem Luther die Idee einer Kirchenreform etabliert hatte, fegte ein Sturm widersprüchlichster Ideen durch Westeuropa, und der Wittenberger Mönch schäumte vor Wut, weil sein Führungsanspruch weitgehend ignoriert wurde. Wie Pilze schossen die Reformatoren aus dem Boden, predigten öffentlich ihre bis dahin geheimen Überzeugungen, priesen ältere Strömungen wie das Hussitentum oder schnappten völlig über. Es muss eine unheimliche Zeit gewesen sein. Straßburg wurde zu einem wichtigen Zentrum der Reformation, doch zuvor kam es dort zu einem unerklärlichen Vorfall, bei dem sich 1518 rund vierhundert Menschen zu Tode tanzten. Niemand hat je eine plausible Erklärung für dieses Phänomen gefunden: Die Leute tanzten einfach immer weiter, bis sie einen Schlaganfall oder Herzinfarkt erlitten. 1524/25 erfasste der Deutsche Bauernkrieg weite Teile des Südens und wütete auch in Freiburg und dem Elsass. Er endete mit dem Tod von etwa zweihunderttausend Bauern, die von Adligen und ihren treuen Gefolgsleuten abgeschlachtet wurden. Luther war entsetzt, als sich einige Bauern mit Verweis auf seine Lehren auf die Seite der Fürsten schlugen (was die weitere Spaltung der Reformation beförderte).

Für Menschen, die gern etwas zerschlugen, waren diese Zeiten ein Traum. Glasmalereien wurden hektarweise zerstört, und auf riesigen Scheiterhaufen gingen Gemälde und Schnitzwerke in Flammen auf. Luthers ursprüngliche Absicht war es, die eine, unteilbare Kirche zu reformieren und sie als Ganzes besser zu machen. Doch sein Plan ging nicht auf. Einige Herrscher folgten ihm aus empörend zynischen Motiven, andere aus Frömmigkeit, und wieder andere schlossen sich seinen Rivalen an. Mit der Eleganz, die er während seiner gesamten Regierungszeit an den Tag gelegt hatte, starb Maximilian gerade noch rechtzeitig, um sich nicht mehr mit all dem herumplagen zu müssen, und überließ es seinem Enkel Karl V., den Scherbenhaufen zusammenzukehren. Doch ein Blick auf die Habsburgerfenster im Freiburger Münster genügt, um zu erkennen, dass Karl V. nicht einmal fünf Minuten ernsthaft über die Anliegen dieses protestantischen Gesindels nachdenken würde. Die gesamte Herrschaftsstruktur seiner Dynastie stützte sich auf Rom. Der Kaiser und seine Familie investierten Unsummen in Kunstwerke, Klöster und aufwendige Gebetszyklen. Karl stand an der Spitze eines politisch-religiösen Systems, das ebenso komplex und umfassend war wie das von Montezuma in Mexiko – dessen Herrschaft Karls Soldaten einige Monate zuvor beendet hatten.

Zu den kuriosen Seiten der Reformation gehört, dass ihren Ideen nicht der geringste Erfolg beschieden war. Nachdem das Konzil von Trient die Kirche – ohne irgendeinen Verweis auf Luther übrigens – umgekrempelt und ihr eine kleine Auffrischungskur verpasst hatte, blieben weite Teile Europas seelenruhig katholisch. Im Laufe des 16. Jahrhunderts bediente man sich der fortschreitenden Reformation als Argument, um ohne Zustimmung des Papstes eine Ehe aufzulösen (England), sich unrechtmäßig Territorien unter den Nagel zu reißen (Preußen), die üblichen regionalen Streitigkeiten auszutragen (Schweiz) oder eine gegen Habsburg gerichtete Identität zu entwickeln (die Niederlande). Natürlich war der Protestantismus auch eine tief empfundene und von aufrichtigen Überzeugungen getragene religiöse Bewegung. Doch angesichts der Tatsache, dass nahezu alle Europäer viele Stunden pro Woche damit verbrachten, sich auf das Leben nach dem Tod vorzubereiten, führte das Ende der Glaubenseinheit zu einem entsetzlichen Dilemma: Wenn eine bestimmte Form von religiösen Praktiken, Vorstellungen und Texten geradewegs in den Himmel führte, dann mussten die anderen zwangsläufig falsch sein.

Karl V. herrschte – entweder als Kaiser, Herzog oder Graf – über das Kernland der Reformation, doch er ging das Problem völlig falsch an. Auch in Frankreich tobten religiöse Auseinandersetzungen, aber es dauerte nur wenige Herrschergenerationen, bis die Reformation marginalisiert und bezwungen war. In Spanien, Portugal, Italien und der Neuen Welt fasste sie nie wirklich Fuß. Aber im Heiligen Römischen Reich gelang es Karl zu keinem Zeitpunkt, seinen Willen durchzusetzen. Obwohl ihm nach dem Reichstag zu Worms niemand mehr im Wege stand, obwohl er der bis dahin mächtigste Herrscher in der europäischen Geschichte war und ihm Ressourcen zur Verfügung standen, von denen seine Vorgänger nicht einmal hatten träumen können (darunter ganze Schiffsladungen mit amerikanischen Schätzen), war Karl V. durch immer neue Vorhaben irgendwo auf der Welt derart abgelenkt, dass er sich einfach zu spät um die Protestanten kümmerte.

Es gibt keine gute neuere Biografie zu Karl V., was daran liegt, dass seine Interessen zwar ein gewaltiges Reich umspannten, er selbst im Grunde aber kein sonderlich interessanter Mensch war. Er hinterließ umfangreiches Material zu seinem Leben, erscheint darin allerdings oft steif und einfallslos. Er erbte Maximilians tragikomisches Unvermögen, mit Geld umzugehen, doch nahm es bei ihm wahrhaft kosmische Dimensionen an. Was Reichweite und Ambitionen anging, lebte er in einer vollkommen anderen Welt als sein

Urgroßvater und Namensgeber Karl der Kühne. Während der Burgunderherzog seine gesamte Energie auf die Belagerung einer einzigen Stadt am Rhein richtete, teilte Karl V. seine Aufmerksamkeit zwischen Peru und Tunis auf. An einem Tag waren seine Truppen (bedauerlicherweise, muss man sagen) damit beschäftigt, Rom zu plündern, und am nächsten kämpften sie bereits gegen Frankreich. Er scheint sich nie für die Herkunft seiner Reichtümer interessiert zu haben, und Geldmangel war in seinen Augen nichts, was einen wahren Fürsten von »Heldentaten« abhalten konnte. Als er wieder einmal Geld für einen Krieg brauchte, verpfändete er die Gewürzinsel Ternate für 350 000 Dukaten an den portugiesischen König, ruinierte die gesamte Kriegssaison dann aber dadurch, dass er nicht berücksichtigt hatte, wie lange der sich – wenig überraschend – nur sehr langsam bewegende Maultierzug mit seinen Dukaten brauchte, um von Lissabon nach Barcelona zu gelangen.

Karls wertvollste Provinzen waren Holland, Brabant und Flandern, die am dichtesten besiedelte Region Europas, weshalb er bestrebt war, seinen Einfluss auch auf die umliegenden Gebiete auszudehnen. 1527/28 überließ ihm der Utrechter Bischof das Hochstift Utrecht, und 1543 eroberte er das Herzogtum Geldern. Indem Karl diese Territorien zusammenfasste und ihnen im Burgundischen Vertrag weitgehende Eigenständigkeit im Rahmen des Heiligen Römischen Reichs zugestand – wofür im Gegenzug aber hohe Abgaben an das Reich zu leisten waren –, legte er unwissentlich den Grundstein für ihre spätere Unabhängigkeit. Seine bedauernswerte Schwester Maria von Ungarn, die seit dem Tod ihrer Tante als Statthalterin der Niederlande in Brüssel regierte, sah sich danach unablässig genötigt, Truppen und finanzielle Mittel aufzutreiben. Während sie ihre eigenen Ausgaben für den Ankauf von Tapisserien drastisch zusammenstrich, schmiedete ihr Bruder eifrig Pläne zur Eroberung Nordafrikas, wovon er ihr in seinen Briefen berichtete.

Der Antwerpener Hafen entwickelte sich in dieser Zeit zum zentralen Bindeglied zwischen Ostsee- und Mittelmeerhandel und löste Brügge als nördlichste Stadt ab, die für italienische Galeeren noch erreichbar war (als zunehmend beliebte Rudersklaven dienten übrigens inzwischen Wiedertäufer). Der Handel veränderte sich in einem atemberaubenden Tempo. So trafen nun etwa portugiesische Schiffe, von den Molukken kommend, in Antwerpen ein, verkauften dort ihre Gewürzladung und erwarben im Gegenzug Kupfer aus den karpatischen Minen, das über die Weichsel und die

Ostsee herangeschafft worden war. Dieses verkauften sie wiederum auf dem Rückweg zu den Molukken in indischen Häfen. Es wurden gewaltige Summen umgeschlagen. Doch die Geldquellen mochten noch so glanzvoll sein, die Einnahmen sprudelten nur unregelmäßig und schmolzen zusammen, bevor sie die Truhen des notorisch klammen Kaisers erreichten. Auf Schritt und Tritt lauerten Demütigungen. So weigerten sich Karls berittene Wachen während einer prunkvollen Reise nach Speyer, auch nur einen Meter weiterzuziehen, bevor nicht ihr ausstehender Sold bezahlt wurde, und nicht wenige seiner gewaltigen »Unternehmungen« scheiterten grandios aufgrund finanzieller Engpässe oder jämmerlicher Planungsfehler.

Nachdem Karl Jahre mit Abenteuern in fernen Landen vergeudet hatte, war der Protestantismus so tief verwurzelt, dass man ihn nicht so einfach wieder loswerden konnte. Zu lange hatte der Kaiser die Priester ignoriert, die ihn beschworen, mit den Protestanten ebenso kurzen Prozess zu machen wie Karl der Große mit den Sachsen. Nach den Erfahrungen der Vergangenheit war niemand so dumm, sich mit den Schweizern anzulegen, aber in den 1540er Jahren nahm Karl immerhin endlich den Kampf gegen den Schmalkaldischen Bund auf, einen Zusammenschluss protestantischer Landesfürsten und Städte, die sich gegen den katholischen Kaiser verbündet hatten. Der militärische Sieg über den Bund war leicht errungen, doch gegen den Protestantismus selbst gab es kein wirksames Mittel mehr. Und so wurde der religiöse Flickenteppich des Heiligen Römischen Reichs in Abkommen fixiert, aus denen etwa das Rheingebiet als völlig konfuser theologischer *Mixed-Grill*-Teller hervorging.

Nach der Zerschlagung des Schmalkaldischen Bundes kam das Reich keineswegs zur Ruhe. Als Gegenleistung für die Unterstützung im Kampf gegen den Kaiser versprachen nun mehrere protestantische Fürsten Frankreich die Bistümer Metz, Tull und Wirten, obwohl diese eindeutig zum Heiligen Römischen Reich gehörten und Frankreich nicht den geringsten legitimen Anspruch auf sie hatte. Freudig besetzte der französische König Heinrich II. im Jahr 1552 die drei Hochstifte und verwandelte sie in Metz (*Mess* ausgesprochen, damit es weniger deutsch klang), Toul und Verdun. Karl schwor, die Bistümer zurückzuholen, und begann gegen jeden Rat im Oktober desselben Jahres, also kurz vor Wintereinbruch, mit der Belagerung der Stadt Metz. Tausende seiner Soldaten starben an Ruhr, Typhus und Skorbut, und Karl lieferte einen weiteren Beleg für seinen sonderbaren Charakter, als er zu dem neben ihm stehenden Herzog von Alba bemerkte, die toten Fußsoldaten seien wie Grashüpfer oder Raupen, die »die Knospen und anderen guten Dinge der Erde fressen«. Denn, so sein Urteil, »wenn sie verdienstvolle Männer wären, würden sie nicht für [klägliche] sechs Livres im Monat in [meinem] Heer kämpfen«. Des Wartens überdrüssig geworden, hob er die Belagerung im Januar schließlich auf – fast auf den Tag genau sechsundsiebzig Jahre nachdem die traumatisierten Überlebenden der Armee Karls des Kühnen auf dem zugefrorenen Stadtgraben von Metz gestanden und um Einlass gefleht hatten. Ausgelaugt, krank und müde begann er sich Gedanken über eine Abdankung zu machen. Nichts an dieser ausgemergelten, verbrauchten Gestalt erinnerte mehr an den etwas fülligen, selbstgefälligen Mann auf dem Fenster im Freiburger Münster. Den erdrückenden Schuldenberg und das religiöse Chaos im Westen des Reichs überließ er seinem Sohn Philipp II. – und dem Herzog von Alba, der sich schon bald vom hart durchgreifenden, aber besonnenen General zu einem der größten Monster wandeln sollte, die sich dem Protestantismus entgegenstellten.

Die Oranier

Ich habe unendlich viel Zeit damit vertrödelt, im Internet mehr über Ludwig II. von Chalon-Arlay herauszufinden, den Unterlegenen in der Schlacht von Anthon, die ich in der Einleitung kurz erwähnt habe (als ein fliehender Burgunder in einem hohlen Baumstamm sein Grab fand). In diesen digitalen Weiten kann man sehr schnell zur verlorenen Seele werden. Doch während alle Welt über den verhängnisvollen Einfluss des freien Zugangs zu Pornografie und menschlichen Gräueln klagt, gehen die entsetzlichen Auswirkungen des Internets im Bereich der Genealogie völlig unter. Früher waren das Erstellen von Familienstammbäumen und erst recht das Aufstöbern interessanter Informationen eine langwierige und anspruchsvolle Aufgabe. Aber inzwischen gibt es – dank des unermüdlichen Einsatzes anonymer soziopathischer Kerkermeister – Webseiten, in denen man regelrecht verschwinden kann. Mittlerweile ist es möglich, den gesamten Verlauf der europäischen Geschichte vom frühen Mittelalter bis in die Gegenwart anhand einer nahezu endlosen Zahl adliger und königlicher Familien vorwärts, rückwärts und notfalls auch noch kreuz und quer nachzuverfolgen. Die schiere Fülle der Informationen, die sich zu allem Überfluss wie Löwenzahnsamen verteilen (»Ach du meine Güte, sie hatten ja sechzehn Kinder!«), verleiht solchen

Recherchen einen ähnlichen Suchtfaktor wie Tetris oder Super Mario, wobei Marios Aufgaben vergleichbar sind mit der Suche nach den Einzelheiten zur Familiengeschichte der Fürsten zu Salm-Salm.

Ludwig von Chalon-Arlay, ein notorisch treuloser, mittelbedeutender Herrscher mit einer bescheidenen Machtbasis in der Franche-Comté, ist ein gutes Beispiel dafür, dass sich die Grenzen zwischen Burgund und Frankreich quasi permanent im Fluss befanden. Dies schwächte je nach Lage der Dinge entweder Frankreich oder Burgund und schuf zugleich eine Zone, in der Männer wie Ludwig, dessen Loyalitäten zwischen den beiden Supermächten hin und her wechselten, vorübergehend erfolgreich agieren konnten. Ich interessierte mich für Ludwig, weil er nicht nur der Herr von Chalon-Arlay war, sondern gleichzeitig auch der Fürst von Orange. Doch wie gelangte dieser so eng mit den Niederlanden verknüpfte Titel aus dem heißen, staubigen Südosten Frankreichs in die sehr viel feuchteren Provinzen am Saum der Nordsee?

Die Herren von Chalon-Arlay kamen nach dem Zerfall des alten Königreichs Arles an die Macht und herrschten über eine Reihe von Burgen und Städten, die über die gesamte Franche-Comté verteilt waren. Wie so viele kleinere Territorialfürsten hatten sie das Glück, über eine nahezu unerschöpfliche Einkommensquelle zu verfügen, in ihrem Fall war es das Salz von Salins. Der Ahnherr des Hauses, Johann I. von Chalon – dem Vernehmen nach eine höchst eindrucksvolle Persönlichkeit –, lebte im 13. Jahrhundert. Im Laufe seiner langen Existenz zeugte er eine gewaltige Zahl von Erben und begründete eine Dynastie, deren männliche Angehörige offenbar allesamt Hugo oder Johann hießen und die auch während des darauffolgenden Jahrhunderts prächtig gedieh. Die Familie mit dem herrlichen Namen Baux-Orange hingegen erwies sich als weit weniger fruchtbar und starb aus. 1396 heiratete die letzte Vertreterin, Marie des Baux-Orange, Johann III. von Chalon-Arlay, wodurch ihr Erbe an das Haus Chalon-Arlay fiel und ihr Gemahl zu Johann I. von Orange wurde, Herrscher über ein winziges, kaum ein paar Hundert Quadratkilometer großes Fürstentum im Süden Frankreichs – aber nichtsdestoweniger ein Fürstentum mit all dem Prestige, das mit diesem Rang verbunden war. Maries Sohn war ebenjener sprunghafte (oder treulose) Ludwig von Chalon-Arlay, der sich einen Spaß daraus machte, zwischen den zunehmend genervten Franzosen und Burgundern immer wieder die Seiten zu wechseln.

Auf Ludwig folgte sein Sohn Wilhelm und auf diesen wiederum dessen Sohn Johann. Johann IV. von Chalon-Arlay, der in der zweiten Hälfte des

15. Jahrhunderts lebte, wäre um ein Haar dem Wiedererstarken der französischen Monarchie unter Ludwig XI. und der damit verbundenen Implosion Burgunds zum Opfer gefallen. Den Tiefpunkt seiner Existenz bildete vermutlich eine verlorene Schlacht in der Bretagne, nach der er sich tot stellte, aber leider von den siegreichen Franzosen durchschaut und gefangen genommen wurde. Eines der Probleme mit der Vergangenheit besteht darin, dass wir gar nicht ermessen können, wie schwer der womöglich dauerhafte Verlust an Selbstachtung gewogen haben mag, der mit solchen Ereignissen einherging. Johann hatte einen Sohn, Philibert, und mit ihm riss die Glückssträhne, die dem Haus Chalon-Arlay von 1237 bis 1530 in unablässiger Folge Söhne und schlimmstenfalls Neffen beschert hatte. Abgesehen davon, dass Philibert mit einem geradezu grenzwertig lächerlichen Namen gestraft war, diente er als Heerführer in den unübersichtlichen, schändlichen italienischen Kriegen der 1520er Jahre, war an der Plünderung Roms beteiligt und fiel während der darauf folgenden verheerenden Belagerung von Florenz. Sein Tod hätte das Ende der Dynastie bedeuten können, doch zum Glück hatte er eine Schwester, Claudia, die bereits einige Jahre zuvor sehr jung gestorben war. Davor hatte sie jedoch den Grafen Heinrich III. von Nassau-Dillenburg geheiratet (der nicht nur Hieronymus Bosch mit der Schaffung des *Gartens der irdischen Lüste* beauftragt hatte, sondern als Herr von Breda auch die dortige Grabkapelle des Hauses Nassau-Breda errichten ließ, in der sich mit dem prunkvollen Grabmonument seines Onkels und Vorgängers Engelbert II. ein wahres Wunderwerk der Bildhauerkunst befindet). Dieser Ehe, die die ferne Familie Chalon-Arlay mit den Grafen von Nassau verband, entstammte ein Sohn, René, der zum Erben seines Onkels Philibert bestimmt wurde, allerdings mit der Auflage, dass er den Namen Chalon-Arlay tragen solle, auch wenn er in dynastischer Hinsicht ein Mitglied der Familie Nassau war.

Und dies war wieder eine der Gelegenheiten, bei denen meine Unwissenheit zu den schönsten Überraschungen führt, denn zu meiner großen Freude stellte sich heraus, dass es sich bei René von Chalon-Arlay um ebenjenen Mann handelt, dessen Gedenken Ligier Richiers atemberaubende Grabstatue *Das Skelett in Bar-le-Duc* gewidmet ist.* Mit diesem rätselhaften Grabmal endet die große Tradition des *Totentanzes* – das Grab Engelberts II. etwa gehört unzweifelhaft schon in die neue Zeit der Renaissance. Mit Renés Tod erlosch das Haus Chalon-Arlay, denn er hatte lediglich eine Tochter, die schon kurz nach der Geburt starb. Er selbst fiel mit gerade einmal fünfundzwanzig Jahren als Heerführer in Diensten Karls V. (genau wie sein Onkel Philibert nur vierzehn Jahre zuvor). Der Kaiser saß an seinem Totenbett, was zweifellos eine Ehre war, aber auch nicht einer bitteren Ironie entbehrt, bedenkt man die unversöhnliche Feindschaft, die zwischen Renés und Karls Nachkommen herrschen sollte. Ohne Wissen aller Beteiligten vollzog sich damit eine der großen Verschiebungen in der europäischen Geschichte. Als letzter Abkömmling seiner Dynastie vererbte René alle seine Titel und Territorien dem Sohn des Bruders seines Vaters, dem erst elfjährigen Wilhelm von Nassau – unter der Bedingung, dass dieser katholisch erzogen werde (der Rest der Familie hatte sich zum lutherischen Glauben bekehrt). Der Kaiser versprach, Wilhelm in seine Obhut zu nehmen, bis dieser volljährig war. Man fühlt sich unweigerlich an das Ende eines *Star-Wars*-Films erinnert bei der Vorstellung, dass der Junge – der nicht nur Renés Besitzungen erbte (wodurch er zu Fürst Wilhelm von Orange beziehungsweise Oranien wurde), sondern auch die wohlhabenden Territorien des Hauses Nassau in Deutschland und große Teile der Niederlande – unter die Fittiche Karls V. geriet. Denn als Erwachsener sollte er als Wilhelm der Schweiger das Reich der Habsburger auseinanderreißen, einen neuen, unabhängigen Staat gründen und zum Stammvater des niederländischen Königshauses werden, dessen Mitglieder auch 2019 noch auf dem Thron sitzen.

Und das ist der Grund dafür, dass die niederländische Fußballnationalmannschaft heute in orangefarbenen Trikots aufläuft.

* Mit dieser Statue befasste sich meine allererste veröffentlichte historische Abhandlung, allerdings waren die Anforderungen an den Beitrag auch nicht besonders hoch, da er in einer Zeitschrift erschien, deren Herausgeber ich selbst war. Sie über dreißig Jahre später in Bar-le-Duc zum ersten Mal leibhaftig vor mir zu sehen, versetzte mir in zeitverzögerter Intensität einen regelrechten Schock. René ist als enthäuteter Leichnam dargestellt, in heroischer Pose richtet er den Blick auf sein Herz, das er in der erhobenen Hand hält, als betrachte er sich selbst in einem kleinen Spiegel. An seinem verwesenden Hals sind die gedehnten Bänder zu erkennen. Er ist kleiner, als ich ihn mir anhand von Zeichnungen vorgestellt hatte, aber sein Anblick ist genauso erschütternd wie erwartet. Das Grab wurde während der Französischen Revolution geschändet und 1793 um einen seltsamen Kasten zu Füßen der Statue ergänzt, in dem die Gebeine der Herrscherfamilie von Bar versammelt sind, deren Grablege in einer nahen Kirche ebenfalls verwüstet worden war. Unter ihnen befinden sich Herzog Robert I., seine Gemahlin Maria von Frankreich und ihr gemeinsamer Sohn Eduard III., der in der Schlacht von Azincourt getötet wurde – und der das Herzogtum nur geerbt hatte, weil seine beiden älteren Brüder bei der Schlacht von Nikopolis in Gefangenschaft geraten und umgekommen waren.

Tournai ist ein Geschenk, von dem ich nie genug bekomme. In den Museen der Stadt finden sich die herrlichsten Dinge, die immer neue Kaiser, Künstler und Generäle dort zurückgelassen haben. Die Region um Tournai (das »Tournaisis«) war lange eine zwischen Flandern und dem Hennegau eingezwängte französische Enklave, die erst 1521 von Karl V. endgültig erobert und in die Niederlande eingegliedert wurde, weshalb die Stadt als Heimat von Robert Campin und dessen Schüler Rogier van der Weyden kurioserweise ihren entscheidenden Beitrag zur altniederländischen Malerei in einer Zeit lieferte, in der sie in Wirklichkeit noch zu Frankreich gehörte. Aber altniederländische Gemälde sind längst nicht alles, was es dort zu sehen gibt. Zu den gezeigten Exponaten gehören beispielsweise auch eine Reihe makellos erhaltener Gewänder aus dem Besitz von Thomas Becket, die nach seiner Ermordung als Andenken an ein Kloster geschickt wurden, mit dem er enge Verbindungen gepflegt hatte. Unglücklicherweise erblühte auf dem reichen historischen Humus der Stadt schließlich einer der schlechtesten Maler des 19. Jahrhunderts (und bei so vielen potenziellen Anwärtern ist dies ein stolzer Titel). Louis Gallait schuf mehrere scheußliche Gemälde, etwa *Tasso im Gefängnis* und *Ein Mönch, die Armen speisend*, dennoch war er einer der beliebtesten Söhne der Stadt, weshalb man ihm im Zentrum von Tournai ein angemessen scheußliches Denkmal gesetzt hat. Ich wusste allerdings nicht, dass das kleine, wunderbare Museum der Schönen Künste auch zur letzten Ruhestätte seines gigantischen Historiengemäldes *Die Abdankung Karls V.* geworden ist, das ungefähr dieselbe Größe hat wie die Seite eines Doppeldeckerbusses, aber leider nur einen Bruchteil von dessen ästhetischem Wert.

Gallaits Gemälde wurde oft kopiert, da alle zeitgenössischen Darstellungen von Karls Abdankung so unbefriedigend banal sind. Ein Stich zeigt ihn beispielsweise vor einem kümmerlich kleinen Publikum stehend, als hielte er einen Vortrag über irgendeinen belanglosen, ein wenig peinlichen Aspekt des öffentlichen Gesundheitswesens. Gallaits Gemälde hingegen ist so riesig, düster und voller Details, dass, würde man es auf eine Buchseite zusammenschrumpfen, kaum noch etwas zu erkennen wäre. Es braucht den großen Maßstab. Die Technik des Malers mag unbeholfen sein, aber er präsentiert auf eine durchaus akzeptable, geradezu Verdi-hafte Weise (man hat den Eindruck, die zahlreichen gemalten Gestalten ringsum würden jeden Moment einen leidenschaftlichen Gesang anstimmen) einen der größten Momente in der Geschichte der Niederlande. Hier steht der altersschwache Karl V., auf die Schulter seines jungen Protegés Wilhelm von Oranien gestützt, in Brüssel und segnet seinen einzigen legitimen Sohn und Nachfolger Prinz Philipp. Von einem zweiten Thron aus beobachtet ihn seine gestrenge Schwester Maria von Ungarn, die langjährige Statthalterin der Niederlande, die kurz zuvor ebenfalls von ihrem Amt zurückgetreten ist. Im Publikum sehen wir (mit einem schwankenden Grad an historischer Genauigkeit abgebildet) als Gäste die Protagonisten der künftigen Dramen, die schon bald über die Niederlande hereinbrechen werden: die Grafen von Hoorn und Egmond, Antoine Perrenot de Granvelle, den Herzog von Alba und Philippe de Croÿ. Außerdem die junge Maria von Spanien, Karls Tochter, deren außergewöhnliches Leben von großer Bedeutung für weite Teile Europas sein sollte, da diejenigen ihrer sechzehn Kinder, die das Erwachsenenalter erreichten, die Politik des ausgehenden 16. Jahrhunderts maßgeblich prägten.

Und so zeigt allein die Tatsache, dass ich diese Zeilen schreibe, wie unangemessen es ist, über Gallaits Gemälde zu spotten. Es mag nicht besonders gut sein, aber es ist immer noch um Klassen besser als sein grauenhaftes, ebenso riesiges Werk *Die Pest in Tournai 1095*, das an der gegenüberliegenden Wand hängt und über das ich lieber den Mantel des Schweigens breiten möchte. Der Vorzug seiner *Abdankung* liegt darin, dass das Gemälde einen Moment von außergewöhnlicher Dramatik festhält. Hier steht im Jahr 1555 der womöglich mächtigste Mann des 16. Jahrhunderts, entsagt freiwillig der Macht und zieht sich für den Rest seines Lebens in ein Kloster zurück. Ein Jahr später wird er seinen Herrschaftsbereich aufteilen, das Heilige Römische Reich zusammen mit einigen anderen Gebieten seinem jüngeren Bruder Ferdinand überlassen und die spanischen Besitzungen an seinen Sohn Philipp übergeben. Für die Niederlande ergaben sich daraus schwerwiegende Konsequenzen. Es war das Ende einer großen Ära: Karl V. war in Gent geboren, Maria von Ungarn in Brüssel, ihr Vater Philipp I. hatte in Brügge das Licht der Welt erblickt und ihre Großmutter Maria von Burgund in Brüssel. Wie die Karolinger waren auch sie im Grunde Belgier. Selbst nach dem Rückzug in sein spanisches Kloster trank Karl V. zum großen Entsetzen seiner italienischen Ärzte weiterhin Bier. Prinz Philipp jedoch war in Spanien geboren. Er und seine Nachkommen herrschten von seiner neu gegründeten Hauptstadt Madrid aus.

Karls Entscheidung, das niederländische Erbe an Spanien zu binden, war abwegig und beschwor ein beispielloses Elend herauf. Acht Jahrzehnte sollte der Krieg zwischen den verschiedenen Kräften in den Provinzen und dem übrigen spanischen Reich dauern, unterbrochen nur durch einen einzigen längeren Waffenstillstand. Die meisten der siebzehn Provinzen gehörten zum Heiligen Römischen Reich und damit eigentlich zu Ferdinands neuem Verantwortungsbereich. Doch Wien war weit weg und Ferdinand durch die Türken abgelenkt, die eine tödliche Bedrohung für sein Reich darstellten. Aber auch Madrid lag nicht gerade um die Ecke. Schon Maximilian hatte die Provinzen in einem separaten »Burgundischen Reichskreis« zusammengefasst (das gesamte Heilige Römische Reich war in zehn solcher Reichskreise eingeteilt, Zusammenschlüsse aus größeren und kleineren Territorien, die unter anderem der gemeinsamen Verteidigung dienten), und Karl hatte sie 1549 durch eine Pragmatische Sanktion zu einem unteilbaren Ganzen verschmolzen. Die wohl plausibelste Erklärung für dieses Vorgehen ist eine burgundische: Möglicherweise betrachtete Karl die westlichen Gebiete (inklusive der geografisch von den niederländischen Provinzen getrennten Franche-Comté) als Teil eines speziellen dynastischen Dramas, das eng mit seinem Vater und Kastilien verbunden war. Die schwankende Identität der Provinzen spiegelt sich in vielen der von Gallait porträtierten Personen wider: Granvelle stammte aus der Franche-Comté und wurde Bischof von Arras, eine durch und durch burgundische Figur, Wilhelm der Schweiger entstammte dem Haus Nassau-Dillenburg, Egmond hatte in das Haus Pfalz-Simmern eingeheiratet – nur Hoorn war ein waschechter Niederländer. Der Prozess, in dessen Verlauf die Bevölkerung des Burgundischen Reichskreises über ihre künftigen Loyalitäten, ihre Religion, ihre Regierungsform, ja selbst über ihre Sprache entschied, wurde zu einem Albtraum, der zwar in gewisser Hinsicht nach achtzig Jahren endete, in Teilen jedoch bis in die Gegenwart hineinreicht.

Philipp reiste 1559 nach Spanien zurück, sein nördliches Erbe, von dem er im Hafen von Vlissingen Abschied nahm, sollte er nie wiedersehen. Und auch sein Sohn Philipp III. und sein Enkel Philipp IV., der schließlich das Ende des Aufstands erlebte, würden keinen Fuß auf niederländischen Boden setzen.

Eines der Probleme der Niederlande lag in ihrem Reichtum begründet. Antwerpen war einer der größten Häfen Europas, und eine Vielzahl gut verwalteter kleiner und mittelgroßer niederländischer Städte produzierte von Kriegsschiffen bis hin zu Nähnadeln alles, was man in einem Reich so brauchte. Kartendarstellungen von Karls weltumspannendem Herrschaftsgebiet sollen dem Betrachter üblicherweise ein Gefühl für dessen riesige Dimensionen vermitteln, aber vieles davon war reine Illusion. Die Philippinen etwa (die nach Philipp benannt worden waren, als dieser noch nicht das Erbe seines Vaters angetreten hatte) werden stets spanisch eingefärbt, dabei beschränkte sich der spanische Einfluss dort im Wesentlichen auf ein oder zwei von Palisadenzäunen umschlossene Örtchen, in denen glasig dreinblickende Fieberkranke Rosenkränze und rostige Macheten umklammerten und ihre Karriereberater verfluchten. Das Gleiche gilt für Südamerika, wo in Wirklichkeit nur ein paar kleine spanische Flecken eingezeichnet werden sollten. Mein Lieblingsfilm, Werner Herzogs *Aguirre, der Zorn Gottes,* fängt die dort herrschenden Zustände perfekt ein, indem er die Konquistadoren als ein immer weiter zusammenschrumpfendes Häuflein wahnsinniger Fantasten auf einem Floß voller Affen porträtiert. Süditalien hingegen war ein Fluch für jeden, der im Laufe der Geschichte dort herrschte, und man hoffte nur, dass in guten Jahren so viel Steuern heraussprangen, dass die Kosten für die dort stationierten Truppen gedeckt waren. Natürlich flossen aus Südamerika wahre Unsummen nach Spanien, und es standen zahllose weitere Tonnen Gold zu erwarten, doch für einen Monarchen, der in Madrid baute, plante und betete, waren die Niederlande der bei Weitem kultivierteste und am verlässlichsten zu besteuernde Teil seines gesamten Erbes, und deshalb verlangte Philipp von den Niederlanden Gehorsam.

Die eher zufällige Verbreitung des Calvinismus wurde schließlich zum Katalysator für den Aufstand gegen die spanische Selbstherrlichkeit und bewog Philipp zu einigen seiner verhängnisvollsten Entscheidungen (etwa die Einrichtung des sogenannten Blutrats, der durch Hunderte von Hinrichtungen Häresie und Verrat einzudämmen suchte). Aber auch viele aufrechte Katholiken lehnten sich gegen die spanische Herrschaft auf. Die Loslösung der sieben Provinzen, die sich im Laufe der Zeit zum Königreich der Niederlande entwickeln sollten, war eine Nebenwirkung des durchschlagenden Erfolgs spanischer Maßnahmen in den übrigen zehn Provinzen. Diese wurden nach zahllosen Dramen und Gräueln in Städten wie Antwerpen oder Ostende schließlich gegen ihren erklärten Willen zu den Spanischen Niederlanden. Brabant wurde entzweigerissen, der Norden (Breda, ’s-Hertogenbosch) verblieb in niederländischer Hand, der Süden (Brüssel, Löwen) in spanischer. In fast jeder Stadt gibt es ein Denkmal zur Erinnerung an jene Monate, in denen sie zum Brennpunkt zahlloser Hoffnungen und Ängste, zum Schauplatz von Heldentaten und Katastrophen wurde.

Die kompakte Struktur der niederländischen Städte und die Militärtechnologie jener Zeit führten dazu, dass sich der Krieg über mehrere Generationen hinzog. Ein niederländischer Zimmermeister zerschlug 1572 beim Kampf um Brielle mit seiner Axt ein Stauwehr und erfand so die aus spanischer Sicht ungemein ärgerliche Standardtaktik, einfach riesige Flächen Land zu fluten. Ich hatte mir diesen Vorgang stets als einen kühnen Streich vorgestellt, bei dem das Wasser auf einen Schlag alles verschlang, doch die Niederländer entwickelten darin eine ganz eigene Kunstfertigkeit: Nach Möglichkeit regulierten sie den Wasserstand so, dass ein Hindurchwaten unmöglich wurde (und Gräben, Spieße oder sonstige Fallen unter der Oberfläche verborgen blieben), er aber gleichzeitig so niedrig war, dass größere Schiffe auf Grund liefen. Die Städte waren mit raffinierten Verteidigungsanlagen umgeben – neben den üblichen Mauern und Gräben auch von gewaltigen Dornenhecken, die insbesondere während des zwölfjährigen Waffenstillstands ab 1609 von speziellen Militärgärtnern zu beeindruckender Größe herangezogen wurden. Maastricht verschanzte sich hinter rund dreißigtausend knapp zwei Meter hohen Sturmpfählen. Ganze Belagerungsheere wurden aufgerieben, während Tausende Soldaten monatelang in strömendem Regen saßen und sich unter der Ruhr krümmten. Jede dieser epischen Konfrontationen verursachte unvorstellbaren Aufwand. Bei der Belagerung von Antwerpen etwa ließ der Herzog von Parma einen mehr als zwölf Kilometer langen Kanal anlegen und eine gigantische befestigte Brücke bauen, um die Schelde auf ihrer gesamten Breite abzuriegeln.

Als die wichtigsten südlichen Städte in Flandern und Brabant nach und nach an die Spanier fielen, kompensierten die Aufständischen den Verlust durch das geradezu irrwitzige Wachstum des schwer befestigten und – wie sich herausstellen sollte – uneinnehmbaren Amsterdam. Hinter der Frontlinie blieb der Norden fest in der Hand der Rebellen und bildete ein sicheres Rückzugsgebiet, wo diese ihre Soldaten schulten, bauten und sich mit den nötigen Vorräten eindeckten. Die Städte florierten. Und während sich die Spanier verzweifelt bemühten, ungemünztes Gold und Silber zu ihren häufig meuternden Garnisonen zu schaffen, erzeugten die Niederländer einen die Wirtschaft befördernden Kreislauf, indem sie das Geld, das sie durch ihre Steuern einnahmen, gleich wieder an die niederländischen Kaufleute weiterleiteten, die mit Brustpanzern, Pferden oder Bier handelten – ganz so, wie es ein beschwingtes Londoner Flugblatt bewundernd ausdrückt: »Der Sold des Kämpfers wandert in die Taschen des Schankwirts.« Dabei waren die niederländischen Armeen natürlich alles andere als »niederländisch«. Der Krieg gegen Spanien lockte zum einen unzählige Söldner und Abenteurer in die Region – und wurde so zu einem riesigen Trainingslager vor dem Ausbruch des Dreißigjährigen Krieges – und zum anderen Schotten, Engländer, Sachsen und Schweden, die die Auseinandersetzungen als eine Art protestantischen Kreuzzug betrachteten.

Jede Stadt durchlitt ihr ureigenes Drama, das Erwähnung verdient. Leiden etwa erlebte ein entsetzliches, von Überschwemmungen und Hungersnot geprägtes Jahr. In der Stadt steht ein schönes, aus dem 19. Jahrhundert stammendes Denkmal für den damaligen Bürgermeister van der Werf. Leider zeigt die Statue nicht den berühmtesten Moment seines Lebens, als er den Ärmel hochschob, der hungernden Menge seinen nackten Arm präsentierte und erklärte, da er ohnehin sterben müsse, sollten sie doch ihn aufessen. Noch heute wird in der Stadt der Tag gefeiert, an dem endlich flache Kähne mit Heringen und Brot eintrafen. Es gab auch weniger dramatische Ereignisse, etwa als Breda 1590 fast ohne Blutvergießen den Spaniern entrissen werden konnte, nachdem es einigen Männern gelungen war, in einem Torfkahn versteckt in die Stadt einzudringen. Das »Spanische Tor«, durch das sie möglicherweise hineingelangten, ist noch heute zu sehen, und kein niederländisches Museum ist komplett ohne eine kecke Medaille oder einen Druck, die an diese Leistung erinnern.

Mein liebstes Erinnerungsstück aus dieser Epoche stammt aus Zeeland und wird heute im Zeeuws Museum in Middelburg aufbewahrt. Die dortigen Stadtväter waren derart überwältigt von den großen Ereignissen, die sie miterlebt hatten, dass sie beschlossen, sechs riesige Tapisserien in Auftrag zu geben. Diese außergewöhnlichen Kunstwerke wurden sorgsam gehütet und restauriert und hängen inzwischen in einem eigenen Raum, wo sie die Scheldeschlacht, die Belagerung von Zierikzee und weitere große Seeschlachten wieder aufleben lassen, die dazu führten, dass Zeeland nicht in den Spanischen Niederlanden aufging, sondern ein Teil der niederländischen Republik wurde. Minutiös sind darauf spanische Galeeren mit Trommlern, Pikenieren und Kanonieren abgebildet, brennende Schiffe, flatternde Wimpel, Matrosen, die in Windeseile die Takelage erklimmen – und all das eingefangen in dem eher trägen Medium Wolle und Seide. Darüber hinaus enthalten die Wandteppiche auch ansprechende mythologische Elemente, so ist etwa Wilhelm der Schweiger als Herkules dargestellt, der einen nach dem anderen die Köpfe der spanischen Hydra verbrennt. Und man kann nicht umhin, sich vorzustellen, dass es irgendwo in Philipps Palast ein Pendant zu diesem Teppich gegeben haben muss, auf dem die Rolle der Hydra von den Niederländern übernommen wurde.

Nachdem ich ungefähr eine Stunde dagesessen und diese großartigen Kunstwerke betrachtet hatte, füllte sich der Raum plötzlich mit Menschen. Zufällig gab ein niederländischer Mädchenchor genau dort im Rahmen eines städtischen Musikfestivals ein A-cappella-Konzert. Und man kann sich kaum etwas Merkwürdigeres und zugleich Schöneres denken, als gewebtes Treibholz, geblähte Segel, Fische, Wellen, Rauch und Flammen zu bewundern und dazu der perfekten Interpretation von »Java Jive« und »Don't Sit Under the Apple Tree (with Anyone Else But Me)« zu lauschen.

Das katholische Anliegen

Die Brabanter Stadt Mechelen – in historischem Kontext auch unter ihrem französischen Namen Malines bekannt – steht im Schatten ihrer beiden berühmten Nachbarn Antwerpen und Brüssel, aber auch sie hat ruhmreiche Zeiten erlebt, nicht nur als Residenz der beiden Margareten von York und Österreich, sondern als bedeutendes juristisches und religiöses Zentrum. Ihre wundervoll schroffe, verwitterte Kathedrale hat schon eine Menge gesehen. Was mir bei meinem ersten Besuch in Mechelen jedoch zunächst auffiel, war das Flüsschen Dijle, das 1940 kurzzeitig zu Bedeutung gelangte. Nachdem die Briten und Franzosen mehr als sechs Monate damit verbracht hatten, eigene Befestigungen zu bauen, beschlossen sie – als Reaktion auf den deutschen Einmarsch in das bis dahin neutrale Belgien –, diese zu verlassen und zur sogenannten Dijle- oder Koningshooikt-Wavre-Linie vorzurücken, womit sie geradewegs in die Falle tappten, die die Deutschen ihnen gestellt hatten. Ich hatte mir unter dieser »Dijle-Linie« stets ein eindrucksvolles Hindernis vorgestellt, aber in Mechelen ist der Fluss so schmal, dass selbst das örtliche Tourismusbüro kaum behaupten würde, er sei mehr als ein leicht zu überspringendes Rinnsal. Später begegnete ich der Dijle noch einmal in Löwen, wo sie sich als sprudelnder, von Moos gesäumter Bach präsentiert, der wohl keinen einzigen deutschen Panzerkommandeur aufhalten könnte, es sei denn, er hätte ein besonderes Faible für Schöllkraut und Rainfarn.

Noch immer erschüttert von den Unzulänglichkeiten der Dijle, schlenderte ich durch die Straßen nördlich der Kathedrale, wo ich plötzlich die gesamte Straße inklusive Gehweg wegen Pflasterarbeiten gesperrt fand. Es ist bloß ein kleines Detail, doch es bedeutete, dass ich meiner ursprünglich geplanten Route nicht folgen konnte und einen Umweg machen musste, der mich zunächst an der ersten Glockenspielerschule der Welt vorbeiführte (1920 gegründet und bis zum heutigen Tag das Mekka aller Carillonspieler) und danach an der offenen Sankt-Johannes-Kirche. Ich hatte mich bereits über die Straßenarbeiter gewundert, da normalerweise erst die eine Seite der Straße gepflastert wird und dann die andere, sodass Fußgänger die Engstelle weiterhin passieren können. Aber nachdem ich die Kirche betreten hatte, beschlich mich der Verdacht, dass ich von Mitgliedern der »Barock-Befreiungsfront« ausgetrickst worden sein könnte – einer Untergrundorganisation, die mithilfe von Guerilla-Aktionen die religiöse Kunst des 17. Jahrhunderts wieder ins öffentliche Bewusstsein zu rücken versucht. Ich persönlich war dankbar, von ihnen überlistet worden zu sein, und ich schätze ihren leidenschaftlichen Einsatz sehr. Bereits in Kortrijk hatte ich ihr verstohlenes Wirken gespürt (wer sonst hätte mich wohl vor van Dycks schwermütige *Kreuzaufrichtung* geführt?), doch hier agierten sie nun direkt vor meinen Augen.

In der Johanneskirche gibt es *eine Menge* katholischer Kunst, sie ist so vollgepackt damit, dass man fast glauben könnte, sich nicht in einer Kirche, sondern in einem Auktionshaus zu befinden. Ihr Prunkstück ist ein überwältigendes Gemälde von Peter Paul Rubens, einem der großartigsten Vertreter seiner Zunft. Es zeigt eine geradezu magische Version der Drei Weisen aus dem Morgenland, die ein leuchtendes Jesuskind anbeten – offenbar die Lichtquelle des gesamten Bildes. Das Kind steckt die Händchen in einen goldenen Becher, den ihm der erste der Drei Weisen hinhält. Dieser trägt einen geradezu schwindelerregend kostbaren, aufwendig gefertigten goldenen Umhang und einen Luchspelz um den Hals. Hinter den Weisen drängen sich zahlreiche Männer in Rüstungen, mit Turbanen oder Pelzmützen auf dem Kopf, eine mit brillantem Blick fürs Detail gestaltete Schar, in der vor allem der Kopf eines Afrikaners beeindruckt. Flankiert wird das Bild von zwei kleineren Gemälden, die umgedreht werden können. Die Vorderseiten zeigen eher beschwingte Darstellungen – die eine Johannes den Täufer bei der Taufe Jesu und die andere Johannes den Evangelisten auf Patmos. Auf den Rückseiten hingegen, die eigens zu traurigeren Anlässen hervorgekehrt werden, sieht man den ersten Johannes enthauptet, daneben eine schadenfrohe Salome, und den zweiten Johannes, wie er im Kolosseum in Öl gesotten wird (allerdings überlebte er die Behandlung, was das Publikum derart entzückte, dass sämtliche Anwesenden auf der Stelle zum Christentum übertraten).

Ich erwähne diese fantastischen Gemälde zum einen aus dem missionarischen Drang heraus, sie jedem, der auch nur in die Nähe von Mechelen kommt, nachdrücklich ans Herz zu legen, aber auch, weil sie in den größeren Rahmen jenes Konflikts gehören, der in den 1550er Jahren begann und erst in den 1640ern mit der Einigung über die Aufteilung der Niederlande ein Ende fand. Rubens' eindringliche, leidenschaftliche, befremdliche Werke, die 1616 in Auftrag gegeben wurden, waren nur ein Baustein in dem gewaltigen Wiederaufbau, der während des zwölfjährigen Waffenstillstands (1609–1621) in den nunmehr konsolidierten südlichen Niederlanden stattfand. Die Johanneskirche war in den zurückliegenden Auseinandersetzungen zerstört worden. 1546 hatte bereits die gewaltige Explosion eines Pulvermagazins für große Schäden in Mechelen gesorgt, 1566 waren bei calvinistischen Ausschreitungen alle religiösen Kunstwerke der Stadt zerschlagen und verbrannt worden, 1572 hatten oranierfreundliche Truppen die Stadt erobert, waren jedoch kurz darauf von den spanischen Truppen des Herzogs von Alba wieder vertrieben worden – beides begleitet von den entsprechenden Blutbädern –, 1580 wurde Mechelen dann von englischen Truppen eingenommen, die weitere Gemetzel anrichteten, und 1585, kurz vor dem Fall von Antwerpen, wurde die Stadt endgültig von den Spaniern zurückerobert.

Englischsprachige Leser neigen dazu, mit den Aufständischen zu sympathisieren, eine Tradition, die bereits im 16. Jahrhundert einsetzte, als die Entwicklungen jenseits des Ärmelkanals mit großer Spannung verfolgt wurden. Das Problem bei dieser Sichtweise ist jedoch, dass viele Bewohner der Siebzehn Provinzen gar keine Aufständischen waren und es bis zum Schluss plausibel und intellektuell schicklich blieb, katholisch zu sein. Der Albtraum, dem die Einwohner von Städten wie Mechelen ausgesetzt waren, bestand vielmehr darin, dass die Glaubensrichtung, der anzuhängen gerade fatal war, von Jahr zu Jahr wechselte. Mit der Zeit trieb die große Sortiermaschine des Krieges die Protestanten nach Norden und die Katholiken nach Süden, doch aus katholischer Sicht retteten die Kämpfe zumindest zehn von siebzehn Provinzen, während das brutale Vorgehen in weiteren Teilen Europas (in Frankreich und dem österreichischen Habsburgerreich) in einer Zeitspanne, die mehr oder minder Rubens' Lebenszeit (1577–1640) umfasste, am Ende dazu führte, dass der Protestantismus auf Nordeuropa und Teile der Schweiz beschränkt wurde und der Katholizismus die wahre, weltweit verbreitete Form des Christentums blieb.

Die »Schwarze Legende«, nach der ganz allein Spanien für die Auseinandersetzungen verantwortlich war, hat unser Bild dieses Krieges so sehr geprägt, dass wir in gewisser Weise nicht einmal das heutige Belgien als einen vollkommen legitimen Staat betrachten. Und auch dem Wirken zeitgenössischer katholischer Maler wie Rubens, die die gewaltigen Schäden am kulturellen Erbe der Niederlande auszugleichen suchten, haftete nicht nur in den Augen niederländischer Calvinisten, die solche religiösen Bildnisse generell ablehnten, etwas Inakzeptables und Finsteres an, sondern auch in denen britischer Protestanten. Die Begeisterung, mit der der englische König Karl I. Gemälde bei Rubens und dessen Schüler van Dyck bestellte, ließ die Puritaner hellhörig werden und bestärkte sie in ihrem Verdacht, er sei ein verkapptes Trojanisches Pferd der Jesuiten. Mit Absicht ließ Cromwell Karl auf dem Weg zu seiner Hinrichtung auf Whitehall durch das Banqueting House gehen, wo die großen, heiteren Deckengemälde, die Rubens in Karls Auftrag gemalt hatte, dessen Vater Jakob I. auf eine höchst unpuritanische Weise von Putten umgeben am Himmel schwebend zeigten. Wenn Karl in jenem Moment den Blick gehoben hat, waren sie das Letzte, was er sah, bevor er auf die Plattform hinaustrat und zu seiner ganz eigenen Form historischer Bedeutung gelangte.

Eine Waffe im Krieg zwischen Spanien und den Aufständischen war die Macht der Bilder, und zahllose Gemälde und Pamphlete, die heute in Museen aufbewahrt werden, waren damals Teil einer geradezu hysterischen Propagandakampagne der einen oder anderen Partei. Mit dem Eintreffen des Herzogs von Alba 1567 wuchs auf beiden Seiten der dringende Bedarf an moralischer und materieller Unterstützung. Die Entsendung Albas und seiner zehntausend spanischen Soldaten wiederum erfolgte nicht allein als Reaktion auf die Ausbreitung des Calvinismus, sondern wegen des *beeldenstorm*, des Bildersturms, einer der großen kulturellen Katastrophen der europäischen Geschichte, in deren Verlauf ein wütender Mob die gesamte mittelalterliche Kunsttradition in Flammen aufgehen ließ. In allen Provinzen zerrte man Statuen, Gemälde, Gewänder, Flaggen und Schnitzereien aus Kirchen und Klöstern auf die Straße und zerstörte sie. Seit einer Generation war dies fester Bestandteil protestantischer Siege in Nordeuropa, von Zürich, wo sämtliche bildlichen Darstellungen vernichtet wurden, bis nach Schottland, wo die Säuberungsaktionen so effizient waren, dass heute in der gesamten

Region kaum noch Spuren der früheren katholischen Kunst zu finden sind. Für die Spanier war dies in dem unübersichtlichen Strudel aus lokalem, städtischem, regionalem, burgundischem und religiösem Widerstand gegen ihre Herrschaft der Tropfen, der das Fass zum Überlaufen brachte. Es gab auch viele aufrechte Katholiken, die die Spanier hassten, doch schon bald war für solche Differenzierungen kein Platz mehr. Alba richtete den »Rat der Unruhen« ein, wie ihn die Katholiken nannten, wohingegen er bei den Protestanten als »Blutrat« bekannt wurde. Er ließ rund tausend Aufständische hinrichten, Tausende weitere flohen nach Norden oder in befreundete deutsche Gebiete, nachdem ein Urteil gegen sie ergangen und ihr gesamter Besitz beschlagnahmt worden war. So wurde nach Albas Ankunft ein Großteil der bis dahin herrschenden Klasse ausgelöscht – seine berühmtesten Opfer waren die katholischen Anführer Hoorn und Egmond. Sie kannten Philipp II. gut, waren Mitglieder des Staatsrats und Ritter des Ordens vom Goldenen Vlies, doch das reichte nicht aus, um sie zu retten. Wilhelm von Oranien, »der Schweiger«, war nach Deutschland geflohen, während Hoorn und Egmond noch glaubten, Alba zur Vernunft bringen zu können, und so wurde es zu seiner Aufgabe, die Rebellion anzuführen.

In den heutigen Niederlanden ist kein Museum vollständig ohne einige der drastischen kleinen Drucke, die damals zu Tausenden im protestantischen Europa verbreitet wurden und Hoorns und Egmonds Enthauptung auf dem Brüsseler Marktplatz zeigen. Ihre Hinrichtung war in religiöser wie in aristokratischer Hinsicht empörend und entfachte einen geradezu fanatischen Hass auf Spanien. Aus Schottland, England und den protestantischen deutschen Staaten strömten Freiwillige herbei, um sich dem Kampf anzuschließen. Aber auch die katholische Seite hatte großen Zulauf. Angefacht durch die intellektuelle Feuerkraft der Jesuiten und mit einem nach den Reformen des Konzils von Trient wiedererstarkten Selbstbewusstsein zog es nicht weniger inbrünstige und eloquente Kämpfer aus Spanien, Frankreich und Italien in die südlichen Provinzen.

In jener Zeit entwickelte sich der Marienkult zu einem zentralen Element des Katholizismus, denn in Rom hatte man erkannt, dass Calvin und die übrigen Reformatoren eine triste, maskuline, visuell wenig ansprechende und alles in allem eher spaßfreie Konfession geschaffen hatten. Rubens wurde zum ersten Protagonisten der neuen Verherrlichung von Glamour und Emotionen, von Wunden und Opfern. Sein von der Antwerpener Schützengilde finanzierter Beitrag zur Rekatholisierung der örtlichen Kathedrale war eine

Kreuzabnahme, die so erschütternd ist, dass man sie kaum anschauen kann. Das Gemälde enthält einen bitteren Verweis auf den Patron der Gilde, den heiligen Christophorus. Auf einem der Außenflügel des Triptychons ist der »Christusträger« mit dem Jesuskind als einer der überzeugendsten bulligen Riesen der westlichen Kunstgeschichte dargestellt. Auf dem zentralen Gemälde wird diese Szene durch eine Gruppe fassungsloser Figuren gespiegelt, die den geschändeten weißen Leichnam des erwachsenen Christus in Empfang nehmen.

Während der jahrzehntelangen Bemühungen der Spanier, die rebellischen Provinzen wieder unter ihre Kontrolle zu bringen, sandte die katholische Welt Geld, Ausrüstung und Soldaten, um die protestantischen Emporkömmlinge niederzuringen. Männer wie der Herzog von Alba, der Herzog von Parma und Ambrosio Spinola galten als Helden, als geduldige Streiter Gottes, die ihren Teil zur Ausrottung der Häresie beitrugen. Jede Belagerung, jede Schlacht war Teil eines kosmischen Konflikts, den Rubens auf riesigen Gemälden als Kampf zwischen den Engeln des heiligen Michael und den Dämonen Satans darstellte. In diesem Rahmen verschmolz der Kampf gegen den Protestantismus im Norden mit dem im Wesentlichen katholischen Kampf gegen das Osmanische Reich in Mitteleuropa und dem Mittelmeerraum sowie dem weltweiten Kampf zur Auslöschung sämtlicher Formen des Heidentums von Amerika bis Asien.

Unnötig zu erwähnen, dass die Protestanten das anders sahen.

SAVERY

KAPITEL SIEBEN

Die Leiden der »Lady Belge«

England befand sich im 16. Jahrhundert in einer traurigen, verletzlichen Lage. Nachdem Heinrich VIII. sich aus reinem Eigennutz schon in den 1530er Jahren vom Einfluss Roms losgesagt hatte und das Land somit sehr früh protestantisch geworden war, erlebte es schwere Zeiten, als nach Heinrichs Tod durch dynastische Zufälle seine drei legitimen Kinder nacheinander den Thron bestiegen: Eduard VI. (das »göttliche Kind«, ein überzeugter, aber früh verstorbener Protestant), Maria I. (eine gleichermaßen überzeugte Katholikin und Gemahlin Philipps II., die ebenfalls wenige Jahre nach ihrer Thronbesteigung verstarb) und Elisabeth I. (eine Protestantin, der zahlreiche Gegner in ihren Gebeten vergeblich einen frühen Tod wünschten). Alle drei ließen diejenigen, die ihren Vorgängern zu nahe gestanden hatten, hinrichten oder ins Exil treiben, sodass es auf dem Ärmelkanal wieder einmal von Schiffen voller verängstigter, enteigneter Flüchtlinge wimmelte. Die Stadt Douai in den Spanischen Niederlanden entwickelte sich zu einem Sammelpunkt englischer Katholiken. Dort wurden mehrere Hundert Priester ausgebildet, die heimlich nach England zurückkehren und das Wort Gottes verkünden sollten (allerdings wurden etwa hundertsechzig von ihnen schon unmittelbar nach ihrem Eintreffen auf englischem Boden aufgespürt und umgebracht). England erlebte seine ganz eigene Variante jenes Elends, das einem Land beschert ist, wenn verschiedene christliche Konfessionen für sich die Vorherrschaft beanspruchen. Darüber hinaus unterstützte Maria I. den Krieg ihres spanischen Gemahls gegen Frankreich – was prompt zum demütigenden Verlust von Calais führte, das seit zwei Jahrhunderten in englischem Besitz gewesen war.

Wie eng die Verbindung zwischen England und den küstennahen niederländischen Städten jenseits des Kanals war, lässt sich daran ablesen, dass diese eigens über englische Namen verfügen: Flushing (Vlissingen), Brill (Brielle), The Hague (Den Haag), Ghent (Gent) und Dunkirk (Dünkirchen). Die Nordsee war ein gemeinsamer englisch-niederländischer Handelsraum und Fischgrund, und es kam häufig vor, dass die Schiffe in den Häfen der jeweils anderen Seite Schutz vor den Launen des Windes suchten. Zu Beginn des Aufstands gegen Spanien nutzten die sogenannten Watergeuzen, jene Kaperfahrer, die aufseiten der niederländischen Rebellen kämpften, noch eine Zeit lang die englischen Häfen, um ihre Schiffe instand zu setzen und ihre Beute zu verkaufen. Für die Spanier stellten sie nur ein marginales Ärgernis dar, doch für Elisabeth wurden sie nach einer Weile eine zu große Belastung, weshalb sie den Wassergeusen schließlich den Aufenthalt verbot. Das zwang die Freiheitskämpfer 1572 zu ihrem waghalsigen Angriff auf die südholländische Küstenstadt Brielle, der bekanntermaßen erfolgreich verlief: Als erste Stadt überhaupt wurde Brielle von den Niederländern erobert, und es setzte jener jahrzehntelange, von geharnischten Briefen zwischen Madrid und diversen Oberbefehlshabern sowie einer schier unglaublichen Menge spanischer Sühnemessen begleitete Prozess ein, in dessen Verlauf sich die nördlichen Provinzen Stück für Stück ihre Unabhängigkeit erkämpften.

Wilhelm der Schweiger bemühte sich unterdessen verzweifelt um Verbündete und führte zahlreiche Gespräche mit protestantischen Staaten, die allesamt ergebnislos blieben. Wie Elisabeth standen auch die übrigen europäischen Königshäuser vor dem Problem, dass die Niederländer, mit deren Zielen man durchaus übereinstimmen mochte, nun einmal Rebellen waren. Es gab einfach keine Möglichkeit, sie zu unterstützen, ohne diese Entwicklung offiziell zu legitimieren. Der einzige vergleichbare Fall – die Schweizerische Eidgenossenschaft – wurde seit Jahrhunderten geflissentlich ignoriert. Wilhelms Ermordung 1584 raubte den Niederländern zudem den Repräsentanten, der einem »wahren« Herrscher noch am nächsten gekommen war und, immerhin ein Fürst, von ausländischen Königen hätte anerkannt werden können. Doch nun ging sein Titel auf seinen katholischen Sohn Philipp Wilhelm über, der – seinem Vater entfremdet – als Geisel in Madrid lebte.

Mit jeder neuen Gräueltat der Spanier, die ihre Herrschaft durchzusetzen und die Köpfe der protestantischen Hydra abzuschlagen versuchten, erhöhte sich der Druck auf Elisabeth. Das Wüten der »Spanischen Furie« in Antwerpen, wo 1576 rund achttausend Einwohner getötet und große Teile der Stadt zerstört worden waren, kam in den Augen der Protestanten Europas einer Apokalypse gleich. Nach der vorübergehenden Rückeroberung durch die Aufständischen konnte Antwerpen sich noch bis 1585 als Hauptstadt des niederländischen Widerstands halten, fiel dann aber nach mehr als einjähriger Belagerung endgültig in die Hände der Spanier. Tausende Protestanten flohen nach Norden, und es dauerte nicht lange, bis die Stadt wieder durch und durch katholisch war. Einer der reichsten und mächtigsten Häfen der Welt lag in Trümmern. Viele Vertraute von Königin Elisabeth – der Graf von Leicester, Edmund Spenser, Philip Sidney, der Graf von Essex – waren außer sich vor Zorn über das entsetzliche Leid einer Region, die Edmund Spenser in seinem allegorischen Versepos *The Faerie Queene* als »Lady Belge« dargestellt hatte. Wilhelms Bruder Ludwig von Nassau hatte schon zuvor dafür plädiert, die Qualen der Siebzehn Provinzen zu beenden, indem man die Spanier mit vereinten Kräften vertrieb. Im Gegenzug sollte jedes der größeren Nachbarländer einen Teil des umkämpften Gebiets erhalten – England Zeeland und Holland, Frankreich Flandern und das Artois, und für Wilhelm blieben die Provinzen im Landesinnern und Friesland. Dieser Plan, der aus heutiger Sicht völlig abwegig erscheint, entsprach dem Wesen des Heiligen Römischen Reichs und war für damalige Zeiten durchaus plausibel. Doch je länger der Aufstand andauerte, desto mehr entwickelten sich die nördlichen Provinzen zu einer eigenständigen, selbstbewussten Einheit.

1585 gab Elisabeth endlich nach. Obwohl sie das Unternehmen in finanzieller Hinsicht für ein Fass ohne Boden hielt, erklärte sie sich im folgenschweren Vertrag von Nonsuch (benannt nach einem von Elisabeths Palästen, auch wenn die Bezeichnung klingt, als sei sie *Alice im Wunderland* entnommen) bereit, den Niederländern Tausende von Soldaten und große Mengen Geldes zur Verfügung zu stellen. Welche Position sie selbst in der Folge einnehmen sollte, blieb jedoch unklar. Pläne, sie zur »Herrin und Gräfin von Holland« zu machen, scheiterten, und sie strebte zu keinem Zeitpunkt eine Herrschaft über die Niederlande in Personalunion an (ein Schritt, den Wilhelm III. von Oranien ein Jahrhundert später in Richtung England sehr wohl gehen würde). Gemeinsam mit Essex und Sidney brach der Graf von Leicester nun zu dem großen protestantischen Abenteuer auf – ein Ereignis, das auf einer hübschen Medaille aus dem Jahr 1587 verewigt wurde, auf der zu sehen ist, wie Elisabeth I. und Leicester das Biest aus der Offenbarung des Johannes bezwingen. Als Ausgleich für die Unterstützung des niederländischen Freiheitskampfs erhielt England die »Pfandstädte« Brielle, Vlissingen und Fort Rammekens an der Kanalküste, wodurch sich das Land nach dem Verlust von Calais weiter nach Norden orientierte. Das hätte sich als dauerhafte Lösung etablieren können – Philip Sidney wurde Gouverneur von Vlissingen, und der Gouverneur von Brielle verlieh seinem Stolz Ausdruck, indem er seine Tochter Brilliana nannte (trotz ihres seltsamen Namens führte sie ein höchst bemerkenswertes, abenteuerliches Leben) –, doch im Jahr 1616 verkaufte Jakob I. die Pfandstädte mit dem für ihn typischen mangelnden Weitblick wieder zurück an die Niederländer.

Die englische Intervention geriet zum Fiasko. Leicester wurde von den Puritanern wahlweise zum neuen Josua, Moses oder Samson ausgerufen, je nachdem, welchen alttestamentarischen Helden sie bevorzugten. In Den Haag traf er mit dem neuen Statthalter Moritz von Oranien (Wilhelms zweitältestem Sohn) zusammen und unternahm anschließend eine prunkvolle, hochmütige Reise durch die Niederlande. Wohin er auch kam, wurde er mit Feuerwerken, Triumphbögen und Banketten empfangen. Da das englische Kontingent sich völlig respektlos aufführte, liefen diese Gastmähler zunehmend aus dem Ruder, und es kam zu abscheulichen Szenen in Amsterdam, wo betrunkene, rotgesichtige junge Adlige verächtlich Süßigkeiten aus den Fenstern warfen. Ein kleines, seit Jahrzehnten unter Belagerung stehendes Land, das Tausende Kriegsopfer zu beklagen hatte, dessen Religion auf genügsamer Selbsterforschung beruhte und in dem zahllose verarmte Flüchtlinge kaum das Nötigste zum Leben hatten, dieses Land, das die letzten Pfennige zusammenkratzte, um seine vermeintlichen Retter zu erfreuen, musste nun erkennen, dass keine stolzen spartanischen Helden herbeigeeilt waren, sondern eine Horde speiender, grabschender Dumpfbacken.

Leicester vertrieb sich die Zeit mit dem Entwerfen von Hutabzeichen und fuhr auf einem hübschen Boot nach Rotterdam, dessen Ruderer in spezielle blau-rot-ockergelbe Uniformen »mit seidenen Quasten« gekleidet waren. Sidney fiel in der jämmerlich sinnlosen Schlacht bei Zutphen (wo noch heute ein Denkmal und eine Tischgesellschaft an seinen Tod erinnern). Es waren traurige Gestalten, die die niederländische Bereitschaft zum Widerstand eher unterminierten, als dass sie sie stärkten.

Philipp II. nahm die englische Intervention dennoch sehr ernst. Er war entsetzt über Elisabeths Umschwenken, und da er als Ehemann ihrer verstorbenen Schwester selbst ein ernsthafter Anwärter auf den englischen Thron war, beschloss er, den habsburgischen Fischzug auf England auszudehnen. 1588 segelte die Spanische Armada, eine gewaltige Flotte aus hundertdreißig Schiffen mit rund sechsundzwanzigtausend Soldaten und Seeleuten an Bord, den Ärmelkanal hinauf, wo sie an der flämischen Küste mit weiteren dreißigtausend spanischen Soldaten zusammentreffen sollte. Ein paar Sommertage lang schien die Zukunft Nordwesteuropas auf dem Spiel zu stehen. Doch zum Glück für die Engländer war dieses Unternehmen ein Musterbeispiel für jene aufgeblasene Stümperei, die so typisch war für das 16. Jahrhundert (und die auch die englischen Aktivitäten in den Niederlanden kennzeichnete). Das gesamte Armada-Projekt war auf eine haarsträubende Weise undurchdacht. Es wäre hilfreicher gewesen, wenn man in der Vorbereitungsphase weniger feierliche Hochämter mit Chor und Weihrauch abgehalten und sich stattdessen eingehender mit der Logistik des Unternehmens beschäftigt hätte.

Die Niederländer hatten die simple – und durchaus spaßige – Vorsichtsmaßnahme getroffen, sämtliche Warnzeichen von den gefährlichen wandernden Untiefen und Sandbänken vor der flämischen Küste zu entfernen. Außerdem patrouillierten kampfbereite, eigens für die seichten Küstenbereiche konstruierte niederländische Kriegsschiffe in den Gewässern, die die Armada von der spanischen Armee in Dünkirchen trennten. Die Engländer hingegen trieben die spanische Flotte erbarmungslos den Ärmelkanal hinauf und versetzten sie durch einen Angriff mit Brandschiffen derart in Panik, dass zahlreiche spanische Besatzungen in ihrer Not die Ankertaue kappten, damit ihre Schiffe nicht Feuer fingen. Nachdem die Armada über die flämische Küste hinausgesegelt war, ohne dort wie geplant die zusätzlichen spanischen Soldaten an Bord genommen zu haben, konnten die Schiffe aufgrund der dort vorherrschenden Winde (von denen alle Beteiligten schon einmal gehört hatten, sie können also keine Überraschung gewesen sein) nicht einfach kehrtmachen, sondern waren gezwungen, weiter nach Norden und um Schottland herum nach Spanien zurückzusegeln. Doch für dieses Seegebiet hatte man keine Karten dabei.

Als Patriot freut mich das Schicksal der Armada natürlich, doch im Grunde war es eine fürchterliche Katastrophe: Tausende Leichen trieben in jener schrecklichen Einsamkeit, die den Tod von Schiffbrüchigen stets umgibt, in den Gewässern um die Britischen Inseln. Die Schiffe, die vor Dünkirchen ihre Anker geopfert hatten, hatten das Verhängnis nur hinausgeschoben. Einige schafften es in irische Häfen, wo die Besatzungen umgehend hingerichtet wurden. Etwa zehntausend Mann kehrten nach Spanien zurück, von denen viele im Nachhinein an Unterernährung und Erschöpfung starben. Für die Engländer war die Schlacht ein großer, nationaler Sieg, der ihren Status als Seemacht begründete. Und auch für die niederländische Republik bedeutete sie ein epochales Ereignis – vor allem in dem Wissen, dass die Spanier mit den gewaltigen, letztlich nutzlosen Ausgaben für die Armada (und ihre beiden Nachfolgeflotten, die durch Stürme zerstört wurden, bevor sie den Ärmelkanal überhaupt erreichten) riesige Söldnerheere hätten anheuern können. Philipp II. wiederum betrachtete die Niederlage nicht etwa als Folge einer blöden Idee, sondern vermutete dahinter wie üblich irgendeinen göttlichen Willen.

Vor einigen Jahren wanderte ich auf den Orkney-Inseln durch die wunderbar kahle, raue, vierhundert Millionen Jahre alte Landschaft der Insel Hoy. Von dem kleinen Ort Rackwick aus blickt man nach Süden in Richtung Schottland über den Pentland Firth, eine der schaurigsten Wasserstraßen der Welt, voller Gefahren, von steilen, abweisenden Klippen gesäumt und mit reißenden Gezeitenströmen, denen die Schiffe der Armada, die sich verzweifelt zurück in den Atlantik zu kämpfen suchten, hilflos ausgeliefert waren. Triefnass und mit schmerzenden Füßen betrat ich das örtliche Gemeindezentrum, das sich als eine ehemalige Kirche entpuppte. Zu meiner großen Freude entdeckte ich dort eine Kanzel, die aus dem Eichenholz eines Wracks der Armada gefertigt worden war. Auf den zweiten Blick folgte jedoch die Enttäuschung: Letzen Endes war es nur Holz, das nach der damaligen Mode geschnitzt worden war. Ich bin mir auch nicht sicher, wie die Kanzel stimmungsvoller hätte wirken können – vielleicht wenn sich noch Reste einer spanischen Knochenhand darum geklammert hätten. Wie dem auch sei, auf den Orkneys gibt es so gut wie keine Bäume, weshalb jedes Schiff, das dort zerschellte, für die Bewohner ein Geschenk des Himmels gewesen sein muss.

Das Leben im »Garten«

Nach dem triumphalen Sieg der Spanier über die französischen Truppen in der Schlacht bei Saint-Quentin in der Picardie im Jahr 1557 traf Philipp II., der erst wenige Monate zuvor den Thron bestiegen hatte, eine etwas exzentrisch anmutende Entscheidung. Dem tiefgläubigen Katholiken war nicht entgangen, dass der Sieg am Tag des heiligen Laurentius errungen worden war, eines christlichen Märtyrers, der von den Römern auf einem Gitterrost zu Tode gebraten worden war. Und so beschloss er, als erster Herrscher eines neuen Weltreichs, in dem Ort El Escorial vor den Toren seiner neuen Hauptstadt Madrid ein großes Mausoleum errichten zu lassen, dessen Grundriss einem riesigen Grillrost nachgebildet sein sollte. Es zeugt von seiner Macht und seinem Selbstbewusstsein, dass dieser Wunsch anstandslos umgesetzt wurde. Niemand scheint Philipp darauf hingewiesen zu haben, dass noch mehr als zwei Jahrhunderte ins Land gehen sollten, bis der Heißluftballon erfunden wurde und seine Untertanen den ungewöhnlichen Entwurf aus der Luft bewundern konnten – aber vielleicht sollte dieser auch bloß Gott im Himmel erfreuen. Es dauerte über zwanzig Jahre, bis der gewaltige Komplex fertiggestellt war. Im Rahmen feierlicher Zeremonien, die die gesamte Gegend mit Weihrauchschwaden erfüllt haben müssen, wurden dort schließlich Philipps Eltern, Karl V. und Isabella von Portugal, beigesetzt und nach ihnen fast alle spanischen Monarchen bis zu Alfons XIII., dessen sterbliche Überreste 1980 dorthin überführt wurden. Wie alle derartigen Bauten sollte El Escorial schon allein durch seine imposante Erscheinung einen wahrhaft überwältigenden Eindruck von der Größe und Macht der königlichen Familie vermitteln. Darüber hinaus machte Philipp seine Residenz zu einem Zentrum katholischer Gelehrsamkeit, an dem künftige Generationen von Priestern dazu ausgebildet werden sollten, die wahre Lehre in seinem Reich zu verbreiten und als spirituelle und intellektuelle Stoßtrupps dem Protestantismus endgültig den Garaus zu machen.

Während in Spanien der Bau von El Escorial voranschritt, verfolgte man im südholländischen Leiden ein ganz ähnliches Projekt. Die alte niederländische Universitätsstadt Löwen befand sich mittlerweile fest in Philipps Hand, Leiden hingegen hatte 1574 der verheerenden Belagerung durch die Spanier widerstanden und war so endgültig zu einem festen Bestandteil des Nordens geworden. Daher beschloss Wilhelm der Schweiger, dort eine protestantische Universität zu gründen, an der jene Elite studieren sollte, die sein neuer Staat benötigte. Kurioserweise ist in der Gründungsurkunde in einer höchst legalistischen Auslegung der Verhältnisse auch Philipp II. als Graf von Holland aufgeführt, was bedeutet, dass er rein technisch betrachtet – aber zweifellos zu seinem eigenen Entsetzen – mitgeholfen hat, diesen Altar des Moloch zu errichten.

Im Laufe der Jahre bin ich mehrmals mit dem festen Vorsatz von meinen Reisen zurückgekehrt, mit meiner Familie in eine fremde Stadt auf dem Kontinent zu ziehen und dort ein neues Leben zu beginnen. Die Kinder, die kurz zuvor noch unbeschwert mit den Beinen baumelnd ihre Bohnen auf Toast verspeist hatten, lauschten mit angstvollem Blick und flach angelegten Ohren, wenn ich im Brustton der Überzeugung erklärte, dass wir nach Bamberg, Novi Sad, Lübeck oder Sighişoara umsiedeln sollten. Während ich von dem köstlichen Essen schwärmte, von den Sprachen, die wir lernen könnten, und den Menschen, denen wir begegnen würden, suchten die Kinder in stummer Panik den Blick ihrer Mutter. Und wenn ich schließlich voller Vorfreude auf die Restaurants, bestickten Hemden für die Kinder und ausgedehnten Wanderungen, die uns allen so viel Freude bereiten würden, fröhlich aus dem Zimmer rauschte, hörte ich hinter mir beruhigendes Flüstern und unterdrücktes Weinen. Leider ist aus keinem dieser Pläne etwas geworden, und mittlerweile sind die Kinder alt genug, um mir bissige Gegenvorschläge zu unterbreiten, wohin ich ihrer Meinung nach ziehen könne – was wirklich schade ist, denn erst jetzt ist mir klar geworden, wo wir uns tatsächlich hätten niederlassen sollen: in Leiden.

Dank Tausender Flüchtlinge aus dem Süden, die Leiden wie auch alle übrigen Städte der nördlichen Niederlande bevölkerten, wurde die Universität rasch ein Erfolg. Ihre über das ganze Stadtgebiet verteilten Gebäude erzeugen noch heute eine Atmosphäre von Optimismus und intellektueller Neugier, die durch die schematische, rationale Anmutung der Kanäle und Brücken, Kneipen und Kirchen, Konzertsäle und Coffeeshops, aus denen sich diese herrliche Stadtlandschaft zusammensetzt, noch gesteigert wird. Alles erinnert an die Blütezeit der Stadt im späten 16. und 17. Jahrhundert. Hier gibt es die älteste Universitätssternwarte der Welt, die 1633 in Betrieb genommen wurde und auf Niederländisch den hübschen Namen *sterrenwacht*, »Sternenwacht«, trägt.

Einige Gebäude der Stadt stammen noch von den Pilgervätern, jenen radikalen Puritanern, die sich nach ihrer Flucht aus England 1609 in Leiden niederließen. Zwar bemühten sie sich nach Kräften, ihrer nüchternen Lebensweise auch hier zu frönen, doch zu ihrem Verdruss stellten sie fest, dass die Versuchungen der Stadt sie immer wieder vom rechten Weg abkommen ließen. Daher fassten sie den Entschluss, nach Nordamerika auszuwandern, wo sie Glaubensfreiheit und Frieden zu finden hofften. Die Amerikaner feiern ihre Ankunft und ihr Überleben in der Neuen Welt an Thanksgiving. Ich persönlich bin allerdings der Meinung, dass entsprechende Feiertage auch in Leiden eingeführt werden sollten, wo die Pilgerväter eine Zeit lang gelebt hatten, in Delfshaven, wo sie in See stachen, und in Southampton und Plymouth, wo ihre gefahrvolle Überfahrt über den Atlantik begann – zum Dank dafür, dass diese miesepetrigen Gesellen endlich von der Bildfläche verschwunden waren.*

* Unter ihnen war auch ein Vorfahre von Barack Obama, der zwar den wunderbaren Namen Thomas Blossom trug, aber zweifellos genauso ein sauertöpfischer Griesgram war wie all die anderen.

Leiden hat wunderbare Sehenswürdigkeiten zu bieten. Da wäre zunächst der spektakuläre Richtplatz vor der alten Burg der Grafen von Holland – eingefasst von einer Reihe hübscher, stimmungsvoller Gebäude inklusive eines überdachten Säulengangs, von dem aus die Richter die Exekutionen verfolgen konnten. Ein findiger Gärtner hatte kürzlich die brillante Idee, auf der gegenüberliegenden Seite des Richtplatzes niedrige Spalierbäume zu pflanzen und sie so an Rankhilfen zu befestigen, dass sie ihre Äste zu beiden Seiten wegstrecken, als seien es in Abscheu und Entsetzen ausgebreitete Arme – zumindest war das meine Interpretation dieser dürren, an Giacometti erinnernden Stämmchen. Gleich daneben steht ein ehemaliges Schulgebäude, durch dessen Türen einst auch Rembrandt rannte.

Und dann ist da noch der unvergleichliche Hortus Botanicus, entworfen von dem 1526 in Arras geborenen Carolus Clusius, der vor seiner Ankunft in Leiden für den leutseligen Habsburgerkaiser Maximilian I. in Wien am allerersten Katalog der Alpenflora gearbeitet hatte. Clusius und seine Zeitgenossen gehörten womöglich zu einer der glücklichsten Generationen der gesamten europäischen Geschichte. Ihre Ära war geprägt von den stimulierenden Herausforderungen der großen Handelsreisen, sie waren sich der Bedeutung der religiösen Umwälzungen in Europa vollauf bewusst, entwickelten humanistische Ideen – und das alles vor dem Ausbruch der Schrecken des Dreißigjährigen Krieges. Der Hortus hat sich mit seinen langen Reihen fremdartiger Pflanzen und einer Mischung aus akademischer Forschung und öffentlich zugänglichem Lustgarten viel von seinem alten Flair bewahrt. Wie vielen Betrachtern wohl schon schlecht geworden ist beim Anblick der makellosen schlauchförmigen Kannenpflanzen, die wie abgeschnittene Hodensäcke aussehen und deren grausiger süßer Nektar Insekten anlockt, woraufhin sie in den Trichter fallen und bei lebendigem Leib langsam aufgelöst werden. Reihe um Reihe entdeckt man dort Schmackhaftes, Giftiges und Groteskes. Ein aus dem frühen 17. Jahrhundert stammender Druck zeigt den Hortus in all seiner Pracht mitsamt einer Kollektion seltsamer Geschöpfe, die die niederländischen Schiffe aus Asien zurückgebracht hatten – ausgestopfte Warane, ein Krokodil, ein Flughund, ein Kugelfisch und dazu ein etwas deplatziert wirkender Eisbärenkiefer von Nowaja Semlja. Ich kenne keinen Ort, der einen lebendigeren Eindruck von dem aufregend neuen Denken am Beginn des 17. Jahrhunderts vermittelt, von den neuen Entdeckungen, den neuen Düften und Geschmäcken einer Welt voller Orangen, Durianfrüchten und Tee. Der Botanische Garten war überdies ein frühes Zentrum der Bienenforschung, aus dem 1618 ein berühmtes, als Dialog zwischen Clusius und seinem Freund, dem Bienenexperten Augerius Clutius, verfasstes Werk zur Bienenkunde hervorging. Dem Andenken an dieses Werk ist ein Stapel strohgeflochtener Bienenkörbe gewidmet – Miniaturversionen derjenigen, die man auf der wundersamen Zeichnung *Die Imker* von Pieter Brueghel d. Ä. sehen kann. Ich werde später noch einmal auf den Hortus zurückkommen müssen, weil er auch im 19. Jahrhundert eine immens wichtige Rolle spielte.

Da Stadt und Universität so eng miteinander verflochten sind, lässt sich in Leiden auch heute noch nachvollziehen, wie zwanglos die Gelehrten des 17. Jahrhunderts sowohl physisch als auch gedanklich zwischen den unterschiedlichsten Disziplinen hin und her wanderten. Hier herrschte das gleiche bunte, intellektuell stimulierende Klima, das zur selben Zeit in England meine eigenen Helden – Sir Thomas Browne, Robert Burton, John Aubrey und Henry Vaughan – hervorbrachte. Deren niederländische Pendants genießen in ihrer Heimat ein vergleichbar hohes Ansehen, stehen sie doch für eine intellektuelle Neugier, die sich noch frei von jenen Spezialisierungen entfalten konnte, die die Forschung später zunehmend einengten. Es waren Männer wie Hugo Grotius, Willebrord Snellius (nach dem ein Mondkrater unmittelbar südlich des Mare Tranquillitatis benannt wurde) oder der wunderbare, ursprünglich aus Brügge stammende Simon Stevinus (was für eine Schande, dass diese latinisierten Namen so lächerlich klingen), ein Militäringenieur, Mathematiker und heroischer Dilettant auf vielerlei Gebieten. Wenn er nicht gerade durch bahnbrechende Neuerungen das Dezimalsystem erweiterte, trug er zur Freude der Nationen bei, indem er einen Segelwagen für Moritz von Oranien, den Sohn und Nachfolger von Wilhelm dem Schweiger, erfand, mit dem dieser 1600 über den Strand von Den Haag sauste. Die Insassen dieses Segelwagens müssen eine Geschwindigkeit erreicht haben, mit der sich auf europäischem Boden bis dahin noch kein Mensch je vorwärtsbewegt hatte (abgesehen von den mittelalterlichen Gefangenen, die mithilfe von Katapulten über die Mauern belagerter Städte geschleudert wurden, um die Verteidiger in Angst und Schrecken zu versetzen – doch das war eine eher untypische Erfahrung). Das Tempo von Pferden übertraf er jedenfalls mit Leichtigkeit.

Überhaupt muss dieser Strand, an dem häufiger Experimente durchgeführt wurden, ein höchst amüsanter Ort gewesen sein. Moritz ließ seine eigene Kanonengießerei in Den Haag errichten und experimentierte am Strand mit verschiedenen Kalibern, um die beste Kombination aus Gewicht,

Reichweite und Durchschlagskraft zu ermitteln – ein perfektes Beispiel für jenes praxisnahe mathematische und technische Tüfteln, das die niederländische Republik auszeichnete und dessen Ergebnisse auf den verschiedensten Gebieten von der Tulpenzucht über den Schiffbau und Entwässerungswindmühlen bis hin zu neuartigen Ölfarben zu beobachten waren. Zu den eigenartigen Aspekten des Achtzigjährigen Krieges gehört, dass das Leben im »Garten«, der sicheren Region nördlich der Front, immer angenehmer wurde (während Spanien regelmäßig zahlungsunfähig war oder wieder einmal seine gesamte Flotte versenkt wurde). Das Gleiche galt südlich des umkämpften Bereichs auch für die Spanischen Niederlande, wo zwischen 1598 und 1621 unter der Herrschaft des in Brüssel residierenden Erzherzogs Albrecht und seiner Gemahlin Isabella eine ähnliche Blüte der Künste und Gärten zu verzeichnen war. Antwerpen lebte wieder auf, Glaswaren, Schmuck, Spiegel und Tapisserien entstanden in großer Zahl, und der große Buchdrucker Christoph Plantin pendelte je nach politischer Lage zwischen Antwerpen und Leiden hin und her. Plantin druckte zahllose Plakate, Pamphlete und Bücher – darunter auch die Werke von Carolus Clusius –, aber der wahre Clou war ein Exklusivvertrag, der es ihm erlaubte, das gesamte spanische Reich mit Brevieren und Messbüchern zu beliefern – ein lukratives Monopol, aus dessen Erlösen er das prächtige Haus und die Werkstatt in Antwerpen finanzierte, die bis zum heutigen Tage erhalten sind.

Zwischen den sicheren Bereichen im Norden und Süden wütete der Krieg jedoch unvermindert weiter, unterbrochen nur von dem zwölfjährigen Waffenstillstand, den Moritz von Oranien und Philipp III. im Jahr 1609 in Antwerpen ausgehandelt hatten. 1621 brachen die Kämpfe erneut aus und verknüpften den Spanisch-Niederländischen Krieg mit jenem umfassenderen Konflikt, der sich zum Dreißigjährigen Krieg ausweiten sollte. Zumeist florierte die niederländische Wirtschaft während dieses großen Ringens dank eines effizienten Kreislaufs: Der Großteil der eingenommenen Steuern wurde dazu verwendet, niederländische Lieferanten zu bezahlen, die die Truppen mit Waffen, Ausrüstung, Lebensmitteln, Uniformen, Wagen und Pferden ausstatteten, während die Soldaten ihren Sold in den niederländischen Städten hauptsächlich für jene Vergnügungen ausgaben, die auf zahllosen Genregemälden des 17. Jahrhunderts verewigt sind. Mit den Jahren spezialisierten sich die einzelnen Städte auf bestimmte Erzeugnisse, die sie in hoher Stückzahl produzierten – in Utrecht waren es Granaten, in Dordrecht kleine Feuerwaffen und in Gouda Lunten. Etwa neunzig Prozent der Einnahmen der niederländischen Republik flossen in den Krieg, sodass mit der Zeit zwar hohe, aber abgesicherte Schulden aufliefen, während den Spaniern nichts anderes übrig blieb, als auf die Knie zu fallen und zu beten, dass bald die nächsten mit Reichtümern beladenen Schiffe aus Amerika eintreffen mögen. Als Admiral Piet Hein – einem ehemaligen Galeerensklaven – 1628 die Kaperung der spanischen Silberflotte gelang – eine Heldentat, die von niederländischen Kindern noch heute in einem hübschen Lied besungen wird –, dürfte es auf spanischer Seite zu noch ausgiebigeren Selbstgeißelungen im Escorial gekommen sein.

Selbst wenn sich die Dinge für Spanien einmal erfreulich entwickelten, folgte früher oder später das bittere Ende. Das große historische Ereignis der späteren Kriegsjahre war die Belagerung von Breda, wo Moritz von Oranien dem spanischen General Ambrosio Spinola gegenüberstand. Mittlerweile kämpften in den niederländischen Truppen hauptsächlich fremde Söldner, und auch in den spanischen Heeren waren die meisten Soldaten keine Spanier (Spinola selbst stammte aus Italien). Im Gegensatz zu sonstigen Torturen wie etwa der albtraumhaften Belagerung von Ostende, die auf spanischer Seite rund achtzigtausend Opfer forderte und auf niederländischer sechzigtausend, endete die Belagerung von Breda mit einem triumphalen Erfolg für Spanien. Moritz von Oranien starb noch vor dem Ende der Auseinandersetzung. Als es seinem Halbbruder Friedrich Heinrich, der ihm als Statthalter nachfolgte, ebenso wenig gelang, Breda zu entsetzen, und den Belagerten schließlich die Lebensmittel ausgingen, ergab sich die Stadt den Spaniern. Unter den Siegern befand sich auch Diego Velázquez, ein Vertrauter Spinolas, den die Ereignisse zu dem beeindruckenden Gemälde *Die Übergabe von Breda* inspirierten, das er später für seinen Förderer Philipp IV. anfertigte. Dieses Werk ist nachgerade eine Heiligsprechung Spinolas und zeigt den spanischen Heerführer als Inbegriff von Anstand und Mut in dem Moment, als er von Justinus von Nassau (dem unehelichen Sohn Wilhelms des Schweigers und Kommandanten der Festung Breda) die Kapitulation entgegennimmt. Velázquez vollendete das Gemälde zehn Jahre nach dem Ende der Belagerung, und es ist bezeichnend für die hoffnungslose Lage der Spanier, dass es nur zwei Jahre in Philipps Palast Buen Retiro hing, bevor die Niederländer Breda zurückeroberten – was zu einer gewissen Spannung zwischen der brillanten Qualität des Bildes und der bitteren Ironie seines Gegenstands geführt haben dürfte.

Vögel, Tiere und Blumen

Als ich an dem kleinen Bahnhof nordwestlich von Lille aus dem Regionalzug stieg, war ich im ersten Moment irritiert, weil ich nirgends Schilder entdecken konnte, die mir den Weg nach Cassel, meinem eigentlichen Ziel, wiesen. Doch bald wurde mir klar, dass das auch gar nicht nötig war, denn Cassel liegt auf einem Hügel – dem Hügel in dem bekanntermaßen flachen Landstrich Französisch-Flandern. Verlockend thronte das Städtchen in einigen Kilometern Entfernung auf seiner Kuppe. Die umliegenden Felder sahen selbst für jemanden mit so wenig Ahnung von Landwirtschaft wie ich unglaublich fruchtbar aus. Der Boden war gerade umgepflügt worden, und jedes Rechteck schien mit scharfkantigen Brocken fetter Erde gefüllt zu sein, die an Toffee erinnerten. Neben der verheißungsvollen Aussicht auf schier grenzenlose Mengen von Wurzelgemüse offenbarte dieser Boden jedoch zugleich das große Problem der Region – sobald es regnet, verwandelt er sich in einen grässlichen Morast, der Stiefel und Räder aufsaugt, riesige Tiere zu hilflos strampelnden Wesen macht und jede Bewegung zum Stillstand bringt. In Cassel gibt es sogar eine kleine Informationstafel, die Touristen darüber aufklärt, dass diese Eigenschaft der Grund für die ausgeprägte Ortsbezogenheit der Bewohner dieser Gegend sei – es lohnt sich einfach nicht, sich durch den lebensgefährlichen Matsch zu kämpfen, um in die nächste Kleinstadt zu gelangen. Auch das Winterdunkel birgt in dem dünn besiedelten Gebiet ein gehöriges Maß an Schrecken. Seit Menschengedenken dürfte kaum ein Herbst oder Winter verstrichen sein, ohne dass irgendwelche Bauern, Reisenden oder Soldaten unversehens im Schlamm festsaßen und ihre Hufe, Füße und Wagenräder festzufrieren begannen, während am Horizont die Sonne unterging.

Besonders deutlich wird dieses Problem beim steilen Anstieg hinauf nach Cassel, der Pferde und Karren vor stetige Herausforderungen gestellt haben muss, bevor die Straßen vollständig gepflastert waren. Ich dagegen war äußerst fröhlich gestimmt, immerhin soll es sich um den Hügel handeln, der in dem beliebten englischen Kinderlied »The Grand Old Duke of York« besungen wird. Fast erwartete ich, auf lachende, singende junge britische Familien zu treffen, die mit ihren Kindern die Straßen verstopften, während die Einheimischen in ihren Autos gutmütig die Augen verdrehten und darauf warteten, dass die Invasion aus quietschbunten Gummistiefeln und Anoraks wieder abzog. Aber vielleicht war das an einem kalten Dezembermorgen auch zu viel verlangt, und der ausgelassene Mittelschichtstrubel beschränkt sich ausschließlich auf die Sommermonate. Überdies haben einige Pedanten darauf hingewiesen, dass es mehrere unfähige Herzöge von York gab, denen das alte Spottlied gewidmet sein könnte. Der Herzog von York und Albany, der während des ersten Koalitionskriegs so erfolglos durch Flandern stolperte, sei folglich nur einer von mehreren möglichen Kandidaten und ein recht unwahrscheinlicher noch dazu, da er zu diesem Zeitpunkt weder alt noch bedeutend war.

Trotzdem beflügelte mich das muntere Kinderlied auf meinem Weg bergan, und ich kann diese Methode nur jedem empfehlen. Es war fast so amüsant wie das darauf folgende Mittagessen in einem Bistro, wo so gut wie jeder Gast eine Tüte mit Chicorée bei sich hatte, die neben seinem Stuhl auf dem Boden stand oder auf dem Tisch lag. Vermutlich gab es das Gemüse gerade an diesem Tag auf dem Markt zu kaufen, mir aber kam es vor wie eine bizarre Tradition zum Lobpreis dieses heldenhaften Vertreters der Familie der Korbblütler, der das Hauptnahrungsmittel der Gegend bildet.

Der ungewöhnliche Hügel rückte die Stadt Cassel in den Fokus eines höchst unerwünschten militärischen Interesses. In der Anfangsphase des Ersten Weltkriegs kommandierte General Foch von Cassel aus die französischen Truppen in der Region. Hier erfuhr er, dass sich die Auseinandersetzungen zunehmend zu einem entsetzlichen Grabenkrieg entwickelten, hier erhielt er die Nachricht, dass sowohl sein Sohn als auch sein Schwiegersohn an ein und demselben Tag in Lothringen gefallen waren, und hier betete er (verständlicherweise) jeden Morgen um sechs Uhr in der örtlichen Kirche.

Ich hatte mich auf meinen Besuch nicht sonderlich gut vorbereitet. Ich wusste zwar, dass es in Cassel ein sehenswertes Museum gibt, aber ich hatte keine Ahnung, was dort aktuell gezeigt wurde. Als ich vor dem Eingang ein riesiges Banner mit der Aufschrift ODYSSEE DER TIERE: FLÄMISCHE TIERMALER DES SIEBZEHNTEN JAHRHUNDERTS entdeckte, verwandelte sich meine anfängliche Begeisterung rasch in Sorge. Sollte das hier etwa die museale Entsprechung zu jener unvergesslichen Szene in Disneys Film *Pinocchio* sein, in der die unartigen Jungen auf die Vergnügungsinsel gelockt werden, ein Eiland, das sie für den spaßigsten Ort aller Zeiten halten, wo sie aber in Wirklichkeit in Esel verwandelt werden? Allerdings wäre es eine ungewöhnliche und zugegebenermaßen höchst umständliche Verwendung von Museumsgeldern, eigens ein gigantisches Banner zu entwerfen, um mich durch diese Tür zu locken und anschließend den schrecklichsten Dingen zu unterwerfen.

Wenn jemand mich entführen oder in einen Esel verwandeln wollte, hätte er das ebenso gut tun können, während ich spöttisch die Einkaufstaschen voller Chicorée musterte. Mit wiedergewonnener Zuversicht marschierte ich also in die Ausstellung, in der alles versammelt war, was ich am liebsten mag. Später sah ich, dass ich vor lauter Freude »O nein! Ausstellung von Fleming Tiermalern!!« in mein Notizbuch gekritzelt hatte.

Die flämische Vorliebe für knallig bunte Farben und exotische Motive ist zurückzuführen auf Antwerpens Rolle als einem der größten Umschlaghäfen des spanischen Weltreichs. Die Niederländer in den nördlichen Provinzen teilten diesen Enthusiasmus dank ihres eigenen wachsenden Handels mit Ostindien und ihrer eine Generation währenden Herrschaft über den brasilianischen Nordosten (1630–1654). Für die Handelskapitäne, die auf ihren Schiffen Zucker und Gewürze aus fernen Ländern nach Europa brachten, bestand eine simple und überdies vergnügliche Einkommensquelle darin, ein paar Papageien an Bord zu nehmen. Am Hof Philipps II. in dessen neuer Hauptstadt Madrid und am kaiserlichen Hof seines Neffen Rudolf II. in Prag verlangte man nach stets neuen Exotika. Die beiden Herrscher waren die vielleicht emsigsten Sammler ihrer Zeit, und Philipp konnte sich für Elefanten und Nashörner genauso begeistern wie für Gemälde von Tizian oder Hieronymus Bosch. Wir machen uns heute keine Vorstellung mehr davon, welcher Heldenmut an Bord der Schiffe erforderlich war, um die riesigen Tiere sicher über die Ozeane zu befördern und in ihrem Bestimmungshafen heil wieder auszuladen. Die Bankiersfamilie Fugger besaß in dieser faszinierenden Epoche eine Reihe von Käfigen im Antwerpener Hafen und hielt unablässig nach fremdartigen Neuheiten Ausschau, von deren Existenz bis dahin niemand etwas geahnt hatte.

Kaum verwunderlich also, dass die bedeutendsten Maler dieses Genres aus der Region kamen. Joris Hoefnagel wurde in Antwerpen geboren, Peter Paul Rubens (neben vielem anderen auch der König der Großtiermalerei) kam im Alter von zehn Jahren dorthin, Roelant Savery stammte aus Kortrijk, wuchs in Haarlem auf und ließ sich – nach einer glanzvollen Phase in Prag, wo er als Hofmaler für Kaiser Rudolf gewirkt hatte – in Utrecht nieder. Von Savery stammt auch der Höhepunkt jener Ausstellung in Cassel, ein Gemälde, das meiner Ansicht nach eine der überzeugendsten Rechtfertigungen für die Existenz des Menschen überhaupt ist. Es trägt den Titel *Noah dankt Gott für die Rettung der Schöpfung* (ca. 1625) und zeigt eine atemberaubend üppige, idyllische, von freundlichen Tieren bevölkerte Welt. In weiter Ferne sind im Hintergrund gerade noch die Trümmer der gestrandeten Arche erkennbar. In dieser natürlichen Umgebung ist eine Vielzahl völlig unwahrscheinlicher Geschöpfe einträchtig versammelt – Löwen und Kasuare, Pelikane und Leoparden. Hühner picken selbstvergessen auf dem Boden herum, während das Rudel aus Hunden und Füchsen neben ihnen aussieht, als litten die Ärmsten unter einem argen inneren Zwiespalt in Bezug auf ethische Fragen. Noah kniet unterdessen dankbar neben einem eindrucksvollen Elefanten. Das Gemälde ist von der gleichen nervenzerreißenden Anspannung erfüllt wie die flämischen Darstellungen des (ebenfalls von Tieren bevölkerten) Garten Eden, auf denen jene letzten glücklichen, harmonischen Momente zu sehen sind, als Eva Adam den Apfel reicht und nur Sekunden später alles in Trümmern liegen wird. Auch die friedvolle Szene auf Saverys Bild kann keinen Bestand haben. Sobald Noah sich aus seiner knienden Haltung erhebt, müssen sich seine tierischen Freunde in alle Winde zerstreuen, die Hügel erklimmen und schleunigst anfangen, sich zu vermehren, bevor es zu spät ist.

Das Highlight des Gemäldes ist jedoch der trinkende Dodo in der unteren rechten Bildecke. Der Dodo war der Vogel jener Zeit. Die bizarre Kreatur war erst eine Generation zuvor bei einer niederländischen Expedition nach Mauritius – benannt nach dem Statthalter Moritz von Oranien – entdeckt worden und sorgte seither für große Aufregung. So gut wie alles, was wir über diese Tiere wissen, beruht auf einer Handvoll Gemälden, die fast ausnahmslos von Roelant Savery stammen. Joris Hoefnagel hatte bereits 1602 in Prag einen Dodo gemalt, allerdings handelt es sich dabei um ein tieftrauriges Bild, da der schwarz verfärbte Kopf des Tieres darauf hindeutet, dass es bereits tot war – vermutlich ist es derselbe Vogel, von dem ein Schädelfragment und ein Bein im Prager Nationalmuseum aufbewahrt werden. Savery dagegen integrierte die Dodos häufig in seine Bilder. Von ihm stammt unter anderen das allseits bekannte, heute im Natural History Museum in London ausgestellte Gemälde eines munteren, fetten Vogels, der für ein flottes Strandbild zu posieren scheint. Leider ist diese Darstellung absolut irreführend. Als im 19. Jahrhundert der erste ernsthafte Versuch unternommen wurde, das in einem Sumpf auf Mauritius entdeckte Skelett eines Dodos zu rekonstruieren, verwendete man Saverys Vogel als Modell, und erst viele Jahre später stellte sich heraus, dass die Vögel in Wirklichkeit ganz und gar nicht fett gewesen waren, sondern im Gegenteil recht gelenkig. Auch John Tenniel nutzte Saverys Gemälde als Vorlage für den Dodo in seinen Illustrationen zu *Alice im Wunderland*, und damit war das Bild einer schlichten, leicht bekloppten, aber arglosen Kreatur, die – quasi von Natur aus mit Fett übergossen und in Alufolie gewickelt – als bequemer Leckerbissen für Matrosen diente, endgültig in der Welt. Es steht außer Frage, dass tatsächlich eine glückliche Generation niederländischer Seeleute eine ganze Menge Dodos verspeiste, doch mittlerweile scheint erwiesen, dass nicht sie für das Aussterben der Tiere verantwortlich waren, sondern wie so oft die deprimierende Tatsache, dass Ratten und Mäuse von den Schiffen hüpften und sämtliche Eier fraßen. Es gibt noch ein paar weitere Bilder, auf denen man einen Blick auf einen Dodo erhaschen kann – so sucht ein dunkles Exemplar auf dem Gemälde mit dem hinreißenden Titel *Perseus und Andromeda mit Dodo und Muscheln* von Gillis de Hondecoeter (in Antwerpen geboren) auf dem Boden nach Futter –, doch dann verliert sich ihre Spur. Zufällig müssen sich die Wege von Savery und zwei, vielleicht auch drei nach Nordwesteuropa gelangten Dodos gekreuzt haben, und er hat sie gerade noch rechtzeitig gemalt, bevor sie wieder in Vergessenheit gerieten.

Diese Gemälde bringen mich in ein erhebliches Dilemma, da ich am liebsten ein ganzes Buch über sie schreiben würde, aber ich muss auch mit diesem hier weiterkommen. Die beiden großen Förderer des Genres – abgesehen von Kaiser Rudolf – waren Erzherzog Albrecht und Erzherzogin Isabella in Brüssel, die neben dem Coudenberg-Palast eine Reihe wunderschöner Gärten anlegen ließen, wo Jan Brueghel d. Ä. sie in einer fast schon blasphemisch anmutenden Garten-Eden-Szenerie inmitten von zahmen Vögeln und Hirschen verewigte. Und vielleicht ist es auch kein Wunder, dass während dieses jahrzehntelangen Krieges Gärten sowohl in den Spanischen Niederlanden als auch im unabhängigen Norden zunehmend mit Frieden, Liebreiz und dem Rückzug ins Private assoziiert wurden. Clusius' Hortus Botanicus in Leiden hingegen war Ausdruck desselben global ausgerichteten Elans, dem auch Saverys Dodo-Bilder entsprangen. Aus Ostindien, dem Nahen Osten, Brasilien, Mauritius, von den Westindischen Inseln und vom Kap der Guten Hoffnung brachten niederländische Schiffe exotische Pflanzen mit, die im kühlen Klima der Leidener Universität eingepflanzt und studiert werden konnten. Clusius, der in seiner gesamten beruflichen Laufbahn zwischen katholischen und protestantischen Städten wechselte, beweist durch sein Wirken zum einen, dass die Grenzen zwischen diesen beiden Einflusssphären nicht unüberwindlich waren. Vor allem aber wird sein Name für alle Zeiten mit einer der wichtigsten Neuerungen in der niederländischen Gesellschaft verbunden bleiben. In seiner Zeit als Hofbotaniker Maximilians II. in

Wien hatte Clusius mit türkischen Pflanzen experimentiert und sie eingehend studiert. Als er 1593 schließlich nach Leiden kam, pflanzte er dort einige davon ein, und im darauffolgenden Jahr blühten sie. Die Tulpe war in den Niederlanden angekommen.

Krisen-Croissants

Von dem anglo-amerikanischen Polemiker Alexander Cockburn stammt ein Essay, in dem er die frei erfundenen Muster verspottet, die sich die Strategen des Pentagon während des Kalten Krieges einfallen ließen, um Länder, die in Wirklichkeit durch Berge, Religion, Sprache und Geschichte voneinander getrennt waren, zu einem irgendwie geeinten »Krisenbogen« *(»Crescent of crisis«)* zu verbinden. Diese Variante der Dominotheorie erlaubte es, einzelne Bereiche in Lateinamerika oder Südostasien auf eine dynamisch und plausibel erscheinende Weise durch beunruhigende Linien miteinander zu verbinden, während das linke Virus erbarmungslos über diesen Bogen kroch. Aber warum musste es immer ein Bogen sein? Cockburn argumentierte, dass es nicht minder unplausibel gewesen wäre, wenn die Strategen diese Muster stattdessen »Krisen-Croissant« *(»Croissant of crisis«)* genannt hätten. Tatsächlich könne man, so schreibt er, nach Lust und Laune mit Textmarkern auf Karten herumschmieren und anschließend von so ziemlich jeder Form behaupten, sie sei bedrohlich – dem »Bolschewismus-Bagel« etwa oder dem haarsträubenden »Desaster-Donut«, in dem »kleine subversive Löcher« Moskaus fluffigen »Donut-Teig« durchsetzen.

Im frühen 17. Jahrhundert verteilten sich die entscheidenden strategischen Backwaren Nordwesteuropas in jenem Gebiet, wo sich der Rhein in zwei Arme teilt – der breitere (die Waal) fließt weiter nach Westen in Richtung Nijmegen, während sich der schmalere (der Nederrijn) nach Norden gen Arnhem wendet. In ganz Europa blickten gierige Augen auf widerstreitende Landkarten dieser Region und warteten ungeduldig darauf, dass der geisteskranke, kinderlose Herzog Johann Wilhelm starb, was er 1609 dann auch endlich tat. Johann Wilhelm war Herzog von Jülich, Kleve und Berg, Graf von Mark und Ravensberg sowie Herr zu Ravenstein, einer winzigen Enklave auf dem Gebiet der niederländischen Republik, auf die wir nicht weiter zu sprechen kommen werden. Kleve hingegen war durchaus von Belang, da es zum einen die Rheingabelung kontrollierte und zum anderen teilweise aus ehemaligem Schwemmland bestand, das in besonders ertragreichen, fetten Ackerboden verwandelt worden war. Noch heute bietet sich dem Wanderer westlich der Stadt Kleve ein eindrucksvoller Anblick – dicht an dicht drängen sich dort fruchtbare Felder, so weit das Auge reicht, und auf jedem noch so schmalen Streifen werden Erbsen und Möhren angebaut. Das Herzogtum Kleve machte darüber hinaus eine kurze Stippvisite in die englische Geschichte als Heimat der unglücklichen Anna von Kleve, der vierten Ehefrau Heinrichs VIII. (und Tante des letzten Herzogs), und trug im Englischen den etwas verwirrenden Namen Cleveland.

Auch strategisch waren die drei vereinten Herzogtümer von Bedeutung – jedoch nur insofern, als jedes Gebiet von strategischer Bedeutung ist, wenn man es dafür hält. Das Problem war, dass Johann Wilhelm von Kleve-Jülich-Berg genau zu dem Zeitpunkt starb, als ringsum Europas politische und religiöse Strukturen zusammenbrachen. Die Niederländer waren auf ein freundlich gesinntes Kleve an ihrer Ostgrenze angewiesen, die Spanier wiederum erkannten, welch Vorteile es für sie hätte, dort einen Verbündeten zu platzieren und auf diese Weise die Position ihrer Feinde zu schwächen. Während ein halbes Dutzend als Erbe infrage kommender Aristokraten ihren krummbeinigen Hofbibliothekaren gelegentliche Besuche abstatteten und sie anwiesen, den Staub von ein paar alten, gefälschten Stammbäumen zu pusten, entwickelte sich die Gemahlin des fernen Kurfürsten von Brandenburg zur zentralen Figur in dieser Geschichte. In der klugen, energischen Anna von Preußen liefen zwei dynastische Linien zusammen, deren Vereinigung von immenser Bedeutung für den weiteren Verlauf der europäischen Geschichte sein sollte. Zum einen war sie die Tochter des verrückten Herzogs Albrecht Friedrich von Preußen, der seine beiden Söhne überlebt und Annas Ehemann zu seinem Erben bestimmt hatte. Zum anderen war ihre Mutter die älteste Schwester des bereits erwähnten ebenfalls verrückten, kinderlosen Herzogs von Jülich-Kleve-Berg, wodurch sie ihrem Gemahl auch den Anspruch auf dieses Erbe eröffnete.

Zum ersten und einzigen Mal in der Geschichte interessierten sich plötzlich alle für Kleve. Der Kurfürst von Brandenburg saß geradezu absurd weit weg in seiner kleinen, ärmlichen Hauptstadt Berlin. Seine Vorfahren hatten die Mark Brandenburg und den Kurfürstentitel zwei Jahrhunderte zuvor von dem sehr aktiven, aber eher mittelerfolgreichen Kaiser Sigismund erworben, was ihnen automatisch politisches Gewicht verlieh, sie aber nicht mit den nötigen finanziellen Mitteln für eine entsprechende Prachtentfaltung oder nennenswerte Truppen versah. Die Erbschaft von Jülich-Kleve-Berg hingegen war lukrativ und würde dem Kurfürsten darüber hinaus zu einem Standbein im Westen des Reichs verhelfen. Aber er brauchte Verbündete, um seinen Anspruch durchzusetzen. Unter normalen Umständen hätte der Kaiser solch strittige Erbschaftsfragen entschieden, doch dies waren die letzten Tage des chaotischen Geisterbeschwörers und Melancholikers Rudolf II., der sich mit seinen Dodo-Zeichnungen zurückgezogen hatte. Sein Hof wurde unterdessen durch interne Machtkämpfe und das Wiedererstarken eines glühenden Katholizismus zugrunde gerichtet, wobei insbesondere Letzteres für protestantische Staaten wie Brandenburg eine schlechte Nachricht war.

Die Schwäche im Zentrum der Macht lud regelrecht dazu ein, das Problem Kleve mit militärischen Mitteln zu lösen. Dabei spielten konfessionelle Zuordnungen erneut eine entscheidende Rolle: Die ein Jahr zuvor gegründete Protestantische Union, ein Zusammenschluss protestantischer Fürsten und Städte, schlug sich auf die Seite des Kurfürsten von Brandenburg, während die Katholische Liga unter der Führung Herzog Maximilians von Bayern die Ansprüche des Katholiken Wolfgang Wilhelm von Pfalz-Neuburg, eines Neffen des verstorbenen Herzogs, unterstützte. Spanische Truppen setzten sich in Richtung Kleve in Bewegung, und alles schien auf einen größeren Krieg hinauszulaufen. König Heinrich IV. von Frankreich (jovial, zwanglos und nicht verrückt – vielleicht der einzige französische Monarch, mit dem man sich gerne einmal zum Abendessen getroffen hätte) fand, dieser Konflikt sei eine ideale Gelegenheit, sich wieder einmal mit den Spaniern anzulegen, und bereitete ebenfalls alles für den Marsch auf die Herzogtümer vor. Doch dieses Vorhaben fand ein abruptes Ende, als der katholische Fanatiker François Ravaillac Heinrich ermordete und damit ein Trauma auslöste, das Frankreich für mehrere Jahre aus der internationalen Arena katapultierte (Ravaillac selbst wurde von vier Pferden in Stücke gerissen und der Name seiner Familie ausgelöscht).

Schließlich verlief der Jülich-Klevische Erbfolgestreit – nicht zuletzt aufgrund der Implosion Frankreichs – mehr oder weniger im Sande. 1614 schlossen der Kurfürst von Brandenburg und der Pfalzgraf von Neuburg den Vertrag von Xanten, in dem sie das Erbe unter sich aufteilten. Zwar war dies nur als provisorische Regelung gedacht, doch als bald darauf der Dreißigjährige Krieg alles andere in den Schatten stellte, hatte das Arrangement Bestand. Und so kam es, dass fortan das ferne Berlin in Kleve regierte und Brandenburg zu einem – wenn auch eingeschränkten – westeuropäischen Machtfaktor wurde.

Kleve war nie ein sonderlich einträglicher Besitz. Das Herzogtum war einer jener klassischen Zwergstaaten, die davon lebten, bedauernswerten Schiffen, die über den von ihnen kontrollierten Fluss Handel treiben wollten, Geld abzupressen. Jedes einzelne Territorium entlang des Rheins forderte einen Zoll für die transportierten Waren, sodass ganz normale Güter, für die im stromaufwärts gelegenen Basel noch ein vernünftiger Preis gefordert wurde, den Gegenwert des Lösegeldes für einen König erreichten, wenn sie endlich in Rotterdam eintrafen. Das führte dazu, dass sich der Rheinhandel größtenteils auf die nähere Umgebung beschränkte. Das Herzogtum übernahm auch nie Brandenburgs (später Preußens) »spartanische« militärische Ästhetik. Bei jeder sich bietenden Gelegenheit sabotierten typischerweise leicht beschränkte, engstirnige örtliche Machthaber die Berliner Autorität, und wenn es galt, Truppen nach Osten zu senden, schickten sie mit Absicht »schlaffe, weiche« junge Männer, die vor Heimweh flennten. Nichtsdestotrotz etablierte sich Preußen dadurch als Staat mit westlich ausgerichteten Interessen, der die kommenden Jahrhunderte in einem Maße prägen sollte, wie es sich zu Beginn des 17. Jahrhunderts niemand hätte träumen lassen.

Der Jülich-Klevische Erbfolgestreit ist ein gutes Beispiel für ein Krisen-Croissant. Denn leider wimmelte es entlang des Rheins nur so von ähnlich verlockenden Fleckchen. Es gab rivalisierende Ansprüche und rivalisierende Familien, und die religiösen Differenzen brachten so manchen dazu, ein dauerhaftes friedliches Auskommen mit der gegnerischen Seite für eine geradezu blasphemische Vorstellung zu halten. Man konnte unzählige Linien ziehen und finstere Verbindungen herstellen, sei es über die Spanische Straße, über die Truppen aus Italien in die Niederlande gelangten, über Heiratsarrangements, bestimmte wohlhabende Besitzungen oder die Calvinistische Internationale.

Die Klever Krise wurde unter anderem durch Vermittlung Frankreichs und Englands beigelegt. Kurz zuvor war ein Waffenstillstand zwischen Spanien und der niederländischen Republik geschlossen worden. Und trotzdem verbreitete sich in den 1610er Jahren zunehmend das Gefühl, dass Europa allmählich die Vermittler ausgingen und die Erwachsenen den Kontinent verlassen hatten.

Weiße Wände und farbloses Glas

Ich muss gestehen, dass meine eigenen religiösen Überzeugungen sich nie ganz davon erholt haben, dass ich in einem heiklen Alter Federico Fellinis *Roma* (1972) gesehen habe. Bis heute schaue ich Fellinis Filme immer wieder gern, denn selbst in seinen objektiv betrachtet ziemlich furchtbaren späteren Machwerken darf man sich stets auf eine hinreißende katholische Travestie freuen. Viele Szenen aus *Roma* nehmen eine zentrale Stellung in meiner persönlichen Mythologie ein, doch der Ehrenplatz gebührt der klerikalen Modenschau: Messdiener flitzen auf Rollschuhen den Laufsteg entlang, in Spitze gehüllte Prälaten schwingen Weihrauchfässer, Bischöfe stolzieren in grell blinkenden Gewändern vorbei, und die Reliquienskelette der Heiligen hocken so keck auf einem Gestell wie einst die Andrew Sisters in ihrem Jeep.

Ich erwähne dies zum Teil aus dem dringenden Bedürfnis, Fellinis Genialität herauszustreichen, vor allem aber, weil ich jedes Mal, wenn ich die Worte »Modernisierung« oder »Erneuerung« in einem katholischen Kontext höre, unweigerlich seine Nonnen mit ihren gigantischen Hauben vor mir sehe. Das Thema beschäftigte mich insbesondere, als ich einige Zeit in verschiedenen südniederländischen Städten verbrachte, wo die Narben diverser Stadien der »Erneuerung« noch heute zu sehen sind. Doch nachdem sämtliche katholischen und nichtkatholischen Konfessionen in einer Atmosphäre verheerender, zügelloser Gewalt ihre jeweilige Form der Erneuerung proklamiert hatten, folgte schließlich nach langen Qualen eine revolutionär neue Ära aufrichtiger Gleichgültigkeit.

Um 1630 verfestigte sich der verworrene Flickenteppich der niederländischen Konfessionen in einer Form, an der sich bis heute nicht mehr viel geändert hat – eine Aussicht, die damals für allgemeine Bestürzung gesorgt hätte. Eine Religion kann per Definition nicht unendlich tolerant sein, wenn ihre Botschaft nicht komplett unglaubwürdig werden soll. Vor 1630 stellten die jahrzehntelangen Kämpfe alle Niederländer außerhalb der uneinnehmbaren Festung Amsterdam und des Nordens in regelmäßigen Abständen vor akute Entscheidungen hinsichtlich ihres Glaubens und dazu, wie weit sie gehen würden, um diesen zu verteidigen. Breda ist dafür nur ein Beispiel unter vielen: Die Stadt wurde 1581 in einem blutigen Massaker von spanischen Truppen besetzt, 1590 von niederländischen Truppen zurückerobert, nach einer mehr als ein Jahr währenden Belagerung 1625 erneut von den Spaniern eingenommen und 1637 abermals von den Niederländern zurückerobert. Für die überlebenden Einwohner war dies ein Albtraum, der mehrere Generationen verschlang. Das Wesen des Konflikts führte dazu, dass jedwede religiöse Identität früher oder später zur tödlichen Gefahr wurde – der Besitz eines bestimmten Buches, einiger Perlen, einer Statue oder auch die Art und Weise, wie und wo man seine Toten beisetzte, konnte zu Hinrichtung, Einkerkerung, Zwangsarbeit und Beschlagnahmung der gesamten Habe führen. Nach jeder erfolgreichen Belagerung bildete sich ein Strom von Flüchtlingen, deren einzige Chance, in Sicherheit zu gelangen, darin bestand, sich mit ihren Karren den unterlegenen Truppen anzuschließen. Die niederländischen Städte gewöhnten sich an den Anblick traumatisierter Protestanten, die aus dem Süden nordwärts zogen. Nach der geradezu trojanisch anmutenden Belagerung von Ostende (1601–1604) blieb eine völlig zerstörte, entvölkerte Stadt zurück, aus der die wenigen überlebenden protestantischen Zivilisten nach Sluis und Vlissingen geflohen waren. Der tief verwurzelte Katholizismus Belgiens ist das Ergebnis unzähliger Trecks in Richtung Norden, wobei die Menschen, die sich ihnen anschlossen, sich nie hätten vorstellen können, jemals ihre Heimat zu verlassen – sei es nun für immer oder auch nur bis zur nächsten erfolgreichen Gegenbelagerung.

In Dordrecht begleitet einen die Konfessionsthematik bis heute. Vielleicht war es nur ein Zufall, aber als ich durch die Stadt schlenderte, schienen überall Arbeiter damit beschäftigt zu sein, Straßenbeläge, Dächer, Tordurchgänge und Kaimauern zu reparieren. Ganz so, als seien die Bewohner der größtenteils windschiefen alten Gebäude in ein permanentes Rückzugsgefecht verstrickt, um zu verhindern, dass das ganze klapprige Ensemble in die Oude Maas kippt. Die merkwürdige Altertümlichkeit der Stadt bündelte sich in einem verwinkelten Haus, dessen Fassade mit klassizistischen Elementen verziert worden war – kleinen korinthischen Säulen und einem Gebälk, dessen Schmuck aus einem Biber, Obst und dem höchst seltsamen Motiv zweier stämmiger Wassermänner bestand, deren muskulöse Schwänze ineinander verschlungen waren. Ich konnte gar nicht anders, als darin eine frühneuzeitliche Verklärung von (zugegebenermaßen etwas spezieller) Männerliebe zu sehen, aber ich fürchte, in Wirklichkeit war es lediglich eine öde Allegorie auf die verschiedenen Flüsse, die in der Stadt zusammenfließen.

Wie dem auch sei, Dordrecht ist berühmt für seine Maler und seine atemberaubend große, öltankergleiche Grote Kerk, die über der Stadt aufragt wie ein jahrhundertealter permanenter moralischer Vorwurf. In der Nähe dieser Kirche wurde 1618 im Gildehaus der Büchsenschützen (das im Niederländischen den wunderbaren Namen »Kloveniersdoelen« trug) die Dordrechter Synode eröffnet, ein internationaler Kongress, bei dem das Wesen des Protestantismus definiert und festgeschrieben werden sollte. Die Synode fiel in die Zeit des zwölfjährigen Waffenstillstands, und man war voller Hoffnung, dass mit ausreichend vielen Gebeten und intellektueller Strenge endlich eine einheitliche protestantische Position gefunden werden könne. Die Sorge war groß, dass es dem Konzil von Trient (1545–1563), auf dem eine Einigung in theologischen und disziplinarischen Streitfragen erzielt worden war, gelungen sein könnte, den Katholizismus zu reformieren und ihm neuen Auftrieb zu geben. Die protestantischen Zeitungen und Predigten waren voll von Schauergeschichten, etwa über die Vertreibung von Protestanten aus weiten Teilen Österreichs durch die wiedererstarkten Habsburger: Kirchen seien gesprengt, Bücher verbrannt und die Leichen derjenigen, die als Häretiker bestattet worden waren, ausgegraben und einfach auf die Straße geworfen worden. Wie unter einer riesigen Glasglocke ist in der Dordrechter Großen Kirche die Atmosphäre der Synode bis in die heutige Zeit bewahrt geblieben. Ihre weiß verputzten Wände und größtenteils aus farblosem Glas bestehenden Fenster strahlen eine nüchterne Ästhetik aus, die sich in der schmucklosen schwarzweißen Kleidung der Delegierten widergespiegelt haben muss (ganz im Gegensatz zum felliniesken Konzil von Trient, wo es vor lauter Seidengeraschel mitunter schwierig gewesen sein dürfte, noch seine eigene Stimme zu hören). Die Synode setzte sich aus zehn Kollegien zusammen – je einem für die sieben niederländischen Provinzen, einem für die Region Drenthe, einem für die theologischen Fakultäten und einem für die Wallonische Kirche, sprich die französischsprachigen protestantischen Flüchtlinge aus dem Süden. Zudem waren Vertreter aus England, Schottland, Hessen, Bremen und der Pfalz anwesend (Letztere eine calvinistische Hochburg, die bald darauf im Dreißigjährigen Krieg verwüstet werden sollte). Den französischen Protestanten (Hugenotten) hatte Ludwig XIII. die Teilnahme verboten, weshalb man die ihnen zustehende Bank symbolisch freiließ.

Die Tragödie der Synode lag in der Natur des Protestantismus selbst begründet. Als Anhänger Calvins verachteten ihre Teilnehmer Luther ebenso sehr wie den Papst – eine Spaltung, die die Möglichkeit weiterer, potenziell unendlicher künftiger Spaltungen bereits deutlich erkennen ließ. Für die Synode war die Verfolgung der Lutheraner von beinahe ebenso großer Bedeutung wie die der Katholiken. Tatsächlich erinnerte Westeuropa nach dem

Zerbrechen der Universalkirche an einen Schulhof, dem der Aufseher abhandengekommen war – oder, besser gesagt, an einen Schulhof mit mehreren rivalisierenden Aufsehern, denen nichts Besseres einfiel, als sich gegenseitig umzubringen. Die niederländische Religionslandschaft war mittlerweile ein einziges Sammelsurium unter Zwang verworfener Glaubensrichtungen.

Die niederländischen Formen des Protestantismus, die sich über Jahrzehnte hinweg meist in Kriegszeiten und begleitet von immer neuen Flüchtlingswellen herausgebildet hatten, hatten den Katholizismus zwar zerstört, ihn aber nicht zwangsläufig durch etwas Neues ersetzt. Allenthalben herrschte Entsetzen bei der Vorstellung, die Vertreibung des Papstes könne nicht zu wahrer reformierter, schwarz-weißer Inbrunst geführt haben, sondern lediglich zu unterschiedlichen Ausprägungen religiöser Gleichgültigkeit. Man schätzt, dass von den dreißig Utrechter Kirchen in den 1590er Jahren nur noch drei genutzt wurden. In Köln war während des Waffenstillstands eine katholische Mission gegründet worden, in der mutige Priester dazu ausgebildet wurden, die Niederlande zu reinfiltrieren, vergleichbar dem Englischen Kolleg in Douai, das Priester nach England zurückschmuggelte. Zudem konnten die Katholiken in den östlichen Grenzgebieten von Gelderland und Overijssel dank des Waffenstillstands nun auch ungehindert über die Grenze nach Kleve oder Münster spazieren, wo sie ihre Andacht verrichteten, wie es ihnen beliebte.

Bei der Synode stand also viel auf dem Spiel, doch die Aussichten auf einen Kompromiss waren begrenzt angesichts religiöser Überzeugungen, die jeglichen Kompromiss als Scheitern betrachteten, das unweigerlich den Verlust des Seelenheils nach sich zog. Mehrere Delegierte machten von Anfang an deutlich, dass sie nur teilnehmen würden, wenn ihre eigene Glaubensauslegung bestätigt wurde. Im Zentrum der Auseinandersetzungen standen die letztlich unüberbrückbaren Differenzen zwischen zwei unterschiedlichen Haltungen zur Prädestination: Die eine besagte, kein menschliches Tun könne die Strafe oder Belohnung, die den Menschen im Jenseits erwarte, in irgendeiner Form beeinflussen – im Grunde also die wunderbare Vorstellung, das Jüngste Gericht sei kein künftiges Ereignis, sondern ein zeitloser Prozess. Die zweite Fraktion vertrat dagegen die Ansicht, dass das Verhalten des Einzelnen in diesem Leben durchaus einen Einfluss auf dessen spätere Verdammnis oder Rettung haben könne. Die Anhänger dieser beiden Lehren wurden als Kontraremonstranten und Remonstranten (beziehungsweise nach den eloquentesten Vertretern ihrer jeweiligen Strömungen als

Gomaristen und Arminianer) bezeichnet, und ihre Differenzen brachten die Republik an den Rand des Abgrunds.

In der Kirche ist ein hinreißendes Modell der Synode zu sehen mit einem vereinfachten Interieur, in dem knapp zwanzig Zentimeter große Puppen mit weißen Halskrausen und individuell gestalteten Bärten versammelt sind. Die einzige folgenreiche positive Entscheidung ihrer lebensgroßen Pendants bestand darin, eine neue Übersetzung der Bibel in die niederländische Sprache zu veranlassen, und zwar auf Grundlage der hebräischen, aramäischen und griechischen Ausgangstexte. Die dabei verwendete Form des Niederländischen nutzte vorwiegend Elemente aus brabantischen und holländischen Dialekten und bildete einen entscheidenden Schritt hin zur Entwicklung einer niederländischen Standardschriftsprache, die sich damit endgültig vom Deutschen fortbewegte. Die Konsequenzen des Bibelprojekts gingen weit über den rein religiösen Aspekt hinaus, denn die in diesem Prozess entwickelten Fähigkeiten, Interessen und Denkweisen konnten auf Übersetzungen aus allen anderen Sprachen übertragen werden, was weitreichende Auswirkungen nicht nur auf das Geistesleben, sondern auch auf den Handel und den Kolonialismus haben sollte.

Letztlich konnte man sich in Dordrecht ganz allgemein auf weiße Wände und farbloses Glas einigen, nicht aber auf das Wesen des menschlichen Schicksals. Zwar gestattete die Synode den Arminianern, die glaubten, der Mensch könne sein künftiges Los selbst beeinflussen, ihre Argumente vorzutragen, doch ernteten sie in der gomaristisch dominierten Versammlung lediglich Hohn und Spott. Die politischen Auswirkungen dieser gescheiterten Verständigung waren immens, da viele der »Regenten« – also faktisch große Teile der herrschenden bürgerlichen Klasse – der Lehre der Arminianer anhingen, darunter auch Johan van Oldenbarnevelt, der Architekt des Waffenstillstands.

Man sollte annehmen, die Bevölkerung sei über diesen Waffenstillstand erfreut gewesen, doch in Wahrheit sahen viele darin einen Verrat an ihren Glaubensgenossen, die noch immer unter der Knute des katholischen Spanien litten. Ohne Frage verschaffte er den Niederländern eine Atempause, in der sie sich für eine Wiederaufnahme der Kämpfe rüsten konnten, doch das galt natürlich ebenso für die Spanier. Was als kluge Antwort auf einen seit mehr als vierzig Jahren andauernden blutigen Albtraum gedacht war, empfanden viele lediglich als eine Phase der Lethargie und des Niedergangs. Die Arminianer wurden auf der Synode gezwungen, künftig auf weiteres Predigen und Schreiben zu verzichten. Als Reaktion darauf erließ Oldenbarnevelt eine

Verordnung, die es holländischen Städten erlaubte, zum Schutz der öffentlichen Ordnung Söldner anzuwerben. Obwohl sich der Statthalter Moritz von Oranien zum Entsetzen der strenggläubigen Gomaristen vergnügt als Anhänger einer Doktrin der »absoluten Verderbtheit« bezeichnete, schlug er sich auf ihre Seite und beendete die Pattsituation, indem er mit seinen Streitkräften durch Utrecht marschierte und Oldenbarnevelt in Den Haag verhaften und später hinrichten ließ. Durch diese blutige Aktion – einen der zahlreichen Momente in den Jahren 1618/19, die von einer neuen, grausamen Rücksichtslosigkeit zeugen – wurde die Niederländisch-Reformierte Kirche in der Auslegung der Dordrechter Synode zur Staatsreligion.

Und dennoch könnte man behaupten, dass die Reformation gescheitert war. Weite Teile Europas blieben katholisch, und keine Religion, die von der Wahrhaftigkeit ihrer eigenen Lehren überzeugt ist, kann mit einem solchen Widerspruch leben – sie kann einfach nicht gleichzeitig wahr und nahezu vollständig erfolglos sein. Die Vorgänge in Dordrecht und Den Haag wiederum sollten sich als Teil der weit umfassenderen und letztlich fatalen Entscheidung einer ganzen Generation von katholischen und nichtkatholischen Machthabern erweisen, zu militärischen Mitteln zu greifen, um sich aus dieser Sackgasse zu befreien.

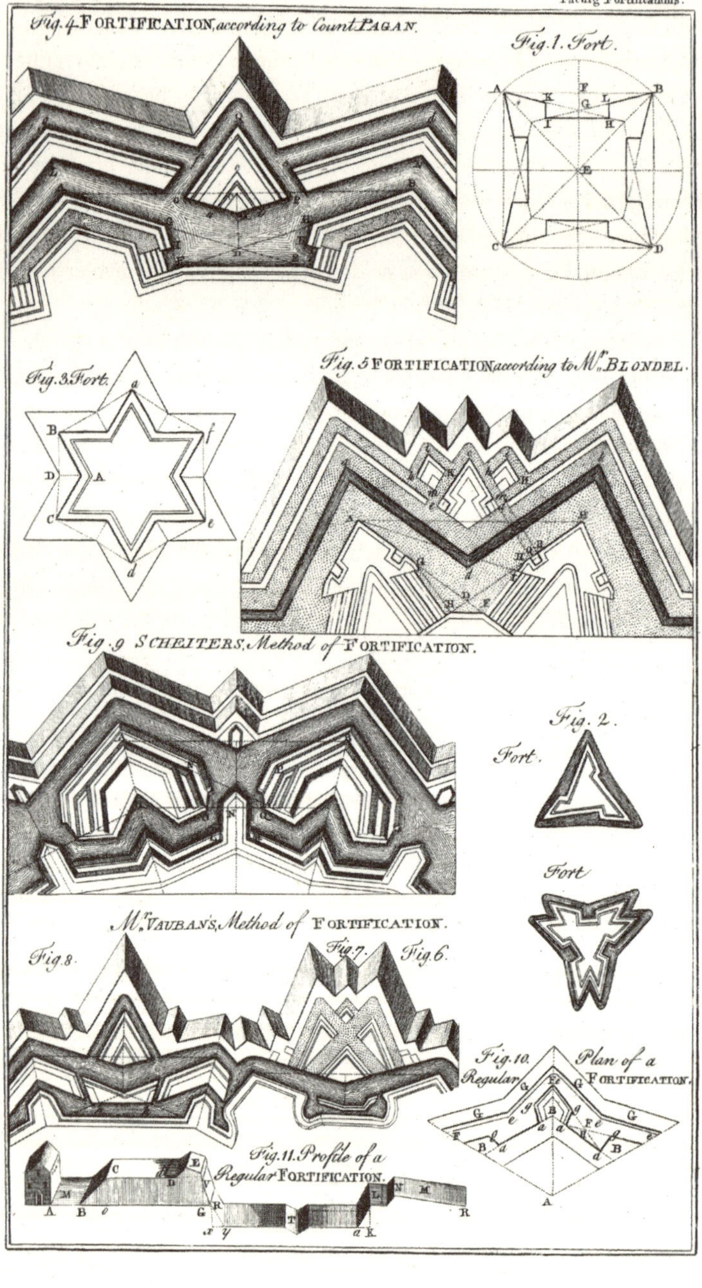
Fig. 4 FORTIFICATION, according to Count PAGAN.
Fig. 1. Fort.
Fig. 3 Fort.
Fig. 5 FORTIFICATION according to Mr. BLONDEL.
Fig. 9 SCHEITERS Method of FORTIFICATION.
Fig. 2.
Fort.
Fort
Mr. VAUBAN'S Method of FORTIFICATION.
Fig. 8
Fig. 7.
Fig. 6.
Fig. 10. Plan of a Regular FORTIFICATION.
Fig. 11. Profile of a Regular FORTIFICATION.

KAPITEL ACHT

»Eine solch freudvolle Ernte«

Zu den prinzipiellen Mängeln von Geschichtsbüchern gehört, dass ihre Art, bestimmte Ereignisse zu schildern, einen aufgeklärten Leser voraussetzt, der von außen auf das Geschehen blickt. Gleichzeitig geben sie den Ereignissen eine klar umrissene Form, die die Haltung des Lesers zum Geschilderten beeinflusst. Liest man beispielsweise ein Buch über den Dreißigjährigen Krieg und gelangt zu den Vorkommnissen des Jahres 1645, weiß man, dass noch drei weitere Jahre vor einem liegen. Doch die Menschen, die diese Ereignisse miterlebten, konnten unmöglich wissen, was als Nächstes geschehen würde – und niemand hätte bis 1648 weitergekämpft, nur damit die dreißig Jahre voll wurden. Die äußere Form historischer Ereignisse bleibt denjenigen, die sie erleben, also verborgen, und ebenso unerreichbar ist für sie der Status des aufgeklärten Außenstehenden. Sie können hinsichtlich der Folgen nur Mutmaßungen anstellen, niemand kann wissen, ob das Ganze nun gut oder schlecht, überflüssig oder unausweichlich ist, während dem späteren Leser die Konsequenzen mehr als offensichtlich erscheinen. Als Karl V. im Jahr 1555 den Augsburger Religionsfrieden mit den Reichsständen schloss, hätten nur Europas gleichgültigste Zyniker oder diejenigen, für die der Glaube ohnehin reine Privatangelegenheit war, diesen als dauerhafte Lösung akzeptieren können. Im Augsburger Religionsfrieden wurde zwar das Luthertum als legitime christliche Konfession anerkannt, nicht aber der Calvinismus. Außerdem erhielten die einzelnen Territorialfürsten das Recht, festzulegen, welche Religion in ihrem Herrschaftsbereich gelten solle. Eine solche fast schon an Neutralität grenzende Lösung war für viele nicht hinnehmbar, schließlich stand so viel mehr auf dem Spiel. Der Glaube war in jener Zeit per Definition unvereinbar mit jeder Form von Koexistenz. Glaube war keine Frage unterschiedlicher Festtagskleidung (wunderbar farbenfroh und aufwendig bei den Katholiken, sehr viel weniger spaßig bei den Calvinisten), sondern beruhte auf der Überzeugung, dass alle anderen Glaubensrichtungen grundfalsch und zudem sündhaft waren. Luthers Ideen stellten keine Alternative zum bestehenden Christentum dar, sondern sollten es ablösen. Dass dies nicht gelang und sogar noch weitere reformatorische Bewegungen entstanden, stürzte Europa in ein unversöhnliches Chaos.

Die Abdankung Karls V. veränderte die europäischen Strukturen dramatisch. Die entscheidenden Machtzentren verschoben sich nach Madrid und an die Grenzen des Osmanischen Reichs, während der Westen mit einem Schlag an Bedeutung verlor. Karl war zwar in Flandern geboren, hatte jedoch bald jede heimatliche Verbundenheit mit der Region verloren, da er unentwegt in seinem Reich umherreiste und sich bald in Tunis, bald in Bologna aufhielt. Später zehrte vor allem die lange und inkohärente Herrschaft seines Großneffen Rudolf II., der von 1576 bis 1612 regierte und seine Residenz nach Prag verlegte, an den Strukturen des Heiligen Römischen Reichs. Rudolf war eine schwache Persönlichkeit, zog sich immer wieder für längere Zeit von den Regierungsgeschäften zurück und war in erbitterte Auseinandersetzungen mit seinen Geschwistern verstrickt. Außerdem führte er den zermürbenden »Langen Türkenkrieg«, der sich über das letzte Jahrzehnt des 16. und das erste Jahrzehnt des 17. Jahrhunderts erstreckte (und den die beteiligten Generäle natürlich auch nicht von Beginn an als »lang« bezeichneten). Um noch einmal die Schulhofmetapher aufzugreifen: Die Ära Rudolfs II., der über Jahre hinweg seine kaiserlichen Pflichten vernachlässigte, erinnerte an die Zustände in einer Grundschule, aus der die Lehrer verschwunden sind. Eine Weile spielen noch alle brav vor sich hin, aber nach einiger Zeit gehen sie spontan dazu über, Sklavenarbeit, Konkubinentum und Menschenopfer einzuführen.

In den einzelnen Territorien des Heiligen Römischen Reichs wurde der Religionsfriede lediglich als Übergangslösung betrachtet. Die Anhänger des Papstes gewannen nach dem selbstkritischen, kreativen Konzil von Trient neuen Auftrieb, während die unterschiedlichen reformatorischen Strömungen weiterhin miteinander über Kreuz lagen und ihr ausbleibender Erfolg die Gläubigen verwirrte und verängstigte. Darüber hinaus wurde der Niederländisch-Spanische Krieg von vielen als Austragungsort des Kampfes zwischen Calvinismus und Katholizismus aufgefasst, auch wenn dies nur in Teilen zutraf. In einem solchen Umfeld musste jede religiöse Veränderung innerhalb des Reichs zwangsläufig erhebliche Wellen schlagen. Dabei erfolgten derartige Veränderungen nicht selten aus rein persönlichen oder gar zufälligen Gründen.

Ein folgenschwerer Wechsel ereignete sich beispielsweise in der Pfalz, wo der glühende Katholik Friedrich von Pfalz-Simmern von seiner Frau Maria zum lutherischen Glauben bekehrt worden war. Als er 1559 die Kurwürde der Pfalz erbte und nach Heidelberg übersiedelte, geriet er in den dortigen Sumpf theologischer Ernsthaftigkeit und beschloss nach langem Nachdenken und Disputieren mit zweifellos höchst erbitterten Theologen, noch einen Schritt weiterzugehen und sich dem Calvinismus zuzuwenden. Die frühen 1560er Jahre verbrachte er mit Bilderstürmen, Massenplünderungen und freundschaftlichen Angeboten an die Niederländer. Kaiserliche Drohungen ignorierte er einfach. Letztlich wurden all seine Bemühungen jedoch durch seinen Sohn Ludwig zunichtegemacht, einen überzeugten Lutheraner, der geduldig wartete, bis sein Vater starb (was dieser 1576 tat), um dessen Entscheidungen umgehend wieder rückgängig zu machen. In weiser Voraussicht hatte Friedrich jedoch ein kleines Gebiet um die Stadt Kaiserslautern aus dem Erbe herausgelöst und für seinen calvinistischen jüngeren Sohn Johann Kasimir bestimmt. Ludwig, der nach seinem Amtsantritt pflichtgetreu sämtliche Calvinisten aus seinem Herrschaftsgebiet vertrieben hatte, verstarb wenige Jahre später. Er hinterließ einen neunjährigen Sohn (seine älteren Söhne waren alle bereits vor ihrem ersten Geburtstag gestorben), den künftigen Friedrich IV., der von nun an calvinistisch erzogen wurde, da sein Onkel Johann Kasimir für ihn die Regentschaft übernahm. Wie man sich unschwer vorstellen kann, sorgten diese Jahre in Heidelberg für ein erhebliches Durcheinander – Orgeln wurden in Kirchen hinein- und wieder herausgeschleppt, und die Gläubigen waren gezwungen, so zu tun, als seien ihnen gewisse Kirchenlieder gänzlich unbekannt, bis sie sich plötzlich doch wieder daran erinnerten. Diese chaotischen Umstände führten dazu, dass der Kurfürst von der Pfalz zum Leuchtfeuer calvinistischer Hoffnungen im Westen des Heiligen Römischen Reichs wurde, was für die nächste Generation verheerende Folgen haben sollte.

An der Pfälzer Ernsthaftigkeit in religiösen Belangen mangelte es rheinabwärts in Bonn, wo die katholischen Kurfürsten von Köln residierten. Hier geriet der theologische Disput zur Farce, als sich Kurfürst Gebhard, der Erzbischof von Köln, verliebte. So etwas hatte es schon früher gegeben, und das Augsburger Abkommen erlaubte Priestern, die heiraten wollten, ihr Amt niederzulegen und zu konvertieren. Es gibt keinerlei Hinweis darauf, dass Gebhard je von anderen Motiven geleitet worden wäre als der Liebe zu Agnes von Mansfeld-Eisleben, gleichwohl verkündete er nun, dass er nicht nur zum

Calvinismus übertreten, sondern auch das große, alte, durch und durch katholische Erzstift säkularisieren und als weltlicher Kurfürst weiterregieren wolle. Seine 1583 erfolgte Heirat wurde zum Auslöser des Kölnischen Krieges, in dessen Verlauf Kurköln von feindlichen Armeen verwüstet wurde. Zwar war Gebhards Verhalten kaum zu rechtfertigen, da er ein solcher Idiot war, doch die Gelegenheit, die protestantische Präsenz entlang des Rheins zu steigern, wollte sich niemand entgehen lassen. Zudem hatte seine Entscheidung erhebliche Bedeutung für die übrigen Kurfürsten, denn die Pfalz, Sachsen und Brandenburg waren bereits protestantisch, und wenn nun auch noch Köln auf ihre Seite wechselte, wurden die Katholiken im Kreis der sieben Kurfürsten zur Minderheit, was nicht ohne Konsequenzen für die Wahl des nächsten Kaisers bleiben würde. Daher strömten von allen Seiten Truppen herbei und gaben einen grausigen Vorgeschmack auf den Dreißigjährigen Krieg. Ein besonders düsteres Vorzeichen war das Eingreifen Tausender spanischer Soldaten – ein Schlüsselmoment, das deutlich machte, dass innerdeutsche religiöse Fragen von nun an nicht mehr als alleinige Angelegenheit des Heiligen Römischen Reichs betrachtet werden konnten. Gebhard und Agnes gingen aus der Auseinandersetzung zwangsläufig als Verlierer hervor, flohen nach Straßburg und ließen Bonn und sein Umland so katholisch zurück, wie es bis zum heutigen Tag geblieben ist. Die einzige sichtbare Erinnerung an diesen Irrsinn ist die markante Ruine der Godesburg in Bad Godesberg. Sie wurde während des Kölnischen Krieges gesprengt und ihre Besatzung niedergemetzelt. Die traurigen Überreste, die erhalten wurden, um spätere Generationen daran zu erinnern, welch hoher Preis für Ungehorsam zu zahlen ist, beherbergen heute ein Restaurant.

All das gehörte zu den Präliminarien des Dreißigjährigen Krieges (1618–1648), jener Katastrophe, in deren Verlauf Schätzungen zufolge ein Drittel der gesamten deutschsprachigen Bevölkerung getötet wurde, ein großer Teil davon durch die Pest. Nach konventioneller Auslegung war der Dreißigjährige Krieg eine fast schon surreal ausweglose Pattsituation mit endlos wieder aufflammenden Kämpfen, in der jeder Triumph nur vorübergehend war und jedes Land der Reihe nach demütigende Niederlagen erlitt – nichts als eine sinnlose Abfolge von Gefechten, in denen außer Kontrolle geratene Reiterbanden mit billiger Ausrüstung, schlaffen Hüten, strähnigem Haar und Geschlechtskrankheiten aufeinander losgingen. Im 19. Jahrhundert diente der Krieg als historische Warnung, als moralisches Lehrstück über die deutsche Schwäche, in dem das Heilige Römische Reich als ohnmächtiges, zerrissenes

Schlachtfeld erschien, über das mächtigere Außenstehende rücksichtslos hinwegtrampelten. 1871 wurde er schließlich als Argument für die Schaffung des neuen deutschen Kaiserreichs herangezogen, welches durch Einheit und Stärke sicherstellen sollte, dass sich solche Gräuel nie mehr wiederholten.

Was mich in diesem Zusammenhang immer wieder erstaunt, ist, in welchem Maß diese Sicht der Ereignisse auf protestantischer Spitzfindigkeit beruht. Denn der Dreißigjährige Krieg war mitnichten eine sinnlose Aneinanderreihung ergebnisloser Konflikte. In Wirklichkeit brachte er eine endgültige Entscheidung: Er sorgte dafür, dass viele Regionen Mitteleuropas wieder katholisch wurden, er bestätigte die absolute Herrschaft der Habsburger über das Heilige Römische Reich, er bedeutete das Ende des Protestantismus in Frankreich, und er besiegelte das generelle Scheitern des protestantischen Projekts, das fortan auf wenige nordwesteuropäische Länder beschränkt blieb. Während die Kämpfe noch tobten, schwärmten längst Jesuiten und andere katholische Missionare in die Welt hinaus, deren Wirken von Peru bis China Rubens auf seinen immens katholischen Gemälden feierte. Der Krieg dauerte nur deshalb so lange, weil eine Reihe fehlgeleiteter protestantischer »Paladine« – der Kurfürst von der Pfalz, der König von Dänemark und der König von Schweden – ihr Blatt überreizten und einer nach dem anderen aus dem Land gejagt werden mussten. Letztlich war es französischer Realpolitik zu verdanken, dass zumindest einige protestantische Territorien erhalten blieben, und auch das nur, weil die Franzosen den Habsburgern die Tour vermasseln und sicherstellen wollten, dass diese nicht allzu mächtig wurden. Immerhin war Frankreich selbst katholisch, und die protestantischen Staaten, die der französische König rettete, waren für ihn lediglich Werkzeuge, die er kurz in die Hand nahm und sofort wieder zur Seite legte.

Den gesamten Verlauf des Dreißigjährigen Krieges darzustellen, würde hier fünfzig bis sechzig verwirrende Seiten füllen. Auslöser des Konflikts war die katastrophale Entscheidung des jungen calvinistischen Kurfürsten der Pfalz, Friedrich V. (der Sohn des bereits erwähnten Friedrich IV.), die ihm von einer Gruppe protestantischer Adliger angebotene böhmische Königskrone anzunehmen. Ich werde später noch näher auf diese Verwicklungen eingehen, vorab nur so viel: Das war ein in jeglicher Hinsicht inakzeptabler Vorgang für die kaiserlichen Habsburger, deren Dynastie – von Friedrich unbemerkt – unglücklicherweise nach einer langen Schwächephase soeben wieder zu alter Stärke zurückgefunden hatte und nun einen neuen Aufschwung erlebte. Ein Großteil der Kämpfe spielte sich in den zentralen und östlichen

Teilen des Reichs ab, doch zu den Schrecken dieses Krieges gehörten die erschöpften, unbezahlten Armeen, die auf der Suche nach noch unverwüsteten Gegenden durch die Lande zogen, um sich dort auf eigene Faust mit Nahrung, Viehfutter und Beute zu versorgen. So gut wie jede Region wurde – nachdem sie womöglich zwanzig oder mehr friedliche Jahre erlebt hatte – früher oder später zum Schauplatz entsetzlicher Grausamkeiten und jener fürchterlichen Katastrophen, die in den zwar brillanten, aber grausam anzusehenden Radierungen *Die großen Schrecken des Krieges* des Lothringers Jacques Callot und in Hans Jakob Christoffel von Grimmelshausens bemerkenswertem Roman *Simplicius Simplicissimus* (1668) festgehalten sind. Grimmelshausen verfasste sein Werk erst in hohem Alter, doch es beruht auf seinen Erlebnissen in der kaiserlichen Armee, in deren Reihen er 1637 an den Kämpfen im Schwarzwald teilgenommen hatte und als Garnisonssoldat in der rheinischen Festung Offenburg stationiert gewesen war. Später zog er dann in die Nähe von Straßburg, wurde sehr berühmt und lebte so lange, dass er dort 1676 noch den Einmarsch der Franzosen miterlebte.

Die Motive vieler an dem Konflikt Beteiligter hatten unbestreitbar etwas Endzeitliches, es schien beinahe, als führte eine fatalerweise reichlich vielfältige und untereinander zerstrittene Schar christlicher Götter ihnen den Schwertarm. Kaiser Ferdinand II. ist ohne Frage eine der beklemmendsten Herrscherpersönlichkeiten der europäischen Geschichte, und seine unerschütterliche Überzeugung, er sei auf den Thron gekommen, um Europa von Häretikern zu säubern, war einer der wesentlichen Auslöser für diese Katastrophe. Wir wissen eine Menge über die Ansichten seines Umfelds, weil protestantische Historiker über die Jahre hinweg eifrig zahllose Predigten und Briefe nach gruseligen Kommentaren durchstöbert haben. Mein Lieblingszitat stammt von Ferdinands abscheulichem Luxemburger Beichtvater, dem Jesuiten Wilhelm Lamormaini, der nach dem Erlass eines antiprotestantischen kaiserlichen Edikts von letztlich vollkommen undurchführbarer Grausamkeit nach Rom schrieb, kein römischer Pontifex habe »seit den Zeiten Karls des Großen eine solch freudvolle Ernte aus Deutschland erhalten« – wodurch er die Protestanten geradewegs mit den heidnischen Sachsen und Awaren gleichsetzte.

Während Ferdinands Berater ob der Erfolge vor lauter Begeisterung mit den Armen fuchtelten und nicht wussten, ob sie erst beten oder sich doch lieber geißeln sollten, geriet selbst der Papst allmählich in Sorge. Doch nun trat Europas merkwürdiger Selbstkorrekturmechanismus in Kraft und verhinderte den von Ferdinand erträumten radikalen Kehraus, was bedeutete, dass der Kontinent von da an tatsächlich sinnlos in Schutt und Asche gelegt wurde. Letztlich überdauerte der Krieg nahezu alle, die ihn angezettelt hatten, und endete erst 1648 nach langwierigen, umständlichen Verhandlungen der nächsten Generation. In dem Abkommen, das als der Westfälische Friede bekannt wurde, erkannten die Parteien unter anderem endlich an, dass die Schweiz kein Bestandteil des Heiligen Römischen Reichs mehr war – ein entscheidender Erfolg, nachdem die bis an die Zähne bewaffneten Schweizer in den dreißig Jahren zuvor jederzeit darauf gefasst gewesen waren, zum nächsten Punkt auf Ferdinands Agenda zu werden. Auch eine weitere seit Langem offene Frage wurde geklärt: Bei ihrem desaströsen Versuch, sich gegen Karl V. zu erheben, hatten einige protestantische Fürsten Frankreich 1552 als Gegenleistung für eine Intervention zu ihren Gunsten die zum Heiligen Römischen Reich gehörigen »Drei Bistümer« versprochen. Obwohl die Franzosen ihnen keinerlei Hilfe gewesen waren, marschierten sie (unter Führung eines Mannes mit dem etwas seltsam klingenden Namen Anne de Montmorency) dennoch in die drei Hochstifte ein und hielten sie seitdem in einer Art legalem Schwebezustand besetzt. Erst knapp ein Jahrhundert später wurde der Übergang der Territorien in französischen Besitz im Westfälischen Frieden offiziell bestätigt. Toul und seine spektakuläre Kathedrale versanken in der Bedeutungslosigkeit, doch die nunmehr anerkannte französische Herrschaft über Metz und Verdun sollte in Zukunft noch von großer Bedeutung sein.

Schwertfechter und Seifensieder

Seit einigen Jahren wird das Museum der Schönen Künste in Antwerpen renoviert, was der gesamten Stadt zugutekommt, da die besten Stücke aus seinen Sammlungen ein vorübergehendes Zuhause in anderen, weniger frostig pompösen Räumlichkeiten gefunden haben. So hängt etwa Jean Fouquets unglaubliches, um 1450 entstandenes Porträt der barbusigen, alabasterhäutigen Agnès Sorel jetzt in der intimen Umgebung des Museums Mayer van den Bergh, wo der Anblick der als Jungfrau Maria abgebildeten Mätresse Karls VII. von Frankreich (»Seid Ihr wirklich sicher, Majestät? ... Aber natürlich, das ist eine fantastische Idee!«) umso schockierender wirkt. Der größte Nutznießer dieser Maßnahmen – und mit ein wenig Glück könnte das sogar eine dauerhafte Lösung werden – ist jedoch die Kathedrale, in die nach langer

Abwesenheit die von den Gilden und Zünften finanzierten Altarbilder zurückgekehrt sind, angefangen mit Quinten Metsijs' *Beweinung Christi* (1509) bis hin zu Hendrik van Balens *Johannes der Täufer predigt in der Wildnis* (ca. 1622). Im Laufe der Zeit wurden die Tafeln auseinandergerissen, neu zugeschnitten, verkauft, beschlagnahmt und zum Teil verbrannt, doch nach all diesen Wirrnissen bilden sie immer noch eine der großartigsten Bilderstrecken der gesamten westlichen Kunst.

Die erheblich restaurierten Zunfthäuser am Antwerpener Marktplatz und diese Altarbilder sind Relikte einer Lebensweise, die Europas Städte vom Mittelalter bis zum 18. Jahrhundert prägte. Die Gilden, Zünfte und Bruderschaften, welche die Werke anfertigen ließen, regelten nicht nur die Belange ihrer eigenen Gruppe, sondern organisierten so ziemlich alles in ihren Gemeinden – vom Karneval über Beerdigungen bis hin zur Verteidigung der Stadt. Die Altarbilder dienten der Eigenwerbung und priesen die Tugenden der jeweiligen Auftraggeber, manche davon auf höchst unmissverständliche Weise. So ließ etwa die Gilde der Schulmeister Frans Francken d. Ä. *Christus unter den Schriftgelehrten* malen, wobei zwischen den prächtig gekleideten Schriftgelehrten auch verschiedene Heilige und einige glückliche Mitglieder der Gilde verewigt wurden. Einen der Flügel dieses Triptychons finanzierte die Gilde der Seifensieder, bei denen sich auf den ersten Blick keine passende Bibelstelle aufdrängt. Wie erleichtert müssen sie gewesen sein, als sie schließlich auf die Anekdote des Propheten Elisa stießen, der eine Witwe aus ihrer Armut erlöste, indem er einen einzigen Tropfen Öl derart vermehrte, dass ganze Krüge damit gefüllt werden konnten. Leichtes Spiel hatte dagegen die Zunft der Weinschenker mit Maerten de Vos' *Hochzeit zu Kanaa* (1597), und die Schneiderzunft warb auf Artus Wolfforts *Anbetung der Könige* (1615) für ihre Erzeugnisse, indem sie die drei Weisen aus dem Morgenland in atemberaubend luxuriösen Gewändern darstellen ließ.

Es gab auch mehrere »bewaffnete Gilden«, zu denen die Handbogenschützen, die Armbrustschützen, die Schwertfechter und die Büchsenschützen gehörten. Sie sorgten für die Sicherheit von Warenkonvois, für die Ausbildung von Kämpfern sowie den Schutz der Stadt, und sie rüsteten auf, wann immer neue Waffen erfunden wurden. Die 1488 zu Ehren von Kaiser Friedrich III. und seinem Sohn Maximilian gegründete Schwertfechtergilde finanzierte mit Frans Floris' *Sturz der rebellischen Engel* (1554) eines der berühmtesten Altarbilder in der Kathedrale. Es ist das einzige erhaltene Element eines Triptychons, dessen übrige Teile beim großen Antwerpener Bildersturm

1566 zerstört wurden. Floris war der wahrscheinlich bekannteste Antwerpener Künstler seiner Zeit, vor allem wegen seiner tragischerweise vergänglichen, dem Vernehmen nach regelrecht magischen Beiträge zum prunkvollen Einzug Kaiser Karls V. und seines Sohnes Philipp 1549 in die Stadt. *Der Sturz der rebellischen Engel*, den er für die Schwertfechtergilde schuf, ist eine virtuose Phantasmagorie: Dicht an dicht drängen sich auf dem Gemälde Mutantenkörper, zusammengesetzt aus den scheußlichsten Kombinationen von Schlange, Keiler, Schmetterling, Luchs und Mensch. Es gibt kein einziges Detail, das nicht auf irgendeine Weise pervertiert wäre – eine Brustwarze wird zur Klaue, ein Penis zu einem Adlerkopf. Von oben eilen der heilige Michael, der Patron der Schwertfechter, und seine Gefährten zur Rettung herbei und erkämpfen sich in einem geschickten Akt der Schleichwerbung mit den bevorzugten Waffen der Schwertfechter einen Weg durch diesen widerwärtigen Haufen.

Die Erinnerung an die längst untergegangenen Zünfte und Gilden ist noch in vielen Städten lebendig. Sie waren wichtige Förderer der Künste, doch zugleich waren ihre Mitglieder per Definition auch die Schöpfer beinahe aller Gegenstände, die seither in Museen aufbewahrt werden. Die Maler etwa schlossen sich in der Lukasgilde zusammen, benannt nach der apokryphen, aber hübschen Anekdote, der Evangelist Lukas habe höchstpersönlich die Gottesmutter und ihr Kind nach dem lebenden Modell gemalt. Die wunderbaren Erzeugnisse der Gärtner, Obstbauern und Korbflechter sind längst vergangen, doch die Gold- und Eisenschmiede haben zahlreiche Spuren hinterlassen. Manchmal begegnet man den Zünften an unerwarteten Stellen. Die Bürger der Stadt Freiburg etwa bauten über viele Jahre an ihrem Münster, und die Zünfte finanzierten unter anderem einige der Glasmalereien, in die folglich auch ihre Zunftzeichen aufgenommen wurden: Die Schneider wurden durch eine Schere verewigt, die Bäcker durch eine Brezel und die Küfer durch ein Fass. In Antwerpen ist das alte Gildehaus der Armbrustschützen noch heute das größte Zunfthaus, gekrönt von einer herrlichen goldenen Statue ihres Schutzpatrons, des heiligen Georg, der gerade seinen Drachen ins Jenseits befördert. Und in Basel blieb das Gildehaus der Büchsenschützen (die in Antwerpen Rubens' *Kreuzabnahme* in Auftrag gaben) bis in die heutige Zeit erhalten, wenngleich das Gelände längst einer anderen Nutzung zugeführt wurde. Die alltäglicheren Zünfte florierten auch ohne größere Innovationen (die Brezel in einem der Freiburger Fenster aus dem 14. Jahrhundert hat genau die gleiche Form wie heute), die übrigen jedoch waren gezwungen, sich stetig weiterzuentwickeln. Wer mit den Höfen der Burgunder oder Habsburger Handel trieb, fertigte Güter aus extrem teuren, seltenen Materialien für eine flatterhafte, modebewusste Klientel mit ausgesprochen schlechter Zahlungsmoral. Die Rechnungen wurden zwar bezahlt (es sei denn, es kam tatsächlich eine Katastrophe dazwischen), manchmal allerdings erst eine Generation später.

Seit dem 18. Jahrhundert klagen Historiker über die Zünfte, deren restriktive Praktiken und deren Konservatismus den Fortschritt behindert haben sollen, dabei gibt es dafür keine wirklich überzeugenden Anhaltspunkte. Die industriellen Dimensionen späterer Zeiten machten die Zünfte zunehmend überflüssig, doch bis dahin bescherten sie uns so ziemlich jede Innovation in der Geschichte Europas. Man kann sogar mit einigem Recht behaupten, dass das rastlose Grübeln und Tüfteln ihrer Mitglieder die Grundlage dafür war, dass es Europa gelang, den Rest der Welt zu überflügeln. So wie die Schiffe im Laufe der Jahrhunderte infolge der Anforderungen des Fernhandels und immer neuer Seeschlachten Hunderte kleiner, nahezu unbemerkter Veränderungen erfuhren und dadurch zunehmend an Seetüchtigkeit gewannen, wurden in den dynamischen, auf stetige Verbesserung bedachten Städten Westeuropas dank unbekannter Handwerker, die in ihren Werkstätten unablässig an der Optimierung ihrer Produkte arbeiteten, Schlösser, Scharniere, Bohrer, Abzüge, Käsesorten und Standuhren immer besser. Unhandliche Gegenstände wurden kleiner und Legierungen verlässlicher, Erdbeeren wurden größer, und die Reichweite von Feuerwaffen nahm zu.

Auch das Mobiliar wurde aufwendiger, und dabei spielte Antwerpen ebenfalls eine entscheidende Rolle, da in der Stadt der Trend zu Walnuss und exotischen Hölzern begründet wurde, nachdem man bis dahin nur die ewig gleichen Eichenmöbel gekannt hatte. Fiel die Möbelherstellung anfangs noch in den Aufgabenbereich der Zimmerleute, gründeten die spezialisierteren Schreiner vom 14. Jahrhundert an ihre eigenen Zünfte, von denen sich im 17. Jahrhundert wiederum die Kunsttischler oder Ebenisten abspalteten. Rüstungen, Luftpumpen, Navigationshilfen, Graviertechniken – über all das machte sich irgendjemand Gedanken, und in den meisten Fällen gibt es keinerlei Aufzeichnungen darüber, wer genau nun diese etwas präzisere Uhr oder jene praktischere Form des Holzdübels entwickelt hat. Zwischen den einzelnen Städten herrschte ein scharfer Wettbewerb, und die Zünfte bemühten sich, die Kontrolle über ihre Erfindungen zu behalten. Das war auf längere Sicht allerdings unmöglich, denn selbst wenn die einzelnen Orte zu unterschiedlichen Herrschaftsbereichen gehörten, lagen sie doch so dicht beieinander, dass sich stets Menschen zwischen ihnen hin und her bewegten – und zwar nicht nur die Gesellen, die auf »Wanderschaft« gingen, bevor sie in die Zunft einer bestimmten Stadt aufgenommen wurden, sondern ebenso die Angehörigen reisender Berufe wie die Uhrmacher, die auch als Schlosser arbeiteten, oder die Grobschmiede, die sehr viel mehr Arbeiten erledigten, als nur Pferde zu beschlagen. Auch Büchsenmacher und Drucker waren traditionell nicht ortsgebunden, sondern gingen dahin, wo Menschen erschossen oder besser informiert werden sollten.

Eine Art Zusammenfassung und Höhepunkt des Zunftwesens und des wandernden Handwerks bildet die Astronomische Uhr im Straßburger Münster. Seit ich dieses erstaunliche Objekt in meinen frühen Teenagerjahren zum ersten Mal gesehen habe, nimmt es einen ganz besonderen Platz in meinem Herzen ein. Ich besuchte die Stadt damals mit meiner Familie und fand alles an Straßburg einfach großartig (was sich bis heute nicht geändert hat), aber die Krönung des Ganzen war diese Uhr. Jahrelang besaß ich eine Reproduktion davon in Gestalt einer Art Riesenpostkarte, die aus mehreren Schichten Karton und Papier zusammengeklebt war und an der Seite ein kleines Rad hatte, mit dem ich die vier Lebensalter des Menschen und die Wochentage hinter kleinen ausgeschnittenen Fenstern rotieren lassen konnte. Ich war sehr enttäuscht, als ich kürzlich feststellte, dass diese aufwendig gestaltete Karte nicht mehr hergestellt wird, und mir ist durchaus bewusst, was es für meinen Ruf bedeutet, dass ich in einem Alter, in dem die meisten Jungen sich einem wilden Rausch aus Zigarettenrauch und Onanie hingeben, voller Begeisterung an einem Kartonrädchen drehte.

Die Uhr bedeckt eine ganze Wand im südlichen Querhaus des Münsters. Ihr heutiger Zustand ist das Ergebnis zahlloser im Verlauf mehrerer Jahrhunderte erfolgter Anpassungen und Erweiterungen. Die ursprüngliche Version stammte aus der Mitte des 14. Jahrhunderts, als nach der Erfindung von Uhrwerken mit Gewichtsantrieb in sämtlichen Städten entlang des Rheins der Bau riesiger Uhren in Mode kam. Ein Element dieser ersten Uhr, die anfangs noch an der Außenmauer der Kathedrale angebracht war, hat bis in die heutige Zeit überlebt – ein Figurenautomat in Gestalt eines Hahns, der dreimal kräht und mit den Flügeln schlägt (was an die dreimalige Verleugnung Jesu durch den Apostel Petrus erinnern soll). Dieses alte Modell wurde zwei Jahrhunderte später durch einen Mathematiker, mehrere Uhrmacher und einen aus Schaffhausen stammenden Maler geradezu dramatisch aufgewertet. Die aberwitzige Komplexität der neuen Konstruktion ist kaum mit Worten zu beschreiben. Von unzähligen Zahnrädern angetrieben, zeigte das Wunderwerk die Mondphasen, die kirchlichen Namenspatrone, den Auf- und Untergang der Sonne, Sonnen- und Mondfinsternisse und die Wochentage an – dies alles verziert mit einer Vielzahl allegorischer Zeichnungen und Figuren: die vier Lebensalter des Menschen, die Tierkreiszeichen und der Tod, der eine Glocke schlägt. In theologischer Hinsicht ist das Ganze eher ein bunter Obstsalat, da nicht nur Jesus und einige Figuren aus der Apokalypse dargestellt sind, sondern auch sieben römische Götter, die in ihren Wagen die einzelnen Wochentage verkörpern. Im Französischen sind diese Zuordnungen auch absolut nachvollziehbar, denn *mardi* (Dienstag) entspricht dem *Mars*, *vendredi* (Freitag) der Venus und *mercredi* (Mittwoch) dem Merkur, wohingegen die englische und die deutsche Woche von nordischen Gottheiten in Beschlag genommen wurden. In den 1840er Jahren wurde die Uhr ein weiteres Mal grundlegend erneuert, die Mechanik wurde instand gesetzt, und man fügte noch weitere astronomische Darstellungen, Zeichnungen und sonstigen Firlefanz hinzu. In gewisser Hinsicht war dies mehr als bedauerlich, denn die neuen Figuren, insbesondere die römischen Götter, verströmen ein unerfreuliches Kirmesflair. Apollo etwa erinnert an einen schleimigen Gameshow-Moderator, und Saturn wirkt in seinem von Drachen gezogenen Wagen erschreckend banal und kaut so beiläufig auf einem seiner Kinder herum, als mampfe er einen Burger im Drive-in. Außerdem beging der Restaurator den betrüblichen Fehler, ein offenbar herrliches Gemälde mit dem Titel *Der Koloss mit den tönernen Füßen* zu entfernen und durch ein erbauliches Bildnis von Nikolaus Kopernikus zu ersetzen.

Diese Uhr ist in vielerlei Hinsicht sensationell, doch jetzt gerade beeindruckt mich vor allem, wie sehr sie mit jeder weiteren Schicht Erfindungsgeist und stetige Verbesserung verkörpert. Sie war schon immer mehr ein Bravourstück als von wirklich praktischem Nutzen. Ihr Bau erforderte eine immense Bandbreite an Fertigkeiten – die Verarbeitung von Stein, Holz und Metall, Malerei und Zeichnung, Mathematik, Geometrie und Astrologie, Theologie, Vergoldung und Mechanik –, verbunden mit einem ausgeprägten Sinn für dramatische Wirkung und einem beinahe krankhaften Maß an Ehrgeiz. Sie vereint Jahrhunderte an Wissen, Werkeln und biblischer Bildersprache (einschließlich einer großartig gemalten Rippe Adams) und zeugt allein durch ihre Existenz von jenem handwerklichen, von den Zünften getragenen städtischen Stolz, der das Heilige Römische Reich über Jahrhunderte hinweg prägte.

Elisabeth und ihre Kinder

Von jeher sieht sich Großbritannien als Insel der Stabilität und des gesunden Menschenverstands vor den Küsten eines Kontinents, auf dem Absurdität und Fanatismus grassieren. Jeder unserer Nachbarn, sei es nun Frankreich, die Niederlande oder Spanien, diente in der Vergangenheit wahlweise als Erzfeind oder Zielscheibe des Spotts. Während der für die englische Seite schmachvollsten Auseinandersetzung in der langen Reihe der englisch-niederländischen Seekriege des 17. und 18. Jahrhunderts verfasste der erboste John Dryden 1666 »Annus Mirabilis«, ein Gedicht, das in weiten Teilen eine wütende Hasstirade gegen die Niederländer ist. Einer der wunderbar formulierten und doch zutiefst verstörenden Höhepunkte ist die Stelle, wo englische Schiffe ihre Kanonen auf niederländische Ostindienfahrer abfeuern und deren Besatzung auf grässliche Weise durch umherfliegende Porzellanscherben, »duftende Splitter« und ein Inferno aus brennenden Gewürzen getötet werden – abgeschlachtet durch ihre eigenen kostbaren Handelswaren. In seiner hämischen Exzentrik scheint dieses Gedicht auf eine ewige, geradezu manichäische Feindschaft zwischen Engländern und Niederländern zu verweisen, doch in Wahrheit wechselten sich Phasen brutalster Grausamkeit mit Zeiten inniger Zuneigung ab, in denen eines der beiden Länder das jeweils andere im letzten Moment vor Verzweiflung und drohendem Untergang rettete.

Wie ich hoffentlich in den bisherigen Kapiteln deutlich machen konnte, waren die Beziehungen zwischen England, Flandern und Holland stets eng und fruchtbar. In vielerlei Hinsicht bildete der Ärmelkanal für England eine Art Sicherheitsventil, und die Gewissheit, ihn jederzeit überqueren zu können, garantierte dem Land relative politische Stabilität. Generationen von Seeleuten haben beim Anblick dilettantisch verkleideter Mitglieder des Königshauses, die sich als x-beliebiger Durchschnittspassagier ausgaben und behaupteten, rein zufällig in aller Eile auf den Kontinent fliehen zu müssen, die Augen verdreht. Das funktionierte natürlich auch in umgekehrter Richtung, und so suchten seit Beginn der schriftlichen Aufzeichnungen vorübergehend oder dauerhaft in Schwierigkeiten geratene Ausländer in Großbritannien Zuflucht.

Im 17. Jahrhundert herrschte auf dem Ärmelkanal besonders reger Verkehr. Dank der Herrschaft seiner drei Kinder Eduard VI., Maria I. und Elisabeth I. reichte der lange Schatten Heinrichs VIII. weit über seinen Tod hinaus. Doch da Maria als Einzige von ihnen heiratete (allerdings erst vier Jahre vor ihrem Tod, und die Ehe blieb kinderlos), herrschte von da an ein bemerkenswerter Mangel an königlichem Nachwuchs – zwischen 1537 und der Ankunft der gebärfreudigeren schottischen Dynastie der Stuarts, die 1603 mit Jakob I. auf den Thron kam, wurde kein einziger königlicher Nachkomme in direkter Linie mehr geboren. Das wäre eine mittlere Katastrophe gewesen, wenn es damals schon die moderne britische Boulevardpresse gegeben hätte. In jener Zeit bedeutete es dagegen vor allem, dass England für die Heiratsdiplomatie, die die europäischen Königshäuser untereinander betrieben, nicht zur Verfügung stand. Und weil sich das Zeitfenster, in dem Elisabeth I. realistischerweise hätte Kinder bekommen können, bereits kurz nach ihrer Krönung geschlossen hatte, waren die Tudors unweigerlich zum Aussterben verdammt.

Jakob I., der im Gegensatz zu seinen drei Vorgängern wieder über Nachkommen verfügte, traf bezüglich der Heirat seiner Tochter Elisabeth eine folgenschwere Wahl, die faktisch nicht nur die Zukunft seiner eigenen und der nächsten Dynastie bestimmte, sondern bis in die Gegenwart fortwirkt. In einem von religiösem Hass zerrissenen Europa war es schwierig, einen passenden ausländischen Ehepartner für seine Kinder zu finden, doch bei Elisabeth schien er zunächst ein gutes Händchen bewiesen zu haben. Sie hatte unfreiwillig bereits ein aufregendes Leben hinter sich, denn der von katholischen Verschwörern inszenierte Gunpowder Plot hatte ursprünglich darauf abgezielt, erst ihren protestantischen Vater in die Luft zu jagen und danach sie selbst als leicht zu beeinflussende Kindkönigin auf den Thron zu bringen. Nach dem Scheitern des Komplotts gaben sich dann zahlreiche bärtige Bewerber die Klinke in die Hand, darunter auch der große Gustav Adolf von Schweden – eine durchaus verlockende Partie. Zu guter Letzt machte Friedrich V., der junge calvinistische Herrscher der Pfalz, das Rennen. Doch schon nach einer kurzen glamourösen Phase am Heidelberger Hof löste das junge Paar versehentlich den Dreißigjährigen Krieg aus, als Friedrich beschloss, die ihm angebotene böhmische Königswürde anzunehmen, was sich als eine katastrophale Entscheidung erweisen sollte. Während der letzten drei Generationen hatte stets ein Mitglied des Hauses Habsburg auf dem böhmischen Thron gesessen, und unseligerweise war zwei Jahre zuvor auch schon der aktuelle Habsburgerherrscher – der energische, von religiösem Eifer beseelte Kaiser Ferdinand II. – zum böhmischen König gekrönt worden, den die böhmischen Stände nun kurzerhand absetzten.

Ein Jahr lang genossen Elisabeth und Friedrich die Annehmlichkeiten der Prager Burg, bevor ihre protestantischen Truppen von den kaiserlichen Armeen vernichtet wurden. In einem bis dahin unbemerkt verlaufenen Prozess hatte sich das Blatt gewendet, der Protestantismus hatte in Europa seinen Zenit überschritten und befand sich wieder auf dem Rückzug. Mühelos überrannten die kaiserlichen Truppen die Pfalz und verwüsteten Heidelberg. Ein hübscher klassischer Bogen, den Friedrich seiner Gemahlin zum Andenken an ihren triumphalen Einzug schenkte, gehört zu den wenigen Zeugnissen, die heute noch an Elisabeth und Friedrich erinnern. Nachdem sie einige der verheerendsten und am wenigsten durchdachten Entscheidungen der gesamten Frühmoderne getroffen hatten, flohen Elisabeth und Friedrich, beide erst Mitte zwanzig, in die niederländische Republik. Nach Böhmen sollten sie nie wieder zurückkehren.

An seinem Zufluchtsort Den Haag vertrieb sich das Paar die Zeit damit, so viele Kinder wie möglich in die Welt zu setzen. Als die protestantischen Kräfte in diesem endlosen Krieg unter der Führung des schwedischen Königs Gustav Adolf neuen Auftrieb bekamen, reiste Friedrich zu ihm, um darüber zu beraten, wie er selbst wieder König von Böhmen werden könne. Doch auf dem Rückweg nach Den Haag erkrankte er und starb im Alter von sechsunddreißig Jahren in Mainz. Daraufhin trat Elisabeth in Aktion und widmete den Rest ihres langen Lebens der Förderung ihrer Kinder und der Rechtfertigung der politischen Schritte, die sie und ihr Gemahl unternommen hatten. Ich glaube, es gibt kein einziges Porträt von Friedrich, bei dessen Anblick einen nicht das irritierende Gefühl beschleicht, er sei im Grunde ein recht dümmlicher Mensch und nicht gerade ein vertrauenswürdiger Herrscher gewesen. Vielleicht liegt es nur an der Form seines Barts oder an seiner Kleidung, jedenfalls scheinen die damaligen Künstler über ein geradezu unheimliches Talent verfügt zu haben, den Trottel in ihm ans Licht zu bringen. Elisabeth war – wenn auch nicht unbedingt freiwillig – stets die Stärkere von beiden, und selbst als sie in den 1640er Jahren beinahe mittellos war, ihr »Hof« in Den Haag im Halbdunkel lag und Ratten und Mäuse um den Saum ihres fadenscheinigen Kleids huschten, trieb sie ihre Kinder entschlossen voran.

Allein mit den Eskapaden derjenigen ihrer neun Sprösslinge, die das Erwachsenenalter erreichten, könnte man ein ganzes Buch füllen. Das Spektrum ihrer Möglichkeiten wurde durch die späteren Phasen des Dreißigjährigen Krieges und das sich anbahnende Desaster der Herrschaft von Elisabeths jüngerem Bruder Karl I. in England erheblich erweitert. Eine von

Elisabeths Töchtern wurde eine bedeutende Briefpartnerin von René Descartes, eine weitere Malerin, eine dritte heiratete einen transsilvanischen Prinzen. Einer ihrer Söhne endete als Duellant und Söldner und fiel in Diensten des Herzogs von Lothringen. Ihr ältester Sohn, Heinrich Friedrich, machte sich als neugieriger Teenager auf, einen Blick auf die Sensation des protestantischen Jahrzehnts zu werfen: die 1628 von Piet Hein aufgebrachte spanische Schatzflotte, die die gebeutelte Kriegskasse der Niederländer wieder auffüllte. Doch auf dem Weg dorthin ertrank er bei einem Schiffsunglück auf dem (inzwischen trockengelegten) Haarlemmermeer. Karl Ludwig, der Zweitälteste, durfte nach zahllosen Wendungen am Ende des Dreißigjährigen Krieges nach Heidelberg zurückkehren und erhielt die deutlich verkleinerte und entsprechend weniger bedeutende Kurpfalz zurück. Ein weiterer Sohn, Moritz, kämpfte als Royalist im Englischen Bürgerkrieg, wurde Marinekommandant und ertrank während eines Hurrikans vor den Jungferninseln. Der Berühmteste von allen war jedoch Prinz Ruprecht von der Pfalz, ein royalistischer General in englischen Diensten, der mit seiner modischen Kleidung, seinen Korkenzieherlocken, seinen Accessoires aus weichem Leder und seiner respektlosen Attitüde den Cavalier-Chic populär machte, bis sich die Mode zwangsläufig änderte und Cromwell seine »Weihnachten ist gestrichen«-Schwarzweiß-Kollektion einführte. In einigen sehr altmodischen Geschichtsbüchern, mit denen ich als Kind traktiert wurde, spukte Prinz Ruprecht von der Pfalz immer noch herum. Er war so schneidig dargestellt, dass junge britische Knaben unweigerlich auf ein erstrebenswertes Bild von Aristokratie und Hierarchie geprägt wurden. Mittlerweile scheint er vollständig aus dem öffentlichen Bewusstsein verschwunden zu sein, was kein großer Verlust ist. Er führte das Kommando über die royalistische Exilflotte (auf einer von deren Expeditionen sein Bruder Moritz ums Leben kam) und war in jeden einzelnen der ausufernden, schmerzlichen Konflikte um Ehre, Verrat und Berechnung verwickelt, die das Ende des Bürgerkriegs und die Gründung der Cromwell'schen Republik begleiteten. In dieser Zeit war auf der Nordsee und dem Ärmelkanal kaum noch ein Durchkommen, so viele notdürftig verkleidete Abenteurer pendelten damals auf kleinen, illegalen Schiffen hin und her. Bei den Royalisten, zu denen auch seine Mutter Elisabeth gehörte, häuften sich derweil die schmachvollen Demütigungen, und es bildeten sich seltsame Allianzen. Der neue englische König Karl II., Sohn des 1649 hingerichteten Karl I., saß zusammen mit seinem jüngeren Bruder, dem Herzog von York und künftigen Jakob II., in Brügge und verfolgte mit wachsender

Verzweiflung, wie sich Cromwells Regime nach und nach stabilisierte und die ersten Verbündeten gewann. Ruprecht war glücklicherweise weit weg, als die Geschichte 1658 ihre eigenartigste Wendung nahm und Cromwells Armee Seite an Seite mit Ludwig XIV. einem Verband aus spanischen Truppen und royalistischen englischen Exilkräften (darunter das Heer des fliehenden Herzogs von York) eine vernichtende Niederlage beibrachten.

Nach dieser Auseinandersetzung (der Schlacht in den Dünen, auf die ich später noch zu sprechen kommen werde) schien für Elisabeth, ihre Söhne und ihren Neffen Karl alle Hoffnung dahin. Doch Cromwells früher Tod offenbarte unversehens, dass die Republik nur durch seine schiere Willenskraft zusammengehalten worden war. Seinen Anhängern gelang es nicht, sich auf eine für alle akzeptable Nachfolge zu einigen, und noch mehr Boote mit vermummten komischen Gestalten pendelten über den Kanal.

England befand sich unterdessen noch immer im Krieg mit Spanien, und so war es ein eher ungünstiges Signal in die Heimat, dass Karl II. seine Zelte in den verhassten Spanischen Niederlanden aufgeschlagen hatte. Nachdem er für den Fall einer Rückkehr weitreichende Amnestien zugesichert hatte, verlegte er, um den spanischen Makel loszuwerden, seinen Wohnsitz in die niederländische Republik und unterzeichnete dort 1660 die Deklaration von Breda, die ihm und seinem Bruder gemeinsam mit Elisabeth und Ruprecht die Rückkehr nach England ermöglichte. Bald darauf folgte mit der Gründung der *Hudson's Bay Company* der nächste Schritt in Ruprechts Laufbahn, der ihn in noch fernere Gefilde führte. Als erster Direktor des Handelsunternehmens erhob er Anspruch auf eines der größten privaten Territorien der Welt, das sich von der Hohen Arktis bis zu den heutigen amerikanischen Bundesstaaten North und South Dakota erstreckte, womit er den Engländern mehr Moschusochsen bescherte, als sie jemals verzehren konnten. Viele Jahre als Rupert's Land bekannt, sollte dieses Gebiet später zur Ausgangsbasis für Kanadas weitere Ausdehnung nach Westen und Norden werden.

Elisabeths Kindern war also ein höchst abenteuerliches Leben beschieden. Sie selbst war in Schottland zur Welt gekommen, 1603 mit ihrem Vater nach London gezogen und hatte von 1613 an unter unglaublichen Umständen im Ausland gelebt. Als man ihr 1661 endlich die Rückkehr nach England gestattete, war sie vierundsechzig Jahre alt und galt als kurioses Überbleibsel vergangener Zeiten, da sie in ihrem Auftreten die Erinnerung an eine Welt vor dem Bürgerkrieg und der Republik bewahrte. Nur wenige Monate später starb sie.

Doch auch nach ihrem Tod hatte Elisabeth noch ein erstaunliches Ass im Ärmel, denn sie hatte ein weiteres Kind: Sophie, energisch, klug, beeindruckend und gefahrlos mit dem eher unbedeutenden protestantischen deutschen Herzog Ernst August von Braunschweig-Lüneburg verheiratet. Nach mehreren Todesfällen innerhalb seiner Familie, erwiesenem Heldenmut im Krieg gegen die Türken und großzügigen Bestechungen wurde Ernst August im Rang befördert und ihm eine neu geschaffene neunte Kurwürde zugesprochen (Bayern war als Nummer acht schon während des Dreißigjährigen Krieges hinzugekommen). Zur selben Zeit löschte eine außergewöhnliche Serie von Unfällen und Tragödien die Familie der Stuarts aus. Karl II. hatte keine Kinder. Sein Bruder herrschte für kurze Zeit als Jakob II., war jedoch so tiefkatholisch und atemberaubend unfähig, dass er zugunsten seiner protestantischen Tochter Maria II. und deren Mann Wilhelm III. (zu ihm später mehr) gestürzt wurde. Die kinderlose Maria starb kurz darauf an den Pocken. Ihre jüngere Schwester Anna, die Letzte der Stuarts, führte ein wahrhaft schreckliches Leben und brachte Jahr für Jahr tote oder kurz nach der Geburt sterbende Kinder zur Welt. Nur einer ihrer Söhne, Prinz Wilhelm, überlebte und war somit der einzige Garant für den Fortbestand des protestantischen Zweigs der Stuarts. Doch Wilhelm war häufig krank und starb 1700 im Alter von elf Jahren ebenfalls.

Die Krise vollzog sich wie in Zeitlupe, und das Ende schien unausweichlich: Der kinderlose Witwer Wilhelm III., selbst von schwacher Gesundheit, würde früher oder später sterben, woraufhin ihm die ebenfalls kinderlose Anne auf den Thron folgen würde. Damit wäre der Weg frei für die weiteren Nachkommen von Jakob II., allen voran »Jakob III.«, dem durch und durch katholischen und folglich inakzeptablen Sohn aus Jakobs zweiter Ehe. Daher ignorierte Wilhelm kurzerhand die genealogische Linie, die theoretisch die Thronfolge bestimmte, und griff auf Elisabeths Tochter Sophie zurück, die nächste lebende protestantische Verwandte. Das Parlament setzte sie und ihre Nachkommen als die wahre Linie ein – obwohl sie natürlich *nicht* die wahre Linie waren. In der Folge kam es zu einem wenig erbaulichen Rennen zwischen der sehr alten, aber ausgesprochen rüstigen Sophie und der viel jüngeren, aber kränklichen und unglücklichen Anne. Nach Wilhelms Tod wurde Anne ordnungsgemäß gekrönt und lebte gerade lange genug, um Großbritannien um eine alte, aber eindrucksvolle Königin Sophie I. zu bringen, die sieben Wochen vor ihr gestorben war. Nach Anne bestieg Sophies mürrischer, unfreundlicher Sohn, der Kurfürst von Hannover, als König Georg I. den Thron.

Seitdem herrschen Elisabeths Nachkommen in England, und damit haben sich das jahrelange Leben auf der Flucht, die Armut, die Gefahr, die ertrunkenen Söhne und die rattenverseuchten Paläste letztlich doch noch ausgezahlt.

Onkel Tobys Steckenpferd

Eine der mit Abstand langweiligsten Skulpturenausstellungen Westeuropas befindet sich im Erdgeschoss des Palais des Beaux Arts in Lille. In zwei riesigen Sälen sind dort unzählige Statuen aus dem 19. Jahrhundert versammelt, die den Besucher mit einer Mischung aus Softporno und schaler Rhetorik überschwemmen. Unwillkürlich verspürt man Mitleid mit den Bildhauern, den Museumswärtern und den Arbeitern, die den weißen Marmor aus dem Steinbruch gesägt haben, und wenn man wirklich deprimiert ist, dann überkommt einen sogar Mitleid mit den so sinnlos ausgehöhlten Hügeln selbst. Klassische Motive, royalistische und republikanische Allegorien, so weit das Auge reicht. Selbst eine dort aufgestellte Büste meines liebsten französischen Katastrophenmonarchen, Karl X., ist so gefällig, dass sie einem rein gar nichts über ihn verrät, abgesehen davon, dass er Haare und eine Nase hatte.

Das vielleicht einzig Ergreifende an diesen Sälen ist die Art und Weise, wie dort unabsichtlich die Erinnerung an die Hintern verschiedenster Modelle bewahrt wird, die stundenlang zitternd so tun mussten, als seien sie eine Göttin, eine klassische Heldin oder die Verkörperung einer der Künste. Es gehört eindeutig zu den seltsameren Facetten jener Zeit, dass allegorische und mythische Frauengestalten offenbar verpflichtet waren, sich in Momenten der Krise auszuziehen – als sei das vertraglich so festgelegt, wenn Frauen wie Lucretia oder Kleopatra Selbstmord begehen wollten. Wie verblüffend wäre es doch, auf die kunstvoll gearbeitete Statue einer Nymphe zu treffen, die gerade *auf dem Weg* zu ihrem Bad ist, mit einem vernünftigen Bademantel am Leib und einem kleinen Körbchen fürs Shampoo in der Hand, statt wie üblich in frivoler Nacktheit während des Bades »überrascht« zu werden. Beim Anblick dieser ganzen Statuen fragt man sich unwillkürlich, wie Nymphen eigentlich ihre Zeit verbringen, wenn sie gerade einmal nicht baden oder entführt werden. So bilden diese freudlosen Säle ungewollt einen Schrein für geisterhafte Gesäße vergangener Zeiten, und zugleich meint man, die Schemen jener vornehmen Kunstsammler zu sehen, die mit ihren aufwendigen Bärten, vorgewölbten Bäuchen, Opernmänteln und Gehstöcken mit Silberknauf um sie herumflanieren.

Dieser prosaische Einstieg (dessen Krönung in einer marmornen Jungfrau von Orléans auf dem Scheiterhaufen bestand, die aus Angst vor den Flammen den Rücken durchbog, während die obersten Knöpfe ihres Kleids geöffnet waren, damit sie besser Luft bekam) ließ mich befürchten, das gesamte Museum könne mit solch kulturellem Flohmarktgerümpel gefüllt sein, und ich begann mich zu fragen, ob sich das moderne Europa nicht allzu sehr mit dem Plunder der Vergangenheit belastet. Wäre es nicht besser, den ganzen Krempel in einem riesigen Netz per Hubschrauber vor die Florida Keys zu verfrachten und ihn dort zur fantastischen Grundlage für ein neues Korallenriff zu machen? Womöglich sähe Johanna von Orléans mit Seesternen auf ihren Brüsten noch perverser aus, aber es wäre zumindest gut für die Umwelt.

Nachdem ich missmutig ins Untergeschoss des Museums weitergewandert war, hellte sich plötzlich alles auf. Ich hatte mich auf meinen Besuch nicht besonders gut vorbereitet und wusste daher nicht, dass mich da unten etwas Magisches erwartete: Vor mir erstreckte sich, herrlich ausgeleuchtet, eine Reihe riesiger Tische, die für die Heerführer Ludwigs XIV. und Ludwigs XV. angefertigt worden waren. Darauf standen Reliefnachbildungen von verschiedenen Festungsstädten – inklusive Umland – an der französischen Nordgrenze. Die Darstellungen wirkten so lebendig, dass es mir beinahe die Tränen in die Augen trieb. Jeder Baum, jeder Fluss, jeder Bauernhof war da, wo er hingehörte – im Maßstab 1:600. Kein Ölgemälde, keine heute noch existierende alte Straße vermitteln einem einen derart anschaulichen Eindruck von den Städten des 17. und 18. Jahrhunderts. Fast hat man das Gefühl (wäre das nicht wunderbar?), man könnte auf drei Millimeter Größe geschrumpft werden, auf den Tisch klettern, durch die Felder aus wasserfarbengetränktem Pappmaschee wandern und im Schatten der Bäume mit ihrem Laub aus zerfaserter Seide die Straßen entlangschlendern.

Es ist fast zu banal, um es überhaupt niederzuschreiben, aber die Skulpturen in den oberen Sälen, die als Kunstwerke geschaffen wurden, wirken heute vielfach reif für den Sperrmüll, während die zu praktischem, militärischem Nutzen gefertigten Reliefkarten inzwischen zu den bedeutendsten Werken der französischen Kunst gehören. Auf den ersten Blick erkennt man, dass die große Industriestadt Charleroi im 18. Jahrhundert nicht mehr war als eine sternförmige Festung an einem Flussübergang. Calais war eine isolierte, von Mauern umschlossene Stadt inmitten sandiger Dünen – was ihrem früheren Status als englische Enklave plötzlich einen Sinn verleiht. Namurs jahrhundertelange Bedeutung als Objekt militärischer Begierden beruht schlicht auf seiner Lage auf einem schroffen Hügel am Zusammenfluss zweier Flüsse. Daneben gibt es ein geschäftiges, freundlich wirkendes Ypern, dessen Tuchhalle zum abgebildeten Zeitpunkt erst vierhundert Jahre alt war. Die Modelle zeigen auch, dass die vom Marquis de Vauban, dem genialen Festungsbaumeister Ludwigs XIV., erbauten Bollwerke in einigen Fällen genauso groß waren wie die Städte selbst – eine Reihe noch recht verstreut liegender Häuser und Kirchen, geschützt von einem gewaltigen Aufgebot an abgeschrägten Mauern, Wassergräben und Bastionen.

Diese Tischreliefs sind praktisch und wundersam zugleich. In einer Welt vor der Erfindung von Heißluftballons und Flugzeugen zeigten sie Ansichten, die für das menschliche Auge sonst unsichtbar blieben. Gleichzeitig bieten sie eine Vision von Ordnung, Rationalität und Besitz – und unwillkürlich drängt sich die Vermutung auf, dass Ludwig XIV. wohl am liebsten ganz Frankreich in diesem Maßstab hätte nachbilden lassen, denn dann hätte er alles sehen, alles wissen können. Übrigens wären die Kanten eines solchen Tischs knapp zweieinhalb Kilometer lang gewesen, was nicht vollkommen unmöglich erscheint. Vielleicht wäre der Sonnenkönig in Strumpfhosen und Perücke, an ledernen Gurten von einem Kran herabhängend, von Provinz zu Provinz darüber hinweggeschwebt. Den lediglich auf Bodenniveau operierenden Militärs enthüllten die Reliefkarten Blendwerk und Schwachstellen der Befestigungen. Womöglich wird uns das letztlich unlösbare Dilemma der Kriegführung in jener Epoche nirgendwo deutlicher vor Augen geführt als hier: Je mehr Mauern es zu verteidigen gab, desto mehr Truppen, Waffen und Lebensmittel wurden benötigt. Wie Löschpapier konnten diese Städte das gesamte militärische Potenzial eines Landes aufsaugen. Trotzdem war keine der Festungen wirklich sicher. Eine zahlenmäßig große Besatzung hatte unter Belagerung innerhalb von Tagen alles Essbare aufgebraucht, und die Stärke einer beweglichen, offensiven, marschierenden Armee war dahin, sobald man sie hinter Mauern pferchte oder davor Stellung beziehen ließ. Wenn alle verfügbaren Truppen zur Verteidigung von Festungen eingesetzt werden, ist man nicht mehr in der Lage, auf einen aggressiven Gegner zu reagieren. Vielleicht mehr als in jedem anderen Land Europas sorgte diese Zwickmühle für Frankreichs strategische Probleme bis weit ins 20. Jahrhundert hinein.

Einige Städte auf den Reliefkarten erscheinen seltsam unverändert, Tournai und Maastricht etwa erkennt man auf den ersten Blick. Man sieht die Stelle, wo der echte d'Artagnan 1673 bei der Belagerung von Maastricht gefallen ist, und zwar – anders als es die moderne lebensgroße Statue des schneidigen jungen Musketiers mit den prallen Lippen, die heute vor den Stadtmauern steht, vermuten lässt – in bereits fortgeschrittenem Alter. Die Darstellungen verdeutlichen, dass für Soldaten das Umland mit seinen Tälern und Anhöhen ebenso wichtig war wie die Städte selbst. In einer Zeit, in der sich das Leben ausschließlich auf dem Boden abspielte, konnte sich hinter einem sanften Hügel eine ganze Armee verbergen, und nur Rauchschwaden in der Luft deuteten auf ein Regiment, das hinter einem Obsthain lagerte. Selbst die pittoresken Felder auf den Tischen waren bis hin zum niedrigsten Mäuerchen von entscheidender militärischer Bedeutung. Leider wissen wir nicht, ob die Karten jedes Mal aktualisiert und angepasst werden mussten, wenn auf einem der abgelegenen Bauernhöfe ein heruntergekommenes Wirtschaftsgebäude einstürzte.

Die Reliefkarten haben ihre ganz eigene abenteuerliche Geschichte. In einer beinahe klischeehaft symbolischen Geste nahmen die Preußen nach der Niederlage Napoleons viele von ihnen mit nach Berlin. Der Darstellung Lilles – eine der wenigen Städte, in denen Vauban eine makellos gleichmäßige, riesige sternförmige Festung konstruieren konnte, ohne dass ihm lästige Steilhänge oder Flüsse in die Quere kamen – standen dort schwere Zeiten bevor. Sie wurde verkleinert, viele der Häuschen fielen ab, und erst 1948 wurde sie als winziger Bestandteil im Zuge einer sehr viel späteren Runde französisch-deutscher Nachkriegsrestitutionen zurückgegeben – anders als zahlreiche weitere Tafeln, die durch Vernachlässigung oder Bomben zerstört worden waren. Während ich die Reliefkarte von Namur betrachtete, kam mir Laurence Sternes Roman *Tristram Shandy* (1767) in den Sinn, in dem der reizende, aber närrische Onkel Toby einen Großteil seiner Zeit im Garten verbringt, wo er sich seinem »Steckenpferd« widmet, nämlich dem Bau eines maßstabgerechten Modells von Namur, anhand dessen er die Belagerung der Stadt während des Pfälzischen Erbfolgekriegs nachstellen kann. Unterstützt von dem getreuen, spatenschwingenden Korporal Trim, hofft Onkel Toby, eine ausreichend genaue Nachbildung der Festungsmauern werde ihm dabei helfen, jene rätselhafte »Wunde an den Leisten« zu verstehen, die ihm ein herabfallender Stein bei der realen Belagerung zugefügt hatte. Als eines der zahlreichen Labyrinthe in diesem Buch verschlingen die endlos wuchernden »Sappen, Minen, Blenden, Gabionen, Palisaden, Ravelins, Halbmonde und ähnliches Affenzeug« Onkel Tobys Geist.

Doch Onkel Toby war in seiner Verwirrung nicht allein. Ich bin viel zu lange durch Vaubans erhaltene Festungen in Städten wie Besançon und Arras gewandert, um nicht davon überzeugt zu sein, dass er einer der größten Hochstapler der Frühen Neuzeit war. Für jede seiner Zitadellen entwarf er einen schwindelerregend komplizierten sternförmigen Grundriss, der aus der Luft betrachtet wie Weihnachtsschmuck aussieht und dessen Umsetzung immense Ressourcen verschlang: Bauernhöfe mussten abgerissen, Flüsse umgeleitet, Felsen gesprengt werden. Darüber hinaus entwickelte er diverse raffinierte Kriegstechniken, indem er beispielsweise das Bajonett perfektionierte (was dazu führte, dass die grässlichen Spieße im ersten Jahrzehnt des 18. Jahrhunderts endlich ausgedient hatten) oder den Einsatz von Rikoschettschüssen in der Artillerie förderte, bei denen Kanonenkugeln in flachem Winkel in gegnerische Festungen flogen, dort erneut aufsprangen und auf diese Weise schreckliche, unvorhersehbare Schäden anrichteten. Doch wirklich verblüffend ist, dass er anschließend eine unfehlbare Methode entwickelte, seine eigenen Festungen mithilfe von Gräben, Sprengladungen und Mörsern wieder zu zerstören. Vauban und sein niederländischer Gegenpart Menno van Coehoorn befestigten Stadt um Stadt mit ihren Mauern, wobei jedes neue Bollwerk noch größere Pulvermagazine und Besatzungen erforderte als die vorherigen. Letztlich war jedoch alles vergebens, da jede Befestigung mit gewaltigen Ressourcen und genügend Zeitaufwand schließlich doch eingenommen werden konnte. Das Attraktive an dieser Form der Kriegführung war, dass alles extrem langsam vonstattenging. Auch die Zahl der Opfer konnte – sieht man von Onkel Toby und seiner Leiste ab – vergleichsweise gering gehalten werden. Vaubans Taktiken zur Einnahme einer Stadt waren derart zwingend, dass jede beliebige Garnison früher oder später an den Punkt gelangte, an dem sie gezwungen war, »die Schamade zu schlagen«, das heißt, dem Belagerer durch den lautstarken Einsatz von Trommeln zu verstehen zu geben, dass die Party vorüber war. Die »Zirkumvallationslinien«, die angelegt werden mussten, um die Stadt abzuriegeln und überhaupt erst mit der Belagerung zu beginnen, waren an sich schon regelrechte Weltwunder – bei der Belagerung von Lille 1667 waren sie 24 Kilometer lang, und bei der 1691 erfolgten Belagerung von Mons wurden zwanzigtausend Mann zum Graben eingesetzt.*

* Interessanterweise war Racine vor Ort und betrachtete Mons von den französischen Linien aus durch ein Fernrohr, »das ich nur mit Mühe stillhalten konnte, so stark schlug mein Herz beim Anblick all dieser guten Menschen in Gefahr«.

Solche Belagerungen entwickelten sich zu einem zähen Ringen um die Frage, wessen Vorräte länger reichten – die der Belagerer oder die der Belagerten –, wobei die Belagerer selbst faktisch auch wieder unter Belagerung standen. Bei einer früheren Blockade von Mons hatten die Franzosen nach einer Weile aufgeben müssen, weil ihnen das Futter für ihre Pferde ausgegangen war (und weil man solch überflüssige Informationen doch gelegentlich brauchen kann: Eine große Armee mit vierzigtausend Pferden benötigte tausend Tonnen Grünfutter pro Tag!).

Diese Belagerungen erforderten den Einsatz derart gewaltiger Mittel, dass die Franzosen selten mehr als eine gleichzeitig durchführen konnten, was erklärt, wieso die Kriege Ludwigs XIV. und Ludwigs XV. so lange dauerten. Es erklärt auch, wieso es den beiden Ludwigs so schwerfiel, das vergleichsweise kleine Gebiet der Spanischen Niederlande und der niederländischen Republik zu erobern. Zur Beruhigung der Leser sollte ich an dieser Stelle darauf hinweisen, dass ich nicht die Absicht habe, die Auseinandersetzungen, die (mit einigen Unterbrechungen) über mehrere Generationen hinweg bis in die Zeit von Waterloo die Grenze zwischen Frankreich und dem Heiligen Römischen Reich erschütterten, im Einzelnen nachzuzeichnen. Ich bitte um Entschuldigung, falls ich jemandes Lieblingskonflikt auslasse, aber um dieses Buch in einigermaßen überschaubaren Dimensionen zu halten, muss ich meine Schlachten sorgfältig wählen.

»Zu spät ist es schon, noch ehrgeizig zu sein«

Im 17. Jahrhundert gab es insgesamt nur drei Jahre, in denen nicht irgendwo in Europa ernsthaft Krieg geführt wurde: 1610, 1670 und 1682. Truppen legten gewaltige Strecken zurück, und viele berühmte Heerführer kämpften sowohl gegen die Osmanen im Osten als auch gegen die Franzosen im Westen. Durch die schmalen Korridore, über die sie sich bewegten, wurden auch ansonsten unbeteiligte Landstriche in die Auseinandersetzungen verwickelt. So zwang die absurde Situation, dass Madrid über die Niederlande herrschte, ohne den Seeweg dorthin zu kontrollieren, die Soldaten – zumeist italienische Söldner – über die berühmte »Spanische Straße« von der italienischen Küste nordwärts durch Savoyen zu marschieren, von dort aus weiter durch spanische Gebiete wie die Franche-Comté (eine Erleichterung!) oder zumeist befreundete Territorien wie Lothringen, bis sie schließlich das spanische

Luxemburg und Bastogne erreichten. An einer Stelle führte der Weg über eine einzige Brücke, die nur nach der demütigenden Zahlung von Wegzoll passiert werden durfte, während die Waffen auf separaten Maultierzügen transportiert werden mussten. Dadurch betraf der Konflikt, der eigentlich nur in den Niederlanden ausgefochten wurde, auch zahlreiche weitere Regionen, und Spanien war für die Nutzung der Route auf französisches Wohlwollen angewiesen. Doch aus Ärger über die spanische Unterstützung gewisser Parteien am Hof schlug sich Frankreich nach einer Weile auf die Seite der spanischen Gegner und sperrte kurzerhand den Durchgang.

Eine ähnliche, wenn auch höchst unzulängliche protestantische Straße verlief von Schottland (einem der größten Söldnerlieferanten) durch England, die aufständischen Niederlande und weiter nach Süden durch ein buntes Gemisch aus calvinistischen (Pfalz, Nassau, Wied, Basel, Zürich) und lutherischen Herrschaftsgebieten (Hessen-Darmstadt, Mülhausen, Baden, Straßburg). Dazwischen klafften jedoch verhängnisvolle Lücken (Lüttich, Trier, Mainz), und so bescherte der Dreißigjährige Krieg einzelnen Gliedern dieser unzusammenhängenden Kette einen nicht enden wollenden Albtraum.

Dem Westfälischen Frieden von 1648 wird im Allgemeinen zu viel Bedeutung beigemessen. Zwar setzte er dem umfassenden Krieg im Heiligen Römischen Reich ein Ende, und moderne Politikwissenschaftler diskutieren von jeher gern seine Klauseln, doch weiten Teilen der betroffenen Zone brachte er gar keinen Frieden. Die meisten Geschichtsbücher behandeln die »Fronde«, eine Reihe von Aufständen, die zwischen 1648 und 1653 in Frankreich tobten, als zu vernachlässigende Ablenkung, bevor Ludwig XIV. so richtig in Fahrt kam. Dabei kosteten diese Aufstände ungefähr eine Million Menschen das Leben. In den aufeinanderfolgenden Bürgerkriegen, die von 1639 bis 1653 die Britischen Inseln verheerten, war der Anteil an der Gesamtbevölkerung, der getötet wurde, höher als im Ersten Weltkrieg. Die Pfalz verlor bis zur Mitte des Jahrhunderts die Hälfte ihrer Bewohner: Ganze Landstriche wurden aufgegeben, Wölfe feierten ihr letztes Hurra, und die Ökologie geriet dermaßen durcheinander, dass Heerscharen von Mäusen (ein alter Feind, der nach mühsamem, jahrhundertelangem Kampf dank Katzen und Fallen nun endlich bezwungen ist) über die Scheunen herfielen. Insgesamt büßte Deutschland das komplette Bevölkerungswachstum der zurückliegenden hundertfünfzig Jahre ein.

Auch wenn sie unterschiedliche religiöse Maßstäbe anlegten, betrachteten alle Seiten Krieg, Pest und klimatische Härten (es war die Phase, die wir heute als die Kleine Eiszeit bezeichnen) als Strafe für menschliches Fehlverhalten – was auch immer geschah, wurde ausgelöst durch die Sünden der Menschheit. Immer wieder durchkreuzten unvorhersehbare Schicksalsschläge sämtliche menschliche Planung. In einem Jahr froren alle niederländischen Flüsse zu, und die Spanier hätten ganz einfach über dieses großartige Netz aus herrlichen weißen Autobahnen angreifen können. Nur die Furcht des spanischen Oberkommandierenden vor einem fatalen vierundzwanzigstündigen Tauwettereinbruch rettete die Niederländer vor einer Katastrophe. Ein andermal war es in den Schweizer Alpen so kalt, dass die Schneeschmelze fast vollständig ausblieb und der Wasserstand des Rheins so weit sank, dass Ludwig XIV. seine Kavallerie einfach hindurchwaten lassen konnte. Solche Launen der Natur sowie verheerende Missernten und Seuchen verliehen der Zeit ein ganz eigenes Gepräge. Auch unter den Gelehrten herrschte vielfach die Ansicht, die Menschheit gehe einer düsteren Endzeit entgegen. Nachdem der anglikanische Erzbischof James Ussher 1650 seine berühmten Berechnungen abgeschlossen hatte, veröffentlichte er *Die Annalen des Alten Testaments*, in denen er nachwies, dass Gott die Zeitrechnung am Abend des 22. Oktober 4004 v. Chr. habe beginnen lassen und der erste Tag somit der 23. Oktober gewesen sei. Man ging davon aus, dass die Erde sechstausend Jahre Bestand haben werde, tausend Jahre für jeden einzelnen Tag der Schöpfung (wie man sieht, beruhten Usshers Schlussfolgerungen auf einer Reihe durchaus fragwürdiger Arbeitshypothesen), folglich sei das Ende der Zeiten im Jahr 2004 erreicht.

Die Verbreitung solcher Ideen bewirkte bei etwas schwermütiger veranlagten Protestanten, die die Aussicht auf eine weitere Verschlechterung der Lage naturgemäß mit größtem Behagen erfüllte, einen kräftigen Motivationsschub. Die beharrliche Fixierung auf die entschwundene Größe vergangener Zeiten hatte das intellektuelle Leben in Europa von jeher mit einer gewissen Wehmut erfüllt. Einer der Gründe, warum sich die Herzöge von Burgund mit Bildteppichen umgaben, die Motive aus dem Leben Hektors, Alexanders und weiterer antiker Helden zeigten, war der vollmundige Anspruch, sich mit ihnen auf eine Stufe zu stellen. Zugleich quälte sie jedoch das Gefühl, nur noch im fahlen Abglanz jener Helden zu leben, kurz bevor Gott sein mehr oder weniger vermurkstes Experiment endgültig in den Orkus befördern würde. Eine großartige Zusammenfassung dieser Haltung liefert der unter anderem in Leiden ausgebildete Arzt Sir Thomas Browne in seinem langen, im Kielwasser von Erzbischof Usshers *Annalen* in den 1650er Jahren verfassten Essay *Urnenbestattung*, in dem er in erstaunlicher Prosa die zahllosen vergeblichen Versuche der Menschen behandelt, ihren Ruhm über den Tod hinaus zu bewahren.* Von Browne stammt die berühmte nüchterne Feststellung: »Zu spät ist es schon, noch ehrgeizig zu sein. Die großen Umwälzungen der Weltgeschichte sind schon vollbracht, und für unsere eigenen Absichten und Ziele ist die Zeit wohl schon zu kurz.« Er weist darauf hin, dass es eigentlich gar nicht von Belang sei, wie berühmt Karl V. gewesen sein mag, da nun ohnehin bald alles enden werde. Hektor hingegen hatte das Glück, so früh zu leben, dass es durchaus noch sinnvoll war, berühmt zu sein. Browne schildert die »Beigaben im Grab König Childerichs I.«, »die vor drei Jahren erst zufällig bei Tournai entdeckt wurden und der Welt viel Gold als reichen Schmuck seines Schwertes, zweihundert Rubine, Hunderte von kaiserlichen Münzen [und] dreihundert goldene Bienen« zurückgegeben hatten. Die Blütezeit der menschlichen Existenz, so schreibt er, liege schon viele Jahrhunderte zurück, nun aber sei »auch unser längster Sonnentag« kurz »wie die Winterbahn«. Die Endlosigkeit der nächsten Welt mache »aus den Pyramiden Schneehaufen [...] und aus allem Vergangenen einen einzigen Moment«. Ich muss aufhören! Im Grunde ist mein ganzes Buch nichts anderes als eine grotesk überdimensionierte Werbeanzeige für Brownes *Urnenbestattung*.

Die düstere Grundhaltung war natürlich nicht allein Sache der Protestanten. Auch die Katholiken führten alle Ereignisse auf die menschliche Sündhaftigkeit zurück. Mit gnadenlosem Scharfblick hat Diego Velázquez die unzähligen Rückschläge, die Spanien im Verlauf der ersten Jahrhunderthälfte hinnehmen musste und die das Land zunehmend vom Raubtier zur Beute werden ließen, in den großartigen Porträts seines Herrn Philipp IV.

* Ich hatte eigentlich vor, einen ganzen Abschnitt über den niederländischen Kult der Milchkuh zu schreiben (Zucht, Käse, Wohlstand, Weiden) und mich im Anschluss der liebreizenden Welt des niederländischen Gartenbaus zuzuwenden. Ich bedaure, dass ich es nicht getan habe, aber es hätte doch ein zu großes Maß an Selbstverleugnung erfordert, weil ich in dem Fall Begeisterung für Aelbert Cuyps sterbenslangweilige Kuhgemälde hätte heucheln müssen. Und offen gestanden hätte der gesamte Abschnitt mir ohnehin nur als umständlicher Vorwand dafür gedient, das so selten verwendete, von Browne geprägte Adjektiv »retromingent« zu benutzen, welches sich auf Tiere bezieht, die nach hinten urinieren – wie zum Beispiel Kühe. Darüber hinaus hat Browne noch viele andere englische Begriffe erfunden, *»medical«* etwa, *»coma«*, *»hallucination«*, *»incontrovertible«*, *»prairie«*, *»precarious«* und so weiter, aber *»retromingent«* ist mit Abstand das schönste Wort dieser Sammlung.

festgehalten. Über die Jahre hinweg hat er ihn immer wieder abgebildet, sodass wir noch heute seinen Wandel vom hoffnungsvollen, modisch gekleideten Teenager zum Inbegriff erschöpften Verfalls verfolgen können. In den vierzig Jahren seiner Herrschaft führte Philipp IV. ununterbrochen gegen irgendjemanden Krieg. Die Schlacht bei Rocroi, wo 1643 die Truppen des wiedererstarkten Frankreichs seiner Flandernarmee eine vernichtende Niederlage beibrachten, war der Tropfen, der das Fass zum Überlaufen brachte. Philipp wusste sich nicht mehr anders zu helfen, als auf die Hilfe spiritistischer Medien zurückzugreifen, und flehte die Nonne und Mystikerin María von Ágreda an, eine Mauer des Gebets zu errichten, um seine Feinde fernzuhalten. Die endlosen Kriege zerstörten alle Hoffnungen, und die zynischsten Bündnisse verwandelten alte Freunde in Gegner und umgekehrt. Sobald ein Krieg endete, flammte anderswo ein neuer auf. Aus heutiger Sicht erscheinen uns diese Konflikte wie ein absurdes, unentwirrbares Knäuel, dabei folgte jeder seiner eigenen Logik. Die Organisation der einzelnen Staaten wurde ganz auf Kriegszwecke ausgerichtet, und die Armeen wuchsen unablässig. Zum ersten Mal verfolgten die kriegführenden Parteien eine globale Strategie, Kolonien auf der ganzen Welt wurden zum Quell unermesslicher Reichtümer und waren zugleich Angriffen oft schutzlos ausgeliefert. Weite Teile des Planeten boten Gelegenheit zu Umfassungsmanövern, und ganze Expeditionen verschwanden spurlos, dahingerafft von Skorbut, Hunger und Stürmen. Es gibt genügend Beispiele dafür, dass Länder in diesem weltweiten Rausch ihre Kräfte überschätzten. Zu den bittersten gehörten die Bemühungen der niederländischen Republik, im Norden Brasiliens die Kolonie Neu-Holland mit den wichtigsten Städten Mauritsstad (Recife) und Neu-Amsterdam (Natal) zu gründen, während parallel dazu im Nordosten Amerikas Neu-Niederland mit seiner ebenfalls Neu-Amsterdam (New York) genannten Hauptstadt entstand. Für einen kurzen Moment zeichnete sich eine globale niederländische Zukunft ab, doch diese Hoffnungen wurden in den 1650er und 1660er Jahren schon wieder zerschlagen. Obwohl gewaltige Ressourcen zur Verteidigung des nicht zu Verteidigenden aufgebracht wurden, gingen beide Kolonien verloren, und die einzige heute noch greifbare Erinnerung an Neu-Holland ist das wundervolle kleine, von Albert Eckhout stammende Bild *Zwei brasilianische Schildkröten* in der Sammlung des Mauritshauses in Den Haag.

Neu-Niederland war nur eine der zahlreichen Bühnen, auf denen sich die rasche und vollständige Entfremdung von Engländern und Niederländern vollzog, die so lange schwierige, aber dennoch füreinander wichtige Verbündete gewesen waren. Beide Nationen waren sich über die Stärke der gegnerischen Flotte sehr wohl im Klaren, und das nervenaufreibende Dilemma, dass man mit jedem verstreichenden Monat zwar neue Schiffe bauen konnte, dies aber für die andere Seite genauso galt, führte zu eigenartigen Kriegen. Die Vorstellung, in diesem Paradebeispiel für ein zerstörerisches Wettrüsten in Rückstand zu geraten, versetzte beide Länder gleichermaßen in Panik. Kaum hatten sich die Beziehungen eingetrübt, schrieb der englische Dichter Andrew Marvell sein für die Entspannung des Verhältnisses wenig hilfreiches Gedicht »The Character of Holland«, in dem es gleich zu Beginn heißt:

Holland als Kehricht vom britischen Sand
verdient kaum mehr den Namen Land.

Die drei zwischen 1652 und 1674 ausgefochtenen Seekriege belegten die anhaltende Schwäche der Engländer. Ihre spektakulärste Niederlage erlitten sie 1667, als die Niederländer über die Themsemündung in den Fluss Medway eindrangen und einen Großteil der dort ankernden englischen Kriegsschiffe entweder in Brand setzten oder raubten. Ich weiß nicht, ob Sir Thomas Browne etwas zu dem düsteren »Zu spät für Ehrgeiz«-Reigen aus Großer Pest (1665), Großem Brand (1666) und Großem Marinefiasko (1667) gesagt oder geschrieben hat, aber ich bin mir ziemlich sicher, dass er einen gewissen Gefallen daran gefunden haben muss. Zum Entzücken von Ludwig XIV., der die Engländer heimlich finanzierte, machten sich die beiden Kontrahenten anschließend gegenseitig den Garaus.

Im Amsterdamer Rijksmuseum ist eine mit einer Inschrift versehene Schatulle ausgestellt, in der sich ein kleiner Stein befindet. Auf wunderbare Weise fängt er den Augenblick ein, der womöglich dem gesamten 17. Jahrhundert einen neuen Verlauf gab. Denn auf genau diesen Stein setzte der niederländische Statthalter Wilhelm III. von Oranien den Fuß, als er 1688 von Bord seines Schiffes ging und englischen Boden betrat. Es ist ein seltsames Exponat, und doch vermittelt es die Hoffnungen und Ängste jenes außergewöhnlichen Moments besser als zahllose Gemälde und Kupferstiche. Ein Jahrhundert zuvor hatten viele vergeblich gehofft, Elisabeth I. würde auch Herrscherin der Niederlande werden, und nun sollte das angespannte Verhältnis der beiden Nationen dadurch befriedet werden, dass der niederländische Herrscher zum englischen König wurde. Mit einer gewaltigen Invasionsflotte, die viermal so groß war wie die Armada, und einer einundzwanzigtausend Mann starken Armee erreichte Wilhelm das, was Philipp II. nicht gelungen war. Derselbe Wind, der seine Schiffe in südwestlicher Richtung durch die Straße von Dover trieb, hielt die Kriegsschiffe Jakobs II. in der Themsemündung fest. Wilhelms Flotte war so breit, dass er das vermutlich einmalige Vergnügen genoss, sowohl in Dover als auch in Calais mit Salutschüssen begrüßt zu werden, als er vorübersegelte. Sein Timing war perfekt, denn Ludwig XIV. war gerade damit beschäftigt, die Pfalz zu verwüsten, und konnte sich die Neuigkeit, dass die Elite der niederländischen Truppen in Devon Urlaub machte, statt die Grenzen ihres eigenen Landes zu bewachen, nicht weiter zunutze machen. Der geradezu unfassbar unfähige Jakob II., der bei jeder Abstimmung aufs Neue zum schlechtesten englischen König aller Zeiten gewählt wird, war ein ältlicher, aufrechter Katholik und hatte sich trotz seiner Verdienste in den Englisch-Niederländischen Kriegen hoffnungslos mit seinen protestantischen Untertanen überworfen. Nachdem seine Tochter Maria II., die im Gegensatz zu ihm protestantisch war, ihn verraten und an der Seite ihres Mannes Wilhelm III. selbst den Thron bestiegen hatte, nahm Jakob II. zur Erleichterung der neuen Herrscher in London den traditionellen Weg und floh die Themse hinab Richtung Ärmelkanal. Allerdings kam es zu grotesken Szenen, als er in Kent von ein paar rechtschaffenen Matrosen erkannt und festgehalten wurde. Im dortigen Pub entbrannte daraufhin ein Streit, der zu einem neuen Bürgerkrieg oder zu einer königlichen Hinrichtung jener Art hätte führen können, die sich bereits für Jakobs Vater als so verhängnisvoll erwiesen hatte. Dem kamen die Vertreter der Obrigkeit zuvor, die Jakob im Pub abholten, ihn nach London zurückbrachten und ihm »gestatteten«, erneut die Flucht zu ergreifen – was diesmal gelang. So siegte dank des Ärmelkanals einmal mehr das zivilisierte Exil über ein blutiges Gemetzel. Und zum ersten Mal stand nun von Caithness bis Gelderland ein langes Teilstück der »Protestantischen Straße« unter ein und derselben Herrschaft.

Antonius Leeuweneechius.

KAPITEL NEUN

Nancy und Lothringen

Ich bin normalerweise sehr ordentlich, was meine Notizen angeht, aber es gibt einen Zettel, von dem ich beim besten Willen nicht mehr weiß, wo er hingehört. Neben einigen deutschen Wörtern steht darauf nur: »Die Herzogsgräber stark beschädigt, Deckel von Schwamm und Schimmel angehoben – grausige Fotos von weißem Zeug, wie Waschmittelschaum!« Ich erinnere mich an die Kirche – sie stammte aus dem 18. Jahrhundert und hatte eine ausgemalte Kuppel (was die Suche nicht gerade eingrenzt), der Weg dorthin war weiter, als ich gedacht hatte, und es standen düstere Bäume daneben (auch das keine große Hilfe). Über viele Jahre hinweg muss dieses Mausoleum, wo auch immer es lag, sehr bedeutend gewesen sein, aufwendige, feierliche Zeremonien wurden dort abgehalten mit schwarzen Pferden, Unmengen von Kreppstoff, verbissen dreinblickenden Witwen, spalierstehenden Soldaten, einer schweigenden, barhäuptigen Menge, und über allem schwebte das Gefühl, dass eine alte Herrschaft endete und eine neue begann. Aber irgendwann hörte der Letzte auf, sich darum zu kümmern, und die sterblichen Überreste von Männern und Frauen, die einst Armeen befehligt oder leidlich gut Spinett gespielt hatten, begannen sich unter allen möglichen grotesken chemischen Reaktionen zu krümmen.

Die flüchtig hingekritzelte Notiz kam mir wieder in den Sinn, weil sie einen so frappierenden Gegensatz zur makellosen, perfekt gepflegten Grablege der Herzöge von Lothringen in Nancy bildet. Diese liegt in einem versteckten Winkel des Minoritenklosters, das Herzog René II., nur wenige Jahre nachdem er Karl den Kühnen aus dem Weg geräumt hatte, 1487 errichten ließ. Die Kapelle strahlt eine ganz andere Atmosphäre aus als der Rest des Komplexes, der als Museum zur letzten Ruhestätte unzähliger Statuen geworden ist: Verängstigte, schwer beschädigte marmorne Flüchtlinge aus anderen Teilen Lothringens bilden dort eine Art royalistische Insel der Nichtsnutz-Toys. Zu diesen Überlebenden des verheerenden Bildersturms der 1790er Jahre gehören

Meisterwerke wie Ligier Richiers Grabmal der frommen und mächtigen Philippa von Geldern, Renés Ehefrau. Zunächst in einem prunkvollen Schichtkuchen aus verschiedenfarbigem Marmor beigesetzt und von den Gesängen und Gebeten vieler Generationen von Priestern und Chören durch ihr jenseitiges Dasein geleitet, landeten ihre Gebeine und der größte Teil ihres Grabmals auf dem Müll, sodass heute nur noch die herrliche liegende Grabfigur erhalten ist, die sie als Greisin im Habit der Klarissen zeigt – und die eine merkwürdige Ähnlichkeit mit Darth Sidious aufweist.

Die runde Grabkapelle der Herzöge von Lothringen hingegen ist in einem ausgezeichneten Zustand, was das erstaunliche Beharrungsvermögen der Herzöge angesichts der nicht selten existenziellen Bedrohung ihrer Souveränität widerspiegelt. Lothringens Problem erschließt sich beim ersten Blick auf die Karte: Das Herzogtum selbst war Teil des Heiligen Römischen Reichs, allerdings lag das zu seinem Herrschaftsbereich gehörende Bar zur Hälfte auf französischem Gebiet, während sich in sein eigenes Territorium die drei französischen Enklaven Toul, Verdun und Metz nestelten. Seine politische Inkohärenz und sein Status als Grenzregion machten es zu einem bevorzugten Ziel marodierender Armeen, die kreuz und quer durch die Region zogen. Bis zum 17. Jahrhundert pflegten die Herzöge enge Verbindungen zu den französischen Königen und bewiesen in deren Diensten Kampfbereitschaft und Abenteuerlust, wodurch sie im Laufe der Zeit beträchtlichen Wohlstand anhäuften. Nicht weit von der Minoritenkirche zieren die wunderbar gemeißelten Profile einiger dieser Krieger (mit aufwendigen Tiermotivhelmen auf dem Kopf) das alte, stark restaurierte Stadttor Porte de la Craffe: Raoul kämpfte in Tournai, Gibraltar und in der Bretagne und fiel in der Schlacht bei Crécy; Johann I. kämpfte in der Schlacht von Poitiers und nahm an den Kreuzzügen gegen die Litauer teil; Karl II. kämpfte in Tunis und Livland sowie an der Seite von Johann Ohnefurcht in der katastrophalen Schlacht bei Nikopolis; René II. tötete Karl den Kühnen und erbte das Herzogtum Bar. Trotzdem blieb die Beziehung zu Frankreich für die Herzöge stets ein heikler Spagat, vor allem nachdem Frankreich 1552 Toul, Verdun und Metz besetzt hatte. Das lothringische Glück wendete sich abrupt, als Herzog Karl IV. sich im Parteiengezänk des französischen Hofs auf die falsche Seite schlug. In einem *sehr* unbedeutenden Kapitel des Dreißigjährigen Krieges beschloss er 1630, in die zu Metz gehörigen Enklaven Vic und Moyenvic einzumarschieren, was ihm postwendend eine französische Gegeninvasion einbrachte.

Allein schon die Namen »Vic« und »Moyenvic« zeigen, dass wir hier eine Mikroebene der Vergangenheit erreicht haben, die einen in den Wahnsinn treiben könnte, doch wie so oft in der Geschichte richteten sich die Scheinwerfer für einen kurzen Moment auch auf das unscheinbare Vic. Hier wurde 1593 der große Maler Georges de La Tour geboren, und hier hat er später geheiratet. Über de la Tours Leben ist so gut wie nichts bekannt, außer dass er irgendwann in die lothringische Stadt Lunéville zog und dort 1652 an der Pest starb. Sein gesamtes künstlerisches Schaffen muss unter dem Eindruck der Gewalt und der allgemeinen Unsicherheit gestanden haben, die in jener Zeit in Lothringen herrschten. Eine Weile arbeitete er auch für Karl IV. Natürlich ist nichts so albern wie das Etikett »das großartigste Gemälde aller Zeiten«, trotzdem scheint mir, dass es doch eine Gruppe von grob geschätzt vielleicht tausend Bildern gibt, die sich diesen ersten Platz teilen. Von den auf lotharingischem Boden entstandenen Gemälden wären für diese Kategorie zum Beispiel Vermeers *Straße in Delft*, Brueghels *Landschaft mit dem Sturz des Ikarus* oder van Eycks *Madonna des Kanonikus van der Paele* qualifiziert. Von de La Tours Werken können zwei dazu gezählt werden, eine religiöse Darstellung *(Der heilige Joseph als Zimmermann)* und eine weltliche *(Der Falschspieler mit Kreuz-Ass,* entstanden kurz bevor Vic und Moyenvic in die Schlagzeilen gerieten), zwei Bilder, an die nur zu denken mich jedes Mal glücklich macht.

Nachdem ich mich nun schon auf diese unpolitische Abschweifung begeben habe, muss ich auch de La Tours Zeitgenossen Claude Gellée erwähnen, der um 1600 in dem lothringischen Örtchen Chamagne südwestlich von Lunéville geboren wurde. Obwohl als »Le Lorrain« bekannt, verbrachte er seine lange Laufbahn als Maler hauptsächlich in Rom, womit er aus dem Rahmen dieses Buches fällt. Dennoch ist bemerkenswert, dass von den drei großen Hexenmeistern der »französischen« Malerei des 17. Jahrhunderts (das heißt diese beiden plus Nicolas Poussin) in Wirklichkeit zwei aus Lothringen stammten und keiner von ihnen viel in Frankreich tätig war. Das Einzige, worüber meine Frau und ich in unserer langen und fröhlichen Ehe wirklich ernsthaft in Streit geraten konnten (und immer noch können), sind die Vorzüge von Claude Lorrains Werk. Ungefähr einmal pro Jahr kommt das Thema ganz unerwartet bei einem Museumsbesuch oder während eines Gesprächs auf, in dem es eigentlich um etwas ganz anderes geht, und sie lästert auf absolut schockierende Weise darüber, wie unfassbar nichtssagend und langweilig seine (in Wahrheit unvergleichlichen) Bilder doch seien. Wir waren seit Jahren nicht mehr zusammen im Ashmolean Museum in Oxford, weil dort zufällig sein letztes, krönendes Meisterwerk hängt, der geisterhafte, in Dämmerlicht gehüllte Abschied von einer verlorenen Welt *Landschaft mit Askanius, den Hirsch der Sylvia erlegend*. Bei unserem letzten gemeinsamen Besuch löste der Anblick des Bildes bei ihr scherzhafte Schnarchgeräusche aus, die von einem ausgesprochen schlechten Urteilsvermögen zeugen. Aber auch in der glücklichsten Ehe ist gelegentlich ein Preis zu zahlen, und sei es nur dadurch, dass einer der Partner im Dunkeln leise in sein Kissen weint und beteuert: »Ich werde dich trotzdem immer lieben, Claude, und ich werde dich nie, niemals enttäuschen.«

Zurück zu den Herzögen: Karl IV. blieb nach dem Einmarsch der Franzosen nur die Flucht (zusammen mit seiner als Soldat verkleideten Schwester), und Lothringen schien das gleiche Schicksal zu drohen wie den Drei Bistümern, die von Frankreich verschlungen worden waren. Doch die Mechanismen des Heiligen Römischen Reichs funktionierten noch, und die Habsburger verteidigten die Interessen Lothringens, woraufhin die Familie die Seiten wechselte und sich rückhaltlos in den Dienst der kaiserlichen Armee stellte. Obwohl die Herzöge nach zahllosen demütigenden Wirren und der erneuten Besetzung Lothringens durch Frankreich ihr Reich in späteren Jahren nicht mehr betreten durften, gaben sie den Anspruch, die rechtmäßigen Herrscher Lothringens zu sein, niemals auf. Herzog Karl V. wurde im Wiener Exil geboren und diente als Heerführer in den Kaiserlichen Truppen, er wurde zum Schrecken der Franzosen wie der Türken, gehörte zu den Siegern der epochalen Schlacht am Kahlenberg (1683) und war entscheidend an der Eroberung von Buda beteiligt. Er starb noch jung an Jahren zu Beginn des Pfälzischen Erbfolgekriegs, in dem sich Ludwig XIV. und ein Bündnis aus niederländischer Republik, England, dem Heiligen Römischen Reich und Spanien gegenüberstanden, doch seine Verdienste um die Christenheit gerieten nicht in Vergessenheit. Als das geschwächte Frankreich 1697 in den Frieden von Rijswijk einwilligte, enthielt der Vertrag eine Klausel, die unter anderem die Restitution Lothringens vorsah.

Nach einigen Rückschlägen richtete Karls Sohn Leopold seinen Hof schließlich in Lunéville ein, das inzwischen zwar durch und durch französisch ist, doch bis zum heutigen Tag ein herrliches Beispiel für eine kaiserliche Residenzstadt darstellt (deren wehmütige Schönheit bei meinem Besuch noch durch den dichten Flussnebel gesteigert wurde, der den Palast einhüllte). Leopold ist der Grund dafür, dass die Grabkapelle der Herzöge von

Lothringen auch heute noch in einem so perfekten Zustand ist. Denn er strich den Hauptgewinn ein. Der grimmige, mit den Jahren zunehmend von Panik erfasste, in Wien vor sich hin modernde Habsburgerkaiser Karl VI. hatte nämlich keine männlichen Nachkommen und bemühte sich während seiner gesamten Herrschaft, seine listigen, wankelmütigen Nachbarn davon zu überzeugen, seine älteste Tochter Maria Theresia als Erbin anzuerkennen. Eine Frau konnte zwar nicht Kaiserin werden, wohl aber dank der von ihm erlassenen »Pragmatischen Sanktion« die habsburgischen Lande erben. Leopolds Sohn Leopold Clemens, der zu Maria Theresias Ehemann auserkoren wurde, sollte, wenn alles nach Plan lief, nach dem Tod Karls VI. zum Kaiser gewählt werden. Die glänzende Zukunft geriet ins Wanken, als Leopold Clemens mit sechzehn Jahren überraschend an den Pocken starb, doch sein jüngerer Bruder Franz sprang in die Bresche. Als einer der jovialsten Männer des 18. Jahrhunderts verbrachte der genussfreudige, korpulente Franz viele glückliche – wenn auch untreue – Jahre an der Seite seiner Gemahlin Maria Theresia, saß im Pavillon ihrer neu angelegten Menagerie in Schönbrunn und trank zum Frühstück heiße Schokolade. Er sammelte Edelsteine, hatte zahllose Affären und verprasste unvorstellbare Summen für seine Vergnügungen, während Maria Theresia die Regierungsgeschäfte führte und sich (erfolgreich) gegen bayerische und (weniger erfolgreich) gegen preußische Ansprüche zur Wehr setzte. Durch diese Verbindung von Franz und Maria Theresia wurde aus der Dynastie der Habsburger das Haus Habsburg-Lothringen.

Aber zuvor mussten noch einige Hürden aus dem Weg geräumt werden. Als die Heiratspläne bekannt wurden, verwahrte sich Ludwig XV. dagegen, dass ein potenziell derart mächtiger Herrscher gleichzeitig in Lothringen regieren sollte, weshalb man einen aufwendigen dynastischen Tausch vornahm, durch den Franz zum Großherzog der Toskana wurde, während Lothringen im Gegenzug an Frankreich »zurückfiel«. Das Herzogtum wurde daraufhin Stanislaus Leszczyński übertragen, dem ehemaligen König von Polen und Ludwigs Schwiegervater, einem beinahe ebenso fidelen Gesellen wie Franz, der die Gärten seines Palastes in Lunéville mit Automaten ausstattete, die singen konnten, Roboterziegen melkten und dergleichen mehr. Obwohl Lothringen nach Stanislaus' Tod im französischen Staatsgebiet aufging, überdauerte der Titel »Herzog von Lothringen« als Fossil in der Sammlung des Hauses Habsburg, und die Mitglieder der Familie hielten die Grabkapelle in Nancy in Ehren. Joseph II., der Sohn von Franz und Maria Theresia, machte auf seinen Reisen dort Zwischenstation, um in der Kapelle zu beten, bevor er weiter durch sein Reich zog und seine Untertanen piesackte. Auch seine Schwester Marie Antoinette hielt vor den Gräbern ihrer Vorfahren inne, als sie auf dem Weg zu ihrer Heirat mit Ludwig XVI. in Nancy nächtigte. Wie man sich unschwer vorstellen kann, erfuhren die Örtlichkeiten während der Französischen Revolution eine drastische Umgestaltung, als die Gebeine von René II. und seinen Verwandten in einem orgiastischen Rausch durch die Gegend geschleudert wurden. Die heutige Kapelle wurde in den 1820er Jahren als neoroyalistisches Bollwerk wieder aufgebaut, und die zur Erinnerung an die Besucher aus der herzoglichen Familie angebrachte Gedenktafel verkündet nach der Erwähnung von Marie Antoinettes Aufenthalt mit kaum verhohlenem Zorn: »Woraufhin diese erlauchte Tochter der Kaiser, von den Franzosen verehrt, mit ihrer Anmut und ihren Tugenden den Thron Ludwigs XVI. zierte.« Viele Jahre nach ihrer Hinrichtung kamen sowohl ihr Schwager, der französische König Karl X., als auch ihr Neffe Franz I. von Österreich – die beiden Schaufensterpuppen der Restauration – zum Gebet in die Kapelle. Der alte Miesepeter Franz schüttelte beim Anblick der wiederhergestellten Grabmäler verdrießlich den Kopf und sagte: »Das Einzige, was meine Vorfahren je wollten, war, Lothringen glücklich zu machen.«

Anders als die tristen, infolge chemischer Prozesse geborstenen Gräber, die ich zu Beginn dieses Kapitels erwähnt habe, wurde die Kapelle der Herzöge von Lothringen nicht vergessen und versah ungeachtet der kuriosen Entwicklungen des 20. Jahrhunderts weiterhin ihren Dienst. Als die Habsburger am Ende des Ersten Weltkriegs zur Abdankung gezwungen wurden, ging Ex-Kaiser Karl nach diversen missglückten Abenteuern ins Exil nach Madeira (ich erwähne dies, weil ich kürzlich dort war und sein mit legitimistischen Bändern geschmücktes Grab besucht habe, wodurch ich nun endlich einen lange gehegten Traum verwirklicht habe und meine Sammlung habsburgischer Kaisergräber vollständig ist). Sein 1912 geborener Sohn Otto erbte den Ex-Thron, allerdings war es ihm untersagt, jemals wieder in die früheren Habsburgerländer einzureisen. Und so war dieser joviale, fromme und nachdenkliche Mensch dazu verdammt, mit einem ansehnlichen Bündel von Reisepässen durch die Welt zu ziehen und für die paneuropäische Zusammenarbeit zu werben. Da er weder österreichischen noch ungarischen Boden betreten durfte, entschied er sich bei seiner Heirat 1951 für die Kapelle in Nancy. Als er 2011 starb, wurde in der Kapelle zu seinem Andenken ein aufwendiges Requiem gefeiert, und immer noch wird dort einmal im Jahr eine Messe für das Seelenheil der Herzöge von Lothringen gelesen.

Vor Jahren bin ich in Wien in einer sehr altmodischen Pension abgestiegen, deren Frühstücksraum unter anderem mit einer kleinen, grell kolorierten, vergilbten Postkarte von 1915 geschmückt war, auf der der alte Kaiser Franz Joseph zu sehen war, wie er ein im Hochstuhl sitzendes Baby – Otto – fütterte. Man kann sich kaum vorstellen, dass er das jemals wirklich getan hat. Allerdings offenbart diese kitschige Devotionalie auf plastische Weise, welch zuweilen seltsame Wendungen die Geschichte nehmen kann. Statt eines Tages Kaiser Otto I. zu werden, war der kleine Junge auf dem Foto während seines ungewöhnlich langen Lebens stets auf der Flucht: vor dem Republikanismus, dem Kommunismus, wieder dem Republikanismus, dem Nationalsozialismus und erneut vor dem Kommunismus. Er überlebte sie alle und wurde am Ende seiner Tage mit Ehrenstaatsbürgerschaften aus allen möglichen Ländern überschüttet, die er einst hätte regieren sollen. Irgendwie (und oft genug nicht einmal durch eigenes Verdienst) hatte das Haus Lothringen Bestand.

Der Wiederaufbau des Rheinlands

Solange ich zurückdenken kann, habe ich Ludwig XIV. gehasst. Das würde ich über kaum einen anderen Herrscher sagen, nicht einmal über jene mit einer dezidiert antibritischen Agenda. Es ist keineswegs so, dass auf dem Schulhof abfällige Bemerkungen über ihn gemacht wurden, und auch meine Eltern diskutierten beim Abendessen eher selten über die Revokation des Edikts von Nantes. Ich erinnere mich noch gut an den Geschichtsunterricht über das Frankreich des 17. Jahrhunderts – ich muss damals ungefähr vierzehn oder fünfzehn gewesen sein – und an die Hochachtung, mit der unser Lehrer über Richelieu, Mazarin und die zivilisierte, rationale Welt sprach, die sie unter Ludwig XIII. heraufbeschworen. Vielleicht schwang für mich darin eine erste Andeutung mit, dass unter Ludwig XIV. alles kälter und grimmiger werden sollte.

Als unsere Kinder noch klein waren, kamen wir oft nach Versailles, entweder bei einem Zwischenstopp auf der Zugfahrt nach Paris oder wenn wir meine Schwester besuchten, die ganz in der Nähe lebte. Ich habe also eine Menge Zeit in diesem Schloss verbracht, und es hat mir nie gefallen – die frostige Eintönigkeit, der Bombast, die unzähligen von talentfreien, kriecherischen Innendekorateuren gefertigten Deckengemälde zum Lob und Preis des Sonnenkönigs. Nichts an Versailles strahlt auch nur die geringste Wärme oder Schönheit aus. Ich jedenfalls verbinde dieses Ungetüm weniger mit Ästhetik als mit der für Reisen mit kleinen Kindern so typischen endlosen Suche nach einer Toilette. Ludwigs gigantisches, für die Veteranen seiner Kriege errichtetes Hôtel des Invalides im Zentrum von Paris ist mit ähnlichen familiären Assoziationen verknüpft: Einen ganzen Nachmittag haben wir dort einmal erbittert mit einem störrischen Siebenjährigen herumdiskutiert, der im Andenkenshop unbedingt einen »Brieföffner« erstehen wollte, bei dem es sich offensichtlich um einen Dolch handelte. Das – meiner Ansicht nach – überzeugende Argument, ihm schicke doch ohnehin niemand Briefe, die er damit öffnen könne, weil er erst sieben sei, verhallte wirkungslos. Dann löste meine fröhlich drauflostapsende dreijährige Tochter auch noch den Alarm vor einer unfassbar scheußlichen Riesenvase aus, die Zar Alexander I. einst Ludwig XVIII. geschenkt hatte. Wenn sie es tatsächlich geschafft hätte, dieses Monstrum umzureißen und es in tausend goldene Stücke zu zerdeppern, wäre ihr der Applaus der meisten Anwesenden sicher gewesen. Und so verbinde ich den Sonnenkönig womöglich zu Unrecht einfach nur mit jener schwierigen Phase im Leben aller Eltern, in der jeglicher Wunsch nach Sex, ungestörter Lektüre, Schlaf oder Alkohol unweigerlich durch einen dringend erforderlichen Kleiderwechsel oder einen Wutanfall wegen des unbekannten Essens zunichte gemacht wird.

Ludwigs lebenslanges ermüdendes Streben nach *gloire* machte ihn zu einem riesigen perückentragenden Tier, das in seinem französischen Hexagon eingeschlossen war. Wütend traktierte er dessen Ränder mit heftigen Schlägen, um sie – und sei es nur minimal – weiter hinauszuschieben. Er hätte seine quasi unbegrenzt sprudelnden finanziellen Mittel für vergnügliche Ausflüge an die Loire ausgeben können, stattdessen investierte er sie in Soldaten, von denen Zehntausende ihr Leben verloren, nur damit Lille und Straßburg ein Teil von Frankreich wurden. Heerscharen speichelleckender Advokaten wurden dafür bezahlt, irgendwelche alten Bande zwischen Ludwigs Familie und der Stadt X auszugraben oder sich noch so absurde Begründungen auszudenken, weshalb Region Y eigentlich zu Frankreich gehöre. Niemand außer Ludwig selbst glaubte diesen Unsinn, und so walzten seine Armeen ohne triftige Argumente immer weiter nach Norden und Osten, wodurch Ludwig sich im Laufe eines halben Jahrhunderts die Feindschaft so ziemlich aller seiner europäischen Nachbarn zuzog – ein Erbe, das noch sein Nachfolger Ludwig XV. während seines langen Lebens mit sich herumschleppen sollte.

Bedauernswerte Opfer dieser Politik – wenn auch von eher marginaler Bedeutung – waren die zehn elsässischen Städte, die unter dem hübschen Namen Zehnstädtebund oder Dekapolis zusammengefasst wurden. Diese zehn Reichsstädte bildeten seit dem 14. Jahrhundert eine leidlich schlagkräftige Allianz, waren schon während des Dreißigjährigen Krieges verwüstet worden und fielen in den 1670er Jahren endgültig in Ludwigs Hände. Die einzige Ausnahme bildete Mülhausen (Mulhouse), das zunächst noch von einem magischen Feuerring umgeben blieb, weil es sich als Zugewandter Ort der Schweizerischen Eidgenossenschaft angeschlossen hatte. Schlettstadt, im frühen 16. Jahrhundert Sitz einer berühmten humanistischen Lateinschule, wurde zu Séléstat. Hagenau wurde zu Haguenau und verlor in der französischen Aussprache das H. Die dortige Kaiserpfalz aus Friedrich Barbarossas Zeiten ließ Ludwig XIV. dem Erdboden gleichmachen, um jegliches »Deutschtum« in der Region auszurotten (die Steine der Pfalz wurden zum Bau der Rheinfestung Fort-Louis verwendet, von der einige Reste noch erhalten sind). Kolmar wiederum wurde zu Colmar und so weiter und so fort.

Der Platz reicht an dieser Stelle nicht, um die schier endlosen dynastischen Kriege nachzuzeichnen, die Europa unter Ludwig XIV. und Ludwig XV. erschütterten. 1672 sah es für ein paar Monate so aus, als würden die Niederlande endgültig ausgelöscht, und ihre Eingliederung in den französischen Staat hätte sehr viel weiterreichende Folgen gehabt als die Einverleibung des Zehnstädtebundes. Der vereinten Seestreitmacht eines französisch-niederländischen Staates wäre es womöglich gelungen, Großbritannien zu vernichten, in weiten Teilen der Welt würde heute Französisch gesprochen, ganz Nordamerika hieße Louisiana, und es wäre auch nie zur Französischen Revolution gekommen, da Paris nicht durch den in Europa und Übersee ausgefochtenen Siebenjährigen Krieg in den Ruin getrieben worden wäre. (Die Niederländer kramten in jener Phase ihre alten Pamphlete gegen Philipp II. wieder hervor, ersetzten seinen Namen kurzerhand durch den von Ludwig und porträtierten ihn als babylonischen König Nebukadnezar mit dem geradezu biblischen Ausruf: »Tötet, tötet, denn die Jagd ist gut!«)

Lässt man solch müßige Gedankenspiele einmal beiseite, zeigt sich, dass die zermürbenden europäischen Kriege seit den Zeiten Ludwigs XIV. kaum noch zu nennenswerten Grenzverschiebungen führten, und man gewinnt den Eindruck, dass um die wahren Einsätze mittlerweile anderswo gespielt wurde. Ludwigs Erfolge beruhten zum Teil darauf, dass das Heilige Römische Reich vom Kampf gegen die Osmanen vollkommen in Anspruch genommen war – tatsächlich hatte Ludwig selbst die Türken ziemlich unchristlich ermuntert, Wien anzugreifen. Vorübergehend schien es, als sollten die Habsburger von den Osmanen überrannt und ihre Erblande verschlungen werden, was es Ludwig erlaubt hätte, sich die verbliebenen Reste Westdeutschlands unter den Nagel zu reißen und anschließend entweder einen Kreuzzug gegen die Türken zu unternehmen oder Europa ganz einfach mit ihnen zu teilen – eine derart sonderbare Entwicklung, dass man ihre Konsequenzen gar nicht bis ins Letzte fortspinnen kann. Doch mit dem Scheitern der Belagerung von Wien (nicht zuletzt dank Karl V. von Lothringen) eröffneten sich den Habsburgern in Mitteleuropa plötzlich ungeahnte Machtoptionen, während Ludwig unversehens als König eines provinziellen Randgebiets dastand, das nichts als Käse und Wein zu bieten hatte. Das Gebalge der Franzosen und Niederländer um den Leichnam der Spanischen Niederlande war dagegen geradezu eine Lappalie, verglichen mit den apokalyptischen Schlachten bei Mohács (1687) und Slankamen (1691), bei denen riesige, größtenteils deutsche Heere wie im Rausch bis zu achthundert Kilometer tief in das Osmanische Reich vordrangen. Wenn Ludwig nicht gerade als Nebukadnezar bezeichnet wurde, nannte man ihn gelegentlich auch den »Großen Türken«, was wohl eher spöttisch als bewundernd gemeint war.

Während sich die Habsburger im Osten vergnügten, marschierte Ludwig XIV. im Jahr 1688 in die Pfalz ein. Als Reaktion auf das Vorrücken einer gegnerischen Allianz überzog sein General Graf von Mélac das Rheinland mit jener inzwischen berüchtigten systematischen Zerstörung, in deren Verlauf unter anderem Mannheim vollständig dem Erdboden gleichgemacht wurde. Ziel dieser Kampagne war es, die gesamte Region zwischen dem Rhein und der französischen Grenze so nachhaltig zu verwüsten, dass sie zu einer entmilitarisierten Zone wurde. Frankreich hatte zwar keine Möglichkeit, das Rheinland zu annektieren (sogar Ludwig räumte ein, dass er keine legitimen Ansprüche auf Territorien wie das Kurfürstentum Köln erheben konnte), aber es sprach nichts dagegen, das Gebiet in Schutt und Asche zu legen. Während Mélac eine Stadt nach der anderen niederbrannte und allenthalben Paläste und Kathedralen sprengte, entstand in deutschen Landen eine gegen Frankreich gerichtete »Schwarze Legende«, in der das Land ebenso schlecht wegkam wie die Spanier während des Achtzigjährigen Krieges in den Niederlanden.

Es mag etwas gewagt klingen, aber im Nachhinein hatten die französischen Zerstörungen zumindest insofern etwas Gutes, als sie zu einem umfangreichen Wiederaufbau führten, dessen Ergebnisse wir noch heute bewundern können. Entlang des Rheins entstanden in den ersten Jahrzehnten des 18. Jahrhunderts herrliche, von Versailles inspirierte neue Schlösser, allerdings geprägt von einer fröhlichen Leichtigkeit, die dem ungemütlichen Klotz bei Paris vollkommen abging. Clemens August von Bayern etwa, der Erzbischof und Kurfürst von Köln, errichtete in Brühl das spektakuläre Schloss Augustusburg, einen glamourösen Bau, der die eher weltlichen Interessen dieses Rokokofürsten widerspiegelte und ausreichend Platz für prunkvolle Feste bot. Er pflegte den Frühling und Sommer dort zu verbringen und mit Falken auf die Reiherjagd zu gehen. Etwas seltsam mutet in Anbetracht seiner Stellung als ranghoher Kirchenfürst an, dass das Schloss lediglich über eine winzige Kapelle verfügte, die unmittelbar an einen riesigen, mit Jagdmotiven geschmückten Saal grenzte. Clemens August war der Sohn des Kurfürsten von Bayern und der jüngere Bruder des glücklosen Wittelsbachers Karl VII., der als einzige Ausnahme die lange Reihe der Habsburgerkaiser unterbrach. Karl VII. musste gegen Maria Theresia mehrere demütigende militärische Niederlagen hinnehmen und starb zu seinem Glück, bevor die Lage noch schlimmer wurde, woraufhin die Kaiserkrone schließlich doch noch auf dem Kopf von Maria Theresias Gemahl Franz I. landete. Im Schloss Augustusburg hängen Porträts von Clemens August und seinem Bruder, auf denen die beiden vollkommen identisch aussehen – wie jene Papierpuppen, denen man immer wieder neue Verkleidungen anheften kann, der einen ein Priestergewand, der anderen die Uniform eines Soldaten. Augustusburg ist eines der wenigen attraktiven großen Bauwerke entlang des Mittelrheins, die die alliierten Bombenangriffe des Zweiten Weltkriegs unversehrt überstanden, weshalb es später zum seltsam verschnörkelten Schauplatz zahlreicher westdeutscher Staatsakte wurde.

Der Bischof von Speyer baute sein prächtiges Ersatzschloss in Bruchsal. Zwar brannte es im März 1945 aus, wurde in der Zwischenzeit jedoch restauriert und beherbergt nun das äußerst sehenswerte Deutsche Musikautomaten-Museum. Leider fehlt mir der Platz, an dieser Stelle näher darauf einzugehen, und so muss der Hinweis genügen, dass die Welt dem Genie von Franz Rudolph Wurlitzer sehr viel zu verdanken hat. Der Ehrenplatz unter all diesen wunderbaren Schlössern gebührt jedoch ganz unbestritten der Barockresidenz, die Ludwig Wilhelm, Markgraf von Baden-Baden, von 1700 an in Rastatt errichten ließ. Der »Türkenlouis« ist wie Karl von Lothringen ein hervorragendes Beispiel für die Effizienz des Heiligen Römischen Reichs in jener Zeit. Er hatte an Karls Seite vor Wien gekämpft, die kaiserlichen Truppen bei Slankamen befehligt und im Spanischen Erbfolgekrieg eine entscheidende Rolle während jenes Feldzugs gespielt, der zum triumphalen Sieg über die Franzosen in der Zweiten Schlacht bei Höchstädt führte.* Der Bau des Schlosses in Rastatt zog sich über viele Jahre hin, doch Ludwig Wilhelm lebte bedauerlicherweise nicht mehr lange genug, um noch viel Freude daran zu haben. Obwohl die Markgrafschaft Baden-Baden nur ein kleiner Staat war, steht auf dem Dach der Rastatter Residenz eine kolossale goldene Jupiterstatue, die ihre Blitze drohend in Richtung Frankreich und eines vermutlich vor Angst schlotternden Ludwig schwingt. Das faszinierende Militärmuseum im Innern des Schlosses umfasst unter anderem ein geradezu aberwitziges, aus dem 19. Jahrhundert stammendes Panorama der Schlacht bei Slankamen mit ungefähr sechstausend kleinen Zinnfiguren, die einander in einer Wüste gegenüberstehen (wahrscheinlich weil die Macher dem Ganzen dadurch einen muslimischeren Anstrich verleihen wollten, obwohl die Auseinandersetzung in Wirklichkeit in einer grünen, waldreichen Region in Nordserbien stattfand). Das Panorama zeigt die disziplinierten kaiserlichen Truppen, die in wohlgeordneten Reihen auf die unkoordinierten, kindlich impulsiven Türken zumarschieren, hinter denen eine exotische Kanone, die aufgespießten Köpfe von Gefangenen, ein Kamelpark, ein riesiger Janitscharen-Kochtopf, einige altmodische, an Don Quixote erinnernde Bogenschützen (die vermutlich aus einem anderen Panorama übernommen wurden) und das Zelt des Großwesirs zu sehen sind, das schon bald zur Kriegsbeute werden sollte.

Allerdings ist dieses Panorama ein Inbegriff der Nüchternheit verglichen mit dem Ahnensaal des Schlosses, der mit gigantischen Figuren nackter, in Ketten liegender türkischer Gefangener ausgeschmückt ist, die ächzend an ihren Haarknoten zerren und ringsum von dekorativen Kringeln aus vergoldetem Stuck bedroht werden. Das Deckengemälde zeigt die Apotheose des Herkules (also Ludwig Wilhelm), flankiert von seinen obligatorischen Gefährten Magnanimitas, Nobilitas, Auctoritas und Konsorten. Darüber hinaus

* Ein klassischer lotharingischer Erfolg, da der Herzog von Marlborough gewissermaßen die umgekehrte »Spanische Straße« nutzte, um seine Truppen im Eiltempo aus den Niederlanden südwärts über Köln, Koblenz, Mainz und Heidelberg zu führen, bevor er sich am Nordrand des Schwarzwalds nach Osten wandte und die verbündeten französischen und bayerischen Truppen bei Höchstädt vollständig vernichtete.

hängen im Schloss einige erstaunlich unzeitgemäße Tapisserien, auf denen Ludwig Wilhelms Freundschaft mit Wilhelm III., dem Herzog von Marlborough und weiteren Persönlichkeiten gefeiert wird – im Wesentlichen dadurch, dass auf den Bildteppichen französische Häuser in Brand gesteckt werden. Nach Ludwig Wilhelms Tod wurde in seiner Residenz der Rastatter Friede zwischen Frankreich und dem Heiligen Römischen Reich ausgehandelt, mit dem diese beiden Staaten ihre Beteiligung am Spanischen Erbfolgekrieg beendeten. Der elegante holzgetäfelte kleine Raum, in dem Marschall Villars, der für den alten, verbitterten Ludwig XIV. unterzeichnete, und Prinz Eugen von Savoyen die Übereinkunft paraphierten, ist noch erhalten.

Der »Türkenlouis« steht für eine Zeit außergewöhnlicher Prachtentfaltung mit riesigen Perücken, ironiefreien Allegorien und schönem Mobiliar. Sein Schloss hat seither alle Turbulenzen überdauert und ist mittlerweile von sehr viel jüngeren Läden mit Namen wie *Top Hair, Hair Impuls* und *S+B Body Wear (und mehr!)* eingerahmt, was einen recht fröhlichen Kontrast erzeugt. Ludwig Wilhelms pompösestes Denkmal jedoch steht in der Stiftskirche in Baden-Baden, wo er beigesetzt wurde. Sein Epitaph nimmt ein ganzes Wandstück der Kirche ein, und man kann wohl mit Fug und Recht behaupten, dass dessen Ausschmückungen ein vergnügliches Genre zugleich korrumpieren und auf die Spitze treiben. Doch wenn dem so ist, dann geschah es in guter Absicht. Auf dem Grabmal herrscht ein solches Durcheinander, dass man kaum hinschauen kann: regelrechte Kaskaden aus Wappenschmuck, Totenschädeln und Fahnen, Kanonen, hübsche, junge weibliche Allegorien, die das eine oder andere verkörpern, ein glückloser Türke, in den ein Adler (also das Heilige Römische Reich) seine Klauen schlägt, und ein anderer, dem ein Löwe (Baden-Baden) mit seinen Krallen das Gesicht zerkratzt. Der Tod (ein in einen Umhang gehülltes Skelett) tritt auf als eine Art schadenfroher Zirkusdirektor, während im unteren Teil des Monuments ein Wust aus Granaten, Kanonenkugeln und zurückgelassenen Kesselpauken herumliegt. In ein nach Herkules-Manier ausgebreitetes Nemeischisches Löwenfell sind Ludwig Wilhelms zahlreiche Tugenden eingraviert: »Beschützer des Kaiserreichs, Atlas der Deutschen« und so weiter. Ich liebe dieses Grabmal, denn es übernimmt die Architektur und allegorische Gestaltung von Ludwig XIV. und schrumpft sie im kleinen Baden-Baden auf das Maß von grotesk übersteigertem Kitsch. Die großen Schlachten und mächtigen Allianzen mögen lange vergessen sein, aber das Leben geht weiter – von prächtigen Perücken zu *Hair Impuls*.

Sperma bei Kerzenschein

Von außen betrachtet ist die Oude Kerk, die »Alte Kirche« in Delft mit ihrem klobigen, bedenklich schräg geneigten Turm (der allerdings schon seit rund sechshundert Jahren so schief steht), eine kleine Katastrophe. Ihr Inneres jedoch ist eine geradezu magische Werbung für den weiß getünchten protestantischen Stil – makellos, streng und elegant. Es gibt dort viele schöne Gräber, insbesondere das von Admiral Maarten Tromp, dessen lebensgroße Marmorstatue ihn in seiner Rüstung zeigt, liegend, den Kopf auf eine mit einer Flagge umhüllten Kanone gebettet, im Moment seines Todes in der Seeschlacht bei Scheveningen. Doch selbst das prunkvollste Grab wird von der schieren Höhe und Weiße dieses Kirchenraums erdrückt, der in calvinistischer Rechtschaffenheit missbilligend auf die menschliche Narretei herabschaut.

Wie in vielen niederländischen Städten gibt es in Delft eine erstaunliche Vielfalt an Kirchen. Vom 17. Jahrhundert an blickten die übrigen Europäer verwundert auf die religiöse Toleranz der Republik. Die Britischen Inseln etwa waren damals durch den fanatischen religiösen Hass im Land nahezu unregierbar geworden. Vor der Invasion und dem Staatsstreich Wilhelms III., der britische Ressourcen mit niederländischen Bedürfnissen verknüpfte, hatten sie Bürgerkriege, Massaker, Exile, Aufstände und nicht weniger als vier Regimewechsel in knapp fünfzig Jahren erlebt. Während dieser unruhigen Zeiten sahen sich Zeeland und Holland immer wieder mit triefnassen, aber darum nicht weniger hochnäsigen englischen Exilanten konfrontiert, die in kleinen Booten über den Ärmelkanal schipperten, denn die Küsten dieser beiden Provinzen waren das rettende Ufer, das englische Regimegegner davor bewahrte, das gleiche Schicksal zu erleiden wie Karl I. Auch Karls Söhne, die künftigen Könige Karl II. und Jakob II., waren zeitweise dankbar für die niederländische Gastfreundschaft (wenngleich die spätere Ehe von Jakobs Tochter Maria mit dem Niederländer Wilhelm III. für Jakob wenig erfreuliche Folgen hatte und seinen tragikomischen Bemühungen, die widerstrebenden, höhnischen Engländer erneut zum katholischen Glauben zu bekehren, endgültig ein Ende setzte). Während Karl II. gelangweilt in Breda saß, erwarb er eines der großartigsten Gemälde der heutigen Royal Collection, nämlich Brueghels *Bethlehemitischen Kindermord,* der fast ein Jahrhundert zuvor entstanden war. Es handelt sich um eine erschütternde Darstellung der biblischen Geschichte, die Brueghel für die 1560er Jahre aktualisierte, indem er spanische Truppen in voller Rüstung niederländische Kinder abschlachten ließ. Ein früherer Besitzer des Bildes, der deutsche Kaiser Rudolf II., fand es derart bestürzend, dass er alle Kinder übermalen ließ, sodass nun eine verzweifelte Mutter ein Paket in ihrem Schoß beweint und eine andere mit einem Soldaten um einen Schwan kämpft, während Reiter ihre Lanzen in eine Schar Geflügel stoßen.

Der Brueghel ist ein besonders beeindruckendes Beispiel für jenes Universum von Gemälden, Dramen, Gedichten und Liedern, in denen die fremden Invasoren in den Niederlanden verteufelt wurden. Und diese Invasoren, seien sie nun Spanier oder Franzosen, einte ihr katholischer Glaube. Die Republik hingegen definierte sich über den Calvinismus, und genau wie in England oder Irland wurde der Glaube zu einem kulturellen und religiösen Marker – wobei die beiden Aspekte nur schwer voneinander zu unterscheiden waren. Im Kleinen entwickelte sich die Republik darüber hinaus mit der Zeit zu einem Lehrstück über die Grenzen der Reformation. Nachdem das römische Monopol einmal gebrochen war, erwies es sich als unmöglich, eine Einigung darüber zu erzielen, wie die Alternative zum Katholizismus aussehen sollte. In diesem Zusammenhang war es nicht gerade hilfreich, dass die einzelnen Provinzen ganz verschiedene religiöse Erfahrungen gemacht hatten und zudem erbittert ihre jeweils eigenen Interessen verteidigten. Nicht einmal den Calvinisten mit ihrem Fokus auf Disziplin und Bibelauslegung gelang es, eine geeinte Front zu bilden, und das schauderhafte Geräusch des drohenden Risses war nie weit entfernt. Es war wie beim Backen: Nachdem man einmal angefangen hat, die unterschiedlichen Zutaten für den Kuchen zu mischen, kann man sie nicht mehr voneinander trennen, und so war jede Reformbewegung dazu verdammt, blindlings voranzustolpern und unter dem Beifall der einen Seite und dem Spott der anderen immer bizarrere Ingredienzien in die Rührschüssel zu werfen. Jeder Versuch, sich auf die Grundlagen zu besinnen, wurde dadurch zunichtegemacht, dass der Kuchen nach anderthalb Jahrtausenden Katholizismus längst gebacken war.

Die Reformideen gingen wild durcheinander. Innerhalb der Reformkirche gab es die extremen »Coccejaner«, die aufgrund ihres präzisen Bibelstudiums unter anderem zu der Überzeugung gelangt waren, dass Gott das Rote Meer gar nicht wirklich geteilt habe. Diese revolutionäre Ansicht kam bei den Vertretern der klassischeren Strömungen gar nicht gut an, kreisten deren Gedanken doch eher um die Sorge, Tanzschulen, Tabak, bunte Taschentücher und dergleichen könnten (wie üblich) Gottes Zorn auf die Niederlande herabbeschwören. Außerhalb der offiziellen Staatskirche wiederum gerieten die Mennoniten durch ihre strikte Ablehnung von Gewalt in einen tiefen Zwiespalt, aus dem sie sich nach langem Ringen befreiten, indem sie sich darauf verständigten, dass sie durchaus für den Erfolg des niederländischen Staates beten konnten, allerdings nicht im Speziellen für den Erfolg seiner Truppen. Ein englischer Reisender verglich die Republik staunend mit einem riesigen Jahrmarkt, auf dem die unterschiedlichsten religiösen Hausierer mit »fanatischem Geklapper« Geschäfte zu machen versuchten.

Bevor der Achtzigjährige Krieg 1648 durch den Westfälischen Frieden endgültig beendet wurde und die Spanier die Vereinigten Provinzen als unabhängigen Staat anerkannten, hatten die letzten Siege den Niederländern am südlichen Rand ihres Landes eine Reihe weiterer tiefkatholischer Regionen wie Breda und Maastricht eingebracht. Allerdings bestand nicht die geringste Aussicht, diese zum Protestantismus zu bekehren – der dafür notwendige Glaubenseifer war erlahmt, schlimmer noch: Zur Bestürzung der Erwählten schien das Interesse am Calvinismus sogar unter den Calvinisten selbst zu schwinden. In diesem zersplitterten, heterogenen Umfeld war sogar Platz für spanische Juden, die ihr Geld mit zunftfreien Tätigkeiten wie Tabakspinnen oder dem Diamantenhandel verdienten (jedoch nicht in Maastricht, wo ihnen die Ansiedlung bis in die 1790er Jahre hinein verboten war).

Den entgegengesetzten Ansatz verfolgte unterdessen Ludwig XIV., der in den 1680er Jahren durch die Revokation des Edikts von Nantes sämtliche verbliebenen Rechte der Protestanten zurücknahm, woraufhin etwa eine Viertelmillion Hugenotten aus Frankreich flohen und sich überall dort niederließen, wo sie Aufnahme fand – unter anderem in dem Viertel im Londoner Südwesten, in dem ich lebe und wo es heute noch einen prächtigen, wenn auch inzwischen ziemlich heruntergekommenen hugenottischen Friedhof gibt. Der Zustrom Tausender französischsprachiger Calvinisten vergrößerte das Kirchendurcheinander in den Niederlanden zusätzlich, da nun noch »wallonische« Gotteshäuser für die Flüchtlinge gebaut wurden (ein wunderschönes Beispiel dafür steht in Delft, unmittelbar neben der Alten Kirche). Darüber hinaus bereicherte eine neue, wenn auch weitgehend für sich bleibende Gruppe französischer Akademiker im Exil das ohnehin schon vielstimmige, fruchtbare intellektuelle Milieu. Zu ihnen gehörte Pierre Bayle, ein ehemaliger Professor der Akademie von Sedan, die von einem tiefreligiösen Mitglied der Herrscherfamilie des Fürstentums als Ausbildungsstätte für protestantische Pfarrer in Frankreich gegründet worden war.* Nachdem Ludwig XIV. die Akademie geschlossen hatte, zog Bayle nach Rotterdam und verbrachte dort einen großen Teil seines Erwachsenenlebens als Dozent, ohne je auch nur ein Wort Niederländisch zu lernen.

Bayle verfügte über zahlreiche Qualitäten, doch sein größtes Verdienst bestand darin, dass er dem geschwätzigen Durcheinander aus eifernden, wirren, frommen Stimmen, das die Republik beherrschte, eine klangvolle, wunderbare Einsicht entgegenstellte, mit der er der Menschheit den Weg in eine neue Ära wies: Jeder habe das Recht, sich zu irren und unbegründeten Überzeugungen anzuhängen. Es ist kaum möglich, aus diesem Klima intellektuellen Brodelns eine bestimmte Person hervorzuheben – in Delft lebten in den 1650er Jahren beispielsweise die Maler Carel Fabritius, Jan Vermeer, Jan Steen und Pieter de Hooch. Doch in der Alten Kirche liegt das schlichte, elegante Grab des vielleicht bedeutendsten Einwohners der Stadt in jener Zeit (eine Entscheidung, die wir zum Glück nicht ernsthaft zu treffen brauchen): Es ist eine schmale Pyramide aus grauem Marmor zum Gedenken an Antoni van Leeuwenhoek. Während Bayles Feststellung seinen Zeitgenossen intellektuelles Neuland eröffnete, nutzte van Leeuwenhoek seinen ungewöhnlich scharfen, ruhigen Blick zum Überschreiten einer anderen Grenze. Den größten Teil seines erstaunlich langen Lebens – er starb 1723 mit über neunzig Jahren – verbrachte er in Delft, wo er jahrein, jahraus mit winzigen gläsernen Linsen, Röhren und Kerzen hantierte, deren Licht durch konkave Spiegel verstärkt wurde. Der junge van Leeuwenhoek ist im Hintergrund von Cornelis de Mans widerlichem Gemälde *Die Anatomiestunde des Cornelis 's-Gravesunde* zu sehen (eine in der Taufkapelle der Alten Kirche durchgeführte Sektion!), wo ihm allerdings der schnurrbärtige Leichnam mit dem geöffneten Brustkorb die Schau stiehlt, dessen abgezogene Haut wie eine Serviette über seine Arme gebreitet ist. Beim Anblick dieser Rippen habe ich mir geschworen, nie wieder Lammkarree zu essen.

* Das Fürstentum Sedan ging – wie das in Personalunion damit verbundene winzige Herzogtum Bouillon – im 17. Jahrhundert im französischen Staatsgebiet auf. Auf dem Wiener Kongress wurde beschlossen, dass Frankreich Sedan, damals das Hauptquartier der preußischen Besatzungstruppen, behalten solle, was weitreichende Folgen für die künftige französische Geschichte hatte. Bouillon hingegen kam zunächst an das Großherzogtum Luxemburg und wurde nach weiteren turbulenten Umwälzungen schließlich ein Teil Belgiens, weshalb Gottfried von Bouillon dort zu einem katholischen Nationalhelden werden konnte.

Auch van Leeuwenhoek war ein begeisterter Schlitzer, und er machte ganz abscheuliche Dinge mit Hunden. Den erforderlichen Nachschub für seine Studien ließ er sich von einem örtlichen Metzger besorgen, der sich angesichts der seltsamen Wünsche des vornehmen Herrn mehr als einmal verwundert am Kopf gekratzt haben muss. Besonders faszinierten ihn Augen, von Bienenaugen bis hin zu den Augen von Kühen, und einmal bekam er sogar ein baseballgroßes Walauge in die Finger, das ihm der aufmerksame Kapitän eines Walfängers, in Brandy eingelegt, aus Grönland mitgebracht hatte. Seine bahnbrechenden Erkenntnisse, die die Welt in ein Davor und Danach teilten, betrafen die Entdeckung von Spermien und Mikroorganismen.

Man kann die Bedeutung von van Leeuwenhoeks Forschungen gar nicht hoch genug bewerten: An einem Tag identifizierte er die roten Blutkörperchen, am nächsten Geißeltierchen und Rädertierchen. Seine Entdeckung der Spermien war allerdings nur ein halber Durchbruch, da niemand zu sagen wusste, was die kleinen Kerlchen eigentlich bewirkten und wieso. Auch van Leeuwenhoek, der sich in diesem Fall selbst mit einem steten Strom an Untersuchungsmaterial versorgte, gelang es nicht, diese Frage zu klären. Die sich in der Folge entspinnende Große Spermienkontroverse beruhte auf der unter anderem von van Leeuwenhoek vertretenen Überzeugung, in jedem Spermium sei bereits ein winziger Homunculus vorgeformt (»präformiert«), aus dem der Mensch heranwüchse (während die Gegenseite der Auffassung war, der Homunculus sei in der Eizelle vorgebildet). In Bereichen weit jenseits dessen argumentierend, was zeitgenössische Linsen zu leisten vermochten, behaupteten viele, ein solches Gebilde zusammengekauert am Ansatz des Spermienkopfes erkennen zu können – ein winzig kleines Element in einem ohnehin schon winzigen Objekt. Daraus ergab sich die faszinierende Folgerung, dass dieser Homunculus logischerweise wie ineinandergeschachtelte russische Puppen selbst Myriaden weiterer winziger Männer in seinen Hoden enthalten müsse, die dann wiederum … Und vielleicht wäre es mit ausreichend starken Linsen möglich, herauszufinden, wie viele Menschengenerationen Gott in seinem Plan noch vorgesehen hatte.

In europäischen Wissenschaftskreisen war es schon lange ein beliebter Partyspaß, mithilfe von Linsen Wasserflöhe und Milben sichtbar zu machen. Doch die Entdeckung der Mikroorganismen war – wenn auch in allerkleinstem Maßstab – von vergleichbarer Bedeutung wie die Entdeckung Amerikas. Sie setzte weitreichende Forschungen in Gang, ohne die unsere heutige Welt undenkbar wäre. Van Leeuwenhoeks stärkste erhaltene Linse vergrößerte

Gegenstände um das 266-Fache, was nicht nur Schmeißfliegen so groß erscheinen ließ wie einen Spaniel (glücklicherweise immer nur eine einzige), sondern auch stark genug war, um extrem kleine Tiere (»diertgens«!) in den Bereich des Sichtbaren schwimmen zu lassen: »Eines dieser kleinen Wassergeschöpfe verhält sich, was seine Größe angeht, zu einer Käsemilbe wie eine Biene zu einem Pferd.«

Van Leeuwenhoek wurde zu einer gefeierten Berühmtheit, und er war äußerst beliebt bei englischen Exilanten mit reichlich freier Zeit. 1678 kam John Locke auf einen Sprung vorbei, um sich Hundespermien anzusehen, und im Jahr darauf machte ihm der künftige Jakob II. seine Aufwartung. Es zeugt von den weitreichenden Handelsverbindungen der niederländischen Republik, dass sich Peter der Große, als er mit seinem speziellen Boot durch Delft kam, mit van Leeuwenhoek auf Niederländisch unterhalten konnte, das er in verschiedenen russischen Ostseehäfen aufgeschnappt hatte. Van Leeuwenhoek scheint kein sehr gewinnender Mensch gewesen zu sein, und ich bezweifle, dass ich ihm trotz seiner Berühmtheit gern persönlich die Hand geschüttelt hätte. Aber in einer Zeit, in der sich die Niederländer ein ums andere Mal gegen fremde Invasoren zur Wehr setzen mussten, veränderten er, Bayle und viele andere die Welt auf eine Weise, die erheblich folgenreicher war als die Belagerung von Namur.

Blattgold und Vogelmist

Lange Zeit bildete die Blockade der Scheldemündung, durch die die Niederländer den Handel im spanischen Antwerpen austrockneten, eine merkwürdige Konstante in der westeuropäischen Geschichte. Von dieser erzwungenen Quarantäne, die von 1585 bis 1792 andauerte, ist südlich der Schelde ein kleiner, auch heute noch zu den Niederlanden gehörender Landstrich namens Seeländisch-Flandern übrig geblieben. Als einer der größten Häfen der Welt durch die Abriegelung schlagartig in der Bedeutungslosigkeit versank, wichen die Spanier auf Dünkirchen aus. Nachdem sie die kleine Hafenstadt 1583 von den Niederländern erobert hatten, bauten sie sie in den darauffolgenden Jahrzehnten zu Europas wichtigstem Freibeuterhafen aus. Dieser wurde mit immer raffinierteren steinernen Festungsmauern und Bastionen umgeben, die ihn in einer Ära erschreckend verwundbarer Holzschiffe uneinnehmbar machten. Die spektakuläre Hafeneinfahrt verlief zwischen zwei

Schutzmolen, die sich mehr als einen Kilometer quer durch die Sandbänke zogen (in Dünkirchen gibt es Unmengen von Sand, weshalb die Stadt von jeher ein Eldorado für Baggerfahrer ist) und mit zahlreichen Kanonen bestückt waren, die jeden Angreifer kurz und klein schießen konnten. Nachdem die Schiffe in die Zufahrt eingelassen worden waren, wurden sie durch diesen Kanal in den befestigten Hafen getreidelt. Dank der Molen gelangte kein feindliches Schiff auch nur annähernd in Schussweite zu den fröhlich zechenden Freibeutern, Schankmädchen, Schiffsarztgehilfen und sonstigen Gesellen, die in dem von Schenken wimmelnden Nest lärmten und rauchten. Auch die Natur half den Spaniern bei der Verteidigung: Wandernde Sandbänke sowie die verlässlich zerstörerischen Windböen und Stürme machten jeden Versuch einer Seeblockade zu einem Albtraum. Dünkirchen wurde zur Heimat der Fregatte, eines neuen Typs von Kriegsschiffen, die eigens für untiefe Gewässer konstruiert waren und in den Ärmelkanal und die Nordsee ausschwärmten.

Die erste Hälfte des 17. Jahrhunderts war ein Tiefpunkt in der englischen Geschichte. Obwohl die Lieder und Geschichten über den Sieg gegen die Armada allen noch beschämend frisch in Erinnerung waren, verfügte der Süden Englands über keine eigene Kriegsflotte, sodass die Dünkirchener Freibeuter nach Belieben die Besatzung ganzer Fischfangflotten niedermetzeln und ihre Schiffe versenken konnten. Marokkanische Korsaren plünderten ungestraft die Küstendörfer Cornwalls und verschleppten deren Einwohner als Sklaven (was womöglich einen kurzfristigen Cornish-Pastry-Hype in Fes auslöste). Nach und nach verschwanden die Kaufleute vom Ärmelkanal. In diese Krise fällt der Beginn der Royal Navy, denn es wurden gewaltige Schiffbauprogramme aufgelegt, weshalb man mit der Zeit wieder energischer gegen die Dünkirchener vorgehen konnte. Nach dem Ende des englischen Bürgerkriegs streckte Cromwells neue Republik die Fühler aus und führte mit den Niederländern erste Gespräche über ein Zusammengehen der beiden göttlichen Staaten zum gegenseitigen Schutz im Kampf gegen die katholische Hydra. Als diese Gespräche ergebnislos blieben, verbündete sich Cromwell stattdessen mit Frankreich, und zwar sowohl gegen Spanien als auch gegen die verschiedenen Mitglieder der im Exil lebenden englischen Königsfamilie, die unter spanischem Schutz standen und zum Teil in den Spanischen Niederlanden untergekommen waren.

Das abgesehen von der Eroberung Jamaikas wichtigste Ergebnis dieses Krieges war die sogenannte Schlacht in den Dünen (1658). Da Dünkirchen vom Meer aus nicht einzunehmen war, blieb den Angreifern nichts anderes übrig, als den Strand entlangzumarschieren. So kam es auf einem seltsam begrenzten Schlachtfeld zur Konfrontation der französischen Armee, unterstützt durch sechstausend Psalmen singende Soldaten der englischen Parlamentsarmee, mit den spanischen Verteidigern. Nach einem sehr kurzen, sehr blutigen Kampf fiel Dünkirchen und ging, einer Klausel des Friedensvertrags entsprechend, am 25. Juni 1658 – dem »verrückten Tag«, an dem Dünkirchen morgens spanisch, mittags französisch und abends englisch war – in englischen Besitz über.

Damit waren alle Sorgen der Engländer um die eigene Sicherheit ausgeräumt, denn die Herrschaft über Dünkirchen sicherte ihnen die Kontrolle über den Ärmelkanal und einen fantastischen Stützpunkt, in den sie jederzeit Truppen zum Schutz gegen künftige Bedrohungen verlagern konnten. Nach der Wiederherstellung der englischen Monarchie beschloss Karl II. jedoch in einem seiner typischen schlaftrunkenen, brokatgewandeten Momente und gegen den Rat seiner fassungslosen Minister, die Stadt erneut an Ludwig XIV. zu verkaufen. Fortan und für alle Zeiten war Dünkirchen französisch – ein weiteres sandiges Stück der alten Grafschaft Flandern, das endlich zur Vernunft gebracht worden war.

Als unvermeidlich erneut ein Krieg zwischen Frankreich und England ausbrach, wurde Dünkirchen, wie zu erwarten, zu einem noch übleren Freibeuternest als je zuvor. Fluchend und rülpsend wie einst die Spanier saßen die Korsaren unangreifbar hinter ihren weiter verstärkten und womöglich noch massiver bewaffneten Hafenmolen und kaperten oder versenkten wieder einmal englische Schiffe. Die Schäden waren immens: Während des Spanischen Erbfolgekrieges (1701–1714, ausgelöst durch den Tod des letzten spanischen Habsburgers Karl II.) eroberten oder zerstörten die Franzosen dank Kapitänen wie dem draufgängerischen, vielbesungenen, aber aus englischer Sicht ungemein lästigen Helden Jean Bart beinahe tausend englische Schiffe. Als dieser gewaltige Konflikt seinem Ende entgegentaumelte, willigten die erschöpften Franzosen im Friedensvertrag von Utrecht ein, Dünkirchen zu entmilitarisieren, wodurch die Stadt zu einem normalen Hafen wurde. Englischen Besuchern blieb allerdings nicht verborgen, dass die einzelnen Blöcke der niedergelegten Befestigungen sorgfältig sortiert und nummeriert zu riesigen Stapeln aufgehäuft waren, sodass dieser schwerste Legobausatz aller Zeiten im Notfall eilends wieder zusammengesetzt werden konnte.

Während des gesamten 18. Jahrhunderts waren die Briten bemüht, die südlichen Niederlande in befreundeten Händen zu halten (woran sich faktisch bis zum heutigen Tag nichts geändert hat). Dazu wurde jedes auch nur denkbare Bündnis ausprobiert, unter anderem sogar eine kurzzeitige Allianz mit den Franzosen. Im bereits erwähnten Rastatter Frieden, einem der Friedensverträge, mit denen der Spanische Erbfolgekrieg nach und nach beigelegt wurde, übernahmen die österreichischen Habsburger 1714 die ehemals Spanischen Niederlande. Im Gegenzug durfte ein Mitglied der französischen Königsfamilie den spanischen Thron besteigen, allerdings abzüglich einiger Territorien, die ihm eine ähnliche Machtfülle verliehen hätten wie einst Philipp II. Gegen künftige französische Begehrlichkeiten wurden die neuen Österreichischen Niederlande durch eine Reihe von Grenzfestungen in Städten wie Tournai, Ypern, Namur und Gent gesichert, die mit Soldaten der niederländischen Republik besetzt waren. Da die Österreicher das Interesse an ihren fernen, schwer zu verteidigenden Besitzungen jedoch schon bald wieder verloren, erwiesen sich die Festungen als hoffnungslos untauglich, und die Niederländer gerieten in eine bedrohliche wirtschaftliche Abwärtsspirale. Im Gegensatz zu den Österreichern waren Briten und Niederländer sich einig, dass der Sperrriegel von größter Bedeutung war, zumal Frankreich mit Wucht dagegen anrannte. In langwierigen Kriegen (dem Österreichischen Erbfolgekrieg, dem Siebenjährigen Krieg, dem Amerikanischen Unabhängigkeitskrieg und den französischen Revolutionskriegen) bemühten die Briten sich, die Angreifer abzuwehren, doch letztlich war alles vergebens: 1794 überrannten die Franzosen die gesamte Region und verleibten sie ihrem Staat ein – ein Ergebnis, vor dem sich die Engländer seit Generationen gefürchtet hatten.

Das englische Engagement auf dem Kontinent war auf der Insel stets umstritten, aber die Verflechtungen wurden noch enger, als das Land – wir erinnern uns an Elisabeth Stuart und ihre Nachkommen – plötzlich von überwiegend Georg heißenden Königen regiert wurde, die gleichzeitig über das Kurfürstentum Hannover herrschten, ein lohnendes, aber schwer erreichbares Territorium weit östlich der Niederländischen Republik. Man könnte die Errichtung des Britischen Empires mit einiger Plausibilität sogar als Übersprunghandlung aufgrund der frustrierenden Kämpfe in Flandern deuten: Obwohl die Franzosen in all diesen Kriegen durch verschiedene Bündniskombinationen auf dem Gebiet der Österreichischen Niederlande in Schach gehalten wurden, gelang es den diversen Allianzen nie, Frankreich selbst gefährlich zu werden, das hinter seinen von Vauban errichteten Festungen uneinnehmbar blieb. So verlegten die Briten sich schließlich auf die clevere Strategie, die Franzosen mithilfe ihrer wieder aufgebauten riesigen Kriegsflotte abzulenken, indem sie sie zwangen, grotesk weit entfernte Kolonien zu verteidigen. Sollten die Engländer diese dann doch erobern, konnten sie sie entweder behalten oder später als Tauschpfand in Europa einsetzen. Ein britischer Politiker drückte es 1813 treffend so aus: »Antwerpen und Vlissingen nicht in den Händen der Franzosen sind zwanzig Martiniques in unseren eigenen Händen wert.«

Im 18. Jahrhundert hatten die Briten unbestreitbar etwas Haifischartiges, Unsympathisches an sich – in England selbst schufen sie eine großartige, witzige Literatur und Wohnkultur, doch im Ausland scheinen Arglist und Gewalt an der Tagesordnung gewesen zu sein. Der Amerikanische Unabhängigkeitskrieg verlief für die Briten nicht zuletzt deshalb so katastrophal, weil sie sämtliche potenziellen europäischen Verbündeten so oft verraten, genervt, belogen, fallen gelassen oder drangsaliert hatten, dass diese sich schließlich auf die französische Seite schlugen, Großbritannien aussperrten und sich der Reihe nach nun selbst fies verhielten. 1780 hatten es die Briten geschafft, gleichzeitig gegen Spanien, Frankreich, die Niederländer und die Amerikaner Krieg zu führen – während der Rest Europas in schadenfroher Neutralität zusah. Niemand wollte sich noch einmal auf ein Bündnis mit England einlassen, was es den Briten unmöglich machte, sich auf die Dreizehn Kolonien zu konzentrieren, wo es – wie derselbe Politiker polemisch formulierte – doch eigentlich nur darum gegangen wäre, mit geringem Aufwand die Ordnung wiederherzustellen.

Heute sind die Triumphe und Katastrophen dieser endlosen Kriege des 18. Jahrhunderts weitgehend aus dem öffentlichen Bewusstsein verschwunden, doch damals bedeutete die Überfahrt über den Ärmelkanal auf dem Weg nach Flandern und zu noch weiter östlich gelegenen Zielen für Zehntausende britischer Soldaten einen Initiationsritus, der zwar mit erbärmlicher Seekrankheit verbunden war, aber zumindest starben sie nicht in Neuspanien am Fieber. Manchmal wurden die Schiffe von ungünstigen Winden tagelang an der englischen Küste festgehalten oder von heftigen Stürmen durchgeschüttelt. Sobald sich der Pulverdampf vorübergehend verzogen hatte, setzten zudem ganze Scharen mit Geleitbriefen versehener Diplomaten über den Kanal, und viele der entscheidenden Friedensverträge dieser Kriege wurden in Flandern oder im Rheinland unterzeichnet: Nijmegen,

Aachen, Rastatt, Amiens, sogar die englisch-amerikanischen Verhandlungen zur Beilegung des unbefriedigenden Britisch-Amerikanischen Krieges von 1812 wurden in Gent geführt.

Ein weiteres Thema, das im Grunde auch wieder Stoff für ein eigenes Buch böte, sind die zahllosen britischen Taugenichtse, die von Dover aus den Kanal überquerten, sobald die Tinte unter diesen Verträgen getrocknet war, um sich anzusehen, wozu ihnen jahrelange Kämpfe den Zugang verwehrt hatten. Die berühmteste Welle britischer Reisender schwappte während der Napoleonischen Kriege auf den Kontinent herüber, als der Friede von Amiens 1802 für eine kurze Atempause sorgte und man nach zehn Jahren endlich wieder französischen Boden betreten konnte, ohne eine Muskete bei sich zu tragen. Ähnlich war es auch schon nach früheren Kriegen gewesen: Freudig wischten französische Herbergswirte und Kneipiers über ihre Theken, warfen ein Huhn in den Topf und erwarteten die neuen Touristen, denen sie das Geld aus den Taschen ziehen konnten. So lockte der 1748 geschlossene Frieden von Aachen, mit dem der Österreichische Erbfolgekrieg beendet und Maria Theresias Anspruch auf den österreichischen Thron bestätigt wurde, lärmende Zecher wie den Maler William Hogarth und den Schriftsteller Tobias Smollett an, der später berichtete, in Gent habe ihm ein Franzose akribisch auseinandergesetzt, dass Frankreich den Herzog von Marlborough seine Schlachten *absichtlich* habe gewinnen lassen, um die Intrigen der Mätresse des Königs zu durchkreuzen.

Doch der wahre Held ist Hogarth. Offenbar setzte er mit ein paar Freunden allein deshalb nach Calais über, um sich dort zu betrinken und eine Schlägerei zu provozieren. Er war ein begnadeter Künstler, aber zugleich ein geradezu krankhafter Patriot. Wenn man ihn aufforderte, ein französisches Möbelstück oder Interieur zu bewundern, entgegnete er: »Wozu denn? Es ist *französisch!* Ihre Häuser sind voll von Blattgold und Vogelmist.« Er äußerte freimütig seine Verwunderung darüber, sich »so nah bei Dover« plötzlich »groteskem Kriegspomp« gegenüberzusehen, »religiöser Zurschaustellung und geschäftigem Treiben ohne Geschäft, kurz Armut, Sklaverei und Unverschämtheit«. Als er in einem Anflug von Patriotismus das alte englische Stadttor zeichnete, wurde er verhaftet, wofür er sich mit einem seiner großartigsten Gemälde rächte: *Vor dem Tor von Calais.* Durch einen Torbogen blickt der Betrachter auf Calais wie auf eine Bühne. Die Darstellung strotzt nur so von hämischen antifranzösischen Details: Ein fetter Mönch geifert angesichts eines riesigen, für britische Besucher bestimmten Stücks

Rindfleisch, während ausgemergelte, rachitische französische Soldaten aus winzigen Schalen graue Suppe löffeln. Auf dem Boden liegt ein heruntergekommener schottischer Jakobit, dem nichts als eine rohe Zwiebel zu essen bleibt (»reichlich französische Kost«). Ein paar Fischweiber blicken andächtig auf einen Rochen, den sie mit kleinen Fischen zu einem Abbild der Jungfrau Maria mit dem Jesuskind arrangiert haben. Im Hintergrund ist eine sehr merkwürdige katholische Messe zu beobachten. Doch beherrscht wird das gesamte Gemälde von dem massiven Stadttor, dessen gemeißeltes englisches Wappen von der Sonne angestrahlt wird. Hogarth hat sich auch selbst in das Bild eingefügt, wie er das Tor zeichnet, während sich von hinten eine Hand auf seine Schulter legt, um ihn festzunehmen.

Eine Generation später reiste Tobias Smollett nach dem Ende des Siebenjährigen Krieges nach Frankreich und schuf ein herrliches Prosapendant zum *Tor von Calais*: seine Ode an die Verdauungsstörung *Reise durch Frankreich und Italien*. Wie alle britischen Besucher kam er zunächst mit dem alten Terrain der Burgunder in Berührung. Boulogne, das ihn mit größtem Abscheu erfüllte, wurde zur ersten Zielscheibe seiner Verachtung, wodurch er jene Tradition der ungläubigen, komischen britischen Reiseliteratur begründete, bei deren Lektüre der Leser gleichermaßen über fremde Idiotie staunen und sich an seiner eigenen nationalen Größe wärmen kann. Ich bedaure sehr, dass ich zu wenig Platz habe, um seitenweise zu zitieren, wie Smollett gegen seine kontinentale Umgebung wettert. Er ist vollkommen fassungslos angesichts des grauenvollen französischen Essens, der schrecklichen französischen Manieren oder der spillerigen, schmutzigen Möbel. In wunderbaren, heute nicht mehr verwendeten Worten überhäuft er die Einwohner von Boulogne mit seiner Geringschätzung: Die Adligen leben in der Oberstadt in »dunklen Löchern«, haben »keine Erziehung, keinen Sinn für Lektüre oder Haushaltsführung, ja keinen Sinn für irgendeine irdische Betätigung, abgesehen davon, ihr Haar zu richten und ihren Körper herauszuputzen«. Ihr einziger Zeitvertreib bestehe aus Kartenspielen und Kirchenbesuchen. Ausgesprochen unterhaltsam lästert er über die Franzosen (»flatterhaft, leichtsinnig, gedankenlos«, »eine frivole Vorliebe für Flitterwerk und Zanksucht«, »was wir gemeinen Anstand nennen, ist ihnen vollkommen fremd«) und den katholischen »Mummenschanz«. Eine besondere Abneigung hegt er gegen eine in der Stadt verehrte Statue der Jungfrau Maria, die von Heinrich VIII. geraubt worden war und später auf wundersame Weise in einem kleinen Boot wieder zurück in den Hafen trieb: »Gegenwärtig ist sie sehr schwarz und sehr hässlich, darüber hinaus scheußlich verstümmelt an verschiedenen Stellen ihre Körpers, die, wie ich vermute, amputiert und in Pfeifenstopfer verwandelt wurden.«*

Der hysterische Ton von Smolletts Schmähungen (»Sie sind zäh und knochig, betätigen sich als Fischer und Bootsleute und vermehren sich wie die Karnickel.«) wirkt nach einer Weile ermüdend, doch mit solchem Gebrüll und Zähneknirschen erschuf er ein neues Genre. Laurence Sterne, der ebenfalls die Gelegenheit nutzte, nach Kriegsende den Ärmelkanal zu überqueren, war entsetzt über seinen Vorgänger und verpasste Smollett in seinem Roman *Eine empfindsame Reise durch Frankreich und Italien* den Spitznamen »Smelfungus« (Meckerfritze). In diesem Roman werden die Abenteuer einer an Sterne erinnernden Figur auf dem Kontinent geschildert, und er endet mit der wunderbaren Zeile:

> *Wie ich also die Hand ausstreckte, erhaschte ich der Kammerjungfer*
> ENDE VON BAND II

Sternes *Empfindsame Reise* war früher ein Kultbuch, doch inzwischen erscheint es (mir zumindest) leider langweilig und unverständlich – ganz im Gegensatz zu Sternes unendlich spannungsreichem, witzigem *Tristram Shandy*. Das mag allerdings auch daran liegen, dass ich schon als Teenager eine besondere Vorliebe für Smollett hegte. Sterne konstruierte seine *Sentimentale Reise* als Widerlegung von Smelfungus' reißerischem Buch, aber ich verliere recht bald die Geduld mit seiner klingenden Süßlichkeit und schlage mich auf Smelfungus' (oder auch Hogarths) Seite, der über Gastwirte schimpft und von dem fremden Essen würgen muss. Allein der Wunsch, derartige britische Besucher (die in Frankreich unter anderem als *les goddams* oder *les rosbifs* bekannt sind) aus den Kanalhäfen fernzuhalten, muss für Ludwig XV. ein gewichtiger Anreiz gewesen sein, den Siebenjährigen Krieg eventuell doch noch auf acht oder sogar neun Jahre auszudehnen.

* Französische Revolutionäre verbrannten später nicht nur die berühmte Statue (von der nur ein Teil einer Hand erhalten blieb), sondern machten auch die große, von der Mutter Gottfrieds von Bouillon gestiftete Kirche in der Oberstadt, in der sie aufbewahrt worden war, dem Erdboden gleich.

Abenteuer in Mikrostaaten

Eine der Triebfedern der Französischen Revolution war der weit verbreitete Überdruss an der vollkommen irrationalen politischen Landschaft Europas. Ganze Regionen sahen auf der Karte aus, als hätte jemand eine Packung Müsli verschüttet, überall versprengte kleine Flecken, die auf einen fünfhundert Jahre zurückliegenden Familienstreit zurückgingen oder als kaiserliche Belohnung für lange vergessene militärische Heldentaten vergeben worden waren. In vielerlei Hinsicht waren diese zersplitterten Landschnipsel die besten Argumente einer jeden Kritik an der aristokratischen Herrschaft, und selbst einige Herrscher teilten diese Auffassung. Der hyperrationale Habsburgerkaiser Joseph II. etwa zerbrach sich in den 1780er Jahren in Wien den Kopf darüber, wie er seine fernen, unpraktischen Österreichischen Niederlande gegen das benachbarte Bayern eintauschen könnte. Für die Verschmähten war das eine zutiefst erniedrigende Situation, die ihren Teil zum Entstehen eines belgischen Nationalgefühls beigetragen haben dürfte. Doch eine Reorganisation der verstreuten Gebiete nach rationalen Prinzipien hätte letztlich eine Bedrohung für so gut wie alle Herrscher im Heiligen Römischen Reich bedeutet, und so drängten sich die kleinen Staaten panisch quiekend zusammen, wärmstens ermuntert durch Friedrich den Großen. Der Preußenkönig erinnert in dieser Situation an Lewis Carrolls Walross, das vor Mitgefühl mit den armen kleinen Austern schluchzt, während es sie auffrisst, und es bereitete ihm ein diebisches Vergnügen, Joseph II. zu ärgern, indem er sich zum Schein auf die Seite der Austern schlug. Erst die Französische Revolution fegte schließlich das territoriale Trümmerfeld hinweg und beendete das halbfeudale Herrschaftssystem – wenn auch nur zum Teil, denn wie sich herausstellen sollte, schlüpften viele Aristokraten trotzdem durch die Maschen im Netz des Rationalismus.

Vor 1789 war die Landkarte mit derart vielen Kuriositäten übersät, dass es mir schwerfällt, mit einiger Disziplin darüber zu schreiben. Ich könnte mich bis an mein Lebensende von einer Absonderlichkeit zur nächsten treiben lassen, denn bei näherem Hinsehen nehmen sie fast alle einen eigenen, interessanten Platz in der europäischen Geschichte ein. Nach heftigem innerem Ringen und mit Tränen in den Augen will ich mich jedoch auf zwei davon beschränken: Montbéliard und Neuchâtel.

Montbéliard ist ein verschlafenes Städtchen im Osten der Franche-Comté. Mit seinen staubigen Plätzen, den hölzernen Läden vor den Fenstern, dem Café du Commerce und dem Duft von warmem Baguette erscheint es wie die stereotype Zusammenfassung all dessen, was Frankreich so anziehend macht. Doch dann biegt man um die Ecke, und plötzlich ragt ein deutsches Schloss vor einem auf – chaotisch, schartig und halb verfallen dräut es von einem riesigen, schroffen Felsen auf den Betrachter herab, als habe man unversehens von *Tatis Schützenfest* zu *Im Schatten der Zitadelle* geschaltet. Rund vier Jahrhunderte lang gehörte Montbéliard gemeinsam mit ein paar noch kleineren umliegenden Flecken (darunter das Lehen Saint-Hippolyte, mit dem wir uns nicht weiter zu befassen brauchen) zum Besitz der Herzöge von Württemberg, deren Stammlande mit ihrer Hauptstadt Stuttgart unpraktischerweise mehr als hundertfünfzig Kilometer entfernt lagen. Eingezwängt zwischen der zunächst burgundischen, später spanischen Franche-Comté, dem Fürstbistum Basel und dem von den Habsburgern regierten Vorderösterreich war Montbéliard ein abgeschottetes Territorium, wie man es sich widersinniger kaum vorstellen kann. Die württembergischen Herzöge indes waren ein Paradebeispiel für Herrscher, deren Ländereien weder groß genug waren, um sie zu ernsthaften europäischen Machtfaktoren zu machen, noch klein genug, um sie einfach zu ignorieren. Ihre Inkompetenz und Brutalität hatte ein recht angespanntes Verhältnis zu ihren führenden Untertanen zur Folge, deren unablässiges Pochen auf Privilegien und Ausnahmen und ihre Weigerung, Steuern zu bezahlen, die Herzöge in ihrem Stuttgarter Schloss in ohnmächtiger Wut mit den Zähnen knirschen ließen. Die Herzöge liebten Montbéliard, oder besser gesagt Mömpelgard, wie es damals hieß, denn so klein der Ort auch war, dort konnten sie herumstolzieren und sich feudaler gebärden als irgendwo sonst. Während einer besonders demütigenden Phase ihrer Herrschaft war es sogar der einzige Besitz, der den Württembergern überhaupt noch geblieben war.

Ein weiteres Problem der Herzöge bestand darin, dass sie zum Protestantismus konvertiert waren (Mömpelgard wiederum war von dem frankoschweizerischen Prediger Guillaume Farel bekehrt worden, was die Stadt von ihrem vornehmlich katholischen Umfeld isolierte). Adäquate Stellungen für ihre Söhne aufzutreiben, stellte alle protestantischen Herrscher im Heiligen Römischen Reich vor nahezu unlösbare Schwierigkeiten, da die gesamte Struktur des Reichs weiterhin katholisch geprägt war. Und während katholische Herrscher in der Kirchenhierarchie jederzeit lukrative Posten für ihre Angehörigen fanden – und seien es so müßige wie die mit hübschen Gewändern verbundene Funktion eines Kanonikers in einem Domkapitel –, blieb großen protestantischen Familien nichts anderes übrig, als ihre Söhne zur Armee zu schicken. Die Herzöge von Württemberg gingen sogar noch einen Schritt weiter, indem sie ihre Untertanen als Soldaten an fremde Staaten verkauften. Trotzdem war das Geld stets knapp, sodass sie sich unablässig mit demselben Problem konfrontiert sahen: Wie finanzierte man einen angemessen parasitären aristokratischen Lebenswandel für Familienmitglieder, denen es in einer seltsamen Form von Diskriminierung strengstens verboten war, selbst Geld zu verdienen, indem sie beispielsweise eine Schenke oder einen Laden eröffneten? Einige Generationen produzierten sehr viele Kinder, und die Frage, was aus ihnen werden sollte, brachte so manchen Herzog zur Verzweiflung. Um ihre begrenzten finanziellen Mittel besser zu verteilen, neigten die Württemberger dazu, die Herrschaft über Mömpelgard auf jüngere Seitenlinien zu übertragen. Den absoluten Tiefpunkt bildete in dieser Reihe Leopold Eberhard von Württemberg-Mömpelgard, der Anfang des 18. Jahrhunderts regierte und sein Leben in einem Rausch aus Dummheit, Verrat und sexueller Zügellosigkeit verbrachte (einmal soll er sogar gleichzeitig zu mehreren Töchtern eines Hauptmanns seiner Wache Beziehungen gepflegt haben). Sein Vermächtnis bestand in dem langwierigen, komplizierten Rechtsstreit um die »Mömpelgarder Bastarde«, illegitime Nachkommen, die seinen klammen Nachfolgern in der Hoffnung auf die Finanzierung eines halbwegs aristokratischen Lebensstils auf die Pelle rückten.

Vordergründig betrachtet, war Mömpelgard bloß ein ulkiges Kuriosum. Bei jeder militärischen Auseinandersetzung erinnerte sich früher oder später ein schlauer Oberbefehlshaber an das Gebiet und marschierte dort ein. Im Dreißigjährigen Krieg war es ein beliebter Boxenstopp für sämtliche Parteien, und während des Spanischen Erbfolgekriegs hatte die Garnison Anweisung, sich kurzerhand zu ergeben, sobald eine französische Uniform in Sicht kam. Es ist zu schade, dass wir keine Ahnung haben, was die einfachen Mömpelgarder von alldem hielten. Nachdem Ludwig XIV. den Wiener Habsburgern das Elsass und ihren Madrider Vettern die Franche-Comté abgenommen hatte, fand sich Mömpelgard unversehens an der Front wieder, aber irgendwie hielt das kleine Territorium stand, bis es wie alle anderen in den Strudel des großen Ausverkaufs von 1793 geriet und mit einem Teil der Nordwestschweiz in dem neu geschaffenen Département mit dem herrlichen Namen Mont-Terrible zusammengefasst wurde. Nach dem Ende der Napoleonischen Kriege blieb die Region französisch, und doch bewahrte Mömpelgard wie so viele derartige Städte seine ganz eigenen Besonderheiten. Es war schon immer eine protestantische Enklave, und weil es 1685 nicht zum Herrschaftsbereich Ludwigs XIV. gehört hatte, war es von der Revokation des Edikts von Nantes, die das protestantische Leben im restlichen Frankreich ausgelöscht hatte, unberührt geblieben. Daher steht in Montbéliard die älteste protestantische Kirche des Landes – ein wundervoll strenges kastenförmiges Gebäude vom Beginn des 17. Jahrhunderts. Außerdem wurde in Montbéliard der große protestantische Wissenschaftler Georges Cuvier geboren. Ihm ist ein großartiges Standbild auf dem zentralen Platz der Stadt gewidmet, dessen Schöpfer sich bei der Wiedergabe von Fleisch, Stoff, Haar, Pelz, Papier, Leder, Seide und einem Stück versteinertem Knochen in Bronze selbst übertroffen hat. Cuviers Verdienste um die Naturkunde sind beinahe grenzenlos, und ich war hocherfreut, als ich ihn so unerwartet vor mir stehen sah. Er prägte nicht nur die Begriffe Mastodon und Pterodactylus, die mich unverzüglich in die Zeiten meiner ersten, glühenden Liebe zurückversetzen, sondern erforschte auch als Erster die Mosasaurier. Um diese Dinosaurier-Verbindung hervorzuheben, präsentiert das örtliche Museum – neben vorzüglichen Gips- und Harzmodellen der Birnen der Franche-Comté – einen spektakulären Abguss vom Schädel eines *Sarcosuchus imperator*, eines furchterregenden Urzeitkrokodils, das doppelt so groß war wie sämtliche heutigen Exemplare – das Fossil *»une découverte 100% française!«*.

Ein weiterer Grund, aus dem Mömpelgard unsere Zeit und Aufmerksamkeit verdient, ist die Tatsache, dass seine Herrscher nach Jahrhunderten des Knauserns, der sexuellen Entwürdigung und der mit einem solchen Durchschnittsherzogtum verbundenen Demütigungen endlich doch noch das große Los zogen. Im 18. Jahrhundert wählten Katharina die Große und Friedrich der Große in einer gemeinsamen Intrige die Tochter von Friedrich Eugen, dem in Mömpelgard lebenden jüngeren Bruder des Herzogs von Württemberg, als Gemahlin für Katharinas Sohn und Erben Paul. Katharina war selbst eine unbedeutende deutsche Adlige gewesen, bevor sie den russischen Zaren heiratete, sich an einem Komplott zu dessen Ermordung beteiligte und zu einer der größten Herrscherinnen Russlands wurde. Die junge Sophie Dorothee trat also in große Fußstapfen, als der Erbe Paul nach Mömpelgard kam und sie aus den verschlafenen Birnengärten des Jura an den prunkvollen, grausamen Hof der Romanows entführte. Sie konvertierte zum orthodoxen Glauben, nahm den Namen Maria Fjodorowna an, brachte ein Kind nach dem anderen zur Welt und lebte viele Jahre unter der Fuchtel ihrer Schwiegermutter. Eine unheimliche Parallele zu Katharinas Leben ergab sich, als Paul I. (ein zutiefst gestörter, unangenehmer Mensch) nach kurzer Herrschaft ebenfalls ermordet wurde. Maria Fjodorowna versuchte nun, es Katharina gleichzutun und die Regierung zu übernehmen. Doch niemand schenkte ihr auch nur die geringste Beachtung, und so wurde ihr ältester Sohn als Alexander I. zum Zaren gekrönt. Maria war eine ausgesprochen hoheitsvolle, attraktive Frau, die viele Jahre an ihrer Residenz Pawlowsk vor den Toren von St. Petersburg arbeitete (besser gesagt, sie ließ andere arbeiten und sah ihnen dabei zu). Außerdem kam sie auf den spaßigen Einfall, nach dem Tod ihres Gemahls die ranghöchste Frau am Hof ihres Sohnes bleiben zu wollen, was bedeutete, dass sie anstelle der ruppig zur Seite gedrängten Zarengattin im Mittelpunkt stand und in den absonderlichsten Gewändern herumstolzierte. Auf diese Weise verbrachte sie ihre Zeit und lebte lange genug, um auch noch ihren zweiten Sohn, den freudlosen Leuteschinder Nikolaus I., auf dem Thron zu sehen.

Eine ganz ähnliche Geschichte von bedeutsamer Bedeutungslosigkeit lässt sich auch über den nahe gelegenen Mikrostaat Neuchâtel (Neuenburg) erzählen. Neuchâtel ist eine schöne, kompakte und verwinkelte Stadt, deren Sandsteingebäude im Sonnenlicht aussehen, als seien sie aus riesigen goldenen Kuchenscheiben zusammengesetzt. Wie in Mömpelgard herrscht auch hier ein Gefühl tief verwurzelter Eigenständigkeit. 1530 wurde die Stadt von demselben Prediger – Guillaume Farel – zum Protestantismus bekehrt wie Montbéliard, und die gesamte Ausstattung der großen, alten Kollegiatkirche landete im Fluss Seyon. Als die örtliche Herrscherfamilie 1707 ausstarb, hatten die Einwohner (zumindest eine gewisse Anzahl von ihnen) das – ansonsten auf Papst- und Kaiserwahlen beschränkte – Recht, ihren neuen Landesherrn selbst zu wählen. Die Bürger kamen auf die glorreiche Idee, aus dem Gewühl der Kandidaten – zu denen auch der stets hoffnungsvolle Ludwig XIV. gehörte – ausgerechnet den preußischen König Friedrich I. auszusuchen, weil dieser so weit weg lebte, dass er sich vermutlich nicht allzu sehr in die Angelegenheiten der Neuenburger einmischen würde. Friedrich nahm die Wahl an und erfreute sich kurz an der Aussicht auf eine praktisch gelegene Ausgangsbasis für Angriffe auf Frankreich. Doch schon bald erkannte er, dass diese Möglichkeit durch ein absurdes Gewirr neutraler oder gar feindlich gesinnter Territorien zwischen seinem neuen Besitz und der französischen Grenze zunichtegemacht wurde. Trotz einiger Versuche, Neuchâtel wieder loszuwerden, blieb dieses – mit dem üblichen revolutionären und napoleonischen

Zwischenspiel – bis 1848 in preußischer Hand, zuletzt als der einzige von einem Monarchen regierte Kanton der Schweiz.

Auch wenn Neuchâtel aus preußischer Sicht ein Reinfall war, hat die europäische Geschichte der Stadt einiges zu verdanken. Sie war die Heimat von Philippe Suchard, dem großen Schokoladenkönig, dessen Fabrik in Neuchâtel der ganzen Welt so viel Glück bescherte (das Kantonsmuseum präsentiert Schaufensterauslagen von Suchard-Produkten aus der Zeit vor dem Ersten Weltkrieg aus so unterschiedlichen Städten wie Algier, New York, Gotha und Ploiești). In Neuchâtel wurde der Absinth erfunden, und 1762 erwies sich die Stadt, die unter der Verwaltung des von Friedrich dem Großen eingesetzten schottischen Jakobiten George Keith, 10. Earl Marischal, stand, als rettende Zuflucht für Jean-Jacques Rousseau. Der als moralischer und religiöser Aussätziger betrachtete Rousseau war zuvor von Stadt zu Stadt gejagt worden, und auch aus Neuchâtel wurde er wieder vertrieben (es hatte sich zu einem beliebten lokalen Zeitvertreib entwickelt, einen Stein durch seine Fenster zu werfen). Daraufhin ließ er sich auf der zwar winzigen, aber hübschen St. Peterinsel im nordöstlich der Stadt gelegenen Bielersee nieder, der zum Kanton Bern gehörte, bevor er auch dort ausgewiesen wurde und nach Straßburg und später nach London weiterzog. Das Neuenburger Pendant zum Mömpelgarder Naturwissenschaftler George Cuvier war Louis Agassiz, Professor für Naturgeschichte an der örtlichen Universität, der sich als Theoretiker – neben vielem anderen – vor allem mit der Eiszeit beschäftigte. Er erkannte als Erster, dass die Schweiz lediglich der winzige moderne Überrest eines furchterregenden, grönland-ähnlichen Eispanzers war, der einst die nördliche Hemisphäre unter sich begraben hatte. Eine der letzten Amtshandlungen der preußischen Verwaltung in Neuchâtel bestand darin, Agassiz' Studienreise in die Vereinigten Staaten zu finanzieren, wo er sich dauerhaft niederließ und fortan die amerikanischen Wissenschaften revolutionierte.

Es gäbe über Neuchâtel noch so viel zu schreiben – über seine Kattunstoffe, seine Brunnen, seine verrückten Automaten, seine Armbanduhren und das prächtige Kenotaph der Grafen in der Kollegiatkirche. Ein Großteil seines Umlands bestand aus dünn besiedeltem katholischen Bauernland, und den Familien blieb zum Überleben oft keine andere Wahl, als ihre überzähligen Kinder zum Arbeiten ins Ausland zu schicken, von wo diese in der Regel nicht mehr zurückkehrten. Neuchâtel verkaufte seine Männer als Soldaten und Hauslehrer und die Frauen als Gouvernanten. Das in Neuchâtel gesprochene Französisch galt als sehr rein, weshalb die jungen Mädchen der Stadt – in einer weniger vornehmen Version von Mömpelgards Maria Fjodorowna – in russischen Aristokratenkreisen sehr geschätzt waren. Im 19. Jahrhundert übte dieser Vorzug eine umso größere Anziehungskraft aus, als junge Französinnen nach der Revolution im Verdacht standen, den Bazillus des Königsmords ins Land zu bringen. In einer Zeit, in der die Unterhaltungen der vornehmen Gesellschaft üblicherweise auf Französisch geführt wurden, wirkten die Neuenburgerinnen als unersetzliche Lehrerinnen auf zahllosen Adelsgütern zwischen Ostsee und Ural. Für die Mädchen muss dies vergleichbar gewesen sein mit einer Reise auf den Mond. Heute saßen sie noch auf einer Weide am See, flochten Gänseblümchenkränze und plauderten mit ihrer Lieblingskuh, und ein paar Monate später hockten sie, in ein Bärenfell gehüllt, in einem dahinrasenden Pferdeschlitten, dessen bärtiger Schlittenführer unter gotteslästerlichen Flüchen seine wild mit den Augen rollenden Pferde über einen zugefrorenen See trieb, während das Gespann von heulenden Wölfen verfolgt wurde. Was für eine Umstellung!

In der Perückenzeit

Eine fröhlichere Hymne auf die niederländische Stadtkultur als den Zaadmarkt in der Altstadt von Zutphen kann man sich kaum vorstellen. So weit das Auge reicht, sieht man Wohltätigkeits- und Bildungseinrichtungen, Türme, altes Glas und prächtige Wohnhäuser. Natürlich erkennt man auf den zweiten Blick auch zahlreiche spätere Ausbesserungen und Mogeleien, doch alles in allem verströmt die Straße immer noch die Aura des beginnenden 18. Jahrhunderts, wenn nicht noch früher. Das Zentrum von Delft ist bekanntermaßen im späten 17. Jahrhundert stecken geblieben. Weite Teile der Stadt sehen immer noch aus wie Vermeers *Straße in Delft*, die er malte, kurz nachdem die Explosion eines Pulvermagazins 1654 große Teile der Altstadt zerstört hatte. Man muss dieses Flair aus alten Backsteinen, immer wieder überstrichenen Fensterrahmen und ausgetretenen Stufen einfach lieben, und ich habe meine zunehmend besorgte, entnervte Familie mehrmals hysterisch davon zu überzeugen versucht, dass wir unbedingt in ein Delfter Grachtenhaus ziehen sollten – um so profane Dinge wie Sprachkenntnisse und Arbeit könnten wir uns später kümmern, das würde dem Ganzen einen Hauch von Abenteuer verleihen. Für die Niederländer selbst war das Leben hier jedoch alles andere als ein Abenteuer. All die Marktplätze, Rathäuser, Kirchen und Wohnhäuser blieben nur deshalb in so großer Zahl erhalten, weil sie durch den albtraumhaften Zusammenbruch des niederländischen Lebensstils im 18. Jahrhundert eingefroren und konserviert wurden. Die Folgen dieses Zusammenbruchs wirkten zum Teil bis ins 20. Jahrhundert nach. Was wir heute genießen, ist in Wahrheit ein Nebenprodukt der elenden Erfahrung, nach dem Goldenen Zeitalter zu leben.

Das 18. Jahrhundert war für die Niederländer der blanke Hohn. Während Großbritannien und Frankreich eine Periode voller Dramatik und Aufschwung erlebten, ging es für die niederländische Republik steil bergab. Die Russen, um nur ein Beispiel zu nennen, haben im Lauf der Geschichte nie hochfliegende Erwartungen hegen können, aber als Niederländer nach derart glücklichen Zeiten wie dem 17. Jahrhundert – einer Phase von Erfolg und Wohlstand, die untrennbar mit der calvinistischen Prädestinationslehre verknüpft war – nun Teil dieses Niedergangs zu sein, war entsetzlich. Selbst Weltkarten verspotteten ihre Besitzer, indem sie ihnen den vergangenen Glanz unablässig vor Augen führten. Namen wie Arnhemland, Van-Diemens-Land, Tasmanische See oder Neuseeland erinnerten an die längst verlorene Vorherrschaft im fernen Südostasien, und auch die in sehr viel kleinerem Maßstab angefertigten Karten von New York waren mit den erstarrten Überresten von Neu-Niederland übersät (Staten Island, Brooklyn, Harlem, Bronx, Tappan Zee, Yonkers, Spuyten Duyvil). Die Franzosen hatten Mauritius erobert und nannten die Insel nun Île de France, wodurch vorübergehend die Verbindung zu Fürst Moritz von Oranien verloren ging, nach dem sie bei ihrer Inbesitznahme durch die Niederländer benannt worden war. Dessen entfernter Verwandter und Quasi-Namensvetter Johann Moritz von Nassau-Siegen wiederum war Generalgouverneur von Niederländisch-Brasilien gewesen, wo er Mauritsstad gegründet hatte – ebenfalls nichts als eine ferne Erinnerung. Noch schlimmer wurde es in der zweiten Hälfte des 18. Jahrhunderts, als mit jedem Jahr deutlicher wurde, dass Wilhelm V., der 1751 im zarten Alter von drei Jahren schon zum Statthalter ernannt worden war, unfähig war, das Land zu regieren (in einem selbstkritischen Moment blickte er auf seine militärische Ausbildung zurück und bemerkte, dass er allerhöchstens über die Fähigkeiten eines Unteroffiziers verfüge).

Wohin man auch blickte, sah man verheerende Entwicklungen. Die allseits verehrten Kühe, die Aelbert Cuyp ein Jahrhundert zuvor noch vor Gesundheit strotzend gemalt hatte, wurden von immer neuen Wellen der

Rinderpest dahingerafft. Die Fischereiflotte verfiel, die Kriegsmarine schrumpfte, ganze Gewerbezweige kamen innerhalb einer Generation zum Erliegen. Leidens gewaltige Tuchindustrie brach zusammen, die Bevölkerung der Stadt halbierte sich beinahe, und auf den früher so prächtigen Plätzen graste das Vieh. Die Dordrechter Salzsiedereien stellten den Betrieb fast gänzlich ein. Ein speziell für die Niederländer reservierter Schrecken schienen die sogenannten Schiffsbohrwürmer zu sein, die in den 1730er Jahren auftauchten und sich durch sämtliche hölzernen Bestandteile der Deiche fraßen. Um 1720 hatte die Niederländische Ostindienkompanie (im Niederländischen abgekürzt als VOC) ihre Vormachtstellung in Asien endgültig verloren, und nach 1740 büßten die Niederländer auch ihre Führung auf technologischem Gebiet ein. In Leiden war man immer noch stolz darauf, dass Peter der Große die Stadt besucht hatte, um ihre herausragenden wissenschaftlichen Errungenschaften zu sehen und durch den Hortus Botanicus zu wandeln, stolz darauf, dass Carl von Linné dort seine *Systema Naturæ* und *Fundamenta Botanica* veröffentlicht hatte. Doch in der zweiten Jahrhunderthälfte ließ sich nicht mehr leugnen, dass Leiden in provinzieller Bedeutungslosigkeit versunken war. Alles wurde noch unerträglicher dadurch, dass die Österreichischen Niederlande florierten und Brüssel einen nie gekannten Aufschwung erlebte. Unter der langen, energischen Herrschaft des Gouverneurs Karl Alexander von Lothringen entstanden neue Kanäle, Straßen und Industrien, und die steigenden Bevölkerungszahlen gaben schon einen Vorgeschmack auf das künftige Belgien. Was die niederländische Republik im 17. Jahrhundert so erfolgreich gemacht hatte, verschwor sich im 18. gegen sie. Als besonders unfair müssen es die Niederländer empfunden haben, dass die Briten und Franzosen niederländische Techniken kopierten und sie anschließend in großem Umfang dazu nutzten, die kleinere niederländische Konkurrenz zu vernichten. Unterdessen stand Wilhelm V. – dessen Name allein schon eine höhnische Parodie auf seine großen Vorgänger Wilhelm den Schweiger und Wilhelm III. zu sein schien – in Den Haag an der Spitze seines zänkischen, korrupten und zügellosen Hofes. Es war eine Ära, die als »Perückenzeit« in die niederländische Geschichte eingehen sollte.

In diese Stimmung hinein flammte in ganz Europa die Begeisterung für den Amerikanischen Bürgerkrieg auf. Im 18. Jahrhundert erlebte der Kontinent zunehmende Globalisierung, ein rasches Wirtschaftswachstum (zumindest in einigen Ländern), Abenteuer und Unternehmungsgeist – doch die Entwicklungen verliefen schrittweise und bescherten den Menschen nicht mehr jene erstaunlichen Entdeckungen, die in den vorangegangenen beiden Jahrhunderten für Aufruhr gesorgt hatten. Inzwischen hatte man sich daran gewöhnt, Kaffee, Tee und Schokolade zu trinken, und der letzte Dodo war längst verspeist. In einer von relativer dynastischer Stabilität geprägten Welt (in England saßen Männer namens Georg auf dem Thron, in Frankreich Männer namens Ludwig) waren die amerikanischen Revolutionsjahre von 1775 bis 1783 vor allem eine willkommene Abwechslung: Der Krieg bot eine intellektuelle Herausforderung, die Menschen rissen sich um die Konterfeis der neuen Helden, vor allem aber genoss Europa das Spektakel des sich abzeichnenden britischen Desasters. Nachdem Großbritannien sich dank seiner territorialen Zugewinne aus dem Siebenjährigen Krieg hemmungslos die Taschen vollgestopft hatte, sämtliche Freunde fallen gelassen hatte und zur ersten europäischen Supermacht aufgestiegen war, erschien die Vorstellung, das Land könne seine größte Kolonie nach so kurzer Zeit schon wieder verlieren, einfach zu schön, um wahr zu sein. Die Franzosen taten ihr Möglichstes, um die Briten zu schwächen, und um 1780 sah es tatsächlich so aus, als könnte deren Empire zusammenbrechen. Für die Niederländer ergab sich daraus eine verlockende Situation: Sollten sie dem Vorschlag der Franzosen folgen und ihre Kräfte im Indischen Ozean bündeln, um das Britische Empire dort ebenso zu zerschlagen, wie es die Franzosen und Amerikaner gerade im westlichen Atlantik taten? Wilhelm V. blieb neutral und probritisch, doch je länger der Unabhängigkeitskrieg dauerte, umso brutaler und verzweifelter führten ihn die Briten, was die Niederländer in eine unangenehme Lage brachte – nicht zuletzt weil die winzig kleine, aber höchst geschäftstüchtige Insel Sint Eustatius in Niederländisch-Westindien zum wichtigsten Umschlagplatz für Waffenlieferungen an die amerikanischen Rebellen wurde. Außerdem nutzten amerikanische Kriegsschiffe, die den Schiffsverkehr rings um die Britischen Inseln angriffen, niederländische Häfen. Diese Form der »Neutralität« wurde für die Briten zunehmend inakzeptabel, und sie begannen, nach Gutdünken Schiffe zu entern und zu beschlagnahmen, auf denen sie Nachschublieferungen für die Amerikaner vermuteten.

Das alles führte schließlich zum Vierten Englisch-Niederländischen Seekrieg. Für die Niederländer, die in der Erinnerung an die ruhmreichen Zeiten vergangener Kriege mit unzähligen Stichen der Admirale Tromp und de Ruyter und den populären Geschichten über ihre Heldentaten aufgewachsen waren, war das Fiasko kaum zu ertragen. Im Handumdrehen fegten die Briten die niederländischen Schiffe und Kolonien hinweg und machten die boomende Handelsniederlassung auf Sint Eustatius dem Erdboden gleich, woraufhin diese im weiteren Verlauf der Geschichte keinen Ärger mehr machte. Zu Hause in Europa liefen die Schiffe der antiquierten niederländischen Kriegsflotte gar nicht erst aus, um nicht die vollständige Zerstörung zu riskieren, sodass die Briten unbehelligt eine Seeblockade einrichten und die niederländische Wirtschaft ruinieren konnten. Das einzig Gute an der Sache war, dass das Ausbleiben von Virginia-Tabak zu einem kurzen, trügerischen Aufschwung von niederländischem Tabak führte. 1782 erkannte die niederländische Republik als zweites Land nach Frankreich die Vereinigten Staaten von Amerika offiziell an.

Die Österreichischen Niederlande nutzten die Gunst der Stunde, um die alten »Barrieretraktate«, jene Verträge, die der niederländischen Republik das Recht auf eigene Festungen entlang der französischen Grenze zusicherten, einseitig aufzukündigen, die Garnisonen aus dem Land zu jagen und die Bollwerke zu schleifen (die ohnehin wirkungslos geworden waren, da die Niederländer kein Geld mehr hatten, sie instand zu halten). Unter normalen Umständen hätten die Briten aufs Schärfste gegen diesen Schritt protestiert, bildeten die Grenzfestungen doch ein wesentliches Element ihrer eigenen antifranzösischen Kontinentalpolitik, doch da sie selbst gerade Krieg gegen die Niederländer führten, war von dieser Seite kein Widerspruch zu erwarten. So errangen die Österreichischen Niederlande nach langer Zeit endlich ihre volle lokale Souveränität – allerdings stellte sich bald heraus, dass dieser Zustand nicht von Dauer sein sollte.

Als Großbritannien 1783 schließlich die Unabhängigkeit der Vereinigten Staaten anerkannte, erfüllte dieser Ausgang die Franzosen mit gemischten Gefühlen. Versailles war der Inbegriff von Schnallenschuhen, in Schlossform gebackenen Kuchen und hell klingender Musik, eine bedenkliche Mischung aus Zügellosigkeit und steifem Protokoll. Nach der Unterzeichnung des Friedensvertrags dürfte mehr als eine hübsch manikürte Hand unwillig auf der Platte eines Kirschholzsekretärs herumgetrommelt haben, während ihr Besitzer daran dachte, dass Frankreich Tausende Soldaten geopfert und sich finanziell ruiniert hatte – und das alles nur, um zur Gründung einer riesigen neuen Republik beizutragen, die jetzt schon deutlich größer war als Frankreich selbst und die sich zwischen dem französischen Staat und dessen schwacher, nur mit Mühe gehaltener Kolonie am Mississippi erstreckte. Die Briten hingegen schienen die Niederlage merkwürdig schadlos überstanden zu haben. Natürlich waren sie gedemütigt, aber der Rest ihres Empires war intakt, und ihre kulturellen, sprachlichen und finanziellen Verbindungen zu den Vereinigten Staaten waren immer noch so eng, dass Frankreich sich nicht dazwischendrängen konnte. Nein, der springende Punkt war diese Republik. Bislang waren Republiken lediglich kleine historische Kuriositäten gewesen – die Schweizerische Eidgenossenschaft, das stagnierende Venedig, ein paar obskurantistische geistliche Miniterritorien im Heiligen Römischen Reich wie das Stift Essen –, aber nun wurden Republiken plötzlich schick, groß und lebensfähig. Während die Niederländer ihren Krieg gegen die Briten abwickelten, blickten sie missmutig auf den glücklosen Wilhelm V., der zwar kein Monarch im eigentlichen Sinne war, aber immerhin Erbstatthalter, was der Sache schon sehr nahekam. Er war derart unbeliebt, dass man ihn, obwohl er persönlich gegen diesen Krieg gewesen war, für dessen katastrophalen Verlauf verantwortlich machte. Noch vor Ablauf des Jahrzehnts sollten die dramatischen Folgen der zurückliegenden Ereignisse spürbar werden: erst in den Niederlanden in Gestalt einer gescheiterten Revolte gegen die Oranier und später in Frankreich, wo die Revolution den Weg für eine neue Ära freimachte.

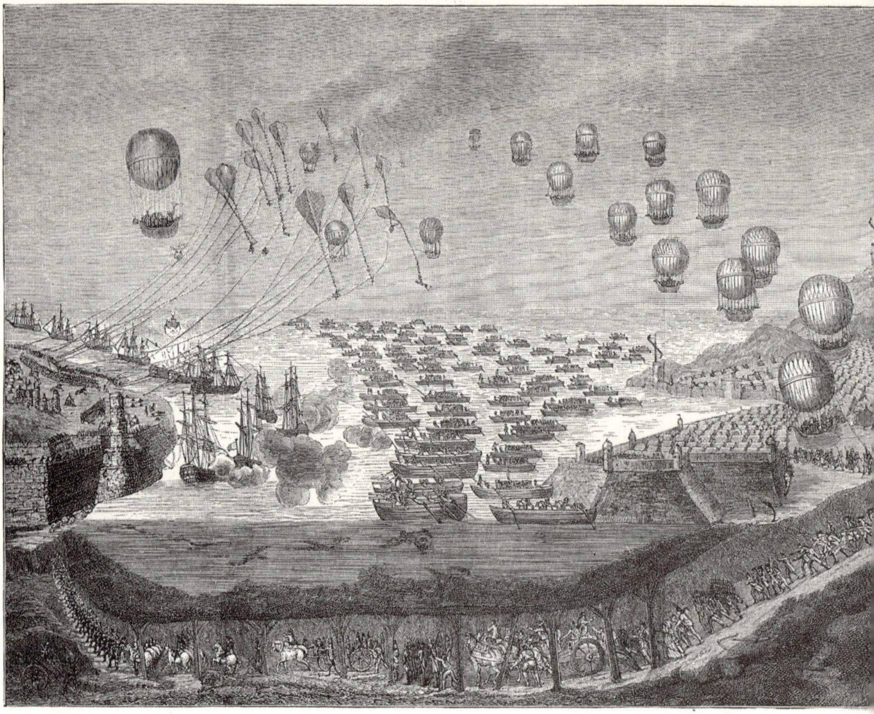

KAPITEL ZEHN

Eine »heroische, ahndungsvolle Tat«

Es war reines Pech, dass eine der großen unfreiwillig komischen Gestalten des 18. Jahrhunderts 1781 beschloss, Gent zu besuchen. Kaiser Joseph II. war sehr gewissenhaft in allem, was er tat, aber wie ein habsburgischer Monsieur Hulot zog er stets eine Spur von Chaos hinter sich her. Der Todeszeitpunkt seiner Eltern und die Launen des Salischen Rechts hatten zur Folge, dass er 1765 zwar die Kaiserwürde von seinem Vater Franz I. erbte, allerdings noch weitere fünfzehn Jahre unter der wachsamen Aufsicht seiner Mutter stand. Bis zu ihrem Tod regierte die weise und erfahrene Maria Theresia in den Ländern der Habsburgermonarchie und erlaubte ihm nur ausnahmsweise einmal, einen Nachmittag lang mitzuhelfen, wenn sie ihm eine Freude machen wollte. Als diese erzwungene Unmündigkeit 1780 endete, brach sich Josephs lange im Zaum gehaltene Energie geradezu rauschhaft Bahn. Fairerweise muss man zugeben, dass der Hof seiner Mutter zum Ende hin ziemlich altbacken geworden war (ein wildes Durcheinander aus Betkissen, Weihrauch, spillerigen Stühlen mit Blumendekor und singenden Kindern), und so schickte sich Joseph an, kaum dass er ungehindert schalten und walten konnte, sein Erbe gründlich durchzulüften. Er war ein tiefgläubiger Katholik und setzte nun allem, was er als überflüssigen Mummenschanz der Rokokokirche betrachtete, ein radikales Ende. Er warf Mönche aus ihren Klöstern und wandelte die Gebäude in Schulen um, er führte einen an Don Quixote erinnernden Kampf gegen die Tiroler Krippenbauer, er sehnte sich nach »nützlichen« Untertanen und träumte davon, sie so heftig durchzurütteln, dass sie zu ergebenen Dienern seines Staates würden.

Seiner Mutter war es nie in den Sinn gekommen, ihre Zeit mit einem Besuch in den Österreichischen Niederlanden zu verschwenden, aber Joseph war anders. Es war typisch für ihn, dass er mit dieser Reise zwei einander widersprechende Ziele verfolgte: Einerseits wollte er die Region aus ihrem von Priestern beherrschten obskurantistischen Sumpf befreien und in einen wohlhabenden, florierenden Teil des Heiligen Römischen Reichs verwandeln, andererseits arbeitete er daran, sie ganz loszuwerden und gegen das Herzogtum Bayern einzutauschen, wo gerade ein Mangel an legitimen Erben herrschte, was eine Eingliederung in die habsburgischen Lande in den Bereich des Möglichen rückte. Als Joseph 1781 in Gent eintraf, hatte er auf dem Weg dorthin bereits eine breite Schneise der Empörung und Verwirrung geschlagen. Wie alle Besucher ging er in die Sint-Baafs-Kathedrale, um den Genter Altar mit der *Anbetung des Lammes* zu bewundern – und war entsetzt. Van Eycks herrliche Darstellung von Adam und Eva (der Genesis entsprechend: nackt) fand er obszön. Angesichts der zugegebenermaßen drastischen, fast schon medizinisch anmutenden Akte scheint Joseph, Opfer seines eigenen sexuellen Jammertals, eine Art Zusammenbruch erlitten zu haben. Er befahl, die Figuren neu zu malen, diesmal jedoch mit Tierfellen bedeckt (der Genesis entsprechend, wenn auch in einem etwas späteren Stadium). Zum Glück verlangte er gänzlich neue Tafeln und wies nicht kurzerhand einen zeitgenössischen Maler an, die originalen Akte wie papierne Anziehpuppen mit Kleidung zu übermalen. Das Ergebnis war von einer überwältigenden Albernheit: Eva steckte in einer Art frühem Minirock, und sowohl sie als auch Adam hatten sich von den mit Mühsal beladenen, strengen Ahnen der Menschheit in hippe Verwandte der Familie Feuerstein verwandelt.*

Mit solch überstürzten, planlosen Initiativen ruinierte Joseph alle seine Vorhaben. Er war der Einzige, der den Tausch mit Bayern für eine gute Idee hielt, und letztlich wurde dieser durch eine Koalition aus mehreren kleineren Staaten und Preußen verhindert. Bis dahin hatte Joseph längst die Geduld mit den Österreichischen Niederlanden verloren. Er hatte das Glücksspiel verboten, mehr als hundertfünfzig Klöster geschlossen, eine ganze Reihe angenehm altmodischer religiöser Praktiken in den Orkus befördert und sich allseits gründlich verhasst gemacht. Er wetterte gegen die »provinziellen, von Frauen und Mönchen beherrschten Dummköpfe« und beschimpfte die flämischsprachigen Einwohner als »engstirnige … halsstarrige … Verrückte und Idioten«. Dabei scheint ihm völlig entgangen zu sein, dass Städte wie Namur und Brüssel wuchsen und sich nach britischem Vorbild industrialisierten (genau wie Lüttich im benachbarten Fürstbistum). Die Briten gossen freudig Öl ins Feuer und ermunterten Joseph, die Öffnung der immer noch blockierten

* Inzwischen sind beide Versionen von Adam und Eva in der Kathedrale zu sehen – die Originale befinden sich allerdings wieder an ihrem rechtmäßigen Platz.

Scheldemündung zu erzwingen, nur um die Niederländer zu ärgern – was zum grotesken »Kesselkrieg« führte, in dessen Verlauf ein einziger Schuss abgegeben wurde, der ausgerechnet einen Kessel traf. Tatsächlich entwickelten sich die Briten zu eifrigen Fürsprechern einer Fortsetzung von Josephs Herrschaft in den südlichen Niederlanden und Gegnern eines Tauschs mit Bayern, und zwar aus dem uneingestandenen Grund, dass ihnen die habsburgische Inkompetenz in Flandern sehr gut zupasskam. Derart herablassend behandelt, schikaniert, lächerlich gemacht und als Gegenstand von Tauschgeschäften betrachtet, ließ sich die Bevölkerung schließlich vom Geist der Französischen Revolution anstecken und rebellierte gegen die Habsburger. Binnen weniger Wochen hatten sämtliche Provinzen mit Ausnahme von Luxemburg deren Vertreter vertrieben, während Lüttich seinen Fürstbischof gestürzt und sich zur Republik erklärt hatte. Am 11. Januar 1790 wurden die Vereinigten Belgischen Staaten ausgerufen. Die Nachricht erreichte Joseph auf seinem Wiener Totenbett, wenige Wochen bevor er an der Tuberkulose starb, die er sich beim Kampf gegen die Türken am anderen Ende seines zunehmend bröckelnden Riesenreichs zugezogen hatte.

Der belgische Widerstand gegen Josephs unausgegorene Reformvorstellungen nahm mehr und mehr nationale, aber auch zutiefst katholische Züge an, was von den radikaleren Nachbarn mit Verblüffung und Abscheu registriert wurde. In der Niederländischen Republik, wo man immer noch unter den ungeheuren Belastungen des Krieges gegen die Briten und den Nachwehen der erlittenen Demütigung ächzte, hatte es wenige Jahre zuvor bereits einen Aufstand des linken Flügels gegeben. 1787 hatten die »Patriotten« (Patrioten) die geschwächten Orangisten mit ihren Perücken verjagt, und Wilhelm V. war über den Ärmelkanal geflohen, vermutlich von jenem Strand bei Den Haag aus, wo 1660 – allerdings unter verheißungsvolleren Umständen – die Überfahrt des englischen Königs Karl II. begonnen hatte. Tragischerweise betrachteten sowohl Patriotten als auch Orangisten die Werte und Entscheidungen der anderen Seite als Grund für den schmachvollen Zustand der Niederlande und entwickelten ihr jeweils eigenes Narrativ, in dem sie als die wahren Erben der Helden aus den Kriegen gegen die Spanier erschienen (die Firma Wedgwood verdiente eine Menge Geld mit dem Verkauf entsprechender Porzellanfigürchen zum Gedenken an Wilhelm III., de Witt und deren Gefährten an beide Parteien).

Während die Region durch diese Zerwürfnisse geschwächt wurde und ihr Zusammenhalt zerfiel, geriet sie kurioserweise wieder unter den Einfluss des Heiligen Römischen Reichs. Die Österreichischen Niederlande waren immer ein Teil davon geblieben, doch für die niederländische Republik öffnete sich zum Entsetzen der Bevölkerung ein weiteres Kapitel in der langen Reihe der Demütigungen jenes Jahrhunderts, als 1787 eine preußische Armee unter der Führung des Herzogs von Braunschweig, eines langjährigen Beraters von Wilhelm V., einmarschierte. Nachdem sich die Niederländer achtzig Jahre lang erfolgreich gegen die Spanier zur Wehr gesetzt hatten, mussten sie nun erleben, dass die zur Unterstützung der Orangisten herbeigeeilten Preußen nur rund vier Wochen brauchten, um das gesamte Land zu durchqueren und sich bis an die Küsten des Ärmelkanals vorzukämpfen. 1789 schlug eine preußische Armee unter dem Kommando des Herzogs von Braunschweig die gerade erst ausgerufene Republik Lüttich nieder, und nachdem das Habsburgerreich unter Josephs jüngerem Bruder Leopold II. unverzüglich seine frühere Zielstrebigkeit und Rücksichtslosigkeit wiedererlangt hatte, zog ein österreichisches Heer 1790 einen Schlussstrich unter die Vereinigten Belgischen Staaten. Alle drei militärischen Operationen waren klassische *Reichsexekutionen:* kaiserliche Interventionen zur Wiederherstellung einer wie auch immer definierten »Ordnung«. Anders als die Vorgänge in Lüttich und den Vereinigten Belgischen Staaten lag der Aufstand der niederländischen »Patrioten« zeitlich vor dem wichtigsten Ereignis jener Jahre: der Französischen Revolution. Zu deren Ausbruch trug 1789 unter anderem das in Paris verbreitete Gefühl von Scham und Versagen angesichts der Tatsache bei, dass die Preußen die niederländische Republik, einen Verbündeten Frankreichs, überrannt hatten, ohne in dieser Frage auch nur einmal den vermeintlich führenden Staat Europas zu konsultieren.

Von nun an vollzogen sich die Veränderungen in schier atemberaubendem Tempo. Die Anfangsphase der Französischen Revolution stieß weithin auf Zustimmung – teils aus ehrenwerten Gründen (Jubel über den Beginn einer neuen Ära), teils aus nicht ganz so ehrenwerten (britische Schadenfreude angesichts des anscheinend endgültigen Zusammenbruchs ihres seit Generationen bekämpften Feindes). Die fiebrige Hysterie der darauffolgenden Jahre sprengt in vielerlei Hinsicht den Rahmen dieses Buches. Jede Region erlebte ihre eigenen Wochen voller Erregung, Schrecken, Verrat und gegenseitigen Beschuldigungen. Entscheidungen und Gefolgschaften, die an einem Tag ausgesprochen vernünftig schienen, erwiesen sich am nächsten als fatal. Nach und nach wurde jedes Land von den Erschütterungen erfasst, durchlebte jede Stadt ihr ganz eigenes Minidrama. Allein in den Österreichischen Niederlanden führte der Prozess, der 1790 mit der Revolution begonnen hatte, zum Einmarsch einer österreichischen Armee, die die alte Ordnung wiederherstellte, gefolgt von einer französischen Invasion im November 1792, in deren Verlauf die Österreicher vertrieben wurden (Schlacht bei Jemappes).* Dann ein Gegenangriff der Österreicher im März 1793, mit dem sie die Franzosen aus dem Land jagten (Schlacht bei Neerwinden), und ein weiterer – wie sich herausstellte endgültiger – Einmarsch der Franzosen im Juni 1794, nach dem die Region schließlich von Frankreich annektiert wurde (Schlacht bei Fleurus). Bei jedem einzelnen dieser Feldzüge wurden die gesellschaftlichen Grundlagen aufs Neue zerstört. Die kleinen Rathäuser, Gilden und Bürgerwehren lagen in Trümmern, sämtliche Traditionen bezüglich Gehorsam, Erbfolge und allgemeiner Ordnung waren dahin. Bis Napoleon 1814 seine entscheidende Niederlage erlitt, war eine ganze Generation herangewachsen, die den »verzopften« Gehorsam und die verstaubten Hierarchien des 18. Jahrhunderts schlichtweg nicht mehr nachvollziehen konnte.

Während die französische Königsfamilie 1792 im Tuilerienpalast in der Falle saß, beschlossen die Mitglieder der antirevolutionären Koalition und die entlang des Rheins versammelten aristokratischen Emigranten, dass ein Einmarsch in Frankreich nicht länger aufgeschoben werden dürfe. Bestärkt wurden sie in ihrer Entscheidung durch die Leichtigkeit, mit der jene ersten Siege in der niederländischen Republik, Lüttich und den Österreichischen Niederlanden errungen worden waren. Erneut wurde dem Herzog von Braunschweig das Kommando übertragen, und er setzte seinen Namen unter ein wenig hilfreiches, apokalyptisches Manifest, in dem er Paris mit der vollständigen Zerstörung drohte, sollte der königlichen Familie auch nur ein Haar gekrümmt werden.

Wir haben das große Glück, dass Goethe (und ebenso der junge Kleist) Teil jener Koalitionsarmee war, denn seine später verfassten Erinnerungen *Campagne in Frankreich* bieten eine höchst anschauliche Schilderung vom Chaos und den Schrecken dieses Feldzugs. Darüber hinaus zeichnen sie ganz

* Jemappes ist ein Dorf unweit von Mons. Der dort errungene Sieg war so bedeutungsvoll, dass die Franzosen 1795 das aus der alten Grafschaft Hennegau, der früheren Enklave Tournai und einigen Teilen von Lüttich und Namur neu gebildete Département in Erinnerung daran Jemappes nannten. Der demütigende Umstand, in einem Département leben zu müssen, das genauso hieß wie der Schauplatz der eigenen Niederlage, währte bis 1814.

nebenbei ein unfreiwillig komisches Bild von Goethe selbst in seinem mit Leder ausgekleideten Reisewagen, versehen mit sorgfältig ausgeschnittenen kleinen Landkarten zu den einzelnen Kriegsschauplätzen. Er wusste sehr genau, dass er eine deutsche Berühmtheit war, und man erkennt zwischen den Zeilen, dass er durchaus Wert auf eine Sonderbehandlung legte und ganz gern auf Kosten anderer lebte. Wahrscheinlich ließ er, wo immer er auftauchte, verbitterte Soldaten, Diener und Gastwirte zurück, die sich schworen, nie wieder *Die Leiden des jungen Werther* zu lesen. Doch was ihren Unmut hervorrief, ist unser Gewinn, denn in zahlreichen Einzelheiten hält Goethe das schleichende Unbehagen der Alliierten fest, während diese immer weiter in ein unkenntliches, fremdartiges Frankreich vorstoßen. Dieses Befremden tritt schon sehr früh bei der verheerenden Belagerung der Festung Verdun zutage, die von Revolutionären gehalten wird. Die Verbündeten unterwerfen die Stadt einem derart zerstörerischen Bombardement, dass die Garnison zur Aufgabe gezwungen ist. In einem beispiellosen Akt begeht der französische Kommandant daraufhin Selbstmord, und ein gefangener Soldat tötet sich selbst, indem er sich von einer Brücke stürzt (eine »heroische, ahndungsvolle Tat«, wie Goethe schreibt). Das war nicht die Art von choreografiertem, »rationalem« Kampf, wie sie in gewissem Maße im 18. Jahrhundert vorgeherrscht hatte. Für weiteres Entsetzen sorgten die Nachrichten aus Paris, wo der Tuilerienpalast gestürmt, die königliche Familie gefangen genommen und Hunderte ihrer Schweizergardisten abgeschlachtet worden waren.*

Während Goethe mit Militärkurieren verhandelte, die Schachteln voller Süßigkeiten aus dem geplünderten Verdun für ihn nach Deutschland mitnehmen sollten, spielten sich in Paris einzigartige Szenen ab. Aufgestachelt durch Dantons Aufruf zu »Mut! Und noch mehr Mut!« strömten Tausende Freiwillige aus den Provinzen herbei, um sich dem heranstapfenden Koalitionsheer entgegenzustellen. Schlimmer noch, bereits im April hatte Claude Joseph Rouget de Lisle in Straßburg die künftige »Marseillaise« geschrieben, jenen düsteren Vorgeschmack auf die rauschhaften Opern des 19. Jahrhunderts. Nie zuvor hatte jemand in aller Öffentlichkeit den Wunsch besungen, die französischen Felder mit dem Blut des Feindes zu tränken. Zwar müsste

* Ihrem Gedenken ist Bertel Thorvaldsens ausdrucksstarkes, trauriges *Löwendenkmal* in Luzern gewidmet, das der Bildhauer in der von Grund auf veränderten Welt der 1820er Jahre schuf.

das Lied streng genommen die »Strasbourgeoise« heißen, aber seit Freiwillige aus Marseille, die Dantons Ruf gefolgt waren, es auf ihrem Marsch nach Paris gesungen hatten, wird ihnen diese Hymne zugeschrieben.

Durch Zufall fiel Goethe eine frische Ausgabe der Pariser Zeitung *Le Moniteur* in die Hände, in der er die hämische Zeile las: »Sollen die Preußen auch nach Paris kommen, verlassen werden sie es nicht mehr.« Wie einst Karl der Kühne auf seinem Weg in die Schweizer Kantone marschierte der Herzog von Braunschweig geradewegs ins Verderben. In der Schlacht bei Valmy erwies es sich als vollkommen unmöglich, die französischen Linien zu durchbrechen. Und selbst wenn es den Koalitionstruppen gelungen wäre, hätte ihnen das kaum genützt, denn sie waren mittlerweile heillos in der Unterzahl, verfügten kaum noch über Waffen und Vorräte und befanden sich, von jeglichem Nachschub abgeschnitten, mitten in feindlichem Gebiet. Falls sie es trotzdem irgendwie nach Paris geschafft hätten, wären sie nicht einmal ansatzweise in der Lage gewesen, die Stadt zu belagern, geschweige denn sie – wie von Braunschweig angedroht – dem Erdboden gleichzumachen. Im strömenden Regen (den der Herzog für das Fiasko verantwortlich machte und der zweifellos nicht besonders hilfreich war) machten die Koalitionstruppen daher kehrt. Es sollte knapp zweiundzwanzig Jahre dauern, bis sie wieder französischen Boden betraten.

»Die alten Zeiten sind dahin«

Die Französische Revolution bescherte den geistlichen Kurfürsten entlang des Rheins eine großartige Zeit – einen letzten rauschhaften Freudentaumel, bevor ihre Welt für immer unterging. Trier, Mainz und Köln waren seit Langem in provinzieller Bedeutungslosigkeit versunken, aber 1789 strömten plötzlich zahllose verängstigte, verwirrte, auf Rache sinnende französische Flüchtlinge in die Fürstbistümer. Für Abwechslung sorgten zudem zwei kurz hintereinander stattfindende Kaiserwahlen, da Leopold II. im Oktober 1790 gekrönt wurde, aber schon siebzehn Monate später starb, woraufhin sein Sohn, Franz II., im Juli 1792 zu seinem Nachfolger bestimmt wurde. Eine Katastrophe für das Heilige Römische Reich, denn Leopold war genau die Art von erfahrenem, pragmatischem, klugem Anführer, den die Koalition in dieser Situation brauchte, und nach seinem Tod blieb nur ein recht trauriger Haufen zurück (natürlich entsprang die leidenschaftliche, ungezügelte

Dynamik der Revolutionäre und später auch der napoleonischen Armeen innerem Antrieb, zum Teil beruhte sie aber auch auf dem zufälligen Umstand, dass ihnen vollkommen unfähige, uncharismatische Gegner entgegenstanden). Für die geistlichen Kurfürsten jedenfalls waren diese Zeiten ein Geschenk des Himmels – prächtige, aufwendige Zeremonien, kistenweise Weihrauch, das beste Porzellan und erstklassige Hausgäste. Das Gemenge aus Würdenträgern des Heiligen Römischen Reichs und zornigen französischen Emigranten war einzigartig. In Wirklichkeit war die Krönung Franz' II. nur das letzte Hurra, doch zum damaligen Zeitpunkt erschien sie allen als ein Zeichen für die robuste Natur des Kaiserreichs, als Musterbeispiel für Anstand, Protokoll und Tradition, das man dem Pariser Tollhaus entgegenstellte.

Clemens Wenzeslaus von Sachsen, der Erzbischof und Kurfürst von Trier, war ein Onkel Ludwigs XVI., und so wurden seine Territorien, insbesondere die Stadt Koblenz, von französischen Aristokraten regelrecht überschwemmt. Auch Friedrich Karl von Erthal, Erzbischof und Kurfürst von Mainz, war ein erbitterter Gegner der Revolution, weshalb sich seine weitläufigen Paläste ebenfalls mit aristokratischen Schmarotzern und Exzentrikern füllten, die es nicht gewohnt waren, ihren Lebensunterhalt selbst zu verdienen, denen jedoch fernab ihrer einträglichen Güter schon bald das Geld ausging. Daher gaben sie immer mehr »Assignaten« aus, Anweisungen, die eine zukünftige Rückzahlung durch Ludwig XVI. versprachen und das Kreditwesen der gesamten Region ins Wanken brachten. Friedrich Karls anfangs herzliche Gastfreundschaft kühlte merklich ab, da Horden von Adligen mitsamt ihrer zunehmend verzweifelten Entourage Tag für Tag seine zu Beginn noch großzügig bestückten Büfetts plünderten. Und seine Laune trübte sich noch mehr, als die ohnehin sehr bescheidenen Steuereinnahmen ausblieben, während beschäftigungslose Franzosen seine hübschen Gärten am Fluss zertrampelten und sein Silber stahlen.

Trotzdem war das Leben in Mainz und Trier nie glamouröser als während der Anwesenheit des Kaisers, des Königs von Preußen und unzähliger bedeutender und weniger bedeutender Persönlichkeiten des Reichs. In den Reihen der Emigranten tummelten sich unter anderem die künftigen französischen Könige Ludwig XVIII. und Karl X., die eine Weile in der Trierer Reichsabtei St. Maximin mit ihrer herrlich komischen Kirche lebten. Zu den absurdesten Entwicklungen jener Zeit gehört, dass Ludwig XVI. als Oberhaupt des französischen Staates Ende 1791 gezwungen war, Friedrich Karl und Clemens Wenzeslaus offiziell der verräterischen Beherbergung von

Feinden Frankreichs zu beschuldigen – darunter seine eigenen Brüder. Doch das Desaster in Valmy läutete auch das Ende der geistlichen Kurfürsten ein. Nach dem chaotischen Rückzug der Koalitionsarmee überrannten die französischen Revolutionstruppen unter dem Kommando des Grafen de Custine im Herbst 1792 Speyer, Worms, Mainz und Frankfurt.

Eindringlich schildert Goethe das wüste Durcheinander nach dem Ende der Schlacht von Valmy und jene scheußlichen Details, die mit der Niederlage einhergingen: verzweifelte Kutscher, die ihre Gefährte über sterbende Pferde trieben, Schmiede, die fieberhaft versuchten, gebrochene Achsen zu reparieren, Goethe selbst, gefangen in einer riesigen Suhle aus rotem Schlamm (in der er sich vorkam wie der Pharao im Roten Meer), Verwundete, Plünderer, durch den unaufhörlichen Regen taumelnde Kranke, ausgehungerte Kämpfer, verendete Pferde, die am Straßenrand zurückblieben und aus deren Flanken mit Bajonetten das Fleisch gerissen war, nackte tote Soldaten, denen man die Uniform geraubt hatte. Keine sechs Wochen nachdem die Koalitionstruppen das verwüstete Verdun so frohen Mutes verlassen hatten, waren sie wieder zurück. Goethe erzählt von den Loyalitätskonflikten, die für eine ganze Generation das Leben in Europa vergiften sollten, vom Schicksal derjenigen, die der falschen Seite zujubelten: Familien, die eine einzige unbedachte Geste zugrunde richtete, während andere aus ihren Häusern vertrieben wurden, weil sie ebendiese Geste unterlassen hatten. Außerdem schildert er den Hass, der den französischen Emigranten entgegenschlug (man schimpfte über »Unfug, Übermut und Verschwendung«), als deren Kreditwürdigkeit einbrach und Stallbesitzer, Wirte und Schneider ruinierte, wodurch das anfänglich königstreue Wohlwollen in der Pfalz und im Rheinland rasch verflog.

Eher zufällig geriet Mainz im darauffolgenden Jahr in den Fokus des europäischen Hoffens und Bangens. Nachdem die Franzosen die Stadt im Sog des ungeordneten Rückzugs der Koalitionstruppen aus Valmy mühelos erobert hatten, wurde die Mainzer Republik ausgerufen. Neben französischen Truppen sammelten sich dort nun auch deutsche Anhänger der Revolution, die sich im »Mainzer Jakobinerklub« zusammenschlossen. Zu ihnen gehörte der überaus wunderbare Georg Forster, der seinen Vater, einen Botaniker, auf Captain Cooks zweiter Weltumsegelung begleitet und einen faszinierenden Bericht über seine Erlebnisse verfasst hatte. Forster hatte den jungen Alexander von Humboldt inspiriert und war zweifellos der einzige Mainzer Aufständische, der mit eigenen Augen die weiten Meereisflächen des Antarktischen Ozeans gesehen hatte. Die anschließende Belagerung der Stadt durch preußische und österreichische Truppen war eine der ersten großen Demonstrationen der Stärke seitens der Koalition nach der Ermordung des französischen Königs im Januar 1793. Wer Goethes Schilderungen jener Ereignisse liest, dem drängt sich unweigerlich der Eindruck auf, in Europa habe sich eine Szenerie aufgetan, die an Brueghels *Triumph des Todes* erinnert – eine gewaltige, endlos scheinende Auseinandersetzung zwischen zwei Seiten, die bereit sein mussten, alles zu zerstören, wenn sie aus diesem Streit als Sieger hervorgehen wollten. Innerhalb von drei verheerenden Monaten wurde Mainz beinahe vollständig niedergebrannt, wobei der Dom mit seinen gewaltigen Dimensionen ein leichtes Ziel für die Kanonen der Koalitionäre abgab. Um ihre Lebensmittelvorräte zu schonen, schafften die »Klubisten«, wie Goethe sie nennt, sämtliche Frauen und Kinder über den Rhein aus der Stadt. Die Zeiten von Mainz als kaiserliches, geistliches und künstlerisches Zentrum waren endgültig vorbei. (»In Schutt und Trümmer war zusammengestürzt, was Jahrhunderten aufzubauen gelang.«)

Schließlich kapitulierten die Franzosen, und man gewährte ihnen freien Abzug unter der Bedingung, dass diese Einheiten ein Jahr lang nicht mehr gegen die Koalition kämpfen sollten (stattdessen wurden sie zur Niederschlagung der Gegenrevolution im Westen Frankreichs eingesetzt). Die mittlerweile bereits reichlich abgedroschene *Marseillaise* singend, marschierten sie von dannen. Ihnen folgte ein langer Zug aus Kutschen, die Koalitionssoldaten nach Mainzer Jakobinern durchsuchten (Georg Forster hielt sich zu diesem Zeitpunkt bereits in Paris auf, wo er im darauffolgenden Januar während der Schreckensherrschaft des Wohlfahrtsausschusses an rheumatischem Fieber starb). Der französische Kommissar Merlin de Thionville hielt während des Auszugs noch einmal inne und wandte sich an die wütende, antirevolutionär gesinnte Menge. Sie sollten lieber schweigen und ihre Rachegelüste zügeln, riet er den Umstehenden, denn jeder einzelne werde für sein Verhalten zur Verantwortung gezogen werden, wenn die Franzosen – was schon sehr bald der Fall sein werde – in die Stadt zurückkehrten.

Eine detaillierte Schilderung des weiteren Kriegsverlaufs würde zu weit führen. Nach der Schlacht bei Fleurus im Juni 1794 wurden die Österreichischen Niederlande endgültig französisch. Brüssel hieß von nun an Bruxelles, Antwerpen wurde zu Anvers, Ghent zu Gant, Mechelen zu Malines und Leuven zu Louvain. Eine ähnliche Katastrophe wie die von Valmy, wo der endlose Regen den Revolutionären in die Karten gespielt hatte, ereilte Ende 1794 die niederländischen Royalisten, als ihre traditionellen Verteidigungswälle, die großen Flüsse, zufroren und eine französische Armee ungehindert trockenen, wenn auch etwas kalten Fußes (und Hufes) vom Süden bis in den Norden durchmarschieren konnte. Der Statthalter Wilhelm V. floh auf einem Fischerboot wieder einmal nach England und starb dort elf Jahre später, was niemanden sonderlich bekümmerte. Die alte niederländische Republik, die nicht nur Europa, sondern weite Teile des Erdballs geprägt und einst für mehr Sühnewallfahrten und wütende Beichtstuhlszenen in spanischen Herrscherkreisen gesorgt hatte als jedes andere Land, hörte auf zu existieren.

Im Oktober desselben Jahres besetzten die Franzosen unwiderruflich die linksrheinischen Gebiete. Mainz wurde zu Mayence, Speyer zu Spire, Koblenz zu Coblence und Aachen zu Aix-la-Chapelle. 1797 erlosch sogar der große magische Feuerkreis, den die Schweizer dank der militärischen Heldentaten unzähliger früherer Generationen so erfolgreich um ihre Eidgenossenschaft gezogen hatten, und sie verloren unter äußerst demütigenden Umständen ihre Unabhängigkeit. Unter den zahlreichen Kostbarkeiten, die daraufhin nach Paris gekarrt wurden, befanden sich auch die bedauernswerten Bären aus dem Berner Bärengraben. Zurück blieb nur ein kleines Bärenjunges, das heute noch als wehmütiges Erinnerungsstück in Bern zu sehen ist, ausgestopft, mit einem winzigen Schwert in der einen Tatze und einem Schild in der anderen, auf dem, von Lorbeer umkränzt, geschrieben steht: *Antiquum obiit 1798* – Die alten Zeiten sind dahin.

Der große französische Lebkuchenbäcker

Es ist verlockend, nun endlich auf Napoleon zu sprechen zu kommen, aber die Dilemmata jener Zeit lassen sich ebenso gut anhand des Abbé Grégoire verdeutlichen, der zur Zeit von Stanislaus Leszczyński im Herzogtum Lothringen geboren wurde. Abbé Grégoire war der Abgesandte des Klerus für den Bezirk Nancy bei den Generalständen, die 1789 in Paris zusammentraten und aus denen schließlich die Revolution hervorging. Er vollbrachte viele große Leistungen, deren geringste wohl die Prägung des Begriffs »Vandalismus« für das war, was die Revolution den europäischen Kunstschätzen antat. Als Republikaner verabscheute er Privilegien und trat für die Abschaffung der Monarchie und den Prozess gegen Ludwig XVI. ein. Er war Mitbegründer des Institut de France, kämpfte für ein allgemeines Wahlrecht und entwickelte neue, gewichtige Argumente für die Abschaffung der Sklaverei und die Beendigung der Diskriminierung von Juden und Schwarzen.

Was konnten die antirevolutionären Koalitionäre gegen einen solchen Mann ausrichten? Der Abbé ist eine ebenso faszinierende wie finstere historische Gestalt, und seine Überzeugungen brachten den gepuderten Herren, die sich so zuversichtlich in Mainz versammelt hatten, den Untergang. Während die Franzosen ihre neuen Vorstellungen und Institutionen in Europa verbreiteten, erschien die Welt von Stanislaus Leszczyński bald kraftlos und fern, und die in der Koalition zusammengeschlossenen Staatsoberhäupter erinnerten zunehmend an eine Herde panischer Schafe. Napoleon etablierte und systematisierte das französische Kaiserreich – gegen das Abbé Grégoire gestimmt hatte –, doch da war der Löwenanteil der intellektuellen Arbeit bereits geleistet. Wie in Mainz stießen die revolutionären Gedanken in ganz Europa auf zahlreiche Unterstützer, von denen viele erfreut waren über die Aussicht, den alten Flickenteppich aus Privilegien, Sonderrechten und merkwürdigen Regelungen endlich loszuwerden.

Was den Franzosen darüber hinaus das Vorgehen erleichterte, war der unangenehme Opportunismus ihrer Widersacher. Mochten die Preußen, Russen und Habsburger noch so sehr auf Legitimität, Anstand und altmodische Standards pochen, letztlich waren sie die gleichen Raubtiere wie alle anderen auch. Voll Abscheu und Erstaunen sahen die übrigen Länder zu, wie sie im Oktober 1795 die letzte Teilung Polens vornahmen – der Abschluss eines seit Generationen währenden Prozesses, in dem einer der großen Staaten Europas systematisch zerstört worden war. Gierig verleibten sie sich nun auch noch den Rest des polnischen Staatsgebietes ein, wodurch Preußen zum ersten Mal in seiner Geschichte eine ausgedehnte Landgrenze zu Russland erhielt, eine Tatsache, die damals kaum Beachtung fand, im 20. Jahrhundert jedoch entscheidende Auswirkungen auf den Verlauf der Weltgeschichte haben sollte. Plötzlich schien man sich einfach alles unter den Nagel reißen zu können, und das galt für Legitimisten ebenso sehr wie für Revolutionäre. 1797 erkannten die Habsburger die französische Annexion der Österreichischen Niederlande an und erhielten dafür im Gegenzug Venedig, ebenfalls einer der großen, alten Staaten Europas. Allerdings erfolgte die Übergabe erst, nachdem Napoleon sämtliche Kunstschätze aus der Stadt geraubt hatte, darunter auch – eine zugegebenermaßen überflüssige Information, aber es ist nun einmal mein absolutes Lieblingsgemälde – Veroneses *Hochzeit zu Kana*, die seither praktischerweise im Louvre zu bewundern ist. Die Auslöschung

Venedigs erfüllte die Niederländer mit Entsetzen, denn die beiden Staaten waren einander stets vergleichbar gewesen – der eine Seefahrerrepublik im Mittelmeer, der andere maritime Macht an der Nordsee. Mit einem Mal fühlten sich die Niederländer sehr verletzlich, und tatsächlich endeten sie nach einem kurzen Intermezzo als separates Königreich unter der Herrschaft von Napoleons jüngerem Bruder Louis (oder Lodewijk, wie er in jener Zeit genannt wurde) als nördlichster Teil Frankreichs. 's-Hertogenbosch wurde in Bois-le-Duc umbenannt, Nijmegen in Nimègue, das Prozedere ist bekannt.

Einer der begnadetsten Kommentatoren jener Jahre war der gallige, unglaublich witzige britische Karikaturist James Gillray. Er hatte die Welt schon immer gern als Schimpansen-Teekränzchen dargestellt, und als die Französische Revolution ausbrach und bald darauf Napoleon auf der Bildfläche erschien, konnte er in beruflicher Hinsicht sein Glück kaum fassen. Man spürt geradezu, wie ihn jede weitere Eskalation, jede Steigerung der Gewalt in freudigem Ekel würgen lässt. Was für ein himmlischer Unterschied zu jenen Zeiten, als man die Franzosen nur dafür hassen konnte, dass sie katholisch waren und Frösche aßen. Im Rastatter Schloss hatte kürzlich jemand die wunderbare Idee, eine von Gillrays großartigsten Karikaturen auf ein gigantisches Stück Stoff zu drucken, das nun eine ganze Wandfläche des Museums einnimmt. Denn an genau diesem Ort begannen die Fürsten des Heiligen Römischen Reichs, von denen viele ihre Besitztümer westlich des Rheins verloren hatten, 1797 ernsthaft über die Frage der »Kompensationen« zu beraten. Gillrays aus dem Jahr 1806 stammende Karikatur zeigt den Höhepunkt jenes arglistigen Kuhhandels, der das Heilige Römische Reich zerstörte. Ein kleiner Napoleon (Gillray stellte Napoleon immer klein dar, obwohl er in Wahrheit durchschnittlich groß gewachsen war) mit überdimensioniertem Hut und Stiefeln steht als der »Große französische Lebkuchenbäcker« vor einem Ofen, aus dem er frisch gebackene kleine, vergoldete Lebkuchenherrscher zieht: den König von Württemberg, den König von Bayern und den Großherzog von Baden, sie alle verziert mit kitschigen kleinen Krönchen, Zeptern und dergleichen aus einem am Boden liegenden Sack, dessen halber Inhalt über den Boden verstreut ist. Im Hintergrund sieht man den teigknetenden Talleyrand, dem ein preußischer Adler zur Hand geht. Befeuert wird der Ofen mit einem Stapel brennbaren Abfalls, der davor zusammengekehrt wurde: eine niederländische Puppe mit dickem Hintern, ein Totenschädel, auf dem die Krone des Heiligen Römischen Reichs sitzt, eine schmutzige, zerfetzte Fahne der Französischen Republik. Hinter Napoleon steht ein

Weidenkorb mit »Echten korsischen Königlein zur heimischen Verwendung und für den Export«. Die Karikatur strotzt nur so von witzigen Details, die auf Wandgröße ausgedehnt noch sehr viel besser zur Geltung kommen. So warten auf einer Kommode beispielsweise einige »Kleine Teig-Vizekönige« darauf, gebacken zu werden, darunter auch Gillrays lebenslanger Lieblingsgegner, der britische Politiker Charles James Fox, den er wegen seiner bereits früh geäußerten Begeisterung für die Französische Revolution schon oft als feigen Königsmörder und Verräter porträtiert hatte.

Napoleons geniale Strategie bestand darin, jeden, der über ein gewisses Maß an Macht verfügte, zu ermuntern, sich an den schwächeren Elementen des Kaiserreichs zu bedienen. Dieser Versuchung konnte niemand widerstehen. Aber indem die deutschen Landesherren dieses Kloster oder jene hübschen Weinberge an sich rissen, akzeptierten sie nicht nur stillschweigend Frankreichs dauerhafte Inbesitznahme der linksrheinischen Gebiete, sondern machten Napoleon gleichzeitig zum einzig wahren Garanten ihrer neuen Besitztümer. Als sich die Österreicher damit einverstanden erklärten, Frankreich im Austausch gegen das angenehm sonnige Venedig an die südlichen Niederlande abzutreten, räumten sie Napoleon faktisch die oberste Entscheidungsgewalt über sämtliche europäischen Territorien ein, die früher oder später sein Interesse erregten, und das war sehr viel fundamentaler und zerstörerischer, als eine Schlacht zu verlieren und dem Sieger anschließend bestimmte Gebiete zu überlassen. Preußen verabschiedete sich von Jülich und erhielt dafür Essen, aber zu welchem Preis? Überall verloren alte Familien in kleinen Schlössern und kuriose geistliche Herrschaften, die bis zu den Karolingern zurückreichten, ihre Rechte und ihren Besitz. Nichts an diesem Prozess war fortschrittlich, geschweige denn revolutionär, denn die Häppchen Spielzeugland wurden lediglich von anderen, glücklicheren, aber ebenso feudalen Protagonisten verschlungen. Einer der großen Nutznießer jener Neuordnung war Baden, das sich von einem für das Heilige Römische Reich so typischen beklagenswerten Flickenteppich zu einem geschlossenen, ernst zu nehmenden Staat wandelte, der sich Konstanz, Freiburg sowie den Schwarzwald einverleibte und dazu noch die rechtsrheinischen Territorien, die bis dahin zum Herrschaftsbereich der Bischöfe von Speyer, Straßburg und Basel gehört hatten. Der badische Großherzog Karl Friedrich, der seine Laufbahn als einfacher Markgraf von Baden-Durlach begonnen hatte, starb 1811, nachdem er sein Staatsgebiet vervierfacht und ein wunderbares Erbe für seinen Nachfolger geschaffen hatte, woraufhin sich dieser mit so unerfreulichen

Gegenleistungen wie dem Tod Tausender Untertanen herumschlagen musste, die für Napoleon in Russland und Deutschland ins Feld zogen.

Das Geniale an Gillrays Karikatur ist, dass sie diese neuen Monarchen als vergoldete Kuchengebilde darstellt, die vollkommen ohne eigenes Zutun auf Napoleons Ofenschieber gelandet sind. Für ihn wäre es das Einfachste auf der Welt, sie kurzerhand in das »Aschenloch« zu jenen anderen Herrschern zu kippen, die seinen Erwartungen nicht entsprochen haben. In welch rasantem Tempo sich die Veränderungen auf europäischer Ebene vollzogen, wurde 1804 deutlich, als Napoleon sich eigenhändig zum Kaiser der Franzosen krönte. Nachdem die Habsburger ihre Reichskleinodien schon zuvor in heller Panik von Regensburg in das sichere Wien verfrachtet hatten, zauberte Kaiser Franz II. nun eilends einen neuen Titel aus dem Hut und herrschte fortan zusätzlich als Kaiser von Österreich – verwirrenderweise unter dem Namen Franz I. Sowohl Napoleon als auch Franz II./I. konnten sich als französischer beziehungsweise deutscher Erbe Karls des Großen auf den Vertrag von Verdun berufen, doch da Napoleon inzwischen sowohl Aachen als auch die Kaiserstädte entlang des Rheins in seinen Besitz gebracht hatte, fiel ihm unbestreitbar die Poleposition zu. Das Heilige Römische Reich mit seinen alten, verworrenen Wurzeln war an sein Ende gelangt und das Haus Habsburg zu einer – wenn auch sehr großen – Regionalmacht geschrumpft. Damit endete auch die jahrhundertelange Führungsrolle der Habsburger in Westeuropa. 1806 legte Franz II. die römische Kaiserkrone nieder. Doch was sollte an die Stelle jenes Mosaiks aus kleinen bis mittelgroßen Staaten treten, in denen die deutschsprachigen Einwohner Europas bis dahin gelebt hatten? Wem gehörte der Flickenteppich? Auf diese Fragen wurden seit jener Zeit immer neue Antworten vorgebracht, und manche davon mit fürchterlichen Konsequenzen.

Die unmittelbare Lösung des Problems bestand im Rheinbund, der 1806 gegründet wurde und Napoleon als Mittel diente, von seinen bröseligen kleinen Lebkuchenfreunden Gefälligkeiten einzufordern. Dank dieses Zusammenschlusses fanden sich mehr als hunderttausend unglückliche Bewohner der deutschen Teilstaaten plötzlich Seite an Seite mit etwa fünfundzwanzigtausend Niederländern auf dem Weg nach Russland wieder. Die schwindelerregende Abfolge von Ereignissen, die am 24. Juni 1812 mit dem Überschreiten der russischen Grenze durch die Grande Armée begann und keine sechzehn Monate später mit der Völkerschlacht bei Leipzig endete, brachte Napoleons Reich den Untergang. In diesen Monaten kämpften »seine« Deutschen gegen die Deutschen in den Reihen der Sechsten Koalition, und beide Seiten waren davon überzeugt, Wahrheit und Gerechtigkeit zu verteidigen. Zum ersten Mal traten Preußen und Österreich hier als durch und durch *östliche* Mächte auf, die sich einem mit Frankreich verbündeten Rheinbund entgegenstellten. Wie sich zeigen sollte, war auch der Rheinbund nur eine vorübergehende Etappe in dem Prozess, der das Rheinland in seinen Grundfesten erschütterte, und noch hatte niemand von den Schweizer Kantonen bis hinauf an die Nordsee eine Vorstellung davon, wie die neue, angemessene politische Ordnung aussehen sollte.

Eine naheliegende Antwort wären Nationalstaaten gewesen, allerdings setzten diese klar umrissene, homogene Blöcke voraus mit einer einheitlichen Sprache, Religion und Kultur und einem spannungsfreien Verhältnis von Stadt und Land. Und so etwas existierte nirgends. Mit diesem Problem hatte sich bereits Abbé Grégoire intensiv beschäftigt. Nachdem schließlich auch die letzten Reste des Elsass in das revolutionäre Frankreich eingegliedert worden waren, hatte Louis Antoine de Saint-Just gefordert, man solle die Elsässer Frauen zwingen, ihre traditionellen Hauben abzulegen, da diese »nicht französisch« seien. Grégoire war noch einen Schritt weiter gegangen. Für ihn waren auch die von so vielen Elsässern gesprochenen germanischen Dialekte nicht akzeptabel. Tatsächlich verhielt sich in seinen Augen jeder, der nicht Französisch sprach oder schrieb – also auch Basken, Bretonen und Flamen –, illoyal. Die Zugehörigkeit zum französischen Staat konnte seiner Auffassung nach allein in der französischen Sprache zum Ausdruck gebracht werden. Damit war die Bühne für das 19. und 20. Jahrhundert bereitet.

Die Küstenarmee

Das Schicksal von Calais erregt bis zum heutigen Tag Mitleid und Entsetzen. Neben Boulogne, Dünkirchen, Middelburg und Rotterdam gehörte die Stadt zu jenen westlichen Küstenorten, in denen die neue Luftkampftechnologie im Sommer 1940 innerhalb weniger Wochen ihre ganze Schlagkraft offenbarte. 1944 wurde Calais erneut zum Ziel von Luftangriffen, und die wiederholten Bombardierungen durch die Alliierten zerstörten so gut wie jeden Hinweis darauf, dass dort zuvor eine alte, komplexe Stadt existiert hatte. Außerhalb seines alten Zentrums hat Calais jedoch noch einige beeindruckende Sehenswürdigkeiten aufzuweisen, allen voran das bombastische, vom Ende des 19. Jahrhunderts stammende Rathaus, in dessen Architektur sich neo-assyrische, venezianische, byzantinische und burgundische Einflüsse mit einer kleinen Dosis LSD zu einem Ergebnis vermengen, das jeden Betrachter, der noch bei halbwegs klarem Verstand ist, grundsätzlich am Konzept der bürgerlichen Selbstverwaltung zweifeln lässt. Direkt vor dem Rathaus hat man Rodins Plastik *Die Bürger von Calais* (1895) aufgestellt, offenbar um einen Dialog über die Vorzüge und Mängel ästhetischer Vorstellungen des 19. Jahrhunderts anzuregen. Natürlich geht Rodins Figurengruppe als klarer Sieger aus dieser Gegenüberstellung hervor – und zwar nicht nur als Mahnmal zum Gedenken an die epische Belagerung von Calais durch die Engländer im Hundertjährigen Krieg, sondern zwangsläufig auch als unbeabsichtigte Vorausdeutung auf die entsetzliche Zukunft, die Europa noch bevorstand. Denn diese sechs verängstigten Gestalten haben mehr mit den 1940er Jahren gemein als mit den 1340ern, und sie ragen aus der bourgeoisen Unerschütterlichkeit jener 1890er Jahre hervor, in denen die Skulptur bei Rodins Auftraggebern auf einhelligen Abscheu stieß.

Obwohl das Zentrum von Calais nicht verleugnen kann, dass es in Grund und Boden gebombt und anschließend überstürzt wiederaufgebaut wurde, ist die Hafenstadt mit ihren Stränden, Molen, Kränen, Kaimauern und dem geradezu magischen Anblick der zahllosen Fähren, die sich in die erschreckend kleinen Hafenbecken schieben, ein faszinierender Ort. Während ich die gewaltige, sämtliche umliegenden Gebäude grotesk überragende *Côte des Flandres* betrachtete, die sich stampfend und mit tutender Sirene auf den Weg nach Dover machte, spielte ich mit dem Gedanken, eine Wohnung in Calais zu kaufen und für den Rest meiner Tage nur noch auf dem Balkon zu sitzen und die Fähren zu beobachten – flankiert von zwei Automaten, die mir Bierdosen in die eine Hand und Schälchen voller Nüsse in die andere servierten.

Das alles dient mir lediglich als Überleitung zu einer eleganten, direkt am Hafen stehenden Säule mit einer Kugel obendrauf. Diese Säule hat den Zweiten Weltkrieg nur dank der gewaltigen Modernisierungsmaßnahmen überstanden, die im Herbst 1939 durchgeführt wurden, um die Hafenanlagen für einen konstanten Zufluss von Truppen und Material aus Großbritannien nach Frankreich tauglich zu machen. Die Säule wurde unterdessen eingelagert und tauchte nach 1945 als nahezu einziges noch aus der Vorkriegszeit erhaltenes dekoratives Element wieder auf. Sie erinnert an einen der politisch höchst symbolträchtigen Momente des 19. Jahrhunderts: Am 24. April 1814 setzte König Ludwig XVIII. erstmals wieder einen Fuß auf französischen Boden. Kurz zuvor hatte Napoleon den Vertrag von Fontainebleau unterzeichnet, der seine Abdankung als Kaiser regelte, und war nach Elba ins Exil gegangen. Zu dem Denkmal gehören außerdem ein geradezu rührend kitschiger, mit Fleur-de-Lys verzierter königlicher Fußabdruck in Bronze und eine Gedenktafel, deren Inschrift man entnehmen kann, dass dies die Stelle sei, an der Ludwig »endlich der Liebe der Franzosen zurückgegeben« wurde. Zu diesem Zeitpunkt lag die Hinrichtung seines älteren Bruders mehr als einundzwanzig Jahre zurück. Der Zufall wollte es, dass Ludwigs Alter, seine massige Gestalt, seine Gewohnheiten und seine realistische Einstellung ihn zu einem idealen heimkehrenden König machten. Dennoch musste er nur knapp ein Jahr später unter wenig königlichen Umständen erneut nach Gent fliehen, und er kehrte erst wieder zurück, nachdem die Schlacht von Waterloo gewonnen war.

Dass Ludwig gerade in Calais an Land ging, war in symbolischer Hinsicht perfekt. Im Westen war die Geschichte der vergangenen zwei Jahrzehnte vor allem die zweier Gegner gewesen, die einander trotz zahlloser Bemühungen nie in den Griff bekommen hatten. Mit anderen Widersachern wurden die Franzosen fertig, doch Großbritannien blieb stets außer Reichweite. Aber auch die Briten – die ihre Verbündeten auf dem Kontinent mit gewaltigen Summen unterstützten, sodass diese bald darauf erneut von Napoleon geschlagen werden konnten – erzielten keinerlei militärische Erfolge, die dem französischen Staatsgebiet gefährlich werden konnten. Von Calais aus konnten sie den Kontrahenten an klaren Tagen über die Straße von Dover sehen, doch keine Seite entwickelte jemals eine erfolgversprechende Strategie. Stattdessen verstärkten beide ihren verwundbarsten Punkt massiv – auf einer Sandbank vor der Küste von Boulogne ist noch immer das gedrungene, verwitterte Fort de l'Heurt zu erkennen, ein gewaltiger, von Napoleon errichteter Klotz, den die Deutschen im Zweiten Weltkrieg als Basis für ihre Flugabwehrgeschütze nutzten und dem seither zahllose Stürme seine heutige surreale Gestalt beschert haben. Die Herrschaft über die Straße von Dover blieb über Jahre hinweg ein wichtiges Thema. Die Briten hatten den Vorteil, dass ihre Sicherheit schon immer in den Händen der Navy gelegen hatte, weshalb sie sich einfach darauf konzentrieren konnten, reihenweise neue Schiffe zu bauen und diese mit Seeleuten aus den unzähligen Häfen des Königreichs zu bemannen. Die Franzosen hingegen teilten ihre Ressourcen traditionell auf und entschieden sich letzten Endes immer für ihre Landstreitkräfte – was auf Dauer die britische Seeherrschaft zementierte.

1797 zwangen die Franzosen die Niederländer, ihre Kriegsflotte gegen die Briten ins Gefecht zu schicken. Es war das Ende der einst ruhmreichen

Seefahrernation, die in der Seeschlacht bei Camperduin eine vernichtende Niederlage erlitt. Im Sommer 1799 wurde Holland dann zum Schauplatz einer ungewöhnlichen anglo-russischen Invasion unter der Führung des Herzogs von York. Etwa vierzigtausend Mann marschierten die unschuldige nordholländische Halbinsel hinunter nach Süden in der Hoffnung, die Anhänger des geflohenen Statthalters zum Aufstand zu bewegen, ohne dass die französischen Truppen etwas davon bemerkten. Stattdessen widerfuhr ihnen jedoch das übliche Schicksal amphibischer Landungstruppen: Während der ersten Tage feierten sie dank des Überraschungseffekts noch einige Erfolge, aber dann reagierte das Riesenreich, das mittlerweile den gesamten Kontinent beherrschte, schüttelte sich kurz und jagte die Eindringlinge davon. Der gescheiterte Einmarsch versetzte nicht nur den letzten verzweifelten Bemühungen zum Wiederaufbau einer niederländischen Kriegsflotte den Todesstoß, sondern vermittelte dem Land auch ein hoffnungslos düsteres Bild seiner Zukunft – eine Unabhängigkeit von Frankreich schien für alle Zeiten unmöglich.

Die Pattsituation zwischen London und Paris dauerte Jahre. Auf globaler Ebene vertrieben sich die Briten die Zeit, indem sie nach und nach alle niederländischen und französischen Kolonien eroberten, während in heimischen Gefilden die Teleskope eine Generation lang unverwandt über die Straße von Dover blickten. 1803 unternahm Napoleon schließlich einen ernsthaften Versuch zur Invasion Englands. Über nahezu fünfzehn Kilometer erstreckten sich die Lager seiner Armee mit dem treffenden Namen *Armée des côtes de l'Océan* (Armee der Ozeanküsten), zu deren Versorgung gewaltige Vorratslager in Amiens, Arras und weiteren Städten angelegt wurden. Da mittlerweile die gesamte Küste unter französischer Herrschaft stand und die Scheldemündung wieder für die Schifffahrt geöffnet war, wurde der alte, lange verkümmerte Hafen von Antwerpen erneut zu einem potenziellen Trumpf – »eine auf das Herz Englands gerichtete Pistole«, wie es Napoleon freudig ausdrückte –, und so begannen die Arbeiten am noch heute erhaltenen Napoleondock. Um Begeisterung für die Invasion zu entfachen, ließ Napoleon in Paris den Teppich von Bayeux ausstellen, auf dem zu sehen war, wie so etwas funktionierte. Die gesamte Region wurde abgeholzt, um Hunderte flacher Boote zu bauen (eine wunderbare Zeichnung zeigt sie zusammengedrängt in ihren speziellen Häfen – ein Anblick, der ein wenig an Casinochips erinnert). Im März 1804 war die Zahl der Soldaten in den Feldlagern der Küstenarmee auf hundertzwanzigtausend angewachsen. Im Oktober desselben Jahres setzten die Briten bei einem spektakulären Angriff auf

Boulogne Brandschiffe und »Torpedo-Katamarane« ein, was für die Zuschauer, die das Spektakel von den Wällen der Altstadt aus verfolgen konnten, einen geradezu unwirklichen Anblick geboten haben muss, doch als das beeindruckende Knallen verstummt und das Flammenmeer erloschen war, zeigte sich, dass kaum ernsthafte Schäden verursacht worden waren.

Napoleon stand vor dem altbekannten Problem, dass die acht Stunden, die seine Boote für die Überfahrt brauchen würden, nach militärischen Begriffen eine Ewigkeit darstellten. Wenn er überhaupt eine Chance haben wollte, die Engländer zu überraschen, musste die Operation nachts erfolgen. Da die Nächte im Sommer dafür zu kurz waren, konnte die gefahrvolle Überfahrt nur im Winter erfolgen, wenn schreckliche Stürme drohten. Überhaupt war das Risiko, dass das Ganze auf ein chaotisches Massaker hinauslief, einfach zu groß. Soldaten, die fünfunddreißig Kilometer gerudert waren, wären bei ihrer Ankunft völlig erschöpft, aber den für Soldaten und Ausrüstung benötigten Platz an zusätzliche Ruderer zu verschwenden, war undenkbar. Bei Testfahrten stellte sich zudem heraus, dass die Boote, kaum dass sie den Hafen verlassen hatten, entsetzlich zu schwanken begannen. Napoleon vertrieb sich währenddessen die Zeit auf angenehme Weise. Im Rahmen einer prächtigen Zeremonie stiftete er im Feldlager bei Boulogne den Orden der Ehrenlegion, und ein paar Wochen später unternahm er gemeinsam mit Joséphine einen Kurztrip nach Aachen, wo er vor dem Thron Karls des Großen über das Schicksal nachsann. Wie üblich gab er großartige Sätze von sich, von denen der womöglich beste lautete: »Acht uns wohlgesinnte nächtliche Stunden würden über die Zukunft des Universums entscheiden.«

Während Napoleon Truppen und Ausrüstung anhäufte, verstärkten die Briten ihre Befestigungen, gruben Kanäle und legten Waffenlager an. Dover Castle wurde ausgebaut, sodass es allenfalls noch durch den Einsatz schwerer Belagerungsartillerie eingenommen werden konnte, die über das Meer zu transportieren aber so gut wie unmöglich war. In gewisser Weise ist es höchst bedauerlich, dass Napoleon es nicht einfach versucht hat, denn dann wäre seine Herrschaft vielleicht schon 1804 beendet gewesen (ein ähnliches Gedankenspiel, wie man es auch in Bezug auf das für 1940 geplante, aber nie verwirklichte »Unternehmen Seelöwe« – die deutsche Invasion Großbritanniens – anstellen kann). Das endgültige Aus für die französischen Invasionspläne kam im Juli 1805 mit der Schlacht bei Kap Finisterre. Zwar endete die Seeschlacht ohne einen eindeutigen Sieger, doch die britische Marine erwies sich als derart schlagkräftig, dass es völliger Irrsinn gewesen wäre, Tausende seekranker, vom Rudern erschöpfter Elitesoldaten in kleinen Paddelbötchen vor der Küste von Dover herumschippern zu lassen und zu hoffen, die Royal Navy würde nichts davon bemerken. Napoleon verlor das Interesse und verlegte seine Truppen zurück nach Osten, wo sie aufs Neue die kontinentalen Verbündeten der Briten niedermachen sollten. Die Schlacht von Trafalgar machte schließlich jede Aussicht auf eine französische Invasion in England unwiderruflich zunichte.

Damit war aber das Problem, wie eine Seite die andere besiegen sollte, noch immer nicht gelöst. Die Situation der beiden Staaten erinnert mich an einen Albtraum, den ich einmal hatte: Ich sollte – aus welchem Grund auch immer – in einen riesigen Apfel beißen, doch dieser war so groß, dass ich, wie weit ich den Mund auch aufriss, meine Zähne einfach nicht in seine grauenvoll flache grüne Oberfläche drücken konnte. Allein beim Gedanken daran habe ich wieder das Gefühl zu ersticken. Die Briten entschieden sich für eine indirekte Herangehensweise und griffen in Spanien an, um dort französische Einheiten zu binden, eine Strategie, die die französischen Truppen zwar tatsächlich auseinanderzog, sie aber nicht nachhaltig schwächte. Als Nächstes folgte ein ehrgeiziger Versuch, den absurden Einmarsch von 1799 zu wiederholen. Diesmal wurde Zeeland ins Visier genommen, und 1809 landeten vierzigtausend Soldaten auf Walcheren. Inzwischen ist Walcheren Teil des niederländischen Festlands, aber damals war die Bezeichnung »See-Land« noch durchaus wörtlich zu verstehen. Walcheren mit seinen Häfen war eine Insel, hier schlug das Herz der Ostindienkompanie, und Middelburg war eine Stadt von europaweiter Bedeutung. Wie die britisch-russische Invasion in Holland ist auch die Landung auf Walcheren nicht in das kollektive Gedächtnis der Briten eingegangen, was daran liegt, dass sie in einem geradezu unglaublichen Chaos endete. Eigentlich war geplant, einen Teil der französischen Truppen von den britischen Verbündeten in Mitteleuropa abzulenken, die Scheldemündung zu blockieren, den Bau französischer Kriegsschiffe einzuschränken, zu verhindern, dass Antwerpen sich zu einer Bedrohung entwickelte, und die französische Militärbasis in Vlissingen zu zerstören. Doch die Vorbereitungen dauerten so lange, dass Napoleon die Österreicher längst besiegt hatte, als es endlich losging. So wurde die Insel zu einem demütigenden Pferch, in dem Tausende Soldaten an Fieber starben, ohne dass die Franzosen auch nur eine Muskete in die Hand zu nehmen brauchten.

Einige Monate später wurde die Invasionsarmee wieder abgezogen, und die Briten verlegten sich darauf, zu warten, bis sich irgendwo eine mehr Erfolg versprechende Strategie abzeichnete. Diese ergab sich 1812 in Gestalt von Napoleons paneuropäischem Einmarsch in Russland und dem katastrophalen Scheitern seines Feldzugs. Napoleon trat den Rückzug an, und nach einer Reihe vernichtender Niederlagen in Deutschland war seine Macht endgültig gebrochen. Während dieser Zeit versorgte Großbritannien die Verbündeten zwar mit militärischer Führung, Geld und Waffen, blieb aber in den tatsächlichen Auseinandersetzungen ein mehr oder weniger unbeteiligter Zuschauer – militärisch gesehen war die Straße von Dover bedeutungslos, und auf den Weltmeeren patrouillierte die Royal Navy zum Schutz vor feindlichen Schiffen, die nicht mehr existierten. Außerdem war Großbritannien parallel zu den Ereignissen auf dem Kontinent in einen separaten Krieg gegen die Vereinigten Staaten verstrickt. Ende 1813 betrat Wellingtons britisch-spanisch-portugiesische Armee schließlich im Südwesten französischen Boden, während preußische, russische und österreichische Truppen die französische Ostgrenze überschritten. Von allen Seiten bedrängt, gab Napoleon auf, und Ludwig XVIII. ging in Calais von Bord – flankiert von seltsam ausstaffierten jungen Aristokratinnen in weißen Gewändern mit Blumen in den Händen sowie einer Schar rachsüchtiger, altersschwacher Adliger, die ihre besten Jahre rund um Piccadilly Circus verschwendet hatten.

Die neue europäische Ordnung

Auch wenn Napoleon das wahrscheinlich anders gesehen hat, war die Schlacht von Waterloo in symbolischer Hinsicht das geradezu ideale Ende seiner Herrschaft. Er blieb nicht lange in seinem merkwürdigen kleinen Fürstentum auf Elba, dessen Flagge – mit Childerichs Bienen darauf – er persönlich gestaltete (bis zum heutigen Tag zieren die Bienen die Fahne von Elba und sorgen so dafür, dass zumindest diese kleine Insel im Toskanischen Archipel für alle Zeiten merowingisch bleibt). Seine überraschende Rückkehr nach Frankreich war zwar ausgesprochen dramatisch, aber letztlich vollkommen sinnlos. Gewaltige Mengen österreichischer und russischer Soldaten strömten über den Rhein, und selbst wenn es ihm irgendwie gelungen wäre, in Waterloo zu siegen, hätten sie ihn früher oder später überrannt. Die große Symbolik von Waterloo lag darin, dass sich den Briten nun endlich die Gelegenheit zu einer direkten Konfrontation mit ihrem verhassten Gegner bot. Als Finanzier der Koalitionskriege und erbittertster Widersacher Napoleons hatte Großbritannien in den zurückliegenden Jahren natürlich eine wichtige Funktion gehabt. Doch wie mehrere seiner königlichen Vorgänger hatte auch Napoleon nur ein marginales Interesse an Kolonialreichen und maritimen Heldentaten. So hatte er beispielsweise 1803 das über zwei Millionen Quadratkilometer große französische Territorium Louisiana bereitwillig an die Vereinigten Staaten verkauft. Und dass er schließlich die Geduld mit der (aus dem Erlös des Louisiana-Verkaufs finanzierten) Küstenarmee verlor, zeigte, dass er die Briten genauso wenig unterwerfen konnte wie sie ihn. Waterloo war daher ein perfektes Ende. Russen, Preußen und Österreicher hatten ihm bereits schwere Niederlagen beigebracht, und jetzt waren die Briten an der Reihe. Zehn Jahre nach Trafalgar spielten sie – mit kräftiger Unterstützung der vom französischen Joch befreiten Niederländer, antinapoleonischer deutscher Emigranten (der *King's German Legion*) und der zum optimalen Zeitpunkt eintreffenden Preußen – in der Nähe dieses kleinen Brabanter Dörfchens doch noch eine entscheidende militärische Rolle.

Es zeugt von Napoleons großartigem Stil, dass er in seiner endgültigen Niederlage, kurz bevor man ihn an den entlegensten Winkel der Erde verfrachtete, alle seine Feinde auf eine so herzerwärmende, Gemeinschaft stiftende Weise zusammenzubringen vermochte. Denn auch für die Niederländer bedeutete die Beteiligung an dieser Schlacht, in der ihr Thronfolger verwundet wurde, die Wiedergutmachung für eine ganze Generation, die nichts als Exil, Schrecken und Demütigung erlebt hatte. Das riesige, in seiner Arroganz höchst un-niederländische Löwendenkmal auf dem Schlachtfeld von Waterloo muss man als einen tiefen, durch Tausende Tonnen aufgeschütteter Erde ein wenig unbeholfen ausgedrückten Seufzer der Erleichterung sehen. Dieser Abschluss des Krieges war folglich ein Glücksfall für die Koalition, denn er erzeugte ein erstaunliches Maß an Vertrauen und gegenseitigem Respekt unter den verschiedenen Staatsoberhäuptern. Um sicherzustellen, dass die Franzosen nicht doch noch ein Ass aus dem Ärmel zogen, übertrug man Wellington den Oberbefehl über eine alliierte Besatzungsarmee, deren britisches Hauptquartier in Cambrai angesiedelt war. Das Hauptquartier des russischen Kontingents war Maubeuge, das der Preußen Sedan und das der Österreicher Colmar.

Nachdem Westeuropa in dreiundzwanzig Kriegsjahren in ein menschliches und geografisches Trümmerfeld verwandelt worden war, mussten die Verbündeten nun innerhalb kürzester Zeit geradezu absurd viele politische Entscheidungen treffen, von denen kaum eine von Dauer war. Es könnte natürlich sein, dass ich etwas übersehen habe, aber bis auf den fantasielosen Verzicht darauf, die alte Republik Gersau (einen kleinen, flachen Streifen Land am Ufer des Vierwaldstättersees) wieder aufleben zu lassen, wurde so gut wie alles, worauf sich die Koalitionäre geeinigt hatten, im Laufe des darauffolgenden Jahrhunderts wieder fundamental infrage gestellt. Wie jeder Versuch, ein rationales, von allen Beteiligten akzeptiertes Übereinkommen zu erzielen, schuf auch dieser lediglich die Grundlage für eine Reihe neuer Verstimmungen und Debakel.

An den Gegebenheiten, die für die lange Kriegsdauer verantwortlich gewesen waren, änderte sich ebenfalls nichts: Frankreich war nach wie vor gigantisch groß, sehr reich und verfügte über dieselben geografischen Vorteile wie zuvor (das heißt Grenzen, die zum größten Teil durch Gebirge oder sehr viel Wasser geschützt waren). 1815 nutzten die Habsburger beim Wiener Kongress die Gelegenheit, kein weiteres Interesse an ihren isolierten, ohnehin nicht zu verteidigenden westlichen Besitzungen zu bekunden, was das Ende der österreichischen Herrschaft in den südlichen Niederlanden, Freiburg und den Waldstädten entlang des Oberrheins bedeutete – und damit den Abschied vom Erbe Marias von Burgund. Die durch Napoleons Experimente auseinandergerissene Schweiz formierte sich neu. Mit dem Wallis gewann sie weitere Territorien im Süden hinzu, und auch die preußische Enklave Neuchâtel schloss sich, obwohl immer noch unter der Herrschaft des preußischen Königs stehend, der Eidgenossenschaft an. Der Stadtstaat Mülhausen, lange Jahre ein Zugewandter Ort der Schweizer, hatte 1798 für die Zugehörigkeit zu Frankreich gestimmt und blieb bei dieser Entscheidung – auch wenn die Hoffnungen der Einwohner auf ein friedliches Leben 1870 wieder zunichte gemacht werden sollten.

Der kleinteilige Flickenteppich im Bereich des Schwarzwalds, der bislang ein Teil Österreichs gewesen war, wurde zwischen dem Großherzogtum Baden und dem Königreich Württemberg aufgeteilt, wodurch dieses Gebiet zum ersten Mal in seiner fragmentierten Geschichte auf einer Landkarte halbwegs vernünftig aussah. Für mich war Baden mit seiner Hauptstadt Karlsruhe unter all den Nachfolgestaaten der französischen Zeit schon immer der sinnvollste – er bestand aus einem zusammenhängenden Gebiet, kontrollierte einen langen Abschnitt des Rheins, verfügte über ein gutes Bildungssystem und hatte darüber hinaus eine ganze Reihe interessanter kleinerer Städte wie Konstanz, Heidelberg, Baden-Baden und Mannheim vorzuweisen. Doch wie immer, wenn man sich bemüht, die Dinge sauber und ordentlich zu regeln, ging auch hier nicht alles glatt – es blieben Kuriositäten wie die hessische Exklave Bad Wimpfen oder jener unfassbar störende Streifen Land, der zwar für die territoriale Einheit Badens unerlässlich war, im Gegenzug jedoch dazu führte, dass die dem Königreich Bayern zugeschlagene linksrheinische Pfalz vom Rest Bayerns getrennt wurde. Dieses Problem hätte nur behoben werden können, indem man das badische Gebiet zweiteilte – mit anderen Worten: Der Murks der Vergangenheit wurde in die neue Zeit hinübergerettet, und damit war böses Blut zwischen Baden und Bayern vorprogrammiert.

Doch wie all die anderen westlichen Staaten auf dem Gebiet des 1815 gegründeten Deutschen Bundes war Baden einfach zu klein. Es war nur ungefähr halb so groß wie das künftige Belgien und grenzte direkt an das französische Elsass, was es geradezu lächerlich verwundbar machte. Überall entlang des Rheins blickten mehr oder weniger vom Glück begünstigte Fürsten, die einst über eine Vielzahl von Kleinststaaten geherrscht hatten, wehmütig auf das Jahr 1792 zurück, als sie sich freudig den kaiserlichen Truppen beim Angriff auf Frankreich angeschlossen hatten, woraufhin ihre Territorien prompt von den Franzosen überrannt und aufgelöst worden waren. Baden hingegen wurde vergleichsweise gut regiert, es hatte eine lange Tradition und verfügte über eine schlagkräftige Armee, doch angesichts des potenziell übellaunigen Kolosses gleich jenseits der Grenze war seine weitere Unabhängigkeit alles andere als gewiss. Sicher war Baden nur, solange Frankreich guter Dinge blieb, weshalb sich das Großherzogtum nie zu einer verlässlichen treibenden Kraft des »Dritten Deutschlands« entwickelte (zu dem die kleineren Teilstaaten des Deutschen Bundes gezählt wurden, im Gegensatz zu den beiden ebenfalls vertretenen Großmächten Preußen und Österreich), sondern stets eifrig darauf bedacht war, sich einem größeren und mächtigeren Verbündeten anzuschließen.

Der Rest der französischen Nord- und Ostgrenze war von einem Flickwerk gesäumt, das nicht einmal auf dem Papier den Anschein erweckte, seinem großen Nachbarn substanzielle Gegenwehr leisten zu können – dabei war genau das Sinn und Zweck der unterschiedlichen Arrangements. Vorübergehend liebäugelten die Koalitionäre mit der Vorstellung, ihre riesige Besatzungsarmee könne zu einer dauerhaften, von Frankreich finanzierten Einrichtung werden, aber die Briten wollten schnellstmöglich wieder nach Hause, um sich in Ruhe der Erfindung der Eisenbahn zu widmen, und auch die Österreicher konnten es kaum erwarten, dass die vielen Tausend russischen

Soldaten aus Westeuropa verschwanden und in ihre verschneiten Festungen zurückkehrten, statt unter ihrem zunehmend geistig verwirrten Zaren Alexander I. in der Champagne weiter mystisch-religiöse Zeremonien abzuhalten. Die Verbündeten befanden sich in der glücklichen Lage, genau zu wissen, dass jeder von ihnen seinen Beitrag zum Sieg über Napoleon geleistet hatte, weshalb sie relativ entspannt miteinander umgehen konnten und durchaus zur Kooperation bereit waren. Dennoch waren sich in grundlegenden Fragen (etwa: Könnten die Russen bitte schleunigst abrücken, bevor ein Unglück geschieht?) meist nur drei der vier Parteien einig.

Sämtliche Regelungen nördlich von Baden erwiesen sich mittelfristig als Reinfall. So erhielt Bayern die linksrheinische Pfalz als mächtige Pufferzone an der Grenze zu Frankreich, eine Funktion, die sie schon allein deshalb nicht ausüben konnte, weil sie durch das bereits erwähnte badische Territorium vom Rest des Königreichs abgeschnitten war. Im Rahmen einiger radikaler Tauschaktionen zog sich Österreich vollständig aus der Region zurück und erhielt im Gegenzug von Bayern Gebiete in Tirol. Eine der weniger bedeutenden, aber nichtsdestoweniger traurigen Folgen dieser zahllosen Verschiebungen war das Verschwinden einer Reihe französischer Verwaltungseinheiten mit wunderschönen Namen – etwa das Département du Mont-Tonnerre (benannt nach dem pfälzischen Donnersberg), das ein Fall für die Geschichtsbücher wurde, nachdem es zwischen der bayerischen Pfalz und dem Großherzogtum Hessen-Darmstadt aufgeteilt worden war. Fast ebenso bedauerlich ist der Verlust des Département des Forêts (Wälderdepartement – ebenfalls ein herrlicher Name), in dem die Ardennen endlich für einen kurzen Moment in einer sinnvollen Einheit zusammengefasst waren, bevor sie erneut auf drei verschiedene Länder verteilt wurden. Natürlich zählen hübsche Namen weniger als die Schrecken napoleonischer Besatzungsherrschaft, aber schade ist es doch.

In Bezug auf den weiteren Verlauf der wackligen Barriere, die einen erneuten Aufstieg Frankreichs verhindern sollte, trafen die Koalitionäre zwei Entscheidungen von enormer Tragweite. Der Vorschlag, an der französischen Nordgrenze dauerhaft eine britische Streitmacht zu stationieren, die in einem neuen, befestigten britischen Territorium – beispielsweise Dünkirchen – angesiedelt sein könnte, stieß in London, wo man längst damit begonnen hatte, große Teile der Truppen aus dem Militärdienst zu entlassen, auf taube Ohren. Die britische Strategie, die stattdessen zum Tragen kam, beruhte dagegen auf zwei Säulen, die sich, jede auf ihre Weise, als ausgesprochen heikle

Konstrukte erweisen sollten. Der erste Schritt bestand in der Schaffung eines einzigen großen Landes nördlich von Frankreich, ein neues Königreich der Vereinigten Niederlande, das zusätzlich auch die früheren Österreichischen Niederlande und die alten, inzwischen nur noch als geisterhafte Erinnerung erhaltenen Territorien des Fürstbistums Lüttich umfasste. Auf diese Weise entstand ein noch nie dagewesenes mittelgroßes Land, das nicht einmal die Herzöge von Burgund wiedererkannt hätten. Die Entscheidung entbehrte nicht einer gewissen Sinnhaftigkeit, denn zum einen wurden die Niederländer so für ihren Beitrag zum Sieg in der Schlacht bei Waterloo belohnt, und zum anderen verfügten diese neuen Niederlande über die nötigen Ressourcen, um gemeinsam mit Großbritannien und Preußen eine ernsthafte Bedrohung für Frankreich darzustellen. Alle hielten das für eine fantastische Idee – bis auf die Bewohner der betroffenen Region.

Der zweite Einfall der Briten – der sich als weitaus folgenreicher erweisen sollte – war ihr Beharren darauf, dass auch Preußen seinen Teil zur Grenzsicherung beitragen solle. Die Ereignisse des vergangenen Jahrzehnts hatten den Herrschern in Berlin schwer zugesetzt, da ihr Königreich unter dem Ansturm Napoleons in seiner Existenz bedroht gewesen war. Nach dem glücklichen Ausgang von 1815, an dem die Preußen einen entscheidenden Anteil gehabt hatten, strebten sie nun vor allem eine Ausdehnung ihres Herrschaftsgebietes im Osten an – beispielsweise durch die Annexion Sachsens, das die höchst unkluge Entscheidung getroffen hatte, bis zum Schluss treu an der Seite Frankreichs zu stehen. Im Westen hatten sie ihre kleinen, aber wertvollen Besitzungen rund um Kleve wiedererlangt, doch reichten diese ebenso wenig aus, um Preußen zu einem einflussreichen westlichen Machtfaktor zu machen, wie der kleine Flecken Neuchâtel. Zwar war den Briten das Risiko einer neuen starken Präsenz im Westen durchaus bewusst, doch angesichts der Notwendigkeit, Frankreich unter Kontrolle zu halten, erschien ihnen dieses vernachlässigbar. Beim ersten Anzeichen erneuter revolutionärer oder napoleonistischer Bestrebungen sollten die Verbündeten unverzüglich in Frankreich einmarschieren und diesen Entwicklungen Einhalt gebieten. Ein solches Vorgehen erforderte sowohl preußische Truppen als auch ein ausreichend großes preußisches Gebiet, an dessen Verteidigung Berlin ein Interesse hatte, selbst wenn es ein gutes Stück vom eigentlichen Kernland Preußens entfernt lag.

Die daraus resultierende preußische Rheinprovinz umfasste unter anderem die alten geistlichen Kurfürstentümer Köln und Trier, die einstigen Herzogtümer Jülich, Kleve und Berg sowie unzählige weitere kleine und größere

Herrschaften zwischen Xanten, Aachen und Prüm. Hauptstadt dieser neuen Provinz wurde Koblenz. Unmittelbar daran angrenzend richteten die Preußen die Provinz Westfalen ein, die sich aus vielen kleinen, disparaten und auf den ersten Blick eher wertlosen Territorien zusammensetzte. Sie erstreckte sich über den Nordwesten der deutschsprachigen Gebiete und erhielt Münster als Hauptstadt. Obwohl die Preußen dadurch in den Besitz zahlreicher wichtiger alter kaiserlicher Stätten kamen, hatte dies keinerlei kultische Folgen, da sie ihren Schwerpunkt auch weiterhin in Berlin sahen. Lediglich die Fertigstellung des Kölner Doms wurde in den 1840er Jahren zu einem zentralen Anliegen der neuen Herrscher. Das neue Erbe war eine bunte Mischung, durch die den Preußen jedoch mindestens zwei Dinge in den Schoß fielen, die von enormer Bedeutung für die Zukunft sein sollten: Erstens wurde Karl Marx 1818 in der Rheinprovinz geboren, und zweitens gelangte das gesamte Ruhrgebiet in preußischen Besitz, auch wenn das zum damaligen Zeitpunkt noch kaum von Belang erschien. Die Grafschaft Mark gehörte schon lange zu Preußen, aber erst durch den Zusammenschluss mit dem restlichen Ruhrgebiet – insbesondere dem seit Jahrhunderten unabhängigen Frauenstift Essen, Heimat der emsig vor sich hin werkelnden Familie Krupp – wurde mehr oder weniger zufällig der Grundstein für Deutschlands industrielle Zukunft gelegt. Wie in vergleichbaren britischen Regionen gab es im Ruhrgebiet Kohle, Eisenerzvorkommen und Wasser, weshalb es auch 1815 schon eine ernst zu nehmende industrielle Rolle spielte. Aber das war noch gar nichts, verglichen mit der rasanten Entwicklung, die die Region in den kommenden Jahrzehnten durchlaufen sollte und die selbst zuvor aufstrebende deutsche Industriestaaten wie Bayern oder das Königreich Hannover in unerhebliche Trabanten verwandeln würde.

Von all den Gratulationskongressen, die die Alliierten abhielten, war das 1818 in Aachen veranstaltete Treffen das geselligste. Neben Kaiser Franz I. von Österreich, Zar Alexander I. und Friedrich Wilhelm III. von Preußen sowie den ungekrönten Häuptern Fürst von Metternich, Lord Castlereagh und dem Herzog von Wellington nahmen daran noch weitere angesehene Persönlichkeiten teil, unter anderen Goethe und einige ranghohe Rothschilds. Gemeinsam besichtigte man die heiligen Reliquien Karls des Großen und desinfizierte den Aachener Dom nach dem erst wenige Jahre zurückliegenden Besuch Napoleons mithilfe einer gehörigen Dosis hysterischen, reaktionären Mystizismus. Es gab Gespräche über die dauerhafte Stationierung einer alliierten Armee in Brüssel, die bei Bedarf nach Frankreich einmarschieren könne, aber auch daraus wurde nichts, denn die glühendsten Verfechter dieser Idee waren die Russen, die alle anderen lieber heute als morgen wieder zu Hause gesehen hätten. Außerdem unternahm man fröhliche Ausflüge nach Spa und Waterloo, wo der Herzog von Wellington allen eine seiner – wahrscheinlich schon damals eher gefürchteten – Schlachtfeldführungen gab. Dass das gegenseitige Vertrauen doch nicht so unerschütterlich war wie gedacht, verrät uns das Beharren Zar Alexanders darauf, dass sämtliche niederländischen Soldaten, die als Sicherheitsrisiko galten, da Teile von ihnen an der Seite Napoleons gekämpft hatten, während seiner Reise von Aachen nach Waterloo aus der Region abgezogen und durch eine Leibgarde aus Schweizer Söldnern ersetzt wurden. Damit reagierte er auf eines der vielen hundert Gerüchte, denen zufolge napoleonische Geheimagenten seine Entführung planten.

Die wohl abenteuerlichsten Diskussionen kreisten um eine gigantische paneuropäische Armee, die von der britischen Navy nach Südamerika verschifft werden sollte, um den dortigen Aufstand gegen die spanischen Kolonialherren niederzuschlagen. Der Plan war Ausdruck jener neuen, von antirepublikanischem Hass und Gehorsamskult geprägten Stimmung, die die herrschenden Kreise in ganz Europa erfasste hatte, und stellt uns vor eine der aberwitzigsten Was-wäre-wenn-Spekulationen überhaupt. Zum Glück hielten die Briten das Ganze jedoch für eine schlechte Idee, nachdem sie selbst erst wenige Jahre zuvor bei einem Angriff auf Buenos Aires gedemütigt worden waren und auch in ihrem gerade erst beendeten Krieg gegen die Vereinigten Staaten einige höchst unangenehme Erfahrungen hatten machen müssen. Aus heutiger Sicht wissen wir, dass die künftigen Entwicklungen sämtliche Visionen der in Aachen versammelten Männer über den Haufen werfen sollten, doch die Geschichte hätte einen noch deutlich anderen, eigentümlicheren Verlauf genommen, wenn dieser südamerikanische Feldzug tatsächlich stattgefunden hätte und beklagenswerte Bauernjungen aus dem Ural oder Worcestershire im Namen königlicher Solidarität gegen Zitteraale, Piranhas und riesige Würgeschlangen gekämpft hätten.

»Viel lieber Tod als ein schimpfliches Leben!«

Nachdem die Monarchen und Aristokraten in Aachen alle anstehenden Fragen geklärt hatten, bereiteten sie sich auf die Abreise vor, wurden jedoch zu ihrem Verdruss von einem ungewöhnlichen technischen Problem aufgehalten. Zum Gedenken an das Ende des Krieges und die entscheidende Rolle Großbritanniens in der Schlacht von Waterloo hatte der britische Prinzregent, der anstelle seines geistig zerrütteten Vaters Georg III. regierte, Sir Thomas Lawrence beauftragt, Porträts von allen bedeutenden Teilnehmern der Zusammenkunft anzufertigen, was jedoch einfach viel zu lange dauerte. Der Künstler kam im Tempo einer unfassbar langsamen Version eines Fotoautomaten am Bahnhof voran, zu dem man einmal im Monat zurückkehren musste, um nachzusehen, ob das Bild endlich in das kleine Ausgabefach gefallen war. Das Ergebnis dieser Strapazen ist noch heute im riesigen, prunkvollen Waterloo Chamber in Windsor Castle zu bewundern, wo es dank der glücklichen Fügung, dass keiner der Nachfolger des Prinzregenten auch nur die geringsten ästhetischen Neigungen zeigte, unverändert erhalten blieb. In diesem Saal sind die womöglich letzten Tage glamouröser Männermode verewigt, kurz bevor kleidungstechnisch die »Große Entsagung« einsetzte und wohlhabende Männer sich auf eine schlichte Garderobe in Schwarz, Grau und Weiß verlegten. Hier jedoch ist mit wunderbaren Röcken und überwältigenden Galauniformen alles an Pracht versammelt, was man sich nur vorstellen kann. Dabei fällt mir eine aus dem frühen 19. Jahrhundert stammende Pariser Anzeige für importierte englische Mode ein: *Chapeau de Robinson? Incroyable!** Selbst albernste Reaktionäre wie Kaiser Franz I. hätten im Traum nicht mehr daran gedacht, eine Perücke zu tragen, und der Geist der »neo-römischen« Nüchternheit ließ sie bald alle genauso langweilig aussehen wie den britischen Premierminister Lord Liverpool auf seinem Lawrence-Porträt (weißes Hemd, weiße Halsbinde, schwarzer Rock, nur der Anflug eines Backenbarts). Was man den Porträts womöglich ebenfalls noch heute anmerkt, sind der Ärger und die Langeweile der mächtigsten Männer der Welt, die dazu verdammt waren, untätig herumzusitzen, während Sir Thomas an seinen Lasurschichten bastelte.

Tatsächlich sind die Porträts aufschlussreicher, als den Abgebildeten lieb gewesen sein dürfte. Obwohl Lawrence und andere zweifellos ihr Bestes gegeben haben, erkennt man auf den ersten Blick, dass die wesentlichen Akteure – Alexander I., Franz I., Friedrich Wilhelm III. und Wilhelm I. der Niederlande – ihrer Aufgabe nicht gewachsen waren. Trotz aller monarchi-

* Nach der 1904 geschlossenen *Entente Cordiale* entwickelten die Franzosen erneut ein Faible für britische Herrenmode, und ein Modejournalist säuselte angesichts eines absolut grauenvollen, schrill karierten Anzugs: »*un peu Édouard VII, un peu ›cad‹*«.

schen Solidaritätsbekundungen, trotz Unmengen verteilter Orden und der Abnahme makelloser Paraden wirkt keine dieser Gestalten vertrauenerweckend, und es scheint, als habe Napoleon ihnen ungeachtet ihrer Proteste das Leben ausgesaugt. Letzten Endes hat ihr Sieg von 1815 nicht viel von einem Triumph an sich. Jedes ihrer Länder wurde auf seine Weise in seinen Grundfesten erschüttert, und das Fundament der Herrschaft ihrer Dynastien geriet ins Wanken. Die Minister wirken auf den Porträts sehr viel energischer als ihre Monarchen, und Metternich ist sogar deutlich spektakulärer gekleidet als Franz I. Unwillkürlich stellt man sich vor, wie die Minister in ihren privaten Unterredungen die Augen verdrehten über diese mystisch veranlagten, dauernörgelnden royalen Sonderlinge, mit denen sie sich herumschlagen mussten. Ein unverkennbares Zeichen des Scheiterns war auch die Tatsache, dass viele der in Aachen Versammelten wirre Fantasien über Freimaurer, kosmische Verschwörungen und einen obskuren Erzfeind pflegten, der irgendwo in Paris versteckt saß wie eine Spinne im Zentrum eines riesigen Netzes der Weltrevolution. In den darauffolgenden Jahren verfielen die Kongresspartner jedes Mal in kollektive Schnappatmung, sobald irgendwo in Europa eine Schar verzweifelter Bauern auch nur das geringste feudale Symbol abfackelte. Sie träumten von einer gesamteuropäischen Polizei, die noch das kleinste Flämmchen abweichender Meinungen austrat, allerdings waren sie bei allem, was sie anfassten, derart nervös und so bar jeder positiven Vision (es sei denn, es ging um Gehorsam oder den Bau endloser Kanäle), dass künftige Revolutionen unausweichlich waren.

Frankreich war nun eingezwängt in ein alles andere als überzeugendes Geflecht militärischer Maßnahmen. Niederländische Soldaten hockten in kümmerlichen Grenzfestungen wie der notdürftig wieder in Dienst genommenen Burg von Bouillon, und in deutschen Festungen begann man mit behäbigen Bauarbeiten. Nach dem Wiener Kongress schlossen sich die verschiedenen politischen Gebilde auf deutschem Boden zum »Deutschen Bund« zusammen, einer lockeren Allianz mit einer in Frankfurt tagenden Bundesversammlung, die an die Stelle des 1806 erloschenen Heiligen Römischen Reichs trat. Einige seiner Mitgliedsstaaten waren noch genauso pittoresk winzig wie im alten Kaiserreich, aber anders als sein Vorgänger war dieses Bündnis unzweifelhaft *deutsch*. Zwar gab es auch innerhalb seiner Grenzen noch einige Minderheiten (insbesondere Tschechen und Polen), doch mit diesem Bund war unwissentlich ein Rahmen für die Klärung strittiger Fragen zu Deutschland (einschließlich der Minderheiten) geschaffen worden, die erst nach 1945 endgültig beigelegt werden sollten. Der wichtigste praktische Grund für die Existenz des Deutschen Bundes bestand darin, Preußen und Österreich eine Bühne zu bieten, sodass die beiden Staaten nicht nachließen in ihren Bemühungen, das französische Revolutionsmonster einzuhegen. In Mainz, Luxemburg, Landau, Rastatt und Ulm entstanden Bundesfestungen, freundlicherweise finanziert durch den französischen Staat. Teile dieser Festungen stehen immer noch in der Landschaft herum, obwohl ihnen das mit der Zeit kaum noch zu ignorierende Problem, dass Frankreich einfach keine Bedrohung mehr war, schon bald schwer zu schaffen machte. Über Jahrzehnte folgten Generationen von österreichischen, preußischen und bayerischen Truppen in diesen extrem teuren und immer sinnloseren Bauwerken aufeinander. Letztlich bestand ihr wichtigster Beitrag zur europäischen Geschichte in der Explosion eines Pulverturms der Festung Mainz, bei der Hunderte Menschen getötet oder verletzt wurden und der ohnehin bereits leidgeprüfte Dom noch weitere Schäden davontrug.

1830 spitzte sich die nervöse Anspannung dieser Jahre zu. Mein französischer Lieblingskönig, der bis zur Selbstaufopferung reaktionäre, begriffsstutzige Karl X., verhöhnte die Erinnerung an das revolutionäre und napoleonische Frankreich mit seinen Forderungen nach Gesetzen, die für den Diebstahl von liturgischem Gerät aus Kirchen das Abschlagen der frevlerischen Hand vorsahen. Solcherlei Unsinn führte zu einem eher gemäßigten Protestausbruch in Paris, der Karl dennoch derart in Panik versetzte, dass er schnurstracks nach England floh. Ihm folgte sein aus dem Haus Orléans stammender Cousin Louis Philippe, dessen Familie über einige revolutionäre Referenzen verfügte. Dass keiner der großen europäischen Staaten bei diesem Umsturz eingriff, war ein Zeichen für ihre Machtlosigkeit. Die gewaltigen Bemühungen der vergangenen Jahre, die auch aus dem Wunsch erwachsen waren, die Sicherheit der Bourbonendynastie zu gewährleisten, erwiesen sich als vollkommen sinnlos, mehr noch: Frankreich schien trotz aller Einschränkungen mühelos in der Lage zu sein, auch weiterhin als Großmacht aufzutreten – 1823 waren französische Truppen erfolgreich in Spanien einmarschiert, um dem bedrängten reaktionären Regime erneut zur Macht zu verhelfen, und Anfang 1830 hatte das Land erste militärische Operationen auf dem Gebiet des künftigen Algerien durchgeführt. Und nun hatte die Absetzung Karls X. auch noch erhebliche Auswirkungen auf Frankreichs nördlichen Nachbarn.

Das neue Königreich der Vereinigten Niederlande war eine zutiefst unglückliche Region. Man kann gar nicht hoch genug einschätzen, wie sehr die

Niederländer durch die zurückliegenden Erfahrungen traumatisiert worden waren. Immer wieder neue Angriffe fremder Mächte, denen sie kaum etwas entgegenzusetzen gehabt hatten, demütigende Regimewechsel und schließlich das Aufgehen im französischen Staat als eine weitere kleine Ansammlung von Départements sprachen der großen Vergangenheit des Landes Hohn. Es muss unerträglich gewesen sein, vor den Gräbern der großen Seefahrer, Heerführer, Intellektuellen und Künstler in den Kirchen von Delft zu stehen, nachdem dieses zu einer unbedeutenden Kleinstadt im Département Bouches-de-la-Meuse herabgesunken war. Ohnmächtig hatten die Niederländer mit ansehen müssen, wie ihre Soldaten in Russland fielen und die Briten nach und nach ihre Kolonien in Übersee eroberten. Die neuen Niederlande hatten sich davon zumindest so weit erholt, dass sie mit siebzehntausend Mann in Waterloo vertreten waren und den Krieg eindeutig auf der Seite der Sieger beendeten. Vor diesem Hintergrund waren ihnen auf dem Wiener Kongress die einstigen Österreichischen Niederlande zugeschlagen worden, was nicht nur die Einwohnerzahl des Königreichs von zwei auf fünf Millionen erhöhte, wodurch es zu einem ernst zu nehmenden (oder zumindest halbwegs ernstzunehmenden) Gegengewicht zu Frankreich wurde, sondern darüber hinaus die Frage beantwortete, was mit den heruntergekommenen südlichen Provinzen geschehen solle.

Der Versuch, zwei Bevölkerungsgruppen miteinander zu verschmelzen, die einander mehr als zwei Jahrhunderte lang gehasst und verachtet hatten, misslang. Die religiösen, gesellschaftlichen und sprachlichen Differenzen waren unüberbrückbar. Wilhelm I., König der Vereinigten Niederlande, verlangte, alle seine Untertanen sollten »richtiges Niederländisch« lesen und sprechen, was tatsächlich eine notwendige Voraussetzung für die Schaffung eines lebensfähigen Staates war, sich allerdings kaum mit der abweichenden Entwicklung des Flämischen im Süden vereinbaren ließ oder mit dem Umstand, dass die Eliten der südlichen Provinzen Französisch sprachen. Technokratische Maßnahmen wie der Bau von Kanälen oder die Wiederbelebung von Antwerpen reichten bei Weitem nicht aus. Denn was einem Zusammenwachsen ebenfalls im Wege stand, war, dass im Süden zum einen mehr Menschen lebten als in den nördlichen Provinzen und sich die Region darüber hinaus – ähnlich wie das Ruhrgebiet – zu einem frühindustriellen Zentrum entwickelte. Schon bevor die Lütticher ihren Fürstbischof aus der Stadt gejagt hatten, war die Gegend für ihr produktives Gewerbe und ihre reichen Kohlevorkommen bekannt gewesen. (Was mich auf eine weitere seltsame Kontinuität bringt: Die Kathedrale des heiligen Lambertus, mit deren Abriss die Revolutionäre 1794 begonnen hatten, wurde trotz des neokatholischen Umfelds immer noch Stück für Stück abgetragen und ihre Steine verkauft, die letzten größeren Teile verschwanden erst 1827.) Auch Brüssel war eine beeindruckende Stadt – mit über hunderttausend Einwohnern bereits eine der größten in Europa und ganz und gar nicht bereit, sich von den neuen Herrschern in Den Haag einfach so schlucken zu lassen. Da der Süden nie eine unabhängige Identität entwickelt hatte, war jedoch nur schwer vorstellbar, wie die Region ohne fremde Oberherrschaft aussehen würde, sei diese nun burgundisch, habsburgisch, spanisch, österreichisch oder französisch.

Der Sturz Karls X. hatte gezeigt, dass die nach Waterloo entstandenen Strukturen ebenso bröckelig waren wie die Lambertuskathedrale. Auslöser der Ereignisse in Brüssel war eine Aufführung von Daniel F. E. Aubers Oper *Die Stumme von Portici* mit ihrem mitreißenden (nun, offen gestanden eher mäßig ansprechenden) Duett »Das teure Vaterland« (»Viel lieber Tod als ein schimpfliches Leben, in Schmach und Sklaverei verbracht!«). Nach der Vorstellung im Théâtre de la Monnaie strömte die Menge hinaus auf die Straße, und die Revolution begann. Weil sich seine südlichen Truppeneinheiten zu kämpfen weigerten, wandte sich Wilhelm I. hilfesuchend an die europäischen Großmächte. Doch diese waren – aus unterschiedlichen Gründen – nicht bereit, ihn zu unterstützen. Das größte Entgegenkommen zeigten noch die Franzosen, die vorschlugen, man könne einen großen zentralen Block der südlichen Niederlande ja auch einem anderen Land zuweisen – Frankreich zum Beispiel. Die westlichen Teile Flanderns könnten britisches Protektorat werden und Luxemburg und Maastricht an Preußen fallen. Nachdem diese Anregung geflissentlich ignoriert worden war, wirkte sich das auf ein Gleichgewicht der Kräfte bedachte System der europäischen Mächte zum Vorteil jenes Gebildes aus, das inzwischen als »Belgien« bezeichnet wurde. Dass es eine Einheit blieb, lag zum einen an der immer noch verbreiteten Angst vor Frankreich, aber auch an der tief verwurzelten, merkwürdigen Reißfestigkeit des Südens selbst.

1815 hatte Wilhelm I. die alten deutschen Besitzungen seiner Familie in Nassau an Preußen abgetreten und im Gegenzug das zum Großherzogtum erhobene Luxemburg erhalten. Damals war das ein guter Tausch gewesen, denn Luxemburg bildete eine sinnvolle Ergänzung zum Königreich der Vereinigten Niederlande, nun allerdings war es durch die Belgische Revolution isoliert. Bei einer Konferenz in London beschlossen die Großmächte, dass

Belgien innerhalb der Grenzen von 1790 unabhängig werden, aber in Zukunft neutral sein solle. Die Niederländer weigerten sich, diesen Beschluss anzuerkennen, und marschierten in Belgien ein. Es folgte die erbitterte Belagerung von Antwerpen durch französische Truppen, die den Belgiern zu Hilfe kamen und die Niederländer aus der dortigen Zitadelle vertrieben. In diesem kurzen, brutalen Krieg (der auf einigen fürchterlichen Gemälden im Pariser Hôtel des Invalides verewigt ist) wurde Antwerpen verwüstet, und er kostete über tausend Menschen das Leben. 1839 erkannten die Niederlande schließlich die Unabhängigkeit Belgiens an, und bei einer weiteren Konferenz in London wurde der endgültige Grenzverlauf festgelegt. Die Niederländer behielten Maastricht, aber Luxemburg wurde geteilt, und der größte Teil des Gebiets mitsamt Städten wie Bouillon und Bastogne fiel an Belgien, während der Osten im Besitz von Wilhelm I. verblieb, der dort weiterhin als Großherzog von Luxemburg herrschte. Damit war der Staat geschaffen, der bis zum heutigen Tag existiert – eine noch immer private herzogliche Enklave und eines der letzten skurrilen Überbleibsel des Ostfrankenreichs.

Die künftigen Auswirkungen eines neutralen belgischen Staates waren natürlich enorm. Er entwickelte sich zu einer bedeutenden Industrie- und Kolonialmacht und bewies dadurch ebenso eindrucksvoll wie Baden, dass Max Webers Theorien zum Verhältnis von Protestantismus und Kapitalismus völlig falsch waren. Die belgische Neutralität war mit der schweizerischen vergleichbar, wurde allerdings nicht durch eigene Stärke aufrechterhalten, sondern durch die Garantien von Großbritannien, Frankreich, Preußen, Russland und den Niederlanden (seinen neutralen Status nutzte das Land später, um sich den Zugang zum Kongo zu erschleichen). Dieses Übereinkommen, durch das die Unversehrtheit der belgischen Grenzen gewährleistet wurde, verhieß eine große Zukunft für den Primat der Vernunft und neue Formen des internationalen Rechts. Trotzdem erkannten die Niederländer die neuen Grenzen nur derart widerstrebend an, dass sich bis zum heutigen Tag einige absurde kleine Kuriositäten erhalten haben – insbesondere die Gemeinden Baarle-Hertog und Baarle-Nassau, wo eine ganze Reihe belgischer Landsplitter in niederländisches Staatsgebiet eingebettet sind. Die winzigen Sprenkel, von denen manche nicht größer sind als ein einzelnes Feld, spiegeln aus irgendwelchen Gründen, über die ich mir lange vergeblich den Kopf zerbrochen habe, uralte Gebietsabsprachen zwischen dem Herzogtum Brabant und den Herren von Breda wider. Wie man inzwischen bemerkt haben dürfte, bin ich ein großer Fan ungewöhnlicher Grenzverläufe, aber das erschien selbst mir zu albern, um die Reise auf mich zu nehmen – obwohl der Besuch einer Kneipe, die teils auf niederländischem, teils auf belgischem Hoheitsgebiet liegt, sodass man aufgrund der abweichenden Schankgesetze nur eine Linie auf dem Boden überspringen muss, um ungestraft weitertrinken zu dürfen, durchaus verlockend gewesen wäre.

KAPITEL ELF

Seltsame Vorgänge unter Tage

Ich hatte das Glück, Ende der 1960er Jahre in einer Neubausiedlung aufzuwachsen, die wie eine Art Miniaturstadt auf dem Gelände weitläufiger ehemaliger viktorianischer Gärten angelegt worden war, weshalb sich zwischen dem nagelneuen roten Backstein und Beton noch einige frühere Gartenelemente erhalten hatten – eine mächtige Andentanne zum Beispiel. Mein eigentliches Glück bestand darin, dass wir im letzten Haus am Rand der Siedlung wohnten und ich daher im überaus leicht zu beeindruckenden Alter von fünf Jahren mehrere Monate mit staunend aufgerissenen Augen am Fenster stand und die gewaltigen Baumaschinen beobachtete, die sich durch die klebrige rote Erde wühlten, als die Arbeiten am nächsten Siedlungsabschnitt begannen. Wie besessen malte ich die hydraulischen Bagger und füllte ganze Notizbücher mit meinen Zeichnungen. Ich fürchte, ein herrlicher gelber Poclain-Bagger mit Kettenantrieb wurde für mich zu einer Art modernem Gott. Nach einer Weile ging meine Obsession für Baumaschinen dann nahtlos in eine leidenschaftliche Schwärmerei für Dinosaurier über, und eine Zeit lang malte ich sowohl Bagger als auch Dinosaurier, bevor ich die Kindereien hinter mir ließ und mich endgültig auf liebevoll, wenn auch mit zittriger Hand ausgeführte Bilder von Triceratops, Stegosaurus und ihren Freunden verlegte. Besuche im Natural History Museum in London (wo ich in derartige Verzückung geriet, dass man mich praktisch narkotisieren musste, um mich wieder herauszubekommen) und ein sensationelles Buch mit farbigen Abbildungen von Dinosauriern, die den Himmel anbrüllten oder sich gegenseitig aufzufressen suchten, vervollständigten meine religiöse Erziehung.

Ich erwähne dies, weil ich als Teenager bei der Vorstellung, ich könnte meine Spielkameraden aus Kreidezeit und Jura eines Tages vergessen, jedes Mal einen schmerzhaften Stich verspürte. Inzwischen bin ich Mitte Fünfzig, meine Liebe zu Dinosauriern hält zu meiner großen Freude unvermindert an, und mittlerweile weiß ich auch, dass ich über das Alter, in dem sich daran noch etwas ändern könnte, längst hinaus bin. Vor diesem Hintergrund machte ich mich also auf den Weg zum Maastrichter Naturkundemuseum. Ich rechnete mit einem eher unspektakulären, aber doch erfreulichen Rundgang, denn in solchen Museen findet sich *immer* etwas Überraschendes – vor allem wenn sie über einen dunklen Saal mit ausgestopften alten Kreaturen verfügen, die, ausgetrocknet und insektenzerfressen, traurig in ihren Glaskästen hocken. Doch als ich das Museum betrat, drehte sich die Welt plötzlich im Kreis. Dieser Besuch hielt für mich mehr bereit als einen raschen Blick auf einen verstaubten Kugelfisch. In all den Jahren hatte ich nie zwei und zwei zusammengezählt. Mein Leben lang war ich auf die – zugegeben unwahrscheinliche – Frage vorbereitet gewesen, welches mein absoluter Lieblingsdinosaurier sei. Ohne zu zögern, hätte ich geantwortet: der Mosasaurier. Diesem furchterregenden Meeresreptil war in meinem geliebten großen Dinosaurierbuch ein echtes Meisterwerk spekulativer Illustration gewidmet gewesen – ein tiefgrüner Torpedo mit großen Flossen und wahrhaft heimtückischen Zähnen. Aber ich hatte mir nie Gedanken über seinen Namen gemacht, der, wie ich nun herausfand, »Maas-Echse« bedeutete, oder darüber, dass seine Überreste erstmals in der Nähe einer Stadt entdeckt worden waren, deren lateinischer Name *Mosae Traiectum* (»Maasübergang«) lautete: Maastricht.

Als einige Bergleute 1770 in der Umgebung von Maastricht einen Klumpen aus versteinerten Zähnen, Ober- und Unterkiefer sowie weiteren Knochen entdeckten, gab dies den Startschuss zu einem ganz neuen Verständnis der Erde. Ein herrlicher zeitgenössischer Stich zeigt fünf muskulöse Grubenarbeiter, die das grässliche Ungetüm auf Holzstämmen wegrollen, während zwei Sturm-und-Drang-Gelehrte in ihren Mänteln verblüfft gestikulierend zusehen. 1795 schickte die französische Revolutionsarmee das gefeierte »Große Tier von Maastricht« als Kriegsbeute nach Paris, wo es zum Gegenstand zahlloser Diskussionen wurde: Handelte es sich um einen Wal oder um ein Krokodil? Wieso war es zu einem kompakten Block zusammengepresst worden? Wie alt war es? George Cuvier, der große Naturforscher aus Mömpelgard/Montbéliard, bestätigte nach eingehenden Untersuchungen, dass die Kreatur eine Echse sei, wenn auch eine außergewöhnlich große. 1822 gab ihr der heroische frühe Paläontologe William Conybeare schließlich den Namen »Mosasaurus«.

Wie sich herausstellte, verfügt das Maastrichter Naturkundemuseum nicht nur über eine hervorragende Sammlung ausgestopfter Tiere, sondern ist zudem ein wahrer Mosasaurus-Tempel. Ein Exemplar ist in einem eigens errichteten »Mosaleum« ausgestellt, während ein weiteres – namens Lars – in einem Labor Stück für Stück aus seinem Fels herausgelöst wird. Sie haben sogar ein recht spekulatives Gemälde von einem toten Mosasaurier, der von Proto-Haien gefressen wird. Die Entdeckung des Mosasaurus hatte enorme Auswirkungen – und es sollte nicht die einzige bleiben. In Dorset stieß meine persönliche Heldin Mary Anning Anfang der 1820er Jahre auf Plesiosaurus-Fossilien, und bald darauf folgten zwei weitere Paukenschläge: 1856 wurde gut zwanzig Kilometer östlich von Düsseldorf der Neandertaler ausgegraben und 1861 in Franken der Archäopteryx. Auch wenn es im ersten Moment überraschend klingt, steht die Entdeckung dieser alten Vergangenheit in engem Zusammenhang mit der Industrialisierung. Denn bis auf Mary Annings Plesiosaurier wurden alle diese Fossilien von Bergleuten in Schächten entdeckt, die inzwischen tiefer in den Boden getrieben wurden als zuvor. Zusammen mit Büchern wie Charles Lyells *Grundsätze der Geologie* veränderten diese Funde die Vorstellung der Menschen vom Wesen der Erde und stellten das Christentum vor geradezu katastrophale Probleme – ganz zu schweigen davon, dass auch das letzte Vertrauen in Bischof Usshers Zeitrechnung hinfällig wurde. Der Mosasaurus zertrümmerte sämtliche anthropozentrischen Zeitleisten. Wenn Gott die Erde tatsächlich in sechs Tagen erschaffen hatte, was um Himmels willen war dann *das*? Es gab einige raffinierte Versuche zur Quadratur des Kreises. So wurde beispielsweise behauptet, Gott habe die Knochen dort platziert, um unseren Glauben zu prüfen, indem er den falschen Anschein erweckte, die Welt sei viel älter, als sie in Wirklichkeit war. Doch darauf fiel kaum jemand herein. Trotzdem erforderte die abschließende Erklärung, bei den Fundstücken handele es sich um Teile einer Kreatur, die vor rund hundert Millionen Jahren fröhlich durch ein seichtes, von riesigen Farnen gesäumtes niederländisches Tropengewässer geplanscht sei und alles gefressen habe, was ihr vor die Schnauze kam, zweifellos eine gewisse Bereitschaft zum Umdenken.

Die geistigen und religiösen Herausforderungen jener Zeit fielen mit einem gigantischen Bevölkerungswachstum zusammen. Beispiele dafür gibt es zuhauf: Das kleine Städtchen Roubaix in Französisch-Flandern, das um 1800 rund 8000 Einwohner zählte, war ein Jahrhundert später auf 125 000 Einwohner angewachsen, Duisburg steigerte sich von 4500 Einwohnern auf 92 000, Lille von 70 000 auf 200 000. Manche davon waren Zuwanderer – ins Ruhrgebiet etwa strömten zahlreiche Polen und Schlesier. Dank der Kombination aus verfügbarer Arbeit und gestiegener Lebenserwartung verdoppelte sich die Bevölkerungszahl Belgiens von rund vier Millionen zum Zeitpunkt seiner Unabhängigkeit auf acht Millionen am Vorabend des Ersten Weltkriegs. Zwar gab es für all diese Menschen reichlich Arbeit, aber die Bedingungen waren fürchterlich, und niemand kann Émile Zolas Roman *Germinal* lesen, ohne voller Abscheu vor seiner Schilderung der modernen Bergwerke zurückzuschrecken, die an Boschs und Brueghels Visionen der ewigen Verdammnis erinnern. Und so stand die Entdeckung des Mosasaurus in direktem Zusammenhang mit dem Elend von Grubengas, Überflutungen und eingestürzten Schächten.

Eine sehr eigenartige Mine befand sich in der Umgebung von Kelmis, einer heute zu Belgien gehörenden kleinen Ortschaft nicht weit von Maastricht, gleich hinter den Hügeln im Südwesten von Aachen. Spätestens seit dem 14. Jahrhundert wurde dort Zinkerz gefördert, und die Frage, wem dieses eigentlich gehörte, hatte schon zu erbittertem Streit zwischen den Herzögen von Brabant und der Reichsstadt Aachen geführt, bevor die Region Teil der Burgundischen/Spanischen/Österreichischen Niederlande geworden war. Napoleon verpachtete die Mine für fünfzig Jahre an einen gewissen Jean-Jacques-Daniel Dony (»Au palais des Tuileries, le 30 ventôse an 13«), was niemandem weiter auffiel, da damals ohnehin so gut wie alles in französischen Händen lag. Dony bedankte sich dafür bei Napoleon mit einer raffinierten Feldbadewanne aus Zink, die heute im wunderbaren Kelmiser Museum steht. Kaum verwunderlich, löste die auf Napoleons Niederlage folgende Neuordnung Europas ein kleinliches Hickhack aus. Heerscharen von Experten wedelten mit alten Dokumenten, die belegen sollten, wo genau die Grenze zwischen dem neuen Königreich der Vereinigten Niederlande und der neuen preußischen Rheinprovinz verlaufen solle. Es war eine beispiellose Situation: Zwei potenzielle Herrscher, beide neu in der Gegend, stritten über die in den zurückliegenden zwanzig Jahren permanent verschobenen Grenzen eines Gebiets, das zuvor ein winziges Steinchen im riesigen Mosaik des Heiligen Römischen Reichs gewesen war, regiert von Geistlichen, die längst ihres Amtes enthoben worden waren, und es erwies sich als vollkommen unmöglich, in dieser Frage einen zufriedenstellenden Kompromiss zu finden. Einige Bezirke des umstrittenen Gebiets (Eupen, Malmédy und St. Vith) fielen an Preußen – eine Regelung, die nur bis zum Versailler Vertrag Bestand hatte, als Eupen-Malmédy belgischer Verwaltung unterstellt wurde, weshalb die Ostkantone von deutscher Seite als »unerlöste« Kantone betrachtet und im

Zweiten Weltkrieg aufs Neue annektiert wurden. Die wertvollen Zinkerzlagerstätten aber weckten auf beiden Seiten derartige Begehrlichkeiten, dass man sich schließlich darauf einigte, sie zum vielleicht unbekanntesten europäischen Staat aller Zeiten zu machen: Neutral-Moresnet. Dieser hielt sich letztlich sogar länger als seine niederländischen und preußischen Taufpaten, denn während sich seine unmittelbaren Nachbarn im Laufe des 19. Jahrhunderts in Belgien und Deutschland verwandelten, gab es Neutral-Moresnet bis 1914.

Ich würde nicht so weit gehen, zu behaupten, Neutral-Moresnet böte für sich genommen genug Stoff für ein ganzes Buch, aber es fehlt nicht viel. Die Grundfläche des Ministaates bildete ein fast perfektes Dreieck, er hatte ungefähr dreitausend Einwohner und war so klein, dass man die preußische Feuerwehr rufen musste, wenn irgendwo ein Feuer ausbrach. Er war natürlich auch nicht in der Lage, sich selbst zu verwalten, weshalb ein niederländischer und ein preußischer Kommissar sich diese Aufgabe teilten. Nach der Belgischen Revolution war die Stimmung so vergiftet, dass die Niederländer ihre Funktion als Garant Neutral-Moresnets nie offiziell niederlegten, weshalb sie theoretisch heute noch Anspruch auf einen Teil des Territoriums haben, aber die Chancen, dass diese Frage im 21. Jahrhundert noch einmal auf die Tagesordnung kommt, sind wohl eher gering. Als der Ort nach dem Zweiten Weltkrieg endgültig und unwiderruflich belgisch geworden war, brachte man 1952 am hübschen kleinen Kelmiser Gemeindehaus unübersehbar ein riesiges belgisches Wappen an (das letzte in einer langen Reihe von Wappen, die die örtlichen Handwerker in unregelmäßigen Abständen angebracht und – sobald sie veraltet waren – wieder weggemeißelt haben müssen).

Zinkerz gehörte im 19. Jahrhundert zu den wichtigsten Grundlagen der Industrialisierung, und zwar nicht nur als Material für Badewannen, sondern auch zur Herstellung von Messingerzeugnissen, Farben und elektrischen Leitungen. Im Kelmiser Museum gibt es herrliche technische Zeichnungen von Ornamenten, Pumpen, Winden und Walzen. Es ist eine Schande, dass das technische Zeichnen nicht als eine eigene Kunstform gewürdigt wird, so schön sind sie. Leider führte der anhaltende Bedarf der Fabriken in der Region dazu, dass die Erzvorkommen in Neutral-Moresnet in den 1880er Jahren erschöpft waren. Trotzdem konnten sich weder Belgien noch das deutsche Kaiserreich dazu durchringen, ihre Ansprüche auf das Gebiet aufzugeben. Es gab eine recht vergnügliche Phase, in der belgische junge Männer nach

Neutral-Moresnet übersiedelten, um dem Militärdienst zu entgehen, aber nach einer Weile bemerkte die belgische Regierung das Schlupfloch und stopfte es. Eine wunderbare Ansichtskarte zeigt die Stelle, wo Neutral-Moresnet, die Niederlande, Belgien und Deutschland aneinanderstießen, denn sie hatte sich zu einer bescheidenen Touristenattraktion entwickelt. Neben den Grenzsteinen sieht man auf dem Bild einen kleinen Limonadenstand, der von der ältlichen Witwe Lausberg betrieben wurde und zu diesem Zeitpunkt wahrscheinlich das gesamte Bruttoinlandsprodukt von Neutral-Moresnet erwirtschaftete.

Die Katastrophe, die schließlich über den kleinen Ort hereinbrach, war unmöglich vorauszusehen: Er geriet in den Fokus des Esperanto-Weltkongresses. Dort entstand der grausame Plan, Neutral-Moresnet zum weltweit ersten Esperanto-Staat zu machen, und damit wurden die dreitausend Einwohner zu hilflosen Spielbällen des Wahnsinns. Der Ort wurde kurzerhand in Amikejo – Ort der Freundschaft – umbenannt, und 1908 erklärte man Kelmis zur Welthauptstadt des Esperanto. Esperantisten (die offenbar alle Strohhut und einen buschigen Schnurrbart trugen) schwärmten aus, organisierten Picknicks, gaben Sprachunterricht und versetzten die einheimische Bevölkerung in Angst und Schrecken. Der Hausarzt und Briefmarkensammler Dr. Molly, der sie hergelockt hatte, scheint für seine völlig aus dem Ruder geratene Begeisterung nie zur Rechenschaft gezogen worden zu sein. Trotz aller Bemühungen konnte ich nicht herausfinden, ob die Esperantisten auch versucht haben, die alte Witwe Lausberg zu bekehren, oder sie zumindest dazu bewegen wollten, das Schild ihres kleinen Limonadenstands auf Esperanto zu übersetzen – ein Recherchemangel, für den ich mich aufrichtig entschuldigen möchte.

Das eigentümliche Idyll fand ein abruptes Ende, als deutsche Truppen den Zwergstaat im Sommer 1914 überrannten. 1920 wurde er zu einem Teil Belgiens. Das wohl wichtigste Zeugnis Neutral-Moresnets – abgesehen von dem vorbildlichen Museum – findet sich in der Pfarrkirche Mariä Himmelfahrt. In deren Vorraum hängt eine der bemerkenswertesten Gedenktafeln, die ich je gesehen habe. Als letzter Abschied von einem Jahrhundert der Neutralität sind auf dieser Tafel die neunundsiebzig aus Neutral-Moresnet stammenden Gefallenen und Vermissten des Ersten Weltkriegs verzeichnet, aber ohne jeden Hinweis darauf, ob sie auf belgischer oder deutscher Seite kämpften – sie sind schlicht »Kelmiser Söhne, im Tode vereint«.

Der neue Rhein

Theoretisch müssen die vormodernen deutschen Städte mit ihrem überall gleichen Rhythmus aus Glockenläuten, Nachtwächterrundgängen, Zunftprozessionen, öffentlichen Bestrafungen und bei Sonnenuntergang mit lautem Knall zufallenden Toren durchaus angenehme Orte gewesen sein, praktisch könnte man allerdings einwenden, dass sie in Wirklichkeit sterbenslangweilig waren. Natürlich ist das in der amerikanischen Operette *The Student Prince* gezeichnete Bild von Heidelberg, wo alle lachen, fröhlich zechen, die Beine in die Luft werfen, aus den Fenstern winken und »Trink! Trink! Trink!« singen, noch viel furchtbarer als die Realität, trotzdem muss das tägliche Leben recht eintönig gewesen sein – wenn nicht zur Abwechslung mal eine französische Armee anrückte.

Basel ist dafür ein gutes Beispiel. Von der Stadt existieren zwei wunderschöne Pläne, der eine aus dem Jahr 1615, der andere von 1847, und was sie zeigen, hat sich im Laufe von zweihundert Jahren so gut wie nicht verändert – derselbe Ort, die gleiche Größe, ein paar Mauern und Tore weniger, dafür eine neue Eisenbahnlinie und einige Fabriken mehr. Die Vorstellung von stetem Wachstum, die unsere heutige Existenz bestimmt, war für viele Orte während der meisten Epochen einfach nicht relevant. Statt zu wachsen, bestand die Wirtschaft aus einem regelmäßigen Kreislauf: Die Gewinne wurden nach vorhersehbaren Mustern verteilt, und hin und wieder brach eine Naturkatastrophe oder ein Krieg über die Städte herein, von denen sie sich unter Umständen erst nach einer Generation oder mehr erholt hatten. Das herrliche Viertel um den Basler Lohnhof verdeutlicht dieses genügsame Prinzip. Einige der Gebäude dort sind fünfhundert Jahre alt, und sie hatten im Laufe der Jahrhunderte die unterschiedlichsten Funktionen. Der Lohnhof selbst ist ein ehemals geistlicher Komplex, erbaut über einem erhaltenen Rest der alten Stadtmauer. Die Augustinerchorherren, die dort residierten, wurden während der Reformation vertrieben, und die Gebäude wurden seither den unglaublichsten Nutzungen zugeführt. Im 19. Jahrhundert zog die Basler Polizei dort ein, und das Hotel im Lohnhof, in dem ich absteige, wenn ich in Basel bin, war lange das städtische Frauengefängnis – was den Räumen mit ihren dicken Wänden und den tief eingekerbten Türen eine ungewöhnliche, traurige Atmosphäre verleiht.

Einer der größten Söhne der Stadt Basel, Johann Peter Hebel, von dem die ausgesprochen unterhaltsame Geschichten- und Anekdotensammlung

Schatzkästlein des rheinischen Hausfreunds stammt, erinnerte sich daran, wie er als Kind in den 1760er Jahren einen festgelegten Abstand von den hohen Herren zu wahren und seine Mütze vor ihnen zu ziehen hatte. Der Pietismus hielt die Stadt in seinem Würgegriff, weshalb Theateraufführungen an Sonntagen verboten waren, und da der Sonntag für die meisten Einwohner der einzige freie Tag in der Woche war, gab es eben überhaupt keine Theateraufführungen. Noch in den 1840er Jahren studierten an der berühmten Basler Universität mit ihren vier alten Fakultäten nur zweiundsechzig Studenten. Als Nietzsche in den 1860ern eine Professur für Griechisch antrat und sich daranmachte, den ganzen Laden aufzumöbeln, waren es immerhin schon hundert.

Die verschlafene Kleinstadtatmosphäre machte viele Deutsche verrückt, aber es sprachen auch einige Argumente dafür. Jacob Burckhardt etwa, die beherrschende Basler Persönlichkeit des 19. Jahrhunderts, war der Auffassung, das Genie der Deutschen liege darin begründet, dass sie eher »griechisch« seien als »römisch«: eine Welt aus autarken, stolzen, kultivierten und im Wesentlichen pazifistischen Stadtstaaten, die sich um ihre eigenen Angelegenheiten kümmern. Der neue deutsche Nationalismus im preußischen Gewand, der in seiner Gier nach Macht und Eroberungen dieses vielfältige Büfett der Vergangenheit hinwegfegte, war eine neronische Perversion dessen, was die Deutschen typischerweise sympathischer gemacht hatte als – sagen wir – die Franzosen. Burckhardts Argumentation zeigte große Wirkung. Bis heute dient sie als Grundlage deutschschweizerischer Kritik an ihren nördlichen Verwandten und wurde sowohl in der Weimarer Republik als auch nach 1945 in Westdeutschland wieder aufgegriffen. Aus Sicht des breiten, freudlosen Mainstreams der modernen Geschichtsschreibung gelten seine Ansichten jedoch als rückwärtsgewandt, schrullig und versnobt. Burckhardts Schreibtisch blieb erhalten und verkörpert in seiner herrlich spartanischen Schlichtheit bis in die Gegenwart eine Absage an die Ideen und die Ästhetik des späten 19. Jahrhunderts.

Basel selbst wurde nun von heftigen Veränderungen erfasst. Im 18. Jahrhundert hatten in der Stadt einflussreiche Seidenbandfabrikanten, die sogenannten Bändelherren, das Sagen gehabt. Damals war Basel eines der wichtigsten Produktionszentren von Seidenbändern gewesen, jenem Inbegriff der vorrevolutionären Zeit, die um jeden nur erdenklichen Teil des Körpers gebunden oder gewickelt wurden und sich einer schier unstillbare Nachfrage erfreuten. Wie im übrigen Europa wurde die Akkordarbeit in Tausenden von

Haushalten im Basler Umland geleistet, während die Profite sich hinter den prächtigen Türen der Basler Stadthäuser sammelten. Ein Teil dieser alten Welt wurde von Napoleon zerstört, doch trotz erheblichen Drucks ging die Schweiz – und mit ihr Basel – 1815 in nahezu unversehrter Verstaubtheit aus diesen schweren Zeiten hervor. Wie verunsichert und neurotisch die europäischen Mächte auch nach dem Wiener Kongress noch waren, lässt sich daran ermessen, dass der preußische König Basel allen Ernstes für eine liberale Brutstätte hielt und seinen Untertanen den Besuch der dortigen Universität verbot, noch bevor irgendjemand auch nur den Wunsch danach geäußert hatte.

Was dem alten Basel letztlich den Gnadenstoß versetzte, waren der Dampf und die Aktivitäten des genialen badischen Ingenieurs Johann Tulla. Innerhalb einer Generation veränderte die Nutzbarmachung des Dampfs die traditionellen Formen von Arbeit und Transport grundlegend. Der Basler Stadtplan von 1847 zeigt lediglich eine Handvoll Fabriken, doch schon bald wurde Basel zu einer der wichtigsten Industriestädte Europas, und die Zahl seiner Einwohner stieg im Laufe von fünfzig Jahren auf das Vierfache. Kurioserweise waren es die Seidenbänder, denen die Stadt den entscheidenden Sprung verdankte, denn Experimente mit neuen, künstlichen Farben legten den Grundstein für eine neue Farbmittelindustrie. 1842/43 unternahmen Basler Konservative einen letzten, vergeblichen Versuch, den Bau einer Eisenbahnstrecke nach Straßburg mit der durchaus sinnvollen Begründung zu verhindern, über diese Schienen würde »französisches Gedankengut« in die Stadt rollen – was dann tatsächlich geschah. 1854 fielen die Zunftbeschränkungen, und 1869 waren auch die alten Stadtmauern verschwunden bis auf jene Teile, die als Fundament für Gebäude wie den Lohnhof dienten. Aber wie beeindruckend diese Veränderungen auch sein mochten, verglichen mit dem, was zur selben Zeit am Rhein vor sich ging, waren es nur Marginalien.

Dem aus Karlsruhe stammenden Militäringenieur Johann Tulla ließen die Ineffizienz und Nutzlosigkeit des Rheins keine Ruhe. Zu Zeiten des Heiligen Römischen Reichs reihten sich entlang des Flusses so viele unterschiedliche Herrschaftsgebiete auf – darunter nicht weniger als drei verschiedene Grafschaften von Leiningen! –, dass keine sinnvollen Maßnahmen ergriffen werden konnten. Im Gegenteil, im 18. Jahrhundert wurden am zu Bayern gehörenden pfälzischen Westufer des Flusses wie auch am badischen Ostufer amüsante Grabungs- und Kanalisierungsarbeiten durchgeführt, die darauf abzielten, die Strömung derart zu beeinflussen, dass die rivalisierenden

Gebiete am gegenüberliegenden Ufer überschwemmt wurden. Unsinnige Aktionen wie diese waren das beste Argument für eine deutsche Einheit. Ein weiteres Beispiel ereignete sich während der Revolution 1848, als badische Truppen, die ihre Artillerie eigentlich gegen eine in der pfälzischen Stadt Ludwigshafen verschanzte revolutionäre Armee richteten, derart ziellos in der Gegend herumschossen, dass sie stattdessen die angrenzenden schicken neuen Hafenanlagen der Pfälzer in Schutt und Asche legten.

Unabhängig von der politischen Lage bildete der Rhein ein kaum schiffbares, undurchdringliches Labyrinth. Allein auf die gut hundertzehn Kilometer zwischen Straßburg und Mannheim verteilten sich über fünfzehnhundert Inseln. Immer wieder wurden ganze Flächen von der Strömung weggerissen oder neu angeschwemmt, wenn die Schweizer Schneeschmelze oder ferne Stürme abrupt große Wassermassen flussabwärts rauschen ließen. Tulla verbrachte sein ganzes Leben damit, den Rhein in jene gigantische, schnurgerade Ablaufrinne zu verwandeln, die wir heute kennen. Am Ende seiner Bemühungen hatte er die 350 Kilometer lange Strecke zwischen Basel und Worms um achtzig Kilometer verkürzt. Die meisten Inseln waren verschwunden, und fast alle bisherigen Überflutungsgebiete wurden zu Ackerland.

Die Begradigung verursachte jedoch tragische Kollateralschäden. Der Rhein war eines der fischreichsten Gewässer der Welt gewesen – Straßburg etwa war berühmt für seinen Lachs –, doch mit Tausenden von Tümpeln, Becken und dunklen Winkeln verschwanden auch die meisten Fische. Zusätzlich verschärft wurde diese Entwicklung durch die Abwässer der neuen Industrien, die in Städten wie Basel oder Ludwigshafen in den Fluss geleitet wurden. Die Biber packten ihre Sachen, und auch die eigentümliche Welt der umherziehenden Goldwäscher ging verloren. Über die sich aus Bern herabschlängelnde Aare gelangte Gold in den Rhein, wo es schon seit den Zeiten der Römer aus dem Wasser gewaschen wurde. Auf dem Höhepunkt der Regulierungsarbeiten machten Bayern und Baden noch ein letztes Mal fette Beute, doch wie von Tulla vorhergesagt, vertiefte die schnellere, gleichmäßigere Strömung das Flussbett, wodurch das Goldwaschen mit dem Sichertrog unmöglich wurde. In deutschen Museen werden noch immer alte Medaillen oder Gedenkmünzen aus »Rheingold« in Ehren gehalten, die jedoch seit den 1870er Jahren nicht mehr geprägt wurden. Welch merkwürdiger Zufall, dass Wagners großer Lobgesang auf das Rheingold ausgerechnet 1869 Premiere hatte und die Rheintöchter ihr Werbejingle somit fast exakt in dem Jahr trällerten, in dem das Produkt aus dem Angebot verschwand.*

Stattdessen kamen unzählige Touristen – ebenso ein Produkt des Dampfs wie die neuen Fabriken – mit Dampfzügen und Dampfschiffen den Rhein herauf, in der Hand die auf dampfbetriebenen Pressen gedruckten Baedeker-Reiseführer. Aufgrund der starken Strömung konnten viele Bootstypen die Reise über den Rhein nur einmal zurücklegen, und zwar von Süden nach Norden. An ihrem Ziel angekommen, wurden sie zerlegt und als Bauholz verkauft. Die spektakulärsten Gefährte dieser Art waren riesige, aus mehreren Tausend Schwarzwälder Baumstämmen zusammengebundene Flöße mit bis zu fünfhundert Mann Besatzung. So wurden die Pfähle, auf denen Städte wie Amsterdam ruhten, in die tiefer gelegenen Regionen des Nordens befördert. Doch nun überwand der Dampf sämtliche Hindernisse, und jeder konnte nach Belieben kreuz und quer durch Europa reisen. Basel wurde zum Ausgangspunkt für den Inbegriff des viktorianischen Tourismus: ein Besuch der Rheinfälle, gefolgt von der Weiterreise in die Schweiz, wo man die erhabenen Landschaften bewunderte oder seine schwache Lunge kurierte. Für englische Touristen war die Route rheinaufwärts in die Schweiz auch in moralischer Hinsicht gesund, denn auf diese Weise umgingen sie Frankreich, das über weite Strecken des 19. Jahrhunderts nicht nur militärischer Gegner war, sondern darüber hinaus als sittenloser Sündenpfuhl galt. Als Mr Carker und die stolze Edith in *Dombey und Sohn* nach ihrer Flucht aus England in einem Hotel in Dijon stranden, braucht Dickens keine weiteren Einzelheiten zu schildern, um dem Leser zu vermitteln, dass sie *tiefer nicht fallen können*. Der »sauberen« Schweiz konnte das »schmutzige« Frankreich nicht das Wasser reichen. Ebenso groß war die Begeisterung der Briten für das »malerische« Deutschland, dessen Ansehen in Großbritannien durch Prinz Albert geprägt wurde und durch die Tatsache, dass so viele seiner Kinder mit Königin Viktoria entweder einen dieser zahllosen Staaten regierten oder dessen Herrscher geheiratet hatten.

* Wer jetzt denkt: »Ach, den Witz hat er aus David Blackbourns fantastischem Buch *Die Eroberung der Natur* geklaut – schämen soll er sich!«, den kann ich nur nachdrücklich auffordern, sich mein Exemplar dieses Werks auszuleihen, wo ich unten auf Seite 105 »genau wie Wagner!« hingekritzelt habe. Erst *auf der nächsten Seite* macht Blackbourn die gleiche Feststellung, woraufhin ich »Mist!« danebengeschrieben und ein trauriges Gesicht gezeichnet habe.

Die Krönung der Basler Hotels des 19. Jahrhunderts, das Hotel *Drei Könige*, existiert immer noch. Wie eh und je genießt man auf seinem Balkon einen eleganten *Afternoon Tea* mit Blick auf den Rhein und die Brücke, die sich über den Fluss spannt, wo dieser sich von Westen nach Norden wendet. Als ich dort saß, fühlte ich mich unversehens in eine frühere Version meiner selbst verwandelt, die im 19. Jahrhundert in einem handlichen Predigtbuch las, dringend ein paar Spritzer Eau de Cologne nachlegen musste und besorgt über ihre Faszination für Fischbein und Korsetts nachgrübelte. Auf ebendiesem Balkon beginnt das große (nun ja, vielleicht nicht ganz so mitreißende) Drama von Anthony Trollopes Roman *Can You Forgive Her?*.* Und hier entstand das berühmte Foto von Theodor Herzl während des Ersten Zionistenkongresses 1897. Dieser Kongress, der prägende Auswirkungen auf das kommende Jahrhundert haben sollte, galt in den Augen der meisten Zeitgenossen als eine Zusammenkunft von Spinnern. In vielerlei Hinsicht wurde er nur durch das neutrale Umfeld und die umfangreiche Hotelinfrastruktur Basels möglich, während die Entwicklungen im restlichen Europa, wie Herzl ganz richtig erkannte, zunehmend beängstigende Züge annahmen.

Das Amt für die Übersetzung Barbarischer Bücher

Während einer Besprechung der japanischen Marineführung im Mai 1942 wurde der Vorschlag gemacht, die japanische Flugzeugträgerflotte solle den kleinen amerikanischen Stützpunkt auf den Midwayinseln angreifen – mit den inzwischen bekannten verheerenden Folgen. Admiral Yamamoto wollte wissen, ob es Bedenken hinsichtlich der Reaktion der Flotte gebe, sollte sie von amerikanischen Flugzeugträgern abgefangen werden. Furios erwiderte darauf einer seiner Kommandeure mit verächtlicher Geste: »*Gaishu Isshoku!*« – »Ein Schlag mit dem gepanzerten Handschuh!« Ich stelle mir gern vor, dass er die Worte in dem gleichen schroffen, halblauten Ton ausstieß, der für die stiernackigen Samurai in Akira Kurosawas Filmen so typisch

* Briten und Amerikaner auf Reisen ist eines der geradezu uferlosen Themen, für die mir hier leider der Platz fehlt. Henry James betrachtete den Ärmelkanal als eine Art modernen Styx, und seine Überquerung ist ein wesentliches Element in vielen seiner Erzählungen und Romane. Auf den letzten Seiten von *Was Maisie wusste* etwa nimmt das Vertrauen in die Pünktlichkeit der Fähre in Boulogne immer übertriebenere Züge an.

ist, aber das herauszufinden übersteigt leider meine Recherchemöglichkeiten. Außerdem stelle ich mir gern vor, dass er das Gleiche auch vor allen anderen – erfolgreichen – Entscheidungen der Japaner in den zurückliegenden Monaten gesagt hatte, womit er dann jedes Mal recht behalten hätte. Ja, vielleicht hatten seine Marinekollegen einzig und allein aus dem Grund Einwände gegen die Besetzung von Britisch-Malaya oder den Angriff auf Pearl Harbor erhoben, weil es solchen Spaß machte, zu sehen, wie er sich mit all seinen Tressen und klirrenden Orden hochrappelte und »Ein Schlag mit dem gepanzerten Handschuh!« blaffte.

Mehrfach kam mir bei der Arbeit an diesem Buch der Gedanke, dass diese *Gaishu-Isshoku*-Haltung eines der wesentlichen Merkmale der Weltgeschichte ist. Wenn niemand derartige Behauptungen bedenkenlos glaubte, gäbe es nur wenige Kriege. Auf beiden Seiten muss es Offiziere mit solchen Überzeugungen geben – auch wenn sich früher oder später herausstellt, dass die prahlerischen Schreihälse der einen Seite falschlagen. Das Ausmaß der japanischen Eroberungen in den Jahren 1941/42 war verblüffend und nahezu beispiellos. Einen interessanten Vorläufer allerdings gab es: die ein wenig länger anhaltende, aber ähnlich desaströs endende rasante Ausdehnung des niederländischen Weltreichs im 17. Jahrhundert. Ich habe diesen Punkt bereits in einem früheren Kapitel erwähnt, doch es lohnt sich, noch einmal darauf zurückzukommen. Wie bei den Japanern des 20. Jahrhunderts fiel auch bei den Niederländern eine Kombination aus technischem Vorsprung und spezieller Religion mit einer vorübergehenden Schwäche ihrer Gegner zusammen: Im niederländischen Fall waren dies die Franzosen, Engländer, Spanier und Portugiesen. Für ein paar Generationen wurden ganz gewöhnliche Männer aus Zeeland und Holland ohne viel eigenes Zutun zu Beherrschern der Welt. Stimmen, die diese Strategie in Zweifel zogen, wurden niedergebrüllt. Und tatsächlich hatten sie für eine ganze Weile auch unrecht. Große Kolonien entstanden im Hudson Valley (Neu-Niederland), in Nordbrasilien, in Südafrika (Kapstadt), im Indischen Ozean (Ceylon und Malakka), auf den Westindischen Inseln und auf Java (Batavia/Jakarta, das 1619 niederländisch wurde). Die meisten davon gingen wieder verloren, als eine ganze Reihe rachsüchtiger Rivalen sich daranmachte, das maßlos überdehnte niederländische Kolonialreich zu zerstören.

Niemand wäre in der Lage gewesen, einen derart riesigen Flickenteppich zu beherrschen. Ein spannendes Gedankenspiel besteht darin, sich vorzustellen, wie die Entwicklung verlaufen wäre, wenn sich die Niederländer darauf konzentriert hätten, etwa nur Nordamerika zu kolonisieren und zu verteidigen. So jedoch vertrieben die Portugiesen sie aus Brasilien, und in einem geradezu globalen Krieg besiegte ein Heer aus portugiesisch-brasilianischen Truppen und Angehörigen des Tupinambá-Volks die kongolesisch-niederländischen Truppen in Angola. Die Engländer besiegten sie in Neu-Niederland. Ganze Kolonien tauchten auf und verschwanden wieder. Das kurzlebige Pomeroon mit seiner winzigen, von Krankheiten heimgesuchten Hauptstadt Nieuw Middelburg wurde 1650 in Südamerika gegründet, aber schon 1689 von französischen Piraten niedergebrannt. Politische Überreste jener Epoche finden sich bis in die heutige Zeit auf der ganzen Welt. Die völlig irrsinnige Zweiteilung der Karibikinsel Saint-Martin/Sint Maarten geht auf einen französisch-niederländischen Vertrag aus dem Jahr 1648 zurück. Die niederländische Insel Sint Eustatius erregte, wie bereits erwähnt, 1780 vorübergehend internationale Aufmerksamkeit als wichtigster Umschlagplatz für Waffenlieferungen an die amerikanischen Aufständischen, woraufhin die Briten den Niederländern den Krieg erklärten und Sint Eustatius innerhalb kürzester Zeit dem Erdboden gleichmachten. Auf der gegenüberliegenden Seite der Erde wurde das Schild mit der Aufschrift »Nieuw Holland« von den Engländern mit dem neuen Namen »Australien« übermalt. Und im jahrhundertelangen Streit der Niederländer und Portugiesen um die bis zum heutigen Tage dreigeteilte Insel Timor liegen die Ursachen für Osttimors lange Leiden.

Immer wieder schätzten die Niederländer die strategische Großlage völlig falsch ein und verschwendeten ihre Kräfte in sinnlosen Konflikten, durch die ihr Land am Ende des 18. Jahrhunderts vollständig ruiniert war. Als unfreiwillige Verbündete Napoleons mussten sie tatenlos zusehen, wie die Briten dies zum Vorwand nahmen, um Kapstadt, Guyana, Ceylon, Malakka und Java zu erobern – Errungenschaften, die sie auch nach dem Ende der napoleonischen Kriege größtenteils behielten. Der absolute Tiefpunkt kam 1810 mit Napoleons Entscheidung, die Niederlande in das französische Staatsgebiet einzugliedern. Damit verloren die Niederländer auch noch den letzten Einfluss auf den Fortgang der Ereignisse, und es blieb ihnen nichts anderes übrig, als abzuwarten. Nach der Schlacht von Waterloo stritten sie jahrelang mit den Briten darüber, wem welches Stück Südostasien gehörte. Besonders erzürnte sie in diesem Zusammenhang die neu gegründete Hafenstadt Singapur vor der Küste des Sultanats Johor.

In den dunkelsten Tagen der napoleonischen Ära, als die Niederländer sich damit abfinden mussten, in Départements mit Namen wie Zuyderzée zu leben, wehte ihre Fahne nur noch über einem einzigen Ort auf der Welt: der winzigen künstlichen Insel Dejima in der Bucht von Nagasaki. 214 Jahre lang besaßen die Niederländer das europäische Handelsmonopol in Japan, ein exklusives und letztlich vollkommen bedeutungsloses Privileg, da der Inselstaat weitgehend autark war und ein tief verwurzeltes Misstrauen gegen Fremde hegte. Angewidert von den Missionierungsversuchen der Jesuiten und der Weihrauch-und-Glocken-Hysterie der Portugiesen, hatten sich die Japaner schließlich den Niederländern zugewandt. Deren 1641 gegründete Niederlassung wurde streng überwacht. Spione achteten darauf, dass auch sonntags durchgängig gearbeitet wurde und in Dejima verstorbene Christen ohne Gebete oder sonstigen religiösen Beistand in Säcke eingenäht in die Bucht geworfen wurden. Bibeln mussten in vernagelten Fässern aufbewahrt werden. In dieser streng abgeschotteten Niederlassung muss eine fast schon komische Anspannung geherrscht haben, denn wenn jemand auch nur gedankenlos ein paar Töne aus »Der Herr ist mein Hirte …« vor sich hin summte, konnte das alle miteinander den Kopf kosten.

Als Teil des vom Zuckerrausch befeuerten weltweiten niederländischen Expansionsdrangs stand auch Dejima anfangs im Zentrum umfangreicher Pläne für gemeinsame niederländisch-japanische Angriffe auf Macau und Manila. Aber zum Glück verstrich der Moment, ohne dass ein narbengesichtiger alter japanischer General mit pomadiertem Haar aufsprang und mit heiserer Stimme eine Handschuhmetapher vom Stapel ließ. Auf Dejima wurde faktisch nur sehr wenig Handel getrieben, die wahre Bedeutung der Insel für die Japaner war eine andere: Sie diente ihnen als Fenster zur Außenwelt. Sämtliche niederländischen Kapitäne wurden bei ihrem Eintreffen nach politischen Neuigkeiten ausgefragt. Allerdings fielen die Antworten durchaus selektiv und zum Teil auch bewusst falsch aus. So erfuhren die Japaner beispielsweise erst durch die Ankunft einer britischen Fregatte, die während der napoleonischen Kriege die Bucht von Nagasaki anlief, dass die Vereinigten Staaten seit einer Generation unabhängig waren. Dejima war ein langweiliger, enttäuschender Ort – die Japaner erzeugten fast alles, was sie brauchten, in ausreichenden Mengen selbst und verfügten genau wie die Chinesen über eine gefestigte, vielschichtige Kultur, die sie für europäische Mätzchen unempfänglich machte. Lediglich die schiere Dauer der Existenz von Dejima sorgte dafür, dass es ganz langsam und über Generationen hinweg einen minimalen Eingang in die japanische Kultur fand. Als schließlich einige japanische Beamte ein Interesse an europäischen Wissenschaften entwickelten, entstand die Tradition des Rangaku, der »Hollandstudien«, gefolgt von der Schaffung des Amtes für die Übersetzung Barbarischer Bücher. Der Handel mit Massengütern war somit für Japan sehr viel weniger entscheidend als der Einfluss vereinzelter, in Jackentaschen geschobener kleiner Bücher.

Aus europäischer Sicht hätte Dejima ein unbedeutender kleiner Flecken am Ende der Welt bleiben können, eine weitere Eigentümlichkeit, die von der Landkarte verschwand, als Commodore Perrys amerikanische Flotte 1853 in die Bucht von Edo – dem heutigen Tokio – einlief und die »Öffnung« Japans erzwang. Wäre nicht Philipp Franz von Siebold gewesen, der von 1823 bis 1829 auf Dejima lebte. Nach der Niederlage Napoleons trat der junge deutsche Arzt trotz besorgniserregend geringer medizinischer Erfahrung in niederländische Dienste, um zum Wiederaufbau von Niederländisch-Ostindien beizutragen. Er gehörte zu jenen beeindruckenden Persönlichkeiten des 19. Jahrhunderts, die durch ihr Wirken, ihren Geist und ihre Vorstellungskraft die Welt zusammenführten: Alexander von Humboldt und Henry Walter Bates in Mittel- und Südamerika, Mahatma Gandhi in Natal, Napoleon in Alexandria, Alfred Russel Wallace auf Borneo, Mary Kingsley in Gabun, Dschamal ad-Din al-Afghani in Kairo und Charles Darwin auf den Galapagos-Inseln. Man kann sich angesichts der großen Zahl an Herausforderungen, die diesen Leuten offenstanden, nur schwer einer leisen Verstimmung erwehren. Sie begegneten der Welt mit einem frischen Blick und vermochten diese neue Sichtweise auch anderen zu vermitteln, wodurch sie ein aufregendes Klima intellektuellen Brodelns erzeugten, dessen bloße Erben wir heute sind.

Siebold etwa hatte ein außergewöhnliches Talent für den Umgang mit Samen und Sämlingen, wodurch es ihm gelang, das chinesische Teemonopol zu brechen. Alle früheren Versuche waren gescheitert, er aber studierte die japanischen Techniken zur Konservierung von Samen und schmuggelte einige Teesamen nach Java, wo sie so erfolgreich eingepflanzt wurden, dass es 1833 schon eine halbe Million Teesträucher auf der Insel gab. So löste er mithilfe eines kleinen, mit Lehm gefüllten Kästchens eine Revolution aus – die die Briten später in Assam und Sri Lanka fortsetzen sollten – und versetzte ganz nebenbei der chinesischen Import-Export-Bilanz einen verheerenden Schlag. Durch Siebolds Zusammenarbeit mit dem Hortus Botanicus in Leiden gelangten japanische Pflanzen hinaus in die Welt. Kurioserweise wurden Teile seiner Sammlung zu unvorhersehbaren Kollateralschäden der Belgischen Revolution, denn die Pflanzen, die er an das Nationale Herbarium in Brüssel und den Botanischen Garten in Gent geschickt hatte, endeten aus

Sicht seiner Auftraggeber in Den Haag auf der falschen Seite der neuen Grenze. Die Verhandlungen über ihre Rückgabe dauerten Jahre. Aber die Mühe hat sich gelohnt! Ich weiß zwar nicht, wie die Berechnungen durchgeführt wurden, aber man geht davon aus, dass mindestens drei Viertel aller Pflanzen in niederländischen Gärten von Siebolds Exemplaren abstammen. Ihm ist es zu verdanken, dass die Vorderseite des Hauses meiner Großeltern in West-London hinter staubigen Hortensien verschwand. Mein Elternhaus hingegen hielten die meisten für den Ort, an dem die fünf Mitglieder der Familie Winder ein und aus gingen, aßen, schliefen und ihr Leben lebten – doch weit gefehlt: Es diente lediglich als Rankhilfe für einen geradezu furchterregend riesigen Blauregen. Eine von Siebolds ursprünglichen Blauregenpflanzen, die Stammmutter zahlloser weiterer Kolonisten, steht immer noch in Leiden und trägt auch nach mehr als anderthalb Jahrhunderten jedes Jahr ihre unheimlichen, alles überwuchernden kleinen lila Blüten. Sowohl im Hortus als auch in Siebolds privatem Treibhaus vermehrten sich Chrysanthemen, Lilien, Azaleen, Hostas, Pfingstrosen, Magnolien und Ginkgos prächtig. Über sie fand die große japanische Gartenkultur ihren Weg in den Westen. Weniger erfreulich ist allerdings die Tatsache, dass auch der Japanische Staudenknöterich mittlerweile einen Großteil des Planeten erobert hat – und das dank eines einzigen Exemplars in Siebolds Sammlung.

Siebolds einstiges Wohnhaus in Leiden ist heute eines der wunderlichsten, unterhaltsamsten Museen in ganz Europa. Es ist vollgestopft mit Dingen, die er von seinen Reisen mit zurückbrachte, und zeugt so von der schier grenzenlosen Bandbreite seiner Passion. Mithilfe mehrerer Assistenten katalogisierte und pflegte Siebold seine Habseligkeiten, hielt sie auf Kupferstichen fest und wurde so zum Vermittler einer der großen Kulturen dieser Welt. Es gibt in diesem Museum so viel zu entdecken, dass man gar nicht weiß, wo man anfangen soll. Die Exponate reichen von Abbildungen von Sumoringern über lackierte Picknicksets bis hin zum Schädel eines Riesensalamanders und einem unglücklichen Japanischen Otter, der so prall ausgestopft ist, dass er aussieht wie ein gepolstertes Kissen mit einem kleinen Kopf und Füßchen dran. Siebolds Neugier ist im ganzen Haus spürbar, man erfährt von seinem Interesse an japanischer Geburtshilfe und stößt auf seine Schriften über Akupunktur. Der auf Dejima tätige Künstler Kawahara Keiga fertigte in Siebolds Auftrag herrliche Zeichnungen von Stachelrochen, Krebsen, Granatäpfeln und der Jagd auf einen Riesensalamander in waldiger Umgebung an. Vom selben Maler stammt auch ein kleines Gemälde, das Siebold selbst, seine japanische Mätresse Kusumoto Taki und ihre gemeinsame kleine Tochter auf einer Beobachtungsplattform in Dejima zeigt, von der aus Siebold mit einem Teleskop in die Bucht hinausspäht.

Der Grund dafür, dass sich Siebolds Sammlungen in Leiden befinden, war eine Katastrophe. Lange verschlossen die Behörden in Nagasaki die Augen vor dem seltsamen Treiben auf Dejima. So lebten dort beispielsweise nur eine Handvoll Niederländer, und trotzdem hielten sich zeitweise bis zu fünfzig japanische »Dolmetscher« dort auf, bei denen es sich in Wirklichkeit um Medizinstudenten handelte, die Siebold besuchten. Als erster Arzt überhaupt führte er in Japan Kataraktoperationen durch, und diese Behandlung tauschte er ein gegen Kunstwerke und Informationen. Einen Großteil seines Wissens über Japan konnte er nur durch Vermittler erlangen. Angesichts der Aktivitäten dieser neugierigen Fremden gerieten die Beamten im fernen Edo zunehmend in Sorge. Auf das Zeichnen von Küstenlinien oder Befestigungsanlagen und das Anfertigen von Landkarten stand die Todesstrafe (allerdings galt dies auch in Europa als Verbrechen, weshalb Hogarth gut siebzig Jahre zuvor in Calais verhaftet worden war). Durch einen unglücklichen Zufall wurden bei Siebold einige derartige Skizzen gefunden, die er von seinem Freund, dem Hofastronomen Takahashi Sakuzaemon, erhalten hatte. Takahashi kam ins Gefängnis, wo man ihm sämtliche Zähne zog, damit er sich nicht die Zunge abbeißen konnte, um einer Aussage zu entgehen. Er starb schließlich in Gefangenschaft. Siebold dagegen hatte Glück und wurde lediglich verbannt.

Später wurde Siebold in Japan nicht nur als großer medizinischer Wohltäter berühmt, sondern auch als der womöglich wichtigste Vermittler der japanischen Kultur, die er nicht nur durch seine Pflanzen weltweit bekannt machte, sondern auch durch seine Schriften – darunter die beiden Wälzer *Flora Japonica* und *Fauna Japonica*. Der letzte niederländische Leiter der Handelsniederlassung auf Dejima war allerdings von Siebolds Erfolgen weit weniger angetan. Dieser habe überhaupt erst die Aufmerksamkeit der Welt auf Japan gelenkt, schimpfte er, und sei somit verantwortlich für die Katastrophe, die mit Commodore Perrys »Schwarzen Schiffen« über sie alle hereingebrochen sei.

Bedauerlicherweise war Siebold ein sehr unangenehmer Mensch, was der Grund dafür sein könnte, dass er heute nicht bekannter ist. Doch Vermächtnisse gehen manchmal seltsame Wege. Als er Japan verließ, winkten ihm Kusumoto Taki und ihre Tochter von einem kleinen Boot im Hafen aus zum Abschied nach. Diese Tochter, Kusumoto Ine, wurde zur ersten Ärztin, die in Japan westliche Medizin praktizierte, was sie selbst zu einem beeindruckenden Resultat jenes winzigen Handelskontors vor der Küste von Nagasaki macht.

Aufruhr in Baden

Die Jahre zwischen 1789 und 1815 decken im Dramatischen wie auch im Tragischen die gesamte Bandbreite menschlichen Verhaltens ab. Denjenigen, die erst danach erwachsen wurden, schien es, als hätten sie eine Ära von Giganten verpasst. Als Jenny Marx ihrem Mann 1845 aus Trier schrieb, das Leben sei »nur eine Miniaturausgabe«, sprach sie nicht nur für die Einwohner einer heruntergekommenen Domstadt an der Mosel, sondern für alle Europäer. Die Revolutionsjahre und die anschließende Napoleonische Zeit waren wie ein riesiger Warenhauskatalog, den man verlässlich jedes Jahr aufs Neue im Briefkasten findet und der für alle etwas zu bieten hat. Jeder schlug eine andere Seite auf und betrachtete sie mit einer ganz eigenen Wehmut, Neugier oder Furcht. Das Angebot reichte von preisreduzierten Pfählen, auf denen aufgespießte Aristokratenköpfe durch die Straßen getragen werden konnten, bis hin zum Mengenrabatt auf zuverlässige, ungebildete Bauernmilizen für die Hatz auf das liberale Bürgertum. Es gab alles Nötige zum Niederbrennen von Schlössern oder zum Druck aufrührerischer Plakate, ferner romantische Wiederaufbausets für zerstörte katholische Kirchen, auf dass die Gläubigen bei deren Anblick gar nicht anders konnten, als sich wieder dem Diktat der Religion zu unterwerfen, und natürlich alles, was man brauchte, um Barrikaden niederzureißen. Auf einigen Seiten fanden sich vorformulierte Zugeständnisse an den Pöbel, während andere aufregende militärische Abenteuer in fernen Ländern versprachen.

Als sich Anfang 1848 die Nachricht verbreitete, dass Paris erneut von einem Aufstand erschüttert wurde, rannten alle zu ihrem Katalog und blätterten fieberhaft nach der passenden Seite. Die Revolutionen, die in der Folge auf ganz Europa übergriffen, waren real und zum Teil auch äußerst blutig, trotzdem wirkten beide Seiten beinahe gehemmt: Sie sahen die niedergemetzelten Adligen schon genauso vor sich wie die zusammengerotteten Massen, die wie verängstigte Tiere vor einer wohlgezielten Salve die Flucht ergriffen. Tausende von Drucken und Gemälden aus dem Jahr 1848 strahlen diese abgekämpfte Atmosphäre aus, und doch zeigte Europa nach Ablauf des Jahres ein völlig neues Gesicht. Alle gesellschaftlichen Schichten einte die Furcht vor einer Wiederholung jener rauschhaften Gewalt, die mit den 1790er Jahren assoziiert wurde,* und kein neuer Napoleon trat vor und fegte über den Kontinent. Trotzdem waren die Erregung und die merkwürdige Atmosphäre des Jahres 1848 echt.

Die frömmelnden Backenbart-Regimes, von denen Europa zur damaligen Zeit regiert wurde, konzentrierten ihre Bemühungen vornehmlich darauf, den Pöbel abzuwehren. Doch selbst viele glühende Konservative – ein Begriff, der in jener Zeit entstand – betrachteten dies als ein zum Scheitern verurteiltes letztes Rückzugsgefecht. Mehr als den Kölner Dom fertigzustellen und farbige Lithografien der jüngeren, etwas moderneren Mitglieder der Herrscherfamilien zu verteilen, konnten sie kaum tun. Die Phase zwischen der Schlacht von Waterloo und dem Revolutionsjahr 1848 war durchaus angenehm. Obwohl es beileibe nicht an Gewalt mangelte, waren sich die Politiker der Schrecken ihrer Jugend noch sehr deutlich bewusst und bemühten sich in Konflikten konsequent um Deeskalation. Untermalt von einem gefälligen Soundtrack aus Paganini, Schubert und Liszt, breitete sich eine unverkennbar bürgerliche Mittelschichtskultur aus, auch wenn diese stets nur wie ein Zwischenspiel anmutete. Eine wehmütige Nostalgie prägte diese Jahre, in denen die Menschen auf das Vermächtnis verstorbener Giganten wie Napoleon, Hegel, Byron, Beethoven und Goethe zurückschauten. Darwin war von seiner fünfjährigen Forschungsreise um die Welt zurückgekehrt, doch noch ahnte niemand, was das bedeutete. Es gab immer mehr Dampfschiffe und Züge, aber sie waren noch längst nicht überall angekommen.

Exemplarisch lassen sich die Entwicklungen des Jahres 1848 am Großherzogtum Baden illustrieren. Von all den neuen Staaten, die während und nach Napoleons Herrschaft entstanden waren, schien Baden am besten für die Zukunft gerüstet zu sein. Mit seiner kompakten, fröhlichen Lammkotelettform und der Kombination aus geschäftigen Rheinstädten – einige davon alt und ehrwürdig, andere neue Industriestandorte –, produktiver Landwirtschaft und weitläufigen Wäldern schien es geradezu prädestiniert, ein weiteres Belgien oder Luxemburg zu werden. Die Badener waren Vorreiter auf technologischem Gebiet und bauten 1840 kühn ihre erste Eisenbahnstrecke

* Eine Gewalt, der sich weiter östlich – womit die Ereignisse aus dem Rahmen dieses Buches fallen – in der brutalen Niederschlagung der Ungarischen Revolution Bahn brach.

von Mannheim nach Heidelberg. Unglücklicherweise wählten sie dafür eine größere Spurweite als alle ihre Nachbarn – eine Spurweite, die außer in Baden nur noch in Russland genutzt wurde –, weshalb sie schon kurz darauf für teures Geld und unter gegenseitigen Schuldzuweisungen kleinlaut alles wieder herausreißen mussten. An der Grenze zu Frankreich und der Schweiz gelegen, hätte sich das Großherzogtum Baden mit seinen zahlreichen alten Verbindungen nach Straßburg und Basel zu einem kooperativen, friedfertigen eigenständigen Staat entwickeln können. Doch irgendwie kam es nie zur Ruhe und wurde so zu einem Paradebeispiel dafür, weshalb Deutschland als geeintes Land endete.

Die ersten Anzeichen eines gewissen Unbehagens zeigten sich in der badischen Hauptstadt Karlsruhe. Sie wurde im 18. Jahrhundert als gigantischer Ausdruck des Absolutismus gegründet mit einem Grundriss, der einem riesigen Fächer ähnelt, wobei alle Straßen strahlenförmig auf den herzoglichen Palast zulaufen. Dank dieser höchst unsinnigen Idee erinnert Karlsruhe an eine typische, im Schachbrettmuster angelegte amerikanische Stadt* – allerdings in einer albtraumhaften Escher-Version, in der man sich ausschließlich in einem merkwürdigen Zickzackkurs fortbewegt. Der Spaziergang durch die Straßen von Karlsruhe erinnerte mich daran, wie ich einmal im Haschischrausch das Gefühl hatte, meine Beine würden ohne mein Zutun in unterschiedliche Richtungen davonlaufen. Diese vom Unglück gestrafte Stadt war die Heimat der von Napoleon zu Großherzögen beförderten Herzöge. Napoleons Vision für Baden verhieß nichts Gutes. Er erweiterte das Großherzogtum um Gebiete, die zuvor anderen gehört hatten – etwa Heidelberg, die rechtsrheinischen Besitzungen Straßburgs und Speyers sowie die Schwarzwaldstädte –, und sicherte ihm so die ewige Feindschaft seiner sämtlichen Nachbarn. Der schmale nördliche Streifen Badens, der sich am Rhein entlangzog, war dazu bestimmt, auf ewig unnütz zu bleiben – ein Puffer zwischen Frankreich und dem restlichen Deutschland, der unfähig war, sich selbst zu verteidigen, und von französischen Truppen bei Bedarf jederzeit überrannt werden konnte. Napoleons Pläne erledigten sich jedoch von selbst, als Zar Alexander I. – in einem der großen Momente jener Kriege, der auf zahllosen Drucken in sämtlichen badischen Museen

* Unglücklicherweise besuchte Thomas Jefferson als Botschafter in Paris auch Karlsruhe, das ihm als Inspiration für Washington, DC, diente, weshalb die amerikanische Hauptstadt eine ähnlich verstörende, bewusstseinsverändernde Wirkung hat.

gefeiert wird – mit seiner russischen Armee bei Mannheim den Rhein überquerte und in Frankreich einmarschierte. Nachdem sich die Kämpfe über das »befreite« Baden hinaus nach Westen verlagert hatten, kam eine ganze Reihe unangenehmer Fragen aufs Tapet, die sich nicht zuletzt aus der Tatsache ergaben, dass der Großherzog mit Napoleons Adoptivtochter verheiratet war.

Als nach Napoleons endgültiger Niederlage das Zeitalter des monarchischen Legitimismus anbrach, befanden sich die Großherzöge daher in einer eher schwachen Position, die es ihnen nicht erlaubte, große Forderungen zu stellen. Abgesehen davon gab es nicht den geringsten Grund, warum die Einwohner von Städten wie Konstanz, Freiburg oder Mannheim, die noch nicht lange zum Großherzogtum gehörten, sonderlich erpicht darauf sein sollten, vor einer solchen Sippschaft das Knie zu beugen. Dynastisch gesehen, waren die Großherzöge von Baden ein einziges Fiasko. Der Erste von ihnen, Großherzog Karl Friedrich, der mit 82 Jahren ein außerordentlich gesegnetes Alter erreichte, hatte einen Sohn namens Karl Ludwig. Dieser verbrachte lange Ehejahre damit, fünf Töchter in Folge zu zeugen, bis er schließlich doch noch einen Sohn namens Karl bekam. Nachdem Karl Ludwig schon sechsundvierzig Jahre vergeblich auf den Tod seines Vaters gewartet hatte, gab er auf und starb selbst. 1811 wurde sein Sohn Karl Großherzog. Doch er starb bald, ohne männliche Nachkommen zu hinterlassen, und erwies sich so als dynastische Sackgasse. Ihm folgte sein überraschter Onkel Ludwig auf den Thron, der dreiundzwanzig Jahre älter war als sein Vorgänger und nach einigen Jahren ebenfalls ohne legitime Nachkommen starb. Zum Glück hatte der alte Karl Friedrich in späteren Jahren noch einmal geheiratet und hatte daher zwei Familien (und damit lichtet sich auch bald das Dickicht der Karls). Allerdings war er eine morganatische Ehe eingegangen, was bedeutet, dass seine Frau nicht hochherrschaftlich genug war und ihre Kinder von der Erbfolge ausgeschlossen waren. Da aber außer ihnen niemand mehr zur Verfügung stand, sorgte man mit allerlei juristischen Tricks dafür, dass trotzdem einer von ihnen den Job übernehmen konnte: Großherzog Leopold, der ungefähr so alt war wie sein Vorvorgänger Karl.

Der einzige Grund, weshalb es sich lohnt, diesen ganzen Wirrwarr zu erzählen, ist der wirkmächtige Mythos von Kaspar Hauser. Kaspar Hauser war ein geistig zurückgebliebener Jugendlicher, der 1828 wie aus dem Nichts auftauchte und behauptete, er sei den Großteil seines Lebens in einem Stall eingesperrt gewesen. Sein Zustand stellte die damaligen Gelehrten vor ein

Rätsel, und es kamen Gerüchte auf, in Wahrheit sei er Karls Sohn, den Karl Friedrichs morganatische Ehefrau geraubt und weggesperrt habe, damit ihre eigenen Sprösslinge zum Zuge kommen konnten. Die ganze Geschichte ergab überhaupt keinen Sinn (aber zumindest verdanken wir ihr Werner Herzogs wunderbaren Film *Jeder für sich und Gott gegen alle*, in dem es dem Regisseur gelingt, gleichzeitig das Wesen der 1820er und der 1970er Jahre einzufangen). Dass trotzdem so viele Menschen dieses Märchen glaubten, erwies sich für die Großherzöge als fatal, denn nun galten sie in Baden nicht mehr als legitime, alteingesessene Väter der Nation *et cetera*, sondern als Betrüger.

Jedes europäische Land erlebte sein eigenes 1848. In Baden ging es besonders früh los. In den großen Städten sammelten sich bedrohliche Menschenmassen, die von der Begeisterung über die Revolution in Frankreich auf die Straße getrieben wurden. Sehr schnell machte der Großherzog Zugeständnisse. Doch schon innerhalb weniger Wochen zeigten sich demokratische Probleme: Im April erhielten Juden in Karlsruhe sämtliche bürgerlichen Rechte, während es gleichzeitig in Heidelberg zu antijüdischen Ausschreitungen kam und sich bei Ettelheim Bauern zusammenrotteten und schworen, gemeinsam für Freiheit, Gleichheit und die Tötung der Juden einzustehen (»Freiheit, Gleichheit – aber d'Jude min umbracht si.«). Meinungsfreiheit verstanden allzu viele als die Freiheit, sich antisemitisch zu äußern. Für den verlässlich ekelerregenden nationalistisch-preußischen Historiker Heinrich von Treitschke waren die gesamten Ereignisse des Jahres 1848 von »orientalischen Anführern« angestachelt.

Obwohl Großherzog Leopold sich bemühte, die Lage pragmatisch zu handhaben, geriet die Badische Revolution bald außer Kontrolle. Wie überall offenbarte sich sehr schnell eine Kluft zwischen Liberalen und Radikalen – Erstere oft bürgerliche Beamte, die sich lediglich in den Vordergrund spielten und sich im Allgemeinen leicht besänftigen ließen, indem ein Mitglied der royalen Familie etwas Schmeichelhaftes über die Kleider ihrer Frauen sagte. Die Radikalen, zu denen auch Karl Marx gehörte, waren entsetzt, dass die Revolution zwar von den streikenden, Barrikaden errichtenden Massen getragen wurde, deren Errungenschaften jedoch nur einem kleinen Teil der Mittelschicht zugutekommen sollten, die sich inzwischen gegen ihre früheren Verbündeten aus dem Proletariat wandte. Nach der Aufhebung der Pressezensur wiesen Radikale darauf hin, dass für die meisten Menschen »Fressfreiheit« wichtiger sei als »Pressfreiheit«. Radikale Anwälte wie Friedrich

Hecker und Gustav Struve versuchten, in Baden eine wirkliche Revolution anzuzetteln, und Struve verhöhnte die Abgeordneten in der neuen badischen Kammer als die »dreiundsechzig Hasen«.

Vielen Deutschen schien Nationalismus das einzig wirksame Mittel gegen die unverbrüchliche Solidarität der gekrönten Häupter Europas zu sein. Der Deutsche Bund diente hauptsächlich als Instrument im Kampf gegen die Franzosen – in Baden etwa mit der ständig weiter ausgebauten Bundesfestung Rastatt – und zur Aufrechterhaltung einer reaktionären »habsburgischen« Ordnung, indem er jeden liberalen Funken sogleich erstickte. Als die Aufständischen in Baden von Konstanz aus losmarschierten, wurden sie von Truppen des Deutschen Bundes gestoppt. Ihre Anführer flohen daraufhin umgehend in die Schweiz. Bei einem zweiten Versuch rief Struve in der badischen Kleinstadt Lörrach eine geeinte deutsche Republik aus. Kurz darauf wurde er verhaftet, doch Lörrach war, rein technisch betrachtet, zumindest für ein paar Stunden die erste deutsche Hauptstadt.

Der leicht operettenhafte Charakter der Badischen Revolution endete mit dem blutigen Mai-Aufstand 1849. Unterstützt von Tausenden meuternden Soldaten, verjagten die Radikalen Großherzog Leopold aus seiner Hauptstadt. Im Auftrag des Deutschen Bundes marschierte daraufhin ein riesiges preußisches Heer unter dem Kommando des künftigen Königs Wilhelm I. von Preußen in Baden ein und schlug die Revolution nach einer dreiwöchigen Belagerung von Rastatt brutal nieder. In Rastatt selbst, aber auch in Mannheim und Freiburg wurden Standgerichte eingerichtet und siebenundzwanzig Anführer der Revolution hingerichtet. Struve selbst entkam – wie auch der junge Friedrich Engels – in die Schweiz. Der Rest seines langen, seltsamen Lebens war wie bei so vielen Achtundvierzigern im Exil von Verschwörungen, Exzentrik, Armut und rührend standfestem Idealismus geprägt. Erstaunlich viele seiner einstigen Kampfgefährten gerieten in die Wirren des Amerikanischen Bürgerkriegs. Insgesamt verließen etwa achtzigtausend Badener aus unterschiedlichen Gründen ihre Heimat. Alle drei Wellen der Badischen Revolution zeichneten sich zum einen durch die fatale Unfähigkeit aus, die Kluft zwischen Liberalen und Radikalen zu schließen, zum anderen durch den Trugschluss, die häufig isoliert gelegenen, hungernden badischen Kleinstädte seien von wütenden Sansculotten im Pariser Stil bevölkert. Zwar brachte man genügend Leute zusammen, um als fröhlicher, aufregender Mob durch die Straßen zu ziehen, doch war dieser jedes Mal sehr viel kleiner als die Truppen, die gegen ihn aufmarschierten.

Großherzog Leopold kehrte nach Karlsruhe zurück, und seine Nachfahren herrschten in Baden bis zum endgültigen Sturz der Dynastie im Jahr 1918. Der französische Kaiser Napoleon III. sah Baden als Teil seiner Pläne zur Gründung eines »Süddeutschen Bundes«, der sich einem von Preußen kontrollierten geeinten Deutschland entgegenstellen sollte. Tatsächlich wimmelte es in Baden aber von Befürwortern einer deutschen Einheit, und so beteiligten sich 1870 Tausende badischer Soldaten im Deutsch-Französischen Krieg unter der Führung Preußens an der Belagerung von Straßburg. Gustav Struve erlebte den Beginn des Krieges in Wien, wo er sich niedergelassen hatte, nachdem eine Generalamnestie den inzwischen als harmlos und unbedeutend erachteten Achtundvierzigern die Rückkehr erlaubt hatte.

Eines der Probleme bei Struves Versuch, die Deutsche Republik auszurufen, war die Frage gewesen, welche Gebiete eigentlich dazugehörten und welche nicht. In Lörrach, einem Ort mit hohem Symbolwert, wo Baden unmittelbar an das Elsass und die Schweiz grenzte, war Struve zu dem Schluss gekommen, dass diese beiden Regionen aufgrund ihrer Sprache zwangsläufig ein Teil seiner Republik sein sollten. Er starb gerade noch rechtzeitig vor der Gründung des deutschen Kaiserreichs. Hätte er lange genug gelebt, um zu sehen, wie das Elsass nach der erfolgreichen Belagerung von Straßburg in jenem neuen Staat aufging, den er als groteske Parodie seiner eigenen Vision für Deutschland betrachtet hätte, wäre er entsetzt gewesen – aber die Aufnahme des Elsass hätte er richtig gefunden. Hecker war ebenfalls aus Baden geflohen und hatte aufseiten der Nordstaaten im Amerikanischen Bürgerkrieg gekämpft. Als er 1873 das kaiserliche Deutschland besuchte, schüttelte er traurig den Kopf und stellte fest: »Republikaner leben nur als spärliche Exemplare in dunklen Höhlen, wie die letzten Saurier.«

Ein Neufundländer in Luzern

Mein Interesse an der Schweiz beschränkt sich einzig und allein auf den Sommer. Vor vielen Jahren beschlossen meine Eltern ganz gegen ihre Gewohnheit, in Winterurlaub zu fahren, während wir zuvor in den Ferien immer nur gemütlich auf französischen Plätzen herumgesessen und – je nach Alter – Kakao und farbenfrohe Aperitifs getrunken hatten. Ich glaube, die Entscheidung meines Vaters, es einmal mit Skifahren zu versuchen, war nur halb ernst gemeint. Leider habe ich es im Nachhinein nie geschafft, ihn zu fragen, was er damit eigentlich für Europas unsportlichste (und mit diesem Zustand äußerst zufriedene!) Familie im Sinn gehabt hatte.

Ich muss damals ungefähr dreizehn oder vierzehn gewesen sein, und das Einzige, woran ich mich noch deutlich erinnere – abgesehen von der Kälte, der Nässe und der Frage, was um alles in der Welt ich dort eigentlich sollte –, ist das Gesicht unseres rüstigen alten Skilehrers Jean-Claude. Mithilfe eines Tellerlifts, bei dem man sich auf eine winzige runde Scheibe setzte und die Skier geradeaus nach vorn richtete, wurden wir den Hang hinaufverfrachtet. Irgendwie schaffte ich es, doch alle nachfolgenden Sitzscheiben kamen leer oben an. Als Jean-Claude und ich über die Kante nach unten spähten, sahen wir über den ganzen Hang verteilt Stöcke, Skier und Winders liegen, einige davon zappelnd wie ein auf dem Rücken liegender Käfer. Ich drehte mich zu Jean-Claude um, und ich werde nie seinen Blick vergessen, diese beiden tieftraurigen Augen in dem zerfurchten, granitstarren Gesicht: Sein ganzes Leben hatte er den Härten des Alpinismus geweiht, und jetzt das! Nachdem endlich alle ihre Stöcke und Skier wiedergefunden hatten und heil oben angekommen waren, waren wir zu erschöpft, um noch etwas anderes zustande zu bringen als ein paar scherzhafte Slalombewegungen, zu denen wir die Titelmelodie von *Im Geheimdienst Ihrer Majestät* summten. Ich wagte nicht, noch einmal zu Jean-Claude hinüberzusehen. Im Jahr darauf verbrachten wir unseren Urlaub auf einem Hausboot im Elsass – was sich als ähnlich schlechte Idee erwies, aber zumindest konnten die meisten von uns den größten Teil der Ferien wieder im Sitzen verbringen.

Abgesehen von dieser jahreszeitlichen Einschränkung ist die Schweiz ein faszinierendes Land, und ich bedaure die Fertigstellung dieses Buches unter anderem deshalb so sehr, weil ich in Zukunft keine Ausrede mehr haben werde, durch die Schweizer Städte zu schlendern. Wer könnte je das Geräusch der unter ihrer menschlichen Last ächzenden Seilbahn in Fribourg vergessen? Den Schock, der einen in Montreux beim Anblick des zweckmäßigen, langweiligen Hotels durchfährt, in dem Nabokov so viele Jahre seines Lebens verbracht hat? Oder die nüchterne Schönheit des Kenotaphs der Grafen von Neuenburg in der dortigen Kollegiatkirche? Wenn die Sonne scheint, ist die Schweiz das reinste Paradies. Das Zentrum von Bern erhebt sich auf einem leicht zu verteidigenden Felsplateau, und die schimmernden Bundesgebäude haben eine seltsame Ähnlichkeit mit dem Palast von Königin Padmé Amidala auf Naboo. Die Innenstadt liegt in einer engen Flussschleife der Aare, und im Hochsommer stecken fröhliche Menschen ihre Kleider in

Plastiktüten, springen in das aquamarinblaue Wasser und lassen sich von der Strömung einmal um die Stadt treiben, bis sie ganz in der Nähe von der Stelle, wo sie gestartet sind, wieder ans Ufer klettern.

Die Schweiz hat den Tourismus praktisch erfunden, was uns heute das – zugegebenermaßen kitschige – Vergnügen beschert, auf den Spuren von königlichen Hoheiten, Schriftstellern und Taugenichtsen des 19. Jahrhunderts zu wandeln, wenn wir beim Anblick der Verliese im Schloss Chillon entsetzt nach Luft schnappen, vor dem ergreifenden Grabmal von Lord Stratford de Redcliffes junger Gemahlin eine Träne verdrücken oder in Gedanken an den Tod schwelgen, während wir die Statue der schwermütigen Kaiserin Elisabeth von Österreich in Montreux betrachten, deren ruhelosem Umherreisen ein Anarchist in Genf mit einer angespitzten Feile ein Ende machte. Die Züge, Dampfschiffe und Grandhotels, die all das ermöglichten, haben die Zeit so unverändert überdauert, dass sie inzwischen selbst nostalgische Gedanken hervorrufen – an die unzähligen, inzwischen begrabenen Generationen von Ausflüglern und Steuerflüchtlingen, die die gleichen Ausblicke bewundert, die Dienste der gleichen unfehlbaren Kellner genossen haben.

Der absolute Höhepunkt ist Luzern, die prächtige Hafenstadt am Vierwaldstättersee mit ihren Hotels, Cafés, Aussichtspunkten und Ausflugsbooten, bevölkert von den Geistern einstiger Falschspieler, Schürzenjäger und vom Geld ihrer Familie lebender Müßiggänger. Dinge, die früher als billige Vergnügungen galten – etwa das Spiegellabyrinth oder Édouard Castres riesiges Panorama-Rundbild mit der Darstellung der Internierung einer französischen Armee während des Deutsch-Französischen Krieges – sind heute kostbare Zeugnisse des viktorianischen Reisens. Während der kurzen Sommersaison ist Luzern von einer hektischen Betriebsamkeit erfüllt. Randvoll mit Touristen besetzt, fahren die Ausflugsboote hinaus in das Gewirr der zahllosen Becken des Sees. Und eine Blaskapelle spielt dazu Meat Loafs »I'd Do Anything for Love (But I Won't Do That)«.

Wenn ich alt, reich und unvernünftig wäre, würde ich mich hier sofort niederlassen. Ich würde mit meinem Gehstock auf den Parkettboden des Hotels klopfen, um einen Kellner herbeizurufen, damit er mir einen weiteren merkwürdigen Anis- oder Walnusslikör kredenzt. Ich würde den Gottesdienst in der herrlichen Hofkirche St. Leodegar besuchen, die während des Dreißigjährigen Krieges im Höchsttempo errichtet wurde, nachdem ihr ehrwürdiger Vorgängerbau bei dem unseligen Versuch, eine Dohle von seinem

Dach herunterzuschießen, bis auf die Grundmauern abgebrannt war.* Vor allem aber würde ich am Westufer des Vierwaldstättersees spazieren gehen, wo der Weg durch ein Gewirr aus Bootswerften, Bürogebäuden und kleinen Parks zu einem der bedeutendsten musikalischen Heiligtümer des 19. Jahrhunderts führt: Wagners Haus in Tribschen.

Ich war noch nie ein großer Wagner-Fan – ich liebe den *Ring des Nibelungen*, vor allem *Siegfried*, aber alle meine darüber hinausgehenden Bemühungen sind gescheitert. Jedes Mal, wenn ich mich mit einem stillen Lächeln hinsetze, um voller Konzentration und Ehrerbietung *Lohengrin* oder auch nur *Tristan und Isolde* zu hören, laufe ich spätestens nach ein, zwei Stunden zum Keksschrank. Knabbergeräusche ruinieren die opulente Orchestrierung, und früher oder später verspüre ich den unbeherrschbaren Drang, nach meinen E-Mails zu sehen. Was meiner Verehrung zusätzlich im Wege steht, ist Wagners unangenehmer Charakter: sein Antisemitismus, seine kriecherische Schmeichelei, seine Lügen und sein wiederholter Verrat. Dass die Nationalsozialisten seine Werke als Soundtrack ausschlachteten, ist natürlich nicht seine Schuld, aber es ist auch nicht gerade hilfreich. Als ich vor vielen Jahren in einem typischen Teenager-Höhenflug einmal im Haus meiner Eltern die Highlights aus dem *Ring* hörte, wankte unversehens mein Großvater ins Zimmer und schrie mich wütend an, ich solle diese »Hitlermusik« ausschalten.

Trotzdem oder vielleicht auch gerade deswegen bin ich im Laufe der Jahre immer wieder nach Tribschen zurückgekehrt. Wagner hielt sich dort auf, weil er in seiner Heimat noch Jahre nach seiner Beteiligung an den Aufständen von 1848/49 steckbrieflich gesucht wurde. Dass er vollkommen unbehelligt in dieser großen bürgerlichen Villa vor den Toren einer Stadt leben konnte, die viele seiner Gegner privat besucht haben müssen, macht deutlich, wie bedeutsam die Schweiz für die europäische Politik und Kultur war. Hätte man Wagner verhaftet, wäre er wahrscheinlich erst zum Tode verurteilt und anschließend begnadigt worden – allerdings bedeutete Begnadigung nicht Freiheit: Ihm hätte wohl das gleiche Schicksal gedroht wie seinem Freund August Röckel, der dreizehn Jahre in einer grauenhaften sächsischen Festung in Einzelhaft

* An der Fassade der Hofkirche ist ein Relief des heiligen Leodegar zu sehen, ein burgundischer Priester, der in der seltsam direkten Manier jener Zeit in der Hand den Bohrer hält, mit dem ihm an einem Tiefpunkt seiner Karriere die Augen ausgestochen wurden. Er gilt traditionell als Schutzpatron bei Augenleiden, obwohl man durchaus einwenden könnte, dass er im Grunde der Letzte sein sollte, an den man sich bei solchen Problemen wendet.

saß. Und damit wäre Wagners Karriere schon kurz nach der Fertigstellung des *Lohengrin* wieder beendet gewesen. Ob das für die Zukunft Europas besser gewesen wäre, ist im Nachhinein natürlich schwer zu sagen. Zumindest hätte die Hupe im nagelneuen Automobil des Kaisers dann nicht das Donner-Motiv aus dem *Rheingold* getrötet, und den 1930er Jahren wären ihre prägnantesten musikalischen Motive entgangen. Aber wer weiß, vielleicht wäre das Leben in Europa dadurch noch schrecklicher geworden? Womöglich hätte man die Lücke, die Wagners Inhaftierung hinterlassen hätte, mit französischen Operetten gefüllt, sodass wir in Dokumentationen über diese Zeit als musikalische Untermalung der Diktatur statt der *Götterdämmerung* nun die erschütternd inhaltsleeren Melodien aus Bizets *La jolie fille de Perth* oder Offenbachs *Le roi Carotte* hören würden. Aber ich schweife ab. In gewisser Hinsicht machte Wagners langjähriges Exil in der Schweiz und in Frankreich ihn noch begehrter – bewundert und unerreichbar zugleich. Liszt dirigierte den *Lohengrin* in Weimar, der Brautmarsch aus dieser Oper eroberte ganz Europa, aber Wagner selbst konnte nicht dabei sein.

Bemerkenswerte Dinge geschahen in Tribschen. Weihnachten 1870 wurde auf den Stufen vor Cosima Wagners Fenster zum ersten Mal das zauberhafte *Siegfried-Idyll* aufgeführt. Der junge Nietzsche besuchte Wagner regelmäßig, und sie führten weitschweifende Diskussionen am Rande des Wahnsinns, während sie über den See oder auf den majestätischen Pilatus blickten (den man sonderbarerweise für die letzte Ruhestätte von Pontius Pilatus hielt). In Tribschen spielte Wagner Liszt auf dem Klavier die kompletten *Meistersinger von Nürnberg* vor, was sich für mich so entsetzlich langweilig anhört, dass in mir unwillkürlich (und vielleicht auch zu Unrecht) Erinnerungen an die Karfreitagsliturgien meiner Kindheit aufsteigen, die so endlos lange dauerten, dass mir vor Verzweiflung in der Kirchenbank fast die Tränen kamen. Nietzsche wiederum verliebte sich rettungslos in Wagners Musik, nachdem er einen Klavierauszug des *Tristan* gehört hatte – genau wie der *Meistersinger*-Durchlauf ein eigentümliches Beispiel dafür, wie unvorstellbar weit wir uns inzwischen von dem technischen, zeitlichen und klanglichen Kontext entfernt haben, in dem all diese Meisterwerke entstanden.

Das Haus ist ein Schrein für Wagner-Fans, ausgestattet mit alten Programmheften, Partituren und jenem Originalklavier, auf dem Wagner für Liszt gespielt hat. Mein Lieblingsstück ist jedoch die in einem gläsernen Schaukasten ausgestellte winzige Peitsche, mit der Wagner seinen Neufundländer namens Russ zu bestrafen pflegte. Dieses absurde Objekt rückt das

Ganze gleich wieder in ein heitereres Licht. Unwillkürlich sieht man das von Gasleuchten erhellte Tribschener Interieur vor sich. Wütend mit dem Fuß stampfend, schlägt der kleingewachsene Maestro mit Samtbarett auf dem Kopf auf seinen völlig unbeeindruckten ponygroßen Hund ein, während Cosima Wagner und Liszt geisterhaft über ihm aufragen wie zwei Riesen aus einem Karnevalsumzug. In einem Triumph sinnloser Internetrecherche habe ich herausgefunden, dass der Komponist und sein Hund ungefähr gleich schwer gewesen sein müssen.

Wagner komponierte den unfassbar brillanten dritten Akt aus *Siegfried*, und Nietzsche schrieb *Die Geburt der Tragödie aus dem Geiste der Musik*. Liszt befand sich dagegen in einer Übergangsphase und verwandelte sich gerade von Europas unwiderstehlichstem langhaarigen Verführer in den warzigen Abbé der späteren Jahre. Doch ihm verzeiht man alles wegen seiner sehr viel früher entstandenen Klavierstücke *Années de pèlerinage*, in denen eine ganz eigene überschäumende Schweizer Romantik eingefangen ist. Manchmal bin ich mir nicht sicher, ob ich gewisse Dinge rückblickend richtig einordne, aber mit ziemlicher Gewissheit rührt meine Begeisterung für die Schweiz auch daher, dass ich schon vor meinem ersten Besuch jahrelang Liszts »Vallée d'Obermann«, »Au bord d'une source« und »Chapelle de Guillaume Tell« gehört hatte.

Jedenfalls war es ein recht sonderbarer Haushalt, der sich dort in Tribschen zusammengefunden hatte. Cosima war Liszts uneheliche Tochter, und sie und Nietzsche waren sehr viel jünger als die anderen. Man könnte sagen, dass Nietzsche und Wagner unterschiedliche Kulturen auf eine ganz ähnliche Weise miteinander verknüpften, wie es Philipp Franz von Siebold mit der niederländischen und der japanischen Kultur getan hatte. Karl der Große hatte durch seine wiederholten Kriegszüge gegen die Sachsen das Heidentum in Deutschland ausgerottet, und bedauerlicherweise war er dabei so gründlich zu Werke gegangen, dass nicht die geringste Spur davon überlebt hatte. Um ein Panorama alten, mythischen Germanentums zu schaffen, blieb Wagner also nichts anderes übrig, als sich bei den gänzlich fremden isländischen Sagas zu bedienen und deren Götter durch rabiate chirurgische Eingriffe an sein *Nibelungenlied* anzupassen. Nietzsche vertrat als Professor der Philosophie in Basel Jacob Burckhardts Theorie, dass das germanische Genie eher in den griechischen Stadtstaaten wurzele als in der kaiserlich-römischen Zivilisation. Doch es zeigten sich bereits erste Hinweise auf die indische Philosophie, mit der er sich später intensiv auseinandersetzen sollte. Beide waren geradezu besessen von Schopenhauer. Wagner befand sich auf dem Gipfel seiner Schaffenskraft und komponierte Musik, die selbst etwas so Albernes wie Brünhildes Rettung aus den Flammen durch Siegfried faszinierend und verstörend wirken lässt. Nietzsche arbeitete unterdessen an einem chaotischen und über weite Strecken langweiligen Buch, in dem jedoch hier und da schon Vorläufer jener Gedanken aufblitzten, für die er später so verehrt werden sollte: »Ein Sturmwind packt alles Abgelebte, Morsche, Zerbrochne, Verkümmerte, hüllt es wirbelnd in eine rote Staubwolke und trägt es wie ein Geier in die Lüfte.« Nur »der Feuerzauber der Musik« (also Wagner) vermochte den deutschen Geist zu erneuern und zu läutern.

Es fällt auf, dass die beiden Männer, die nach allgemeiner Überzeugung die Hauptverantwortung für den geistigen Hintergrund trugen, der dem Dritten Reich den Boden bereitete – und bei denen es sich zweifellos um zwei ausgesprochen unsympathische Menschen handelte –, am Ufer des Vierwaldstättersees kaum Berührung mit den großen Dramen der deutschen Einigung hatten, die sich abspielten, während in Tribschen das *Siegfried-Idyll* uraufgeführt wurde. Zwar diente Nietzsche während des Deutsch-Französischen Krieges kurz als Sanitäter, aber er hatte bei seiner Übersiedelung nach Basel die preußische Staatsangehörigkeit aufgegeben und blieb für den Rest seines Lebens staatenlos, da er für das deutsche Kaiserreich nicht das Geringste übrighatte. Und Wagner schuf Opern über eine Welt voller Götter und Helden, über Verrat und das Scheitern aller Ambitionen, an deren Ende der Rhein über die Ufer tritt und Walhall in Flammen steht – nichts könnte Bismarcks rationalem, von wirtschaftlichen Interessen getriebenem neuen Reich ferner sein.

Von Großherzögen, Kaisern und Königen

Luxemburg ist bis heute einer der merkwürdigsten Staaten Europas. Irgendwie ist es ihm gelungen, sämtliche Wendungen der Geschichte zu überleben. Im Gegensatz zu all den Prüms, Touls und Salm-Salms, die längst aufgeräumt und in die Obhut vernünftiger Nationalstaaten übergeben wurden, hat das so oft bedrohte, zusammengestutzte und herumgeschubste Luxemburg bis ins 21. Jahrhundert überdauert. Die Hauptstadt Luxemburg bietet einen spektakulären Anblick. Zwar liegt die Keimzelle vieler großer Städte auf einer vor Angriffen und Überschwemmungen geschützten Anhöhe – mag davon auch inzwischen nur noch eine kaum merkliche, unter dem Verkehr verschwundene Erhebung geblieben sein –, Luxemburg jedoch wetteifert mit Edinburgh und Budapest um den Titel der am ärgsten zerklüfteten Stadt Europas. Noch heute hat die geologische Katastrophe, die dem Relief der Stadt zugrunde liegt, die unangenehme Folge, dass von Süden her nur eine einzige Straße über das gewaltige Tal in die Altstadt hinaufführt. Es gibt wenige Orte, die noch besser zu verteidigen sind, und gerade diese Eigenschaft hat Luxemburg über die Jahrhunderte hinweg zu einem begehrten Ziel für Eroberer und Möchtegern-Eroberer gemacht.

Luxemburgs Beitrag zur europäischen Geschichte bestand in einer Reihe von Kaisern, die das Heiligen Römische Reich regierten, bevor die Habsburger den Job dauerhaft übernahmen. Der Bedeutendste von ihnen war Karl IV., der im 14. Jahrhundert von Prag aus herrschte (er war zugleich auch König von Böhmen) und 1356 die Goldene Bulle erließ, jenen Gesetzestext, der bis zur Französischen Revolution seine Gültigkeit behielt und in dem unter anderem die Rolle der Sieben Kurfürsten und die Struktur des Heiligen Römischen Reichs festgelegt wurden. Luxemburg ging durch verschiedenste Herrscherhände, aber wie ein Quietsche-Entchen kam es immer wieder hoch, wie oft es auch unter Wasser gedrückt wurde. Nur zweimal in seiner Geschichte drohte ihm die vollständige Auslöschung: Unter Napoleon wurde es Teil des Département des Forêts und unter Hitler Teil des Gau Moselland. Abgesehen von diesen beiden Phasen hatte immer irgendjemand irgendwo ein Interesse an seinem Fortbestand – und in den 1860er Jahren stand es sogar für kurze Zeit im Zentrum der europäischen Aufmerksamkeit.

Verglichen mit den verheerenden Kriegen späterer Jahre gilt das 19. Jahrhundert nach Waterloo aus heutiger Sicht als eine bemerkenswert rationale und friedliche Epoche. Aber auch das ist relativ, denn die Mitte jenes Jahrhunderts war eine chaotische, von gewaltsamen Auseinandersetzungen erschütterte Zeit, in der in ganz Europa Dynastien und alte Herrschaftsformen untergingen. Aus technologischen Gründen und manchmal auch nur aufgrund zufälliger Entwicklungen waren die damaligen Kriege eher kurz. Trotzdem kosteten sie viele Menschenleben und führten zu gewaltigen Umwälzungen. Ich schreibe diesen Absatz im Jahr 2017. Wenn Sie nun den Zeitraum von 1846 bis 1871 nehmen und die entsprechenden fünfundzwanzig Jahre vom heutigen Standpunkt aus zurückrechnen, dann landen sie im Jahr 1992. Die einzigen ernsthaften Kämpfe, die Europa in diesen Jahren erlebt hat, fanden in Bosnien, im Kosovo und in jüngerer Zeit im Osten der Ukraine statt, und bei all diesen Konflikten handelte es sich im Wesentlichen um Bürgerkriege, die von außen zusätzlich angefacht wurden. Zwischen 1846 und 1871 – eine Zeitspanne, die nicht zufällig der Regierungszeit Napoleons III. in Frankreich entspricht – gab es so gut wie überall auf dem Kontinent Bürgerkriege, Revolutionen und größere zwischenstaatliche Konflikte. Allein sie aufzulisten, würde fast eine ganze Seite erfordern. Selbst die Schweiz war betroffen, wo der kurze Sonderbundskrieg 1847 dem archaischen, lockeren Bündnis der Kantone ein Ende machte und die Grundlage für einen modernen Bundesstaat schuf. Noch gar nicht berücksichtigt sind dabei die globalen Erschütterungen wie der Amerikanische Bürgerkrieg, der Indische Aufstand, der Zweite Opiumkrieg, die französische Intervention in Mexiko und der Einsatz der »Schwarzen Schiffe« in Japan, um nur einige zu nennen. Der nahezu einzige größere europäische Staat, dessen territoriale Einheit in jenen Jahren nicht unmittelbar bedroht war, ist Großbritannien. Doch auch die Briten ließen sich von der allgemeinen Sorge um ihre Sicherheit anstecken, investierten Unsummen in den Bau gigantischer gepanzerter Kriegsschiffe sowie jener hübschen, eindrucksvollen Seefestungen, die sich noch heute vor der Küste von Portsmouth aufreihen, und schmiedeten Pläne zur Verteidigung Kanadas. Zwar haben die Franzosen Großbritannien genauso wenig angegriffen wie die Amerikaner Kanada – aber nur, weil sie anderes zu tun hatten.

Der Zeremonienmeister des Chaos, der im Mittelpunkt so vieler dieser Entwicklungen stand, war Napoleon III. Schon fast mein gesamtes Erwachsenenleben verehre ich Émile Zola für seine Romane, in denen er Napoleons Regime kritisiert. Und ich bin stolz darauf, meine ersten Lebensjahre im Süd-Londoner Vorort Norwood verbracht zu haben, wo er nach der Veröffentlichung des Artikels *J'accuse* im Exil lebte. Es mag daran liegen, dass ich zu viel Zeit mit der Lektüre von Meisterwerken wie *Nana* oder *Ein feines Haus* und *Die Beute* verbracht habe, doch sobald der Name »Napoleon III.« fällt, assoziiere ich unwillkürlich »grauenvolle Sexualhygiene«. Genau das war natürlich Zolas Absicht, aber erschwerend kommt hinzu, dass auf frühen Fotografien aus jener Zeit vor allem die prominenten Pariser Männer mit ihren fetten Bäuchen, ihren schmierigen Bärten und ihren Hosen, die aussehen, als würden sie nur einmal pro Jahreszeit gewechselt, in einem ausgesprochen unvorteilhaften Licht erscheinen (das beste Beispiel für solch schauerliche Gestalten war Napoleons korrupter Cousin Plon-Plon). Für Frauen muss es eine fürchterliche Zeit gewesen sein.

Aber zurück zur Politik. Das Besondere an jener Epoche war, dass es fünf europäische Kaiser- und Königreiche gab – Großbritannien, Frankreich, Russland, Österreich und Preußen –, die ungefähr gleich stark, gleich selbstbewusst und gleich gewaltbereit waren. Tatsächlich bestand der größte staatliche Ausgabenposten neben der Hofhaltung in der Finanzierung von Festungen, Truppen, Schiffen und Waffen. An Großbritannien und Russland waren die Revolutionen des Jahres 1848 mehr oder minder vorbeigegangen – auch wenn Russland Österreich bei der Niederschlagung des Aufstands in Ungarn geholfen hatte –, während Österreich und Preußen ihre Herrschaft durch den Einsatz des Militärs gesichert hatten und ihre Legitimation und ihren Nimbus immer noch ihrer Rolle bei der Zerschlagung des Napoleonischen Kaiserreichs verdankten. In der europäischen Geschichte scheinen Phasen der Instabilität meist darauf zurückzugehen, dass ein außer Kontrolle geratener Moloch von einer Koalition kleinerer Staaten niedergerungen wird. Doch selbst das in der Mitte des 19. Jahrhunderts relativ ausgeglichene Kräfteverhältnis der fünf großen Staaten brachte dem Kontinent keinen Frieden.

Napoleon III. war der Inbegriff eines lotharingischen Herrschers. Er war der Sohn von Napoleons Bruder Louis Bonaparte, der als Lodewijk Napoleon König von Holland gewesen war. Allerdings haben kürzlich durchgeführte DNA-Analysen ergeben, dass Louis gar nicht sein leiblicher Vater war, was auch erklärt, weshalb Napoleon III. sich zeit seines Lebens mit dem heiklen Problem herumschlug, dass er dem »echten« Napoleon überhaupt nicht ähnlich sah. In dem – nun erwiesenermaßen – irrigen Glauben, er sei qua Geburt zu Größerem bestimmt, streifte er um die französischen Außengrenzen herum, lauerte in der Schweiz und in England auf seine Chance und beteiligte sich an zwei grotesken Putschversuchen gegen den amtierenden König Louis Philippe: ein grandioser Fehlschlag in Straßburg und ein noch schlimmeres Fiasko in Boulogne (bei dem ein Raddampfer und ein zahmer Geier, der sich als kaiserlicher Adler ausgab, eine Rolle spielten und die Verschwörer bei rauer See aus dem Wasser gefischt und verhaftet wurden). Dank seiner napoleonischen Aura gelang es ihm, nach der Februarrevolution 1848 zum Präsidenten der neuen französischen Republik gewählt zu werden. Und 1852 beförderte er sich schließlich in einem gegen sich selbst gerichteten Staatsstreich zum Kaiser.

Es würde an dieser Stelle zu weit führen, alle Abenteuer des französischen *Second Empire* zu schildern. In seinem merkwürdig aktionistischen, liberalen Imperialismus sandte Napoleon III. Soldaten in die ganze Welt, was sowohl widersprüchliche als auch langfristige Folgen hatte. Er war entscheidend an der Zerschlagung der österreichischen Herrschaft über Norditalien beteiligt, wodurch der Weg frei wurde für ein geeintes Königreich Italien, zu dem sich die zahlreichen Einzelstaaten auf der Halbinsel zusammenschlossen. Im Austausch gegen Napoleons militärische Unterstützung trat das Königreich Sardinien-Piemont, von dem die italienische Einigungsbewegung ausging, Frankreich die alten Gebiete Savoyens südlich des Genfersees und die Grafschaft Nizza ab. Für den König von Sardinien-Piemont, der nun König von ganz Italien wurde, war der Verlust leicht zu verschmerzen, Frankreich hingegen bescherte der Handel einen folgenreichen Gebietszuwachs. Savoyen ist es zu verdanken, dass Frankreich die Kontrolle über das Mineralwasser von Évian-les-Bains erlangte und Ende des 20. Jahrhunderts zu einem bedeutenden Wintersportziel wurde – zwei damals nicht vorhersehbare Vorteile. Der imposante Berg mit dem trivialen Namen Monte Bianco wurde in Mont Blanc umbenannt, was nicht weniger banal klingt. Spekulationen in den Kaffeehäusern der Region, dass es für Savoyen doch eigentlich viel sinnvoller gewesen wäre, sich der Schweizer Eidgenossenschaft anzuschließen, machten französische Soldaten rasch ein Ende. Évian hin oder her: Die Entwicklung hatte auch einen weniger erfreulichen Nebeneffekt, denn sie ließ die alte Feindschaft der Briten wieder aufflammen. Diese sahen in Napoleon III. nun nicht mehr den liberalen Don Quichotte, der die italienische Einigungsbewegung in ihrem Kampf gegen den österreichischen Obskurantismus unterstützte, sondern einen nach Eroberungen gierenden Abenteurer im Stile seines Onkels.

Neben den weitreichenden kolonialen Aktivitäten jener Zeit verstärkten die Revolutionen des Jahres 1848 und die Italienischen Unabhängigkeitskriege den Eindruck, von nun an seien alle Grenzen willkürlichem Zugriff preisgegeben. Wie kein Zweiter stand Napoleon III. für die Strategie, einfach mal den Baum zu schütteln, um zu sehen, was herunterfiel. Während er fröhlich in Mexiko mitmischte und Soldaten nach Asien verschiffte, übersah er allerdings völlig die Bedeutung Otto von Bismarcks, der 1862 zum preußischen Ministerpräsidenten ernannt wurde. Mit seinem außergewöhnlichen, überwältigenden Selbstvertrauen zwang Bismarck innerhalb von neun Jahren sämtliche Gegner einer deutschen Einigung in die Knie und schuf das Deutsche Reich. Es gibt viele Geheimnisse seines Erfolgs, aber das entscheidende war seine Bereitschaft zu warten – wenn dieses neue Deutschland unter preußischer Führung erst zehn Jahre später entstanden wäre, wäre es ihm genauso recht gewesen. Er hatte ein feines Gespür für das geradezu irrwitzige Wachstum der Industrie, für den zunehmenden Nationalismus und den schwachen Charakter seiner Widersacher. Und obwohl sein Handeln letztlich zur Katastrophe führte, kann ich nicht umhin, seine Leistung zu bewundern. Andererseits fällt es angesichts der generellen nationalistischen Hysterie, die damals überall – auch in den Vereinigten Staaten und im Vereinigten Königreich – zu beobachten war, sehr schwer, sich eine Zukunft vorzustellen, in der aus Deutschland kein geeinter Staat geworden wäre.

Der Grund, aus dem Luxemburg heute noch existiert, ist der, dass es 1867 niemandem wichtig genug erschien, sich darum zu streiten. Das Großherzogtum genoss einen merkwürdigen Status, denn obwohl es in Personalunion von Wilhelm III., dem König der Niederlande, regiert wurde, war es gleichzeitig auch Mitglied des Deutschen Bundes. Tatsächlich hatte man die mächtigen Befestigungen der Stadt in den Jahrzehnten zuvor erheblich verstärkt, um Luxemburg zu einem entscheidenden Bollwerk des Bundes gegen die Franzosen zu machen.

Man kann kaum umhin, sich die europäischen Herrscher jener Zeit wie eine Schar rückfallgefährdeter trockener Alkoholiker vorzustellen, denen jemand einen klirrenden Servierwagen voller bunter kleiner Spirituosenfläschchen präsentiert. Sie wissen, dass Napoleon I. ihre Großväter geschickt in vermeintliche Allianzen gelockt hat, die es ihnen erlaubten, sich dieses oder jene Territorium unter den Nagel zu reißen, bevor sie am Ende gedemütigt und vernichtet wurden – und doch greifen sie mit zitternder Hand nach dem funkelnden kleinen Fläschchen Chartreuse. Ein Großteil dieser Versuchungen spielte sich vor kolonialem Hintergrund ab. In den Fünfziger- und Sechzigerjahren des 19. Jahrhunderts waren Tauschgeschäfte und Hinterzimmerdeals an der Tagesordnung. Manche davon führten tatsächlich zum Erfolg, etwa die Einigung Italiens. Doch es verging kaum ein Monat, ohne dass jemand Wien Rumänien oder Schlesien anbot oder Preußen Frankreich bedeutete, sich doch einfach Luxemburg zu schnappen.

Als entscheidende Katastrophe für Napoleon III. erwies sich der extrem blutige, aber auch extrem kurze Deutsche Krieg zwischen Preußen und Österreich, der 1866 innerhalb weniger Wochen deutlich machte, was sich bereits seit Längerem abgezeichnet hatte: Preußen war stärker als seine Rivalen und würde von nun an die beherrschende Großmacht in Europa sein. Wie allen europäischen Herrschern waren auch Napoleon die Spannungen zwischen Wien und Berlin sehr gelegen gekommen, konnte man in einem solchen Umfeld doch jeden gegen jeden ausspielen. Aber die abrupte Degradierung der großen Habsburgermonarchie zu einem zombiehaften Befehlsempfänger der Hohenzollern, der auf absehbare Zeit zu keiner eigenständigen militärischen Aktion mehr fähig sein würde, bis er 1914 durch die Kriegserklärung an Serbien schließlich beide in den Untergang riss, veränderte die Verhältnisse auf dem Kontinent fundamental. Erschwerend kam hinzu, dass Napoleons *Second Empire* voll und ganz auf ihn zugeschnitten war. Und da sein einziger Sohn (»Lou-Lou«) noch ein Kind war, lastete die Verantwortung für das Reich ausschließlich auf den Schultern des zunehmend aufgedunsenen, ungepflegt wirkenden, erschöpften Kaisers.

Nachdem Preußen 1866 den Krieg gewonnen hatte, brachte es alle verbliebenen unabhängigen deutschen Staaten nördlich der Mainlinie unter seine Kontrolle und annektierte die Freie Stadt Frankfurt – wo der Bürgermeister persönlich Schüsse abfeuerte –, das Königreich Hannover und das Kurfürstentum Hessen. Damit blieben Frankreich nur noch eine Handvoll eingeschüchterter süddeutscher Verbündeter, die größten davon Baden und Bayern. In dem kläglichen Versuch, das Heft des Handelns wieder in die Hand zu nehmen, bestach Napoleon den riesenhaften, zutiefst unsympathischen Wilhelm III. der Niederlande durch die Vermittlung von dessen Mätresse. Er wollte herausfinden, ob Wilhelm bereit wäre, ihm Luxemburg abzutreten. Bismarck hatte ihm zuvor heimlich sein Einverständnis dazu signalisiert, aber es gibt unterschiedliche Theorien, was der Grund dafür gewesen sein könnte: Entweder gönnte er Napoleon tatsächlich eine kleine Aufmunterung, oder aber das Ganze war eine Falle und er beabsichtigte, Luxemburg später zu Hilfe zu eilen und den französischen Kaiser zu vernichten. Als Herrscher über die Bundesfestung Luxemburg kam Wilhelm jedoch zu dem Schluss, dass er vor einem möglichen Verkauf erst Preußen fragen müsse. Dadurch wurden die bislang geheimen Verhandlungen offiziell bekannt und lösten eine Welle prodeutscher Begeisterung aus, die Bismarck kaum noch unter Kontrolle hatte. Der Aufruhr machte das Ausmaß der Leidenschaften deutlich, mit denen es nun umzugehen galt. Selbst in traditionell frankreichfreundlichen Staaten wie Baden war angesichts der Vorstellung, Luxemburg könne ein Teil Frankreichs werden, der Zorn groß. Auf einer 1867 in London abgehaltenen Konferenz wurde die Personalunion Luxemburgs mit dem Königreich der Niederlande bestätigt und das Großherzogtum für neutral erklärt – was von allen europäischen Mächten mit Ausnahme Belgiens anerkannt wurde, das den Vertrag nicht unterschreiben konnte, weil es neutral war und als eine Art »Mündel« gewissermaßen unter internationaler Amtsvormundschaft stand. Die preußische Garnison musste die Stadt verlassen, und die Festung sollte geschleift werden, damit sie in künftigen Konflikten nicht erobert und von einer der Kriegsparteien genutzt werden könne. Diese Entscheidung bedeutete, dass fünfundzwanzig Kilometer unterirdischer Verteidigungsanlagen und vier Hektar Festungsbauten niedergelegt werden mussten und Luxemburg in den darauffolgenden Jahren zur wahrscheinlich größten Baustelle der Welt wurde. Der Vorteil für die Stadt bestand darin, dass nach dem Abriss vieler dieser Verteidigungswerke Terrassen zurückblieben, die sich hervorragend zum Rosenanbau eigneten. Dieser unerwartete neue Wirtschaftszweig entwickelte sich so erfolgreich, dass Luxemburg 1914 rund sechs Millionen Rosensträucher pro Jahr exportierte.

Weniger rosig gestaltete sich dagegen die Zukunft für Napoleon III. Eine der großartigsten Szenen der französischen Literatur des 19. Jahrhunderts findet sich am Ende von Zolas Roman *Nana*, wo die Titelheldin, jene betörende Prostituierte, die sich in den höchsten Kreisen des napoleonischen Paris bewegt hatte, verarmt und unter entsetzlichen Qualen an den Pocken stirbt. Doch keiner ihrer vermeintlichen Freunde und Beschützer achtet noch auf sie, stattdessen starren sie alle wie gebannt auf die erregten Menschenmassen, die unter lauten Rufen durch die Pariser Straßen ziehen: »Nach Berlin! Nach Berlin!«

KAPITEL ZWÖLF

Kilometerschweine

Die eindrucksvolle Zitadelle von Arras, die Vauban zur Verteidigung der Stadt erbaute, kurz nachdem diese französisch geworden war, spielte nie eine kriegsentscheidende Rolle. Von ihrer Fertigstellung im Jahr 1672 bis zum Ende der militärischen Nutzung 2010 erlebte sie nur selten konkrete Bedrohungen. Zu Beginn des Ersten Weltkriegs erreichte ein kleiner Trupp deutscher Soldaten die Festung, verschandelte einen Teil des hübscheren Inventars, ließ sich im Offizierskasino fotografieren und zog wieder ab. Im Zweiten Weltkrieg dienten Teile des riesigen Komplexes als deutsches Gefängnis. Gedenktafeln erinnern an 218 Opfer aus ganz Europa, die dort hingerichtet wurden.

Nachdem die französische Armee die Zitadelle erst 2010 verlassen hat, erwartet man beinahe, Marschtritte und die Rufe der Feldwebel im Wind nachhallen zu hören, aber dem ist nicht so. Der Exerzierplatz hat etwas von einem missglückten Parkplatz, der viel zu weit vom Stadtzentrum entfernt liegt, sodass er nicht einmal diese Funktion erfüllen kann. Im Grunde ist das einzige bemerkenswerte Gebäude auf dem Gelände eine heruntergekommene Kapelle, die während der Französischen Revolution außer Dienst gestellt und unter Napoleon III. wiederhergerichtet wurde. Theoretisch sollten an der bröckelnden Fassade die einander zugewandten Profile von Ludwig XIV. und Napoleon III. zu sehen sein, doch Ersterer ist ziemlich verwittert, und Letzterer wurde sorgfältig abgeschlagen. Der Innenraum ist allerdings ein nur schwer erträgliches Mahnmal, denn hier wurden die Namen der Tausenden von Soldaten des in Arras stationierten Pionierregiments aufgelistet, die im Ersten Weltkrieg gefallen sind. Es gibt sicher eindrucksvollere und schrecklichere Gedenkstätten, aber für mein Empfinden vermittelt kein anderer Ort ein so starkes Gefühl für den völlig außer Kontrolle geratenen Albtraum des Krieges, den Frankreich geführt hat, und gleichzeitig davon, wie lange dieser bereits zurückliegt. Viele Jahre muss dieses Gebäude eine

Pilgerstätte für Kameraden und Angehörige der Toten gewesen sein, aber heute wirkt es nur noch kühl und verlassen.

1875 wurde an der Rückwand der Kapelle eine Reihe von Schiefertafeln angebracht, auf denen die Namen der in Arras stationierten Gefallenen des Deutsch-Französischen Krieges verzeichnet sind. Viele fanden den Tod in den epochalen Schlachten von Spichern, Le Mans und Sedan, ferner bei den Belagerungen von Metz, Bitsch und Belfort. Eine erstaunlich große Zahl kam aber auch bei der Niederschlagung des anschließenden Aufstands der Pariser Kommune ums Leben. Bemerkenswert erscheint mir in diesem Zusammenhang, dass hier wie bei allen Denkmälern, die nach dem Ende der Kämpfe in Frankreich errichtet wurden (Kämpfe, bei denen insgesamt 280 000 Franzosen verwundet oder getötet wurden), nicht – wie im Englischen üblich – vom »Französisch-Preußischen Krieg« die Rede ist, sondern schlicht vom »Krieg gegen Deutschland«.

Viele der Kriege in der Mitte des 19. Jahrhunderts wiesen trotz aller Grausamkeit noch eine gewisse dekorative Qualität auf. In den Schlachten wurde eine strittige Frage entweder geklärt (Italienische Einigungskriege, Deutscher Krieg) oder auch nicht geklärt (Krimkrieg). Zur Erinnerung daran entstanden farbenfrohe, dramatische Gemälde, deren Schöpfer von ehemaligen Offizieren beraten wurden, sodass die Details von Schärpen, Tschakos, Schwertern und Regimentsknöpfen exakt den tatsächlichen Gegebenheiten entsprachen. Der »Krieg gegen Deutschland« ging weit darüber hinaus. Er war die Urkatastrophe der modernen Ära. Im Laufe der Jahre muss ich so ziemlich jedes Buch über diesen Krieg gelesen haben, das auf Englisch veröffentlicht wurde, eines davon sogar dreimal – vielleicht in der irren Hoffnung, dass das Ganze einmal anders ausgehen könnte, aber das tut es natürlich nicht.

Die Armee von Napoleon III. galt als die beste in Europa, aber obwohl sie bereits auf der ganzen Welt gekämpft hatte, war sie bislang noch nie in einer Situation eingesetzt worden, in der französisches Territorium unmittelbar bedroht gewesen war. Selbst bei einer schweren Niederlage in den Italienischen Unabhängigkeitskriegen wäre ein österreichischer Gegenangriff auf Antibes unvorstellbar gewesen – man hätte einfach einen traditionellen Friedensvertrag ausgehandelt, und das Leben wäre weitergegangen wie zuvor. Preußens kurzer, vernichtender Krieg gegen Österreich 1866 war ein Schock für Napoleon, beruhte dessen Herrschaft bis dahin doch vornehmlich auf dem Vergnügen, gönnerhaft auf Berlin hinabzuschauen und Wien und die verbliebenen eigenständigen deutschen Staaten gegeneinander auszuspielen. Nun aber verfiel Wien in katatonische Starre, und fast ganz Deutschland war plötzlich mit Preußen verbündet – jenem Staat, der in den Jahren zuvor weithin verlacht worden war, weil er seit 1815 keinen ernsthaften Krieg mehr geführt hatte.

Auch wenn es heute nur noch schwer vorstellbar ist, empfand die weitgehend katholische Bevölkerung des Rheinlands für ihre preußischen Monarchen vor allem Geringschätzung, was allerdings nicht bedeutete, dass man einer französischen Herrschaft gegenüber aufgeschlossener gewesen wäre. Frankreich war weitaus größer als Preußen, Paris war doppelt so groß wie Berlin, und Napoleon III. herrschte über ein Weltreich, das sich von Martinique bis Saigon erstreckte. Aber der Krieg von 1866 zwang ganz Europa mit Blick auf Bismarcks neues, sehr großes Preußen Hals über Kopf zum Umdenken. Die unabhängigen Staaten im Süden Deutschlands – Baden, Württemberg und Bayern –, die es sich jahrelang unter dem Schutz Österreichs gemütlich gemacht hatten, fühlten sich mit einem Mal zu klein. Gleichzeitig wurden sie gegen ihren Willen von der allgemeinen Euphorie um eine deutsche Einigung angesteckt. Und so schlossen diese Länder, die als ernst zu nehmende Gegner ohnehin längst keine Rolle mehr spielten, mehrere militärische Abkommen mit Preußen, durch die ihnen endgültig die Zähne gezogen wurden.

Die rasanten Veränderungen schlugen über Napoleons Regime zusammen. Von einem Tag auf den anderen war Frankreich nicht mehr der mächtigste Staat Europas, sondern ein von allen Verbündeten verlassenes, bröckelndes Gebilde. Dabei hatte die französische Rheinlandpolitik erst Anfang der 1860er Jahre mit der Fertigstellung der großen Rheinbrücke, die das Elsass und Baden miteinander verband, einen triumphalen Erfolg gefeiert. Dieses herrliche neogotische Bauwerk sah aus, als hätten seine Konstrukteure erst die Fassade einer Kathedrale entzweigeschnitten, um die beiden Portale zu schaffen, und diese anschließend wie Toffee auseinandergezogen. Dadurch war Baden zu einem echten Nachbarn Frankreichs geworden, und viele Badener arbeiteten nun in Straßburg, ein Trend, der sich weiter fortsetzte, als die Stadt 1871 deutsch wurde. 1940 wurde die Brücke von französischen Soldaten gesprengt.

Bismarck erkannte, dass Preußen die deutsche Einigung nur vollenden konnte, wenn es gelang, Napoleon III. zu einem Krieg zu verleiten und ihn militärisch zu besiegen. Der Reichskanzler genoss diese Situation sehr, steckte Geld in eine Schweizer Eisenbahn, weil er wusste, dass es Napoleon ärgern würde, und ermunterte den französischen Kaiser in zotigen Unterhaltungen, von denen keine schriftlichen Protokolle angefertigt wurden, mehr oder weniger durch die Blume, sich doch einfach Belgien unter den Nagel zu reißen. Lange hatte Napoleon geglaubt, es könne noch einmal so ablaufen wie im Jahr 1860, als er die Einigung Italiens unterstützt und im Gegenzug Savoyen und Nizza erhalten hatte. Ein Entgegenkommen bei der deutschen Einigung, so hatte er es sich ausgemalt, würde ihm womöglich das Saargebiet und die bayerische Pfalz einbringen. Doch dafür hatte Preußen Österreich zu schnell geschlagen – und Bismarck hatte ohnehin nicht die Absicht, Frankreich auch nur das Geringste abzutreten. Eine besonders klägliche Szene ereignete sich im September 1868, als Napoleon seinen Offizieren bei einem Abendessen absichtlich Rheinweine kredenzen ließ, um dies mit den Worten kommentieren zu können: »Messieurs, ich hoffe, Sie werden in Kürze diese Weine selbst ernten.« Als immer neue herausfordernde Überlegungen zur Zukunft von Luxemburg, Belgien und dem Rheinland aus Paris durchsickerten, kamen selbst potenzielle Unterstützer wie Großbritannien zu dem Schluss, dass Frankreich allmählich außer Kontrolle geriet und Preußen der vernünftigere und staatsmännischer agierende Partner sei. Dabei war es in Wirklichkeit Bismarck, der Napoleon hinter den Kulissen aufstachelte und ihn munter aufs Glatteis führte, weil er davon überzeugt war, dass der Franzose früher oder später schon etwas Dummes tun würde.

Letztlich führte ein Streit über die Frage, wer der nächste König von Spanien werden sollte – gewissermaßen eine Comicversion des großen Kino-Epos *Der Spanische Erbfolgekrieg* –, zum Ausbruch eines Konflikts, den mittlerweile beide Seiten für unausweichlich hielten. Das Ergebnis war eine Schmach. Napoleons Kaiserreich war viel erfolgreicher als das seines Onkels (es hatte sieben Jahre länger Bestand) und definierte sich durch einen zwar eingeschränkten, aber dennoch realen Liberalismus, eine moderne Ausrichtung und eine intensive Förderung des Militärs. Doch es hatte – man mag es kaum glauben –, nachdem es sich jahrelang aufgeplustert hatte, immer noch keine konkreten Pläne für einen Einmarsch in das Gebiet des von Preußen dominierten Norddeutschen Bundes entwickelt. Zugegeben, ein solcher Einmarsch war auch nicht ganz einfach, da Frankreich und die preußische Rheinprovinz bis auf eine kurze gemeinsame Grenze durch das neutrale Belgien und das unabhängige Baden getrennt waren. Frankreich wagte zunächst einen zögerlichen Vorstoß nach Saarbrücken (ein sehr ähnlicher, gleichermaßen kläglich verlaufener Versuch erfolgte auch 1939), bei dem »Lou-Lou«, wahrscheinlich zur großen Freude seines Cousins »Plon-Plon«, zum ersten Mal in seinem Leben eine Kanone abfeuerte, woran vor Ort bis heute ein Gedenkstein erinnert. Doch ansonsten wirkten Napoleons Generäle allesamt wie gelähmt – als sei der Schatten des wahren Napoleon zu groß und wiege die Last der historischen Erwartungen zu schwer. Die eigentlichen Kampfhandlungen waren insofern »langweilig«, als die französischen Generäle sich wie Schafe zusammentreiben ließen. Großbritannien hatte unmissverständlich klargestellt, dass die belgische und luxemburgische Neutralität nicht zur Disposition standen und von den Briten verteidigt werden würden. Da auch die Schweiz neutral war, verfügte Frankreich – nachdem man einmal beschlossen hatte, nirgendwo sonst einzumarschieren – somit theoretisch über einen klar abgegrenzten, säuberlich definierten Kriegsschauplatz, den es zu verteidigen galt. Die französische Infanteriebewaffnung war der preußischen weit überlegen, und nun bot sich endlich die Gelegenheit, die ultimative französische Geheimwaffe zum Einsatz zu bringen: die *Mitrailleuse* oder »Höllenmaschine«, wie sie von den Preußen genannt wurde. Dieses Salvengeschütz hatte eine verheerende Wirkung, konnte aber – anders als 1914 – bedauerlicherweise noch nicht seitwärts geschwenkt werden, so dass es den einen unglücklichen Preußen, der direkt davorstand, sinnlos dreißig Mal durchsiebte, statt einmal die ganze Front unter Beschuss zu nehmen.

Ungläubig verfolgten ausländische Beobachter, wie der französische Oberbefehlshaber Achille Bazaine, regelrecht niedergedrückt von Napoleons Geist auf seinen Schultern, zögerte und schwankte und so auf geradezu groteske Weise die Schlacht bei Mars-la-Tour vermasselte, die eigentlich ein Selbstläufer hätte werden sollen. Anschließend zog er sich mit 180 000 Soldaten in die Festung Metz zurück, wo es nicht genug Lebensmittel gab. Die Preußen legten einen Belagerungsring um die Stadt und weigerten sich, Deserteure herauszulassen, vielmehr schickten sie diese zurück, damit sie dazu beitrugen, auch noch die letzten Vorräte zu vertilgen. Sinnvoller wäre es gewesen, wenn sich die riesige französische Armee weiter ins Landesinnere zurückgezogen und dadurch die preußischen Truppen weit auseinandergezogen hätte. Möglicherweise wäre es dann zu einem zweiten Valmy gekommen. So aber saßen die Soldaten kurz hinter der Grenze hilflos in der Falle, und Bazaine blieb schließlich nichts anderes übrig, als zu kapitulieren – es war der für die Franzosen demütigendste Moment des gesamten 19. Jahrhunderts.

Während der entscheidenden Kriegsphase hielten die Preußen in ihrem rasanten Vormarsch höchstens dann inne, wenn sie vermuteten, dass sie in einen raffinierten Hinterhalt gelockt werden sollten, doch in allen Fällen erwies sich der vermeintliche Trick als schiere Inkompetenz der Gegenseite. So verdankten die Preußen ihren Sieg zum Teil der französischen Unfähigkeit, zum Teil aber auch ihrer beeindruckenden Fähigkeit, riesige Strecken zurückzulegen. Mit ihren Gewaltmärschen verblüfften, ja hypnotisierten sie die französischen Truppen geradezu, die einfach nicht fassen konnten, wie weit der Feind bereits gekommen war – eine Leistung, die der wunderbare Begriff »Kilometerschweine« treffend zusammenfasst. 1914 jedoch sollte die Legende vom unaufhaltsamen Marschieren die deutsche Armee in den Untergang führen.

Die größte der noch verbliebenen französischen Armeen wurde unterdessen bei Sedan gegen die Grenze des neutralen Belgien zurückgedrängt, wo sie bewegungsunfähig in der Falle saß. Sie wurde umzingelt und vollständig aufgerieben, 120 000 Soldaten wurden getötet, verwundet oder gefangengenommen. Danach wurden die Gefechte erbitterter, aber kleiner. Ein in Paris gestarteter französischer Heißluftballon mit wichtigen Anweisungen zu einer militärischen Zusammenkunft in Tours wurde unglücklicherweise nach Norwegen abgetrieben, und einer letzten Armee von ernst zu nehmender Größe unter dem Kommando von General Charles-Denis Bourbaki gingen im tiefsten Winter die Vorräte aus. Bourbaki versuchte, sich zu erschießen, doch nachdem dies fehlgeschlagen war, führte er seine 87 000 Soldaten über die Schweizer Grenze, wo sie dem Neutralitätsabkommen entsprechend von den Schweizern entwaffnet und versorgt wurden. Édouard Castres hat dieser humanitären Großtat in seinem riesigen, faszinierend detailreichen Panoramagemälde in Luzern ein Denkmal gesetzt.

Der Grenzübertritt der Bourbaki-Armee war ein Meilenstein in der Geschichte der Schweiz, denn er unterstrich die Bedeutung ihrer unerschütterlichen Neutralität. Etwa zehntausend Soldaten wurden in Neuchâtel untergebracht – eine gewaltige Zahl, wenn man bedenkt, dass die Stadt selbst zu jener Zeit nur etwa zwölftausend Einwohner hatte. Von dem Schweizer Maler Auguste Bachelin stammt eine ganze Reihe von Zeichnungen und Gemälden zu diesem Thema. Eines davon zeigt das Soldatenleben in seiner ganzen befremdlichen Vielfalt: Zuaven in roten Pluderhosen, Kürassiere mit Brustpanzern und Preußen mit Pickelhauben (als Kriegsgefangene der Franzosen im Gewühl mitgerissen) werden – bärtig, lethargisch und zu waffenloser Ohnmacht verdammt – von einer Handvoll bewaffneter Schweizer Soldaten fortgeführt. Noch Jahre später reagierten die Franzosen, wenn sich ihnen ein

Bild der Verwüstung bot, mit dem Ausruf: »*Quelle armée de Bourbaki!*« Ein Begriff, der es sicher wert wäre, wiederbelebt zu werden.

Eine der kleineren, aber nicht weniger schmerzlichen Tragödien dieses Krieges war die Belagerung von Straßburg. Die Ereignisse entwickelten sich in einem atemberaubenden Tempo. Nach der katastrophalen Schlacht bei Wörth am 6. August lag Straßburg plötzlich direkt an der Front. Schon am folgenden Tag wurde der Belagerungszustand ausgerufen, und man begann Gebäude zu sprengen, um ein freies Schussfeld zu schaffen. Vom Turm des Straßburger Münsters aus – damals das höchste Bauwerk der Menschheitsgeschichte – sah man fünfundzwanzigtausend badische Soldaten aufmarschieren, denn auch im Großherzogtum hatte der deutsche Nationalismus jeden Sinn für rheinische Solidarität verdrängt. Die zur Verstärkung anrückenden französischen Truppen hielten die Straßburger wegen ihres deutschen Dialekts für Verräter, und so entstanden noch vor Beginn der eigentlichen Belagerung jene nationalistischen Spannungen, die die Region für viele Jahre vergiften sollten. Die Belagerung dauerte vierundvierzig Tage. In dieser Zeit landeten 194 722 Projektile in der Stadt. Das Dach des Münsters brannte ab, die Wasserspeier spuckten geschmolzenes Blei, und der Turm hielt sich nur dank des Blitzableiters aufrecht. An einem Tag fiel das Bombardement mit einem schweren Sturm zusammen, was alle Hunde in der belagerten Stadt laut aufheulen ließ – es muss eine einzigartig gespenstische Kombination gewesen sein.

Die Belagerung forderte 861 militärische und 300 zivile Todesopfer, zehntausend Einwohner der Stadt wurden obdachlos. Abgesehen von diesem Leid war das folgenreichste Unglück die Zerstörung der Neuen Kirche. Sie war die zweitwichtigste Bibliothek Frankreichs und diente als zentraler Aufbewahrungsort für Schriften des französischen Protestantismus. Etwa vierhunderttausend Bücher und Tausende alter Handschriften gingen beim Brand der Kirche verloren, darunter eine große Zahl von Gutenbergdrucken (Johannes Gutenberg hatte in Straßburg gelebt und gearbeitet). Aber der größte Verlust betraf Herrad von Landsbergs *Hortus Deliciarum (Garten der Wonnen)*, ein Meisterwerk mit rund 330 herrlichen Illustrationen, verfasst von einer Nonne, die eine Generation nach Hildegard von Bingen gelebt hatte. Vergeblich hatten Berliner Gelehrte an die militärische Führung geschrieben und eigens darum gebeten, auf den *Garten der Wonnen* zu achten.

Ein bemerkenswerter Moment im Verlauf der Belagerung war das Eingreifen der Schweizer. Im Jahr 1576 hatten mehrere Städte des Heiligen Römischen Reichs darüber beraten, wie sie sich bei der Verteidigung ihres protestantischen Glaubens gegenseitig unterstützen könnten. Die Bewohner von Zürich hatten damals bewiesen, dass sie zu Hilfeleistungen in der Lage waren, indem sie innerhalb von vierundzwanzig Stunden einen Topf Hirsebrei über den Rhein nach Straßburg brachten, der bei seiner Ankunft noch warm war. Dieser kuriose, aber noch heute gefeierte Präzedenzfall (ein Teil des Topfes hat den Brand der Neuen Kirche überlebt) bewog eine Gruppe Schweizer Bürger dazu, mit dem Angebot an die preußische Militärführung heranzutreten, Straßburger Zivilisten aus der Stadt zu evakuieren. Obwohl Franzosen, Preußen und Badener zu Beginn unsicher gewesen waren, ob den Schweizern zu trauen sei, konnte man kurz darauf die Schweizer Neutralität in Aktion erleben: Fast zweitausend Einwohner verließen die Stadt, bevor der aller Voraussicht nach verheerende Sturm auf die Festung begann. Vorab hatten alle Flüchtlinge jedoch nachweisen müssen, dass sie genug Geld besaßen, um für ihren Unterhalt selbst aufzukommen – was der Rettungsmission ihre eigentümlich schweizerische Note verlieh.

Immer deutlicher zeichnete sich ab, was Straßburg erwartete, wenn die Stadt die Belagerung nicht überstand. Die weiter südlich gelegene Garnisonsstadt Belfort konnte sich bis zur endgültigen französischen Kapitulation halten, weshalb sie letztlich französisch blieb, aber Straßburg würde – genau wie Metz – auf der preußischen Liste für potenzielle Annexionen landen, wenn die Besatzung aufgab. Trotz aller Bemühungen, innerhalb der Mauern eine revolutionäre Stimmung zu erzeugen, wurde die Lage schließlich hoffnungslos, und Straßburg kapitulierte. Der Einzige, der überhaupt einen Nutzen aus diesen schrecklichen Ereignissen ziehen konnte, war der elsässische Bildhauer Frédéric Bartholdi. Er war an der Verteidigung von Colmar beteiligt gewesen und schuf im Nachhinein, traumatisiert vom Schicksal seiner Heimat, zwei herrliche Monumente zum Gedenken an den Krieg. Das eine begrüßt den Besucher unmittelbar vor dem Basler Hauptbahnhof und erinnert an die Hilfe der Schweizer für die Stadt Straßburg – unter anderem mit einem heiteren Relief, auf dem der dampfende Hirsebrei zu sehen ist. Das zweite ist der monumentale, seltsam verstörende 21,5 Meter lange Löwe von Belfort, der drohend vor den Mauern der Festung ruht, was das Einkaufen in den darunterliegenden Straßen zweifellos zu einer gleichermaßen heroischen wie von falschem Pathos geprägten Erfahrung macht. Zum berühmtesten Bildhauer der Welt wurde Bartholdi später durch die New Yorker Freiheitsstatue, die doppelt so hoch ist wie der Löwe lang. Die Idee dazu kam ihm, als unmittelbar nach dem Krieg das neue deutsche Kaiserreich ausgerufen wurde – auf maximal beleidigende Weise ausgerechnet im Schloss Ludwigs XIV. in Versailles – und das Elsass sowie ein Teil Lothringens mitsamt dem französischsprachigen Metz unter dem Namen Reichsland Elsass-Lothringen darin aufgingen. Bartholdis Geburtsstadt wurde dadurch zu Kolmar, Sélestat zu Schlettstadt und Strasbourg zu Straßburg. Etwa fünfzigtausend Menschen verließen ihre Heimat für immer. Und so ist, obwohl sich die Freiheitsstatue unbestreitbar zum bekanntesten Symbol New Yorks entwickelt hat, die Fackel in ihrer Hand mindestens so elsässisch wie amerikanisch.

Das Exil der französischen Herrscher

Wenn man vom Parkplatz vor dem Bahnhof der südenglischen Stadt Farnborough nach links abbiegt, einen ganz besonders abschreckenden, deprimierenden Riesenkreisverkehr überquert und sich zu einer bestimmten Uhrzeit am Samstagnachmittag vor einem verschlossenen Gittertor am Fuß eines baumbestandenen Hügels einfindet, dann wird sich das Tor mit einem Klicken öffnen, und man gelangt, dem ansteigenden Weg folgend, zu einem der seltsamsten Orte Europas: der letzten Ruhestätte von Kaiser Napoleon III., seiner Gemahlin und seinem Sohn.

Für die Herrscher des Vereinigten Königreichs oder meinetwegen auch von Preußen gestaltete sich das 19. Jahrhundert über weite Strecken nahezu ununterbrochen angenehm – viel Geld, ein hohes Ansehen, Stabilität (abgesehen von einem kleinen preußischen Wackler 1848), fantastische Garderobe, Münzen mit dem eigenen Konterfei darauf, Feste und zahlreiche Gelegenheiten zu Besuchen bei Verwandten. In Frankreich dagegen sah die Sache anders aus. Ganz Europa ist übersät mit Erinnerungen an jene chronische Instabilität, die erst 1870 mit der verheerenden Niederlage Napoleons III. gegen die Preußen in Sedan ein Ende fand. Ich kann diesen traurigen Mahnmalen des Scheiterns französischer Monarchen nur schwer widerstehen. Ich weiß, ich sollte nicht in Farnborough sein, und trotzdem stehe ich hier in der kalten, muffigen Luft einer weiteren *nécropole dynastique*.

Es gibt vier solcher Grablegen. Die älteste und bedeutendste von ihnen ist natürlich die Kathedrale von Saint-Denis im Norden von Paris, wo – angefangen mit Dagobert I. – rund hundertfünfzig Angehörige der französischen Königshäuser beigesetzt wurden. 1793 wurden die Gräber in zwei rauschhaften Orgien der Gewalt aufgestemmt, ihr Inhalt in einen Graben geworfen und mit Ätzkalk bedeckt. Nachdem Napoleon in die Verbannung gegangen war, fiel Ludwig XVIII., der zuvor viele unglückliche Jahre in Essex und Buckinghamshire verbracht hatte, die schwierige Aufgabe zu, seine wieder eingesetzte Dynastie aufs Neue zu legitimieren. Dazu griff er zum schlimmsten überhaupt nur denkbaren Mittel, denn er ließ die verbliebenen Krümel seiner Vorgänger zusammenkratzen und in die Krypta zurückbringen. Da die Leichen nicht mehr zu identifizieren waren, wurden alle Überreste in eine Kammer geschaufelt und davor mehrere große Marmortafeln angebracht, in die Ludwig ein feierliches Inhaltsverzeichnis, bestehend aus Namen und Alter, eingravieren ließ. Was sich hinter dieser Wand befindet, dürfte vermutlich an den Inhalt eines grausigen Staubsaugers erinnern, in dem sich Reste von Ludwig XIV. unauflöslich mit dem ausgetrockneten Haar von Philipp August verknäuelt haben. Diese Wand ist wirklich einer der schlimmsten Orte in ganz Frankreich, und es kostet nicht viel Mühe, sich vorzustellen, wie sie bricht und sich der gesamte Inhalt über die entsetzten Besucher ergießt.

Normalerweise dienen Begräbnisstätten dazu, den unmittelbaren Hinterbliebenen eines Verstorbenen Trost zu spenden. Wenn sie – oder spätestens ihre Enkel – sterben, erlischt die Trauer/Erleichterung/Freude, die mit diesem speziellen Todesfall verbunden war, und was bleibt, ist in emotionaler Hinsicht nur noch eine steinerne Hülle. Für Dynastien steht jedoch deutlich mehr auf dem Spiel. Jahrhundertelang war Saint-Denis der Ort, der die französische Monarchie legitimierte. Jeder neue König war sich überdeutlich der Tatsache bewusst, dass er nur das letzte Glied einer Kette war, die bis zu Chlodwig, Pippin und ihresgleichen zurückreichte. Zugleich implizierte jede dort durchgeführte Beisetzung eine unendliche künftige Fortsetzung, die über die reine Gegenwart hinausging – wie jene Szene in *Macbeth*, in der die Hexen Banquo seine zahllosen königlichen Nachkommen zeigen.

Ludwig XVIII. vollendete sein Werk in Saint-Denis, indem er sich dort selbst unter einer schicken schwarzen Grabplatte bestatten ließ. Sein jüngerer, wenngleich älter wirkender Bruder Karl X., der ihm auf den Thron folgte, schaffte es, sich durch seinen verrückten Hang zu kitschigem Brokat-Katholizismus und sein Beharren darauf, so zu tun, als sei seit 1788 nicht das Geringste vorgefallen, bei allen verhasst zu machen. Er wurde 1830 gestürzt, zog sich in das von den Habsburgern beherrschte Görz zurück und wurde nach seinem Tod im Franziskanerkloster Kostanjevica beigesetzt, das heute auf slowenischem Boden liegt. Gleich einem zweiten Saint-Denis entwickelte sich diese zufällig begründete Grablege zum unausweichlichen Bestimmungsort seiner

Nachkommen. Und so fanden die beiden ungekrönten Thronprätendenten Ludwig XIX. und Heinrich V., deren Ehefrauen und eine heimatlose Schwester nach ihrem Ableben dort ebenfalls ihre letzte Ruhestätte. Sowohl zu Lebzeiten als auch nach ihrem Tod erlitten sie zahlreiche Demütigungen. Denn mit der einstigen Größe verflog auch die Hochachtung ihrer Umgebung, sodass Karls Nachfahren nichts anderes übrig blieb, als ihre Juwelen zu verkaufen und sich Geld zusammenzuschnorren, wo es nur ging. Doch zumindest im Tod erhalten die Bourbonen einen ewig währenden Thronanspruch aufrecht – was allerdings bis auf ein winziges Häuflein Legitimisten, die noch heute Plastikkränze auf die eisigen Gräber legen, niemanden mehr interessiert.

Ludwig XVIII. und Karl X. verbrachten viele Jahre »auf Reisen« und ließen sich im Ausland durchfüttern, um der heimischen Guillotine zu entgehen. England entwickelte sich zur unschätzbaren und gern genutzten Hintertür, sobald die Lage für gekrönte Häupter in Frankreich heikel wurde. Und so füllten sich die Hafenstädte entlang des Ärmelkanals in regelmäßigen Abständen mit nachlässig gekleideten und frisierten Höflingen sowie Karren voller ramponierter Gemälde und Tafelgeschirr. Jeder kannte die Devise: Wenn es ungemütlich wird, ab nach Boulogne! Nach dem Sturz Karls X. ging der Thron an Louis Philippe von Orléans, der einer jüngeren Seitenlinie der Bourbonen entstammte. Achtzehn Jahre hielt sich der »Bürgerkönig« wacker, bis auch er die Zeichen der Zeit erkannte und sich nach der Februarrevolution 1848 eilends auf den Weg nach England machte. Den Rest seines Lebens verbrachte er in Surrey. Er wurde in einer katholischen Kirche in Weybridge begraben, die inzwischen einer koreanischen Religionsgemeinschaft gehört. Vor Louis Philippes Absetzung hatte seine Familie jedoch bereits viel Geld in die großartige königliche Grabkapelle in Dreux im Westen von Paris investiert, ein überwältigendes Bauwerk aus weißem Marmor mit lebensgroßen Statuen der bedeutendsten Familienmitglieder und genau wie die Kathedrale in Saint-Denis dazu bestimmt, der Ausgangspunkt einer langen Reihe französischer Herrscher zu werden.

Louis Philippes kurze Regierungszeit spricht dieser imposanten Grablege Hohn. Im Grunde ist es ein Jammer, dass solche Orte oft ungewollt als Sinnbild menschlicher Eitelkeit enden. Für uns Außenstehende mag das amüsant sein, für die Angehörigen eher weniger – ganz zu schweigen von den Priestern, die dort bis in alle Ewigkeit Gebete sprechen müssen, ohne auch nur einmal darauf hinzuweisen, dass dieser ganze Zinnober dem biblischen »Alles Fleisch ist wie Gras«-Gedanken doch eher zuwiderläuft. Nachdem sich die Republik in den 1870er Jahren endgültig etabliert hatte, erlaubte man schließlich auch Louis Philippes Leichnam, aus Weybridge heimzukehren und in Dreux seine letzte Ruhestätte zu finden.

Nach der Machtübernahme durch Napoleon III. behielt Louis Philippes Familie die Nerven. Das Haus Orléans nutzte die Kapelle in Dreux als würdevollen stummen Vorwurf an den billigen Emporkömmling und betrachtete sie zugleich als Vorzimmer zum Thron, in dem die Dynastie nur zu warten brauchte, bis sie wieder an die Macht gelangte. Doch zu ihrem Leidwesen strafte man sie mit Missachtung, während sich im weiteren Verlauf des 19. Jahrhunderts die toten Familienangehörigen in Dreux sammelten und für jeden von ihnen ein teures, aufwendiges Grabmal finanziert werden musste. Einige dieser Gräber sind fantastisch, das von Louis Philippes Urenkel Henri d'Orléans etwa, einem Forschungsreisenden, der die Quelle des Irrawaddy entdeckte und 1901 in Saigon an Malaria starb. Seine Grabfigur ist wahrscheinlich das einzige Beispiel dafür, dass weißer Marmor zur Darstellung eines Mannes im Tropenanzug genutzt wurde, der in der Hand eine weiße Marmorlandkarte hält und den Kopf im Fieberkrampf zurückwirft. Henris Grab ist eines der letzten in einer weit zurückreichenden Bestattungstradition, und gleichzeitig wurde hier etwas völlig Neues und Fremdartiges erschaffen. Doch auch wenn Henri d'Orléans nach seinem frühen Tod das Glück hatte, an einen begnadeten Bildhauer zu geraten, dass er jemals König werden würde, stand nie zur Debatte. Mit ihm endete die Zeit der prächtigen Grabmonumente – drei Generationen lag die Königswürde inzwischen zurück, und die Familie begann zu sparen. Von nun an gab es nur noch schlichte Tafeln und fast schon bürgerlich anmutende Durchschnittsgräber.

Das bringt uns zurück nach Farnborough und zu Napoleon III., der Nemesis des Hauses Orléans. Er kannte den Süden Englands besser, als ihm lieb sein konnte, da er schon während früherer Phasen des Exils einige Zeit dort verbracht hatte. Nachdem Napoleon mit der verheerenden Niederlage in Sedan und seiner anschließenden Gefangennahme sein ganz persönliches Desaster erlebt hatte, folgten er und seine Gemahlin Eugénie den mittlerweile ausgetretenen Pfaden seiner Vorgänger nach Südengland, wo er seine letzten Jahre schmollend in einem Haus verbrachte, das mittlerweile der Sitz des Chislehurst Golf Club ist.

Napoleon III. starb im Jahr 1873. Wieder wurde jede nur denkbare Anstrengung unternommen, die Dynastie zu künftigem Nutzen zu erhalten, doch »Lou-Lou«, sein einziger Sohn mit Eugénie, fiel im Zulukrieg, und damit endete die Linie. Eugénie, die ihren Mann und ihren Sohn um viele Jahre überlebte, ließ das Mausoleum in Farnborough errichten und stiftete ein kleines Kloster, dessen Bewohner für die Seelen der Familie beten sollten. Noch heute leben dort ein paar Mönche, aber die Abtei ist der Stadt Farnborough, die sich immer weiter um sie ausbreitet, nahezu schutzlos ausgeliefert. Teile der Einrichtung wurden gestohlen, und regelmäßig wird das Blei vom Dach gerissen, was die kaiserliche Grablege zu einem recht tristen Ort macht. Die aufwendigen Verzierungen der Grabmäler, darunter witzige Zulu-Utensilien für den kaiserlichen Prinzen, wurden entweder geraubt oder weggeschlossen. Ein Kuriosum blieb jedoch bestehen: Als Napoleon 1873 starb, erhob die französische Regierung Einwände dagegen, dass er auf englischem Boden bestattet werde. Aus nachvollziehbaren Gründen wollte man aber auch nicht, dass der Leichnam zurück nach Frankreich gebracht wurde, wo sein Grab zu einer weiteren revanchistischen Pilgerstätte hätte werden können. Und so verfiel man schließlich auf die raffinierte – wenn auch völlig absurde – Idee, neutrale Schweizer Erde zu importieren und eine Schicht davon unter Napoleons Sarg zu legen. So hat es zwar den Anschein, als sei der letzte französische Kaiser nach seinem unsteten Leben in Hampshire zur Ruhe gebettet worden, tatsächlich aber liegt er in der Schweiz.

Metz und die nationalistische Front

Nationalismus scheint eine universelle Begleiterscheinung eines bestimmten Alphabetisierungs- und Kommunikationsgrades zu sein. Es lohnt gar nicht, darüber zu klagen. Selbst eine Nation mit scheinbar kaum vorhandenem Selbstwertgefühl wird rabiat, sobald jemand unterstellt, es gebe da ein Problem mit ihrer Aufrichtigkeit, ihren Frauen oder dem Nationalgericht. Jedes Land geht in einem gewissen Maß davon aus, dass es den anderen eigentlich überlegen ist – man kann alles so hinbiegen, dass fremder Erfolg lediglich als nassforsche Dreistigkeit und Materialismus erscheint, eine selbstbewusste Kultur als Engstirnigkeit und Chauvinismus. Nationalisten ergötzen sich an der Vorstellung, dass sie selbst in einem Kreis der Tugend leben, während außerhalb davon die weniger Gesegneten ihr Dasein fristen – auch wenn diese nahezu den gleichen Glauben und die gleichen Nationalgerichte haben. Vielleicht kann man unterscheiden zwischen Nationalismus und Patriotismus.

Patriotismus wäre eine Mischung aus Zuneigung zu und Stolz auf die Welt, in der man aufgewachsen ist und die man in- und auswendig kennt, beides legitime Gefühle, die hin und wieder auch einmal verletzt werden können. Beim Nationalismus hingegen ist dieser zentrale Raum im Grunde hohl und wird allein durch die vermeintlichen Schwächen, Laster und Intrigen jener anderen definiert, über die man in Wahrheit nur wenig oder gar nichts weiß.

Bismarcks hoch umstrittene Entscheidung, nach dem Ende des Deutsch-Französischen Krieges das Elsass und große Teile Lothringens zu annektieren, war von Nationalismus getrieben und wurde zur Urkatastrophe des 20. Jahrhunderts. In strategischer Hinsicht war die Annexion dieser Gebiete durchaus sinnvoll – zu Recht wies Bismarck darauf hin, dass die Franzosen in der Vergangenheit oft genug durch das Elsass aufmarschiert waren, und 1914 gelang es den Deutschen mühelos, die Region zu verteidigen. Als das Habsburgerreich, das Preußens wachsende Vormachtstellung in der deutschsprachigen Welt bedrohte, fünf Jahre zuvor innerhalb kürzester Zeit besiegt worden war, hatte es dagegen keine Annexionen gegeben. Österreich war danach sanft wie ein Lamm, bis es im Ersten Weltkrieg an der Seite der Deutschen unterging. Es gab viele Stimmen, die sich auch gegen die Annexion von Elsass-Lothringen aussprachen, doch die von Zeitungen, Politikern und Universitäten ausgehende nationalistische Woge war zu stark – und so traf Deutschland die fatale Entscheidung.

Im Elsass wurden hauptsächlich deutsche Dialekte gesprochen, und die Aufnahme der Region in das deutsche Kaiserreich war als dauerhafte Angliederung gedacht. Einzig die zum Oberelsass gehörende Festungsstadt Belfort, die den Deutschen einhundertdrei Tage erfolgreich Widerstand geleistet hatte, beließ man aus einem an die Nibelungen erinnernden Gerechtigkeitsgefühl bei Frankreich. Daher sind die Deutschen nicht nur für die Entstehung eines merkwürdigen, bis heute existierenden kleinen Départements verantwortlich, sondern – zumindest indirekt – auch für die klangvolle Pariser Métro-Station Denfert-Rochereau, die nach dem tapferen Kommandanten der Festung benannt wurde. Lothringen hingegen wurde aufgeteilt, wobei ein Großteil des industriell geprägten Nordostens sowie die Stadt Metz an Deutschland fielen.

Es ist zwar unwahrscheinlich, aber vielleicht hätte Frankreich den Verlust des Elsass *gerade noch* akzeptiert – nicht aber den von Metz. Die Stadt gehörte unbestritten zum französischen Sprachraum, und dass die Deutschen sie sich ebenfalls einverleibten, wurde als Ausdruck unverhohlener Gier aufgefasst. Dabei war dies beileibe kein neues Phänomen: Auch französische Eroberer, die in der Vergangenheit gen Osten und Norden gestürmt waren, hatten stets erklärt, diese oder jene Stadt sei für Frankreichs künftige Sicherheit absolut unerlässlich, und wahrscheinlich hätten sie das Gleiche auch noch kurz vor Moskau behauptet (ach, Moment, das haben sie ja tatsächlich!). Jeder konnte darauf verweisen, wie unglaublich wichtig Metz in strategischer Hinsicht sei, um dann zur nächsten Stadt weiterzuziehen und wieder genau dasselbe zu verkünden. Trotzdem blieb Metz für die Deutschen stets ein etwas heikler Punkt, sprengte die Stadt doch das gesamte Konzept des Sprachennationalismus. Was Bismarck nicht bedacht hatte, als er den Forderungen des stiernackigen, rotgesichtigen Deutschtums nachgab, war, dass der Verlust von Metz auf französischer Seite ebenso starke nationalistische Gefühle schürte – einen Zorn, der sich auch mit den Jahren nicht legte und der immer wieder aus dem eher diffusen, ohnmächtigen Hass auf die teutonische Habsucht hervorbrach. Um nicht übermäßig grausam zu erscheinen, gewährten die Deutschen allen, die nicht im neuen Reichsland Elsass-Lothringen leben wollten, eine zweijährige Übergangsfrist, in der Tausende Elsässer und Lothringer ihre Heimat verließen. Interessanterweise lagen die Wurzeln vieler prägender französischer Persönlichkeiten des 20. Jahrhunderts an dieser neuen Grenze: Der aus Bar-le-Duc stammende Raymond Poincaré führte Frankreich durch den Ersten Weltkrieg, Hubert Lyautey aus Nancy ermöglichte es den Franzosen, sich von der heimischen Misere abzulenken, indem er den französischen Einfluss in Nordafrika ausdehnte, André Maginot, der in einem lothringischen Dorf lebte, welches im Ersten Weltkrieg zerstört wurde, war die treibende Kraft hinter der nach ihm benannten Verteidigungslinie entlang der französischen Westgrenze, und der aus Mulhouse (damals Mülhausen) stammende Alfred Dreyfus emigrierte aus dem Elsass, ging zur französischen Armee und geriet ohne eigenes Verschulden ins Zentrum einer Affäre, die in den 1890er Jahren für tiefe Verwerfungen im französischen Staat sorgte.

Alle diese Männer wuchsen mit einer Flut kitschiger Propagandadrucke, -gemälde und -skulpturen auf, welche die von den Deutschen im Elsass und in Lothringen verübten Gräuel thematisierten – zwei Regionen, die ausnahmslos als geschändete Frauen dargestellt wurden. Ein berühmtes Bild zeigt Marianne, die Verkörperung Frankreichs, mit abgetrennter Gliedmaße. Ein Denkmal, das immer noch auf einem (heute nach Maginot benannten) Platz in Nancy steht, präsentiert die beiden Provinzen als zwei hilflose kleine Mädchen, die einander zu trösten versuchen. Viele Karikaturen zeigten, wie entweder Marianne oder diese beiden Mädchen fortgeschleift und vergewaltigt wurden. Wann immer sich ein Politiker für eine versöhnliche Haltung gegenüber Deutschland aussprach, beschwor er damit unweigerlich nationalistische Verwünschungen und eine neue Welle von Karikaturen mit halbpornografischen Darstellungen verlorener Ehre herauf. Phasenweise verlor das Thema an Schärfe, doch die Überzeugung, dass es sich bei diesen beiden Regionen um geraubte, gedemütigte Töchter Frankreichs handelte, blieb. Die Deutschen wiesen unterdessen darauf hin, dass auch die französischen Monarchen diese Gebiete erst vom 16. Jahrhundert an nach und nach zusammengestohlen hatten und eine Stadt wie Mülhausen nicht einmal ein Jahrhundert zuvor noch schweizerisch gewesen war. Doch sie konnten reden, bis sie schwarz wurden, in Frankreich hörte ihnen niemand zu.

Möglicherweise hätten die Deutschen versuchen können, Frankreich zu besänftigen, indem sie zumindest Metz zurückgaben, doch das wäre sofort als ein peinliches Zeichen der Schwäche gedeutet worden und stand ohnehin nicht zur Debatte. Sie setzten darauf, dass Metz mit Geduld und sozialer Steuerung langfristig vollständig assimiliert werden konnte. Viele Franzosen verließen die Stadt, und Deutsche nahmen ihren Platz ein. Nachfolgende Generationen würden deutsche Schulen besuchen, Strasbourg nur unter dem Namen Straßburg kennen und stolz darauf sein, im Westen des mächtigsten Staates von ganz Europa zu leben. Wenn Schulwesen, Regierungsämter und die Armee in deutschen Händen lagen, konnte man mit einer gewissen Berechtigung davon ausgehen, dass in Metz nach ungefähr einem Jahrhundert kaum noch etwas von einer französischen Identität spürbar sein würde.

Heute besitzt Metz ein fast schon grotesk interessantes Stadtbild, aus dessen verschiedenen Elementen man die Schlacht um seine Seele und die vielfältigen Motive aller Beteiligten ablesen kann. Unübersehbar ist die klare architektonischen Trennung zwischen dem durch und durch französischen Kathedralhügel (Fensterläden, rätselhafte kleine schmiedeeiserne Verzierungen, geradezu absurd verwinkelte Straßen, katholisch, handwerklich geprägt, eigenartige Gerüche) und der neuen deutschen Stadt am Fuß des Hügels (bombastisch, quadratisch, humorlos, gut ausgebaute Kanalisation, völlig durchgeknallte Architektur), bei der es sich ebenso gut um ein Wiesbaden auf Steroiden handeln könnte. Natürlich sind diese Stereotype allesamt falsch, aber genau so sahen es die beiden Seiten. Kaiser Wilhelm nahm großen Einfluss auf den Wiederaufbau von Metz und betrachtete die ganze Stadt dabei als eine Art Spielzeugkiste. Wie unsympathisch er als Mensch auch gewesen sein mag, er wusste jedenfalls, wie wichtig Symbole sind, wenn es darum geht, die Haltung von Menschen zu prägen. Als die Stadtmauern niedergerissen wurden, verhinderte er persönlich den Abriss des herrlichen Deutschen Tors – eine wilde Mischung aus Rundtürmen, Plattformen und Pechnasen –, das über einem malerischen Nebenfluss der Mosel erbaut worden war. Seinen Namen verdankte das Tor dem Deutschen Orden, dessen ehemaliges Hospital in der Nähe gestanden hatte. Von jeher war es die Stelle, an der Reisende die Stadt in Richtung Rheinland verließen. Es gab also genügend Gründe für Wilhelms Begeisterung – was nichts daran ändert, dass er über einen untrüglichen Instinkt verfügte. Auch seine drastische Vision für die Kathedrale zahlte sich aus. Als die gotische Architektur im 18. Jahrhundert vollends aus der Mode geraten war, hatten die Franzosen das in ihren Augen irreparabel barbarische Chaos der Kathedrale hinter klassizistischen Arkaden und einem Säulenportal versteckt. Es war eine durchaus vernünftige Entscheidung, dass Wilhelm die komplette Verkleidung abreißen und durch die übliche, eher bleierne kaiserlich-deutsche Neogotik ersetzen ließ, wobei er auf die großen Werkstätten sehr, sehr entfernt an William Morris erinnernder Künstler zurückgriff, die in der Lage waren, jede gewünschte Menge von Ranken und Heilige sämtlicher Gewichtsklassen zu meißeln. Die Franzosen wiederum bewiesen Größe, als sie nach der Rückeroberung von Metz 1918 (und genauso Ende 1944) die aufwendige lateinische Portalinschrift bewahrten, die Wilhelms Rolle beim Umbau würdigte. Viele Zeichen der deutschen Herrschaft wurden zerstört – der Brand in der deutschen Garnisonskirche etwa brach sicher nicht durch Zufall aus –, doch diese Inschrift zu erhalten zeugt von klugem Respekt vor der Geschichte. Im Innern der Kathedrale erinnert eine kleine Gedenktafel an den Tod zweier Offiziere in den deutschen Kolonien Kamerun und Deutsch-Südwestafrika (Namibia) – auch sie hätte problemlos weggemeißelt werden können, doch die Tatsache, dass sie bis heute dort hängt, verleiht dem Ort eine zusätzliche Dimension, die mit der Zeit nur noch eindrucksvoller wird.

Das berühmteste Bauwerk in Metz ist der außergewöhnliche Bahnhof der Stadt. Auch er wurde unter Wilhelms strenger Ägide errichtet, weshalb der als westliche Endstation des Germanentums konzipierte Bau eine ganze Reihe kaiserlicher Neurosen in sich vereint. Diese um Schienen ergänzte Nibelungenhalle ist monströs und faszinierend zugleich. Sie ist Teil eines Ensembles, zu dem ferner ein Postamt gehört, das aussieht, als brauchte man Kettenhemd und Hörnerhelm, um dort auch nur eine Briefmarke zu erstehen, sowie einer der sehr wenigen im mittelalterlichen Stil erbauten Wassertürme weltweit. Mit seinem großen Fensterbild Karls des Großen, den mythologischen Reliefs, den falschen Runen und dem gedrungenen, romanisch anmutenden Glockenturm erscheint dieser Bahnhof fast schon liebenswert, obwohl er ursprünglich nur als Bühne für Wilhelms Besuche diente, zu denen der Kaiser in immer merkwürdigeren Uniformen anreiste. Viele der Skulpturen sind wie geschaffen dafür, gelangweilte Kinder abzulenken, während sie auf die Abfahrt des Zuges warten. Natürlich bestand der eigentliche Zweck des Bahnhofs darin, während eines künftigen Krieges so viele Soldaten wie möglich so schnell wie möglich in Züge hinein- oder aus ihnen herauszuschaffen, aber zumindest geschah dies in einem ungemein stilvollen Rahmen.

An der Außenseite der Schalterhalle befindet sich eine berühmte Skulptur. Sie zeigt Roland, der drohend in Richtung Frankreich blickt, mit Schwert und kaiserlichem Schild. Sein Gesicht trägt die Züge des Grafen von Haeseler, von 1890 an Kommandierender General des in Metz stationierten XVI. Armeekorps, der Jahre zuvor als preußischer Offizier in den Kriegen gegen Dänemark, Österreich und Frankreich gekämpft hatte. Ende 1918 kletterte ein französischer Besatzungssoldat an der Fassade hoch und brachte über dem Schild ein Plakat an, auf dem stand: *Eh! bien celui ci que fait il encore là?* (»Und was macht der noch hier?«). 1919 entfernte man die kaiserlichen Symbole von Rolands Schild und ersetzte sie durch das Lothringerkreuz, das 1940 wiederum dem Wappen der Stadt Metz weichen musste. 1945 wurde Rolands deutscher Kopf schließlich abgeschlagen und gegen ein französisches Haupt mit Asterixschnurrbart ausgetauscht.

Ein Meer aus grünem Tuch

Wie große Teile der westlichen Welt wurde auch unser örtliches Shoppingcenter vor einigen Jahren von der bizarren Mode erfasst, die nackten Füße in ein Wasserbecken zu stecken und sich von kleinen Fischen aus dem Nahen Osten die abgestorbenen Hautschuppen wegknabbern zu lassen. Es wäre nun ein Leichtes, darüber zu schwadronieren, wie sich darin alles bündelt, was das 21. Jahrhundert so abgrundtief hoffnungslos erscheinen lässt. Aber was mich vor allem traurig stimmte, war zum einen das Schicksal dieser Fische (die gewiss *nie* davon geträumt hatten, in einem Becken im Londoner Südwesten festzusitzen) und zum anderen die Bezeichnung dieses Vorgangs als »Fisch-

Spa-Pediküre«. Genau wie die winzigen Fische ist auch das arme Wörtchen »Spa« seiner unerbittlichen Reise um die Welt und den immer demütigenderen Kontexten, in denen es verwendet wird, hilflos ausgeliefert. Ursprünglich war es der Name einer Stadt, und der Begriff entstammt – neben einer ganzen Reihe weiterer, ähnlich seltsamer Ortsbezeichnungen wie Theux, Trooz, Ovifat, Ster, St. Vith und dergleichen – dem linguistischen Geröll der romanisch-germanischen Sprachgrenze in den Ardennen. Mittlerweile haben wir uns so sehr an das Wort »Spa« gewöhnt, dass uns sein merkwürdiger Klang gar nicht mehr auffällt. Aber die Methoden, die in dieser Stadt entwickelt wurden, um die Behandlung von Krankheiten in ein vergnügliches, gesellschaftliches Ereignis zu verwandeln, haben die Welt verändert.

Die schiere Pracht dieser ersten Heilbäder ist auch heute noch überwältigend. Ich bin in einem kleinen Kurort im Südosten Englands aufgewachsen, und obwohl das Heilwasser dort inzwischen keine Gäste mehr anlockt, strahlt er immer noch eine auffallende Eleganz aus. Trotzdem ist er das reinste Dorf, verglichen mit Riesen wie Spa, Wiesbaden oder Baden-Baden. Im Kampf um die reichsten und spendierfreudigsten Gäste errichtete man dem Heilwasser im Zentrum dieser Städte gewaltige Paläste. Die soziale Funktion der Heilbäder war enorm – ihr Hauptanliegen bestand darin, von dem Geld der aristokratischen und der neuen bürgerlichen Eliten so viel wie möglich in fremde Taschen wandern zu lassen. Massagen, Kartenspiel und eklig schmeckendes Wasser bescherten allerlei Aufsteigern schwindelerregenden Reichtum. Da die Scheinbehandlungen nur wenige Stunden in Anspruch nahmen, musste die restliche Zeit mit Trinken, Glücksspiel und Seitensprüngen verbracht werden. Geldgierige, elegant gekleidete Schmarotzer mit schmalem Oberlippenbart und geöltem Haar reisten in kleinen Gruppen von Kurort zu Kurort und verdienten ihren Lebensunterhalt auf höchst amüsante Weise mit jeder nur denkbaren Form von Erpressung. Ein Dienstmädchen, das zufällig in ein Hotelzimmer stolperte, wo ihm der blanke, gepeitschte Hintern des Finanzministers entgegenleuchtete, hatte für den Rest seines Lebens ausgesorgt. Ordengeschmückte Staatsmänner und ihre Gemahlinnen genossen den Kontrast zwischen ihren vornehmen Auftritten in den Gesellschaftsräumen der Hotels und dem Ausleben privater Perversionen. Aktivitäten, die zuvor nur einem sehr begrenzten Personenkreis in diskreten Palästen vorbehalten gewesen waren, wurden nun zu einem bedeutenden Wirtschaftsfaktor. Und wenn man heute durch die zauberhaften Außenbezirke von Wiesbaden schlendert, wo sich die kaiserzeitlichen Villen scheinbar endlos aneinanderreihen, sinnt man verwundert darüber nach, wie viele Erpresser, Quacksalber und scharfsinnige Prostituierte einst in diesen heiteren Gebäuden lebten.

Das ausgelassene Treiben in den großen Heilbädern war allerdings starken Schwankungen unterworfen. Ein Wechsel der politischen Lage konnte genauso zu plötzlichem Aufschwung oder Niedergang führen wie veränderliche Moden – ein großer Opernstar besuchte dieses Jahr Baden-Baden, ein Angehöriger eines Königshauses beschloss, im nächsten einmal die böhmischen Bäder auszuprobieren. Da all diese Kurorte im Wesentlichen aus einer großen Zahl von Schlafzimmern und Verwaltungsräumen bestanden, drohte in Kriegszeiten zudem die Gefahr, dass sie als militärisches Hauptquartier requiriert wurden – wie Spa 1918 von den Deutschen und 1944 von den Amerikanern oder Wiesbaden 1945, ebenfalls von den Amerikanern. Oder sie wurden in riesige Lazarette verwandelt. Im schlimmsten Fall – so erging es dem bedauernswerten Vichy – wurde man zur Hauptstadt einer Kollaborationsregierung. Die alte Rivalität der Heilbäder setzt sich bis heute fort. Mit immer längeren Wasserrutschen, immer abstruseren Behandlungen, immer luxuriöseren Boutiquen suchen sie die leise Stimme zu übertönen, die dem Besucher zuflüstert, dass sie im Grunde doch ziemlich uninteressante Orte sind.

Bei meinen eigenen Recherchen in diesem Bereich war ich stets eher zurückhaltend, geradezu zaghaft. Vor ein paar Jahren etwa dauerte es mehrere Tage, bis ich den nötigen Mut aufbrachte, eines der großen Budapester Bäder zu betreten, dessen osmanische Architektur ich unbedingt sehen wollte. In den meisten *echten* Budapester Bädern spricht man weder Englisch, noch gibt es englische Hinweisschilder. Nachdem ich es endlich gewagt und nervös das Gebäude betreten hatte, blieb mir völlig schleierhaft, was die Metallanhänger sollten, was in die Schließfächer gehörte und welcher Flur zum Männerbecken führte. Ich fürchtete mich davor, einen unsittlichen Antrag zu bekommen, den ich nicht höflich ablehnen könnte. Aus diesem Grund hatte ich eigens einen ungarischen Satz geübt, der tatsächlich wohl so etwas ergeben hätte wie: »Meine Verzeihung aber bin ich anders gedreht.« Als ich es endlich in das Becken geschafft, eine Weile die Kuppel bewundert und das brausende warme Quellwasser genossen hatte, überkam mich mit einem Mal eine tiefe Schwermut bei dem Gedanken, dass meine Mitbadenden nach einem kurzen Blick auf mich zweifellos zu dem Schluss gekommen waren, dass Eros heute wohl anderswo zu tun hatte. Ein andermal wurde ich mit Schlamm und Salzkristallen übergossen und in eine Maschine gesteckt, in der ich mir vorkam wie ein Schweinebraten. Doch genug von diesen Albernheiten!

Den entscheidenden technologischen Durchbruch verdankten die Heilbäder des 19. Jahrhunderts dem irischen Arzt Richard Barter, der das sogenannte römisch-irische Bad erfand. Anders als in türkischen Dampfbädern konnten die Besucher dort in einem Raum mit trockener Hitze schwitzen. Das größte dieser römisch-irischen Bäder ist die Kaiser-Friedrich-Therme in Wiesbaden, benannt nach Friedrich III., dem Vater von Wilhelm II. und Helden des Deutsch-Französischen Krieges, der 1888 nach nur dreimonatiger Herrschaft starb. Friedrichs Geist ist noch immer in der Stadt präsent, seit er sich in Wiesbaden zahlreichen Wasser- und Wärmebehandlungen unterzog. Aus Recherchegründen hätte ich dieses römisch-irische Bad wirklich gern ausprobiert, vor allem da seine im babylonischen Stil gehaltenen Räume einfach herrlich sein sollen. Aber dazu muss man nackt sein, und das hätte ich nur über mich gebracht, wenn ich im Fünfundvierzig-Grad-Winkel nach hinten gebeugt hätte herumlaufen können, sodass mein Bauch ordentlich straffgezogen war und nicht wie eine fürchterliche Schürze vor meinen Genitalien herabhing.

Wovor ich mich in Wiesbaden jedoch nicht drücken konnte, war die berühmte Spielbank. Glücksspiel, ob legal oder illegal, bildete in den Heilbädern von jeher einen fast genauso großen Wirtschaftsfaktor wie Erpressung, aber die Vorstellung, einen Raum mit derart vielen ungeschriebenen Gesetzen zu betreten, in dem jeder außer mir genau zu wissen schien, was er tat, erfüllte mich mit Schrecken. Meine einzige Erfahrung mit Glücksspiel bestand in der einen oder anderen Partie Blackjack auf einem Kreuzfahrtschiff, und ich fürchtete, es könne mir beim Spielen genauso ergehen wie mit den Keksschachteln, die ich auch nicht aufreißen kann, ohne sie komplett leer zu essen. Was, wenn ich mich bei meinem ersten Casinobesuch als Vabanquespieler entpuppte, mit irrem Blick immer höhere Beträge setzte und am nächsten Morgen von meiner Frau in einer Gummizelle abgeholt werden müsste, wo ich, das Hemd steif von verschüttetem Cointreau, etwas Unverständliches über die Pikdame brülle?

Ich machte mich schick, wobei es allerdings nur zu Jackett und Krawatte reichte, während auf meiner Wunschliste für das perfekte Spieler-Alter-Ego in Wirklichkeit eine flaschengrüne Hausjacke, ein Spritzer Eau de Toilette, diskretes Rouge und von der Syphilis gelockerte Zähne standen. Ich ließ meine Kreditkarte im Hotel und steckte genügend Bargeld ein, aber letzten Endes war ich viel zu ängstlich, um selbst zu spielen. Stattdessen saß ich auf einem Barhocker, nippte an meinem Martini, knabberte die immer wieder frisch hingestellten Gratisnüsse und blickte wie gebannt in den überwältigend schönen Raum mit seiner idealen Kombination aus geschliffenem Glas, poliertem Kirschholz, funkelndem Metall und einem Meer aus grünem Tuch. Bald war ich wie hypnotisiert von den Posen und Handgriffen der Croupiers – eine weitere faszinierende Gruppe, die traditionell einen großen Anteil am Geldtransfer von den Reichen zu den weniger begüterten Klassen hat. Der riesige Saal erinnerte mich an einen Tempel, in dem die gottesfürchtige Gemeinde durch ein komplexes Zusammenspiel von übertriebenen Gesten und gedämpften Lauten der Angestellten geleitet wurde. Sogar Roulette, das mit Abstand albernste Spiel, entwickelte einen unglaublichen Sog. Ein fiebrig aussehender Mann hatte auf einem separaten Tisch riesige, mit bunten Textmarkern codierte Tabellen angelegt, aus denen er seine Spielstrategie ableitete. Ich wartete die ganze Zeit auf das diskrete Nicken, mit dem nicht ich, sondern er in die Gummizelle eingewiesen wurde (die wahrscheinlich ebenfalls mit hübsch polierten Kirschholzelementen ausgestattet war), doch plötzlich gewann er einen riesigen Betrag. Die übrigen Spieler quittierten dies mit einem Keuchen oder leisen Lachen, aber der gestrenge Croupier schob ihm völlig ungerührt seinen Berg Jetons zu. Ich selbst hatte zu dem Zeitpunkt schon viel zu viele Nüsse verdrückt und konnte mich nicht einmal mehr genau an die Blackjack-Regeln erinnern, zumindest nicht gut genug, um es mit einem der Grüppchen erfahrener Profis aufzunehmen, die sich über die Tische beugten. Der Abend endete dennoch mit einer Blamage, als ich versuchte, mit der Arroganz eines viele Male verheirateten Schiffsmagnaten aus dem Saal zu schlendern. Leider war mir nicht klar, dass in einer Spielbank die Türen ins Freie abgeschlossen sind, und so kämpfte ich vergeblich mit einem widerspenstigen Türknauf, bis ich von einem kühlen, pedantischen Angestellten erlöst wurde. Ich könnte schwören, dass ich das Barpersonal kichern hörte.

Dostojewski hat Wiesbaden in seinem Roman *Der Spieler* ein Denkmal gesetzt und präsentiert die Stadt als ein phantasmagorisches Haifischbecken voller Pleitiers, Blender und Snobs. Seltsamerweise hat seine Darstellung von »Roulettenburg« als eine Art offene Kloake, als Karneval des Ekels die Wiesbadener Stadtväter mit solchem Stolz erfüllt, dass sie einen eleganten Bankett- und Konferenzraum im Kurhaus nach ihm benannten. Ich möchte an dieser Stelle gar nicht näher darauf eingehen, wie viel Zeit ich mit dem Versuch vergeudet habe, herauszufinden, ob diese Entscheidung nun ein brillanter Witz war oder schlicht blanker Lokalpatriotismus. Niemand scheint es zu wissen. Ein trauriger Nebeneffekt meiner Recherchen war jedoch die

Erkenntnis, dass die herrlichen Räume der Spielbank, die ich so selbstbewusst durchschritten hatte, in Wahrheit ein Schwindel waren. Wäre Dostojewski nur wenig später nach Wiesbaden gekommen, hätte er nicht sein ganzes Geld verloren. Denn das kleine Herzogtum Nassau, dessen Hauptstadt Wiesbaden war, schlug sich im Preußisch-Österreichischen Krieg 1866 auf die falsche Seite und wurde von Preußen mit der Leichtigkeit eines Elefanten zermalmt, der sich im Schlaf kurz bewegt. Bald darauf wurden Spielbanken in ganz Preußen verboten – ein juristischer Schritt, der dazu beitrug, dass das Fürstentum Monaco, das sogar noch winziger war als Nassau, als die Heimat des Casinos von Monte Carlo berühmt wurde. Ich wusste, dass das aktuelle Kurhaus erst 1907 eröffnet worden war, also nach Dostojewskis Besuch. Allerdings ging ich fälschlicherweise davon aus, dass von diesem Zeitpunkt an der Kaiser und seine Gefährten an den Spieltischen johlten oder vor Wut mit den Zähnen knirschten, während die kleine Kugel rollte, dass die Orden hüpften und die Sporen sich in den mit heruntergefallenen Monokeln übersäten dicken Teppichboden bohrten. Doch in Wahrheit beherbergten die edlen Kirschholzräume damals einen »Weinsaal«, und das Casino wurde erst nach 1945 zu Zeiten der amerikanischen Besatzung von einigen geschäftstüchtigen Unternehmern wiedereröffnet.

Das Schöne an dem Roman *Der Spieler* ist, dass darin auch die Erinnerung an die Russen bewahrt wird, die im 19. Jahrhundert eine so wichtige Rolle für die Wirtschaft der Heilbäder spielten. Dass Wiesbaden zu einem ihrer bevorzugten Kurorte wurde, verdankt die Stadt der kurzen Ehe von Herzog Adolph von Nassau mit einer Nichte des grausamen Zaren Nikolaus I. (der Dostojewski nach Sibirien verbannte). Herzogin Elisabeth Michailowna starb kaum ein Jahr nach der Hochzeit mit achtzehn Jahren bei der Geburt ihrer Tochter, die ebenfalls nicht überlebte. Ihr Tod war nicht nur tragisch, sondern warf auch völlig neue Probleme auf, da eine Beisetzung in Wiesbaden aus Sicht der orthodoxen Kirche heikel war. Der traumatisierte Adolph löste sie, indem er auf dem Neroberg, einer herrlichen, waldbestandenen Anhöhe über der Stadt (die noch heute von den Geistern Tausender langsam schreitender versnobter Hypochonder heimgesucht wird) die Russisch-Orthodoxe Kirche der heiligen Elisabeth errichten ließ. Diese Kirche ist ein spektakulärer Schrein für die verstorbene Herzogin und gleichzeitig ein herrliches Beispiel für den offiziellen Baustil der 1840er Jahre, jenen von Panik durchdrungenen Klassizismus, der von den Revolutionen des Jahres 1848 hinweggefegt werden sollte. Eine orthodoxe Kirche, in der sie beten konnten, und das Grab einer berühmten melancholischen Romanow-Heldin lockten Scharen von Russen nach Wiesbaden – Dostojewski war da nur einer von vielen. Als sich nach dem Ersten Weltkrieg vor den Bolschewiken geflüchtete Russen in Wiesbaden niederließen, wurden aus den vorübergehenden Besuchern dauerhafte Gemeindemitglieder, die schließlich auf dem Friedhof neben der Kirche ihre letzte Ruhestätte fanden.

Wiesbaden pflegte eine ganz besondere Beziehung zu Russland. Zar Nikolaus II. und seine Gemahlin Alexandra Fjodorowna – eine deutsche Prinzessin aus dem nahen Großherzogtum Hessen-Darmstadt, die zuvor auf den schlichten Namen Alix gehört hatte – besuchten die Stadt nach ihrer Heirat, um in der Kirche zu beten. Nach der russischen Revolution wurden sie ermordet, doch die Geschichte geht oft seltsame Wege, und so wurden sie einige Generationen später nach dem Zusammenbruch des Kommunismus von der russisch-orthodoxen Kirche heiliggesprochen, weshalb auf dem Neroberg jetzt Ikonen des heiligen Nikolaus und der heiligen Alexandra hängen. Was für ein Aufstieg für die einstigen Kurgäste! 1990 kam Michail Gorbatschow nach Wiesbaden, und auf seinen Wunsch hin schuf ein russischer Bildhauer eine Dostojewski-Büste, die heute im Kurpark steht. Wie der Dostojewski-Saal, wo sich die Geschäftsleute den Kopf darüber zerbrechen, wie sie Jahr für Jahr ihren Umsatz steigern können, zeugt auch diese Büste von der unbekümmerten Dreistigkeit der Heilbäder – einer der größten Autoren des 19. Jahrhunderts macht sich die Mühe, einen Roman zu schreiben, in dem er die Welt vor Wiesbaden warnt, wo es seiner Überzeugung nach von gierigem Ungeziefer nur so wimmelt, und die Stadt verwandelt das ungerührt in einen weiteren Tribut an ihr eigenes Starpotenzial.

Gewehrkugeln, Elfenbein und Kautschuk

Eines der moralischen Laster, denen ich in jüngerer Zeit verfallen bin, ist die Suche nach alten Ausgaben von *Le Petit Journal* auf französischen Flohmärkten. Von den 1890er Jahren an verfügte diese süchtig machende Zeitung über verschwenderisch illustrierte Beilagen, in denen ein besonders sensationslüsterner, fiebriger Chauvinismus zelebriert wurde, vermischt mit herrlich ungeordneten Werbeanzeigen, in denen Frauen beispielsweise dazu gedrängt wurden, den Reiz ihrer Brüste durch die Einnahme eher unspezifisch bezeichneter »Orientalischer Pillen« zu steigern (sichtbare Ergebnisse in zwei Monaten!). Andere Anzeigen priesen die Vorzüge von Revolvern mit verdecktem Hahn, exotischen Pomaden, wunderschönen robusten Akkordeons oder *Royal Windsor,* »dem gefeierten Haarverjüngungsmittel«, das grauem Haar »die natürliche Schönheit der Jugend« zurückgibt. Ich habe tatsächlich gezögert, *Le Petit Journal* hier zu erwähnen, weil die Hefte ein solches Suchtpotenzial entwickeln. Ein erstaunlich günstiger Stapel davon auf dem wunderbaren Büchermarkt im Innenhof der Alten Börse in Lille ließ meine ganzen Pläne für den restlichen Tag unwichtig erscheinen – wie hätte eine zweitklassige Kathedrale mit den Verlockungen grotesker Morde, royaler Besuche und kolonialer Verwegenheit konkurrieren können, zumal geschildert in dieser himmlisch verführerischen und zugleich schamhaften Prosa?

Die Distanz, die man als Brite bei der Lektüre der Artikel spürt – anders als bei englischen Publikationen aus derselben Zeit –, hält dem eigenen Land gewissermaßen einen schmutzigen Spiegel vor: Sie wirken sehr viel chauvinistischer, bösartiger und abstruser, aber nur, weil einem sowohl die Sprache als auch die Themen fremd sind. In der Ausgabe des *Petit Journal,* die ich gerade zur Hand habe, wird die Gefangennahme des afrikanischen Stammesführers Samory Touré mit einem fantastischen Titelbild illustriert: Zwei schnaubende Pferde galoppieren Seite an Seite, auf dem einen Samory mit wehendem Umhang, auf dem anderen der schneidige Lieutenant Jacquin, der den Rebellen säbelschwingend bei der Kehle packt. In einem anderen Heft ist ein im Hafen liegendes französisches U-Boot abgebildet. In der jubelnden Menge, die sich auf der Kaimauer eingefunden hat, sieht man neben jungen Männern mit Strohhut, die dieses Wunder der modernen Technik mit großen Augen anstarren, auch ältere Herren mit Melone, bei denen die neumodische Apparatur eher Verwirrung auslöst, trotzdem sind sie stolz, Franzosen zu sein (*»Ferner ist zu erwähnen, dass die Briten trotz ihres gewohnten Phlegmas nicht in der Lage waren, ihre Besorgnis zu verbergen ...«*).

Diese illustrierten Zeitungen sind genauso eine Plage wie das Internet – man kommt einfach nicht dagegen an und wird, ohne es zu wollen, in eine schier endlose Reihe skandalöser und bizarrer Geschichten hineingezogen (mein Blick blieb an der Schlagzeile »Nonnen verbrennen bei lebendigem Leib in ihrem Kloster« hängen). Da man sich die Ausgaben heutzutage einzeln und mehr oder weniger zufällig beschafft (gerade liegen zum Beispiel zwei Exemplare vor mir aus dem Juli 1901 und dem Oktober 1898), taucht man stets nur kurz in die jeweiligen Ereignisse ein und weiß nie, wie die Sache ausging, was die Berichte umso befremdlicher und hysterischer klingen lässt. Man liest etwas über die sich anbahnende Faschoda-Krise oder »ein abscheuliches Verbrechen«, ohne die Auflösung zu erfahren. Anarchistische Krawalle, Eröffnungszeremonien mit wehenden Flaggen und Karawanen von Roma (»Wilde«) vermischen sich in einem bunten Durcheinander mit Werbung für Schnurrbartwachs und Hilfsmittelchen bei Leistenbruch. Ihr Gift durchdringt alles, und trotzdem sind diese Heftchen unglaublich fesselnd. Das berühmteste Titelbild des *Petit Journal* stammt aus der Zeit der Dreyfus-Affäre. »Der Verräter« lautet die Bildunterschrift, und die Abbildung zeigt den elsässischen Oberst umringt von aufgereihten französischen Soldaten, während ein Offizier in tressenbesetzter Uniform mit prächtigem Helmbusch Dreyfus' Säbel über seinem Knie zerbricht. Fairerweise muss man zugeben, dass wir inzwischen mehr wissen, als zum Zeitpunkt der Veröffentlichung bekannt war. Wenn wir heute Dreyfus' nahezu ausdrucksloses Gesicht betrachten, denken wir bei der Schlagzeile an den Albtraum aus Verrat, den dieser Mann schuldlos erdulden musste. Damals jedoch erfüllte die öffentliche Demütigung des Verräters wohl so gut wie jeden Leser mit hämischer Freude, und eine beträchtliche Zahl von ihnen dürfte Dreyfus' Verrat mit seinem jüdischen Glauben in Verbindung gebracht haben.

Koloniale Abenteuer sind ein beliebtes Thema der Sensationspresse. Im Artikel des *Petit Journal* über die Gefangennahme von Samory Touré und die Vernichtung seiner westafrikanischen Armee werden »gewisse Mächte« geschmäht, die ihm moderne Waffen geliefert hätten. Zwei Jahre später wurde in die Generalakte der Brüsseler Antisklaverei-Konferenz, die umfassendere Maßnahmen zur Bekämpfung des Sklavenhandels beschließen sollte, ein Passus geschmuggelt, dem zufolge sich die europäischen Unterzeichner verpflichteten, den Afrikanern keine Waffen mehr zu verkaufen – ein Schlüsselmoment in der Zusammenarbeit der Kolonialmächte zur Erlangung der Kontrolle über den Kontinent, durch den das System vollends zu einem Käfig für die einheimische Bevölkerung wurde. Die makabre Begeisterung für koloniale Gewalt, die zu Beginn des 20. Jahrhunderts ganz Europa erfasste, trug im Wesentlichen fiktionale Züge – eine endlose Folge von Kämpfen, Konflikten und zügellosen Grausamkeiten ohne jedes reale Risiko für den Leser selbst oder sein Land. Mochte ein vorübergehender Rückschlag bei der Eroberung Indochinas der französischen Regierung auch harsche Kritik von heimischen Patrioten eintragen, Calais würde trotzdem niemals von einer vietnamesischen Armee bombardiert werden.

Für zwei große Kolonialhäfen war diese Zeit eine goldene Ära: Rotterdam und Antwerpen. Rotterdam profitierte von der jahrhundertelangen Kontrolle der Niederländer über Ostindien und Teile Westindiens, Regionen, die inzwischen in einem kaum fassbaren Maß ausgebeutet wurden. Antwerpen war dagegen noch nicht so lange im Geschäft. Nachdem die Stadt fast zweihundert Jahre vom Außenhandel abgeriegelt gewesen war, eroberte sie nun endlich ihren früheren Rang auf der europäischen Bühne zurück. Im Laufe des 18. Jahrhunderts hatte sich ihre Bevölkerung versechsfacht. Von den Siebzigerjahren des 19. Jahrhunderts an nutzte König Leopold II. die belgische Neutralität, um sich als wohlwollende treibende Kraft hinter der von ihm gegründeten Internationalen Afrika-Gesellschaft zu gerieren. Unter dem Deckmantel wissenschaftlicher und philanthropischer Motive stieß diese immer weiter in das Kongobecken vor. Leopold hätte alles genommen – mehrmals hatte er vergeblich versucht, die Philippinen, Taiwan und Borneo zu kaufen –, doch erst im Kongo hatte er schließlich Erfolg, nicht zuletzt dank des verabscheuungswürdigen walisisch-amerikanischen Entdeckers Henry Morton Stanley, den die Afrika-Gesellschaft in ihre Dienste nahm. Leopolds gewaltige Lüge lockte Belgier, die unter normalen Umständen in Lütticher Fabriken gearbeitet und sich nie in ihrem Leben etwas hätten zuschulden kommen lassen, nach Afrika, wo sie sich unversehens in tropischen Wäldern wiederfanden und die Einheimischen davon zu überzeugen suchten, für sie zu arbeiten. Berühmt wurde die Methode, mit der die belgische Bürokratie von den kongolesischen Söldnern Rechenschaft für jede einzelne Kugel forderte, die ihnen ausgehändigt wurde: Sie mussten der Person, die durch diese Kugel getötet worden war, eine Hand abtrennen und diese zum Stützpunkt zurückbringen. Nach und nach gelangten Fotos dieser neuartigen Praxis an eine breitere Öffentlichkeit, und das Entsetzen über Leopolds Vorgehen wuchs.

In Antwerpens riesigen neuen Lagerhallen türmten sich Elfenbein und Kautschuk, mit denen eine kleine Gruppe von Investoren aus Belgien und einigen weiteren Ländern ein Vermögen verdiente. Das Kongobecken verlor unterdessen durch Krankheiten, Verschleppung, Zwangsarbeit und blutige Massaker schätzungsweise die Hälfte seiner Bevölkerung. Noch heute macht der Umriss der Demokratischen Republik Kongo auf der Landkarte deutlich, dass ihr Vorläufer als ein gewaltiges Reservoir geschaffen wurde, mit einem kleinen Ablauf in der südwestlichen Ecke bei der alten Hafen- und Hauptstadt Boma, über die alles von Wert nach Antwerpen verschifft werden konnte.

Leopolds Stellung wurde 1885 durch die internationale Kongokonferenz bestätigt, die den Kongo-Freistaat der belgischen Krone faktisch als Privatbesitz zusprach, und er beherrschte seine Kolonie offenbar ohne den geringsten Gedanken an den moralischen Preis. Zu seinem berühmtesten Angestellten wurde Joseph Conrad, der eine Weile Kapitän eines Flussdampfers auf dem Kongofluss war. Die wahnhafte, von tiefer Abscheu erfüllte Darstellung Afrikas in Conrads Erzählungen *Ein Vorposten des Fortschritts* und *Herz der Finsternis* haben die damaligen Zustände für alle Zeiten festgehalten. Genauso düster ist Conrads Sicht auf Brüssel: eine »frisch geweißelte Totengruft« mit surrealen Büros, in denen fast schon leblose Geister an ihren Schreibtischen sitzen, dazu ihr Direktor, »etwa hundertsiebzig Zentimeter groß und hielt seine Pratzen über ebenso viele Millionen«.

Als Schwachpunkt von Leopolds riesigem Privatbesitz erwies sich die belgische Neutralität. Die stärkeren Machtblöcke der übrigen europäischen Kolonialreiche kontrollierten sehr viel strenger, wer ihre Kolonien besuchte und aus welchem Grund. Die französischen Feldzüge gegen Samory Touré, über die das *Petit Journal* so begeistert berichtete, waren genauso unvorstellbare, rücksichtslose Blutbäder wie jene, die im Kongo stattfanden. Und wäre Joseph Conrad nicht in belgische, sondern in britische Dienste getreten, um Cecil Rhodes in den Kriegen gegen das Volk der Matabele zu unterstützen, hätten wir heute womöglich eine ebenso klare Vorstellung von der Fähigkeit der Briten, ganze Regionen in ein Leichenhaus zu verwandeln. So aber war nicht zu verhindern, dass sich eine Reihe ausländischer Experten ein genaueres Bild von den Zuständen in der belgischen Kolonie verschafften. Entscheidend an der Aufklärung der Gräuel beteiligt war der Ire Roger Casement. Kurioserweise lernten sich die beiden Männer, die das Bild des Kongo prägen sollten, dort Jahre zuvor sogar kennen, als Conrad noch ein einfacher Matrose war und Casement als Eisenbahningenieur arbeitete. Casements spätere Berichte verwandelten Leopolds Kongo-Freistaat in den Augen der Öffentlichkeit in ein moralisches Monstrum, ausgebeutet unter der »Maske der Philanthropie«, wie Conrad schrieb. 1908 ging die Kolonie aus Leopolds Privatbesitz auf den belgischen Staat über und wurde als Belgisch-Kongo von da an mit ebenso unduldsamer, harter Hand regiert wie seine Nachbarn.

Im Jahr 1901 gelangten rund 5800 Tonnen Elfenbein nach Antwerpen. Man mag es kaum glauben, aber der größte Teil davon wurde zu Billardkugeln verarbeitet. In dem fantastischen, wenn auch mitunter erschütternden Museum aan de Stroom (MAS) in Antwerpen hängt ein Foto des englischen

Billardmoguls James Burroughes, der nonchalant auf einem Berg aus zwanzigtausend in Netzen zusammengefassten Billardkugeln sitzt. Dabei trägt er sogar einen ähnlichen Bart wie Leopold II., als sei dies das kaum verhohlene Erkennungszeichen eines internationalen Freimaurerbundes der Schurken. Man schätzt, dass für diese Menge an Kugeln ungefähr 2100 Elefanten erschossen werden mussten. Im Gegenzug exportierte Belgien Baumaterial – unter anderem zum Bau von Eisenbahnen –, Lebensmittelkonserven und Waffen in den Kongo. Ein aus dem Jahr 1909 stammendes Foto zeigt einen prunkvollen Karnevalswagen im Zentrum von Antwerpen, auf dem sich Stoßzähne und Kautschuk türmen, und die Menge ringsum wirkt fröhlich und ausgelassen.

Eine seltsame Kontinuität zieht sich durch die Geschichte des Antwerpener Hafens. 1508 traf dort ein zeeländisches Schiff mit der ersten Zuckerlieferung von den Kanarischen Inseln ein, und im späten 19. Jahrhundert wurde die europäische Gier nach Bananen durch Schiffsladungen von den Kanaren nach Antwerpen befriedigt. Später ersetzte man die kanarischen Bananen durch solche von den neuen Plantagen rings um Boma. Es ist so schwierig, den Kolonialismus als eigenständiges Thema zu behandeln, weil er im Grunde untrennbar mit Europas Geschichte verflochten ist – billige Bananen und Billardkugeln mögen trivial erscheinen, doch sie waren Teil eines globalen Systems, welches das Verhalten, die Entwicklung und die Geschichte der Europäer entscheidend mitbestimmte. 1891 drangen Leopolds brutale Söldner flussaufwärts in das Königreich Yeke vor, erschossen kurzerhand dessen langjährigen Herrscher Msiri und annektierten die gesamte Region gerade noch rechtzeitig für den »Freistaat« , um Cecil Rhodes zuvorzukommen. Im Anschluss daran gründete Leopold die *Union Minière du Haut Katanga*, deren gewaltige Ausbeute an Kupfer, Mangan, Zinn, Kobalt und etwas später auch jenem Uran, das beim Manhattan-Projekt eingesetzt wurde, ganz andere Gewinne ermöglichte als die kümmerlichen Beträge, die sich mit den bedauernswerten Elefanten erzielen ließen.

Die *Union Minière* veränderte die belgische Wirtschaft und prägte Tausende von Lebenswegen. Und irgendwie mussten die fortwährenden Gräuel und deren banalere Auswirkungen miteinander verknüpft sein. Leopold und seine Gesellschafter waren – genau wie Rhodes und seine Spießgesellen – aufrichtig davon überzeugt, mit ihrem Tun Licht in die Finsternis zu tragen. Dieser Eindruck wurde noch verstärkt durch die belgischen Missionare, deren Aktivitäten eine enge Verbindung zu unzähligen katholischen Gemeinden in der Heimat schufen, wo sie ein hohes Ansehen genossen – ein spiritueller Stoßtrupp, der im Gefolge jener Söldner und Exzentriker vorrückte, die ihnen militärisch den Weg bereiteten, und der in Hergés durch und durch problematischem Comic *Tim im Kongo* verewigt wurde.

Eines der großen nicht-menschlichen Dramen des Kongo war die Entdeckung des Okapis, eines ungemein eleganten Geschöpfs aus der Familie der Giraffenartigen. Als großer Okapi-Fan war ich geradezu überwältigt, als ich feststellte, dass im Antwerpener Zoo das internationale Okapi-Zuchtbuch geführt wird (vielleicht das einzige positive Erbe der Kolonialzeit), in dem die Abstammungslinien der Okapis in vergleichbarer Weise festgehalten werden wie die von Pferden. Kurz nach dem Ersten Weltkrieg betrat das erste Okapi in Antwerpen europäischen Boden – ein exotischer Import in der langen Tradition des Antwerpener Hafens, über den bereits Jahrhunderte zuvor Dodos, Faultiere und Kasuare nach Europa gebracht worden waren.

Der Erste Weltkrieg beendete diese lange Phase gefahrloser, höchst unterhaltsamer Scharmützel unter heißer Sonne. Kolonialkriege waren billig und schufen eine nahezu endlose Abenteuergeschichte, meist ohne jedes Bewusstsein dafür, dass das Prinzip der Kolonien an sich problematisch sein könnte. Zudem spielten sie sich abseits der großen Bühne ab – Leopold II. etwa kam nie auf die Idee, selbst in den Kongo zu reisen. 1898 wurde in der Oberstadt von Boulogne ein selbstbeweihräucherndes, aber dennoch sehr schönes Denkmal zu Ehren der heldenhaften französischen Kolonialtruppen eingeweiht. Seine Enthüllung wurde bestimmt auch im *Petit Journal* gefeiert, allerdings ist es mir bisher nicht gelungen, die entsprechende Ausgabe aufzutreiben. Auf diesem Denkmal sind gewissenhaft die Namen aller Einwohner von Boulogne aufgelistet, die in den – chronologisch geordneten – französischen Kriegen nach der napoleonischen Ära und in den sogenannten Pazifizierungskriegen gefallen sind. Diese Präzision ist insofern interessant, als es in früheren Zeiten keine Aufzeichnungen dieser Art gab. Daher hat das Denkmal über alle anderen Aspekte hinaus auch eine bürokratische Seite und vermittelt einen anschaulichen Eindruck von dem Maß an Gefahr und Gewalt, dem die europäischen Truppen in den jeweiligen Kriegen ausgesetzt waren. Zwanzig Jahre nach seiner Enthüllung kam es allerdings zu einem drastischen Wandel in der Struktur des Denkmals, denn als der letzte Konflikt hinzugefügt wurde, musste auf die namentliche Nennung der einzelnen Gefallenen verzichtet werden.

Gefallene	Feldzug
4	Madagaskar
3	Senegal
1	»übrige Kolonien«
2	Mexiko
2	China
26	Krim
29	1870/71 (Deutsch-Französischer Krieg)
17	Tonkin (Vietnam)
5	Algerien
4	Tunesien
1642	1914–1918

Rochen und Masken

Ich war gerade in Ostende aus dem Zug gestiegen und spazierte in Richtung Meer, als ich bemerkte, dass ich unbewusst in einen leicht wiegenden Gang verfallen war. Zu meinem Entsetzen verspürte ich den Drang, einen imaginären Hut nach hinten zu schieben und die Daumen in meinem Gürtel zu verhaken. Als ich zum Himmel aufschaute, um zu sehen, ob sich ein Sturm zusammenbraute, und dann instinktiv einen Blick zum Bistro *Van Eyck* hinüberwarf, um dort vielleicht einen Humpen zu leeren, wusste ich, dass ich wieder einmal meiner übertrieben starken Beeinflussbarkeit zum Opfer gefallen war und schon der Anblick von ein paar Fahnen, Möwen und Booten dafür gesorgt hatte, dass ich mich absurderweise für eine Art Seemann auf Sauftour hielt. Ich zog meine imaginäre Schlaghose hoch, schob das imaginäre Stück Kautabak von einer Wange in die andere und versuchte mich wieder in den Griff zu bekommen, indem ich meine imaginären *H.M.S. Pinafore*-Beine auf Kurs brachte.

Es wunderte mich nicht, dass ich, kaum in Ostende angekommen, den Matrosen in mir entdeckte. Aus eher zufälligen Gründen hatte ich in den letzten acht Jahren ausschließlich über Orte geschrieben, die im Landesinnern lagen – abgesehen von Hamburg und ein paar Städten entlang der Ostsee, die man meiner Ansicht nach schwerlich als richtiges Meer bezeichnen kann. In dem herrlichen Comic *Asterix bei den Schweizern* besteht einer der Running Gags darin, dass Asterix' großer und nicht besonders kluger Begleiter Obelix während der gesamten Reise entweder schläft, sich unter der Erde und in Innenräumen aufhält oder betrunken ist. Kommt er doch einmal nach draußen, ist es Nacht und folglich dunkel. Daher hat er die Schweizer Landschaft nie gesehen und kann seinen Freunden nach der Rückkehr in das gallische Dorf auf der letzten Seite berichten, die Schweiz sei flach. Mir geht es mit Europa ganz ähnlich. Schier endlose Reisen durch die Karpaten oder das schwäbische Hinterland hatten mich blind dafür gemacht, wie sehr Europa – mehr als jeder andere Kontinent – durch seine Küsten definiert wird. Tatsächlich unterscheidet gerade diese eigentümliche, zerklüftete Küstengeografie, die sich von Sankt Petersburg bis Istanbul zieht, Europa von seinen gigantischen Nachbarn. Zahllose schiffbare Flüsse, die aus willkürlich aufgetürmten Gebirgen in Richtung Meer strömen, zerschneiden und verbinden Europa gleichermaßen und teilen den Kontinent auf in eine Vielzahl verlockender Untereinheiten, in denen sich Menschen niederlassen können.

Meine neu entflammte Begeisterung für einen Hauch von Salz in der Luft trübte ein wenig meinen kritischen Blick auf Ostende, dessen triste, hoch aufragende Wohnblocks nicht zuletzt das Resultat erbarmungsloser Bombenangriffe im Zweiten Weltkrieg sind. Zur Feier meiner maritimen Neuorientierung betrat ich das Nordseeaquarium. Es erwies sich als Klassiker des Genres und präsentierte einen kränklichen Knurrhahn, einen Seehasen, der offenbar gerade einen Nervenzusammenbruch erlitt, und ein paar muntere Schleimfische. Das Fantastische an diesem Aquarium war, dass man dort die Namen der Fische in unterschiedlichen Sprachen lesen konnte – der Seehase etwa war gleichzeitig auch ein *lompe*, ein *snotolf* und ein *lumpsucker*. Ein riesiger ausgestopfter Mondfisch (mein Lieblingsfisch) brachte mich wieder einmal auf die Frage, wieso diese Tiere bei uns eigentlich nach der Sonne benannt sind *(sunfish)*, bei all unseren Nachbarn jedoch nach dem Mond *(poisson lune, Mondfisch* oder *maanvis)*. So oder so, seine bizarre runde Form mit einem dieser beiden Himmelskörper zu assoziieren erforderte nicht gerade viel Fantasie. In diesem Aquarium gab es unendlich viel Unterhaltsames zu entdecken: Fischereizubehör, Knochen, alte Karten, hilfreiche Tipps zum Verspeisen von Garnelen und ein Becken voller Steinbutte, die mit ihrer seltsamen schwarz-gelb getüpfelten Tarnfärbung aussahen, als seien sie schon bratfertig paniert – beinahe rechnete ich damit, an ihrer Schwanzflosse eine praktischerweise gleich mitgelieferte Zitronenscheibe zu entdecken. Es gab auch einen traurigen Hummer, der so wenig Energie und Bewegungsfreiheit hatte, dass sich auf seinem Panzer bereits mehrere rote Wucherungen gebildet hatten. Eine schöne Überraschung war allerdings der lebhafte Nagelrochen, der mehrmals gegen die Glasscheibe patschte. Bei seinem Anblick wurde mir plötzlich klar, dass zu dieser Art auch der Rochen gehören musste, der auf Hogarths Gemälde *Das Tor von Calais* abgebildet ist.

Wenn man sich einmal an den Salzgeruch in der Luft und an die Möwen gewöhnt hat, ist Ostende – abgesehen von seinem Aquarium – alles in allem doch eher enttäuschend. Nachdem Belgien unabhängig geworden war, brauchte das Land an seiner kurzen Küste auch ein Seebad, und in Ermangelung von Alternativen bekam Ostende den Zuschlag. Angesichts der in dieser Region verbreiteten Begeisterung für die allegorische Gestaltung von Bahnhöfen hatte ich eigentlich erwartet, bei meiner Ankunft von einem riesigen Fresko oder der Statue einer halbnackten Belgica begrüßt zu werden, die von einem bärtigen, dreizackschwingenden Poseidon umarmt wurde. Wahrscheinlich hatte es sie früher auch tatsächlich gegeben, aber auch sie waren wohl dem Bombardement zum Opfer gefallen. Den ausgelaugten Eindruck, den die Stadt vermittelt, hat Ostende mit Calais und Dünkirchen gemein, zwei Orte, die ebenfalls 1940 und 1944 so gründlich zerstört wurden, dass sie ihre alte Schönheit nie wieder zurückerlangten. Sie alle schreien geradezu danach, noch einmal ganz von vorn anfangen zu dürfen, denn es sind nur noch wenige Spuren dessen erhalten, was sie einst zu so historisch dichten, einflussreichen Städten machte.

Das moderne Ostende entsprang größtenteils einer Vision Leopolds II., der die Entwicklung der Stadt mit einem Teil seiner Kongo-Erlöse finanzierte. An der Strandpromenade erinnert immer noch ein großes Reiterstandbild an diesen Inbegriff des Bösen. Hoch oben auf einer Säule ist Leopold zu sehen, leicht zu erkennen an seinem riesigen Bart. Zu seinen Füßen sind zwei Gruppen von Menschen dargestellt, die ihm huldigen: auf der einen Seite jubelnde, bekleidete Belgier, auf der anderen – unfassbar, aber wahr – jubelnde, unbekleidete Kongolesen. Daneben hängt eine Tafel mit den Namen jener Einwohner von Ostende, die der Zivilisierung des Kongos ihr Leben geopfert haben. Im Gedenken an die Methode, mit der sichergestellt werden sollte, dass kongolesische Söldner, die entflohene Arbeiter jagten, nicht heimlich ihre Kugeln horteten, ist vor einer Weile jemand auf die brillante Idee gekommen, einem der Kongolesen die Hand abzusägen. Damit hat er dieses muffige, beleidigende Denkmal zum allerersten Mal in ein echtes Kunstwerk verwandelt, und mit ein wenig Glück wird die fehlende Hand nie mehr ersetzt werden.

Mit Ostende verbindet man im Allgemeinen zwei bekannte Namen: In den frühen 1980er Jahren lebte dort Marvin Gaye und nahm in einem örtlichen Tonstudio »Sexual Healing« auf. Vor allem aber ist die Stadt berühmt als Heimat von James Ensor, einem Maler, der von jeher zu meinen Helden gehört. Solange ich zurückdenken kann, zieren Postkarten mit Reproduktionen seiner Bilder von grinsenden Karnevalsmasken, Totenschädeln, Puppen und aufwendigen Hüten die Wand vor meinem Schreibtisch. Den größten Teil seines Lebens wohnte Ensor über dem Souvenirladen seiner Tante und seines Onkels, die jenen Seebadplunder verkauften, den er in seinen Bildern verarbeitete. In den meisten Fällen erschließt sich mir nicht, wieso man Häuser besuchen sollte, in denen bestimmte Künstler gelebt haben, denn sie scheinen mir nur wenig mit dem Werk ihrer Bewohner zu tun zu haben. Selbst das großartige Rubenshaus in Antwerpen ist eher ein sehenswertes Beispiel für ein prächtiges Wohnhaus des 17. Jahrhunderts (wieso sind wir eigentlich von ledernen Wandtapeten abgekommen?), als dass es uns etwas über Rubens selbst verrät. Doch Ensor ist in dieser Hinsicht eine Ausnahme. Dieser Laden und das Leben in einem Seebad waren elementare Bestandteile seiner Persönlichkeit. Irgendwie hat das Gebäude die Bombardierungen überstanden und wurde in ein Museum umgewandelt. Der Verkaufsraum ist bis heute mit aufgehängten Kugelfischen, scheußlichen falschen »Meerjungfrauen« in Schaukästen und Bergen von Muscheln dekoriert. In Ensors übervollem Wohnzimmer gibt es eine gute Reproduktion seines großformatigen Gemäldes *Einzug Christi in Brüssel im Jahre 1889*, das jahrzehntelang an dieser Wand gehangen hat (inzwischen befindet es sich in Los Angeles). Auf Fotografien von Ensor und seinen Freunden sieht man es, halb verdeckt von Topfpflanzen und einem Klavier, in seinem ganzen Grauen und seiner Grandiosität hinter ihnen lauern.

Ich verehrte Ensor schon so lange, dass sich mein Besuch anfühlte wie eine Pilgerfahrt. Obwohl das Museum erst lange nach seinem Tod eingerichtet wurde – er starb 1946 –, wirkte das skurrile, verknöcherte Flair authentisch. Hier stand ich nun endlich im Haus des Mannes, der in den 1880er Jahren Meisterwerke wie *Skelett, Chinoiserien betrachtend* und *Die Verwunderung der Maske Wouse* geschaffen hatte. 1936 hielten sich zwei außergewöhnliche Schriftsteller, Joseph Roth und Stefan Zweig, vorübergehend in Ostende auf. Sie waren beide vor den Schrecken in Mitteleuropa geflohen und suchten unter entsetzlichen Umständen eine neue Zukunft für sich – Roth erlag 1939 in Paris seiner Alkoholsucht, und Zweig und seine Frau begingen 1942 in

Brasilien Selbstmord. Eines Tages beschloss Zweig, den betagten Ensor zu besuchen. Er wurde in den Laden eingelassen und ging leise die Treppe zum großen Salon hinauf. Dort sah er Ensor mit einer Schiebermütze auf dem Kopf, der, ihm den Rücken zuwendend, für sich allein Klavier spielte, umgeben von all dem makabren Krimskrams, den er im Laufe seines Lebens angesammelt hatte. An der Wand hinter ihm hing der riesige *Einzug Christi in Brüssel*, auf dem sich maskierte, anzüglich grinsende Gestalten drängten – die meisten von ihnen, ohne den winzigen, ausdruckslosen Christus in ihrer Mitte zu beachten. Unbehagen erfasste Zweig, er drehte sich um und ging die Treppe leise wieder hinunter.

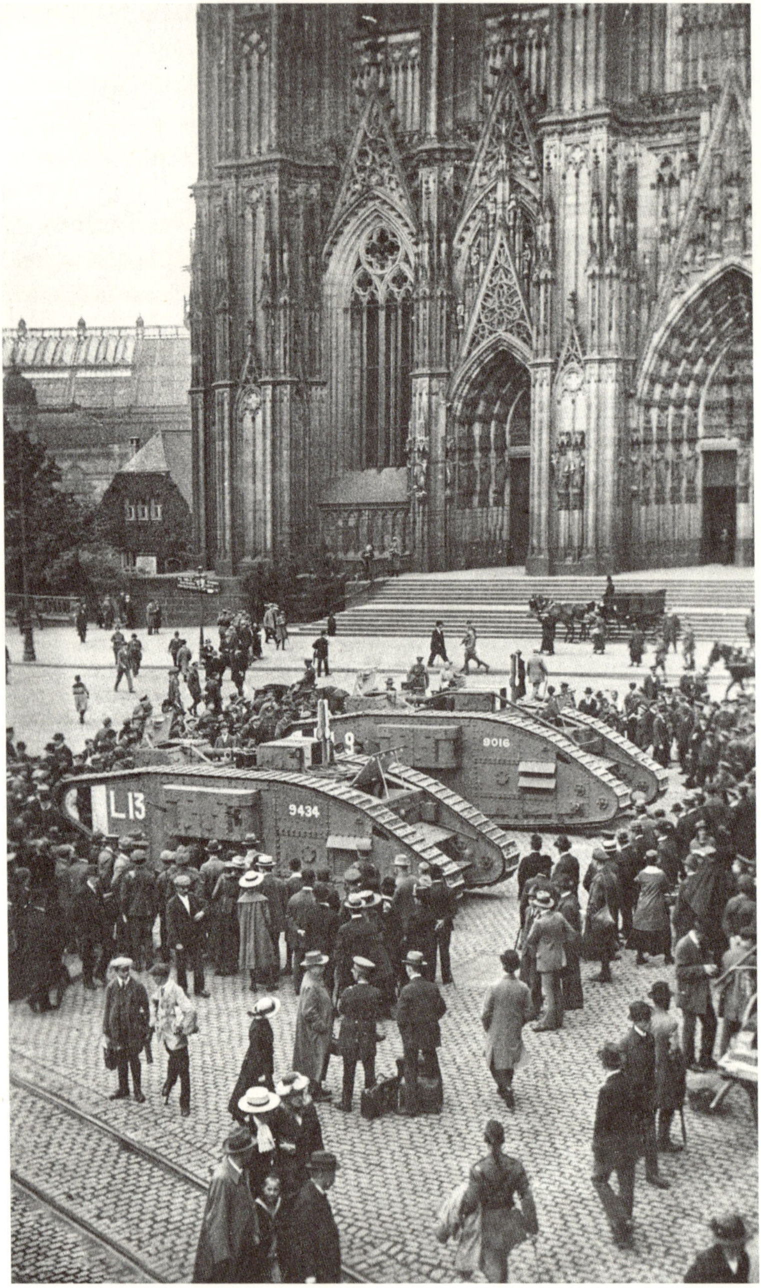
L13
9434
9016

KAPITEL DREIZEHN

»Kasernen, Kasernen, Kasernen«

In den Jahrzehnten vor 1914 verwandelte sich ganz Europa in eine riesige, chaotische Baustelle. Wie im Rausch taumelte die Architektur durch die Geschichte, verschlang alle möglichen unzusammenhängenden Stile und spie sie wieder aus: byzantinisch, aztekisch, griechisch, javanisch, karolingisch – das wilde Durcheinander schlug einem derart auf den Magen, dass die Moderne gar nicht anders konnte, als den Opfern dieser Bauwut zu Hilfe zu eilen, die mit Buntglas und Kupferranken verzierten Haustüren einzutreten und dem ganzen Irrsinn ein Ende zu machen. Damals müssen diese Gebäude stimulierend und verstörend zugleich gewirkt haben. Inzwischen sind wir so weit aus dem Schatten der Moderne herausgetreten, dass wir uns ihnen zuwenden können wie einer riesigen Schachtel Pralinen – mit anderen Worten (um noch ein letztes Mal die Essen/Ästhetik-Metapher aufzugreifen) nicht zur Nahrungsaufnahme, sondern aus reinem Genuss. Die fröhliche Extravaganz von Bauten wie Victor Hortas Hôtel Tassel in Brüssel oder dem spektakulären Wintergarten der Ursulinen in der Nähe von Mechelen erscheint uns heute wie der Inbegriff der Heiterkeit, und es fällt uns schwer, nachzuvollziehen, dass sie von den 1920er Jahren an selbst in intelligenten Kreisen als architektonisches Äquivalent zu gestrudelten Walnusspralinen mit Kotfüllung betrachtet wurden.

Kurioserweise erhielten viele Städte zur selben Zeit ein zunehmend mittelalterliches Gesicht. Gent war eine heruntergekommene, verrußte Industriestadt, bis es sich im Vorfeld der Weltausstellung von 1913 herausputzte und sein historisches Zentrum in eine großartige Fantasie burgundischen Stils verwandelte. Als ich auf der vermeintlich alten, aber in Wirklichkeit erst 1905 erbauten St.-Michael-Brücke stand und auf eine wunderbare Ansammlung ebenso falscher Fialen, Schnörkel und sonstiger Accessoires blickte, fühlte ich mich mit einem Mal fromm und von städtischem Kaufmannsstolz erfüllt. Mir war, als trüge ich Schnabelschuhe, einen Filzhut und bunte Strumpfhosen, als hätte ich einen Dolch und eine lederne Börse voller Gulden am Gürtel – womöglich spürte ich sogar schon die ersten Symptome der Pest. Die echten mittelalterlichen Bauwerke wie die St.-Michael-Kirche mit ihrer herrlich schwarzen, an ein Gerippe erinnernden Front verschmelzen mit dem Gefälschten – etwa dem wunderschönen neomittelalterlichen Gebäude, das an die nordöstliche Ecke der Kirche angebaut wurde. Und das gilt für die gesamte Genter Innenstadt, seit der fanatische Historismus dort seinen Siegeszug antrat. Der Gravensteen, die alte, leidgeprüfte Burg der Grafen und Herzöge von Flandern, wurde jahrelang als Steinbruch geplündert und diente mehreren Ladengebäuden als Rückwand. Pläne, sie ganz abzureißen, wurden verworfen, stattdessen unterzog man sie einer derart grotesk übertriebenen Restaurierung, dass sie jetzt aussieht, als sollten eigentlich lebensgroße Playmobil-Figuren hinter den Zinnen Wache halten. Einer der Vorzüge des Gravensteen ist, dass man dort mit eigenen Augen sehen kann, wie ein reales städtisches Umfeld größtenteils durch historisierende Operndekors inspiriert umgestaltet wurde und im Anschluss seinerseits einen nachhaltigen Einfluss auf die Ausstattung von Historienfilmen ausübte.

Dieses Thema ist nahezu uferlos und erfordert ein gewisses Maß an Disziplin. 1869 wurde beispielsweise der riesige, wunderbare Lettner der St.-Johannes-Kathedrale in 's-Hertogenbosch, ein aus dem frühen 17. Jahrhundert stammendes Meisterwerk aus farbigem Marmor, das in der Hochphase der Neogotik vollkommen aus der Mode geraten war, verkauft – offenbar ohne dass im Vorfeld irgendjemand dagegen Einwände erhoben hätte. Inzwischen ist der Lettner ein spektakuläres Prunkstück in der Sammlung des Londoner Victoria & Albert Museum, aber vielleicht könnte man ihn ja eines Tages (als freundliche Geste gewissermaßen) unentgeltlich an die Kathedrale zurückgeben. Vollkommen unerwartet löste dieser Verkauf in den Niederlanden eine Welle des Entsetzens aus und gab damit den Anstoß zu einer neuen, kraftvollen Bewegung, die sich den Erhalt des kulturellen Erbes zum Ziel setzte. Um ein Haar hätten wechselnde Moden und die Launen des Schicksals zum Abriss des märchenhaften Rittersaals im Den Haager Binnenhof geführt, doch nun besann man sich anders: Das Gebäude wurde restauriert und erlangte – mit zwei hübschen, mittelalterlich anmutenden Türmchen versehen – seine frühere Bedeutung als Zentrum des politischen Lebens der Niederlande zurück. Dies war vor allem dem Einsatz und der Weisheit des großen Pierre Cuypers zu verdanken, eines herausragenden Architekten, der auch den Amsterdamer Hauptbahnhof und das Rijksmuseum entworfen hat. Er begnügte sich nicht damit, den Rittersaal zu sanieren, sondern ergänzte ihn zum Entzücken künftiger Generationen um den zauberhaften Binnenhofbrunnen, eine Fantasie aus Blumen, Monstern und Wappenschilden, gekrönt von einer goldenen Statue des Grafen Wilhelm II. Wie Teile von Gent verdankt auch der Brunnen seine Existenz einer Weltausstellung. Diese lokale und internationale Rivalität verlieh solchen von Dampf, Erdöl, Fortschritten im Bereich der Elektrizität und nicht zuletzt beispiellosen finanziellen Mitteln angetriebenen Großprojekten geradezu universellen Anspruch.

Ein schönes Beispiel für die Mittelalterbegeisterung der Jahrhundertwende findet sich auch in der Stadt Douai in Französisch-Flandern, wo irgendjemand (leider ist es mir nicht gelungen herauszufinden, wer oder warum) im Jahr 1900 auf den Gedanken kam, es sei eine sinnvolle Idee, Auguste François-Marie Gorguet mit der Anfertigung eines gigantischen Wandbilds für den mittelalterlich umgestalteten »gotischen Saal« des Rathauses zu beauftragen. Das Ergebnis ist eine rauschhafte Bildfolge, die den 1355 durchgeführten Reiterzug des französischen Königs Johanns des Guten in den Straßen der Stadt zeigt. Auf den vier durch altertümlich geschnitzte Türen unterbrochenen Segmenten ist alles versammelt, was das historisierende Genre ausmacht: Es wimmelt nur so von Jungfrauen mit Blumen in den Händen, kleinen Pagen, strengen Prälaten, finster dreinblickenden Honoratioren, einer scheinbar endlosen Parade von Pferden mit prächtigen Schabracken (eines ist vom Kopf bis zu den Hufen in goldene Fleur-de-Lys gewandet), Rüstungen und Waffen. Während ein Teil meiner Gedanken um die Frage zu kreisen begann, wie ich es anstellen sollte, in den Stadtrat von Douai gewählt zu werden, damit ich irgendwann in genau diesem Saal über Parkplatzprobleme referieren könnte, stand der Rest von mir einfach nur sprachlos vor Verblüffung da. Wie die extremeren Ausprägungen der Art-Nouveau-Architektur scheint auch Gorguets Gemälde gleichsam als leidenschaftlicher Ansporn (um nicht zu sagen: Brechmittel in Technicolor) entworfen worden zu sein, der Malewitsch gar keine andere Wahl mehr ließ, als sein *Schwarzes Quadrat* zu malen. Trotzdem ist es, für sich genommen, ausgesprochen unterhaltsam. Aber im Rathaus von Douai hat auch die Moderne ihren Platz. Gleich gegenüber dem Gebäude erinnert eine Gedenktafel an den weltweit ersten Helikopterflug, den einminütigen Aufstieg des »Gyroplane Breguet-Richet No. 1« im Jahr 1907. Als Zentrum des frühen französischen Flugzeugbaus war Douai 1912 auch Schauplatz der ersten tödlichen Luftkollision der Welt. Ebenfalls mit dem Tod verbunden sind die hölzernen, gotisch gestalteten Tafeln im Innern des Rathauses, auf denen die Namen Hunderter Einwohner der Stadt verzeichnet sind, die während des Ersten Weltkriegs ihr Leben verloren – die Liste ist schwerlich vollständig, und dennoch ist sie so lang, dass man meint, eine Aufzählung der gesamten Bevölkerung vor sich zu haben.

Weiter östlich entstanden unterdessen martialischere Bauten. Auf einem Hügel gegenüber von Bingen steht eine grauenhafte, riesige Germania-Statue und blickt über den Rhein in Richtung Frankreich. Errichtet wurde dieses Ungetüm zur Feier des Deutsch-Französischen Krieges und der Gründung des deutschen Kaiserreichs. Es besteht aus einer matronenhaften Germania-Figur, die als Zeichen des Sieges den Lorbeerkranz in der Hand hält, und den üblichen klischeehaften Allegorien von Krieg und Frieden. Obwohl das Denkmal gewaltig groß ist, verschwindet es regelrecht in der umliegenden Landschaft, was im Grunde höchst erfreulich ist. Steht man direkt davor, ist das ganze Ensemble einfach nur scheußlich (auch wenn ich zugeben muss, dass die Fahrt hinauf in einer kleinen, über den Weinbergen schwebenden Seilbahnkabine großen Spaß macht). Richtet man aber von Bingen aus den Blick über den Rhein, dann verwandelt sich die Germania durch den Kontrast zwischen ihrer realen Größe und dem winzigen Eindruck, den sie aus der Ferne macht, in ein ansprechendes Symbol der menschlichen Vergänglichkeit und Schwäche. Berühmt wurde das Denkmal unter anderem dadurch, dass es Anarchisten während der Bauphase gelang, eine Bombe unter der neu angelegten Straße zu platzieren, die auf den Hügel hinaufführte. Sie wollten sie bei der Einweihungszeremonie unter Bismarck und Wilhelm I. zünden, aber wie das Schicksal so spielt, explodierte sie nicht, was den französischen Anarchisten Émile Henry zu dem Kommentar bewog, man hätte den Sprengstoff besser dazu nutzen sollen, gleich die schauderhafte Statue selbst in die Luft zu jagen.

Noch verrückter (aber eine Freude für die Nachwelt) war Deutschlands großes Geschenk an das Elsass: die Hohkönigsburg, die später unter neuer Leitung in Château du Haut-Kœnigsbourg umbenannt wurde. Durch mächtige Burgen entlang der östlichen und westlichen Grenzen wollte Wilhelm II. die jahrhundertelange Kontinuität des deutschen Kaiserreichs verdeutlichen (oder postulieren). Im Osten war dies mit der Restaurierung der alten Burgen des Deutschen Ordens schnell geschehen, aber im Westen hatten Ludwig XIV. und andere Invasoren bei der Auslöschung sämtlicher Spuren der deutschen Vergangenheit ganze Arbeit geleistet. Die Hohkönigsburg war eine alte

Stauferburg auf einem Hügel in den Vogesen und seit ihrer Zerstörung durch schwedische Truppen im Dreißigjährigen Krieg eine verfallene Ruine. Mithilfe modernster Technik wurde sie von 1900 an unter der Leitung des Architekten Bodo Ebhardt als rauschhaftes Fantasiegebilde wiederaufgebaut. In gewisser Weise war Ebhardt genauso wenig bei Trost wie Kaiser Wilhelm. Fröhlich ignorierte er den ursprünglichen Grundriss der Burg und spendierte seinem neuen Potpourri einfach alles, was ihm in den Sinn kam: Türme, eine Windmühle, ein Fallgatter, eine Zugbrücke und eine grandios kitschige Kapelle, die sogar über eine separate kleine Empore verfügt, von der aus Wilhelm dem Gottesdienst *nach alter kaiserlicher Manier* getrennt vom gemeinen Volk beiwohnen konnte. Selbst die Dachrinnen wurden betont grob ausgeführt, damit nur ja alles recht alt aussah.

Der Bus, der den Hügel hinauffährt, hält auch am sogenannten Affenberg, der größten Touristenattraktion des Elsass. Offenbar geht es dort nicht so grausam zu, wie man vermuten könnte, ganz gewiss aber können die Affen nicht mit dem realen Affenzirkus mithalten, der einst oben auf der Burg herrschte. Wilhelm und seine Freunde verbrachten ihre Zeit inmitten von Porträts seiner großen Vorgänger Karl dem Großen, Gottfried von Bouillon, König Arthur und König David, ausgestopften Auerhähnen und Hunderten alter Waffen. Über dem Tordurchgang, durch den Besucher die Burg betraten, prangten in Stein gemeißelt die Wappen Wilhelms II. und Karls V. als sichtbares Zeichen für den Anspruch des neuen deutschen Kaiserreichs, die Nachfolge des Heiligen Römischen Reichs anzutreten – mit all den heiklen Grenzfragen, die das für seine Nachbarn mit sich bringen konnte. Der eigentliche Kaisersaal, in dem Wilhelm seine Gäste bewirtete, erinnert mit seinen Kronleuchtern aus Hirschgeweihen, den mit Wappenschilden bemalten Wänden und dem merkwürdigen Geruch auf etwas enttäuschende Weise an einen provinziellen Ratskeller, den man auf den Gipfel eines Berges verfrachtet hat – aber das ist nun wirklich kleinliche Krittelei.

Von solchen Spaßbauten einmal abgesehen, wurde die Technik, die ganze mittelalterliche Burgen wieder auferstehen lassen konnte, entlang der Grenzen auch zum Bau richtiger Festungen genutzt. Die Reaktion der Franzosen auf den Deutsch-Französischen Krieg bestand in der Entwicklung des Séré-de-Rivières-Systems, eines kompakten Gürtels aus befestigten Stellungen hinter der neuen deutsch-französischen Grenze, dessen Hauptlinie von Verdun über Toul bis Belfort verlief. Gewaltige Mittel flossen in drei Generationen von Tunneln, Nachschublagern und Festungswerken. Wie ein Albtraum wucherte dieses Geflecht über Jahrzehnte in den Synapsen des französischen Militärgehirns, verschlang Unsummen und saugte immer neue Soldaten auf. Dabei gelang es kaum, mit den Fortschritten der Rüstungstechnologie Schritt zu halten, und so war jede neue Anlage schon veraltet, bevor der Beton überhaupt getrocknet war. Jahrzehntelang beschränkten sich diese Aktivitäten auf folgenlose Kriegsspiele, und zahlreiche Jahrgänge französischer Soldaten hatten das Glück, dieses System unbeschadet zu durchlaufen – abgesehen davon, dass sie sich zu Tode langweilten. Doch dann endete das Glück, und die gigantische, mittlerweile unzeitgemäße Festung Verdun wurde zu einem der schrecklichsten Orte der Menschheitsgeschichte.

In Belgien verfolgte man mit dem Festungsbau andere Ziele. Die Anlagen waren nicht dazu gedacht, tatsächlich in einem Krieg zum Einsatz zu kommen, vielmehr sollten sie einen nicht näher definierten Angreifer – bei dem es sich faktisch nur um Deutschland handeln konnte – abschrecken und diesen davon abhalten, die Neutralität des Landes zu verletzen. Lüttich wurde mit einem gewaltigen Verteidigungsring umgeben, doch wie die französischen Festungen waren auch diese hochmodernen Forts innerhalb kürzester Zeit schon wieder veraltet und den neu entwickelten Waffen mehr oder weniger schutzlos ausgeliefert. Antwerpen wurde mit einem Bollwerk umgeben, das als letzter Rückzugsort der Armee dienen sollte, wenn eine Verteidigung des gesamten Landes nicht mehr möglich war. Die Wahl fiel nicht nur deshalb auf Antwerpen, weil es einer der größten Häfen der Welt war, sondern weil dorthin auch am bequemsten Truppen aus einigen der Länder verlegt werden konnten, die als Garanten der belgischen Neutralität auftraten. In Anbetracht der langen Friedenszeit, die Belgien durchlebte, war es nicht leicht, wachsam zu bleiben und einen gewissen Realitätssinn zu bewahren. Die rings um Lüttich verteilten Forts waren in der Tat sehr massiv, doch selbst den wenigen Gamma-Mörsern und riesigen Haubitzen, die die Deutschen und Österreicher 1913/14 gerade noch rechtzeitig entwickelten – die sogenannte Dicke Bertha wurde Wilhelm erst im Frühjahr 1914 vorgeführt –, hielten sie nicht stand.

Auch die Deutschen bauten ihre Festungen aus. Vor allem das 1871 annektierte Metz nahm in ihren Planungen eine Schlüsselposition ein, nicht nur als mächtige Verteidigungsstellung, sondern auch als Verteilerzentrum, über das Truppen und Nachschub aus dem Kaiserreich an die Front weitergeleitet werden konnten. Obwohl seit dem Ende des Zweiten Weltkriegs viele der Forts zerstört wurden, ist das Stadtbild von Metz bis heute durch seine

Festungswerke geprägt. So kann ein Spaziergang durch die Außenbezirke der Stadt zu einem sehr befremdlichen Erlebnis werden, wenn immer wieder verblüffend überdimensionierte, an moosbewachsene aztekische Tempel erinnernde Bauten über einem aufragen oder hinter einer Wegbiegung plötzlich alte deutsche Kasernen oder Kühlhäuser auftauchen.

In gewisser Weise waren das alles harmlose Betätigungen für Menschen, die gern draußen an der frischen Luft arbeiteten oder Dinge aus Beton herstellten. Trotzdem bestand jederzeit die Möglichkeit, dass diese Festungen eines Tages ihrer wahren Bestimmung zugeführt werden könnten, obwohl dies jahrelang nur schwer vorstellbar schien. Auf einer seiner zahllosen Reisen kam D. H. Lawrence 1912 auch nach Metz. Absurderweise verdächtigte man ihn der Spionage und jagte ihn aus der Stadt. In einem Brief schrieb er, Metz sei »ein scheußliches Durcheinander … Neustadt, Altstadt, Kasernen, Kasernen, Kasernen …«

Kriegspläne

Die Jahrzehnte nach dem Deutsch-Französischen Krieg waren auf beiden Seiten erfüllt von der Erinnerung an jeden einzelnen Moment des großen Konflikts. Doch während die Deutschen geradezu euphorisch zurückblickten, überwog bei den Franzosen der Schmerz. Der zurückliegende Krieg war für sie eine unglaubliche Demütigung gewesen – innerhalb von sechs Wochen waren die Armeen Napoleons III. vernichtet worden. Wenn sie kühn vorrückten (wie in Mars-le-Tour), wurden sie geschlagen, und wenn sie sich verschanzten (wie in Metz), wurden sie ebenfalls geschlagen. Die sich endlos hinziehenden letzten Monate des Krieges waren eine schmachvolle Agonie ohne Helden, stattdessen erlebte Paris die Schrecken der Kommune. Die Preußen berechneten die Höhe der gigantischen Reparationszahlungen, die Frankreich zu leisten hatte, exakt im Verhältnis zu jenen, die Napoleon I. 1807 von ihnen selbst verlangt hatte. Da Napoleon III. ins englische Exil ging und dort bald darauf starb, konnte ein Großteil der Wut auf ihn umgelenkt werden. Die neue Dritte Republik durchlebte Zeiten von Revanchismus – vor allem während der bizarren Episode um »Général Revanche«, den geradezu widersinnig agierenden Georges Boulanger, der Ende der 1880er Jahre vehement einen Vergeltungsschlag gegen die Deutschen forderte, dann doch zauderte, bei den Wahlen ein Fiasko erlitt und schließlich nach Brüssel floh und sich erschoss. Meistens jedoch konzentrierte sich die Republik auf ihr Wirtschaftswachstum und die Suche nach Verbündeten. In der Kathedrale von Lille gibt es einen Seitenaltar mit einer Darstellung des Grafen von Chambord, des legitimistischen Thronprätendenten »Heinrich V.«. Dass er dort zu sehen ist, war im Grunde Verrat, und es verdeutlicht noch heute die toxische Kluft, die sich in Frankreich zwischen der Republik und weiten Teilen der katholischen Kirche aufgetan hatte. Einflussreiche Kirchenvertreter betrachteten die Niederlage im Deutsch-Französischen Krieg als eine Folge der Säkularisierung. (»Katholische Christen, protestantische Christen, Christen aller Konfessionen und aller Parteien, knieet nieder!«) Der wenig hilfreiche Bischof der nach dem Krieg zusammengestutzten Diözese von Nancy und Toul schrie wütend nach Rache und behauptete, im Jenseits bestünde ein »wesentlicher Unterschied« zwischen einem Soldaten, der tapfer im Kampf gefallen sei, und einem, der sich zurückgezogen habe. Nancy selbst entwickelte sich zu einer Hochburg der Revanchisten, in der sich Tausende Emigranten aus den nunmehr deutschen Gebieten sammelten. Der französische Teil Lothringens wurde zu einer der am stärksten militarisierten Zonen der Welt, aber gleichzeitig auch ein wichtiges Zentrum der Metallindustrie. Aus Lothringer Stahl wurde der Eiffelturm erbaut* – seither ein prägendes Merkmal der zahlreichen Vergnügungen jener Zeit, zu denen auch die Lektüre von Zolas Romanen über die furchtbaren Zustände im Reich Napoleons III. gehörte. Vor allem Zolas fesselnder Kriegsbericht *Der Zusammenbruch* zeigt, wie ein heroisches, echtes Frankreich von den schmutzigen Spekulanten des Ancien Régime verraten wird.

Während Frankreich tief gespalten blieb, nahm die Verehrung der Märtyrerin Jeanne d'Arc zu. Auch das Schlachtfeld von Mars-le-Tour unmittelbar

* Der Eiffelturm war der letzte, entscheidende Sieg auf einem der alberneren Schlachtfelder der deutsch-französischen Rivalität. Seit das Straßburger Münster zum deutschen Kaiserreich gehörte, besaßen die Deutschen das höchste Bauwerk der Erde. Dieses wurde durch den 1874 fertiggestellten Turm der Hamburger Nikolaikirche noch einmal übertrumpft. Die Franzosen konterten mit dem absolut lächerlichen gewaltigen eisernen Vierungsturm der Kathedrale von Rouen. Aber auch das verschaffte ihnen lediglich für vier Jahre die Oberhand, dann war der Kölner Dom vollendet. Für eine kurze Schockphase übernahm das nach zahllosen Verzögerungen endlich fertiggestellte Washington Monument die Führung, doch schon fünf Jahre später legte der Eiffelturm noch einmal nach: Er war fast *doppelt* so hoch wie das bislang höchste Bauwerk der Welt, allerdings mit dem nahezu unfassbar kindischen Hintergrund, dass der einzige Daseinszweck dieses Bauwerks in seiner schieren Höhe bestand.

an der deutschen Grenze wurde zu einem großen nationalen Heiligtum. Die dort abgehaltenen Zeremonien waren zwar von einer gewissen Bitterkeit gezeichnet, boten aber durch die Teilnahme vieler Deutscher zugleich eine Chance auf Versöhnung. 1891 begann mit der Französisch-Russischen Allianz eine neue Ära: Die Isolation, die Frankreich 1870 in die Katastrophe geführt hatte, sollte sich nicht wiederholen – Deutschland war nun von beiden Seiten eingeschlossen. Im Vorfeld des Ersten Weltkriegs fand in Sankt Petersburg ein Bankett zur Feier der ewigen russisch-französischen Freundschaft statt. Die Tische waren mit Pflanzen geschmückt, die in Erde aus jenem von Deutschland besetzten Lothringen herangezogen worden waren, das so bald schon von diesem Joch erlöst werden sollte. Wann und auf welchen Wegen die Erde nach Russland geschafft worden war, konnte ich nicht herausfinden, aber wie auch immer die Umstände gewesen sein mögen: Diese Tischdekoration war eine völlig bescheuerte Idee.

Für Deutschland hingegen begann nach dem Krieg eine Phase des Eigenlobs, auch wenn dieses nicht frei war von einer gewissen Nervosität. Denn die Deutschen waren davon überzeugt, dass Frankreich versuchen würde, das Geschehene rückgängig zu machen. Sie erinnerten sich an die vielen Feldzüge vergangener Jahrhunderte, bei denen sich gezeigt hatte, wie ungemein schwierig es war, in Frankreich einzumarschieren. Selbst der Vormarsch der großen Allianz, zu der sich fast ganz Europa gegen Ludwig XIV. zusammengeschlossen hatte, war 1709 in der Schlacht bei Malplaquet knirschend zum Stillstand gekommen und nie weiter als ein paar Kilometer über die französischen Grenzen hinausgelangt. Napoleon I. erlitt seine Niederlagen nahezu ausnahmslos außerhalb von Frankreich. Aber 1870 waren die französischen Truppen geradezu verblüffend hilfsbereit gewesen, indem sie hartnäckig innerhalb ihrer eigenen Grenzen blieben, sich nach Metz zurückzogen und sich bei Sedan in die Enge treiben ließen. Es war eine der großen hypothetischen Fragen, wie der Krieg verlaufen wäre, wenn es einer größeren französischen Armee gelungen wäre, sich rechtzeitig weiter nach Westen oder Südwesten zu bewegen, die preußischen Kontingente auseinanderzuziehen und die Invasionsarmeen auf diese Weise eine nach der anderen zu besiegen. Tatsächlich schienen die französischen Generäle den Krieg jedoch angegangen zu sein wie einen Besuch beim Friseur: Jeder wartete geduldig ab, bis er an der Reihe war.

Zwischen 1871 und 1914 versuchten beide Seiten, eine Strategie für künftige Auseinandersetzungen zu entwickeln. Eine Lösung für dieses Problem schien zwar dringend erforderlich, wurde aber – berücksichtigt man, wie lange diese Phase letztlich dauerte – unerklärlicherweise immer wieder hinausgeschoben. General Bazaine, der den Rest seines Lebens im Exil verbrachte, wurde zur großen Hassfigur der Franzosen, nachdem sein Fatalismus und seine Passivität in Metz zum Tod oder der Gefangennahme von 180 000 französischen Soldaten geführt hatten. Die naheliegende Reaktion auf sein schändliches Vorbild war eine Politik erbarmungsloser Aggression – eine groß angelegte französische Offensive zur Befreiung von Elsass und Lothringen und anschließend ein weiteres Vorrücken nach Baden. Dabei setzten die Franzosen ihre Hoffnungen in eine gewaltige Entscheidungsschlacht kurz hinter der französischen Grenze ähnlich der, die 1870 den Deutschen zum Sieg verholfen hatte. Denn die Alternative, sollte der Gegner sich in dieser Hinsicht nicht kooperativ erweisen, schien nicht besonders erfolgversprechend: Mehr oder weniger aufs Geratewohl mit einer weit auseinandergezogenen Armee durch verschlafene schwäbische Gegenden zu marschieren, die meilenweit von jeder ernst zu nehmenden Ansiedlung entfernt lagen, war keine Taktik, mit der man einen Krieg gewinnen konnte.

Die Deutschen wiederum wurden Opfer einer der typisch idiotischen Ideen Wilhelms II. Man darf nicht vergessen, dass er trotz aller reizvollen Bauprojekte wie der Hohkönigsburg oder dem Römerkitsch der Saalburg im Grunde ein haarsträubend unfähiger Herrscher war. Bismarck hatte einen geheimen »Rückversicherungsvertrag« mit Russland geschlossen, in dem sich die beiden Mächte gegenseitige Neutralität zusicherten. Nachdem Wilhelm II. den Thron bestiegen und Bismarck entlassen hatte, beschloss er, sich nicht länger mit diesem Vertrag zu belasten, sondern allein auf seine Männerfreundschaft mit dem Zaren zu vertrauen. In Wilhelms Augen war das ein cleverer Schachzug, auf russischer Seite wurde seine Entscheidung allerdings als unheilvoller, bedrohlicher Schritt aufgefasst, weshalb Russland unverzüglich eine Allianz mit Frankreich schloss. Damit verlagerten sich die deutschen Ängste, und es begann die langwierige, von zahlreichen Kontroversen begleitete Entwicklung einer neuen Kriegsstrategie, der zufolge als Erstes Frankreich ebenso gründlich und schnell geschlagen werden sollte wie 1870, woraufhin das gesamte deutsche Heer gefahrlos nach Osten verlegt werden könne, um in einem zweiten Schritt Russland zu besiegen.

Belgien gilt als kleines Land, doch in mancherlei Hinsicht ist dieser Gemeinplatz unzutreffend. Aufgrund seiner Lage war es stets von großer Bedeutung, denn die Hälfte der französischen Grenze zwischen dem Ärmelkanal und der Schweiz verlief entlang des belgischen Staatsgebiets. Auch die belgische Neutralität war ein ungewöhnliches Konstrukt. Die Niederlande waren ein souveräner Staat, der sich aus freien Stücken dazu entschieden hatte, sich an keinem der europäischen Bündnisse zu beteiligen, was dank seiner geografischen Randlage ohne Weiteres möglich war. Die Schweiz war ebenfalls ein souveräner Staat, sicherte ihre Neutralität jedoch – anders als die Niederländer – durch eine schlagkräftige Armee, die Anfang des 20. Jahrhunderts rund 250 000 Mann umfasste und ausschließlich der eigenen Verteidigung diente. Auch Belgien war ein souveräner Staat, allerdings im Hinblick auf seine Neutralität in seiner Entscheidungsfreiheit stark eingeschränkt, da diese ihm nach seiner Gründung von den Großmächten in einem Vertrag auferlegt worden war, der 1914 als »Fetzen Papier« Bekanntheit erlangen sollte. Wie schon bei früheren Versionen Belgiens kam diese Neutralität einer Reihe von Ländern sehr gelegen, bedeutete sie doch, dass zumindest dieser Bereich der Landkarte nicht ständig in den Fokus schnurrbärtiger, stiefeltragender Offiziere geriet: Frankreich garantierte die Neutralität Belgiens eine sichere Nordgrenze, Großbritannien eine friedliche Küste, und den Niederländern half sie, ihre eigene Neutralität durchzusetzen.

Das Preußen, das 1839 den »Fetzen Papier« unterzeichnet hatte, war ein im Westen rein defensiv ausgerichteter Staat gewesen – einer der Polizisten, die Frankreich im Zaum halten sollten. 1870 kam es zur Schlacht von Sedan, weil Belgien neutraler Boden war und die Franzosen nirgendwohin ausweichen konnten. Sie wurden von den Preußen gegen eine juristische Abstraktion gedrängt und zermalmt. Das Phantom von Sedan verfolgte die Deutschen noch Jahrzehnte danach, und der Kult, mit dem man Moltke, Roon und andere Generäle umgab, verwandelte diese in Götter einer früheren, besseren Zeit. Mit dem rasanten technischen Wandel wurden die Taktiken von 1870 zunehmend unpraktikabel, doch was an ihre Stelle treten sollte, blieb lange unklar. Über all den geheimen Kriegsspielen, in denen deutsche Offiziere die französische Niederlage planten, wurden sie alt, nahmen ihren Abschied und starben. Die deutsch-französische Grenzregion wurde zum wohl meiststudierten Stück Landkarte in der europäischen Geschichte, jeder Wald, jeder Engpass, jede Ebene, Brücke oder Anhöhe wurde mit Anmerkungen versehen. Beide Seiten schickten ihre Späher inkognito zu grotesken Wandertouren auf feindliches Terrain – in Teilen der Vogesen und Ardennen kann vor lauter Wanderern mit Bürstenhaarschnitt, zackigem Auftreten, stocksteifer Haltung und schlecht sitzender Zivilkleidung kaum noch ein

Durchkommen gewesen sein. Die beiden Länder als »Feinde« zu bezeichnen, ginge jedoch zu weit, denn jahrzehntelang blieb die Feindseligkeit rein theoretisch. So stieg etwa Alfred von Schlieffen, 1870 noch ein junger Major, mit den Jahren in der kaiserlichen Armee auf, bis er zum Chef des Generalstabs ernannt wurde, bekleidete diesen Posten fünfzehn Jahre und starb schließlich 1913 kurz vor seinem achtzigsten Geburtstag, nachdem er über vierzig Jahre lang in keinem Krieg mehr gekämpft hatte. Schlieffen und sein Umfeld waren es übrigens, die zu dem fatalen Schluss kamen, dass ein Krieg gegen Frankreich nur zu gewinnen sei, wenn man den Weg durch Belgien nahm.

Das alles ist von solch großer Bedeutung, weil die den breiten Streifen von der belgischen Küste bis an die Schweizer Grenze betreffenden Pläne Europa in den Untergang reißen sollten. Sie legten den Grundstein für eine Phase, die allein mit den Schrecken des Dreißigjährigen Krieges vergleichbar ist. Der französische »Plan XVII«, der einen Einmarsch in Elsass-Lothringen von Stützpunkten aus vorsah, welche sich auf einer Linie zwischen Verdun und Belfort aufreihten, und der deutsche Schlieffen-Plan – der seinen Namen behielt, obwohl er im Nachhinein grundlegend überarbeitet wurde, was zu weiteren unlösbaren Kontroversen führte – kosteten allein in den ersten Kriegswochen 330 000 französische und ebenso viele deutsche Soldaten das Leben. Das bedeutete schon zu diesem frühen Zeitpunkt exorbitant höhere Opferzahlen als im gesamten Deutsch-Französischen Krieg. Ein weiterer wesentlicher Unterschied bestand darin, dass diesmal nicht nur beide Pläne scheiterten, sondern die Auseinandersetzung zudem nur ein Element in einem sehr viel umfassenderen Krieg war, der sich – auch ausgelöst durch den Überfall auf Belgien – schon bald über große Teile der Erde ausbreitete. Der einzige Erfolg des französischen Plan XVII bestand in der kurzfristigen Besetzung von Mülhausen und einem flüchtigen Blick auf den Rhein. Und der Schlieffen-Plan geriet zu einem Desaster der Selbstüberschätzung, als der französische Oberbefehlshaber Joseph Joffre seine eigene Strategie gerade noch rechtzeitig verwarf und seine Truppen in der Art und Weise verlagerte, wie es seine Vorgänger 1870 unterlassen hatten. Keine Seite gewann die Oberhand, und für beide entwickelten sich die Kämpfe zur Katastrophe, als sich nach dem deutschen Rückzug von der Marne eine Front aus Schützengräben bildete, die von der belgischen Küste bis hinunter an die Schweizer Grenze reichte. Ein Großteil davon verlief mitten durch das Kernland Lotharingiens.

Die Grenzschlachten

Jahrhundertelang galt Großbritanniens geradezu obsessive Sorge der Sicherheit der Küsten jenseits des Ärmelkanals. Weit dahinter folgte an zweiter Stelle die Sicherheit Irlands, alles andere war optional, da ein großer, menschenleerer Ozean und eine Handvoll Länder mit einer spärlichen, bibbernden Bevölkerung im Norden keinerlei außenpolitische Probleme aufwarfen. Einmal in jedem Jahrhundert wurden Truppen losgeschickt, um gegen die Spanier, die Franzosen oder die Niederländer zu kämpfen, und ab Mitte des 19. Jahrhunderts erwies sich schließlich die Neutralität Belgiens und der Niederlande als unschätzbarer Vorteil, denn sie erlaubte es Großbritannien, sich ganz auf seine anhaltende, komplizierte Feindschaft zu Frankreich zu konzentrieren. Während eines Spaziergangs auf der Isle of Portland vor der Küste Südenglands (ein Besuch, zu dem mich die Beschreibungen der Steinbrüche in Thomas Hardys *The Well-Beloved* bewogen hatten) stieß ich unversehens auf ein riesiges Loch im Boden. Wie sich herausstellte, hatte dort im 19. Jahrhundert eine viktorianische Superkanone gestanden, die mithilfe eines mathematischen Gitternetzes jeden Quadranten in der Zufahrt zum Hafen von Portland anvisieren und alles in die Luft jagen konnte, was sich dort befand. Die Region um Portland ist gespickt mit Seefestungen und den sonderbaren, klobigen Überresten einstiger Militärbauten, die für viel Geld errichtet wurden, wenn wieder einmal ein Krieg gegen Frankreich drohte. Diese Kriege, zu denen es dann letztlich doch nie kam, mit ihren merkwürdig hybriden Kriegsschiffen – den Segeldampfern – und ihren kolonialen Sackgassen haben mich schon immer fasziniert. In gewisser Weise ergibt Krieg nur durch ein fest verwurzeltes historisches Bewusstsein für den Nicht-Krieg einen Sinn. Die französisch-britische Rivalität im Sudan oder auch die russisch-britische Rivalität in Zentralasien hätten zu gewaltigen, verhängnisvollen Konflikten führen und dadurch den Lauf der Geschichte verändern können, aber sie taten es nicht.

Mit der 1904 zwischen Großbritannien und Frankreich geschlossenen Entente cordiale wurde diese lange und kostspielige Feindschaft beigelegt, was bedeutete, dass der Ärmelkanal von nun an keine aktive Front mehr war. Die Kanonen von Portland wurden unverzüglich abgebaut und andernorts eingesetzt. Für Frankreich bedeutete die Entente eine regelrechte Wunderkur, die das Land nun auch im Westen aus der Isolation befreite, in der es seit 1871 gefangen war. Kurioserweise regelte das Abkommen größtenteils unglaublich belanglose kleine Kolonialstreitigkeiten – etwa den Tausch der winzigen, bisher in britischem Besitz befindlichen Los-Inseln vor der Küste Guineas gegen den Verzicht der Franzosen auf ihre letzten Ansprüche auf ein paar spärlich besiedelte Gebiete in Neufundland. Die womöglich wichtigste Klausel betraf Siam. Die beiden Staaten vereinbarten, dass keiner von ihnen in das Königreich einmarschieren werde, wodurch dieses unabhängig blieb. Die Klärung dieser Fragen war ein Zeichen: Von nun an standen Frankreich und Großbritannien Seite an Seite. Wie alle derartigen Zusammenschlüsse war die Entente cordiale sowohl defensiv als auch offensiv von Bedeutung: Zum einen würde es Deutschland kaum wagen, einen solchen Koloss anzugreifen, und zum anderen wurde ein Revanchefeldzug gegen Deutschland dank der Unterstützung durch Großbritannien (und der schon früher geschlossenen Allianz mit Russland) für Frankreich nun zu einer durchaus realistischen Option.

Zehn Jahre lang entsprach die Entente allen Erwartungen, auch wenn sie aufgrund des militaristischen Eifers in den Reihen des französischen und des deutschen Heeres sowie der britischen und der deutschen Marine zunehmend unter Druck geriet. Das System der Bündnisse war attraktiv, denn es trieb den Einsatz in extreme Höhen, weshalb man davon ausging, kein Streitpunkt könne für sich genommen so wichtig werden, dass er eine derart umfassende Katastrophe entfesseln würde. Mehrere Krisen in Nordafrika und auf dem Balkan wurden leidlich zufriedenstellend geklärt, doch mit jedem Streit wuchsen auf beiden Seiten die Gereiztheit sowie das Gefühl, eine Demütigung erlitten zu haben. Die Ermordung des habsburgischen Thronfolgers Franz Ferdinand in Sarajevo schien anfangs kaum mehr zu sein als eine weitere schlechte Nachricht in dieser Reihe, doch dann gerieten in ganz Europa Politiker und Generäle in den Strudel eines verantwortungslosen Fatalismus, der sie wahrhaft verheerende Entscheidungen treffen ließ.

Im Grunde betraf der Krieg lediglich Serbien und Österreich-Ungarn. Aber indem Russland deutlich machte, dass es Serbien verteidigen würde, wurden weitere Staaten in den Konflikt hineingezogen, die mit Serbien gar nichts zu schaffen hatten. Auf beiden Seiten schienen die eingegangenen Bündnisverpflichtungen damals unauflöslich zu sein, und doch wäre der Preis eines Bruchs – rückblickend gesehen – verschwindend gering gewesen. So aber unterstützte Deutschland Österreich-Ungarn, Frankreich unterstützte Russland, und Großbritannien unterstützte Frankreich. Der einzige vernünftige Akteur in der Geschichte war Italien, wo man ganz richtig erkannte, dass in diesem Krieg nicht das Geringste zu gewinnen war, und den mit Deutschland und Österreich-Ungarn geschlossenen Dreibund kurzerhand aufkündigte.

Das Bemerkenswerte an der damaligen Situation war die rasante Entwicklung der Technik, mit der kaum jemand Schritt zu halten vermochte. Als der bassetgesichtige Leiter des kaiserlichen Generalstabs Alfred von Schlieffen 1906 aus dem Dienst ausschied, lag der erste bemannte Flug gerade einmal zwei Jahre zurück und war von keinerlei praktischem Nutzen gewesen. Es gibt zahlreiche Gründe für das Scheitern seines vielfach veränderten und angepassten Angriffsplans, doch ein entscheidendes Element war jenes kleine französische Aufklärungsflugzeug, das brummend über die deutschen Linien hinwegflog. Der Pilot entdeckte den Abstand, der sich zwischen der unermüdlich marschierenden 1. und 2. deutschen Armee aufgetan hatte – die berühmte »Lücke« –, womit auch der letzte Rest von Schlieffens Vision zusammenbrach. Der Wunsch Ludwigs XIV., sein Land von oben betrachten zu können, war endlich Wirklichkeit geworden. Die Eröffnungszüge des Jahres 1914 erinnerten an eine gigantische Neuauflage des Deutsch-Französischen Krieges – als seien alle Beteiligten blind für die erschreckenden Fortschritte, die die Welt seit 1870 gemacht hatte. Was würde geschehen, wenn dieselben Technologien, die es ermöglicht hatten, den Panamakanal und die Londoner U-Bahn zu bauen oder die Schienen für die Transsibirische Eisenbahn zu verlegen, zu militärischen Zwecken eingesetzt wurden? Und wurde etwa die Vorstellung eines großen »Überraschungs«-Angriffs ganz und gar utopisch, wenn die äußerst praktische neue Telefontechnik nun auch dazu genutzt werden konnte, Truppen aus der Ferne zu dirigieren?

Von allen 1914 involvierten Ländern war Großbritannien einem Kriegseintritt am wenigsten zugeneigt, da es in diesem Konflikt keinen potenziellen Nutzen für sich sah. Genau wie 1939 sandten die Briten damit ein verhängnisvolles Signal, denn in beiden Fällen waren die Deutschen davon überzeugt, dass Großbritannien neutral bleiben würde. Hinzu kam, dass Deutschland gar nicht in der Lage war, die Briten zu besiegen, weshalb man deren Zögern nur allzu gern als endgültige Abkehr von einem militärischen Eingreifen interpretierte. Wir werden nie wissen, was geschehen wäre, wenn die Deutschen nicht in Belgien einmarschiert wären, doch letztlich sind solche Spekulationen müßig, denn eine andere Vorgehensweise stand nie ernsthaft zur Debatte. Allerdings war die Vorstellung einer unter deutscher Herrschaft stehenden belgischen und französischen Küste, an der innerhalb der nächsten zwanzig Jahre deutsche Flottenstützpunkte entstehend könnten, für Großbritannien ein nicht hinnehmbares Problem. Ich bin von jeher der Ansicht, dass es die »Berliner Gene« waren, die die beteiligten Deutschen blind machten für die historische Falle, in die sie damit tappten: Preußen hatte sein Augenmerk stets auf weiter östlich liegende Schlachtfelder gerichtet und verfügte (abgesehen von den paar Wochen in Waterloo) über keinerlei militärische Erfahrung mit oder auch nur ein nennenswertes Interesse an den komplizierten Verhältnissen in Flandern und den Niederlanden. Doch das lässt sich nicht beweisen. Wie dem auch sei, Großbritannien hatte unter großen Mühen zur Gründung Belgiens beigetragen, und die Verteidigung des Landes hatte für die Briten nun oberste Priorität. So schlitterten zwei Blöcke unbeabsichtigt in einen Krieg, den zu gewinnen aufgrund der einander gegenüberstehenden Allianzen für beide Seiten nahezu unmöglich war. Deutschland hatte nie einen konkreten Plan zur Eroberung Großbritanniens entwickelt, und wie sich nach vier Jahren Kampf herausstellte, gab es auch aufseiten der Alliierten keinen Plan für einen Einmarsch in Deutschland. So forderte jede weitere Woche nicht nur eine unvorstellbare Zahl an Todesopfern, sondern zerschmetterte – unbemerkt von den meisten, abgesehen von Exzentrikern wie Lenin, der sicher aufgehoben in seinem Züricher Café saß – auch die gesamte europäische Kultur.

Ich habe sicher Dutzende Bücher über diese ersten Kriegswochen gelesen, manche davon auch mehrmals, und ihnen wohnt die gleiche Kraft inne wie religiösen Texten: Ihre Lektüre lässt selbst die größte Literatur seicht und schal erscheinen. Die ganze Idee hinter dem deutschen Plan zeugte von unermesslicher Hybris und war einfach nur vollkommen verrückt, denn das strategische Konzept *setzte voraus*, dass Frankreich innerhalb von sechs Wochen besiegt wurde, damit die Truppen *anschließend* nach Osten verlegt werden konnten, um dann Russland zu bezwingen – und das, obwohl Deutschland über keine signifikant größeren Streitkräfte verfügte als Frankreich. Die ohnehin geringe zahlenmäßige Überlegenheit ging zudem bereits während des Marschs durch Belgien verloren. Einer der Hauptgründe für den deutschen Ärger über den beharrlichen Widerstand der Belgier war, dass er ihrem Plan zuwiderlief und dieser schon zu Beginn ins Wanken geriet, weil es nicht gelang, die Lütticher Forts in der vorgegebenen Zeit zu zerstören. Der Zorn über den »Verrat« der Briten wiederum rührte unter anderem daher, dass das Land in dem aberwitzig detaillierten, mit unzähligen Fußnoten und Ausstreichungen gespickten deutschen Invasionsplan überhaupt nicht vorkam.

Da sich die ersten Kriegsphasen über ganz Belgien und Nordfrankreich verteilten und so viele Ortschaften, Straßen, Felder und Wälder davon betroffen waren, gibt es nicht viele Orte, an denen man heute noch einen konkreten Eindruck von den damaligen Ereignissen gewinnen kann. Einer davon ist die belgische Kleinstadt Dinant, wo die Erinnerung an das entsetzliche Drama bis in die Gegenwart zu spüren ist. Die schroffe Felswand im Rücken der Stadt und ihre strategisch wichtige Brücke über die Maas lenkten die Aufmerksamkeit vieler Generäle auf diesen Punkt der Landkarte. Dinant war einer der wenigen Orte, an dem eine kohärente Verteidigung organisiert werden konnte, um den Vormarsch der Deutschen in Richtung Frankreich aufzuhalten, und es stand viel auf dem Spiel, sollten deutsche Soldaten in großer Zahl über die Brücke strömen. So bahnten sich französische Truppen in heftigen, chaotischen Gefechten einen Weg nach Dinant und eilten den Belgiern auf den Anhöhen über der Stadt zu Hilfe, ohne zu ahnen, dass sich das Gros der deutschen Armeen auf sie zubewegte. Dinant fiel, doch die Kämpfe waren unübersichtlich. Aufgrund alter Geschichten über zivile Heckenschützen im Deutsch-Französischen Krieg glaubten die Deutschen, die Einwohner hätten das Feuer auf sie eröffnet. Sie trieben 674 Menschen zusammen und erschossen sie. Anschließend verwüsteten sie die bereits stark zerstörte Stadt systematisch und machten 1100 Gebäude dem Erdboden gleich. Diese und andere Gräueltaten – wie die Massenerschießungen in Löwen und das Niederbrennen der großen, alten Löwener Bibliothek – stigmatisierten Deutschland innerhalb weniger Tage unwiderruflich als eine unmoralische, militaristische, marodierende Kriegsmacht. Die alliierte Propaganda erzürnte wiederum die Deutschen, die auf Plakaten und in Ansprachen darauf hinwiesen, dass Preußen in den vergangenen zwei Jahrhunderten dreizehn Kriege geführt habe, Frankreich dagegen fünfunddreißig und Großbritannien neunundvierzig. Überdies habe Deutschland seine Armee seit 1871 kaum eingesetzt, während Großbritannien 26 000 burische Frauen und Kinder in Konzentrationslagern umgebracht habe. Doch es war zu spät. Obwohl die deutsche Armee ihren Truppen im Westen drakonische Disziplin auferlegte und es kaum noch zu Gewalt gegen Zivilisten kam, galt Deutschland nun sowohl für die Alliierten als auch in den Augen vieler neutraler Beobachter als eine neue Form von Gegner, der sich außerhalb der Grenzen der Zivilisation bewegte.

Was einen Besuch in Dinant so schockierend macht, ist nicht allein die Tatsache, dass man auf den ersten Blick erkennt, weshalb diese Stadt geografisch bedeutsam war. Auch die Schutzlosigkeit ihrer Einwohner und die irritierend neuen Häuser an diesem seit so langer Zeit besiedelten Ort sind für den Betrachter nicht zu übersehen. Am erschütterndsten ist jedoch die Brücke. An verschiedenen Frontabschnitten, insbesondere in den Ardennen, begannen die Franzosen wenige Tage nach dem Ende der Kämpfe in Dinant mit dem Ausheben von Gräben, was sich als die einzig vernünftige Maßnahme zur Reduzierung der horrenden Opferzahlen erwies. In Dinant jedoch fanden die Kämpfe noch auf offener Straße statt, und die Verletzlichkeit des menschlichen Körpers angesichts jener komplexen Mischung aus Metall und Chemikalien in der Luft bedeutete, dass es auf beiden Seiten geradezu übermenschlichen Mut erforderte, loszurennen und diese Brücke zu überqueren. Als französische Soldaten dazu ansetzten, wurden sie niedergemetzelt. Einer, der lediglich verwundet wurde, während um ihn herum alle starben, war der junge Charles de Gaulle. Tatsächlich war in diesen ersten Kriegsmonaten die Zukunft des 20. Jahrhunderts über das gesamte Kriegsgebiet verteilt: de Gaulle in Dinant, Churchill in Antwerpen, Röhm in Lothringen, Göring im Elsass und Hitler vor Ypern.

Je weiter die Deutschen nach Süden vorrückten, umso mehr zerschlugen sich ihre Pläne. Am 23. August bewegten sich 24,5 deutsche Divisionen auf 17,5 alliierte Divisionen zu. Als die Franzosen am 6. September die Schlacht an der Marne einleiteten, verfügten die Alliierten über 41 Divisionen. Italiens Neutralitätserklärung setzte sechs zusätzliche französische Divisionen frei, zwei trafen aus Nordafrika ein, und eine weitere britische Division landete in Zeebrugge und Ostende. Bei der deutschen Armee, deren Pferde mehr als 900 Tonnen Futter pro Tag benötigten und deren Stiefel sich aufzulösen begannen, zeigten sich dagegen bereits die ersten Anzeichen eines Nervenzusammenbruchs. Erstaunlicherweise blieb all das den Generälen des kaiserlichen Generalstabs verborgen. Als Joffre sich in Bewegung setzte, waren sie davon überzeugt, die Schlacht bereits gewonnen zu haben. Wie viele von ihnen in diesem Moment wohl schon darüber nachdachten, welche Künstler sie mit den großartigen Ölgemälden beauftragen sollten, auf denen sie sich wie einst die Helden von 1870 in Kriegsherrenmanier porträtieren lassen würden? Bis zum 6. September waren weite Teile der Front von der Schweiz bis nach Verdun und darüber hinaus »eingefroren«. Die Franzosen hatten zu diesem Zeitpunkt schon 320 000 Gefallene zu beklagen, die Deutschen nicht viel weniger, und auch ein Großteil des kleinen britischen Kontingents war tot. Diese unvorstellbaren, in der Geschichte noch nie dagewesenen Zahlen waren der Grund dafür, dass die Herrscher aller Staaten nun fest entschlossen waren, sämtliche verfügbaren technischen und menschlichen Ressourcen zu nutzen, um die Oberhand zu gewinnen – also durch künftige Katastrophen jene eine Katastrophe zu rechtfertigen, die sich gerade ereignet hatte.

Jede große Statistik, die in der Gesamtschau nahezu bedeutungslos bleibt, enthält einzelne Momente, die die Dinge sehr viel drastischer und greifbarer hervortreten lassen. In dem vorbildlichen neuen Kriegsmuseum in Ypern gibt es eine Reihe großer, grauer, abgetrennter Bereiche, die mit Absicht so langweilig aussehen, dass Kinder sie nicht betreten. In einem dieser Räume werden die Ereignisse in Vottem geschildert, einem Dorf nördlich von Lüttich, wo es zu kurzen, heftigen Kämpfen kam. Nachdem die Front sich weiter nach Süden verlagert hatte, blieben sowohl belgische als auch deutsche Verwundete zurück, um die die Einwohner sich kümmern mussten und die sie getrennt voneinander unterbrachten. Es gab auch eine Reihe von Toten – elf Deutsche und zweiundzwanzig Belgier. Aus Angst vor Repressalien beschlossen die Dörfler, sie einzeln zu fotografieren, bevor sie sie begruben, damit im Nachhinein kein Zweifel daran bestehen konnte, dass sie im Kampf gefallen waren. Einige dieser Bilder werden in dem Museum gezeigt. Die uniformierten Leichen sitzen nacheinander auf ein und demselben Stuhl, und jemand hält ihren Kopf an den Haaren in die Höhe. Ich glaube, ich kann eine klare Linie ziehen: Wie ich die Welt sah, bevor ich diesen Raum betrat, und wie ich sie sah, als ich wieder herauskam. Ich bin mir nicht sicher, ob man jeden diese Bilder sehen lassen sollte, und ich bringe es nicht über mich, sie zu beschreiben. Die Dorfbewohner haben gut daran getan – als die Deutschen zurückkamen, überzeugten diese Aufnahmen sie davon, dass die Zivilisten in Vottem sich korrekt verhalten hatten und neutral geblieben waren. Doch in diesen Fotografien ist etwas bewahrt geblieben, was sich in einer ganz anderen Welt abspielte als in den offiziellen, sorgfältig überwachten Medien des Jahres 1914. Der kleine Raum, den sie im Museum in Ypern einnehmen, ist eine einzigartige, überwältigende Kapelle im Gedenken an ein Europa, das von nun an vollends den Halt verlor.

Kilometer Null

Um den Verlauf der Schützengräben so detailliert wie möglich darstellen zu können, wird in den meisten Büchern auf Karten der Westfront das südliche Ende des Schlachtfelds einfach weggelassen, da hier ohnehin kaum etwas passierte. Trotzdem war ich schon immer neugierig: Im Norden endeten die Gräben im Schlamm der geöffneten Schleusen vor dem Meer, aber wo endeten sie im Süden? Zum hundertsten Jahrestag des Ausbruchs des Ersten Weltkriegs wurde von französischer Seite eine ungemein präzise, fundierte neue Landkarte herausgegeben, die zur Grundausstattung eines jeden Weltkriegsbesessenen gehören sollte. Auf dieser Karte habe ich die genaue Stelle entdeckt, und ich hielt es für einen passenden Abschluss meiner Recherchen zu diesem Buch, von Basel aus ins südliche Elsass zu fahren und dort bei den Überresten dieses »Kilometer 0« spazieren zu gehen, soweit davon noch etwas erhalten ist.

Europa ist übersät mit merkwürdigen geografischen Kuriositäten. Meine Lieblingsstelle ist ein etwa 50 Meter breites und 350 Meter langes zu Deutschland gehörendes Wald-und-Wiesen-Rechteck südwestlich von Aachen, das unversehens in belgisches Gebiet hineinragt. Ich konnte beim besten Willen nicht herausfinden, was der Grund dafür ist. Es ergibt überhaupt keinen Sinn, und ich kann nur hoffen, dass irgendwo da draußen ein Leser die Antwort kennt. Eine ähnliche, wenn auch etwas größere Kuriosität findet man bei Kilometer Null: einen etwa 400 Meter breiten Schweizer Streifen, bekannt als »der Entenschnabel«, der sich ungefähr einen Kilometer weit nach Osten in französisches (1914 deutsches) Territorium schiebt. An der Spitze dieses Schnabels endeten, rund 700 Kilometer vom Ärmelkanal entfernt, die Schützengräben. Wie ich gehofft hatte, ist es ein sehr stimmungsvoller Ort, da örtliche Freiwillige ein paar Grabenstücke rekonstruiert und aufschlussreiche Informationstafeln aufgestellt haben.

Die Bäume, die die Deutschen damals gepflanzt haben, um ihre Betonbunker zu tarnen, sind inzwischen ausgewachsen, und ihre Wurzeln haben die Bunker gesprengt. Ein Betonbrocken wurde dadurch zu einem regelrechten Ball zusammengepresst. Mein Besuch fiel in den Hochsommer, und alles war mit Moos und Efeu überwuchert. Die Vögel zwitscherten fast so laut wie am Amazonas, prächtige Spechte flitzten über mir durch die Luft, und einmal huschte sogar ein geisterhafter Steinmarder vorbei. An einer Stelle kann man sich noch heute ein anschauliches Bild von den damaligen Fortschritten der Waffentechnologie machen. Man sieht zwei Maschinengewehrstellungen, die auf die kleine Brücke über einen Fluss ausgerichtet sind. Im Jahr 1917 rannte eines Nachts eine Gruppe deutscher Soldaten los und sprengte den Vorläufer der heutigen Brücke: Da gerade der Panzer erfunden worden war, hätte nun zum ersten Mal in der Geschichte der Menschheit jemand die Brücke überqueren und die Bunker stürmen können, ohne von den Geschützen niedergemäht zu werden.

Der äußerste Punkt des deutschen Grabensystems (daran anschließend war noch ein Bereich mit großen Rollen Stacheldraht gesichert, die allerdings längst weggeholt wurden) ist eine große gepanzerte, inzwischen geborstene Kuppel, unter der einst eine Revolverkanone stand – eine furchterregende Schnellfeuerkanone, die mit ihrem Geschosshagel jeden Gegner aufhielt. Auf Schweizer Seite hat die Armee anlässlich des hundertjährigen Gedenkens eines der Blockhäuser wieder aufgebaut, die während des Krieges zur Verteidigung des Entenschnabels genutzt wurden. Die Schweizer sicherten ihre Neutralität durch ein Heer, das 1914 eine Viertelmillion Mann stark war – mehr als genug, um beide Kriegsparteien von dem Versuch abzuhalten, das südliche Ende der Grabenlinie zu umgehen. Ihre Bunker waren aus Holz gefertigt, um die Schweizer Soldaten vor Schrapnellen und verirrten Kugeln von der nur wenige Meter entfernten Front zu schützen und gleichzeitig ihre Neutralität deutlich zu machen. Einem Angriff hätte ein solches Blockhaus nichts entgegenzusetzen gehabt, aber es ließ sich auch nicht einfach ignorieren. Diese Region ist so interessant, dass sie ein eigenes Buch verdient. Bis heute stehen dort die Grenzsteine aus dem Jahr 1743. Die eine Seite zeigt einen prächtigen gemeißelten Berner Bären (damals war der Entenschnabel Berner Territorium), aber auf der anderen Seite haben die Herrscher so oft gewechselt, dass die hübschen, unzählige Male ausgemeißelten und wieder abgeschlagenen Helmzierden längst verschwunden sind. Wohl nach 1945 hat schließlich jemand energisch ein großes, unbeholfenes F in den Stein geritzt.

Da sich die Kämpfe schon sehr früh nach Norden verlagerten, wurde Kilometer Null bald zu einem Sekundärschauplatz des Krieges. Nachdem die Deutschen unter dem Druck der französischen Gegenangriffe an der Marne den Rückzug eingeleitet hatten, fiel es ihnen sehr schwer, diesen wieder zu stoppen. Unablässig versuchten sie, die französischen Truppen durch Schützengräben zu »fixieren«, sodass deutsche Einheiten sie im Westen umgehen und ihnen in den Rücken fallen konnten. Doch auch diese Miniversionen des Schlieffen-Plans scheiterten, und da beide Seiten das gleiche Manöver versuchten, führte das lediglich zum Bau von immer noch mehr Schützengräben, die anfangs aus einfachen Vertiefungen im Boden oder bereits bestehenden Bahndämmen bestanden, aber schnell massiver wurden. Schließlich erreichten sie den Ärmelkanal, wo ihnen der Platz ausging. Die Belgier wiederum verteidigten ein kleines Gebiet an der Küste, indem sie die Schleusen öffneten und alles, was davor lag, unter Wasser setzten. Dort verbarrikadierten sie sich bis zum Ende des Krieges, ohne je zu kapitulieren.

Das Ausmaß, in dem die Belgier die deutschen Kriegspläne durchkreuzten, ist kaum zu überschätzen. Allerdings hatte Berlin sich diese Entwicklung auch selbst zuzuschreiben, war man doch einfach davon ausgegangen, dass sich Belgien kampflos ergeben würde – so wie man einfach davon ausgegangen war, dass Großbritannien neutral bleiben würde. Man kann durchaus behaupten, dass diese Komplikationen für die Entente die Rettung bedeuteten. Ungefähr 60 000 deutsche Soldaten wurden zur Belagerung von Antwerpen abgezogen, was beide Seiten in ein moralisches Dilemma hinsichtlich der niederländischen Neutralität stürzte, denn bekanntermaßen lag die Scheldemündung auf niederländischem Hoheitsgebiet. Sowohl Berlin als auch London schwankten, ob die militärische Logik sie an diesem Punkt nicht regelrecht dazu zwang, niederländisches Territorium anzugreifen. Für Berlin hätte dies eine weitere Aufspaltung von Ressourcen bedeutet, während sich London in der einigermaßen heiklen Lage wiederfand, dass Großbritannien überhaupt nur in den Krieg eingetreten war, um die Neutralität eines anderen tapferen Staates zu verteidigen.

Die Entscheidung, die Niederlande unangetastet zu lassen, hatte weitreichende Folgen. Der ursprüngliche Plan der Deutschen sah vor, die französischen Truppen – in einer Variante des Erfolgs von Sedan – möglichst schnell in einem Kessel an der Grenze zu Lothringen zusammenzutreiben und zu vernichten. Nachdem dies gescheitert war, rückte Antwerpen durch eine Reihe unbedachter Improvisationen für ein paar Tage in den europäischen Fokus. In einer erstaunlich impulsiven Entscheidung verließ Winston Churchill, damals Erster Lord der Admiralität, seine Londoner Amtsräume, eilte nach Antwerpen und kommandierte Marinetruppen zur Verteidigung der Stadt ab – allerdings vergeblich, da die Deutschen die Region mit Soldaten regelrecht überfluteten. Eines der erschütterndsten Exponate im Wiener Heeresgeschichtlichen Museum ist eine Panzerkuppel aus einem der Antwerpener Forts. Sie hat ein grässliches Loch, das von einem der Škoda-Belagerungsgeschütze herrührt, die das Fort zerstörten. Die Kontrolle über diesen bedeutenden Hafen brachte jedoch keinerlei Vorteil, wenn man nicht gleichzeitig den Niederlanden den Krieg erklärte, um so über die Schelde einen Zugang zum Meer zu erhalten – aber keine der beiden Seiten verfügte über die dazu nötigen zusätzlichen Truppen oder das erforderliche politische Kapital. Historisch interessierte Antwerpener haben angesichts dieser neuerlichen Blockade wahrscheinlich entnervt die Augen verdreht. Die Verlagerung deutscher Truppen nach Norden ermöglichte es Briten und Franzosen unterdessen, Dünkirchen und Calais zu befestigen, sodass die durch immer aufwendigere Minenfelder und Patrouillenschiffe der Royal Navy gesicherte Verbindung zwischen den beiden Ländern von den Deutschen nie unterbrochen wurde – ein weiteres unlösbares und letztlich fatales Problem, das in den Berliner Plänen schlichtweg nicht vorgesehen war. Man könnte mit einigem Recht argumentieren, dass Deutschland aufgrund dieser Entwicklungen den Krieg schon zu diesem frühen Zeitpunkt verloren hatte.

Nach dieser Reihe unglücklicher Fügungen kontrollierten die Deutschen für den Rest des Krieges nur noch den kurzen belgischen Abschnitt der Kanalküste. Brügge erwachte verwundert aus seinem mittelalterlichen Dornröschenschlaf und sah sich in einen U-Boot-Stützpunkt verwandelt, durch dessen Kanäle U-Boote nach Ostende und Zeebrugge gelangten. Das machte die Stadt mit dem Dünkirchen des 17. Jahrhunderts vergleichbar, denn die Alliierten verfügten über keine Technik, die in der Lage gewesen wäre, den Stützpunkt wirksam zu neutralisieren. Gegen Kriegsende versuchten die Briten, die Kanalmündungen zu versperren, indem sie vor der Küste Schiffe versenkten, doch dieses Vorhaben vereitelte der deutsche Kommandant schon im Vorfeld durch einen Trick, den die Niederländer bereits im 16. Jahrhundert angewandt hatten: Er ließ ganz einfach und ohne großen Kostenaufwand die Fahrwassermarkierungen versetzen, sodass die britischen Schiffe geradewegs auf eine riesige Sandbank zusteuerten. Trotzdem spielte der Brügger Hafen nie eine wichtige Rolle, da die Deutschen dort von britischen Gegenmaßnahmen umzingelt waren. Hatten sie Zugriff auf die lange niederländische Küste mit ihren zahlreichen Häfen und den großen Flüssen gehabt, über die Nachschub herangebracht werden konnte, hätte die Sache anders ausgesehen. 1940 wiederholten sie diesen Fehler nicht – aber dafür begingen sie einen anderen.

Der Rest des Krieges im Westen bestand aus einer Reihe von Versuchen, diesen merkwürdigen, von niemandem beabsichtigten Stellungskrieg zu beenden. Generell verlor die angreifende Seite stets einige Männer mehr als die Verteidiger, doch die enormen Verluste konnten ausgeglichen werden, sobald der nächste Jahrgang das passende Alter erreichte, um in eine Uniform gesteckt zu werden. Durch das Gleichgewicht der Kräfte waren alle strategischen Neuausrichtungen von vornherein zum Scheitern verurteilt. Die Deutschen hatten den Vorteil, dass sie sich auf die Verteidigung des Erreichten beschränken konnten. Für sie war es schon ein Gewinn, wenn sie Belgien, Luxemburg und den industriell geprägten Norden Frankreichs hielten. Die Alliierten hingegen mussten sie von dort vertreiben, um den Sieg für sich verbuchen zu können. Die meisten umkämpften Gebiete waren für sich genommen vollkommen wertlos. Anfang 1917 führten die Deutschen die »Operation Alberich« durch, den strategischen Rückzug auf eine sinnvollere, massiv verstärkte und verkürzte Frontlinie etwa zehn bis fünfzehn Kilometer weiter im Osten: die Siegfriedstellung, von den Alliierten auch Hindenburglinie genannt. Bei ihrem Rückzug nahmen sie 125 000 französische Zivilisten mit, die zur Zwangsarbeit ins Kaiserreich verschleppt wurden, sprengten sämtliche Häuser, fällten die meisten Bäume, vergifteten alle Brunnen und präparierten die Ruinen mit Minen und Sprengfallen. Bei Ludendorffs großer Überraschungsoffensive im darauffolgenden März vergeudeten sie dann den Großteil ihrer Energie damit, genau diese Gebiete wieder zurückzuerobern. Jeder Angriff scheiterte entweder an dem in seinen Gräben verschanzten Gegner (die Erste Schlacht an der Somme) oder entwickelte sich zu einem grauenhaften Gemetzel auf beiden Seiten (Verdun). Wurde tatsächlich einmal der Durchbruch geschafft (Märzoffensive 1918), bildeten sich durch die vorrückenden Armeen neue Flanken, die die gegnerische Verstärkung ihrerseits durchbrechen konnte, indem sie die dadurch entstehenden feindlichen »Taschen« in die Zange nahm.

Für die Briten wurden Ypern (»Wipers«, wie die Soldaten die Stadt in einer Fortsetzung des seit Jahrhunderten anhaltenden Anglisierungsprozesses nannten) und Arras zu Schlüsselstellungen ihrer Linie. Beide Städte wurden durch die anhaltenden Kämpfe dem Erdboden gleichgemacht.* In Arras kann man heute noch die Spuren eines der zahlreichen Versuche sehen, die Pattsituation aufzulösen: die »Carrières Wellington«, die alten unterirdischen Kalksteinbrüche im Süden der Stadt. Ohne groß darüber nachzudenken, war ich immer davon ausgegangen, dass sie ihren Namen dem Herzog von Wellington verdankten, was allerdings nur indirekt der Fall ist. In Wirklichkeit hatten rund fünfhundert neuseeländische Bergleute sie nach ihrer Hauptstadt benannt. Diese Steinbrüche sind ein anschauliches Beispiel für

* Zu Beginn des Krieges drangen die Deutschen vorübergehend in Arras ein, doch im Zuge der hektischen Militäroperationen während des »Wettlaufs zum Meer« mussten sie sich wieder von dort zurückziehen. Es war dieser komplexe, furchterregende, hochmobile Feldzug, den General Foch von Cassel aus befehligte (siehe Kapitel 7).

den langsamen Verlauf dieses Krieges. Es dauerte sechs Monate, sie so weit vorzubereiten, dass Tausende Soldaten durch die Minen geschleust werden konnten, womit die Schlacht bei Arras (April/Mai 1917) begann. Ohne jede Vorwarnung sprengten die Briten gewaltige Stollen, und aus den Tunneln sprangen Männer ins Freie, doch nachdem die Deutschen den ersten Schock überwunden hatten, kam erneut die übliche Logik zum Tragen, und die Briten verloren etwa 158 000 Mann, die Deutschen dagegen nur 125 000.

Auf beiden Seiten kämpften die Befehlshaber mit der ausweglosen Lage. 1918 führte Ludendorffs Entscheidung zum Angriff zu derart horrenden Verlusten – nach dem Ende der Frühjahrsoffensive beliefen sie sich auf etwa 700 000 Tote, Vermisste und Verwundete –, dass die deutsche Armee in ihrer Funktionsweise eingeschränkt war. Seit einem Jahr landeten zudem riesige amerikanische Kontingente an der Küste, und die Kombination dieser beiden Faktoren machte die deutsche Position unhaltbar. Ein Großteil des amerikanischen Expeditionskorps verteilte sich an der Front zwischen Verdun und Nancy, und weit über eine Million US-Soldaten waren an der Maas-Argonnen-Offensive beteiligt. Wieder waren die Männer der Zukunft vertreten: Truman, Patton, Marshall, nur Eisenhower wartete noch auf die Überfahrt, als der Krieg zu Ende ging. Humphrey Bogart war Matrose auf einem der Schiffe, die die Truppen zurück nach Amerika brachten. Den koordinierten Offensiven der Franzosen, Briten und Amerikaner hielten die Deutschen nicht länger stand, und als in der Heimat auch noch eine Revolution ausbrach, ersuchten sie um einen Waffenstillstand. Zu diesem Zeitpunkt waren Lille, Tournai, Kortrijk, Brügge und Ostende bereits befreit, und die Briten standen vor Gent. Die Amerikaner durchbrachen die Kriemhildstellung, und die Franzosen befreiten Sedan gerade noch rechtzeitig, bevor eine Woche später der Waffenstillstand unterzeichnet wurde.

Rot, Gelb und Blau

Aufgrund meiner mangelnden Sprachkenntnisse und der Panik, die mich beim Anblick schematisierter Nahverkehrspläne jedes Mal überkommt, bestand ein Großteil meiner Recherchen für dieses und frühere Bücher aus langen, unfreiwilligen Spaziergängen durch verschiedene Vororte. Sobald ich ein gewisses Maß an Müdigkeit erreicht habe, rede ich mir immer ein, ich wüsste den Weg zurück zu der übers Internet gebuchten Frühstückspension, die nur deshalb so günstig war, weil sie kilometerweit vom Stadtzentrum entfernt liegt. Solche Gewaltmärsche gaben häufig Anlass zu durchaus interessanten Reflexionen über die Natur des menschlichen Bewusstseins und den tragischen Umstand, dass es keinen äußeren Schiedsrichter gibt, der unsere innere Dummheit bewertet. Völlig erschöpft gab ich mich, während der Regen immer heftiger auf mich herunterprasselte, stets aufs Neue der Illusion hin, ich sei praktisch in Zutphen oder Namur oder Konstanz aufgewachsen, und steuerte zuversichtlich wie ein einheimischer Fährtenleser mit großen Sprüngen durch die hereinbrechende Dunkelheit auf mein fernes Ziel zu. Bei so gut wie jeder meiner Recherchereisen strandete ich früher oder später in irgendwelchen Busbahnhöfen, Sportanlagen und Industriegebieten oder stand rätselnd am Ufer eines Kanals, der scheinbar urplötzlich hierher verlegt worden war. Während ich mich selbst dafür verfluchte, dass ich kein Smartphone besaß, übersah ich die leichte, wenngleich fatale Biegung der Straße, die mich plötzlich in südliche Richtung marschieren ließ statt weiter nach Westen – wobei ich auch diese Himmelsrichtung lediglich anhand eines diffusen Lichtscheins bestimmt hatte, den ich fälschlicherweise dem Sonnenuntergang zuschrieb. Theoretisch hatte ich den jeweiligen Stadtplan im Kopf, es haperte lediglich an der Übertragung auf die realen Verhältnisse. Trotzdem habe ich es immer irgendwie ans Ziel geschafft und war nie gezwungen, auf dem Hof einer Kabelfabrik zu nächtigen – eine äußerst unerfreuliche Option, die einmal tatsächlich bedrohlich nahe in den Bereich des Möglichen gerückt war.

Alles in allem muss ich dadurch wohl mehrere Tage verschwendet haben, aber solange es nicht wirklich goss wie aus Kübeln oder ich versehentlich an der Leitplanke einer vierspurigen Schnellstraße entlanglief, blieb ich meist guter Dinge. Denn den ganzen Kirchen, Marktplätzen, Zunfthäusern und Museen zu entfliehen bedeutete zugleich, in den ganz normalen Alltag einzutauchen, in eine Welt aus heruntergekommenen Wohnsiedlungen, Friseursalons mit wortspielerischen Namen, Autowerkstätten, Cafés und Friedhöfen, die mir jede Stadt wie eine Variante meines eigenen Viertels im Londoner Südwesten erscheinen ließ. In gewisser Weise waren diese fehlgeleiteten Spaziergänge für das Entstehen meiner Bücher genauso wichtig wie die ganzen Lektüren, Gespräche und Museumsbesuche. Ich kann den Grund dafür nicht recht in Worte fassen, aber vielleicht könnte man diese Wanderungen mit einer Art Gebetsmühle vergleichen. Sie zu drehen rief mir immer wieder eine entscheidende Tatsache in Erinnerung: dass die erste Hälfte des 20. Jahrhunderts in all diese Häuser hineingereicht und durch Krieg, Besatzung und wirtschaftlichen Aufschwung oder Niedergang das Leben der Menschen darin geprägt hatte. Nicht einmal die Bewohner eines kleinen Häuschens am Ende einer Sackgasse oder in irgendeinem verlorenen Nest auf dem Land waren den wechselnden Obrigkeiten entgangen, die dank ihrer Karteikästen, Stempel und Unterschriften nahezu unbeschränkten Zugriff hatten.

In den meisten Fällen stammten die Gebäude in den Straßen, durch die ich ging, aus drei verschiedenen Phasen: den 1920er Jahren, den Fünfzigern, als nach den Bombardierungen alles möglichst schnell wieder aufgebaut werden sollte, oder den Sechzigern. Die Straßenzüge aus den Zwanzigerjahren wurden für mich rasch zu einem Wunderland. Als ich mich einmal hoffnungslos in den Außenbezirken von Breda verirrt hatte, machte ich einen Schnellkurs in niederländischer Architektur nach 1918, der mir die ganze Schönheit, Eigentümlichkeit und Vielfalt dieser Häuser nahebrachte: eine schier unerschöpfliche Menge dunkler Klinker, aufgetürmt zu seltsamen Schornsteinen, faszinierenden, aufwendig gestalteten Hauseingängen und Mauern sowie ausgefallenen Fensterlaibungen. Dieser Stil speiste sich aus vielen Quellen, und eine davon war die Künstlervereinigung *De Stijl*.

Zu den Begleiterscheinungen des Krieges gehörte, dass zahllose Menschen plötzlich an Orten in der Falle saßen, an denen sie gar nicht hatten bleiben wollen. Mein Favorit in dieser Hinsicht ist von jeher Joseph Conrad, der mit seiner Frau im habsburgischen Galizien gefangen war, als unversehens die Hölle losbrach. Als kleineres Ärgernis beim Schreiben dieses Buches erwies sich die Tatsache, dass so viele talentierte Künstler, die auf lotharingischem Boden geboren und aufgewachsen waren, bei der erstbesten Gelegenheit ihre Sachen packten und in irgendeine europäische Hauptstadt – meist Paris – zogen, womit sie aus dem geografischen Rahmen der Erzählung herausfielen. Der vielversprechende, aus Nordbrabant stammende Maler Vincent van Gogh etwa ergriff die Flucht, sobald sich die Möglichkeit dazu ergab. Und zu meinem größten Verdruss machten sich auch zwei meiner persönlichen Helden aus der Zeit nach 1918, Max Ernst und Paul Klee, aus dem Staub (immerhin wurde ihnen im Nachhinein an ihrem jeweiligen Geburtsort in Brühl und in der Nähe von Bern ein wunderbares Museum gewidmet). Das Gleiche gilt auch für den in Gelderland aufgewachsenen Piet Mondrian. Doch zu meinem Glück war Mondrian, der eigentlich in Paris lebte, zufällig gerade zu Besuch in den Niederlanden, als 1914 der Krieg ausbrach, weshalb er nördlich des elektrischen Zauns festsaß, der die neutralen Niederländer von den unter deutscher Besatzung stehenden Belgiern fernhielt. Für die

Niederlande war der Krieg eine bittere Erfahrung. Zwar blieben ihnen die Kämpfe der Westfront erspart, doch die Bevölkerung war in ihrem eigenen Land gefangen, erschöpft und halb verhungert. Ihre traditionelle Aufgabe als das große Warenlager Europas konnten sie aufgrund der britischen Seeblockade und des Ausbleibens der deutschen Kohlelieferungen nicht mehr erfüllen. In diesem wenig verheißungsvollen Umfeld wurde De Stijl geboren.

Die Wurzeln dieser Künstlervereinigung sind vielfältig und bis heute unklar. Ihre wichtigsten Vertreter scheinen einander nicht besonders gemocht zu haben und kommunizierten oft nur brieflich miteinander, aber als sich die Bewegung in den frühen Dreißigerjahren des 20. Jahrhunderts endgültig auflöste, hatte sie eine wunderbare neue Ästhetik begründet, deren Fragmente einem in jeder niederländischen Vorortstraße begegnen. Natürlich ist De Stijl nicht der einzige Kandidat im Rennen um die Krone der Moderne (sein offensichtlichster Konkurrent ist das Bauhaus), doch diese aus Malern, Architekten und Designern bestehende Gruppierung, die der Weltkrieg in der Nähe von Utrecht zusammengeführt hatte, schien wie im Rausch unablässig neue Gründe zu produzieren, die europäische Kultur zu bewundern – und das in einem Kontext, in dem diese zuvor völlig versagt hatte. Soweit ich weiß, gibt es leider keine Filmaufnahmen, die den ausnehmend exzentrischen Mondrian beim »geometrischen« Tanzen zeigen, aber auch so machen die Stühle, Häuser, Plakate und Lebensmittelverpackungen nach Entwürfen von De Stijl die Welt noch heute zu einem besseren Ort. Mondrian entwickelte ein Konzept, in dem er nur die Primärfarben Rot, Gelb und Blau verwendete, eingebettet in ein Raster aus Schwarz und Weiß. Theo van Doesburgs 1917 entstandene *Bleiglas-Komposition IV* diente als Inspiration für unzählige grausam banale Kirchenfenster, strahlte selbst jedoch eine fröhliche Dynamik aus, die Welten von jenem militärischen Grauen entfernt war, das sich nur wenige Kilometer weiter südlich zutrug. Im Grunde sollte allein schon van Doesburgs übermütiges Käse-Etiketten-Design aus dem Jahr 1919 wie eine Art ästhetische Trompete von Jericho wirken. Vorkriegsplunder wie das aufgedunsene, neoolmekische Reiterstandbild Kaiser Wilhelms in Koblenz (1897) müsste spontan in die Mosel stürzen, sobald jemand auch nur mit dem Käse-Etikett unter der Nase des bronzenen Pferdes herumwedelt.

Diese rastlose, friemelige niederländische Moderne begegnet einem bis heute an jeder Straßenecke – Häuser mit geschwungenen Linien, eigenwillige Wandbilder, Schulgebäude, Ladenschilder, sie alle bewahren die Erinnerung an den Optimismus und Einfallsreichtum der Zwischenkriegsjahre. Zu unterhaltsam, um hier unerwähnt zu bleiben, ist Joris Ivens' großartige Filmdokumentation *Philips-Radio* (1931), die er mit einem Soundtrack des aus Surinam stammenden Komponisten Lou Lichtveld unterlegt hat. In diesem Film präsentiert Ivens eine Eindhovener Fabrik als eine Art industrielle Sinfonie aus Metall, Glas, Flammen, zahllosen kleinen beweglichen Einzelteilen und sonderbaren handwerklichen Einsprengseln, etwa Männern, die mundgeblasene Glühbirnen herstellen. In dieser halben Stunde hat Ivens alles Neue, Spaßige und Surreale dieser Ära eingefangen, die kaum noch etwas mit 1914 gemein hatte. Eine Welt mit Tausenden von Arbeitsplätzen in der Leichtindustrie und den damit verbundenen Vorstädten und Neubausiedlungen auf der grünen Wiese, eine Welt des Massenkonsums und zunehmenden Komforts, der Verbreitung von Radios, Autos und Leitungsmasten. Diese Entwicklung war nicht auf die Niederlande beschränkt, auch die Rheinstädte in Frankreich, Deutschland und der Schweiz, die in den 1890er Jahren allmählich aus ihrem Dornröschenschlaf erwacht waren, veränderten nun dramatisch ihr Gesicht und produzierten Arzneimittel, Chemikalien, Schokoladenriegel, Tabletten, Farbstoffe, Textilien und Plätzchen.

Während De Stijl nördlich der Schützengräben entstand, schloss sich am südlichen Ende der Front, in Zürich, eine vergleichbare Gruppierung zusammen: das Cabaret Voltaire. Gemeinsam bildeten sie den künstlerischen Humus für große Teile der Welt nach 1918. An sich ist der Dadaismus nahezu unwiederbringlich verloren. Die wesentlichen Aktivitäten dieser Bewegung scheinen darin bestanden zu haben, dass Menschen mit lustigen Hüten roboterhafte Gesten ausführten und unzusammenhängende Worte brabbelten. Ich glaube, ich habe noch kein Foto von einer Performance im Cabaret Voltaire gesehen, bei dessen Anblick ich nicht instinktiv erleichtert war, nicht dabei gewesen zu sein. Andererseits gingen Hans Arp, Max Ernst, Wassily Kandinsky, Paul Klee und Giorgio de Chirico durch diese unlustigen Türen ein und aus, und einige meiner privaten Helden wie Kurt Schwitters mit seinen Collagen oder Oskar Schlemmer und sein fantastisches Triadisches Ballett wären ohne das Cabaret Voltaire nicht denkbar. In Gestalt des unendlich vielseitigen Theo van Doesburg bündelten De Stijl und Dada sogar für eine Weile ihre Kräfte.

Zu unser aller Unglück lauerte ganz in der Nähe des Cabaret Voltaire aber auch der größte Performance-Künstler des frühen 20. Jahrhunderts. Wie Joseph Conrad und seine Frau saß auch Lenin 1914 plötzlich in Galizien in der Falle, und es gelang ihm nur unter großen Mühen, das neutrale Zürich zu erreichen. Hier verfasste er *Der Imperialismus als höchstes Stadium des Kapitalismus* und führte eine Existenz, die von absurder Harmlosigkeit gekennzeichnet war. Mochte er noch so finster durch die Fenster seines Lieblingscafés* starren und von der Weltrevolution träumen, da er aufgrund des Krieges in Zürich gefangen saß, blieb er weitgehend unbeachtet und richtete keinen Schaden an. Doch Hilfe nahte in Gestalt des Auswärtigen Amtes in Berlin. Die entsprechende Szene sollte idealerweise wie in einem Stummfilm präsentiert werden: zahlreiche steife, sich ruckartig bewegende Männer mit buschigen Schnurrbärten, schwarzen Mänteln und Melonen, das Ganze untermalt von den Klängen eines verstimmten Kneipenpianos und einer Kolbenflöte. Während Millionen starben, trug Arthur Zimmermann, Staatssekretär im Auswärtigen Amt, versehentlich wohl mehr als jeder andere dazu bei, sein eigenes Land in den Untergang zu reißen. Innerhalb kürzester Zeit entwickelten er und seine Mitstreiter zwei wirklich brillante Pläne. Der erste bestand darin, ein Telegramm nach Mexiko zu schicken, in dem den Mexikanern ein Bündnis mit Deutschland vorgeschlagen wurde. Im Falle eines Kriegseintritts der Vereinigten Staaten würde Deutschland Mexiko bei der Rückeroberung von Texas, Arizona und New Mexico unterstützen. Da die Briten sämtliche Transatlantikkabel kontrollierten, wurde dieses verrückte Angebot unverzüglich dechiffriert und freudig an die Amerikaner weitergeleitet, wo es für erheblichen Ärger sorgte und letztlich den Ausschlag dazu gab, dass die Vereinigten Staaten Deutschland den Krieg erklärten. Nur ein paar Wochen nach diesem Coup stimmte Zimmermann dem ebenso großartigen Plan zu, dass die Deutschen Lenin aus Zürich herausholen, ihn in einem »plombierten« Eisenbahnwaggon durch Deutschland transportieren und über Schweden weiter nach Sankt Petersburg schaffen sollten, um dort revolutionäre Unruhe zu schüren und auf diese Weise die Alliierten zu schwächen. So kam sogar noch während des bis dahin furchtbarsten Krieges in der Geschichte der Menschheit der lotharingische Exzeptionalismus zum Tragen, indem er Lenin erst Schutz bot und ihn anschließend auf die Welt losließ.

* Bei meinem letzten Besuch in Zürich habe ich dort auf Lenins Spuren einen Espresso getrunken. Zu meiner großen Erheiterung war der Raum mit Postern zu Baz Luhrmanns prall-schmalzigem Film *Der große Gatsby* dekoriert, dessen Zwanzigerjahre-Kapitalismus dazu angetan war, Lenins Geist vor Wut seinen eigenen Bart verspeisen zu lassen.

Lenins Bahnreise war eine geradezu dadaistische Aktion: Ein Kreidestrich auf dem Boden des Waggons markierte das russische Territorium, es gab nur sehr wenige Toiletten, und Lenin hatte das Rauchen verboten – was natürlich zu langen Schlangen vor den Toiletten führte, weil nun alle dort rauchten. Als der Zug in einen süddeutschen Bahnhof einfuhr, starrten die Einheimischen sprachlos in das Abteil, wo Lenin und seine Gefährten genüsslich frisch gebackene weiße Brötchen verdrückten, die sie aus der Schweiz mitgebracht hatten – für die Deutschen, deren Brot seit Jahren hauptsächlich aus Holzfasern und Kartoffelschalen bestand, ein geradezu märchenhafter Anblick. Wie üblich sind auch hier historische Spekulationen müßig, doch rückblickend bestand der große Beitrag der neutralen Schweiz darin, Lenin mit Brötchen, Kaffee und einer behaglichen, warmen Bibliothek zu versorgen, wo er bis ans Kriegsende gemütlich hätte weiterdösen können, ohne großen Schaden anzurichten. Stattdessen legte Zimmermann, der bereits zur Niederlage seines Landes im Ersten Weltkrieg beigetragen hatte, nun auch noch den Grundstein dafür, dass es im Zweiten durch den von Lenin geschaffenen Sowjetstaat vernichtet werden konnte. Wie zuvor Schlieffen war jedoch auch ihm das Glück beschieden, 1940 gerade noch rechtzeitig zu sterben, bevor das ganze Ausmaß seiner langfristigen Fehleinschätzungen offensichtlich wurde.

Kaiser Wilhelm II., der immer noch davon überzeugt war, er könne den Krieg gewinnen, verbrachte das Jahr 1918 mit angenehmen, wenngleich etwas unzeitgemäßen Überlegungen, die auch Heinrich dem Vogler oder Otto dem Großen gut zu Gesicht gestanden hätten: Er stellte neue Monarchien zusammen. So war er zum Beispiel der Ansicht, das Königreich Sachsen solle das nach langer russischer Herrschaft inzwischen vom Deutschen Reich eroberte Litauen übernehmen. Außerdem versuchte er den König von Württemberg davon zu überzeugen, auch noch den Thron im neuen Regentschaftskönigreich Polen zu besteigen – eine Region, zu der Württemberg nicht die geringsten Verbindungen hatte. Doch der König von Württemberg betrachtete solche Pläne lediglich als Ablenkung von seinem eigenen ehrgeizigen Vorhaben, sich das Elsass einzuverleiben, und zwar mit der vollkommen irrsinnigen Begründung, dort lägen schließlich die »verlorenen« württembergischen Lande, die vor vielen Jahren über die Region verstreut gewesen seien (unter anderem das alte Mömpelgard). All diese vergnüglichen Unterredungen über Vorrechte, Orden, Ehrengarden, Uniformen und potenzielles Hochzeitsgeläut endeten abrupt, als Waffenstillstand und Revolution über Deutschland hinwegfegten und die Welt der Kaiser, Könige, Herzöge und Konsorten kurzerhand in den Orkus beförderten. Im November 1918 dankte Wilhelm II. im Großen Hauptquartier der Obersten Heeresleitung in Spa wutschnaubend ab und floh ins Exil. »Das Auswärtige Amt hat die Hosen bereits gestrichen voll!«, hatte er im Oktober gewütet, als er von den Waffenstillstandsbedingungen der Amerikaner erfuhr. Er ahnte nicht, dass es bald noch sehr viel mehr Grund für Ärger geben sollte.

Die Schmach am Rhein

Für Menschen, denen ganz anders zumute wird, wenn sie die Worte »Epauletten«, »Tschako« oder »Regimentssilber« hören, ist das Badener Wehrgeschichtliche Museum in Rastatt das Äquivalent zu den Folies Bergères. Die Räume dort sind angefüllt mit Degenknäufen, Sporen und Bandelieren vergangener Jahrhunderte. Anhand der versammelten Exponate könnte man die ganze Geschichte von Aufstieg und Fall des deutschen Kaiserreichs erzählen: wie der kleine Staat Baden von ihm verschlungen wurde, in seinen Armen knapp vierzig unbeschwerte Jahre verbrachte und dann in den Untergang mitgerissen wurde. In diesem Museum ist ein schwerer silberner Tafelaufsatz ausgestellt, gefertigt zur Erinnerung an die deutschen Soldaten, die 1904/05 in Deutsch-Südwestafrika ihr Leben verloren – damals war das ein Grund zum Stolz, heute allerdings verbinden wir den Tischschmuck allenfalls noch mit dem Völkermord, den diese Soldaten an den Bewohnern der Kolonie verübten.* Ein dem Ersten Weltkrieg gewidmeter Saal ist derart eindrucksvoll, dass ihn jeder besuchen sollte, der das europäische 20. Jahrhundert verstehen möchte. Ich kann an dieser Stelle nur rasch drei Ausstellungsstücke erwähnen, die allerdings aussagekräftig genug sind: ein anbiederndes Gemälde, das Ludendorff als militärischen Visionär zeigt, eine Serie geschickter Zeichnungen, auf denen Deutsche aus ihren Schützengräben heraus britische Angreifer niederschießen, und – das bemerkenswerteste Stück – ein prunkvolles Gemälde des feierlich geschmückten Sargs von Goltz Pascha in Bagdad 1916. Der Preuße Colmar von der Goltz hatte als junger Mann gegen die

* Aufgrund der seltsam verworrenen politischen Entwicklung Namibias in den darauffolgenden Jahrzehnten steht die lebensgroße Version des Denkmals immer noch in Swakopmund – aber sicher nicht mehr lange.

Österreicher gekämpft und war an der Belagerung von Metz beteiligt gewesen. 1914 ernannte man ihn, schon über siebzigjährig, zum Generalgouverneur für das besetzte Belgien, wo er für seine außergewöhnliche Brutalität bekannt wurde. Nach wenigen Monaten wurde er in den Mittleren Osten abberufen, brachte den britischen Truppen in der irakischen Stadt Kut eine demütigende Niederlage bei und starb bald darauf. Das Gemälde zeigt den mit einer riesigen kaiserlichen Flagge bedeckten Sarg, darauf eine Pickelhaube und ein Fez, flankiert von riesigen Kerzen, Bergen von Blumen und einer osmanischen sowie einer deutschen Ehrenwache.

Diese Bilder wirken so verstörend, weil sie für eine Welt geschaffen wurden, zu der es nicht mehr kam – eine Welt, in der Deutschland als Sieger aus dem Krieg hervorgegangen wäre. Goltz Paschas Gemälde hätte im Schloss des »Türkenlouis« die Kontinuität von deutschem Glanz und Einfluss in der islamischen Welt verdeutlichen sollen. Unter anderen Umständen würde man Kindern heute voller Ehrfurcht das Porträt des visionären Ludendorff zeigen, und sie würden die Zeichnungen einer früheren Generation bewundern, die mit ihren altmodischen Maschinengewehren tapfer ihre Schützengräben verteidigte. Während ich völlig entgeistert vor diesen Bildern stand, wurde mir klar, in welchem Maße das Scheitern der in ihnen eingefangenen Hoffnungen für manche Deutsche zu einem unauslöschlichen Problem werden konnte, ja, dass selbst so etwas Absurdes wie dieser Deutsch-Südwestafrika-Tafelaufsatz zur katastrophalen Verbitterung und Rachsucht der Überlebenden des Ersten Weltkriegs beigetragen haben mochte, nachdem die Alliierten Deutschland alle Kolonien abgenommen hatten.

Die weit verbreitete Auffassung, der Erste Weltkrieg habe 1918 geendet, ist nicht korrekt. Einige amerikanische Gedenkstätten (etwa das riesige Soldiers' Memorial in St. Louis) beziehen auch die Sibirische Intervention mit ein und nennen daher das Jahr 1919. Berücksichtigt man allerdings noch einige weitere für diese Ära prägende Konflikte, etwa die Schlacht bei Warschau (1920) und die Eroberung von Smyrna (1922), dann endete der Krieg erst mit der auf Smyrna folgenden Chanakkrise, als die Briten entschieden, dass sie die neutrale Zone rund um Istanbul und die Dardanellen nicht gegen die wiedererstarkende türkische Armee verteidigen konnten.

Als geradezu verheerend erwies sich in diesem Kontext die Ausrufung eines »Waffenstillstands« an der Westfront im November 1918. In Wirklichkeit war den Deutschen im Angesicht der vollständigen militärischen Niederlage gar nichts anderes übrig geblieben, als zu kapitulieren. Aber dank der

Bezeichnung »Waffenstillstand«, was eine soldatische, ehrenhafte Waffenruhe implizierte, konnte die deutsche Öffentlichkeit den Vorgang auch als einen Friedensschluss unter gleichwertigen Gegnern interpretieren. Nachdem der zornige Kaiser ins niederländische Exil gegangen war und die Revolution das Kaiserreich abgeschafft hatte, schienen für die meisten Deutschen die Forderungen der Alliierten erfüllt. Sie lebten nicht länger in Bismarcks Reich. In einer großen Zeremonie am Brandenburger Tor empfing der sozialdemokratische Reichskanzler und künftige Reichspräsident der Weimarer Republik Friedrich Ebert die heimkehrenden Soldaten in Berlin unwidersprochen mit den Worten: »Seid willkommen von ganzem Herzen, Kameraden, Genossen, Bürger … Kein Feind hat euch überwunden.«

Natürlich war vielen Deutschen bewusst, dass es sich um eine Niederlage handelte – manche begrüßten sie sogar als das Ende einer schrecklichen, trügerischen Ära kaiserlicher Prahlsucht und den Neubeginn eines bescheideneren »kleindeutschen« Staates. Doch die Alliierten sahen die Sache ganz anders. Für sie war der Waffenstillstand erst der Anfang, und mit einem simplen Regimewechsel würden sie die Deutschen nicht vom Haken lassen. Die Briten hielten ihre lückenlose Seeblockade aufrecht und erlaubten den neutralen Staaten lediglich die Einfuhr der Güter, die sie für die Aufrechterhaltung ihrer eigenen Wirtschaft benötigten, sodass nichts übrig blieb, was sie an die Deutschen weiterverkaufen konnten. Schon zuvor hatte die Abriegelung bei den Mittelmächten Wirkung gezeigt und zu elenden Zuständen geführt. 1918 waren die Menschen durchweg unterernährt und am Ende ihrer Kräfte, die einst prächtigen Städte verfielen. Zudem grassierte die verheerende Spanische Grippe, zu deren Verbreitung die in der Geschichte beispiellosen Bewegungen von Millionen Soldaten rund um den Globus beigetragen hatten.

Die deutschen Truppen wurden entwaffnet, und mit den deutschen Kolonien beschenkten sich die Alliierten selbst. Die am wenigsten umstrittene (da von kaum jemandem bemerkte) Übertragung betraf Hunderte kleiner Pazifikinseln, die früher zu Spanisch-Ostindien gehört hatten. 1899 hatten die Deutschen sie gekauft, und nun gingen sie mit den bekannten desaströsen Folgen an Japan. Die Belgier übernahmen zwei kleine Gebiete von Preußen – teilweise aufgrund längst veralteter Ansprüche der einstigen Fürstabtei Stablo-Malmedy – sowie Neutral-Moresnet, was dem Königreich eine kleine, vollkommen unsinnige und benachteiligte deutschsprachige Minderheit bescherte. Dazu verleibte sich Belgien mit Ruanda-Urundi den kleinen, dicht besiedelten Teil Deutsch-Ostafrikas ein, der unmittelbar an den Kongo grenzte. Außerdem besetzten belgische Truppen die linksrheinischen deutschen Gebiete von Kleve bis hinunter nach Aachen.

Die Franzosen holten sich natürlich Elsass-Lothringen zurück, woraufhin 300 000 Deutsche das einstige Reichsland verließen. Straßburg wurde wieder zu Strasbourg, und unzählige Straßen erhielten wieder einmal einen neuen Namen. Die riesige Statue Kaiser Wilhelms I. wurde von ihrem Sockel gerissen und stattdessen höhnisch das Wrack eines abgestürzten deutschen Kriegsflugzeugs darauf montiert. Einige Besonderheiten durften jedoch bleiben: Während die Kaiser-Wilhelm-Universität – was leicht nachzuvollziehen ist – umbenannt wurde, zieren bis zum heutigen Tage die Häupter großer Geister wie Lessing und Goethe die Fassade der Universitätsbibliothek und dienen den Studenten zur Inspiration. In Schlettstadt (nun wieder Sélestat) hatten die Deutschen im Gedenken an die goldenen Zeiten der Stadt im 16. Jahrhundert den Sammlungen der alten Humanistenbibliothek ein neues Zuhause gegeben und dessen Fassade mit einem farbigen Mosaik geschmückt, das den Schriftzug STADTBIBLIOTHEK-MUSEUM trug. Wollten die Franzosen nicht einen Großteil der Fassade abschlagen, konnten sie daran nun nichts mehr ändern. Diverse einfallsreiche Versuche, den Schriftzug wenigstens teilweise zu verdecken, scheiterten, und so blieb der deutsche Text auch nach der 2018 abgeschlossenen umfassenden Restaurierung als höchst reizvoller, wenn auch nicht ganz freiwilliger Kommentar zum verworrenen Charakter des elsässischen kulturellen Erbes erhalten.

Auch ins Rheinland stießen die Alliierten vor. Die Franzosen packten ein Stück Preußen und ein Stück der bayerischen Pfalz zusammen und erfanden so das Saarland, ein von ihnen kontrolliertes Kohlerevier, das sich durch alle Wechselfälle der Geschichte bis heute als sehr kleines, aber nichtsdestoweniger eigenständiges deutsches Bundesland behauptet hat. Während die Belgier den nördlichen Teil der linksrheinischen Gebiete besetzten, übernahmen die Franzosen die Mitte und den Süden. Hinzu kamen drei von den Alliierten kontrollierte rechtsrheinische Brückenköpfe bei Köln, Koblenz und Mainz.

Entlang der einstigen Frontverläufe begannen unzählige Arbeiter mit der Anlage von Friedhöfen, auf denen die alliierten Gefallenen beigesetzt werden sollten und für die die Isle of Portland 600 000 britische Grabsteine lieferte. Weiter östlich wurden unterdessen sämtliche Befestigungen geschleift, die den Deutschen in einem künftigen Krieg in irgendeiner Weise nützlich sein könnten, auch wenn sie zwischen 1914 und 1918 gar keine Rolle gespielt hatten. Einige dieser Festungen waren sehr alt, und das Rheinland verlor durch diese Maßnahme zahlreiche beeindruckende Bauten. Die einzige Ausnahme machte man bei der Festung Ehrenbreitstein, über deren Mauern ein riesiges Sternenbanner wehte und deren amerikanischer Kommandant (der bemerkenswerte General Henry T. Allen) sich weigerte, an einem derartigen historischen Vandalismus mitzuwirken. Dank seiner Sturheit erhebt sich das knorrige, weitläufige, beeindruckende Ungetüm noch heute auf seinem Hügel hoch über Koblenz.

Abgesehen von Ehrenbreitstein überlebte nur eine weitere größere militärische Anlage des Kaiserreichs: die Stadt Metz, die nun wieder zu Frankreich gehörte. Auch ihre über Jahrzehnte von Tausenden Arbeitern errichteten Festungsmauern waren von den Kämpfen zwischen 1914 und 1918 unberührt geblieben. Diese sonderbaren Übersprunghandlungen verdeutlichen ein grundsätzliches Problem der Alliierten: Da der Waffenstillstand geschlossen worden war, bevor ihre Truppen auf deutschen Boden vorgedrungen waren, hatten sie sich nie mit der Frage beschäftigen müssen, wie der Einmarsch in ein so großes, dicht besiedeltes und komplexes Land überhaupt zu bewerkstelligen sei, ohne dass man selbst fürchterliche Verluste erlitt. Schließlich wussten alle nur zu gut, dass die Deutschen gerade vier Jahre vergeblich versucht hatten, Frankreich zu erobern. 1939/40 sollten sie erneut vor diesem albtraumhaften Dilemma stehen, aber dann in einer noch unheilvolleren Ausprägung.

Da die westlichen Alliierten während des Krieges nicht einen Fuß auf deutsches Territorium gesetzt hatten, empfanden viele Deutsche die Besatzung als unrechtmäßig, und noch bevor die Bedingungen des Versailler Vertrags bekannt wurden – bei dessen Unterzeichnung die deutschen Vertreter an entsetzlich verstümmelten französischen Veteranen vorbeigehen mussten –, fühlten sich die Bewohner des Rheinlands nicht nur besiegt, sondern zugleich belogen und betrogen. Fast jede Familie betrauerte ihre eigene Katastrophe, seien es gefallene oder verwundete Soldaten, Grippeopfer oder unterernährte Kinder. Inflation, Vertreibung und der Zusammenbruch der Wirtschaft trieben die Bevölkerung in die Kriminalität. Ein Land, das einst für seine gewissenhaften, korrekten Beamten und seine öffentliche Verwaltung berühmt gewesen war, versank nun in einem Strudel aus Bestechung, deren Währung aus Pelzen, Sex und Juwelen bestand. Traditionellen Mittelschichtsfamilien, deren Ersparnisse und Renten innerhalb weniger Wochen dahinschmolzen, blieb nur die Wahl zwischen Verhungern oder den Untiefen des Schwarzmarkts. Schutzgelderpressung griff um sich, und von 1921 an vernichtete die Hyperinflation auch noch die letzten Spuren der Vorkriegsgesellschaft. Schätzungen zufolge kostete ein einziges Ei 1923 so viel, wie man 1914 für 500 Milliarden Eier hätte bezahlen müssen. Ausgehungerte Banden streiften durch das Kölner Umland, überfielen Bauernhöfe und rissen die kaum halbreifen Ernten aus dem Boden. Obwohl sich die Lage zwischen 1924 und dem Crash an der Wall Street im Jahr 1929 vorübergehend stabilisierte, war nach diesem moralischen Zusammenbruch von dem spießigen, stolzen Wilhelminischen Kaiserreich nichts mehr übrig – höchstens noch in Teilen der Armee und in den Erinnerungen derjenigen, die in ihren Reihen gekämpft hatten. Je länger ich darüber nachdenke, desto mehr verstärkt sich mein Eindruck, dass der Zweite Weltkrieg bei der frühestmöglichen Gelegenheit ausbrach.

Den Alliierten gelang es nie, als geeinte Front aufzutreten. Die Amerikaner wollten so schnell wie möglich wieder nach Hause, und die Briten hatten von dem Moment an, als die deutsche Flotte in ihren Händen war, strategisch betrachtet keinen ernsthaften Gegner mehr. Üblicherweise wird den Franzosen die Verantwortung für die späteren Entwicklungen zugeschrieben, da ihre Forderungen im Versailler Vertrag von Hass und Rachsucht getrieben waren, aber es war schließlich auch ihr Land, das verwüstet worden war. Von all den verfügbaren Zahlen gehören diese hier wohl zu den eindrücklichsten: 375 Quadratkilometer Stacheldrahtverhau mussten abgebrochen, über 50 000 Kilometer Straße repariert und 700 000 Häuser wieder aufgebaut werden. Tausende Brunnen waren vergiftet, Kohlebergwerke gesprengt und Industrieanlagen zerstört worden. Und wer würde die Renten der 700 000 französischen Witwen zahlen? Einst wohlhabende, florierende Städte wie Cambrai und Arras lagen in Schutt und Asche, während vergleichbare deutsche Städte entlang des Rheins nicht einmal einen Kratzer abbekommen hatten.

Der während des Krieges von den Deutschen besetzte Norden lag in Trümmern: Einige seiner Bewohner waren noch vor Kriegsende durch Schweizer Vermittlung umgesiedelt worden, und Herbert Hoovers berühmte Kampagne hatte Millionen Belgier vor dem Verhungern gerettet. Doch 1919 war für die Alliierten ziemlich offensichtlich, welches Land jetzt für den Wiederaufbau zahlen sollte. Es gab einige eher plumpe Versuche vonseiten der Franzosen und Belgier, entlang des Rheins Satellitenstaaten zu gründen. Teil ihrer kurzsichtigen Strategie war die Zahlung von Bestechungsgeldern an örtliche kommunistische Gruppen, weil man davon ausging, dass diese das herrschende Chaos noch verschlimmern würden. Aber die innerdeutsche Solidarität war fast immer stärker als der Impuls zu kollaborieren und im Gegenzug zu einem alliierten Satellitenstaat zu werden – auch wenn der junge Konrad Adenauer kurz in Versuchung geriet. Die gewaltsame Besetzung des Ruhrgebiets durch Frankreich und Belgien im Jahr 1923 isolierte die Alliierten und nahm ihnen noch mehr von ihrer moralischen Glaubwürdigkeit. Viele Pessimisten waren der Ansicht, es gebe nur eine Möglichkeit, einen neuerlichen Krieg zu verhindern: Deutschland müsse finanziell ausgeblutet und militärisch schwach gehalten werden. Doch die von den Alliierten geforderten gewaltigen Reparationszahlungen (die garantierten, dass Deutschland auf Dauer schwach blieb) konnten nur von einer starken Industrie- und Wirtschaftsmacht aufgebracht werden (die wiederum nicht schwach wäre).

Ein interessanter Aspekt der Rheinlandbesetzung war der wachsende Zorn der Deutschen darüber, dass in den Reihen der französischen Besatzungstruppen afrikanische Einheiten zum Einsatz kamen. Bis 1918 hatten die Alliierten Hilfskräfte aus allen Teilen der Welt herbeigeholt – so arbeiteten beispielsweise Zehntausende Chinesen als Stauer in den Kanalhäfen. Und schon von 1914 an hatten die aus ganz Französisch-Westafrika – von Mauretanien bis Togo – zusammengezogenen Tirailleurs Sénégalais an der Westfront gekämpft. Während des gesamten Krieges kamen insgesamt rund 135 000 von ihnen zum Einsatz. Die Deutschen hingegen konnten nicht auf koloniale Truppen zurückgreifen, nachdem ihre eigenen Kolonien innerhalb kürzester Zeit von den Alliierten überrannt oder eingeschlossen worden waren. Daraufhin erfasste ein geradezu pathologischer Rassismus das Heer, und auf unzähligen Karikaturen und Plakaten wurde »Das 5. Gorilla-Regiment« als »das letzte Aufgebot der Grande Armée« verhöhnt. Die Deutschen waren empört, dass ein »weißer« Krieg um die Zukunft Europas auf diese Weise unterminiert wurde. Afrikanische Kriegsgefangene wurden den fehlgeleiteten wissenschaftlichen Obsessionen jener Zeit unterworfen. 2014 beschäftigte sich eine bemerkenswerte, aber nichtsdestoweniger furchtbare Ausstellung in Frankfurt mit diesem Thema. Deutsche Wissenschaftler hatten die schwarzen Gefangenen eingehend untersucht und fotografiert. Die dabei entstandenen Aufnahmen sind so scharf, dass jede Narbe, jede Pore in den Gesichtern mit irritierender Klarheit zu erkennen ist. Auf manchen Bildern sieht man sogar die Spiegelung des Fotografen und seiner Ausrüstung in den Augen des Fotografierten. Ein wahrhaft grauenvolles Foto zeigt einen Kriegsgefangenen, dessen Kopf vollständig eingegipst ist. Die Hände starr vor

Verzweiflung, posiert er für irgendeine sinnlose Sammlung »afrikanischer Gesichtstypen«.

Die Franzosen selbst betrachteten ihre afrikanischen Einheiten mit einer Mischung aus dem üblichen Standardrassismus und Bewunderung – immerhin verloren rund 30 000 Afrikaner während des Krieges ihr Leben. In Reims errichtete man zu Ehren der Tirailleurs ein großes Denkmal, das die Besatzungsbehörden 1940 schleunigst wieder entfernen ließen. Trotzdem ginge es zu weit, von einem Verhältnis zu sprechen, in dem die Hautfarbe keine Bedeutung gehabt hätte. In den rheinischen Besatzungstruppen wurden mit Absicht viele schwarze Soldaten eingesetzt, teils weil die Franzosen aus dem Mutterland so schnell wie möglich aus dem Dienst entlassen werden wollten, teils aber auch als bewusste Demütigung für die Deutschen. Bis auf sehr wenige Ausnahmen (Zirkusse, Weltausstellungen und einen aus Kamerun stammenden Kesselpauker in einem badischen Regiment) war der Anblick von Schwarzen für Deutsche neu. Während der Besatzungszeit kam es häufig zu Vergewaltigungen durch alliierte Soldaten, allerdings waren daran nur selten Afrikaner beteiligt. Diese Einzelfälle begründeten jedoch das Narrativ vom »schwarzen Terror in deutschen Landen«, woraufhin sich das ganze Land in obszönen Schreckensberichten über die»schwarzen Bastarde« erging – ein Ausdruck jener pathologischen Disposition, die auch das durch die Hyperinflation hervorgerufene wirtschaftliche Elend auf »jüdische Profiteure« zurückführte. Mit der Zeit entwickelten sich immer komplexere Theorien über Besudelung und Verrat zur beherrschenden Erklärung für die Ereignisse des Jahres 1918: die Armee verraten, die Kriegstoten verhöhnt, die im Felde unbesiegte Nation erniedrigt durch die Schikanen und Lügen der bastardisierten alliierten Koalition.

KAPITEL VIERZEHN

Träume von Korfu

Ein paar Kilometer außerhalb von Utrecht liegt ein prächtiges Haus, das mit einigem Recht zu den eindrücklichsten Orten Europas gezählt werden kann. Wenn der Sinn eines Kirchenbesuchs unter anderem darin besteht, in den Bänken zu sitzen und über die Vergänglichkeit und Torheit des Menschen nachzudenken, dann darf auch dieses Haus als Sakralbau gelten. Wer durch seine tristen Räume geht, fühlt sich unweigerlich in einem Labyrinth des Schreckens gefangen. Und in dessen Zentrum, aufrecht in einem Stuhl im Schlafzimmer des einstigen Besitzers, lehnt ein hübsches Kissen mit den aufgestickten Worten: *Deutschland, Deutschland über alles, über alles in der Welt.*

Mehr als zwanzig Jahre lebte Kaiser Wilhelm in Huis Doorn, wurde immer älter, schmiedete Pläne, fantasierte, schwadronierte wütend vor sich hin und knauserte bei den Ausgaben. Als er 1941 – ein Jahr nach dem deutschen Einmarsch in die Niederlande – starb, ging das Haus vorübergehend in den Besitz seiner Erben über, doch nach Hitlers Niederlage wurde es von der niederländischen Regierung beschlagnahmt. Diese Abfolge bewirkte, dass es unverändert erhalten blieb, ganz genau so, wie Wilhelm es eingerichtet hatte. Nichts darin wurde verkauft oder geplündert. Schlendert man durch die Räume von Huis Doorn, so taucht man ein in des Kaisers Vorstellungen von Wohnungseinrichtung – diese Büste, jener Blumentopf, seine Feuerzeugsammlung und das Gemälde von seinem Palast auf Korfu, den er zwar noch besaß, aber nie mehr besuchen durfte.

Die Flucht des Kaisers ins niederländische Asyl war eines der weniger spektakulären Ereignisse am 10. November 1918 und doch ein Wendepunkt der Geschichte. Im Kreise seiner Generäle und abgeschirmt vom größten Arbeitgeber jenes Jahrzehnts – dem deutschen Heer –, musste Wilhelm in der vermeintlich sicheren, von den Deutschen besetzten belgischen Stadt Spa erkennen, dass er nicht mehr der Oberste Kriegsherr war, sondern nur noch eine Belastung. Während im erschöpften, zornigen, verzweifelten Deutschland die Novemberrevolution um sich griff, wurde plötzlich offensichtlich, was wenige Wochen zuvor noch undenkbar gewesen war: Das Land hatte den Krieg verloren, und die Zeiten jenes undurchdringlichen Geflechts aus Kaisern und Königen, die es beherrschten, waren vorbei. Die Hohenzollern, deren Geschichte Generation für Generation bis in das Schwaben des 11. Jahrhunderts zurückverfolgt werden konnte, verloren von einem Tag auf den anderen jeden Einfluss. Wilhelm, der kurz zuvor noch an der Spitze der Mittelmächte gestanden hatte, war jetzt bloß noch ein schlichter Privatmann mit etwas ungewöhnlichem Status. Zwei Tage nachdem der Reichskanzler Max von Baden in Berlin Wilhelms Abdankung verkündet hatte, wurde der Waffenstillstand unterzeichnet, die Soldaten legten ihre Waffen nieder und das monströse Grabensystem wurde aufgelöst.

Ein ungewöhnliches Foto zeigt den Kaiser und einige Mitglieder seiner Entourage am Nachmittag des 10. November auf dem Bahnsteig des an der Maas gelegenen niederländischen Grenzorts Eijsden unmittelbar südlich von Maastricht. Die verschwommene Aufnahme vermittelt einen geisterhaften Eindruck, als lösten sich die Uniformen, die Ehrerbietung und die jahrhundertealten preußischen Hierarchien vor unseren Augen auf. Wilhelm war sich des Schicksals des russischen Zaren, der im Sommer 1918 zusammen mit seiner Familie brutal ermordet worden war, sehr wohl bewusst, und ihm wurde klar, dass ihm womöglich nur noch Stunden zum Handeln blieben. Aus Angst vor wütenden deutschen Artilleristen ließ er seinen noblen weißgoldenen Hofzug zurück (er befürchtete, schon eine Handvoll Männer würden genügen, um damit kurzen Prozess zu machen) und fuhr mit dem Auto an die Grenze. Dort angekommen, bat er Königin Wilhelmina um Asyl. Wohl wissend, dass die in der Gegend umherstreifenden Banden ihn jederzeit ergreifen könnten, wartete er in Eijsden auf die Erlaubnis zur Weiterreise, während sich – was auf dem Foto nicht zu sehen ist – um den Bahnhof eine immer größere, buhende Menschenmenge versammelte.

Um Mitternacht erteilte Wilhelmina ihre Zustimmung – was nicht nur eine logische Folge royaler Solidarität war, sondern auch die praktische Umsetzung der niederländischen Neutralität –, und Wilhelm wurde auf schnellstem Wege nach Schloss Amerongen gebracht, wo er die äußerste Demütigung erfuhr, in einem Bett schlafen zu müssen, in dem einst auch der große Eroberer Ludwig XIV. genächtigt hatte. Damit begann des Kaisers *via dolorosa*. Im darauffolgenden Sommer erwarb er Huis Doorn und zog dorthin um, ausgestattet mit neunundfünfzig Bahnwaggons voller Mitbringsel aus seinen diversen Residenzen in Berlin und Potsdam sowie einigen Millionen Mark von der ambivalent agierenden deutschen Regierung, die sich in diesem Fall peinlich genau an die Buchstaben des Gesetzes hielt. Die folgenden Jahre verlebte er in der Hoffnung, die Herrschaft der Hohenzollern sei derart organisch und unauflöslich mit Deutschland verbunden, dass ihr auch die kleine Unannehmlichkeit eines verlorenen Weltkriegs nicht dauerhaft etwas anhaben könne. In Wilhelms Augen verstand es sich von selbst, dass er oder schlimmstenfalls sein Sohn irgendwann nach Deutschland zurückkehren würden. Für viele Deutsche war er jedoch der bombastische Kriegstreiber, der sie verraten hatte, und selbst Hitler, der einer Rückkehr Wilhelms durchaus eine gewisse Logik abgewinnen konnte, war klar, dass der ehemalige Kaiser dafür schlichtweg zu diskreditiert und unbeliebt war. Tatsächlich hatte der zerstörerische Verlauf des Krieges dieser Welt aus gewachsten Schnurrbärten, blitzenden Kürassen, Zeremonialschwertern und Straußenfedern noch den letzten Rest ihres Zaubers geraubt, und womöglich erschien sie schon unmittelbar nach der Unterzeichnung des Waffenstillstands plötzlich peinlich, albern und aus der Zeit gefallen. Die Nationalsozialisten standen zwar in engem Kontakt mit Wilhelm, doch letztlich war er mit ihrem Neuen Deutschland vollkommen unvereinbar.

In Huis Doorn blieben diese eigentümlichen Relikte bis zum heutigen Tage wie in Aspik eingelegt konserviert. Entweder aus geradezu manischem Selbsthass oder (und ich fürchte, das ist die wahrscheinlichere Erklärung) aus dumpfem Mangel an Fantasie stattete Wilhelm jeden Winkel seines neuen Heims mit Erinnerungsstücken an seine großen Vorfahren aus, schmückte es mit Fotos seiner einstigen Schlösser und mit Gemälden, auf denen erfolgreiche Kriege verewigt waren. Es ist schwer zu sagen, was davon am schlimmsten war. Verbrachte er viel Zeit damit, das aus Silber gefertigte Wikingerschiff zu betrachten, das ihm seine einundzwanzig deutschen Mitmonarchen und die deutschen Stadtstaaten zu seinem silbernen Thronjubiläum 1913 geschenkt hatten? Genoss er die Gegenwart seiner schottischen Souvenirs – Kilt, Claymore und Sgian Dubh –, Andenken an jene sorglose Zeit, als er noch nicht der meistgehasste Mann der Welt war, sondern als Königin Viktorias verhätschelter Enkel zu Besuch auf Schloss Balmoral weilte? Weinte er beim Anblick der absolut irren weißen Marmorbüste, die ihn selbst – das bekannte wilhelminische Antlitz mit Perücke und Dreispitz versehen – als Friedrich den Großen zeigte? Sein Rauchsalon war angefüllt mit Gemälden, Schnupftabakdosen, Waffen und anderen Dingen, die einst Friedrich dem

Großen gehört hatten und deren Anblick für jeden mit mehr Vorstellungskraft begabten Menschen eine Qual gewesen wäre. Wieso umgab er sich nicht mit Porträts seiner unfähigsten preußischen Vorgänger? Ich an seiner Stelle hätte meinem Leben einen schmeichelhafteren Rahmen gegeben, indem ich mein Arbeitszimmer mit den Hinterlassenschaften des glücklosen Herzogs Georg Wilhelm aus der Zeit des Dreißigjährigen Krieges dekoriert hätte oder mit Besitztümern des schwergewichtigen Mystikers Friedrich Wilhelm II.

In Versailles machten sich die Alliierten einen Spaß daraus, sich immer abwegigere gemeine Orte für Wilhelms Exil auszudenken, und sie drängten die Niederländer, ihn aus dem Land zu werfen. Es gab Pläne für einen gigantischen Schauprozess in London, doch bevor es dazu kam, wies jemand darauf hin, dass ein solcher Vorgang das gesamte Prinzip monarchischer Herrschaft unterminieren könnte und womöglich vollends außer Kontrolle geraten würde, sobald die zahllosen royalen deutschen Freunde des britischen Königshauses auf der Bildfläche erschienen. So drehte die Welt sich weiter, und man ging zu anderen Dingen über. Die Wachmannschaften in Doorn wiederum hatten so große Angst vor Entführern, Attentätern oder Kopfgeldjägern, die sich heimlich einschleichen könnten, dass im Winter jeden Abend das Eis im zugefrorenen Wassergraben zerschlagen wurde – einer der letzten Momente in der europäischen Geschichte, in denen ein Wassergraben tatsächlich noch seine Funktion erfüllte. Es war ein Zeichen für Wilhelms schwindendes Ansehen, dass nicht ein einziger derartiger Versuch unternommen wurde. Die unwürdige Situation ließ seine Adjutanten im Stillen um seinen Tod beten. Sie gingen davon aus, dass er, sollten die Alliierten tatsächlich seine Auslieferung erreichen, sich erschießen würde, sobald ihre Abgesandten die Auffahrt heraufkamen. Und wenn er es nicht tat, würde einer seiner Offiziere mit einem schnellen Degenstoß das letzte Fiasko verhindern: der Anblick des einstigen Nibelungenherrschers, gefesselt und mit schleppendem Schritt im Tower of London. Wilhelm selbst ließ sich einen Bart stehen, um nicht erkannt zu werden, falls er versuchen sollte, sich aus dem Staub zu machen.

Die Jahre vergingen, man saß in Galauniform an kristallgedeckten Tafeln, und der Kaiser schwafelte endlos über Juden und Freimaurer und entwickelte immer abstrusere Verschwörungstheorien um den Puppenspieler Eduard VII., der in seiner abgrundtiefen Boshaftigkeit noch aus dem Grab heraus die Fäden ziehe. Wenn in Deutschland wieder einmal einer seiner unzähligen demokratischen Widersacher ermordet wurde oder starb, prostete man sich mit Champagner zu. Wilhelm war voller Zorn über den Verrat Berlins, reagierte mit Ungläubigkeit auf den Putschversuch von Hitler und Ludendorff (»Aus Bierlokalen kommen keine neuen Reiche!«), war geradezu euphorisch angesichts des Aufstiegs des Dritten Reichs und begeistert über die britische Niederlage 1940 (»Das Gottesgericht über Juda-England hat eingesetzt.«) – doch er selbst war bei all dem nur ein unbeteiligter Zuschauer. Zwar hätte er sich nach dem deutschen Einmarsch in die Niederlande im Mai 1940 theoretisch wieder frei bewegen können, aber das machte nun auch keinen Unterschied mehr, denn zum einen konnte ihm eine Rückkehr nach Berlin unmöglich gestattet werden, und zum anderen war er mittlerweile schon über achtzig. Am 4. Juni 1941, wenige Tage bevor das Unternehmen Barbarossa das Schicksal des Dritten Reichs besiegelte, starb er. Die komplexe Historie, die sich an seinem Grab zusammenfand, ist kaum auf einen Nenner zu bringen: Wilhelm II. wurde auf seinem letzten Weg begleitet von dem abgrundtief bösen Reichskommissar für die Niederlande Arthur Seyß-Inquart, dem abgrundtief alten preußischen Generalfeldmarschall August von Mackensen, der seine Laufbahn mit der Verleihung des Eisernen Kreuzes im Deutsch-Französischen Krieg begonnen hatte, seinem Sohn, dem abgrundtief hypothetischen »Wilhelm III.«, und einem riesigen Kranz des abwesenden Hitler.

»Wir haben es nicht mit Kaiser Wilhelm zu tun, sondern mit Dschingis Khan!«, schleuderte der französische Premierminister Paul Reynaud am 12. Juni 1940 während einer von mehr als zwanzig Jahre altem Zorn geprägten Kabinettssitzung denjenigen seiner Kollegen entgegen, die ein Abkommen mit Hitler schließen wollten. Die Deutschen hatten gerade die Maginot-Linie durchstoßen, der Fall von Paris stand unmittelbar bevor, und Reynaud kämpfte gegen eine Mischung aus Defätismus und Verrat. Es war ein Symptom für das schwindelerregende Tempo, in dem sich die Verhältnisse wandelten, dass der Mann, der einst als der Feind der ganzen Welt betrachtet worden war, nun als die angenehmere Alternative erschien.

Mauern und Brücken

Der Historiker Richard Cobb, einer der profundesten Kenner der französischen Geschichte, war als junger Mann 1944 in den Reihen der britischen Armee an der Befreiung von Französisch-Flandern und Belgien beteiligt. Mithilfe einer beeindruckenden Menge von Getränken in einer schier unüberschaubaren Zahl von Kneipen verschaffte er sich im Laufe der Zeit ein beispielloses Bild von den französischen Lebensumständen unter deutscher Besatzung während der beiden Weltkriege. Zwischen 1914 und 1918 gab es in Städten wie Lille kaum männliche Erwachsene, da sie entweder in der französischen Armee kämpften oder zur Zwangsarbeit deportiert worden waren. Im ersten Winter waren die meisten Holzvorräte schon verheizt (darunter auch solche Dinge wie Treppen). Für die deutsche Armee hatten französische und belgische Zivilisten niedrigste Priorität, und so traf die Blockade sie als Erste. Während die Briten Arras und Ypern von Zivilpersonen räumten, taten die Deutschen das Gleiche in Städten wie Mons. Brüssel verwandelte sich in ein riesiges Flüchtlingslager. In Lille erfuhr Cobb aus Gesprächen, wie trostlos der Bahnhof mit seinen unbesetzten Fahrkartenschaltern und den immer schäbigeren Anzeigen für bequeme, glamouröse Fahrten nach Paris oder Nizza ausgesehen hatte – Städte, die nun für alle Zeit auf der falschen Seite der Schützengräben zu liegen schienen. Lilles riesiger Marktplatz war ideal für deutsche Militärparaden, und auf zahlreichen Fotos kann man auch heute noch reihenweise Pickelhauben tragende Soldaten sehen, die unter fröhlichen Werbeplakaten aus der Vorkriegszeit vorbeimarschieren. Ein bitterer Anblick in einer Zeit, in der die abgebildeten Marken wie Persil und Bovril längst nicht mehr verfügbar waren.

Hilfsorganisationen gelang es immer wieder, die Besatzer zu überreden, eingeschlossene Zivilisten ziehen zu lassen, und zwar mit dem zynischen Argument, die Deutschen müssten die »nutzlosen Mäuler« dann nicht mehr selbst durchfüttern, stattdessen würden diese zu einem Problem der Franzosen. Im besetzten Douai kam man auf die raffinierte Idee, alle Obdachlosen, Gefängnisinsassen und Prostituierten in das unbesetzte Frankreich auszuweisen. Nach und nach evakuierten die Schweizer Zivilisten aus Lille und Tourcoing rheinaufwärts nach Basel und über den Jura zurück nach Frankreich. Cobb sprach mit einem Mann, der als Kind auf dieser Route gereist war. Er erinnerte sich daran, wie verblüfft er war, als er in Basel eintraf: Nie zuvor hatte er junge Männer gesehen, die keine Uniform trugen.

Das Thema »junge Männer« prägte später die gesamte Zwischenkriegszeit. Allein in den vier Ländern, die an der Westfront gegeneinander gekämpft hatten, summierten sich die Opferzahlen auf drei Millionen Tote und zehn Millionen Verwundete, wobei »verwundet« alles bedeuten konnte, von einer Kugel im Arm bis hin zu lebenslanger Pflegebedürftigkeit in einer der riesigen Einrichtungen, die nun in ganz Europa aus dem Boden schossen.

Jedes Land ging auf seine Weise mit diesen Verlusten um. In den Zwanziger- und frühen Dreißigerjahren legten die Briten gewaltige Friedhöfe an, die – es mag seltsam klingen, ist aber zutreffend – häufig als die größten menschlichen Begräbnisstätten seit dem Alten Ägypten bezeichnet werden. Vornehmlich entlang des Ypernbogens und an der Somme entstanden Friedhöfe und Denkmäler, die für die Ewigkeit Bestand haben sollten. Unzählige Freunde und Angehörige der Gefallenen nahmen jeden Sommer die Fähren zu den Gräbern und begründeten damit eine neue, schreckliche Form des Tourismus mit einem ganz eigenen Ökosystem aus Hotels, Bussen, Taxis und Restaurants.

Ursprünglich sollten die Ruinen von Ypern in diesem Gedenken eine zentrale Rolle einnehmen, doch verständlicherweise wollten die Einwohner ihre Häuser zurück. Also beschloss man, die Stadt ganz neu und modern zu gestalten und die Vergangenheit an diesem Ort, der nur allzu reich mit historischen Ereignissen bedacht worden war, hinter sich zu lassen. Aber die Einwohner wünschten sich – auch das ist verständlich –, ihre Stadt solle exakt so wieder aufgebaut werden, wie sie zuvor gewesen war. Mit ihrer Sturheit trieben sie Sir Reginald Blomfield in den Wahnsinn, den Erbauer der Menenpoort, ein der Porte de la Citadelle in Nancy nachempfundener Ehrenbogen zur Erinnerung an die fast 55 000 Gefallenen aus Großbritannien und dem Commonwealth, die ohne eigenes Grab geblieben waren. Die von Blomfield geplante Sichtachse vom Gedenkbogen zur wieder aufgebauten Yperner Tuchhalle wurde durch ein kleines Grüppchen standhafter Bürger ruiniert, die sich beharrlich weigerten, den früheren Standort ihrer Läden auch nur um ein paar Zentimeter zu verschieben.* Diese Läden befinden sich noch heute an derselben Stelle, und man bekommt dort den üblichen aufdringlichen Kitsch von Mohnblüten und Helmen aus Schokolade bis hin zu Passchendaele-Bier.

Viele der rund fünfzig verschiedenen Nationen, die bis 1918 an den Kämpfen in Flandern beteiligt gewesen waren, errichteten Mahnmale für ihre Gefallenen, so etwa die Kanadier ihr außergewöhnliches Canadian National Memorial in Vimy (ein weiteres Beispiel für die unauslöschliche Begeisterung der Region für Exklaven und politische Kuriositäten, denn die Franzosen haben den Grund und Boden, auf dem die Gedenkstätte liegt,

* Gleichzeitig zermarterte Blomfield sich das Hirn darüber, wie er den Bogen gestalten solle, um es den Belgiern so schwer wie möglich zu machen, ihn als *pissoir* zu missbrauchen.

dauerhaft zu kanadischem Hoheitsgebiet erklärt). Das letzte britische Denkmal, Sir Edwin Lutyens' Monument zu Ehren der Vermissten in der Schlacht an der Somme (etwa 72 000 Soldaten) in Thiepval, wurde 1932 in einer gigantischen Zeremonie eingeweiht. Ich habe in meinem Leben sehr viel Zeit auf Soldatenfriedhöfen verbracht, aber ich habe immer neue Ausreden gefunden, um diesen einen *nicht* zu besuchen. Schon auf Bildern erscheint er mir unerträglich. Wer eine Art Quintessenz jenes Gefühls von Schock und Trauer sucht, von dem die gesamten Zwanzigerjahre durchdrungen waren, findet diese auch in Reginald Blomfields kleiner, beinahe unbemerkt an einer Straßenecke stehender St. George's Memorial Church in Ypern. Alles in dieser Kirche ist dem Gedenken an bestimmte Verstorbene geweiht, sei es in ihrer Eigenschaft als Angehörige eines speziellen Regiments, als Familienmitglieder oder als Schüler einzelner Schulen. Und so ist in diesem schlichten, persönlichen Rahmen alles eingefangen, was diese Zeit ausmachte.

Das französische Gedenken konzentrierte sich hauptsächlich auf Verdun, das sich in der Zwischenkriegszeit zu einer nationalen Pilgerstätte entwickelte, in deren Beinhaus die Gebeine von 130 000 unidentifizierten französischen und deutschen Soldaten beigesetzt wurden. Diese Gedenkstätte, die sich in ihrer Ästhetik fundamental von den britischen Friedhöfen unterscheidet, wurde im August 1932 in derselben Woche eröffnet wie Thiepval. Für die Briten sollte mit Thiepval ein Schlussstrich unter jedes weitere Engagement auf dem Kontinent gezogen werden. Zwischen Waterloo und der Schlacht bei Mons war fast ein Jahrhundert vergangen, ohne dass britische Truppen einen Fuß auf europäischen Boden gesetzt hatten, und mindestens genauso lange sollte es dauern, bis es wieder so weit käme. Unter dem Eindruck einer Vielzahl von Romanen, Memoiren und Gedichten, die in den Zwanzigerjahren erschienen waren, während gleichzeitig die Friedhöfe angelegt wurden, hatte sich in Großbritannien das Bild des Einsatzes gewandelt. Man sah darin keine heroische Leistung mehr, sondern vielmehr eine auf beklagenswerten Fehlentscheidungen beruhende Verschwendung von Leben. In Frankreich und Belgien schwand die Hoffnung, Deutschland aktiv einschüchtern und nach eigenen Vorstellungen formen zu können, wie man es mit der Ruhrbesetzung versucht hatte, stattdessen breitete sich zunehmend Fatalismus aus. Parallel zu den Gedenkstätten begannen die beiden Länder mit dem Bau umfangreicher Anlagen, die nun nicht mehr darauf abzielten, die Deutschen zu beherrschen, sondern sie einfach nur noch fernhalten sollten. Die Belgier, die schon einmal eine Invasion erlebt hatten, vermuteten ganz richtig, dass die Deutschen sich beim nächsten Mal nicht mehr von der niederländischen Neutralität abhalten lassen, sondern geradewegs durch den geografischen Wurmfortsatz um Maastricht nach Belgien einmarschieren würden. Auf diese Bedrohung reagierten sie mit dem Bau von Fort Eben-Emael, der größten Festung der Welt, die jede in den frühen Dreißigerjahren verfügbare technische und militärische Neuerung enthielt. Die Franzosen gingen sogar noch weiter und errichteten mit der Maginot-Linie ein befestigtes Verteidigungssystem entlang der Grenze, welches das Elsass und Lothringen vollständig abriegeln und jeden Versuch einer erneuten deutschen Invasion zu einem Selbstmordkommando machen sollte – beides Maßnahmen, die nicht gerade von großem Selbstvertrauen zeugten.

In den frühen Dreißigerjahren war Europa von einem tristen, zynischen Konservatismus beherrscht, der höchstens im Rückblick attraktiv erscheinen kann. Kein Politiker war in der Lage, sein Land aus der Weltwirtschaftskrise zu führen. Alle bemühten sich nach Kräften, die Kritik aus dem extremen rechten wie linken Lager zu ignorieren. Die Partei mit dem treffenden Namen Zentrumspartei, deren Wurzeln im rheinischen Katholizismus der Nach-1848er Ära lagen, versuchte, die Stellung zu halten, war jedoch ideologisch so weit gefasst, dass sie zwangsläufig furchtsam agierte, was letztlich desaströse Folgen haben sollte. Ihren traditionellen Schwerpunkt hatte sie in Städten wie Koblenz und Köln, die durch die Besatzung am schwersten gedemütigt worden waren. Die erhebliche Bandbreite der Partei von links nach rechts bedeutete, dass in ihren Reihen nicht nur Platz war für einen Mann wie Matthias Erzberger, der für Deutschland den Versailler Vertrag unterzeichnet hatte und dafür 1921 von einem rechtsnationalistischen Mordkommando erschossen wurde, sondern auch für den kriecherischen Franz von Papen, dessen katastrophale, dumme Manöver Hitler den Weg bereiteten. Mit anderen Worten: Ein und dieselbe Partei umfasste sowohl Politiker, die den »Dolchstoß« geführt hatten, durch den die deutsche Nation und ihre Kriegstoten angeblich verraten worden waren, als auch solche, die an diese Version der Geschichte glaubten. Das wiederum bedeutete, dass das Rheinland zwar ein relativ stabiles katholisches Bollwerk gegen den Nationalsozialismus bildete, dem Hitler – wie einst auch Bismarck – mit großem Misstrauen begegnete, die Region aber zugleich auch heillos anfällig war für den nationalsozialistischen Revisionismus.

Der Prozess, durch den Hitler 1933 an die Macht gelangte, war stets auf Berlin ausgerichtet, doch im Grunde verdankte sich der Erfolg der Westfront.

Obwohl die Nationalsozialisten im November 1932 nur ein Drittel der Wählerstimmen erhalten hatten, konnten sie sich, nachdem Adolf Hitler einmal Reichskanzler geworden war, auf die sehr viel breitere Basis derjenigen stützen, die glaubten, Deutschland sei 1918 betrogen worden. Die vielen konservativen Offiziere der Reichswehr, die Hitler ebenso verabscheuten wie er sie, waren nahezu ausnahmslos der Ansicht, dass Deutschland die Fesseln von Versailles abstreifen müsse. Das Land war seit der Ausrufung der Republik dermaßen durchgerüttelt, ausgehungert, kriminalisiert und mit Lügen dazu überhäuft worden, wieso und auf welche Weise der Erste Weltkrieg geendet habe, dass es von Anfang an dazu verdammt war, diese Demütigungen wieder rückgängig zu machen. Zu Beginn des Jahres 1923 hatten Franzosen und Belgier mit der Besetzung des Ruhrgebiets versucht, Deutschland weiterhin schwach und unter Kontrolle zu halten, doch 1924 gelang es den Briten und Amerikanern, sie von der Sinnlosigkeit dieses Unterfangens zu überzeugen, sodass sie 1925 wieder abzogen. Danach kamen die beiden Länder zu dem Schluss, dass ihnen nichts anderes übrig blieb, als sich einzumauern und das Beste zu hoffen – die Arbeiten an ihren gewaltigen Festungssystemen begannen also, als Deutschland noch eine Demokratie und Hitler von der Macht weit entfernt war.

Rückhalt fand das glamouröse, militaristische Dritte Reich nicht nur bei den Gegnern des Versailler Vertrags, sondern auch unter jenen Konservativen, die den Kommunismus hassten und fürchteten und die unter anderen Umständen womöglich auch nach Hitlers Wahl Distanz zu ihm gewahrt hätten. Die zusätzliche Katastrophe bestand darin, dass Hitlers bunt zusammengewürfelte Ideologie neben allem anderen auch einen fanatischen Antisemitismus umfasste. Dieser hatte zwar von allen Aspekten des Dritten Reichs die furchtbarsten Auswirkungen, aber man könnte sich ein ebenso brutales, diktatorisches und kriegslüsternes deutsches Regime durchaus auch ohne diesen Fokus vorstellen (etwa unter Hitlers Vorgänger als Reichskanzler, General von Schleicher, der sich während seiner kurzen Amtszeit mit ähnlich militaristischer Aufmachung umgeben hatte und den Hitler während der »Nacht der langen Messer« 1934 ermorden ließ).

Die Folgen sind bekannt: Sämtliche Bestimmungen des Versailler Vertrags wurden so schnell wie möglich rückgängig gemacht. Einige wichtige Punkte betrafen den Osten – insbesondere den »Polnischen Korridor« und die Stadt Danzig –, doch der entscheidende Moment war die Remilitarisierung des Rheinlands im März 1936. Ein Jahr zuvor hatte der Völkerbund im

Saargebiet einen Volksentscheid durchgeführt. Das Saargebiet war 1918 der einzige nennenswerte territoriale Zugewinn Frankreichs gewesen, doch laut Vertrag sollten die Einwohner nach Ablauf von fünfzehn Jahren selbst über ihre Zukunft entscheiden dürfen. Die Abstimmung verlief fair (unter Führung des Völkerbundes überschwemmten Heerscharen von britischen und italienischen Soldaten die Region), aber mit einem aus französischer Sicht katastrophalen Ergebnis: Eine überwältigende Mehrheit stimmte für die Wiedervereinigung mit Deutschland. Da hatte man nun jahrelang Marianne-Puppen an Schulkinder verteilt und die Leute mit Bestechung, Drohungen und Anreizen zu bewegen versucht, Französisch zu lernen, doch das alles war wirkungslos geblieben angesichts eines deutschen Nationalismus, der ebenso verrückt und selbstbezogen war wie der französische. Also zogen die Franzosen ab, und die Nationalsozialisten rückten ein.

Die entmilitarisierten linksrheinischen Gebiete bildeten für Belgien und Frankreich den entscheidenden Sicherheitspuffer, gewissermaßen eine Art Stolperdraht. Noch war das deutsche Heer zahlenmäßig klein und schlecht ausgebildet, die Luftwaffe erst ein Jahr zuvor neu gegründet worden. Bei ihrem Einmarsch in das Rheinland hatten die deutschen Truppen Anweisung, sich beim geringsten Widerstand zurückzuziehen, doch es gab keinen Widerstand. Die Gedenkveranstaltungen in Thiepval und Verdun lagen zu diesem Zeitpunkt erst vier Jahre zurück, auch die übrigen Länder litten unter der Wirtschaftskrise, sie fürchteten eine Ausweitung des Kommunismus, und in ihren jeweiligen Bevölkerungen hatte sich weitgehend die Auffassung durchgesetzt, der Erste Weltkrieg sei vollkommen sinnlos gewesen, weshalb eine Gegeninvasion des Rheinlands schlicht undenkbar war. Die Franzosen hätten dazu die Unterstützung Großbritanniens gebraucht, aber letzten Endes konnte sich keine der beiden Nationen dazu durchringen, die Schleusen von 1914 wieder zu öffnen.

Nach wie vor standen die westlichen Alliierten bei ihren strategischen Planungen vor dem entscheidenden Problem, wie ein Einmarsch in Deutschland zu bewerkstelligen sei. Auf diese Frage hatten sie schon 1918 keine Antwort gefunden, und auch 1939 sollte sie ungeklärt bleiben. Im Ersten Weltkrieg hatte man sich ausschließlich auf das heldenhafte Ziel konzentriert, von fremden Invasoren besetztes nationales Territorium zurückzuerobern. Wie viele Jahre und Menschenleben hätte es gekostet, bis Berlin vorzurücken? Seit 1934 hatten die Deutschen heimlich Befestigungslinien östlich des Rheins entworfen, doch diese wurden nun zugunsten des großen Westwalls aufgegeben, den die Briten mit einem aus dem Ersten Weltkrieg entlehnten Begriff auch als »Siegfriedlinie« bezeichneten. Kurioserweise trug ein Bauabschnitt des Westwalls den Namen »Limesprogramm«, womit die von Wilhelm II. so geschätzte, aus dem alten Römischen Reich stammende Idee eines Grenzwalls gegen die Barbaren wiederbelebt wurde. Und auch diesmal (ich schreibe das frei von Ironie) scheint niemandem aufgefallen zu sein, dass der Limes einst dazu errichtet worden war, die *Deutschen* aus dem Reich fernzuhalten. Aber der Nationalsozialismus war generell eine derart heillose Mixtur verschiedenster Einflüsse – unter anderem Cäsar, Wagner, die nordische Mythologie und der Fordismus –, dass man darin mühelos Widersprüche aufdecken kann. Geplant war ursprünglich eine aus etwa zwölftausend Bunkern und Forts bestehende Befestigungslinie von Kleve bis an die Schweizer Grenze, die 1952 fertiggestellt sein sollte. Anders als die Maginot-Linie und Eben-Emael dienten diese Forts, deren Bau bis November 1938 bereits über eine Million Tonnen Zement, fast sieben Millionen Tonnen Kies und Sand sowie mehr als die Hälfte aller deutschen Betonmischer verschlungen hatte, jedoch nicht der Verteidigung, sondern sollten lediglich die alliierten Truppen aufhalten, während zunächst die deutschen Gegner im Osten (etwa Polen oder die Tschechoslowakei) vernichtet wurden. Falls es für die Alliierten jemals eine Gelegenheit gegeben hatte, Deutschland aufzuhalten, war sie nun vorbei.

Das Königreich der Matratzen

Ein eher düsteres und zugleich recht befremdliches Erlebnis im Rheinland ist eine Übernachtung im Hotel Dreesen in Bad Godesberg südlich von Bonn. Schon seit hundert Jahren bietet das unmittelbar am Rhein gelegene Haus mit seinem altmodischen, traurigen Blattgolddekor seinen Gästen ein angenehmes Urlaubsidyll. Das Hotel liegt im Herzen des Nibelungenlands: Vor der Tür fließt der Rhein vorbei, auf dem Siegfried von Xanten nach Worms reiste, und am gegenüberliegenden Ufer erhebt sich das Siebengebirge, in dem Brünhild einst schlief. Eine kurze Überfahrt mit der Fähre beschert einem das zwiespältige Vergnügen der Nibelungenhalle, die 1913 zur Feier von Wagners hundertstem Geburtstag erbaut wurde. Herrlich trübsinnige Bilder aus dem *Ring*-Zyklus schmücken das an einen Bankettsaal erinnernde Innere, dazu ein Jugendstilvorhang, auf dem die Nornen beim Spinnen der Schicksalsfäden zu sehen sind. Draußen an der Fassade begrüßen den Besucher die beiden Riesen Fasolt und Fafner. Aus Sorge vor Missverständnissen weist eine Informationstafel darauf hin, dass die Hakenkreuzsymbole in den Fenstern auf einen alten, unverdächtigen Ursprung zurückgehen. Die Halle selbst hat ihre klare thematische Ausrichtung bewahrt, im Außenbereich jedoch geht einiges durcheinander, seit 1933 anlässlich von Wagners fünfzigstem Todestag ein kecker, lebensgroßer Siegfried-Drache (eine Skulptur, die den großen Meister zweifellos sehr wütend gemacht hätte) aufgestellt und später noch ein Reptilienzoo hinzugefügt wurde, der sich aus unerfindlichen Gründen momentan auf Albino-Anakondas spezialisiert hat.

Bad Godesberg ist ein vornehmer, versnobter Vorort von Bonn mit zahlreichen wilhelminischen Villen, in dem nur wenige Bombenschäden zu beklagen waren. Überragt wird er vom mächtigen Turm der im geradezu schmerzhaft dämlichen Kölnischen Krieg gesprengten Godesburg, die ich bereits in einem früheren Kapitel erwähnt habe. Das Hotel Dreesen ist bis heute berühmt dafür, dass Adolf Hitler und der britische Premierminister Chamberlain im September 1938 dort zu Gesprächen zusammentrafen, bei denen die Zukunft der Tschechoslowakei in der Waagschale lag. Das Wagner'sche Flair kam Hitler sehr entgegen, und die Nornen spannen fleißig ihre Fäden, während die beiden Männer versuchten, die Absichten des jeweils anderen auszuloten. Nach all den späteren Katastrophen ist die nervöse, furchtsame Atmosphäre jener Tage inzwischen eher in den Hintergrund getreten. Die Sowjetunion und Frankreich hatten bereits die Unverletzlichkeit der tschechoslowakischen Grenzen garantiert, doch Großbritannien wollte ihnen darin nicht folgen. Aus Arroganz, Borniertheit, Verachtung für Hitler, aber auch aus tiefsitzender Angst davor, was ein Krieg bedeuten würde, gab Chamberlain Hitler zu verstehen, dass er tun und lassen konne, was er wolle. Auf der noch im selben Monat stattfindenden Münchner Konferenz wurde die Tschechoslowakei aufgespalten, und damit fiel die entscheidende Bastion, die das Dritte Reich in seiner Bewegungsfreiheit einschränkte. Angewidert von der Schwäche des Westens, begannen die Sowjets, eigene Pläne zu entwickeln. Noch heute kann man vor dem leicht umgestalteten Eingang stehen, wo das berühmte Foto von Hitler und Chamberlain aufgenommen wurde, aber das ist kein besonders angenehmes Gefühl.

Die Kämpfe, die schließlich im Westen ausbrachen, verliefen entlang derselben Linien wie im Ersten Weltkrieg. Die in diesem Buch behandelte Region wurde zweimal überrollt, das erste Mal 1940 und dann noch einmal 1944. In der albtraumhaften Zeit dazwischen verwüsteten Terror, Völkermord, Zwangsarbeit, Luftangriffe und der Zusammenbruch nahezu aller sozialen und wirtschaftlichen Normen die besetzten Gebiete. Für deren Bewohner schien dieser Zustand ab Ende 1940 die unabänderliche Zukunft zu sein, denn die feste Gestalt, die wir dem Zweiten Weltkrieg geben, weil wir wissen, dass er mit der Befreiung endete, war für diejenigen, die ihn erlebten, natürlich nicht absehbar.

1939 waren sämtliche Akteure wie erstarrt. Die Niederlande klammerten sich ängstlich, ja geradezu verzweifelt an ihre Neutralität. Die Schweizer mobilisierten 400 000 Soldaten und griffen zu ihrer traditionellen »Stachelschwein-Taktik«. Die Franzosen und Briten, die immer noch keine Ahnung hatten, wie sie in das Dritte Reich einmarschieren sollten, hofften, eine neuerliche Blockade würde die deutsche Wirtschaft ersticken und Hitler stürzen, doch nach dem deutsch-sowjetischen Nichtangriffspakt war das so, als bewachten sie die Vorderseite eines Hauses und gäben vor, nicht zu bemerken, wie Kolonnen von Lastwagen alle Güter dieser Welt durch den rückwärtigen Garten anlieferten. Die alliierten Befehlshaber waren wie gelähmt durch ihre Erinnerungen an den Ersten Weltkrieg. Trotzdem wurden Maßnahmen in außergewöhnlichem Umfang ergriffen. Die französische Gesellschaft erhielt ein völlig neues Gesicht, als über zwei Millionen Männer an die Front geschickt wurden. Mit der Kriegserklärung an Deutschland und der Aktivierung der Maginot-Linie entstand entlang der Grenze eine Zone, aus der etwa zwei Millionen Zivilisten nach Wesen und Südwesten evakuiert wurden, wodurch das Département Nord, die französischen Ardennen, das Elsass, Lothringen und die Franche-Comté einen Großteil ihrer Bevölkerung verloren. Einige Wochen nach Kriegsbeginn war Frankreich ein völlig neues Land, und ganz gleich, was die Zukunft bringen mochte, die Vorkriegsgesellschaft war dahin.

Auf deutscher Seite wirkte sich die Erinnerung an die Jahre von 1914 bis 1918 ganz anders aus. Das Ziel, die Schande von 1918 auszulöschen, motivierte selbst jene Offiziere, die Hitler insgeheim ablehnten. Hitler stellte sich einen so umfassenden, schnellen und unaufhaltsamen Vormarsch vor, dass seine Truppen die Somme möglichst noch vor dem Winter 1939 erreichten. Die immensen deutschen Verluste, die damit einhergehen würden, waren das Blutopfer, auf das künftige Generationen voller Ehrfurcht zurückblicken würden. 1940 sollte die Aufgabe dann abgeschlossen sein. Etwas weniger *nibelungentreu* gestimmt, richteten die meisten Generäle ihr Augenmerk auf die Kanalhäfen, die man 1914 katastrophalerweise nicht gesichert hatte.

Frankreich konnte zu gegebener Zeit immer noch bezwungen werden, aber diesmal würde man sich vorrangig auf Großbritannien konzentrieren. Durch den Einmarsch in Belgien und die Niederlande würden die Deutschen die Kontrolle über die großen Docks und Hafenanlagen erringen, die sich wie Perlen an einer Kette zwischen Rotterdam und Boulogne aufreihten. Anschließend könnten sie den Ärmelkanal abriegeln, in aller Ruhe die britischen Seestreitkräfte erledigen und London in Grund und Boden bomben. Es war reines Pech, dass dieser Plan im Januar 1940 bei der Notlandung eines deutschen Flugzeugs auf belgischem Gebiet (dem sogenannten Mechelen-Zwischenfall) den Alliierten in die Hände fiel. Diese waren zwar davon überzeugt, dass es sich um fingierte Informationen handelte, aber das wussten die Deutschen nicht, und so sahen sie sich gezwungen, ihre Pläne zu überdenken.

Das Kuriose an den Ereignissen des Jahres 1940 war, dass die Maginot-Linie tatsächlich hielt und einen riesigen Bereich der Grenze sicherte. Das reduzierte die strategischen Optionen der Deutschen so sehr, dass ihnen kaum etwas anderes übrig blieb, als entweder durch das Zentrum Belgiens hindurch anzugreifen oder durch die Ardennen – oder diese beiden Optionen zu kombinieren. Das hätte den Alliierten eigentlich das Leben erleichtern sollen, konnten sie so doch ihre Streitkräfte zurückhalten und abwarten, wofür sich die Deutschen entschieden, um dann darauf zu reagieren. Stattdessen beharrten die Franzosen stur darauf, dass die Ardennen unpassierbar seien und das zentrale Belgien daher der einzige Kriegsschauplatz sein werde. Das hat man Frankreich seither stets zum Vorwurf gemacht, aber der rückblickend oft unterschätzte Belgien betreffende Teil des deutschen Angriffsplans sollte sich als ebenso brillant erweisen wie der Vorstoß durch die Ardennen. Die Deutschen wussten, dass die Franzosen vor der Aussicht auf einen zweiten verheerenden Krieg auf französischem Boden zurückschreckten, und sie wussten, dass die Bereitschaft der Franzosen, aus ihren befestigten Stellungen zu stürmen und die Auseinandersetzung mit den Deutschen auf belgischem Territorium zu suchen, sie ebenso sehr ins Verderben stürzen würde wie der »linke Haken« durch die Ardennen.

Für die Alliierten war dieser Feldzug ein Desaster, und das Ausmaß des deutschen Erfolgs war derart schwindelerregend, dass die Gründe dafür gar nicht vollständig zu begreifen sind (9. Mai: innere Zuversicht, 15. Mai: abgrundtiefe Verzweiflung). Man könnte sagen, dass die Schwäche der französischen und britischen Generäle die allgemeine Zaghaftigkeit ihrer Länder widerspiegelte: Sie alle hatten 1914–18 gekämpft und fürchteten sich unsäglich vor einer Wiederholung dieser Erfahrung. Das monatelange Warten auf den deutschen Ansturm hatte jeden Elan, der sie zu Beginn noch beflügelt haben mochte, verfliegen lassen. Der britische Oberbefehlshaber Lord Gort beispielsweise mutierte zu einer Art glasiertem Pfadfinderführer, der sich geradezu zwanghaft mit belanglosen Uniform- und Nachschubfragen beschäftigte. Die Alliierten erkannten, dass sie mit jedem Monat stärker wurden, und begannen zu glauben, die Deutschen hätten zu lange gezögert – man denke nur an Chamberlains bedauerlichen Ausspruch, Hitler habe »den Bus verpasst«. Denn natürlich galt dasselbe für die Deutschen, auch sie wurden stärker, rüsteten auf, bildeten weitere Soldaten aus und zogen ihre Lehren aus den harten, realen Kämpfen in Polen. Letzteres machte wahrscheinlich den entscheidenden Unterschied zwischen den beiden Seiten aus.

Was dann geschah, war ein absolutes Fiasko und in konventionellen Zeitungsbegriffen kaum zu beschreiben. Neue Technologien wie Lastensegler und bunkerbrechende Munition zerstörten Eben-Emael innerhalb weniger Minuten. Die Bombardierung von Rotterdam forderte fast 900 zivile Opfer, und zwar ebenfalls innerhalb weniger Minuten. Wie vorausgesehen, verließen die Alliierten, die seit dem Herbst des Vorjahres mit dem Bau zusätzlicher Befestigungen beschäftigt gewesen waren, ihre Stellungen und marschierten nach Belgien, um dort in einer offenen Feldschlacht die vermeintliche Hauptstreitmacht der Deutschen abzuwehren – eine Strategie, die Wochen nach dem Beginn des letzten Krieges als selbstmörderisch erachtet worden wäre. Französische Truppen eilten nach Zeeland, wo sie gerade lange genug blieben, um versehentlich halb Middelburg in Schutt und Asche zu legen, das offenbar evakuiert worden war, ohne dass jemand daran gedacht hatte, die Gasleitungen zuzudrehen. Das sollte sich als ein Versäumnis mit entsetzlichen Folgen erweisen. Unterdessen erfolgte der Hauptvorstoß der Deutschen durch die Ardennen, und wie üblich gerieten die Städte Bouillon, Dinant und Sedan in den Blick der Weltöffentlichkeit, während sich die Maas einmal mehr als unzuverlässiger Schutz erwies. Erwähnenswert ist in diesem Zusammenhang eine ganz besondere hydrografische Absurdität: Eine Schleuse in der Umgebung von Dinant konnte nicht zerstört werden, weil ansonsten der Wasserspiegel der Maas so stark gesunken wäre, dass man an anderer Stelle problemlos hätte hindurchwaten können. So aber passierten die Angreifer den Fluss einfach über die Schleusenanlage. Mit anderen Worten: Die Maas bildete nur für solche Strategen ein Hindernis, die gerne mit dem Finger auf Landkarten deuteten. Nach ihrem Durchbruch stießen die Deutschen im Eiltempo bis an die Küste vor, wobei sie ihre Fahrzeuge an den verlassenen französischen Tankstellen auftanken konnten.

Die Briten wurden – gleichsam in einem historischen Spießrutenlauf – in demütigender Auflösung durch Städte zurückgedrängt, deren Namen eine Generation zuvor noch für entschlossene Aufopferung gestanden hatten: Le Cateau, Ypern, Saint-Quentin, Amiens. Es machte mir schwer zu schaffen, als mir bewusst wurde, dass ich in meiner Ahnungslosigkeit in Cassel herumgealbert und mich an der sonderbaren Lage des Städtchens auf der Hügelkuppe und an seinem Chicorée erfreut hatte, ohne zu ahnen, dass es bei einem fast vergessenen britischen Rückzugsgefecht komplett zerstört worden war. Die Verteidiger hatten mit ansehen müssen, wie die deutschen Truppen den Fuß des Hügels erreichten, sich teilten und einfach außen herum weiter in Richtung Ärmelkanal strömten.

Lord Gort war ein absolut unfähiger Oberbefehlshaber, aber er erkannte ganz richtig, dass die Schlacht verloren war, und seine Entscheidung, die britischen Soldaten aus Dünkirchen zu evakuieren, sollte sich als wichtigster britischer Beschluss des gesamten Krieges erweisen. Die Kanalhäfen verwandelten sich in ein flammendes Inferno. Nachts konnte man von Dover aus das brennende Calais sehen. Man könnte nun argumentieren, dies sei der Beweis dafür, dass der ursprüngliche »Mechelen«-Plan doch richtig gewesen sei, nämlich erst die Verbindung nach Großbritannien zu unterbrechen und anschließend Frankreich zu besiegen. In Wirklichkeit erwies sich das Vorgehen der Deutschen jedoch lediglich als eine Variante des Fehlers, den sie bereits 1914 gemacht hatten – und genau wie damals war er im Nachhinein nicht mehr zu korrigieren.

Frankreich war unterdessen zu dem geworden, was Léon Werth in *33 Tage*, seiner beeindruckenden Schilderung der Niederlage, das »Königreich der Matratzen« nennt. Diese waren außen an den Autos und Lastwagen befestigt, die bald alle Straßen verstopften, weil sich hinter jedem liegen gebliebenen Wagen kilometerlange Fahrzeugschlangen bildeten, die von feindlichen Flugzeugen aufs Geratewohl beschossen wurden.* Alles in allem machten sich

* Werth schreibt in seinem Buch so viele bemerkenswerte Dinge, etwa: »Was wir Geschichte nennen – sollte das die nichtigste Illusion der Menschen sein? Was wir der Geschichte, den Kriegen wie den Mächten der Friedenszeit zugestehen – sollte das das Zeichen unserer eigenen Unzulänglichkeit sein? Wir bringen Geschichte hervor, wie ein Kranker eine Krankheit hervorbringt.«

etwa acht Millionen Franzosen auf den Weg, außer sich vor Angst beim Gedanken an die Erzählungen von der erstarrten Front 1914–18. Anderthalb Millionen französische Soldaten gerieten in Kriegsgefangenschaft, neunzigtausend fielen. Beide Seiten improvisierten, da weder Deutsche noch Franzosen einen solchen Ausgang erwartet hatten. Die Deutschen richteten in den Niederlanden ein Besatzungsregime ein, holten sich Elsass-Lothringen zurück (das Elsass bildete fortan zusammen mit Baden den Gau Baden-Elsass, und Lothringen fiel an den Gau Westmark), schluckten Luxemburg (als Teil des Gaus Moselland) und ließen unbeabsichtigt einen Großteil der alten Spanischen Niederlande wieder auferstehen, indem sie Belgien, die Départements Nord und Pas-de-Calais sowie die Kanalhäfen zusammenfassten und einer in Brüssel ansässigen Militärverwaltung unterstellten. Die französische Atlantikküste und die nördliche Hälfte des Landes wurden besetzt, während im Rest eine erschütternd unrechtmäßige Kollaborationsregierung unter der Führung von General Philippe Pétain mit Sitz in Vichy herrschte.

Vichy sollte eigentlich für den Sieg des gesunden Menschenverstands stehen, für einen realistischen Abschluss des Krieges (genau wie der Rückzug Großbritanniens vom Kontinent) und für die Akzeptanz des Unvermeidlichen nach einer derart vernichtenden Niederlage. Vertreter des Regimes schwadronierten über die »pazifistischen Lehrer des Landes«, denen sie die Schuld an Frankreichs militärischer Schwäche gaben. Aber der Krieg ging weiter, und unversehens wurde Vichy zu einer Peinlichkeit. Zwar scharten sich kriegsmüde, demoralisierte französische Bürger um diese Regierung, doch das Rüstzeug jenes katholischen Quietismus, den sie verkörpern sollte, hatte sie verloren: Vichy war nicht realistisch, Vichy kollaborierte. In Belgien hatte König Leopold III. – in der Annahme, er reihe sich ein in die Schar der Vernünftigen – die gleiche desaströse Entscheidung getroffen und fand sich unversehens auf der Seite der Kollaborateure wieder. Die Vichy-Regierung druckte Banknoten mit der unwiderstehlichen Losung *Fabrikarbeit und Feldarbeit: die beiden Brüste der Republik* und experimentierte mit der Vorstellung, Pétains Frankreich könne die Ceres zu Hitlerdeutschlands Vulkan werden – eine Metapher, über die man gar nicht weiter nachdenken möchte. Vichy entwickelte sich nie zu einer stabilen Regierung, aber vielleicht bot das Regime tatsächlich einigen seiner Bürger ein wenig Schutz vor den Schrecken, die im Dritten Reich immer weiter um sich griffen.

Da es Deutschland nicht gelang, die Luftschlacht um England zu gewinnen, wurde fast die gesamte in diesem Buch behandelte Region zur Geisel von Ereignissen, die außerhalb ihrer Kontrolle lagen. Das gilt auch für die deutschen Gebiete. Die einzige Ausnahme war die Schweiz, wo General Henri Guisan im Juli 1940 sämtliche hochrangigen kommandierenden Offiziere auf derselben Wiese zusammenkommen ließ, auf der die Kantone Uri, Schwyz und Unterwalden 1291 ihren historischen Bund geschlossen hatten. Dort verkündete er ihnen, dass die Schweiz einer möglichen Invasion Widerstand leisten und niemals kapitulieren werde. Wahrscheinlich hatten die Schweizer einfach nur Glück – weil Großbritannien immer noch unbesiegt war und im darauffolgenden Sommer der Einmarsch in die Sowjetunion erfolgte, hatte Hitler keine Gelegenheit, sich der Schweiz zuzuwenden. Dennoch bleibt die Schweizer Entschlossenheit beeindruckend, und trotz einiger bitterer Kompromisse wahrten sie ein »Deutschtum«, das zu Recht als weniger befleckt gilt als das ihrer nördlichen Nachbarn.

Im Rückblick wird deutlich, dass die weitere Entwicklung des Dritten Reichs ab Ende 1940 auf einer Reihe chaotischer Improvisationen, brutaler Zwangsmaßnahmen und der Verschleppung unzähliger Zwangsarbeiter beruhte. Die einzige Konstante war die erbarmungslose Jagd auf Juden, die sich zwar so gut es ging versteckten, doch über Wochen, Monate und Jahre drohte an jedem einzelnen Tag der Verrat. Zudem blieb das nationalsozialistische Reich durch und durch deutsch, denn obwohl es in den besetzten westlichen Gebieten genügend Opportunisten gab, gelang es ihm nie, mehr als nur einige Randfiguren tatsächlich von seiner Ideologie zu überzeugen. Trotzdem schien es in den Jahren 1940 und 1941 – und vielleicht sogar noch darüber hinaus –, als sei das Dritte Reich die Zukunft, und die meisten Menschen verloren die Hoffnung.

Der Weg nach Straßburg

Während meiner Recherchen für dieses Buch flog ich häufiger vom Londoner City Airport zu jenem Flughafen mit dem etwas umständlichen Namen EuroAirport Basel Mulhouse Freiburg. Eines Tages saß ich wieder einmal in einer kleinen Maschine. Es war ein wolkenloser Sommertag, und wir flogen so tief, dass sich die Landschaft in fast schon halluzinatorischer Deutlichkeit unter mir ausbreitete. Man hätte meinen können, es sei eine der Reliefkarten Ludwigs XIV., die ich in Lille gesehen hatte. Von dort oben überblickte ich fast ganz Kent wie einen Teppich aus Feldern, und die schwarz glänzenden

Ortschaften, mit denen er übersät war, erschienen wie Krümel verbrannter Brotkruste (wahrscheinlich wirkten sie schwarz wegen der Gebäudeschatten). Ich konnte die kleine Stadt im Westen von Kent erkennen, in der ich aufgewachsen war, und die kleine Stadt im Osten von Kent, wo nahe Verwandte von uns lebten, die wir mehrmals pro Jahr besuchten. Damals fuhren wir scheinbar endlose hügelige Straßen entlang, die sich durch Hopfenfelder und Obstwiesen schlängelten, das Auto eine Gefängniszelle auf Rädern, erfüllt von Gezänk, gegenseitigen Vorwürfen und hin und wieder auch einem handgreiflichen Streit zwischen uns drei Kindern auf der Rückbank, das Ganze unterbrochen durch Flüche von den Vordersitzen und dem unausweichlichen Höhepunkt, wenn entweder ich oder meine jüngere Schwester uns übergeben mussten und alles vollspuckten. Vom Flugzeug aus jedoch erschien diese Winder'sche Anabasis wie ein kurzer, unbedeutender Spaziergang.

Als das Flugzeug brummend weiterflog, wurde die Szenerie ungleich ernster. Ich sah unter mir die Küstenstädte Deal, Dover und Folkestone, dann die Straße von Dover (den *Pas de Calais,* wie die Franzosen sie nennen). Am gegenüberliegenden Ufer entsprachen die klaren Umrisse von Dünkirchen, Calais und Boulogne auf geradezu unheimliche Weise ihrer Verteilung auf der Landkarte. Es war ein absolut furchterregender Anblick – der Ärmelkanal ist an dieser Stelle nicht besonders breit, und im Sommer 1940 hing der Verlauf der Geschichte an seiner Existenz und daran, ob er durch die getroffenen Entscheidungen sowie das Gleichgewicht von technischem Fortschritt, Flottenstärke, Weitblick und Zufall eine wirkungsvolle Barriere blieb.

Nach der vernichtenden Niederlage der Briten und Franzosen war Europa erneut zu dunklen Zeiten verdammt. Millionen Menschen verloren unter bis dahin unvorstellbaren Umständen ihr Leben, weil Großbritannien und Frankreich durch klägliches Stümpern und Zaudern die eine realistische Chance verpasst hatten, das Dritte Reich aufzuhalten, bevor alles noch viel schlimmer wurde. In ganz Nordfrankreich stemmten sich unterdessen unzählige kleine Gruppen französischer und britischer Soldaten, über deren entschlossenen, aufopferungsvollen Widerstand in den seltensten Fällen Aufzeichnungen vorliegen, dem Vormarsch der Deutschen entgegen und hielten ihn so lange auf, dass rund 340 000 alliierte Soldaten aus Dünkirchen evakuiert werden konnten. Dadurch wurde eine spätere Fortsetzung des Krieges überhaupt erst möglich, doch der Sieg sollte nun fast weitere fünf Jahre auf sich warten lassen, und der Preis dafür war unermesslich hoch.

In seinem ergreifenden autobiografischen Roman *Flug nach Arras* beschreibt Antoine de Saint-Exupéry einen Flug über den Norden Frankreichs, drei Tage vor dem Beginn der Evakuierungen aus Dünkirchen. Er befand sich auf einer Aufklärungsmission, war sich aber darüber im Klaren, dass diese völlig sinnlos war – die französische Luftwaffe war zerstört worden, das Heer geschlagen, es gab folglich nichts mehr aufzuklären. Stoisch und voller Selbstironie absolvierte er seinen Flug in der Erwartung, getötet zu werden. Er beschreibt Arras und die umliegende Region »düster rot wie Eisen auf dem Amboss«. In einer schrecklichen Vision stellt er sich vor, wie »menschlicher Schweiß, menschliche Erfindung, menschliche Kunst, menschliche Erinnerungen und menschliches Erbe« die Flammen nähren. Als er es zurück zu seinem Stützpunkt geschafft hat, erstattet er Bericht:

»Ich ... Ach ja, Brände! Ich habe Brände gesehen. Das ist wirklich interessant ...«

»Nein. Alles brennt doch. Und sonst?«

Rund 800 Schiffe beteiligten sich an der Rettungsaktion für die in Dünkirchen eingeschlossenen Soldaten, aber auch am Rest der Kanalküste herrschte in diesem Sommer hektische Betriebsamkeit. Überall zerstörten britische Trupps Hafenanlagen und jagten Öltanks in die Luft. Während die Briten versuchten, von Brest bis Hoek van Holland so viele Einrichtungen und Infrastruktur wie nur möglich zu beschädigen oder zu blockieren, kam es zu traurigen Auseinandersetzungen zwischen Soldaten, die Tage zuvor noch Verbündete gewesen waren. Ein speziell ausgerüstetes Schiff fuhr den Ärmelkanal entlang und kappte alle Kommunikationskabel zwischen Großbritannien und Frankreich. Die niederländische Königsfamilie wurde nach England verschifft, ebenso vierzig Tonnen Gold aus Rotterdam. Gerade noch rechtzeitig vor dem Eintreffen der Deutschen gelang einer riesigen, höchst ungewöhnlichen Flotte aus 26 Handelsschiffen, 50 Schleppern und etwa 600 Lastkähnen, Baggerschiffen und Schwimmkränen die Flucht aus Antwerpen: Wieder einmal kam das Leben in einem der größten Häfen der Welt zum Erliegen.

Was Ende Mai, Anfang Juni geschah, hätte sich noch einige Wochen zuvor niemand vorstellen können, und so blieb beiden Seiten nichts anderes übrig, als in Windeseile zu improvisieren. Rückblickend ist offensichtlich, dass die Deutschen so schnell wie möglich alle verfügbaren Kräfte nach Dünkirchen hätten schicken sollen, doch sie waren nicht nur wie betäubt von ihrem unerwarteten Erfolg, sondern sich zugleich darüber im Klaren, dass ein Großteil Frankreichs weiterhin von einer britisch-französischen Streitmacht geschützt wurde, die sich entlang der Somme rasch neu formierte. Obwohl ihr Zögern nur einige Tage dauerte, besiegelte es ihren Untergang: Frankreich war geschlagen, aber dank der erfolgreichen Evakuierung Hunderttausender Soldaten aus Dünkirchen gab es für Großbritannien keinen Grund, sich unterlegen zu fühlen. Außerdem waren die Deutschen jetzt gezwungen, selbst den Ärmelkanal zu überqueren. Dazu mussten sie erst die britische Air Force außer Gefecht setzen, denn das war die Voraussetzung dafür, die britische Navy schlagen zu können. Anschließend müssten deutsche Soldaten mit einer weitgehend ungeschützten Flottille über den Kanal setzen und auf der Insel ein zahlenmäßig überlegenes, wiederbewaffnetes englisches Heer besiegen. Doch schon der erste Schritt in dieser Abfolge misslang. Wie schon 1914–18 blieb Deutschland eine Regionalmacht, die von Großbritanniens weltweiten Ressourcen umzingelt war. Die Deutschen sahen die weißen Klippen von Dover, aber sie konnten sie nicht erreichen. Großadmiral Raeders Lage war hoffnungslos, denn die deutsche Marine verfügte lediglich über zwei beschädigte Schlachtschiffe und zehn Zerstörer, die britische Navy dagegen über dreizehn Schlachtschiffe und schwere Kreuzer sowie 169 Zerstörer.

Es fällt auf, dass die drei entscheidenden Persönlichkeiten, die Frankreichs unmittelbare Zukunft prägen sollten, alle aus dem äußersten Norden des Landes stammten. Philippe Pétain war ein paar Kilometer westlich von Lille geboren, Charles de Gaulle in Lille selbst. Sein Geburtshaus in einem der nördlichen Vororte der Stadt blieb unverändert erhalten und ist heute ein fast schon religiös anmutendes Museum.* De Gaulle heiratete in Calais, woran heute zwei riesige, schauderhaft banale Statuen von Monsieur und Madame de Gaulle erinnern, die wie der Inbegriff eines harmonischen älteren Ehepaars vor sich hin trotten. Pétain hatte im Ersten Weltkrieg an der Artois-Front gekämpft und dort seinen Ruhm begründet. Er und de Gaulle lernten einander kennen, als sie beide in der Zwischenkriegszeit in der Zitadelle von Arras stationiert waren.

Natürlich sind Pétain und de Gaulle auch heute noch interessante Persönlichkeiten, aber der womöglich verblüffendste jener drei Männer, die über Frankreichs Zukunft entschieden, war Philippe Leclerc de Hautecloque, geboren wenige Kilometer südlich der Somme und zur Schule gegangen in

* Ein wunderbarer Ort, an dem die vornehme Atmosphäre des französischen Bürgertums vor 1914 mit tickender Uhr und den langsam hinter Spitzengardinen dahinsterbenden Fliegen perfekt konserviert wurde.

Amiens (wo man auch ihm ein absolut grauenhaftes Denkmal errichtet hat). Er stammte aus einer Familie mit eindrucksvoller militärischer Vergangenheit – seine Vorfahren waren an zwei Kreuzzügen, dem Hundertjährigen Krieg, dem Österreichischen Erbfolgekrieg und den Napoleonischen Kriegen (unter anderem dem Russlandfeldzug) beteiligt gewesen. Einer hatte gegen den in Kapitel zwölf erwähnten Samory Touré gekämpft. Beide Onkel von de Hautecloque waren im Ersten Weltkrieg gefallen, und sein Vater hatte sich durch außergewöhnliche Tapferkeit ausgezeichnet. Er selbst war als Angehöriger der Besatzungstruppen in den Zwanzigerjahren in Trier gewesen. 1940 kämpfte er in der Schlacht um Lille, die den Vormarsch der Deutschen nach Dünkirchen entscheidend verzögerte, und geriet in Gefangenschaft. Nachdem es ihm zweimal gelungen war, aus feindlichem Gewahrsam zu entkommen, floh er über die Pyrenäen nach Lissabon, wo er ein neutrales Schiff nach London bestieg, um sich de Gaulle anzuschließen. De Gaulle ernannte ihn zum Befehlshaber von Französisch-Kamerun. Dazu hatte er zwar nicht die geringste Befugnis, doch mit solchen Aktionen, die die Existenz von Pétains Frankreich schlichtweg ignorierten, legte er den Grundstein für die politische und intellektuelle Rettung des Landes. Leclerc (der dieses Pseudonym wählte, um seine Familie vor Repressalien vonseiten der deutschen Besatzer zu schützen) begann damit, Afrika von vichyfreundlichen Kräften zu säubern und die zentralafrikanischen Kolonien für die *Forces Françaises Libres,* die Freien Französischen Streitkräfte, zu sichern. 1941 machte er sich schließlich mit einer bunt zusammengewürfelten, leicht bewaffneten Armee auf den Weg, um ein Territorium der Achsenmächte zu erobern: die ferne Oase Kufra in der italienischen Kolonie Libyen.

Es war eine winzige Schlacht (nur drei- bis vierhundert Kämpfer auf jeder Seite), doch die Franzosen siegten. Also zog Leclerc weiter, um seine Heimat zu retten. In einer Zeit, in der die deutschen Truppen allenthalben zu triumphieren schienen und ihre wenigen überlebenden Gegner sich den Kopf darüber zerbrachen, wie sie zu schlagen seien, verkündete Leclerc seinem bunten Haufen mitten in der Sahara kurzerhand, dass sie nicht aufhören würden zu kämpfen, bis die Trikolore wieder über dem Straßburger Münster wehte. Die Soldaten leisteten einen entsprechenden Eid und marschierten weiter. Niemand weiß, wie viele von ihnen im Stillen zweifelten, aber Leclerc tat genau das, was er gesagt hatte. Trotz diverser Verzögerungen und Rückschläge kämpfte er sich zur libyschen Küste vor. In Großbritannien organisierte er seine inzwischen beträchtlich angewachsene Armee neu und bildete seine Kämpfer aus. Schließlich landete er am Utah Beach, rückte nach Osten vor, befreite Paris, nahm dort die deutsche Kapitulation entgegen, besiegte mehrere deutsche Armeen im Osten Frankreichs, befreite am 23. November 1944 Straßburg und hisste die Trikolore über dem Münster.

Die langen Kriegsjahre erzeugten bei fast allen, die sie erlebten, Überdruss, Angst, aber auch eine zunehmende Unselbstständigkeit. Menschen wie Leclerc, die in der Lage waren, sich ihren eigenen Handlungsspielraum zu verschaffen, gab es nur selten. Was vor dem Sommer 1914 das normale Leben gewesen war, ein Zustand, auf den die Menschen in den späten Zwanzigern und noch einmal in den späten Dreißigern einen flüchtigen Blick geworfen hatten (eine Normalisierung der Verhältnisse, die in den Dreißigerjahren zugegebenermaßen dem wirtschaftlichen Aufschwung durch die Wiederbewaffnung zu verdanken war), ging völlig verloren. Die britische Seeblockade und die Gegenblockade durch deutsche U-Boote hatten den Handel zum Erliegen gebracht. Die westlichen Küsten wurden zu Militärgebiet. Es war eine Welt, in der es kaum noch Männer gab – fast zwei Millionen französische Soldaten gerieten 1940 in deutsche Gefangenschaft und kehrten erst 1945 als gedemütigte, häufig gemiedene Symbole der Niederlage zurück.* Rund 600 000 junge Franzosen wurden zur Zwangsarbeit nach Deutschland gebracht, viele von ihnen ins Rheinland oder das Ruhrgebiet. Oft waren sie von ihren Heimatgemeinden selbst dazu verpflichtet worden – manchmal im Austausch gegen die Freilassung von Kriegsgefangenen durch die Deutschen –, aber auch diese Rückkehrer sahen sich, sofern sie den Arbeitseinsatz überlebt hatten, mit dem höchst ungerechten Vorwurf eines Makels konfrontiert. In mancherlei Hinsicht wies das Leben in Frankreich erstaunliche Parallelen zu dem der Rheinlanddeutschen auf. Auch im Rheinland konnte von einem normalen Leben keine Rede mehr sein. Die meisten jungen Männer waren an der Front, wo sie von Herbst 1941 an in ähnlich hohen Zahlen fielen wie 1914–18. Die euphorische Verheißung vom Juni 1940, mit minimalem Aufwand an Opfern sei dank Hitlers Genialität ein neues, friedliches deutsches Europa geschaffen worden, löste sich in Luft auf.

* Viele künftige französische Berühmtheiten verbrachten einige Zeit in Gefangenschaft, was für die Alliierten in keinem dieser Fälle einen großen militärischen Verlust darstellte: Olivier Messiaen, Louis Althusser, Jean-Paul Sartre, François Mitterrand. Fernand Braudel begann in einem Lager in Mainz mit der Niederschrift seines Meisterwerks *Das Mittelmeer und die mediterrane Welt in der Epoche Philipps II.*, das er größtenteils aus dem Gedächtnis schrieb.

Die großen niederländischen Häfen wurden nur noch zu militärischen Zwecken genutzt, und in der Bevölkerung schwanden zunehmend die Kräfte. In Belgien wurden Juden zusammengetrieben und in Sammellagern untergebracht – unter anderem in Mechelen –, wo sie auf ihren Abtransport nach Osten warteten. Von neunzigtausend belgischen Juden überlebten lediglich vierzigtausend. Wie in Frankreich war dies größtenteils das Werk einheimischer Kollaborateure. Bereits während des Ersten Weltkriegs hatten die Deutschen die Abneigung der Flamen gegen die französischsprachigen Eliten geschürt, und diese Taktik verfolgten sie nun wieder. Es gab zahlreiche miteinander konkurrierende Vorstellungen, wie die Region geografisch neu geordnet werden könnte. Einige flämische Faschisten wollten aus den Niederlanden, Belgien und den alten Territorien der Grafschaft Flandern in Nordfrankreich – inklusive Lille und Arras –, die inzwischen unter deutscher Militärverwaltung standen, das alte spanische/burgundische Reich wieder auferstehen lassen. Heinrich Himmler hatte noch größere Pläne: Ihm schwebte ein der SS unterstellter Reichsgau Burgund mit der Hauptstadt Nanzig (Nancy) vor, der in etwa das Reich Karls des Kühnen plus einen Großteil der Champagne umfassen sollte. Kaiser Wilhelm hatte einst ähnliche Pläne verfolgt und dies vor 1914 auch Leopold II. angeboten, falls sich Belgien im Gegenzug mit Deutschland verbündete. In beiden Fällen lag den Plänen die Absicht zugrunde, ein so großes Stück aus Frankreich herauszulösen, dass sich das Land nie wieder davon erholen und noch einmal zu einer Großmacht heranwachsen könnte – eine furchteinflößende Option, die Ludwig XI. und seinen Vorgängern durchaus vertraut gewesen wäre. Doch aufgrund der unmittelbaren Kriegserfordernisse wurden solche Landkartenspielereien immer wieder in die Zukunft verschoben, bis es schließlich zu spät war.

Armageddon

Der vielleicht verstörendste Aspekt bei meinen Recherchen für dieses Buch war, dass ich immer wieder das Gefühl hatte, mich durch städtische Räume zu bewegen, die einst von Angst und Schrecken erfüllt waren. Was sich heute als billig hochgezogene, triste Einkaufsstraße oder als eintönige Neubauzeile präsentiert, ist das Narbengewebe, das nach einer Zerstörung übrig blieb, die oftmals nur wenige Augenblicke gedauert hatte. Einige Städte wurden mehrfach bombardiert, aber es konnten auch Jahre in angespannter Sicherheit vergehen, mit überflüssigen Luftschutzübungen und sinnlos herumfahrenden Feuerwehrwagen – bis unvermittelt das Inferno losbrach. In den zwei Jahren zwischen der französischen Niederlage und der Landung der westlichen Alliierten auf Sizilien im Sommer 1943 bestand die einzige Möglichkeit, dem deutschen Europa überhaupt gefährlich zu werden, in Luftangriffen. Die Angriffe der deutschen Luftwaffe hatten die Briten zweierlei gelehrt: zum einen, dass der Durchhaltewille der Bevölkerung durch Bombenabwürfe erstaunlich wenig beeinträchtigt wurde, und zum anderen, dass die Bombardierungen zwar im Einzelnen schreckliche Folgen hatten, angesichts der Verteilung von Menschen und Fabriken über Tausende von Quadratkilometern strategisch betrachtet jedoch nur wenig Wirkung zeigten. Trotzdem ging man irgendwie davon aus, dass dies bei Luftangriffen auf das noch um ein Vielfaches größere besetzte Europa anders sein würde. Und tatsächlich waren die Bombardements letztlich für den Ausgang des Krieges entscheidend, wenn auch aus ganz anderen Gründen als erwartet: Sie banden enorme Ressourcen (allein mit den zahllosen Flugabwehrgeschützen hätten die Deutschen im Osten ganze Schlachten gewinnen können) und bedeuteten langfristig das Aus für die Luftwaffe, da bei der Verteidigung des deutschen Luftraums Tausende Maschinen zerstört und Tausende Piloten getötet wurden. Bis zum D-Day war der Schrecken der britisch-französischen Streitkräfte von 1940 nahezu vollständig vernichtet.

Dieses Gefühl von Verhängnis, der Eindruck, dass an einem bestimmten Ort etwas nie wieder Gutzumachendes geschehen ist, überkommt einen in einigen bekannten historischen Städten so intensiv, dass man sie kaum besuchen kann. Kleve gehört in dieser Hinsicht zu den schockierendsten Erlebnissen. Innerhalb weniger Minuten löschte die Royal Air Force die Stadt 1944 aus und zerstörte neunzig Prozent aller Gebäude, um den Einmarsch der britischen Armee nach Deutschland zu unterstützen. Man kann heute noch durch die Herzogstraße, die Schlosstorstraße oder die Schwanenstraße gehen, doch der alte Zeremonialweg zur (wiederaufgebauten) Schwanenburg ist nur noch eine bittere Parodie der einstigen Route. Wo früher Brunnen standen und Märkte die Plätze füllten, gähnen jetzt leere Flächen, oder sie wurden durch beklemmende Nachbildungen ersetzt. Das Rheinland und das Ruhrgebiet wurden nicht nur deshalb mit Brandbomben und Sprengstoff überschüttet, weil sie bedeutende Industriezentren waren, sondern auch weil sie in erreichbarer Nähe lagen – Köln war kein militärisch bedeutsames, sondern ein leichtes Ziel. Einige Städte überstanden die Kämpfe fast bis zum Schluss. Doch als die Alliierten in den letzten Kriegsmonaten immer weiter vorrückten, brachten die Vorzüge, die diesen rheinischen Siedlungen schon vor Jahrhunderten ihre hervorgehobene Stellung beschert hatten (die Kontrolle über einen Flussübergang, eine Anhöhe zum Bau einer Kathedrale oder für die Anlage von Festungsmauern) so manchen deutschen Offizier auf die Idee, sie erneut als Bollwerk zu nutzen. Und umgekehrt konnten die Alliierten mit einem Blick auf ihre Landkarten jede Stadt in einen potenziellen Knotenpunkt oder ein Sammelzentrum verwandeln – mit dem Ergebnis, dass unschuldige Orte wie Worms, Freiburg oder Colmar innerhalb einiger Stunden oder gar Minuten dem Erdboden gleichgemacht wurden.

Während menschliche Opfer durchaus beabsichtigt waren, zeigten sich beide Seiten bestürzt über die Zerstörung von Kunstschätzen und historischen Orten. Doch die strategischen Erfordernisse – in Verbindung mit der Auffassung, dass gerade diese Städte ein historisches »Deutschtum« verkörperten, in dem der Nationalsozialismus wurzelte – behielten die Oberhand. Die Schweizer Grenze führte indes zu einigen ungewöhnlichen Problemen. In Konstanz etwa wurde keine Verdunkelung praktiziert, und die Stadt erstrahlte die ganzen Kriegsjahre hindurch in hellstem Licht, weshalb die alliierten Bomberpiloten sie fälschlicherweise für einen Teil der Schweiz hielten statt für eine wohlhabende deutsche Stadt mit bedeutender Rüstungsindustrie. Auf diese Weise kam Konstanz gut durch den Krieg. Pech hatte dagegen das schweizerische Schaffhausen, das, von deutschem Territorium umgeben, am nördlichen Rheinufer lag, von den amerikanischen Bombern mit Freiburg verwechselt wurde und einem Angriff zum Opfer fiel, der hundert Menschen das Leben kostete. Seit etwa zehn Jahren besuche ich diese Städte, und jedes Mal erschauere ich unwillkürlich beim Gedanken an die Ereignisse, die in den schmucklosen, tristen Innenstädten von Orten wie Koblenz oder Essen ihre unauslöschlichen Spuren hinterlassen haben. Städte wurden aus unterschiedlichen Gründen zerstört. Natürlich schüttelt jeder, der, aus Dover kommend, in Calais von der Fähre rollt, angesichts dieser Stein gewordenen Scheußlichkeit den Kopf, aber es gibt schwerwiegende Gründe dafür, dass die Stadt heute so aussieht, wie sie aussieht. 1940 wurde sie von den Deutschen dem Erdboden gleichgemacht, teilweise wieder aufgebaut, aber dann 1944 von den Alliierten erneut zerstört, und zwar ganz einfach deshalb, weil es zu ihrem Plan gehörte, die Deutschen glauben zu machen, die alliierte Invasion werde dort stattfinden.

Tragische Ereignisse erwarten den Besucher auch in den beiden niederländischen Städte Nijmegen und Arnhem unmittelbar westlich von Kleve. Ich war in Nijmegen, um mir die wenigen Überreste der alten Karolingerpfalz anzusehen – ein herrlich wuchtiger Bau, der frustrierenderweise bis 1798 erhalten blieb, aber dann weitgehend abgerissen wurde –, doch trotz dieser alten, historischen Wurzeln beschlich mich in der Stadt ein ebenso ungutes Gefühl wie in Koblenz. Meine Verwunderung darüber beruhte auf reiner Unwissenheit, denn wie sich herausstellte, war das Stadtzentrum 1944 versehentlich von Amerikanern zerstört worden, die Nijmegen mit Kleve verwechselt hatten. 750 Menschen kamen bei dem Angriff ums Leben. Arnhem hingegen stand bekanntermaßen im Zentrum der verheerenden »Operation Market Garden«. In dem Film *Die Brücke von Arnheim* geht es hauptsächlich um die Eroberung der dortigen Rheinbrücke. Dieses Gefecht nimmt auch im kollektiven Bewusstsein den alleinigen Raum ein, dabei erstreckten sich die Kämpfe in Wirklichkeit über die gesamten westlichen Vororte der Stadt. Unzählige Häuser wurden zerstört, und an einigen der wieder aufgebauten Gebäude hängt heute ein Schild, auf dem das Schicksal ihres Vorgängerbaus beschrieben wird. Nachdem die Alliierten die Schlacht verloren hatten, vertrieben die Deutschen die einheimische Bevölkerung und machten die Stadt zum militärischen Sperrgebiet. Als Arnhem im April 1945 schließlich von der First Canadian Army befreit wurde, existierte die Stadt faktisch nicht mehr.

Die Befreiung durch die Alliierten folgte einem erschreckend unvorhersehbaren Muster – manche Städte blieben verschont, um andere wurde erbittert gekämpft. Dabei lebten Franzosen, Belgier und Niederländer ohnehin schon in Orten, die in einem kaum erträglichen Maß von Misstrauen, Schwarzhandel, Hunger, Gewalt sowie ideologischem und familiärem Niedergang geprägt waren. Die Reihenfolge, in der die alliierten Armeen an den fünf D-Day-Stränden landeten (von West nach Ost: USA, USA, Großbritannien, Großbritannien, Kanada), bestimmte die letzten elf Kriegsmonate, in denen die amerikanischen Einheiten den größten Teil Frankreichs befreiten, während sich die Briten und Kanadier nach Nordosten wandten. Das Schicksal jedes einzelnen Dorfes und jeder Stadt hing davon ab, ob die Deutschen ihre Stellungen verteidigten oder nicht. Falls ja, wurden sie ausgelöscht, falls nicht, wurden die Befreier mit Jubel und Blumen empfangen und zogen weiter. Auf ihrem Weg nach Norden wurden die Kanadier entlang der belgischen Kanäle in entsetzliche Kämpfe verwickelt, in deren Verlauf sie die Verteidiger mit

Flammpanzern vom gegenüberliegenden Ufer vertrieben. Etwa 90 000 deutsche Soldaten verteidigten Zeeland, um zu verhindern, dass die Alliierten die Scheldemündung öffneten und den Antwerpener Hafen wieder in Betrieb nahmen. Hier lag der wohl effektivste Abschnitt des deutschen Atlantikwalls, und noch heute findet man in der Region seltsam geformte Metallstücke und Betonbrocken, die von den Kämpfen übrig geblieben sind. An derselben Stelle, wo 1809 der hoffnungslose Walcheren-Feldzug gescheitert war, kostete es nun die Kanadier und Briten 13 000 Mann, den fanatischen – und vollkommen sinnlosen – deutschen Widerstand zu brechen. Jahre später hatten diese Gefechte noch ein schreckliches Nachspiel: Offenbar waren bei den Kämpfen mehrere Deiche schwer beschädigt worden und in der Folge unbemerkt aufgeweicht. Bei der großen Hollandsturmflut 1953 gaben sie nach, und fünfzehnhundert Bewohner von Zeeland ertranken.

Überall tat sich nach der Befreiung durch die Alliierten eine Kluft zwischen Kollaborateuren und Widerständlern auf. In vielen Städten frequentierten Bewohner, die auf entgegengesetzten Seiten gestanden hatten, in der Nachkriegszeit unterschiedliche Kneipen. Familien zerbrachen, die Verwaltung wurde gesäubert. Freigelassene Kriegsgefangene kehrten an Orte zurück, die sie nicht wiedererkannten, manchmal zu Ehefrauen, die längst mit einem anderen eine neue Familie gegründet hatten. Ein letztes Aufbäumen der Kollaboration war die aus faschistischen französischen Freiwilligen bestehende SS-Division »Charlemagne«. Doch die Zahl derjenigen, die aktiv an der Seite der Deutschen kämpften, war nie sehr hoch. Die Wallonische Legion des belgischen Rexistenführers Léon Degrelle etwa umfasste lediglich ein paar Tausend Mann, von denen die meisten an der Ostfront fielen.* Die Division Charlemagne wurde 1944 als das letzte Aufgebot aus den verrohten Restbeständen des kollabierenden Vichy-Regimes zusammengestellt, währenddessen führende politische Vertreter in das schwäbische Schloss Sigmaringen flüchteten, um dort ihr Schicksal zu erwarten. Einige Angehörige der Division Charlemagne gehörten zu den letzten Verteidigern von Hitlers Führerbunker und starben dadurch eine Art Märtyrertod. Interessant ist in diesem Zusammenhang ein Wappen, das als vermeintliches Abzeichen der Division Charlemagne in gewissen Kreisen verbreitet ist, obwohl es sich in

* Degrelle, dem widerwärtigsten Sohn der Stadt Bouillon, gelang nach dem Krieg die Flucht nach Spanien. Er zeigte nie die geringste Reue und starb in hohem Alter, ohne jemals für seine Taten zur Rechenschaft gezogen worden zu sein.

Wahrheit um eine Nachkriegserfindung handelt. Dieses Abzeichen ist mittig geteilt – auf der einen Seite sieht man die französischen Fleur-de-Lys, auf der anderen den alten kaiserlichen Adler. Mit anderen Worten: Es symbolisiert die Vereinigung von Westfränkischem und Ostfränkischem Reich, während der Bereich in der Mitte, das inzwischen niedergerungene, vom Dritten Reich verschlungene Lotharingien, zermalmt wurde. Doch auch diesmal sollten sich die alten Beharrungskräfte als stärker erweisen und die Region wieder auferstehen.

Karl der Große kommt nach Hause

Ich habe einmal ein paar Tage in der nordöstlich von Sedan in den Ardennen gelegenen Kleinstadt Saint-Hubert verbracht, einem enorm interessanten Ort, der um ein Heiligtum mit den Gebeinen des heiligen Hubertus entstanden ist. Hubertus, der Schutzpatron der Jäger, erblickte in einer Vision einen Hirsch mit einem leuchtenden Kruzifix zwischen seinen Geweihstangen, weshalb man sich in der Kirche vor Hirschmotiven kaum retten kann. Die Abteikirche ist ein ernst zu nehmendes katholisches Gotteshaus, aber es gibt dort auch einige wirklich lustige Zeremonien mit hörnerblasenden Jägern in merkwürdigen Uniformen. Ein mustergültiger, von quiekenden, im Boden wühlenden Wildschweinen bevölkerter Wildpark macht das Bild perfekt, hinzu kommt ein fantastisches Restaurant, in dem diese Wildschweine in saftige kleine, mit Waldbeeren zubereitete Leckerbissen verwandelt werden. Während meines Aufenthalts merkte ich, wie ich mit jedem Tag mehr zu einem schroffen, aber gutmütigen katholischen Reaktionär mit schlammigen Stiefeln wurde, und spielte mit dem Gedanken, mir einen Lodenumhang und womöglich noch ein kleines Messer zu kaufen, um damit Entenlockpfeifen zu schnitzen.

Saint-Hubert war das harmloseste, bodenständigste Städtchen, das man sich nur denken kann, quasi der Inbegriff jener Igelhaftigkeit, die ich auf meinen Reisen in so vielen Orten angetroffen hatte. Eines Tages wollte ich eine kleine Kirche in einem der Nachbardörfer besichtigen und bedauerte gerade spaßeshalber, dass ich keinen Hut aufhatte, den ich abnehmen konnte, als mir auffiel, dass mit dem Gebäude irgendetwas nicht stimmte. Es war gar nicht alt, sondern vielmehr seltsam neu. Deprimiert erkannte ich, dass mein albernes Idyll wie üblich von den Ereignissen des 20. Jahrhunderts eingeholt werden würde. Es stellte sich schließlich heraus, dass während der Ardennenoffensive ein verirrter V1-Marschflugkörper eine Familie getötet hatte, die direkt neben der Kirche wohnte, und dabei auch das westliche Ende der Kirche zerstört worden war.

Die Ardennen erstrecken sich ohne klare Begrenzung zwischen Dinant und Aachen, Prüm und Bouillon, Luxemburg-Stadt und Sedan. Die Region besteht aus einer schier endlosen Abfolge bewaldeter Täler, in denen die Logik von Busrouten oder Straßenverläufen vom Boden aus beim besten Willen nicht zu erkennen ist. Im Zentrum dieser Wälder liegt die wunderbare Stadt Stavelot mit ihrer alten Abtei, die jahrhundertelang vor allem wegen ihres bedeutenden Abtes Wibald berühmt war, eines geradezu zwanghaften Briefschreibers, der Berater dreier Kaiser und diplomatischer Gesandter in Byzanz gewesen war. In Stavelot gibt es auch eine Pension, aus der sich der junge Apollinaire heimlich davonschleichen musste, weil seine Mutter die Rechnung nicht bezahlen konnte. Diese recht wacklige Verbindung genügte als Begründung für die Einrichtung eines herrlichen Apollinaire-Museums mit zahlreichen Ausgaben seiner Gedichte und vielen Fotos von diesem faszinierenden, dem Alkohol in hohem Maße zugetanen Mann (während seines Aufenthalts in Stavelot trug er noch seinen polnischen Geburtsnamen Albert Kostrowicki – bei seinen Freunden bekannt als Albert Cointreau-Whiskey).

Die Ardennenoffensive wütete in der gesamten Region, doch über Stavelot kamen die Deutschen nicht mehr hinaus. Sie schafften es bis auf den Marktplatz, richteten ein Massaker unter der Zivilbevölkerung an und wurden anschließend selbst von amerikanischen Soldaten massakriert, als sie versuchten, durch den Fluss zu waten. Nachdem die Amerikaner den ersten Schock über den Angriff der Deutschen überwunden hatten, erkannten sie, dass sie deren Panzer auf den schmalen Sträßchen unschädlich machen konnten, indem sie mithilfe von Dynamit und Artilleriefeuer Bäume fällten. Und so verbarrikadierten sie jede einzelne der gewundenen Straßen mit Baumstämmen und sprengten jede noch so kleine Brücke in die Luft. Der ursprüngliche deutsche Plan sah vor, nach Dinant vorzustoßen, die Maas zu überqueren, über Brüssel weiter nach Antwerpen zu stürmen, auf diese Weise einen Keil zwischen die alliierten Truppen zu treiben und diese anschließend in aller Ruhe sowohl im Norden als auch im Süden zu vernichten. Der Plan war absurd, und die Deutschen gelangten nicht einmal in die Nähe von Antwerpen, aber ihre Offensive geriet zu einem letzten wahnwitzigen Rausch der Gewalt. Sie verloren dabei so viele Soldaten und Material, dass der weitere Vormarsch der Alliierten von da an relativ problemlos verlief.

Hitler war besessen von Antwerpen. Die enorme Zahl der in Zeeland eingesetzten Soldaten sollte verhindern, dass die Alliierten den Hafen wieder öffneten und auf diesem Weg Nachschub heranschafften. V-Waffen regneten auf die Stadt herab. Von Oktober 1944 an wurden aus Holland und Deutschland etwa 12 000 V1-Marschflugkörper und 1600 V2-Raketen auf Belgien abgefeuert. Viele der Marschflugkörper wurden in der Luft abgeschossen, aber es erreichten immer noch genug davon ihr Ziel – genug etwa für den vollkommen sinnlosen Tod einer Familie in Saint-Hubert. Die größte Katastrophe ereignete sich, als während der Vorführung eines Films mit Gary Cooper eine Rakete in das Antwerpener Kino Rex einschlug und 271 Belgier und 300 alliierte Soldaten ums Leben kamen.

Dieses elende, zwecklose Aufbäumen gegen die überwältigende Streitmacht der Alliierten fand natürlich genau dort statt, wo im Mai 1940 alles angefangen hatte – eine Zeit, die nach moralischen Maßstäben inzwischen Welten entfernt war. Zwar hatte die Technologie in der Zwischenzeit gewaltige Sprünge gemacht, aber der Schauplatz war derselbe, und so kommt einem unweigerlich der Gedanke, dass die Alliierten mit etwas fantasievollerer Planung die deutschen Panzer auch damals schon genauso leicht hätten zerstören können, während diese über die schmalen Sträßchen ebendieser Wälder rumpelten. Stattdessen hatten die unterbesetzten französischen Reserve-Einheiten an der Maas gesessen und tatenlos ihrem Schicksal entgegengesehen. Ich habe nichts Genaueres dazu herausfinden können, aber es muss eine Reihe deutscher Offiziere und Soldaten bei der Ardennenoffensive gegeben haben, die auch 1940 schon dort gewesen waren und die sich zweifellos gefragt haben, ob die Welt wirklich dazu verdammt war, dass in diesen düsteren Tälern immer wieder aufs Neue über ihr Schicksal entschieden werden sollte.

Nach Hitlers Selbstmord und der Kapitulation des Dritten Reichs teilten die westlichen Alliierten den Westen Deutschlands unter sich auf, und zwar immer noch jener Anordnung folgend, in der die Truppen in der Normandie an Land gegangen waren: Die Briten besetzten den Norden und die Amerikaner den Süden. Belgien holte sich eilends Malmédy und Eupen zurück und sorgte so dafür, dass dem Land das völlig unnötige Problem dreier Sprachen erhalten blieb. Elsass und Lothringen wurden wieder französisch, zudem besetzten die Franzosen zwei große Blöcke entlang des Rheins, die alte Träume aus den Zeiten Ludwigs XIV. und Napoleon Bonapartes wiederbelebten. Freiburg wurde zu einem bedeutenden französischen Militärstützpunkt (auf den sich der in der Zwischenzeit zum Präsidenten gewählte de Gaulle zurückzog, als er während der Unruhen 1968 in Panik geriet und um seine Sicherheit fürchtete). Zu den unerklärlichen Wundern geografischer Zuordnung gehört, dass Büsingen, eine winzige, am Rhein gelegene deutsche Enklave im Schweizer Kanton Schaffhausen, ebenfalls unter französische Kontrolle geriet. Es erforderte spezielle Abkommen, damit französische Soldaten überhaupt das Schweizer Territorium passieren durften, um der Handvoll Büsinger Einwohner einen Eindruck von der strengen alliierten Verwaltung zu vermitteln. Außerdem verfielen die Franzosen auf eine geradezu rührend altmodische Weise erneut in ihre traditionellen Bemühungen, das Saarland aus dem deutschen Verbund herauszulösen. Zwar unterstützten die Amerikaner anfangs ihre Forderung, doch letztlich war dieser kein Erfolg beschieden, da die deutschsprachigen Saarländer traditionell eben lieber zu Deutschland gehören wollten. Die saarländischen Bestrebungen waren Teil eines umfassenderen Plans von Jean Monnet, mit dem dieser die französische Wirtschaft wieder in Schwung bringen wollte. Dazu sollte sich Frankreich unter anderem große Teile des linken Rheinufers und das Ruhrgebiet einverleiben und die anfallende Arbeit im Wesentlichen von rund einer Million deutscher Gefangener erledigen lassen. Wie schon 1918 bis 1920 herrschte in weiten Teilen Europas – allerdings auf einer sehr viel größeren Fläche als nach dem Ersten Weltkrieg – ein gigantisches Chaos aus Ruinen, Giftmüll und Vertriebenen. Es sollte Jahre dauern, diese Regionen wieder sicher zu machen und ihre Bevölkerung (soweit sie noch lebte) an ihren angestammten Platz zurückzubringen. Noch im August 2017 mussten in Frankfurt sechzigtausend Menschen evakuiert werden, nachdem bei Bauarbeiten eine nicht explodierte Luftmine der Royal Air Force entdeckt worden war.

Vor einiger Zeit schlenderte ich von Dinant aus in südlicher Richtung an der Maas entlang. Bei einem solchen Spaziergang kommt einem unweigerlich die Rolle in den Sinn, die diese Gegend 1914, 1940 und auch im Winter 1944 wieder gespielt hat. Nachdem die Deutschen endgültig eingesehen hatten, dass Antwerpen in unerreichbarer Ferne lag, wurde Dinant zum Ziel ihres letzten Ansturms. Der Vormarsch scheiterte – doch was hätten sie getan, wenn sie die Stadt erreicht hätten? Die Maas war schon immer ein breiter Fluss, allerdings als militärisches Hindernis vollkommen untauglich. Die hohen Hügel, die sich an ihren beiden Ufern entlangzogen, waren dagegen in strategischer Hinsicht ideal, und jeder sah mit einem Blick auf die Karte, dass die dahinterliegenden weiten Felder keine Verteidigungsmöglichkeit boten, sobald die steilen Hänge einmal überwunden waren. Nördlich der Stelle, an der ich gerade spazieren ging, lag das heute winzige Örtchen Bouvignes, mit dem Dinant im späten Mittelalter in eine verhängnisvolle Fehde verstrickt gewesen war und auf dessen Gebiet auch die fatale Schleuse lag, die den Deutschen 1940 die Überquerung des Flusses ermöglicht hatte. Ich wanderte jedoch weiter nach Süden, vorbei an der nach Charles de Gaulle benannten Brücke (auf der er 1914 angeschossen und um ein Haar getötet worden war), und entdeckte zu meiner Verblüffung hinter einer Wegbiegung hoch über mir plötzlich eine gewaltige Autobahnbrücke, die das Maastal überspannt. In dieser verschlafenen Flusslandschaft kam sie mir vor wie ein Requisit aus einem falschen Film. Zu keinem klaren Gedanken fähig, starrte ich sie so ratlos an, als wäre ich ein Zeitreisender aus einem früheren Jahrhundert. Gerade noch hatte ich an Patinirs Darstellungen von Dinant gedacht, an die mittelalterlichen Messingwaren der Stadt und an ihre fürchterlichen, steinharten Kekse, und nun starrte ich wie gebannt auf die klaren Linien dieser Fantasie aus Stahlbeton. Wie ich später herausfand, handelt es sich um den höchsten Viadukt Belgiens, und benannt wurde er nach Karl dem Großen: Viaduc de Charlemagne. Im ersten Moment erscheint diese Wahl seltsam, bringt man Karl den Großen spontan doch eher mit dem Abschlachten heidnischer Sachsen oder dem Raub des Awarenschatzes in Verbindung als mit einem solchen Wunder moderner Ingenieurskunst. Aber natürlich hat der Name seine Berechtigung.

Die aufgefrischte, generalüberholte Symbolik rund um Karl den Großen hat ihren Ursprung am Beginn der Fünfzigerjahre. In Frankreich setzte sich allmählich die Erkenntnis durch, dass die Zukunft nicht in immer weiteren Versuchen liegen konnte, Gebiete wie das Saarland unter französische Kontrolle zu bekommen. Erfolg versprach vielmehr eine wirtschaftliche Zusammenarbeit souveräner Staaten. Statt weiter in Begriffen von Strafe zu denken, beschlossen Jean Monnet und seine Mitstreiter, dass es für alle Seiten ein größerer Gewinn sei, Stück für Stück die aggressive Eroberungslust abzubauen, mit der die einzelnen Länder einander seit jeher entgegengetreten waren. Der erste Schritt auf diesem Weg war eine Kooperation im Bereich der Kohle- und Stahlindustrie. Begünstigt wurde die Entwicklung durch eine Kombination aus recht wohlwollender Schirmherrschaft der Vereinigten Staaten und höchst unheilvoller Bedrohung durch die Sowjetunion. Es wird den Leser nicht überraschen, dass ich dies in einem lotharingischen Kontext sehe. Unter dem Eindruck der entsetzlichen Auswirkungen von Nationalismus und Ideologie beschlossen die sechs Nachfolgestaaten oder Teilnachfolgestaaten Lotharingiens – die Niederlande, Belgien, Luxemburg, Frankreich, Deutschland und Italien –, ihre Feindschaft endgültig beizulegen und sich zu einem Bündnis zusammenzuschließen. Zu dessen Hauptstädten machten sie drei lotharingische Kernstädte, nämlich Brüssel, Luxemburg und Straßburg. Darüber hinaus rief die Stadt Aachen den Karlspreis ins Leben, mit dem Persönlichkeiten ausgezeichnet werden, die sich nach Ansicht der Jury besonders um die Förderung der europäischen Einigung verdient gemacht haben. Und das scheint mir ein angemessener Ort zu sein, um dieses Buch zu beschließen.

NACHWORT

Mehr als bei allen meinen früheren Büchern fühlte ich mich bei diesem durch den Umfang beschränkt – *Herzland* hätte ohne Weiteres doppelt so umfangreich werden und vollkommen gegenteilige Thesen zu den hier vorgebrachten vertreten können, und ich hätte immer noch nicht alles Material aus meinen zunehmend inkohärenten Notizstapeln verwendet. Ich hätte gern sehr viel mehr über die Kaiser und die »sakrale Landschaft« des Rheins geschrieben, über die wunderbare Clara Peeters, eine Antwerpener Malerin des frühen 17. Jahrhunderts, die großartige Stillleben geschaffen hat und dem Umstand zum Opfer fiel, dass das Kapitel über diese Periode ohnehin schon immer weiter ausuferte. Ursprünglich sollten auch Pieter Brueghel d. Ä. und Hans Holbein d. J. im Zentrum der Darstellung stehen, zwei Maler, die ich verehre, solange ich zurückdenken kann, aber in beiden Fällen musste ich zu meinem Entsetzen feststellen, dass ich über sie nichts Originelles zu sagen hatte. Die Dreyfus-Affäre, das Feld des Güldenen Tuchs, fehlgeschlagene englische Invasionen, nichts Wesentliches über Namur, obwohl ich diese Stadt liebe, das allmähliche Vordringen der Gamelanmusik in den Westen, die Loreley, jene Heidelberger Statue, die Prometheus und den Adler in einem unverkennbaren, einzigartig erotischen Kontext zeigt, der Alpinismus, wie Freddie Mercury und Vladimir Nabokov einander um Haaresbreite in Montreux verpassten: Es ist einfach zum Verzweifeln.

Am meisten bedaure ich, dass ich (weil das 20. Jahrhundert ohnehin bereits zum Bersten vollgestopft war) den vier großen Belgiern keinen Platz mehr widmen konnte, die mich in unterschiedlichen Phasen meines Lebens beeinflusst haben und die alle im Abstand von wenigen Jahren um die Jahrhundertwende geboren wurden: Henri Michaux, Georges Simenon, René Magritte und Georges Remi (Hergé). Bei Michaux und Simenon ist der Grund einfach – sie machen mir Angst. Beide waren, jeder für sich, auf eine Art und Weise von Isolation und Angst besessen, die (zumindest ist das mein Eindruck) tief in der belgischen Neutralität, Besatzung und Schreckensherrschaft verwurzelt ist. Simenon wuchs in Lüttich auf, und mir wurde eines

Tages – ich litt gerade an leichtem Fieber – plötzlich klar, dass seine Bücher irgendwie den Geist des einzigartigen alten Fürstbistums Lüttich verkörpern. Seitdem kann ich seine Romane mit ihren seltsam isolierten, frei schwebenden Figuren, die vollkommen nihilistische Dinge tun, nicht mehr lesen, ohne zugleich die merkwürdig eingezwängte, zerstückelte Gestalt des Bistums auf alten Landkarten vor mir zu sehen. Neben seinen bekannteren Maigret-Krimis verfasste Simenon die wohl besten Romane über die belgischen Flüchtlingsströme von 1940 *(Der Zug)* und die Zeit der Besatzung *(Der Schnee war schmutzig)*. Michaux wiederum ist eine der beunruhigendsten Persönlichkeiten des 20. Jahrhunderts. Gleichermaßen brillant als Dichter wie als Maler, strebte er in beiden Medien danach, eine »nervöse Projektionsleinwand« zu schaffen: »Ich würde gern den Menschen außerhalb seiner selbst malen, seinen Raum malen.« Andererseits schrieb er auf eine bissige, an Thomas Bernhard erinnernde Art sehr witzig über Belgien: »Dieses trostlose und überbevölkerte Land … lehmiges Land, das unter dem Fuß plätschert, Erde für Frösche. Überall weitläufig, aber nicht leer. Was ist leer in diesem Land? Wo immer die Hand hineintaucht, sie holt eine Rübe hervor oder Kartoffeln oder eine weiße Rübe oder eine Steckrübe … Einige schmutzige, langsame, ungemachte Flüsse, die nicht wissen, wohin.« Nachdem ich so lange von Michaux hypnotisiert gewesen war und seinen Worten blind vertraut hatte, verwirrte es mich ein wenig, als ich bei einer Pilgerfahrt zu seinem Geburtshaus in Namur entdeckte, dass darin heute eine Filiale der spanischen Modekette Mango untergebracht ist.

Magritte auszulassen fiel mir leicht, weil ich heute nicht mehr nachvollziehen kann, wieso ich ihn früher einmal für einen guten Maler gehalten habe. Aber bei Hergé lagen die Dinge anders: Seine *Tim und Struppi*-Bände bilden einen elementaren Bestandteil jeder Phase meines Lebens sowie meiner Beziehung zu meinem Vater und zu meinen eigenen Söhnen. Diesen Absatz hier habe ich beispielsweise geschrieben, nachdem ich einen erfreulichen Nachmittag lang mit meinem inzwischen erwachsenen Sohn die jeweiligen Vorzüge von *Die Zigarren des Pharaos* und *Kohle an Bord* erörtert hatte – die jüngste Etappe in einem kritischen Prozess, der in meinem Fall seit nunmehr fünfzig Jahren beinahe ununterbrochen andauert. In unserem Haushalt sind diese Comics so etwas wie religiöse Texte, inklusive jener berühmten Krux in *Die schwarze Insel*, als Tim die Fähre nach England besteigt. Diese eine Szene stürzte sämtliche jungen Leser im Vereinigten Königreich in eine Glaubenskrise, deren Ausmaß dem, was eine Vielzahl rheinländischer Sekten im Laufe der Jahrhunderte durchlebt hat, in nichts nachstand. Verstört mussten sie ihr gesamtes Weltbild zurechtrücken, als der junge Reporter seinen Universalitätsanspruch zertrümmerte: Mit einem einzigen Bild offenbarte er, dass er gar kein schneidiger, wenngleich etwas merkwürdig gekleideter britischer Junge war, sondern bloß ein dubioser Knilch vom Kontinent.

Ich habe unserem ältesten Sohn *Die Krabbe mit den goldenen Scheren* vorgelesen, als er noch so klein war, dass er kaum aufrecht sitzen oder auch nur in die richtige Richtung schauen konnte. Lange hatte ich davon geträumt, ein ganzes Buch über Tim und das typisch Belgische zu schreiben, in dem diese Comics wurzeln, bis ich schließlich herausfand, dass Tom McCarthy und Michael Farr so hervorragende Bücher über die Serie veröffentlicht hatten, dass mein eigenes nur noch ein billiger Abklatsch davon geworden wäre. Dafür habe ich kürzlich entdeckt, dass der Casterman-Verlag, in dem die Comics erscheinen, seinen Sitz in Tournai hat, wodurch Hergé und Tim (und Struppi) womöglich zu Lotharingiens bedeutendsten Ehrenbürgern werden.

Das Ende meiner Arbeit an *Herzland* war von traurigen Umständen begleitet. Nicht nur starben kurz hintereinander zwei meiner Onkel – Idole meiner Kindheit und weit darüber hinaus –, kurz darauf erlag auch mein Vater einer langen, kräftezehrenden Krankheit. Diese Todesfälle versetzten mich in eine introspektive Stimmung, die noch dadurch verstärkt wurde, dass sie in einer Zeit erfolgten, als meine Kinder (die, als ich vor vielen Jahren mit dieser Trilogie begann, vor Freude in ihrem Pyjama auf der Stelle hüpften, wenn ich aus irgendeiner fernen schwäbischen Gegend zurückkehrte) nun nacheinander das Haus verließen. Die Unbeständigkeit des dynastischen Übergangs, der in diesem Buch so viel Raum gewidmet ist, erwies sich als eine universelle menschliche Erfahrung: Jeder erlebt das gleiche Gefühl von Verlorenheit, wenn die scheinbar für die Ewigkeit errichteten schützenden Dächer und Wände der Familie nach und nach wegbrechen.

Nach dem Tod meines Vaters kamen viele Erinnerungen in mir hoch, nicht zuletzt an den Familienurlaub im Elsass, mit dem das erste Buch dieser Trilogie, *Germany, oh Germany*, einsetzt: eine Fahrt mit dem Hausboot auf einem trüben, von Ungeziefer umschwirrten Kanal, die uns nach Straßburg führen sollte, aber vorzeitig an einem Tunnel endete, dessen Zugang mit alten Brettern und *Scooby-Doo*-artigen Warnschildern versperrt war. Diese Reise war eine schwere Prüfung für uns alle, und meine Mutter versank angesichts der diversen Planungsfehler meines Vaters nach einer Weile in wahrhaft furchterregendes Schweigen. Doch letztlich war es eine faszinierende Erfahrung, und wenn ich einen bestimmten Zeitpunkt für den Beginn meines ernsthafteren Interesses an Geschichte und Kunst festlegen müsste, wäre es sicher der Moment, als wir – zwar nicht im Hausboot, sondern mit dem Auto – endlich in Straßburg ankamen. Diese Familienurlaube in der Bretagne, der Normandie und im Elsass waren trotz aller Rückschläge stets brillant inszeniert. Meine Mutter kümmerte sich um das Essen und entschied, welche Bücher wir lasen, und gemeinsam zeichneten meine Eltern für eine Reihe historischer Coups (unheimliche Burgen, prächtige Paläste, seltsam riechende alte Straßen) verantwortlich, die die Grundlage für mein gesamtes späteres Leben bildeten.

Zum Schluss nur noch eine kleine Anekdote über meinen Vater aus diesem Elsass-Urlaub: Einer der Höhepunkte unserer Reise war der Besuch der Maginot-Linie. Damals war nur ein Abschnitt für die Öffentlichkeit zugänglich und auch das nur in Begleitung eines Führers und mit schriftlicher Erlaubnis des Militärs. Mein Vater, ein Offizier der Reserve in der Royal Navy, war angesichts des erforderlichen Prozedere geradezu außer sich vor Begeisterung. Er ermittelte den Namen des zuständigen französischen Oberst und schwelgte hemmungslos in dieser Gelegenheit, gleich mehrere Entwürfe eines »offiziellen« französischen Briefs zu formulieren – und das auch noch kombiniert mit militärischem Protokoll. Ich weiß noch, wie er uns mit übertrieben französischem Akzent verschiedene Versionen vorlas: *Mon colonel? – Mon cher colonel? – Je vous prie d'agréer, monsieur le colonel, mes salutations distinguées? – Ils ne passeront pas, Christopher Winder, lieutenant de vaisseau?** Die Abfassung dieses Schreibens speiste sich aus dem Interesse meines Vaters an militärischen Angelegenheiten, Protokoll und ausländischen Gebräuchen sowie seiner erfreulichen Fähigkeit, solche Dinge gleichzeitig zu respektieren und sie nicht allzu ernst zu nehmen. Mein Vater mochte zwar nur in der Reserve dienen, aber ein französischer Offizier, dessen Aufgabe darin bestand, die Briefe von Touristen zu beantworten, war ja sicher auch kein General Joffre. Die lebenslange Liebe meiner Eltern zu Frankreich war wie bei so vielen Engländern von Ungläubigkeit und Skepsis durchzogen, und noch heute höre ich ihr fröhliches Lachen, als die offizielle Antwort aus dem Büro des Oberst eintraf und tatsächlich in jenem übertrieben blumigen, förmlichen Stil verfasst war, von dem sie nicht zu träumen gewagt hatten.

* Er beendete seine Laufbahn schließlich als Commander *(capitaine de frégate!)* in einer fantastischen Uniform.

Das Fort an der Maginot-Linie war genauso makaber wie erwartet – unterirdische Bahnschienen, der Geruch von kalter Feuchtigkeit und moosbedecktem Beton, Rost, die leeren Geschützstellungen, ein großer Speisesaal, der irgendwann mit inzwischen verblassten Zeichnungen von Disney-Figuren verziert worden war. Aber wie das Zentrum von Straßburg war auch dieser Besuch für mich ein großes Geschenk: Innerhalb weniger Stunden sammelte ich hier Eindrücke, über die ich ein ganzes Leben lang nachdenken konnte.

Während der langen Phase, die dem Tod meines Vaters vorausging, verspürte ich zum ersten Mal den Wunsch, in Norwood Junction spazieren zu gehen, jenem Südlondoner Viertel, in dem ich die ersten fünf Jahre meines Lebens verbracht hatte. Ich weiß deshalb so genau, wie lange wir dort gewohnt haben, weil ich in Norwood Junction nie zur Schule gegangen bin und wir folglich unmittelbar vor dieser unerfreulichen Veränderung meiner Lebensumstände weggezogen sein müssen. Als ich nun durch die Straßen von Norwood schlenderte, erschien mir alles seltsam unverändert, vor allem die Silhouette der Straßen rings um unser früheres Zuhause sah mit ihren Türmen, Zäunen und Dächern noch genau so aus, wie ich sie in Erinnerung hatte. Ich entdeckte sogar, dass das riesige neonleuchtende Kreuz einer Methodistenkirche, das in unserer Zeit von einer Anhöhe aus alles überstrahlte, auch den Nachfolgebau zierte, wenngleich nun in einer etwas diskreteren Steinversion. Bei diesem Besuch in Norwood verfügte ich über ein breiteres kulturelles Wissen, als mir in meiner Kindheit zur Verfügung stand. So war es zwar aufregend, noch einmal zum Crystal Palace Park zu gehen und die herrlichen viktorianischen Dinosaurierskulpturen zu sehen, die heute nicht weniger eigentümlich und inspirierend wirken als damals – offensichtlich wurde das Fundament meiner lebenslangen Liebe zu Ichthyosauriern schon in diesem frühen Stadium gelegt –, aber als Kind hatte ich natürlich noch nicht gewusst, dass ich selbst in Norwood Junction auf Spuren Lotharingiens treffen würde: Émile Zola wohnte während seines Exils gleich um die Ecke, Apollinaire kam auf zwei Stippvisiten vorbei, um einem englischen Mädchen den Hof zu machen, und Camille Pissarro suchte hier Zuflucht vor dem Deutsch-Französischen Krieg, mit dem unerwarteten Ergebnis, dass er Norwood in einer Reihe von – verständlicherweise eher langweiligen – Gemälden verewigte.

In meiner Erinnerung war der Weg vom Bahnhof Norwood Junction zu uns nach Hause lang und beschwerlich, aber das lag naturgemäß daran, dass meine Beine damals viel kürzer gewesen waren. Auf der Strecke vom Bahnhof zu unserer Wohnung befand sich die Bücherei, die damals brandneu gewesen sein muss und auch heute noch existiert. Als ich daran zurückdachte, wie ich mich als Kind diesen steilen Hügel hochgekämpft hatte, sah ich plötzlich ganz deutlich das Bild einer Ausgabe von *Tim in Tibet* in meinen Händen. Und während ich noch über trügerische, falsche Erinnerungen nachsann – wieso hätte ich eine Ausgabe von *Tim in Tibet* haben sollen, wo ich doch noch nicht zur Schule ging und den Comic daher gar nicht lesen konnte? –, durchströmte mich plötzlich die glückliche Erkenntnis: Mein Vater hatte ihn mir vorgelesen.

ANHANG

DANK

Wie stets bin ich der außergewöhnlichen Geduld und Freundlichkeit diverser Rezeptionisten, Touristenführerinnen, Museumswärter, Universitätsmitarbeiterinnen, Kellner, Bibliothekarinnen, Taxifahrer, eines Skilehrers und eines Croupiers zu Dank verpflichtet, die mich in den unterschiedlichsten Situationen ertragen haben.

Großen Dank schulde ich Tim Blanning, Paul Baggaley, Christine Jones und Jonathan Galassi, die den Text mit scharfem Blick Korrektur gelesen haben.

Für zahlreiche Gespräche, Hilfe und guten Rat danke ich: John Seaton, Pankaj Mishra, Ulinka Rublack, Barend Wallet, Maria Bedford, Christopher Clark, den schmerzlich vermissten Carol Janeway und David Miller, Mark Allinson, Tom Penn, Gillian Fitzgerald-Kelly, Richard Barber, Adam Phillips, Ellen Davies, Henrika Lähnemann, Patrick McGuinness, Lieutenant General Ben Hodges, Richard Duguid und Brendan Simms.

Wie immer gilt mein tiefer Dank Stefan McGrath und Tom Weldon, Andrew Wylie, Sarah Chalfant und Tracy Bohan sowie Nicholas Blake.

Nicht unterschlagen werden soll an dieser Stelle der entscheidende Anteil, den die Hersteller des belgischen Likörs *Mandarine Napoléon*, eines elend süßen Gebräus aus mazerierten Früchten, grünem Tee, Zimt, Obstbrand und Gewürznelken (»complexe, riche et généreuse, idéale pour les dames et les messieurs exigeants«), am Entstehen dieses Buches hatten. Gläser voller *Mandarine Napoléon* haben den Schreibprozess ebenso vorangetrieben wie Druckertinte und Stifte. Außerdem möchte ich mich bei Penny und David Edgar, James und Sandra Jones, Stephanie Poirier, Elizabeth Winder (ganz besonders!) und sämtlichen Mitgliedern des Winder- und des Perrett-Clans bedanken.

Vor allem aber gebührt der Dank meiner Familie. Meinen Kindern, die bedauerlicherweise erwachsen geworden sind, während ich auf einen Computerbildschirm starrte oder krank in Lille lag. Man kann sich keine unterhaltsamere, fröhlichere Truppe vorstellen, und ich weiß gar nicht, wie ich Barnaby, Felix und Martha für so viele Jahre Liebe und Spaß jemals danken soll.

Gewidmet ist dieses Buch Christine Jones, der ich mich selbst mit Leib und Seele verschrieben habe.

Simon Winder
Sequim, Wandsworth Town 2014–18

KARTEN

Nordwest-Europa heute
Nordsee
Norwich
GROSS-
BRITANNIEN
NIEDERLANDE
Bremen
Amsterdam
Den Haag
Utrecht
Rhein
Rotterdam
Münster
N
S
Dover
Essen
Antwerpen
Düsseldorf
Calais
Maas
Schelde
Brüssel
Maastricht
Aachen
Köln
DEUTSCHLAND
Lille
BELGIEN
Lüttich
Bonn
Rhein
Somme
Mosel
Amiens
Frankfurt
Mainz
Rouen
Aisne
Luxemburg
Trier
Seine
Reims
Saar
Mannheim
Saarbrücken
Paris
Metz
FRANKREICH
Marne
Karlsruhe
Nancy
Stuttgart
Straßburg
Seine
Sens
Orléans
Mosel
Rhein
Loire
Langres
Freiburg
Mülhausen
Saône
Basel
Bourges
Dijon
Besançon
Aare
Zürich
Bern
SCHWEIZ
Genf
Rhône
Lyon
0 20 40 60 80 100 km

Vertrag von Verdun (843)
Reich Karls des Kahlen
Reich Lothars I.
Reich Ludwigs des Deutschen
NGLAND
Nordsee
FRIESLAND
Bremen
SACHSEN
Weser
N
S
Utrecht
Dorestad
Rhein
Nimwegen
Münster
Maas
Gent
Schelde
Brüssel
Meerssen
Köln
OSTFRANKEN
Lüttich
Aachen
Rhein
Somme
Mosel
LOTHARINGIEN
Ribémont
Mainz
Main
Aisne
Trier
Worms
Seine
Saar
Speyer
Paris
Verdun
(843)
Marne
WESTFRANKEN
Toul
Mosel
Straßburg
(842)
Seine
Sens
Rhein
Loire
Langres
Fontenoy
(841)
ALEMANNIEN
Saône
Basel
Bourges
Besançon
Aare
Zürich
BURGUND
Bern
Chur
QUITANIEN
Genf
Rhône
20 40 60 80 100 km

Die Niederlande im Mittelalter

opa nach dem Wiener Kongress
Grenze des Deutschen Bundes 1815
KGR. OSSBRITANNIEN UND IRLAND
Nordsee
KGR. DER VEREINIGTEN NIEDERLANDE
KGR. PREUSSEN
KGR. HANNOVER
Ghzm. Oldenburg
Kfsm. Hessen
Ghzm. Hessen
Hzm. Nassau
Ghzm. Luxembg.
Pfalz (bayr.)
KGR. WÜRTTEMBERG
Ghzm. Baden
KGR. FRANKREICH
SCHWEIZ
SAVOYEN
Wilhelmshaven
Oldenburg
Bremen
Osnabrück
Münster
Amsterdam
Den Haag
Utrecht
Rhein
Arnheim
Essen
Kassel
Dover
Calais
oulogne
Antwerpen
Maas
Schelde
Brüssel
Dyle
Lille
Waterloo
Lüttich
Aachen
Köln
Gießen
Wetzlar
Koblenz
Arras
Somme
Amiens
Rouen
Seine
Frankfurt
Main
Mainz
Mosel
Trier
Luxemburg
Aisne
Soissons
Reims
Saar
Mannheim
Saarbrücken
Landau
Paris
Verdun
Metz
Marne
Karlsruhe
Nancy
Stuttgart
Lunéville
Straßburg
Troyes
Orléans
Loire
Sigmaringen
Langres
Freiburg
Mülhausen
Saône
Konstanz
ncay
Bourges
Dijon
Basel
Aare
Zürich
Besançon
Nevers
Bern
N
S
Genf
Rhône
Lyon
20 40 60 80 100 km

Westfront im Ersten Weltkrieg 1915
Vormarsch bis Januar 1915
Deutsche Besatzung von Elsass-Lothringen
Neutrale Staaten
GROSS-BRITANNIEN
Nordsee
NIEDERLANDE
DEUTSCHES REICH
BELGIEN
LUXEMBURG
FRANKREICH
SCHWEIZ
ITALIEN
Elsass-Lothringen
Bremen
Amsterdam
Den Haag
Utrecht
Rhein
Breda
Brügge
Nieuwport
Dover
Dünkirchen
Calais
Dixmude
Gent
Antwerpen
Mecheln
Ypern
Schelde
St. Omer
März
Mai
Sept./Okt.
Mai/Juni
brit. Angriff 1915
franz. Angriff 1915
Lille
Tournai
Brüssel
Douai
Mons
Lüttich
Namur
Aachen
Köln
Bonn
Neuss
Maas
Arras
Maubeuge
Charleroi
Cambray
Somme
Le Cateau
St. Quentin
Amiens
Koblenz
Frankfurt
Main
Mainz
Roye
Rouen
La Fère
Laon
Sedan
Aisne
Luxemburg
Trier
Mosel
Worms
Seine
Senlis
Soissons
Reims
Étain
Diedenhofen
(Thionville)
Saarbrücken
Speyer
Conflans
Paris
Marne
Epernay
Verdun
Metz
Saar
Feb./März und Sept. bis Nov.
St. Mihiel
Mausson
Hagenau
St. Gond Sümpfe
April
Toul
Nancy
Straßburg
Stuttgart
Sens
Troyes
Orléans
Épinal
Schlettstadt
Colmar
Loire
Auxerre
Châtillon
Langres
Luxcuil
Freiburg
Ensisheim
Saône
Mülhausen
Belfort
Héricourt
Konsta
Bourges
Dijon
Basel
Aare
Zürich
Nevers
Dôle
Besançon
Autun
Grandson
Morat
Bern
Genf
Rhône
Lyon
0 20 40 60 80 100 km
N
S

BIBLIOGRAFIE

Abram, David, u. a.: *The Rough Guide to France,* London 2016.

Aerts, Willem, u. a.: *From Quinten Metsyijs to Peter Paul Rubens,* Antwerp 2009.

Aldersey-Williams, Hugh: *The Adventures of Sir Thomas Browne in the 21st Century,* London 2015.

Bartlett, Robert: *Die Geburt Europas aus dem Geist der Gewalt. Eroberung, Kolonisierung und kultureller Wandel von 950 bis 1350,* übersetzt von Henning Thies, München 1996.

Bartlett, Robert: *Why Can the Dead Do Such Great Things? Saints and Worshippers from the Martyrs to the Reformation,* Princeton 2013.

Beevor, Antony: *Die Ardennen-Offensive 1944. Hitlers letzte Schlacht im Westen,* übersetzt von Helmut Ettinger, München 2016.

Bell, David: *The First Total War. Napoleon's Europe and the Birth of Modern Warfare,* London 2005.

Belozerskaya, Marina: *The Medici Giraffe and other Tales of Exotic Animals and Power,* London 2006.

Benedikt von Nursia: *Die Benediktsregel,* übersetzt von Gernot Krapinger, Ditzingen 2018.

Berger, John: *Albrecht Dürer. Aquarelle und Zeichnungen,* Köln 1993.

Bertrand, Florence, u. a.: *Zur Geschichte von Neutral-Moresnet 1816–1919,* Kelmis o. D.

Black, Jeremy: *Eighteenth Century Europe. 1700–1789,* Basingstoke 1990.

Black, Jeremy: *European Warfare, 1660–1815,* London 1994.

Blackbourn, David: *Die Eroberung der Natur. Eine Geschichte der deutschen Landschaft,* übersetzt von Udo Rennert, München 2007.

Blackbourn, David: *Wenn ihr sie wieder seht, fragt wer sie sei: Marienerscheinungen in Marpingen. Aufstieg und Niedergang des deutschen Lourdes,* übersetzt von Holger Fliessbach, Reinbek bei Hamburg 1997.

Blanning, T. C. W.: *Das alte Europa: 1660–1789. Kultur der Macht und Macht der Kultur,* übersetzt von Monika Carbe, Darmstadt 2006.

Blanning, T. C. W.: *Joseph II,* Harlow 1994.

Blanning, Tim: *The Pursuit of Glory. Europe, 1648–1815,* London 2007.

Blanning, T. C. W.: *Reform and Revolution in Mainz, 1743–1803,* Cambridge 1974.

Bönnen, Gerold, u. a.: *Schrei nach Gerechtigkeit. Leben am Mittelrhein am Vorabend der Reformation,* Regensburg 2015.

Bonner, Shirley Harrold: *Fortune, Misfortune, Fortifies One. Margaret of Austria, Ruler of the Low Countries, 1507–1530,* CreateSpace reprint 2015.

Boxer, Charles R.: *The Dutch Seaborne Empire. 1600–1800,* Harmondsworth 1965.

Braudel, Fernand: *Sozialgeschichte des 15.–18. Jahrhunderts. Der Alltag,* übersetzt von Siglinde Summerer, Gerda Kurz und Günter Seib, München 1985.

Braudel, Fernand: *Sozialgeschichte des 15.–18. Jahrhunderts. Der Handel,* übersetzt von Siglinde Summerer, Gerda Kurz und Günter Seib, München 1986.

Broers, Michael: *Europe under Napoleon, 1799–1815,* London 1996.

Browne, Thomas: *Hydriotaphia – Urnenbestattung und andere Schriften,* übersetzt von Manfred Pfister, Dozwil 2014.

Buffetaut, Yves, und Maud Dagmey-Lacment: *Le Nord en Guerre,* Louviers 2014.

Bull, Malcolm: *The Mirror of the Gods. Classical Mythology in Renaissance Art,* London 2005.

Burkard, Benedikt, und Céline Lebret: *Gefangene Bilder. Wissenschaft und Propaganda im Ersten Weltkrieg,* Petersberg 2014.

Caesar, G. J.: *De bello Gallico. Der gallische Krieg,* übersetzt von Marieluise Deißmann, Stuttgart 2015.

Chrastil, Rachel: *Organizing for War. France 1870–1914,* Baton Rouge 2010.

Chrastil, Rachel: *The Siege of Strasbourg,* Cambridge, MA, 2014.

Clark, Christopher: *Preußen. Aufstieg und Niedergang. 1600–1947,* übersetzt von Richard Barth, Norbert Juraschitz und Thomas Pfeiffer, München 2007.

Cobb, Richard: *French and Germans. Germans and French,* Hanover, NH, 1983.

Cockburn, Alexander: *Corruptions of Empire,* New York 1988.

Collins, Roger: *Charlemagne,* Basingstoke 1998.

Commynes, Philippe de: *Memoiren. Europa in der Krise zwischen Mittelalter und Neuzeit,* übersetzt von Fritz Ernst, Stuttgart 1952.

Conisbee, Philip (Hg.): *Georges de la Tour and His World,* Washington, DC, 1996.

Crane, David: *Empires of the Dead,* London 2013.

Cuttler, Charles D.: *Northern Painting. From Pucelle to Brueghel,* New York o. D.

Sargeaunt, John (Hg.): *The Poems of John Dryden,* London 1910.

Dunford, Martin, Phil Lee und Suzanne Morton-Taylor: *The Rough Guide to the Netherlands,* London 2013.

Dunford, Martin, Phil Lee und Emma Thomson: *The Rough Guide to Belgium,* London 2015.

Dunlop, Catherine Tatiana: *Cartophilia. Maps and the Search for Identity in the French-German Borderland,* Chicago 2015.

DuPlessis, Robert S.: *Transitions to Capitalism in Early Modern Europe,* Cambridge 1997.

Dürers Briefe, Tagebücher und Reime. Nebst einem Anhange von Zuschriften an und für Dürer, hg. von Moritz Thausing, Wien 1872.

Einhard: *Das Leben Karls des Großen. Nebst Auszügen aus: Der Mönch von St. Gallen Über die Taten Karls des Großen,* übersetzt von Wilhelm Wattenbach, Essen 1986.

Eire, Carlos M. N.: *Reformations. The Early Modern World, 1450–1650,* New Haven 2016.

Elon, Amos: *Zu einer anderen Zeit. Porträt der jüdisch-deutschen Epoche 1743–1933,* übersetzt von Matthias Fienbork, 2. Auflage München 2007.

Evans, Richard J.: *Das europäische Jahrhundert. Ein Kontinent im Umbruch. 1815–1914,* übersetzt von Richard Barth, München 2018.

Farr, James: *Artisans in Europe, 1300–1914,* Cambridge 2000.

Fischer, Stefan: *Jheronymus Bosch. Das vollständige Werk,* Köln 2016.

Freed, John B.: *Frederick Barbarossa. The Prince and the Myth,* New Haven 2016.

Fried, Johannes: *Karl der Große. Gewalt und Glaube,* München 2013.
Gerwarth, Robert: *Die Besiegten. Das blutige Erbe des Ersten Weltkriegs,* übersetzt von Alexander Weber, München 2017.
Gildea, Robert: *Children of the Revolution. The French, 1799–1914,* London 2008.
Goethe, Johann Wolfgang: *Campagne in Frankreich. Belagerung von Mainz. Reiseschriften,* Frankfurt am Main 1994.
Gossman, Lionel: *Basel in der Zeit Jacob Burckhardts. Eine Stadt und vier unzeitgemässe Denker,* übersetzt von Reinhard Brenneke und Barbara von Reibnitz, Basel 2005.
Harris, Ruth: *The Man on Devil's Island. Alfred Dreyfus and the Affair that Divided France,* London 2010.
Hart, Marjolein 't: *The Dutch Wars of Independence,* Abingdon 2014.
Herwig, Holger H.: *The First World War. Germany and Austria-Hungary 1914–1918,* London 1997.
Hildegard von Bingen: *Vollständige Werkausgabe,* 10 Bde., übersetzt von Mechthild Heieck u. a., Beuron 2010–2017.
Holbein, Hans: *The Dance of Death,* hg. von Ulinka Rublack, London 2016.
Horne, Alistair: *Des Ruhmes Lohn. Verdun 1916,* übersetzt von Heinzgeorg Neumann, Bergisch Gladbach 1980.
Huizinga, Johan: *Herbst des Mittelalters,* übersetzt von Kurt Köster, Stuttgart 2006.
Humes, Samuel: *Belgium. Long United, Long Divided,* London 2014.
Israel, Jonathan: *The Dutch Republic,* Oxford 1998.
Israel, Jonathan: *Die Französische Revolution. Ideen machen Politik,* übersetzt von Ulrich Bossier, Stuttgart 2017.
Jamroziak, Emilia: *The Cistercian Order in Medieval Europe,* Abingdon 2013.
Jardine, Lisa: *The Awful End of Prince William the Silent,* London 2005.
Jarrett, Mark: *The Congress of Vienna and Its Legacy,* London 2013.
Jasanoff, Maya: *The Dawn Watch. Joseph Conrad in a Global World,* London 2017.
Jordan, William Chester: *The Great Famine. Northern Europe in the Early Fourteenth Century,* Princeton 1996.
Kedward, Rod: *La vie en bleu. France and the French Since 1900,* London 2005.
Keen, Maurice: *The Penguin History of Medieval Europe,* Harmondsworth 1969.
Kennedy, Paul: *Aufstieg und Verfall der britischen Seemacht,* übersetzt von Hans und Hanne Meckel, Herford 1978.
Koerner, Joseph Leo: *Bosch and Brueghel, From Enemy Painting to Everyday Life,* Princeton 2016.
Leenaers, Henk (Hg.): *Water Atlas of the Netherlands,* Groningen 2014.
Lepie, Herta, und Georg Minkenberg: *Der Domschatz zu Aachen,* Regensburg 2010.
Lowenthal, David: *The Past Is a Foreign Country – Revisited,* Cambridge 2015.
Lynn, John A.: *The Wars of Louis XIV, 1667–1714,* Harlow 1999.
Macaulay, Thomas Babington: *Geschichte Englands seit der Thronbesteigung Jacobs II.,* Bd. 1, Stuttgart 1850.
MacCulloch, Diarmaid: *Die Reformation. 1490–1700,* übersetzt von Klaus Binder, Bernd Leineweber und Helke Voß-Becher, München 2008.

Maddocks, Fiona: *Hildegard of Bingen. The Woman of Her Age*, London 2001.
Martines, Lauro: *Blutiges Zeitalter. Krieg in Europa 1450–1700*, übersetzt von Cornelius Hartz, Darmstadt 2015.
Martino, Laurent: *Histoire chronologique de la Lorraine*, Nancy 2010.
McGuinness, Patrick: *Other People's Countries. A Journey into Memory*, London 2014.
McKinstry, Leo: *Operation Sealion*, London 2014.
McLachlan, Gordon: *The Rough Guide to Germany*, 6. Auflage London 2004.
McPhail, Helen: *The Long Silence. The Tragedy of Occupied France in World War I*, London 2014.
Mishra, Pankaj: *Aus den Ruinen des Empires. Die Revolte gegen den Westen und der Wiederaufstieg Asiens*, übersetzt von Michael Bischoff, Frankfurt am Main 2013.
Mintzker, Yair: *The Defortification of the German City. 1689–1866*, Cambridge 2012.
Murray, James M.: *Bruges, Cradle of Capitalism. 1280–1390*, Cambridge 2005.
Nash, Susie: *Northern Renaissance Art*, Oxford 2008.
Das Nibelungenlied, übersetzt von Siegfried Grosse, Stuttgart 2017.
Nord, Philip: *France 1940. Defending the Republic*, New Haven und London 2015.
Oksanen, Eljas: *Flanders and the Anglo-Norman World. 1066–1216*, Cambridge 2012.
Osterhammel, Jürgen: *Die Verwandlung der Welt. Eine Geschichte des 19. Jahrhunderts*, München 2009.
Overy, Richard: *Der Bombenkrieg. Europa 1939–1945*, übersetzt von Hainer Kober, Berlin 2014.
Parker, Geoffrey: *The Army of Flanders and the Spanish Road. 1567–1659*, 2. Auflage Cambridge 2004.
Parker, Geoffrey: *Global Crisis. War, Climate Change and Catastrophe in the Seventeenth Century*, New Haven 2013.
Parker, Geoffrey: *The Grand Strategy of Philip II*, New Haven 1998.
Parrott, David: *The Business of War. Military Enterprise and Military Revolution in Early Modern Europe*, Cambridge 2012.
Poorter, Matthias de, u. a.: *L'odyssée des animaux. Les peintres animaliers flamands du XVIIe siècle*, Gent 2016.
Potter, David: *War and Government in the French Provinces. Picardy, 1470–1560*, Cambridge 1993.
Reuter, Timothy: *Germany in the Early Middle Ages. 800–1056*, Harlow 1991.
Richards, John, u.a.: *Landsknechte. 1486–1560*, übersetzt von Walther Wuttke, Sankt Augustin 2004.
Röhl, John C. G.: *Wilhelm II. Der Weg in den Abgrund. 1900–1941*, München 2008.
Das altfranzösische Rolandslied, zweisprachig, übersetzt von Wolfgang Steinsieck, Stuttgart 2015.
Rublack, Ulinka: *Dressing Up. Cultural Identity in Renaissance Europe*, Oxford 2010.
Rublack, Ulinka: *Die Reformation in Europa*, Frankfurt am Main 2003.
Runciman, Steven: *Geschichte der Kreuzzüge*, Bd. 1: *Der erste Kreuzzug und die Gründung des Königreichs Jerusalem*, übersetzt von Peter de Mendelssohn, München 1957.
Runciman, Steven: *Geschichte der Kreuzzüge*, Bd. 2: *Das Königreich Jerusalem und der fränkische Osten 1100–1187*, übersetzt von Peter de Mendelssohn, München 1958.

Saint-Exupéry, Antoine de: *Südkurier. Flug nach Arras,* übersetzt von Paul Graf Thun-Hohenstein und Fritz Montfort, Berlin/Darmstadt 1953.

Schama, Simon: *Patriots and Liberators. Revolution in the Netherlands, 1780–1813,* London 1992.

Shorto, Russell: *Amsterdam,* London 2013.

Silver, Larry: *Marketing Maximilian. The Visual Ideology of a Holy Roman Emperor,* Princeton 2008.

Simms, Brendan: *Die Briten und Europa. Tausend Jahre Konflikt und Kooperation,* übersetzt von Klaus-Dieter Schmidt, München 2019.

Simms, Brendan: *The Struggle for Mastery in Germany, 1779–1850,* Basingstoke 1998.

Simms, Brendan: *Three Victories and a Defeat. The Rise and Fall of the First British Empire,* London 2007.

Smith, Jeffrey Chipps: *The Northern Renaissance,* London 2004.

Smith, Julia M. H.: *Europe after Rome. A New Cultural History, 500–1000,* Oxford 2005.

Smith, Peter C.: *Hold the Narrow Sea. Naval Warfare in the English Channel, 1939–1945,* Annapolis 1984.

Smollett, Tobias: *Die Abenteuer des Peregrine Pickle,* übersetzt von Hans Matter, Darmstadt 1967.

Soupart, Marie-Isabelle, und Philippe Hiegel: *Die Kathedrale von Metz,* übersetzt von Susanna Prause, Metz 1994.

Steinberg, Jonathan: *Why Switzerland?,* Cambridge 1996.

Sterne, Laurence: *Eine empfindsame Reise durch Frankreich und Italien,* übersetzt von Siegfried Schmitz, Darmstadt 1979.

Sterne, Laurence: *Tristram Shandy,* übersetzt von Rudolf Kassner, Zürich 1982.

Stewart, James, Neville Walker und Christian Williams, *The Rough Guide to Germany,* 2. Auflage London 2012.

Strong, R. C., und J. A. van Dorsten, *Leicester's Triumph,* Leiden 1964.

Sumption, Jonathan: *Edward III,* London 2016.

Tanner, Michael: *Wagner,* London 1996.

Taylor, A. J. P.: *The First World War,* London 1954.

Taylor, A. J. P.: *The Struggle for Mastery in Europe. 1848–1918,* Oxford 1954.

Teller, Matthew: *The Rough Guide to Switzerland,* 4. Auflage London 2010.

Thomas von Kempen, *Das Buch von der Nachfolge Christi,* übersetzt von Johann Michael Sailer, Ditzingen 2019.

Thwaite, Ann: *Glimpses of the Wonderful. The Life of Philip Henry Gosse,* London 2002.

Todman, Daniel: *Britain's War. Into Battle 1937–1941,* London 2016.

Tracy, James D.: *Emperor Charles V. Impresario of War,* Cambridge 2002.

Uglow, Jenny: *Hogarth,* London 1997.

Vaughan, Richard: *Charles the Bold,* Woodbridge 2002.

Vaughan, Richard: *John the Fearless,* Woodbridge 2002.

Vaughan, Richard: *Philip the Bold,* Woodbridge 2002.

Vaughan, Richard: *Philip the Good,* Woodbridge 2002.

Vaughan, Richard: *Valois Burgundy,* Harmondsworth 1975.

Vinen, Richard: *The Unfree French. Life under the Occupation,* London 2006.

Vital, David: *A People Apart. The Jews in Europe, 1789–1939*, Oxford 1999.
Watson, Alexander: *Ring of Steel. Germany and Austria-Hungary at War. 1914–1918*, London 2014.
Wawro, Geoffrey: *The Franco-Prussian War*, Cambridge 2003.
Wedgwood, C.V.: *Der Dreißigjährige Krieg*, übersetzt von A.G. Girschick, München 1967.
Weidermann, Volker: *Ostende 1936, Sommer der Freundschaft*, Köln 2014.
Wells, Peter S.: *Barbarians to Angels. The Dark Ages Reconsidered*, New York 2008.
West, Charles: *Reframing the Feudal Revolution. Political and Social Transformation between Marne and Moselle. c. 800–c. 1100*, Cambridge 2013.
Whaley, Joachim: *Das Heilige Römische Reich deutscher Nation und seine Territorien*, 2 Bde., übersetzt von Michael Haupt und Michael Sailer, Darmstadt 2014.
Wilcken, Niels: *Metz et Guillaume II*, Metz 2013.
Wilson, Peter H.: *War, State and Society in Württemberg. 1677–1793*, Cambridge 1995.
Zamoyski, Adam: *Phantome des Terrors. Die Angst vor der Revolution und die Unterdrückung der Freiheit. 1789–1848*, übersetzt von Andreas Nohl, München 2016.
Zola, Émile: *Der Zusammenbruch*, übersetzt von Hans Balzer, Berlin 1978.

Nicht unerwähnt bleiben darf an dieser Stelle die großartige, vom Institut National de l'Information Géographique et Forestière anlässlich des hundertsten Jahrestags des Ausbruchs des Ersten Weltkriegs herausgegebene Landkarte im Maßstab 1:410 000. Auf ihr ist die Westfront in unübertroffener Detailfülle dargestellt, und ich habe sie nicht nur in Bezug auf den Krieg zurate gezogen, sondern zu allen möglichen Lotharingien betreffenden Themen.

BILDNACHWEIS

Vor- und Nachsatz zeigen einen Ausschnitt aus der Zeichnung *Die Imker* von Pieter Brueghel d. Ä., 1565. Siehe »Das Leben im Garten«, Kapitel sieben *(bpk/Kupferstichkabinett, SMB/Jörg P. Anders)*.

Die Titelseite zeigt einen Ausschnitt aus dem Leichenzug von Erzherzog Albrecht, Kupferstich von Cornelis Galle nach Jacques Franckaert, 1623 *(Rijksmuseum, Amsterdam)*.

Die Abbildung im Anschluss an das Inhaltsverzeichnis ist eine mittelalterliche Miniatur aus den *Chroniques des rois de France* mit einer leicht schematischen Darstellung von Ludwig dem Frommen (rechts), der postum der Aufteilung des Reichs in Westfranken (Karl der Kahle), Lotharingien (Lothar I.) und Ostfranken (Ludwig der Deutsche) seinen Segen erteilt *(Alamy)*.

Kapitel eins: einige Gegenstände, die im Grab Childerichs I. in Tournai entdeckt wurden. Abbildung aus Jean-Jacques Chifflets *Anastasis Childerici I. Francorum Regis, siue Thesaurus Sepulchralis Tornaci Nerviorum ... (Die Wiederauferstehung Childerichs I., König der Franken, oder der Grabschatz aus der Nervierstadt Tournai)*, erschienen in Antwerpen 1655 bei Moretus (jener Verlegerfamilie, die das Geschäft von Christoph Plantin geerbt hatte – siehe Kapitel sieben).

Kapitel zwei: eine etwas spekulative Darstellung Gottfrieds von Bouillon bei der Belagerung von Jerusalem. Aus *Hutchinson's History of the Nations*, erschienen 1915 *(Alamy/Classic Image)*.

Kapitel drei: eine Illustration aus Hildegard von Bingens *Scivias*. Sie zeigt die Dreifaltigkeit (Jesus in der Mitte, die beiden Kreise verkörpern Gott und den Heiligen Geist, die selbst nicht darstellbar sind) und stammt aus dem *Rupertsberger Kodex*. Das aus dem 12. Jahrhundert stammende Original ist verschollen, wahrscheinlich wurde es bei der Bombardierung von Dresden zerstört, glücklicherweise hatten die Nonnen der Abtei St. Hildegard in Eibingen in den 1920er und frühen 1930er Jahren präzise Kopien davon angefertigt *(akg-images/Erich Lessing)*.

Kapitel vier: Jan van Eycks *Heilige Barbara*, 1437 *(Alamy/Royal FineArts Museum, Antwerpen)*.

Kapitel fünf: Niklas Reisers Porträt von Maria der Reichen, um 1500 *(Alamy/Schloss Ambras, Innsbruck)*.

Kapitel sechs: Hans Holbeins *Totentanz*, um 1526, »Der alte Mann« *(iStock/Grafissimo)*.

Kapitel sieben: Dodo-Skizzen von Roelant Savery, um 1626 *(Alamy/Crocker Art Museum, Sacramento)*.

Kapitel acht: ein aus der Mitte des 18. Jahrhunderts stammender Stich mit Abbildungen verschiedener Befestigungstypen von Blaise François Pagan und Sébastien Le Prestre de Vauban *(akg-images)*.

Kapitel neun: eine von Gaetano Gandolfi stammende Zeichnung von Antonie van Leeuwenhoek und seinen winzigen Freunden, 18. Jahrhundert *(Metropolitan Museum of Art, New York)*.

Kapitel zehn: Ausschnitt aus einem Stich, um 1801, der zeigt, wie Napoleon England mittels eines Tunnels unter dem Ärmelkanal und einer Armada von Heißluftballons angreifen könnte *(Alamy/Pictorial Press)*.

Kapitel elf: Standbild von Bruno S. aus Werner Herzogs *Jeder für sich und Gott gegen alle*, 1974 *(akg-images/Album/Filmverlag Der Autoren)*.

Kapitel zwölf: Die Straßburg-Statue auf der Pariser Place de la Concorde im Trauerschmuck, Mai 1871 *(ullstein bild/Roger-Viollet)*.

Kapitel dreizehn: britische Panzer der alliierten Besatzungstruppen vor dem Westportal des Kölner Doms, um 1919 *(The Tank Museum, Bovington)*.

Kapitel vierzehn: die Ruine der St.-Laurentius-Kirche und das Zentrum von Rotterdam nach der Bombardierung der Stadt, 14./15. Mai 1940 *(Süddeutsche Zeitung Photo/Scherl)*.

PERSONENREGISTER